国家社科基金后期资助项目

《汉语大词典》研究

A Study on *Hanyu Da Cidian*

李申　王本灵　著

The Commercial Press

2015年·北京

图书在版编目(CIP)数据

《汉语大词典》研究/李申,王本灵著.—北京:商务印书馆,2015
ISBN 978-7-100-11411-0

Ⅰ.①汉…　Ⅱ.①李…②王…　Ⅲ.①汉语—词典编纂法—研究　Ⅳ.①H16

中国版本图书馆 CIP 数据核字(2015)第 147092 号

所有权利保留。
未经许可,不得以任何方式使用。

《汉语大词典》研究
李申　王本灵　著

商 务 印 书 馆 出 版
(北京王府井大街36号　邮政编码 100710)
商 务 印 书 馆 发 行
北 京 冠 中 印 刷 厂 印 刷
ISBN 978-7-100-11411-0

2015年9月第1版　　　开本 787×1092　1/16
2015年9月北京第1次印刷　印张 27
定价:65.00元

国家社科基金后期资助项目
出版说明

后期资助项目是国家社科基金设立的一类重要项目，旨在鼓励广大社科研究者潜心治学，支持基础研究多出优秀成果。它是经过严格评审，从接近完成的科研成果中遴选立项的。为扩大后期资助项目的影响，更好地推动学术发展，促进成果转化，全国哲学社会科学规划办公室按照"统一设计、统一标识、统一版式、形成系列"的总体要求，组织出版国家社科基金后期资助项目成果。

全国哲学社会科学规划办公室

目　录

- 一、引言 ······ 1
- 二、《汉语大词典》特点简论 ······ 3
  - （一）语词条目丰富 ······ 3
  - （二）释义确切详备 ······ 6
  - （三）书证源流并重 ······ 9
- 三、《汉语大词典》订补 ······ 14
  - （一）释义不确 ······ 14
  - （二）义项不全 ······ 49
  - （三）例证晚出 ······ 96
  - （四）缺少书证或书证不充分 ······ 173
  - （五）词形不全 ······ 194
  - （六）引文有误 ······ 203
  - （七）其他失误 ······ 219
- 四、《汉语大词典》未收词语例释 ······ 243
- 五、关于《汉语大词典》修订的理论探讨 ······ 282
  - （一）词目增补类析 ······ 283
  - （二）关于方言词语收录的标准问题 ······ 294
  - （三）关于同义条目释义问题 ······ 299
  - （四）义项排列顺序问题研究 ······ 305
  - （五）对书证不一的专题考察 ······ 322
  - （六）从史料笔记看《汉语大词典》的修订 ······ 331
  - （七）关于"死亡"义词语的调查研究 ······ 341
- 六、结语 ······ 355
  - （一）本书的主要内容 ······ 355
  - （二）本书的主要观点 ······ 356
  - （三）本书的主要特色 ······ 359

参考文献 …………………………………………………… 361
语料文献 …………………………………………………… 364
附录 ………………………………………………………… 370
　　（一）有关《汉语大词典》的成果目录索引 …………… 370
　　（二）词语索引 ………………………………………… 398
后记 ………………………………………………………… 424

一、引 言

《汉语大词典》(以下简称《大词典》)是我国第一部大型多卷本历史性汉语语文词典。它于1975年开始编纂,1986年11月出版第一卷,至1994年4月全书出齐。《大词典》的出版是我国辞书编纂史上一座重要的里程碑,这是"中华民族五千年文化的结晶,中国辞书出版史上的壮举"(《人民日报》1994年5月11日第1版《〈汉语大词典〉大功告成》)。

《大词典》全书13卷,正文12卷,附录及词目索引1卷。共收有音有义有书证的单字2.2万余个,词语37.5万余条,插图2253幅,约5000万字。是由华东地区五省一市(鲁、苏、皖、浙、闽、沪)近五百名专家学者共同编写的。由著名语言学家、出版家罗竹风任主编,聘请吕叔湘先生为首席顾问。《大词典》以"古今兼收,源流并重"为编纂方针,广泛收录古今汉语著作中的普通词语,充分吸收语言文字的研究成果,恰当引用书证,准确地解释词义,比较全面地反映了汉语词汇演变和发展的历史面貌。

江泽民同志曾在1986年11月25日的《大词典》首卷出版新闻发布会上指出:"出版发行《汉语大词典》是国家的一件大事。是国家文化建设和精神文明建设所取得的一项重要成果。"对这部辞书的编纂出版给予高度评价。

《大词典》出版后,"对于提高中华民族的文化素质,发展社会主义的教育、文化、科学事业,促进国际间的文化交流和相互了解,发挥了应有的积极作用",因而受到国内外汉语学界和广大读者的好评。特别是对于语文工作者,《大词典》作为案头必备的工具书,已成为朝夕相伴、有助研读的良师益友。二十多年来,我们不仅时时使用《大词典》,而且不间断地对其进行研究,故对此书的成就、优点和特点有了更加深切的体会和认识。当然,编纂一部大型的、高质量的历史性语文词典,并不是一蹴而就的事情,而是要经过世代努力、不断修订才能逐步完善的。由于《大词典》的产生有当时具体的时代背景和条件上的限制,又由于工程庞大、分卷编写、书成众手等原因,所以难免会有许多疏失和不足。我们从修订书中的讹误、增补未收的词语和辞书编纂的理论探讨三个方面提出修订《大词典》的建议和提高其质量的策略。现在,国家业已启动《大词典》二版的编纂修订工作。我们希望本项研究能为这部词典的进一步修订完善略尽绵薄之力。

二、《汉语大词典》特点简论

在《大词典》出版之前，我国的汉语语文辞书编纂已经取得较大的成就，出版了一批通行很广、影响较大的辞书，包括兼收语文、百科词目的大型综合性词典，如《中华大字典》《辞源》《辞海》《现代汉语词典》《中文大辞典》等。但都未能具有汉语词语总汇的性质。《大词典》在借鉴诸多辞书优秀成果的基础上，形成了自己独特的风格，诸如收词丰富、释义准确详备、书证重视源流等。为了进一步说明其成就和特点，我们将《大词典》同其他辞书做一比较，或许能窥其一斑。

（一）语词条目丰富

谈及辞书的收词问题，首先需要澄清的一个问题就是并不是收词越多越好。词典收录词条是有严格的标准的。《大词典》本着"古今兼收，源流并重"的原则，根据所积累的资料，特别是第一手资料，广泛收列读者阅读古今汉语著作中可能感到疑惑而需要借助于词典进行查考的词语，包括词、短语、熟语、成语、典故、外来语以至短句等。可以说基本上反映了汉语词汇的全貌。全书收词37万余条，尽管从数量上讲，少于此前编纂的《大汉和辞典》和《中文大辞典》，但其收词质量大大提高，仍然显示出其收词的丰富性。下面我们将《大词典》中"法"字条目与《中文大辞典》（下简称《中文》）做一比较。

"法"字条下《大词典》共收词254条，《中文》共收词330条，从数量上看比《大词典》多出76条。但《中文》收录了许多古今中外人名、字、号、别名、中外地名、书名等许多非语文词典收录的词条，如：

法天启运圣武、法生、法式善、法冲、法安、法南大师、法坤宏、法其、法明、法忠、法若真、法侯、法保、法浮、法泰、法真、法峻、法倪、法密、法朗、法乾、法宋楼、法果泉、法华寺、法华山、法迪坎、法兰克福、法兰德斯、法帖刊误、法训、法书考……

这样的词语计85条。此外,还收录了任意组合、或简单相加、或见词明义等结构十分松散的自由词组37条:

法出、法外、法句、法令纹、法身舍利、法身菩萨、法律之士、法律责任、法律制裁、法律学派、法华……

这类词语总计达122条。我们认为,人物名、字、号、别名、地名、建筑名、书名,均应由相应的专科词典收录。作为一部综合性语文词典,没有必要都收录进来。如果去掉这122条,还剩下208条,《中文》收词量反而少于《大词典》。

相反,一些重要的应该收录的词语《大词典》收了,而《中文》却未收,如:

法元、法旨、法见、法度、法官、法柄、法绳、法无可贷、法办、法医……

通过比较可以看出,《中文》在收词标准上还是存在一定问题的。一方面收了许多不该收的词,另一方面又漏收了许多该收的词。而《大词典》在收词立目上是十分慎重的,收录的词条在充分保证质量的基础上又具有丰富性,因而能真正满足广大使用者的要求。

再如"毛"部,比较两部常用的语文辞书,第一部是《辞海·语词分册》,第二部是《辞源》(修订本,下同),这是两部质量很高的权威性语文辞书,但由于编纂方针、词典规模、收词范围都与《大词典》有明显不同,因而收词量也就各异。《辞海·语词分册》"毛"部收单字36,复词17,立目共53条,简明扼要;《辞源》"毛"部收单字39,复词89,立目共128条。而《大词典》"毛"部共收单字97,复词445,立目共542条,其收词量是《辞海·语词分册》的10倍,是《辞源》的4倍以上。

与此基本相同,《中文》"三"字条目收词1916条,《大词典》收词1387条,比《中文》少529条。但从所收具体词条看,《中文》仍有收词过滥之嫌。因此,作为大型语文词典,《大词典》才是迄今为止收词最为丰富的汉语语文词典。

另外,我们还可以从近代汉语的角度来考察《大词典》的这一特点。随着我国语言学事业的发展,特别是汉语史这一学科的发展,人们都普遍认识到,衡量一部大型历史语文辞书质量的高低,在很大程度上要看它是否充分地反映了近代汉语词汇的面貌。《大词典》在近代汉语的研究较为薄弱的情况下,查阅征引大量近代汉语文献,认真研究第一手资料,辑录出数量可观的近代汉语词语,在这方面取得了丰硕成果。例如,在宋元明清时期的白话作品中,使用了大量的方俗语词,而研究这些语词的专书当时尚不多见,但像《红楼梦》《儿女英雄传》《水浒传》《金瓶梅》《歧路灯》等作品中的词语,都多为其所收。比如"些微"在近代汉语中颇为常见,不仅《红楼梦》中有多处用例,亦习见于《三言》《二拍》《醒世姻缘传》《儿女英雄传》《西湖佳话》等书。对这样一个使用频率很高的词语,《大词典》收作词条,自是理所当然。而《辞源》中则未见收录。又如"照望"一词,在《红楼梦》中出现的次数很少,但其构造和意义与"照看"相同,《辞海》《辞源》《中文》概未收录,而《大词典》予以收释,真可谓目光独到。复如《金瓶梅》第八十一回:"等俺每出去,料莫天也不着饿老鸦儿吃草。""料莫"与"约莫"、"估摸"是一组同义词,宜应采入,《大词典》均已收释。"难缠"在《儿女英雄传》中数见。如第三回:"世上最难缠的,无过车船店脚呀。"又第十六回:"他虽是难缠,却不蛮作。"翻开《大词典》一查,即可以欣喜地看到,它不仅已被收录,而且正引上例为书证。类似情况不胜枚举。"恶水"一词,元曲中不乏用例,此外,在《歧路灯》等小说中亦见使用。《大词典》不仅引《元曲选·神奴儿》为书证,而且上溯至《隋书》及韩愈的诗作。他如"扎手"、"帮扶"、"逼清"、"掉歪"、"深分"等一些专书辞典未收、校注本不注的词语,《大词典》均能从词汇史角度出发,加以辨识,予以收录。再如"们"在《西游记》中大量出现:第二十回:"你这们大年纪。"第二十三回:"都这们扭扭捏捏地拿班儿。"第七十六回:"卷那们滑的,倒不卷手。"第八十回:"这们好俊师父,怎么寻这般丑徒弟。"此"们"通"么",语助词。但翻查《辞海》《辞源》等辞书,均被漏略。而《大词典》列有此义项,并释为:"用在指示代词后面,相当于'这么'、'那么'的'么'。"起到了拾遗补阙的作用。

为了更好地说明这一问题,我们以"一"字开头的词条为例,翻检了《辞源》和《大词典》。《辞源》共收词语452个。其中近代汉语词条有:一了、一力、一出、一生、一地、一行、一投、一注、一抹、一门、一面、一星、一座、一起、一划、一发、一幕、一丈青、一口钟、一地里、一枝春、一刹那、一梨雨、一溜烟、一窝蜂、一衷圆、一种情、一辈儿、一壁相、一谜里、一了百当、一刀两断、一干一方、一五一十、一木难支、一言难尽、一官半职、一往情深……共计50条左右。大部分出自元曲和《水浒传》《红楼梦》等少数几部近代汉语白话作品。

《大词典》"一"字下收条目共1795条,其中近代汉语条目有:一一行行、一丁不识、一七、一二三四五六七、一二、一二二一、一二三、一人永占、一人泉、一人飞升、一天到晚、一六兀剌、一了百当、一刀一割、一大些、一不扭众、一了、一口价、一打坠咕喙儿……达382条之多。引书几乎涉及所有近代汉语重要的文献。《大词典》取得了超迈前人的巨大成就,于此可见一斑。

黎锦熙先生早在上个世纪20年代就曾指出:"五代北宋之词,金元之北曲,明清之白话小说,均系运用当时当地之活语言而创制之新文学作品。只因向来视为文人余事,音释缺如,语词句法,今多不解。近来青年读物,既多取材于此,训诂不明,何从欣赏?一查字书,则绝不提及;欲加注释,则考证无从。"①《大词典》对近代汉语给予了应有的重视,于中古以来俗文学作品的语词搜罗甚夥,从而弥补了黎先生所说的字书无载、查考无从的遗憾。这是《大词典》的一项十分突出的贡献。

(二) 释义确切详备

词典的释义就是对词典所收词语的含义所作的解释。词典是供人们查检以解除疑难的工具书,其主要任务是由释义承担的;一部词典的质量优劣在很大程度上取决于其释义的水平。陈楚祥先生在《词典评价标准十题》②中明确提出"释义是否精确"是判定辞书质量高低的一个重要标准。但是,我们所说的释义准确,并不是一个绝对的概念。一方面指相对于同时代的其他辞书而言,具有释义准确性;另一方面还可指在整个的词汇发展历史上,释义的准确还具有暂时性,因而也是相对的。为了说明这个问题,我们可将《大词典》同其他几部辞书做一比较。例如:

(1) [不字]

《辞源》:"未许嫁。古代女子许嫁叫字。《易·屯》:'女子贞不字。'"

《大词典》:"未能生育。《易·屯》:'女子贞不字,十年乃字。'字,妊育。参阅清王引之《经义述闻·周易上·女子贞不字》。亦谓不嫁人。清钮琇《觚賸续编·妙霓》:'情忘衿褵,道悦苾蒭,坚守不字之贞,妙解无生之谛。'"

比较"不字"的两种释义,可以说明两个问题:一是《大词典》释义准确。"字"的本义非"古代女子许嫁"。《说文》:"字,乳也。"《广雅》:"字、乳、育,生也。"《易》曰:"女子贞,不字。"可见"女子贞,不字"的"不字"是没有怀孕、生育的意思。《辞源》释义与所举之例不合。二是《大词典》释义详备。"字"的本义是怀孕、生育,后又衍生出女子许配、出嫁义。如宋叶适《林伯和墓志铭》:"邻女将字而孤,养视如已子,择对嫁之。"此例之"字"即有许嫁、嫁人义。《大词典》既释本义,又释引申义,可谓详备。

(2) [法螺]

《中文》:"②谓大言也。法螺声巨而中空,世因诮徒作大言者曰'吹大法螺'。"

---

① 见黎锦熙《中国近代语研究提议》,1928年《新晨报副刊》。
② 见《辞书研究》1994年第1期。

《大词典》:"海中软体动物。壳呈螺旋状,壳壁很厚,长约一尺。壳顶穿孔,可吹奏,发声响亮。古时用作军队号角、宗教法器等。"

《中文》"法螺"条收列两个义项。《大词典》只收列一个义项。《中文》义项①与《大词典》同。义项②认为"法螺"即"大言",不确。可以"吹大法螺"比喻说大话,以"法螺"比喻大言则不通。又,"法螺声巨而中空"一句,其义应是法螺大而中空,因而吹起来声音响亮。如果不吹,本身并不发声。如果有比喻义的话,也只能是"吹法螺"。因此,我们看出,《中文》看似义项完备,但缺乏科学性,实不如《大词典》可靠。

(3)[隆冲]

《中文》:"隆高冲突也。《淮南子·氾论训》:'晚世之兵,隆冲以攻,渠幨以守。'注:'隆,高也。冲,所以临敌城,冲突坏之。'"

《大词典》:"临车与冲车。古代攻守战车名。《淮南子·氾论训》:'晚世之兵,隆冲以攻,渠幨以守。'参阅《诗·大雅·皇矣》'以尔临冲'王先谦《诗三家义集疏》。"

《中文》释义把"隆冲"当作"形+动"型合成词,训作"隆高冲突",因袭高注而误。其通"临",为"临车";冲,通"䡴",即"䡴车"。"临"与"䡴",系古代两种攻城工具。因其攻城方式、作用不同而异。《诗·大雅·皇矣》:"与尔临冲。"毛传:"临,临车也;冲,冲车也。"陆德明释文:"'临'如字,《韩诗》作'隆'。冲,昌容反,《说文》作'䡴',䡴,陷阵车也。"孔颖达疏:"临者,在上临下之名;冲者,从傍冲突之称,故知二车不同,兵书有作临车、冲车之法,《墨子》有《备冲》之篇,知'临'、'冲'俱是车也。"陈奂传疏亦云:"临车,攻守具之一。《释文》引《韩诗》作'隆',《淮南子·氾论篇》'隆冲以攻',又《兵略篇》'攻不待冲隆云梯而城拔'。'隆'、'临'一声之转。冲,冲车,亦攻守具之一。《定八年·左传》:'主人焚冲',杜注:'冲,战车。《说文》"䡴",陷阵车也。'冲者,䡴之假借字。"马瑞辰通释亦持此说。可见,"隆冲"一词的释义,《大词典》是吸取了前人之古训,做了翔实考证,言之有据的。

(4)[顶戴]

《辞源》收二义:①敬礼。②用以区别官员等级的服饰。宋陈亮《龙川词·卜算子》:"顶戴御袍黄,叠秀金棱吐。"

《大词典》收九义:①敬礼;感恩。②供奉;拥戴。③谓双手持物举过头顶。④谓花朵着生在枝条的顶端。⑤谓头上承物。⑥头戴(帽子)。⑦承受;继承。⑧犹顶替。谓以此代彼。⑨清代用以区别官员的帽饰。依顶珠品质、颜色的不同而区分官阶大小。也称"顶子"、"顶带"。

比较《辞源》和《大词典》"顶戴"的释义,《辞源》义项②陈亮词中"顶戴御袍黄"中的"顶戴"一例,释为"用以区别官员等级的服饰",大谬。"顶戴"作为区别官员等级的服饰,其典制始于清雍正四年清制,官品以帽饰顶珠色质为别,谓之"顶戴",亦称"顶子"。而陈亮词中的"御袍黄"一词,实与此典制毫不相干,"御袍黄",并非服饰,乃是菊花品名。陈亮《卜算子》词,题为"九月十八日寿徐子才",是咏菊祝寿,上阕咏秋,下阕咏菊:"顶戴御袍黄,叠秀金棱吐,仙种化客晚节香,人愿争先睹。"无一不与咏菊有关。"御袍黄",菊花品名,署名吴门老圃史正志的《菊谱》中有一品名为"深色御袍黄":"心起突,色如深鹅色",另一品名为"浅色御袍黄"。明黄曾《菊谱》卷上亦载有名品"御袍黄菊",状其形色为"重黄千叶"。清陈昊子《花镜》亦载有黄色菊25品,其首品即称"御袍黄",注云:"淡黄,叶有五层。"由此可知,"顶戴"者,实谓"枝头着花"之义,与官员服饰风马牛不相及。此其一。《辞源》只有两个义项,而《大词典》收立9个义项,可谓详备。此其二。

(5) [玉容]

《辞海·语词分册》:"指女子的容貌。白居易《长恨歌》:'玉容寂寞泪阑干。'姚合《咏云》诗:'怜君翠染双蝉鬓,镜里朝朝近玉容。'"

《大词典》收二义:①美称女子的容貌。②对人容貌的敬称。

《说文》:"玉,石之美有五德者。"因此,古人常在人或事物名词前加"玉"字,作为尊称或美称。如"玉貌"、"玉食"等。《辞海》在"玉貌"、"玉食"下都是这样注释的。唯独"玉容"只说"女子的容貌",并没有说明美好的含义。但事实上,所引《长恨歌》和《咏云》中的"玉容"实有貌美义。《辞海》将有褒义的"玉容"释为中性词,显然不妥;再比较《大词典》的两个义项,我们不难看出其释义准确性的特点。

(6) [指山卖磨]

《中文》:"喻操之过急也。《红梨记传奇》:'则亦他指山卖磨,见雀张罗。'"

《大词典》:"比喻耍手段、说空话哄人。元岳伯川《铁拐李》第一折:'他每都指山卖磨,将百姓画地为牢。'明贾仲名《对玉梳》第二折:'呆子弟迎风把火,强风情指山卖磨。'《全元散曲·普天乐·嘲风情》:'姐姐每钻冰取火,婆婆每指山卖磨,哥哥每担雪填河。'亦作'指山说磨'。《金瓶梅词话》第十回:'你心里要收这个丫头,收他便了,如何远打周折,指山说磨,拿人家来比。'"

"指山卖磨"系指说空话骗人,《大词典》释义确切,且例证丰富。

(7) [招儿]

《中文》:①犹言策略。②即招贴。③即招子。《水浒传·第二十六回》:"那婆子取了招儿,收拾了门户,从后头走过来。"④犹招数也。

《大词典》:"①招贴;招牌。元无名氏《蓝采和》第一折:'俺在这梁园棚勾阑里做场,昨日贴出花招儿去。'《水浒传》……(用例同《中文》)②计策;办法;手段。《儿女英雄传》第二三回:'再不想大远的从德州憋了这么一个干脆的招儿来,才使出来就乏了。'"

《中文》列有四个义项。其实完全没有必要。因为义项①与义项④可合并为一项,即《大词典》之义项②。义项②和义项③亦可合并为一项,即《大词典》之义项①。可见《大词典》释义更具概括性。

(8)[七手八脚]

《辞源》:"喻人动作忙乱。《五灯会元》二十《德光禅师》:'上堂七手八脚,三头两面,耳听不闻,眼觑不见,苦乐逆顺,打成一片。'《红楼梦》二三:'众人一声答应,七手八脚,忙把宝玉送入怡红院内自己床上卧好。'"

《大词典》:"①动作忙乱貌。《五灯会元·径山杲禅师法嗣·育王德光禅师》:'上堂七手八脚,三头两面,耳听不闻,眼觑不见,苦乐逆顺,打成一片。'……②众人一起动手貌。《红楼梦》第二六回:'众小厮七手八脚,摆了半天,方才停当归坐。'……③形容头绪、支节很多。《朱子语类》卷五五:'人也只孝得一个父母,那有七手八脚,爱得许多!'④形容手和脚多。元无名氏《延安府》第一折:'三牛车的文书,与小人三日假限便要完,便有那七手八脚,也攒造不来。'……"

《辞源》仅释一义,而《大词典》却罗列了四个义项,囊括了各种意义,堪称精到而完备。

(三)书证源流并重

书证是一部词典的重要组成部分,它具有验证词目、辅助释义、显示源流、提供用法等作用。《大词典》的编纂方针是"古今兼收,源流并重"。其"源"和"流"的具体表现就是所使用的书证。《大词典》作为一部历史性的语文词典,更注重援引书证,尽可能地做到溯源究流,显示出汉语词汇发展的轨迹和运用的全貌。下面各举数例说明。

1. 溯源

"为什么举例一定要举出最早出现这个意义的书证呢?因为了解一个字的意义从什么时候开始具有的,这很重要。这样,就不至于用后起意义去解释比较早的书籍,造成望文生义的错误,不符合古人的原意。人们如果能把每个字的每个意义都指出始见书,功劳就大了,对汉语词汇发展史的研究就立大功劳了。"①《大词典》在这个方面下了很大的功夫,在对同一词语进行溯源时,也往往能举出更早的例子。这里和同样注重溯源的《辞源》做一些比较。例如:

(1)[一五一十]

《辞源》:"从头至尾,原原本本。"举《儒林外史》第一回为例。

《大词典》:"②形容叙述得原原本本,没有遗漏。"首举《水浒传》第三十五回为例。

很明显,《大词典》的书证比《辞源》的书证要早一个朝代。

(2)[顶天立地]

《辞源》:"头顶天,脚立地。形容气概豪迈,光明磊落。"首举《元曲选·冻苏秦》为例。

《大词典》:"形容堂堂正正,志向远大,气概不凡。"首举《五灯会元》中例。

《辞源》举元代例,而《大词典》举宋代例,显然早很多。

其他几例如下表所示:

辞书 \ 词目		一得	傲物	喜出望外	广开言路	顾此失彼
首见书证	辞源	《史记》	《旧唐书》	清吴敬梓《儒林外史》	明喻汝楫《礼部志略》	清黄六鸿《福惠全书》
	大词典	《晏子春秋》	晋陆云《四言失题》	宋苏轼《与李之仪》	宋司马光《乞开言路札子》	明张居正《请重修〈大明会典〉疏》

2. 明流

大型辞书如只重溯源而轻流变,"就有可能产生两种遗憾。一是收录古代经典文献中的成句,如不举出后代用例,就很难证明该条词目的存在价值。二是对大量一般语词,不跟踪追迹,亦很难表现该词的生命力"②。在溯源的基础上,如果再描述出这个词语在后世的使用情况,那就是吕叔湘先生说的给词语写"传记"。"源流并重"是《大词典》的编纂特色之一。一条词语在引源之后,往往还要征引一定数量的后世文献书证,来反映该词的流变情况。这里不妨也和《中文》做一下对比,例如:

---

① 见王力《字典问题杂谈》,《辞书研究》1983 年第 2 期。
② 见马传生《从"三"字头词条看〈汉语大词典〉的特色》,《辞书研究》1989 年第 6 期。

二、《汉语大词典》特点简论

(1)[天火]

《中文》:㊀非人所为之火曰天火。如因雷电而引起之火也。《左氏·宣·十六》:"凡火,人火曰火,天火曰灾。"《史记·景帝纪》:"三年,天火燔雒阳东宫大殿城室。"《汉书·武五子·燕刺王传》:"天火烧城门。"

《大词典》:由雷电或物体自燃等原因引起的大火。《左传·宣公十六年》:"凡火,人火曰火,天火曰灾。"《汉书·燕刺王刘旦传》:"天火烧城门。"唐玄奘《大唐西域记·钵伐多国》:"此大伽蓝为天火所烧,摧残荒圮。"《儒林外史》第二六回:"这个堂客是娶不得的!若娶进门,就要一把天火!"李季《菊花石》诗:"共产党领导建立了农协会,山惊地动天火烧,封建崽子都打倒。"

《中文》举《左传》《史记》《汉书》三例,时间跨度不大。汉以后的文献未举,基本没有展示出该词的后世使用情况。《大词典》共举五例,先从《左传》中引例,提示"天火"的源头,然后又依次征引《汉书》《大唐西域记》《儒林外史》《菊花石》等例用以展示该词的"流"。文献涉及先秦、汉、唐、清、现代等不同时期的作品,将"天火"一词的使用情况用书证的形式展示出来,脉络十分清晰。

(2)[快意]

《中文》:称心也。《史记·李斯传》:"快意当前,适观而已矣。"《史记·乐书》:"非以娱心自乐,快意恣欲。"《史记·栾布传》:"富贵不能快意,非贤也。"《汉书·鲍昌传》:"治天下者当用天下之心为心,不得自专快意而已也。"《文选·曹植〈与吴质书〉》:"过屠门而大嚼,虽不得肉,贵且快意。"

《大词典》:②谓心情爽快舒适。《史记·李斯列传》:"快意当前,适观而已矣。"宋陈师道《绝句》:"书当快意读易尽,客有可人期不来。"《红楼梦》第二三回:"低吟悄唱,拆字猜枚,无所不至,倒也十分快意。"魏巍《东方》第六部第十三章:"在眉梢眼角却流露出一种快意的神情。"

《中文》举五例,而《大词典》只举四例,从书证数量上来看,《大词典》不如《中文》多。从文献种类上看,《中文》三种,《大词典》四种,后者占优。《中文》从一部《史记》中连引三例,这种情况在《大词典》中是非常少见的。从时间跨度看,《中文》三部书从《史记》始,至《文选》止,时间跨度很小,"快意"《文选》以后的使用情况,读者就无从了解了。而《大词典》虽举四例,但时间跨度较大,书证年代从汉代至宋代,又至清代,再至现代,基本反映了该词使用的历史线索。

大量的书证是"明流"的保证。实际上,《大词典》的书证数量超过了以往任何一部汉语辞书。在词形、意义完全相同的前提下,笔者对《中文》《大词典》二书的"豆"、"爪"、"甘"、"齿"、"幺"部五个部首所辖复词的书证进行了详细考察,其书证数量对比结果列表如下:

部首 辞书	豆部 (265/6)	爪部 (89/5)	甘部 (109/5)	齿部 (117/1)	幺部 (353/22)	合计 (933/39)
中文	445	156	157	169	621	1548
大词典	677	207	226	226	731	2067

说明:"265/6"表示"豆"部下二书共分别收 265 条词形相同的词语和义项,其中有 6 条意义不同而被排除掉,实际考察了 259 条词语和义项。其余各部所示均同。

考察的五个部首共 894 条词语(义项),其书证总量《大词典》要比《中文》多 519 条。

数字未免抽象,这里我们再以"齿"字头词语为例做一些说明。《中文》《大词典》二书收词(义)相同的有 44 条,我们共考察了 43 条(其中"齿相"一条,《中文》释为:"相处甚久也。"《大词典》释为:"录用旧臣。"义不同,不作考虑),对比其书证,结果如下:

《中文》43 条词语(义项)共收书证 64 条。《大词典》43 条词语(义项)共收书证 91 条。

具体比较如下:

(1)《大词典》书证多于《中文》的有 23 条(括号内数字,前者为《中文》书证数量,后者为《大词典》书证数量。如"齿牙(2,①3)"表示《中文》收 2 条书证,与此对应的《大词典》义项①收 3 条书证):

齿牙(2,①3) 齿牙为祸(1,2) 齿牙余论(1,3) 齿至之车(1,2) 齿列(3,①4) 齿决(2,3) 齿序(2,②3) 齿冷(1,4) 齿角(2,①3) 齿长(1,①2) 齿胄(1,4) 齿衰(2,3) 齿根(0,2) 齿宿(1,2) 齿族(1,2) 齿轮(0,1) 齿齿(2,①3) 齿德(3,②4) 齿颊(1,①3) 齿历(1,2) 齿录(2,3) 齿豁(1,2) 齿让(1,2)

(2)《大词典》书证和《中文》相同的有 18 条(如"齿位(①①1,②③2)"表示《中文》《大词典》义项①各收 1 条书证,《中文》义项②和对应的《大词典》义项③各收 2 条书证):

齿力(1) 齿召(2) 齿次(1) 齿印(①1,1) 齿如齐贝(1) 齿杖(2) 齿位(①①1,②③2) 齿垢(1) 齿垩(1) 齿发(1,③1) 齿尽(1) 齿箄(1) 齿论(1) 齿药(1) 齿龈(1) 齿齦(1) 齿穷(1) 齿舌(①①1,②②2)

(3)《大词典》书证少于《中文》的有 2 条:

齿革(3,2) 齿剑(4,3)

据多卷本、多部首抽样统计分析可知,《大词典》的书证在总量上是远远超过《中文》的。正如徐文堪先生所指出的:"《汉语大词典》根据体现源流、提示用法、辅助释义、提供知识的要求,选用了200多万条经过核对的资料(绝大多数是第一手资料),作为这部词典的例证,从而保证了本词典为广大读者释疑解惑的价值。"①

综上所述,我们认为,从整体上看,《大词典》具有收词量大、释义准确、例证丰富等特点,是目前代表我国语文词典编纂最高水平的一部具有典范性和权威性的辞书。

---

① 见徐文堪《略论〈汉语大词典〉的特点和学术价值》,《辞书研究》1994年第3期。

三、《汉语大词典》订补

我们在充分肯定《大词典》卓越成就的同时,也应当看到这部词典并非白璧无瑕。要编纂一部准确反映古今汉语词汇面貌的大型语文词典,其任务的艰巨性是可想而知的。存在这样那样的问题也是在所难免的。对此,我们应当采取实事求是的态度。现将所发现的若干方面的问题,分类详述于下。

（一）释义不确

释义是词典的核心任务,词典的释义水平,在很大程度上决定着词典的质量。一般来说,一部好的词典在释义上必须做到以下三点:首先,释义要准确无误。其次,释义要明确,要使读者对词语有清晰的概念,对事物、现象有明白无误的认识。再次,释语要精练和规范。从整体上说,《大词典》的释义水平是相当高的,但也有部分条目的解释不够精确,少数条目还有可商之处。例如:

(1)一卷18页"一六兀剌"条:"形容说话别人听不清或听不懂。元无名氏《端正好·朔风寒同云密》曲:'我见他一六兀剌地说体礼,他那里阿来不来的唱一直。'又《端正好·我常在地曹行》曲:'我见他一六兀剌的舌头儿念了些吸哴糊突的呢。'亦作'一溜兀剌'。元无名氏《哨遍·畋猎》曲:'马背后齐梢挂,挂的来力修绿簌,打番语一溜兀剌。'"

按:就释义与所引之例看是贴合的。但此为象声词,一词异写,音无定字。又书作"亦溜兀剌"、"咿呖呜剌"、"壹留兀渌"等,例如《全元散曲·柳营曲·题章宗出猎》:"剔溜秃鲁说体例,亦溜兀剌笑微微。"汤式小令《湘妃引·京口道中》:"咿呖呜剌杜宇声干。"康进之《李逵负荆》第二折:"他这般壹留兀渌的睡。"以上或者模拟人的笑声、哭声①，或者模拟鸟鸣之声，不限于含混难懂的人语声。概而言之，当是形容很快发出的一连串的声音。原释缺少概括性。

(2) 一卷 25 页"一地里"条："③一时之间。《金瓶梅词话》第九一回：'要寻个娘子当家，一地里又寻不着门当户对妇。'"

按："一地里"即"满地里"，意同"到处"。"一地里寻不着"即"到处找不到"。金元以来白话作品中用例极多（详李申《金瓶梅方言俗语汇释》），然只用于空间，尚未见用于时间的。且"一地里"系言范围广大，"一时之间"系言时间短暂，很难有引申关系。

(3) 一卷 49 页"一周"条："④指一周年。"

按：该释义不够完整。"一周"还可指一周岁。例如《三遂平妖传》第一回："老娘婆收了，不免做三朝、满月、百岁、一周，取个小名：因是纸灰涌起腹怀有孕，因此取名叫做永儿。"《金瓶梅词话》第四十八回："我那等说，还不到一周的孩子，且休带他出城门去。"又第八十五回："妇人道：'何曾出来了，还不到一周儿哩。'"故释为"指一周年或一周岁"，方为完备。

(4) 一卷 55 页"一柞"条："犹一叠。柞，约为拇指和食指伸开的距离。"

按："柞"在元曲中有多种写法，又作"拆"、"折"、"扎"、"札"等。如《西厢记》第四本第一折："绣鞋儿刚半折，柳腰儿勾一搦。""折"，王季思校注本作"拆"。兰楚芳散套《粉蝶儿·思情》[迎仙客]曲："我则见窄弓弓藕芽儿刚半扎。""柞"、"折"、"拆"、"扎"和"札"，都是"搩"的借用字。《集韵》："搩，手度物。"引申为量词，今写作"拃"。指拇指至中指伸直的长度，而非从拇指到食指伸开的距离。徐嘉瑞《金元戏曲方言考》曾释此为"一堆"，误。今《大词典》释为"犹一叠"，亦不确。上举元曲二例，均以"半扎"（犹言三寸）形容鞋小，均不能用"堆"、"叠"衡量。又，《醒世姻缘传》第五十八回："狄希陈取出那炮仗来，有一札长，小鸡蛋子粗。"此言一个"炮仗"的长度，显然不能说是"一叠长"。

"搩"，实来自"磔"，《广雅·释诂三》："磔，张也。"又"磔，开也。"汉译佛经多于数字后用"磔手"，即取手指张伸、张开量物长短之义。《慧琳音义》卷

---

① 关于"壹留兀渌的睡"，顾肇仓《元人杂剧选》（人民文学出版社，1978 年）注云："或作咿哩乌芦、一六兀剌。形容口里所发的声音。这里是形容鼾声。"《元曲释词》四亦沿用此释。今按：此句曲文前有"那老儿，托着一片席头，便慢腾腾放在土炕上，(带云)：他出的门来，看一看，又不见来，哭道：我那满堂娇儿也！"一段描写，可知老人在女儿被抢走后哭着睡下，睡下还哭的痛苦情状。故释"鼾声"实有悖剧情。此处系描摹老人的痛哭声。

六十八"磔手"注:"磔手者,张其手取大指中指所至为量也。"可知"搩"乃"磔"之后出本字。

(5)一卷 75 页"一停"条:"②犹言一部分。元张可久《小梁州·春日次陈在山韵》曲:'海棠开后一停春,过了三分。'《儿女英雄传》第二六回:'少说,这里头也有一停儿没爹娘的女孩儿,只好都当姑子去罢!'"

按:将"一停"释为一部分,较为宽泛。因为照《大词典》的解释,总数的十分之一可以称为一停,十分之九也可以称为一停。正确解释应该是"将事物的总数分成几部分,其中的一个部分为一停"。《三国演义》第五十回:"三停人马,一停落后,一停填了沟壑,一停跟随曹操。"《水浒传》第一一六回:"谁想把我弟兄们三停损了一停。"两例中的"一停"皆指总数的三分之一。另外,从《大词典》对"八停"条(犹言八成。表示多数)和"九停"条(九分;九成)的解释,亦可证明"一停"条所释不确。

(6)一卷 85 页"一犁雨"条:"指春雨。雨量足够开犁耕种,故名。"

按:释为"雨量足够开犁耕种,故名"是正确的,但释为"春雨"则欠妥,因为"一犁雨"并非专指春雨,"一犁"是用来修饰雨量的,而非修饰下雨的季节的。《大词典》六卷 280 页"犁"条:"⑩量词。表示雨量相当于一犁入土的深度。"确。下例亦可为证:清佚名《施公案》第九十六回:"(众人)走到殿前,只见傻和尚赤着身体,独坐三官殿供桌之上,闭目沉睡,浑身淋汗——此时正在隆冬,天气甚为寒冷,他仍赤身大汗淋漓。众人看罢,说道:'有些奇异!'从此合村人无不供奉。到次日早起,合村人约齐老少男女,同奔到三官殿内,见了傻和尚一起参拜。……"又第九十九回:"皇爷宝座上点头道:'但愿如此,无奈亢旱依然,朕甚觉有愧于心。爱卿保国佑民,速行施法,祈得一犁甘雨,慰朕如渴之望。'"仔细阅读《施公案》第九十六回至九十九回,我们不难发现,这几回讲的都是求雨的事情,且九十九回皇爷说话的时间就是九十六回所说的"次日",也就是说,当时仍然是"隆冬季节"。那么,"一犁甘雨"应该是"冬雨",而非"春雨"。

另外,"一犁雨"如指春季之雨,多点明"春"字。如宋苏轼《如梦令·有寄》词:"归去,归去,江上一犁春雨。"清曹寅《江村杂咏·耕烟阁》诗:"敕敕复力力,一犁春雨晴。"由此亦可知"一犁雨"并非专指"春雨"。

(7)一卷 91 页"一跳八丈"条:"形容精力充沛。《醒世姻缘传》第二回:'咱昨日在围场上,你一跳八丈的,如何就这们不好的快?想是脱衣裳冻着了。'现多用以形容脾气很大,容易发怒。如:他一跳八丈高地大发雷霆。"

按:该条释义问题有二:1."一跳八丈"中"八丈"不是确指,而是虚指。言其高。其本义当为"跳得很高"。如果认为它引申出"精力充沛"义,似无不可,且放入所举例句中也能讲得通。但再看下例:《醒世姻缘传》第四十回:"待不多会,只见小冬哥一跳八丈的跑了来。狄员外让他吃饭,他也没吃。"如果以该引申义释此例中的"一跳八丈",则扞格难通。词典释义应具有周遍性,不应该在此例句中能讲通放到其他例句中就讲不通。我们认为,该条就应释本义。"你一跳八丈的"就是"你还跳得高高的",言外之意是你还没病。"小冬哥一跳八丈的跑了来"即"小冬哥蹦蹦跳跳地跑了来"。所用皆为本义。2.说"现多用以形容脾气很大,容易发怒",不确。先从其所举之例看,"他一跳八丈高地大发雷霆",该句中"一跳八丈"是用来形容人发怒时的情状,而非言人脾气很大,容易发怒。如果仅说"他一跳八丈",人们并不知所云为何。故应释为:现多用以形容人发怒时的情状。

(8)一卷297页"**上脸**"条:"得脸;有脸面。《红楼梦》第三九回:'平儿啐道:"好了,你们越发上脸了。"'亦用以谓卑幼对尊长开玩笑。《人民日报》1981.12.14:'混丫头,跟她爹上脸哩!'"

按:此词多谓卑幼者因恃宠等原因而说话随便,举止张狂,不合身份。常与"上头"、"上头脑"连用。例如《金瓶梅词话》第二十六回:"待要说是奴才老婆,你见把他逼的没张置的,在人根前上头上脸,有些样儿!"又第七十二回:"你如今不禁下他来,到明日又教他上头脑上脸的,一时桶出个孩子,当谁的?"两例系讥讽婢女仆妇与家主勾搭成奸后变得轻狂。"逼的没张置"、"有些样儿!"可为说明。上引《红楼梦》一例,平儿是说:"你们越来越不像样子了",而非谓越来越有脸面。所举《人民日报》例,也是说女儿对爸爸的态度太随便。今徐州话说"跐着鼻子上脸",亦是批评人(多为年幼者)言行越来越不成体统。

(9)一卷309页"**下子**"条:"③表示本领、技能。"

按:"下子"本为量词,用以表示动作的次数。由此并不能引申出"本领、技能"义。此条下所引例证为周立波《暴风骤雨》第二部一:"萧队长他又来了,这人是有一两下子的。"此句是言萧队长有本领,但此义不是由"下子"而是由"一两下子"表示出来的。我们生活中说某人有本领常说"他有一两下子"或"他有两下子","一两下子"、"两下子"才表示"本领、技能"义。《大词典》释"两下子"为"指办法或本领"。"下子"则不当作此释。

(10)一卷541页"**表襮**"条:"亦作表暴。"义项①释为:"自炫。"引例为唐·

韩愈《南海神庙碑》:"(孔戣)治人以明,事神以诚,内外单尽,不为表襮。"

按:此义虽于文例可通,但仍稍欠妥当。《说文·衣部》:"表,上衣也。"又:"襮,黼领也(刺黼文于领)。"《通雅》卷三十六:"衣外饰曰襮,即谓表也。"若释"表襮"为"自炫",则"自"无所从出。又如《新唐书·李晟传》:"晟每与贼战,必锦裘绣帽自表,指顾阵前。怀光望见,恶之,戒曰:'将务持重,岂宜自表襮,为贼饵哉!'"《朱子语类》卷二九:"问甯武子愚处。曰:'盖不自表暴,而能周旋成事,伊川所谓"沈晦以免患"是也。'"据上,"表襮"义项①当改释为:"表现,炫耀。"

(11)一卷707页"半上落下"条:"犹半途而废。"共引《朱子全书》两条文例,如《朱子全书》卷十九:"圣人不肯半上落下,直是做到底。"

按:《大词典》释为"半途而废",应该是受其所引例证的下文"直是做到底"的影响所致。又《朱子语类》卷八:"学者做工夫,当忘寝食做一上,使得些入处,自后方滋味接续。浮浮沉沉,半上落下,不济得事。"又同卷:"如两边擂起战鼓,莫问前头如何,只认卷将去!如此,方做得工夫。若半上落下,半沉半浮,济得甚事!"从上例看,"半上落下"与"浮浮沉沉"和"半沉半浮"并列,其义相当,可理解为不上不下的中间状态,引申指事情只做到一半,不够彻底。此义与"半途而废"不同。此外,《大词典》收录有"半上半下"条,释义为:"谓两可之间。"例证均引自《朱子全书》,并可参证。

(12)一卷717页"半篮脚"条:"旧时女人缠裹的不大不小的脚。《醒世姻缘传》第四九回:'皂角色头发,洼跨脸,骨挝腮,塌鼻子,半篮脚,是一个山里人家。'"

按:释义不确。"不大不小"易理解为"恰好"、"正合适"。然"半篮脚"并非正合适的脚。《醒世姻缘传》将其与"皂角色头发"、"洼跨脸"、"骨挝腮"、"塌鼻子"一起形容人,皆言其丑陋。"半篮脚"盖谓旧时女子因裹足失败而致脚大(介于天足和小脚之间)。又如《醒世姻缘传》第十回:"首帕笼罩一窝丝,袜桶遮藏半篮脚。雄赳赳跪在月台,响亮亮说出天理。"亦作"半拦脚"。例如明陆人龙《型世言》第三十七回:"自此在店里包了个头,也搽些脂粉,狠命将脚来收,个把月里收做半拦脚,坐在柜身里,倒是一个有八九分颜色的妇人。"民国姚灵犀《采菲录》:"再就好看一点说,小脚诚然已成时代之落伍者,但是短而肥的半拦脚,既无天足之活泼大方,再无小脚的瘦小玲珑,实在难看。"均可为证。《大词典》失收"半拦脚",其词形亦早于"半篮脚"。

(13)一卷759页"乜乜些些"条:"装痴作呆。《西游记》第六十一回:

'[牛王]将身一变,变作一只香獐,乜乜些些,在崖前吃草。'"

按:释义有误。牛王化作香獐吃草,只是想躲过追杀而已,与"装痴作呆"有何关系?正确的解释应是"慢慢腾腾"。此处是说牛王所变的香獐,在崖前慢腾腾地吃草,一副若无其事的样子。既非牛王更非香獐在装痴作呆。此词又写作"乜乜屑屑"。《醒世姻缘传》第四十三回:"我说:'你吃了可早些出去回奶奶的话,看奶奶家里不放心。'他乜乜屑屑的不动惮。""乜乜屑屑的不动惮"即慢慢腾腾不动弹,亦可为证。今鲁南方言称人行动迟缓仍说"乜些"、"乜乜些些"。例如:"这人真乜些,半天的活儿三天还没干完。""他在那儿磨磨蹭蹭,乜乜些些,真让人受不了。"此与《西游记》《醒世姻缘传》用法正同。

(14)一卷794页"干噎"条:"气逆。《红楼梦》第二九回:'那宝玉又听见他说"好姻缘"三个字,越发逆了己意,心里干噎,口里说不出话来。'"

按:噎,谓食物堵住食管。吃东西时,仅吃干的,不喝稀的,把难以下咽的东西硬咽下去叫干噎。方言中,噎又引申指说话顶撞人或使人受窘没法说下去。齐如山《北京土话》、陈刚《北京方言词典》等均有记述。干,指无可奈何的状态。例如:"干憋",言人心里憋气而没有办法发泄。"干瞪眼",意为睁大眼睛看着某事发生却无可奈何。"干挓抄手"言人伸着两手而不知所措。故"干噎"喻指人忍气受窘却说不出话来的状态。《红楼梦》中又写作"干咽",见第一〇一回:"凤姐听了,气的干咽,要和他分证,想了一想,又忍住了。"意同。今徐州方言仍流行此语。释作"气逆"则不够详确。

(15)一卷1270页"低心下意"条:"谓小心谨慎、专注不移。《朱子语类》卷四四:'下学是低心下意做,到那做得超越,便是上达。'《朱子语类》卷七六:'"巽",只是低心下意要制事。须是将心入那事里面去,顺他道理,方能制事,方能行权。'"

按:所释"小心谨慎"用于上引第二例难以说通。改释为"实实在在,一心一意"似更为妥当。又如《朱子语类》卷七九:"逊志者,逊顺其志,捺下这志,入那事中,子细低心下意,与它理会。若高气不伏,以为无紧要,不能入细理会得,则其修亦不来矣。"

(16)一卷1531页"做满月"条:"在婴儿出生满一个月时,举行某种仪式或庆祝活动,谓之做满月。"

按:释义不够全面。"做满月"尚可指人庆贺结婚满一个月。《古今小说·金玉奴棒打薄情郎》:"侄女玉奴招婿,也该请我吃杯喜酒。如今,请人做满月,开宴六七日,并无三寸长一寸阔的请帖儿到我。"此句中"满月"指金玉奴结婚满一个月,金玉奴此时并未生孩子。清无名氏《人中画》:"孟小姐若虑兄弟幼小,满月之后,听凭回家料理可也。"此句中"满月"亦言结婚满一个月。从上两例中亦可看出古时结婚满月时举行庆贺活动的习俗。

(17)一卷1562页"**偏手**"条:"外快。指正当收入之外的收入。"

按:释义过于宽泛。从《大词典》所引三例中可以看出,"偏手"均指在交易中发生的现象。现将三例照录如下:明张居正《答宣大巡抚郑范溪书》:"偏手之说,信有之也。时满酋尚幼,不与其事,今见其兄独专厚利,故比例横索耳。"《醒世恒言·汪大尹火焚宝莲寺》:"如出得二百两与众人,另外我要一百两偏手,若肯出这数,即今就同你去。"《醒世姻缘传》第十二回:"这五百是过付的,那二百是伍小川、邵次湖两个的偏手,不在禀帖上。"三例中"偏手"均指回扣,即交易中卖方给中间人的额外款项。下面再补一例,明周清原《西湖二集》第十三卷:"后来二人共做一注生意,赵小乙打了个偏手,蒋七老气忿不过,与他争论。""打了偏手"亦即"吃了回扣"。

高文达《近代汉语词典》释"偏手"为"私得的外快",这与《大词典》基本相同;许少峰《近代汉语词典》释为:"私下落钱。今俗称揩油。"把"偏手"释为动词性"落钱"、"揩油"似为不妥。此两部词典均引用《醒世姻缘传》第五十五回:"原来两个媒婆已是先与冉家讲定了是二十四两,分外多少的,都是两个媒人的偏手。"此例中"偏手"系代指所落的钱财。

(18)二卷96页"**兵牌**"条,义项①释为:"传令的士兵。"

按:释义偏狭。宋时称兵丁军卒为牌军,故有兵牌之称。多系泛指。例如《金瓶梅词话》第九十三回:"这陈经济打了回梆子,打发当夜的兵牌过去,不免手提铃串了几条街巷。"此例之"兵牌"即指巡夜的士兵,而非传令者。

(19)二卷148页"**真章**"条:"当真,顶真。"

按:"真章"是一个方言词,今河北唐山一带仍在使用。贾采珠编《北京话儿化词典》也有解释:①事情的真相:姐姐如果一定要见真章,少一时自然看得见。我倒要问他个真章。②实在的、确实的,也叫"真格的":见了真章,就有些虎头蛇尾咧! 该解释基本正确,只不过义项②改为"真的(不是说说就算的)"更好。《大词典》释为"当真,顶真",不确。

(20)二卷241页"**先儿**"条:"'先生'的俗称。元刘唐卿《降桑椹》第二折:'胡先儿,他这个是什么病?'《金瓶梅词话》第六七回:'西门庆道:"咱们和温老先儿行个令。"'《红楼梦》第四三回:'不但有戏,连耍百戏并说书的女先儿全有,都打点着取乐玩耍。'"

按：释义过于笼统。因为《大词典》"先生"条列有14个义项。释义时应该指明同"先生"的哪一个义项。细读"先儿"条的三个例子，我们可以看出第一、三两个例子中的"先儿"义同"先生⑨"（旧时称以相面、卜卦、卖唱、行医、看风水等为职业的人）。而第二个例子中的"先儿"义同"先生④"（称老师），"温老先儿"即塾师温秀才。笔者认为，为了避免释义的模糊，不应该使用多义词来训释词语，如果使用，应该具体注明是多义词的哪一个义项。

(21)二卷352页"京堂"条："清代对某些高级官员的称呼。如都察院、通政司、詹事府……等寺的长官，概称京堂。在官文书中称京卿，一般为三品、四品官。中叶以后，成为一种虚衔。"

按：京堂，明清对某些官员的称呼。明时常指四品或五品官员，到清代则一般指三品或四品官员，清中叶后成为一种虚衔。如明焦竑《玉堂丛语》卷六《事例》："故事，父任京堂而子为科道者，例得回避改他官。"明于慎行《谷山笔麈》卷一《制典上》："左班面西侍立，一品、二品为第一行，三品次之，为第二，四品五品京堂次之，为第三，宫坊五品六品次之，为第四，翰林六品七品次之，为第五，两房中书次之，为第六，此为一段。"又"其北面行礼班次，则公、侯、驸马、伯列三班于前，……四品五品京堂至翰林史官、吉士第三，科道、中书第四。"《三垣笔记·附识上崇祯》："吴抚甡因明旨有提学官三年清公有望者，闲擢五品京堂，以示优异，乃具疏荐之。"《辞源》84页"京堂"条："清代对某些高级官员的称呼，一般是三品或四品官。如……"由上文几例我们发现早在明代就有"京堂"之称，且指四品或五品官员。可见，《辞源》《大词典》等大型辞书的编纂者多未见以上几例，从而造成释义不够准确。《中国历史大辞典》卷下1914页"京堂"条："明清对某些高级官名之称呼。言其为堂上之官。一般为三品或四品官。……"释义亦欠准确。

(22)二卷586页"分际"条义项②释为"紧要关头"。

按：《大词典》所举两例分别为：《水浒传》第十二回："两个又斗了十数合，正斗到分际，只见山高处叫道：'两位好汉不要斗了！'"《古今小说·史弘肇龙虎君臣会》："二人拳手厮打，四下人都观看。一肘二拳，三翻四合，打到分际，众人齐喊一声，一个汉子在血泺里卧地。"两例均指双方战到胜负将分之际，故此处释为"形势明朗的时刻"较妥。此义当由义项①"界限；分寸"引申而来。又如清俞万春《荡寇志》第一〇八回："那一壁厢，栾廷玉战到分际，卖个破绽，勒马逃回。"此处指栾廷玉按事前计划行事，并不是想战败对方。释为"紧要关头"显然不妥。

(23)二卷610页"**列子**"条:"①即列御寇,相传为先秦早期道家。②指众士子。《金瓶梅词话》第九七回:'风吹列子归何处?夜夜婵娟在柳梢。'"

按:列子,战国时郑人,相传他能御风而行。《庄子·逍遥游》:"夫列子御风而行,泠然善也。"后人多用此典,以形容人飘飘欲仙。如元卢挚《双调·殿前欢》曲:"谁人与共?一带青山送,乘风列子,列子乘风。"此是写作者在喝醉以后飘飘欲仙,像列子御风一般的感觉。《金瓶梅词话》两引"风吹列子归何处"诗。一是第七回写西门庆娶孟玉楼,一是第九十七回写陈经济娶葛翠屏,引此诗是为了表现人物得意尽欢,飘飘欲仙的感觉。《大词典》释为"众士子",不知何据,当非用典之意。

(24)二卷661页"**到头**"条:"①掉头。"引例为《乐府诗集·清商曲辞六·那呵滩》:"闻欢下扬州,相送江津弯。愿得篙橹折,交郎到头还。"

按:若只就《大词典》所引例证来看,释"到头"为"掉头"并无不妥。然而这样一来,其词形和语义之间的关系实在令人难以索解;而且,并没有其他"到头"作"掉头"解释的文献用例来作为旁证。其实,此例中的"到头"解作"到最后"似更确切,诗的后两句即"希望篙橹折断,教郎到最后还是回来"。又如唐白居易《忆庐山旧隐及洛下新居》诗:"无奈攀缘随手长,亦知恩爱到头空。"《朱子语类》卷二五:"问:'征伐固武王之不幸。使舜当之,不知如何?'曰:'只看舜是生知之圣,其德盛,人自归之,不必征伐耳。不然,事到头,也住不得。'"又同书卷三七:"勇,本是个没紧要底物事。然仁、知不是勇,则做不到头,半途而废。"《大词典》该条义项②释为"最后,直到最后",是。

(25)二卷703页"**剔亮**"条:"剔透明亮。臧克家《大别山》诗:'流泉到处卖弄清响,把石子冲洗得光滑剔亮。'"

按:释义有误。"剔亮"应该是很亮的意思,《大词典》系随文释义。石子被水冲刷的结果应该是非常光滑,非常明亮,而不应该是"剔透"。"剔"在这里是一个表示程度的副词,相当于"很"、"甚"等,而且这个意义在近代汉语中常用。如元曲中多用"剔圆"、"剔团圞"。又如《警世通言》第十三回:"押司娘听得说,柳眉剔竖,星眼圆睁。"清蒲松龄《聊斋俚曲集·磨难曲》第三十一回:"那山后剔陡石崖,不用招架的,就是前三面出路,须用车辆树头紧紧塞断。"均可为证。

(26)二卷734页"**割闹**"条:"方言。指碎草,细料。"

按:"割闹"并非仅指"碎草",也不是什么"细料",而是碎草、树叶等混杂物。清蒲松龄《聊斋俚曲集·慈悲曲》第四回:"见哥哥已咱把各闹打扫了一大堆,还在那里扫。"董遵章《元明清白话著作中山东方言例释》:"各闹,带尘土的碎草残叶。"李行健《河北方言词汇编》:"各闹,碎柴草。"在河北方言中,柴禾也可称"各闹"。由此可知《大词典》释义不够准确。

(27)二卷1112页"基址"条:"②指一地之范围。《宋书·州郡志二》:'宋武帝欲开拓河南,绥定豫土。九年,割扬州大江以西,大雷以北,悉属豫州,豫基址因此而立。'"

按:《大词典》释"基址"为"一地之范围",大概是受其所引文例前半句"割扬州大江以西,大雷以北,悉属豫州"误导所致。《大词典》忽略了文例后半句词语之间的语义关系,即"一地之范围"与"因此而立"很难搭配。《大词典》该条义项①释义为:"建筑物的地基、基础。"义项②之文例只不过是此义的比喻用法而已。《经律异相》卷六引《善见律毘婆沙论》卷三:"沙弥修摩那令作基址。"《玉篇》:"墌,基址也。"《慧琳音义》卷八八:"基址:《古今正字》云:'址亦基也。'"又卷九六:"基址:《说文》云:'址,基也。'"字又作"基趾"。如《朱子语类》卷二三:"大率学者且要尽从小处做起。正如起屋,未须理会架屋,且先立个基趾定,方得。"故义项②当删。

(28)二卷1293页"对撇子"条释为"犹对心眼"。即指"心思、想法相同"。

按:"对撇子"当指"情趣相投,合得来",而非指"心思、想法相同"。今北方方言中仍用。如:"俺们俩挺对撇子的。"刘小南《黑龙江方言词典》将其释为"情趣相投,合得来",较贴当。

(29)二卷1505页"夹细"条:"仔细。《朱子语类》卷四八:'子夏亦自知之,故每亦要做夹细工夫,只这子细便是他病处。'"

按:在《大词典》所引文例中,"夹细"与"子细"同时出现,很容易使人在二者之间建立起某种关联。然而,细加分析却并非如此。不妨看一下该例的具体出处:《朱子语类》卷四九:"(论'大德不踰闲,小德出入可也')子夏之意,只为大节既是了,小小处虽未尽善,亦不妨。……大抵子夏之说自有病,只是他力量有行不及处。然既是有力不及处,不免有些小事放过者,已是不是,岂可谓之'可也'!……子夏亦自知之,故每亦要做夹细工夫。只这子细,便是他病处。"

从引文中可以看出子夏的"子细"之所以是他的病处,正是因为子夏"每亦要做夹细工夫",这里的"子细"并非指的是"认真细致",而是"小心谨慎"之义。① 这里的"夹细"也与"仔细"无涉,而应该解释为"犹言十分琐细"。又同书卷三六:"又问:'横渠云:"四者既亡,则'以直养而无害'。"'曰:'此

---

① 《大词典》四卷173页"子细"条列有4个义项:①认真、细致;细心。②小心,留神。③清晰;分明。④详情;底细。

"直"字说得重了。观孟子所说处,说得觕。直,只是"自反而缩"。后人求之太深,说得忒夹细了。'"亦即此义。《续资治通鉴长编》卷一三:"又诸州科纳,止令县具单账供州,不得令逐乡造夹细帐,以致烦扰。"此例之"夹细帐"即指的是记录十分琐细以至于令查检者不胜其烦的账单。又如《永乐大典·王与钧蓝缕集》:"嘉定故相,本不知兵用,兵上房老吏,置局府前,画揭贴图,编夹细册,几三边险阨之血脉,道理之远近,屯戍之多寡;某为喉衿,某为冲要;某处粮草,见客若干;某屯制领,见差何人;某可婴城自守,某可一面拒敌;某可声援策应,某处有急,调某人兵为便,移某司财为速;某为南人,某为北人,某为山寨,某为水寨;指掌可辨,按图可知。其在当时酬应边事,罕闻疏脱,觕有规模。"此例后文冗长的并列成分,正是对"夹细册"所录内容的具体说明,其烦琐程度,由此可见一斑。

(30)二卷1657页"尖尖"条:"②方言。犹狠狠。《醒世姻缘传》第三五回:'刘宦差回,尖尖打了十五个老板。'又第六三回:'十六日放告的日子,叫他在巡道手里尖尖的告上一状,说他奸霸良人妇女。'"

按:"尖尖",犹言足足。"尖尖打了十五个老板"即足足打了十五大板,一点也没有减少。"尖尖的告上一状"形容罪状罗列之多。又同书第十一回:"自己把嘴每边打了二十五下,打得通是那猢狲屁股,尖尖的红将起来。"此"尖尖"犹云"高高"(与"足足"相通),而不能说成"狠狠地红将起来"。上引《醒世姻缘传》第三十五回例,黄肃秋校注本注云:"狠狠地。"《大词典》未辨黄注之误而沿用,亦误。今方言口语说"尖尖的一碗米饭",言米饭盛得满,亦"足"义。

(31)三卷76页"叨贴"条:"犹贴补、沾光。"

按:"贴补"指拿出钱物帮助别人,"沾光"是在钱物等方面得到别人的帮助,方向是相反的,似不当将其统一在一起解释。"叨贴"实际上只有"沾光"义,即从别人那里得到好处。例如明陆人龙《型世言》第二十三回:"又有这些趋附小人,见他有钱,希图叨贴,都凭他指使。"又同回:"我看你平日只是叨贴他些,明日去了,将什么去赎这衣物。""叨贴他些"意为沾他一些光,而非贴补他一些。

(32)三卷371页"草料"条:"②自谦之词。谦称自己无能力或无福分。"引《水浒传》第二九回:"武松答道:'小人年幼无学,如何敢受小管营之礼?枉自折了武松的草料。'"《儿女英雄传》第十五回:"慌得邓九公连忙爬下还礼不迭,说:'我的老父母,你可不要折了我邓振彪的草料!'"《三侠五义》第七二回:"倪忠道:'官人如何这等呼唤?惟恐折了老奴的草料。'"诸例。

按:释义不确。"草料"在三例中俱为名词,作"折"的宾语,"折了……草料"犹言"折了……的福分、阳寿"。而"无能力或无福分"则为动词性短语,不能作宾语。高文达《近代汉语词典》将其释为"谦称自己的福分和寿限",确。

(33)三卷373页"哑酒"条:"俗谓哑巴酒。喝酒而不行令猜拳。"

按:释义范围过窄。"行令猜拳"仅是喝酒时助兴方式中的一种。"喝酒而不行令猜拳"可以称为"哑酒",但是除了猜拳行令,如果没有其他的方式来助兴,也可以称为"哑酒"。例如《金瓶梅词话》第六十回:"我从来吃不得哑酒。你叫郑春上来唱个曲儿我听,我才罢了。"清竹溪山人《粉妆楼》第三十七回:"又饮了一会,李定道:'哑酒无趣,叫家人取我的方天戟来,待我使一路与众位劝酒。'"许少峰《近代汉语词典》释为:"没有游艺助兴的喝酒。"意思虽较《大词典》准确,但不大合乎语法规范,不如释为"喝酒而没有游艺助兴"更为妥帖。

(34)三卷607页"回天"条:"②旧以皇帝为天,凡能谏止皇帝改变意志者称回天。"

按:释义不明确,容易引起歧解。因为"者"字作代词讲时,既可以代指物,又可以代指人。释为"凡能谏止皇帝改变意志者称回天",容易使人理解成"凡是能够谏止皇帝改变意志的人称为回天"。这和其想要表达的"谏止皇帝改变意志称回天"的意思是不符的。另外,十卷770页"迴天"条:"②旧以皇帝为天,故喻谏止皇帝改变意志。"亦可证明"回天"义项②释义不妥。不如去掉"凡能"和"者",这样,不仅语言简洁,而且不会产生歧义。

(35)三卷614页"回残"条:"旧时官府在营建后将剩余物资变卖回缴国库之称。"举如下两例:唐元结《请收养孤弱状》:"有孤儿投军者,许收驱使;有孤弱子弟者,许令存养。当军小儿先取回残及回易杂利给养。"《新唐书·食货志二》:"文宗大和九年,以天下回残钱置常平义仓本钱,岁增市之。"

按:回残,将剩余物回售之义。如清顾禄《清嘉录》卷三《犯人香》:"庙祝、司香,收神前残蜡,复售于烛肆,俗呼'回残蜡烛'。……《旧唐书·王毛仲传》管闲厩刍粟之类,'每岁回残,常致万斛。'……吴人谓买物用过,仍卖回店中为'回残'。二字本此。"《吴方言词典》165页收录了"回残"条,释义为"将用过的货物卖还给商店"。从上文我们可以看到,回售的不仅是用过的,还有多余的。故《吴方言词典》所释亦欠准确。

"回残"还有一义,即"剩余物"。该义在唐以来文献中常见。如《全唐诗》王建《赠田将军》诗:"大小独当三百阵,纵横只用五千兵。回残匹帛归天库,分好旌旗入禁营。"杜佑《通典·食货六·赋税》:"其时钱谷词,唯务割剥,回残剩利,名目万端,府藏虽丰,闾阎困矣。"《太平广记》卷二百五十九《嗤鄙二·韩琬》:"本立与琬颇不平之,曰:'腐儒不解事,为公杀此鸡。'张生索取学徒回残食料。"《春染乡塌》第三回:"银匠看了,又是异乡人,便弄手脚,空心一簪子,足差一钱银子,打完,连回残一称,道:'瞧瞧看,不缺一厘。'"又清光绪五年《镇海县志》:"物之剩余曰回残。唐天宝年间,修造紫阳观,敕牒有回残钱若干贯,回残银若干两之文。"胡祖德《沪谚》:"物之剩余曰回残。'若要富,买买回残货。'"《汉语方言大词典》卷二 1971 页"回残"条举上两例释为"〈名〉剩余之物。吴语。上海。"

综上,"回残"有二义:①剩余之物;②将剩余之物回售。可见《大词典》所释既不准确,也不全面。

(36)三卷 864 页"峣崎"条:"奇特;古怪。"共引文例两则:《朱子语类》卷十一:"读书只就一直道理看,剖析自分晓,不必去偏曲处看。《易》有个阴阳,《诗》有个邪正,《书》有个治乱,皆是一直路径可见,别无峣崎。"《朱子语类》卷一二五:"圣贤言语自平正,都无许多峣崎。"

按:释义欠当。当释为:"谓山势峻险难行,引申指言语晦涩难解。"《说文·山部》:"嶤,山高貌。""崎"本作"䧢",《说文·危部》:"䧢,险也。"该词在《朱子语类》中多次出现,如卷一一:"观书,当平心以观之。大抵看书不可穿凿,看从分明处,不可寻从隐僻处去。圣贤之言,多是与人说话。若是峣崎,却教当时人如何晓。"例中"峣崎"当与"隐僻"义近,不同于"与人说话"之语的平直易解。又如卷二二:"或问:'良何以训"易直"?'曰:'良,如今人言无峣崎为良善,无险阻密蔽。'又曰:'易,平易,和易;直,无屈曲。'"朱子以"无峣崎"和"无险阻密蔽"答复"良何以训'易直'",并进一步说明:"易,平易,和易;直,无屈曲。"以上例中"峣崎"如用"奇特;古怪"去解释恐难合文意。另外,文例中的"峣崎"有时用如名词,可释为"曲折难解之处"。

(37)三卷 902 页"行鬼路"条:"躲躲闪闪地走路。《金瓶梅词话》第七三回:'这玉楼扭回头看见是金莲,便道:"是这一个六丫头。你在那里来?猛可说出句话,倒唬我一跳。单爱行鬼路儿!你从多咱走在我背后?"'"

按:此言人走路蹑足潜踪,听不见声响。故孟玉楼问:"你从多咱走在我背后?"可见她毫无知觉。仅释"躲躲闪闪",语意尚嫌不足。

(38)三卷 904 页"行财"条:"②出纳钱财。《水浒传》第六一回:'五年之内,直抬举他做了都管,一应里外家私都在他身上,手下管着四五十个行财管干。一家内都称他李都管。'"

按:此当指掌管钱财出纳的人。《金瓶梅词话》第四十六回:"你无故只是他家行财,你也挤撮我起来。"可证。胡竹安《水浒词典》该条释作"管钱财进出的",亦看作名词。

(39)三卷 1007 页"从臾"条:"见'从谀'。"同卷 1014 页"从谀"释为"亦作'从臾'、'从恩'。怂恿;奉承。"

按:从臾,劝说义。如明叶盛《水东日记》卷三《黄希声》:"盖好事须从臾,不则恐沮其志也。"明焦竑《玉堂丛语》卷八《仇隙》:"又,次揆诸城为从臾,则曰:'吾以某日赴,自阁出,即造公,不过家矣。'"明于慎行《谷山笔麈》卷五《臣品》:"御史大夫葛端肃公终身不置姬侍,年且五十,夫人以其老,求一姬奉之,公固不肯,夫人从臾百端,不得已一往,至则姬直侍卧内,公拂衣而出,竟不复往。"明陆粲《庚巳编》卷十《九尾龟》:"此九尾龟,神物也,欲买放去。君从臾成此,功德一半,是君领取。"从以上几例,可见"从臾"为鼓励、劝说义。有褒义色彩。故《大词典》释义不确,且所举《山阳王君墓志铭》"而余在远,弗及为之从臾也"例中"从臾"亦非"怂恿、奉承"之义。

(40) 三卷1580页"**宽打周遭**"条:"亦作'宽打周折'。谓多费口舌。元关汉卿《拜月亭》第三折:'我与你宽打周遭向父亲行说。'元施惠《幽闺记·幽闺拜月》:'和你宽打周折……说你小鬼头春心动也。'"又,十卷1121页"远打遇遭"条:"谓绕大圈子,不直截了当。元秦简夫《东堂老》第一折:'这老儿可有些兜搭难说话,慢慢的远打遇遭和他说。'"

按:"宽打周遭"、"宽打周折"与"远打遇遭"乃同词异体,而所释不一。当从后者。"周遭"或"周折"皆曲折、回旋义。"宽"与"远"意亦相通。龙潜庵《宋元语言词典》、白维国《金瓶梅词典》均释为"绕圈子"。王学奇等《关汉卿全集校注》中《拜月亭》第三折注为:"指绕圈子说话,即从远处逐渐兜到本题。"是。然并非单指"说话",其本义是说走路如何。元高文秀《黑旋风》第二折:"两下里慌速速怕甚么路途赊,必然宽打着大周折。""宽打着大周折"即"绕大圈子(走路)"。可见释"多费口舌"不尽准确。由绕圈子走路,引申为不好直言时绕着弯子说话。《金瓶梅词话》第十回:"妇人听了,瞅他一眼,说道:'怪行货,我不好骂你!你心里要收这个丫头,收他便了。如何远打周折,指山说磨,拿人家来比。'"潘金莲所以有此怨言,正是因为西门庆说话拐弯抹角。又同书第三十四回:"实对二爹说:小的这银子,不独自一个使,还破些铅儿,转达知俺生哥的六娘,绕个湾儿替他说,才了他此事。""绕个湾儿"正是"远打周折"极好的注脚。

(41) 四卷72页"**巴**"条:"④粘住。《中国谚语资料·一般谚语》:'人笨怪刀笨,饭巴怪筲箕。'"

按:此例中"巴"义为"黏着",就其上下句结构看,形容词"笨"与"巴"相对,"巴"亦当为形容词。此其一。其二,如释"巴"为动词"黏住",则与句意不符,且没有相应的宾语,句子结构不完整。故"巴"应释为"黏着"。进而引申为"干燥后凝结黏着的东西",如"锅巴"类。

(42)四卷760页"村牛"条:"蠢牛。对文盲的贬称。《醒世恒言·卖油郎独占花魁》:'那主儿或是年老的,或是貌丑的,或是一字不识的村牛。你却不肮脏了一世!'"

按:释"蠢牛"尚可,后加"对文盲的贬称",一者画蛇添足,再者释义上缺乏概括性。因为被称为"村牛"的不一定就是文盲。宋胡云翼《南乡子·绍兴太学生》词:"万里归来休夸舌辩,村牛!好摆头时便摆头。"这里的"村牛"指的是"绍兴太学生",试想,太学生怎么会是文盲呢?"村"实乃鄙陋、粗俗义。多用作詈词。袁宾等《宋语言词典》释为:"乡巴佬,傻瓜蛋。骂人的话。"高文达《近代汉语词典》释为:"骂人的话。傻瓜,蠢蛋。"许少峰《近代汉语大词典》释为:"骂人话:笨牛。"均较《大词典》为胜。

(43)四卷765页"村路歧"条:"乡间戏班子。"

按:此条释义问题有二:一是"路歧"按十卷475页所释当为"宋元时流动卖艺的民间艺人的俗称"。而释为"戏班子"则嫌释义过窄。"民间艺人"不一定全指唱戏的人。二是"戏班子"系一班人,为复数。"路歧"多指个人,近代汉语文献中比比皆是。例如《三遂平妖传》第三十一回:"众位在上!媳妇不是路歧,也不会卖药打卦。"再就《大词典》所引元无名氏《蓝采和》四折例证看,"那里每人烟闹,是一火村路歧,料应在那公科地,持着些枪刀剑戟,锣板和鼓笛,更有那帐额牌旗。""一火村路歧"意即"一伙卖艺人",表复数用"一火"。故"村路歧"以释"乡间卖艺人"为妥。

(44)四卷1016页"根绊"条:"犹牵挂。《初刻拍案惊奇》卷二二:'此处既无根绊,明日换过大船,就做好日,开了罢。'"

按:"根绊"当释为"具有亲属或相识关系的人"。所引例证是说,郭七郎上京讨债,花钱买了个横州刺史,几年后回家,发现家里因战乱房屋变成了瓦砾,弟弟被杀,妹妹被劫走,只剩下老母寄居古庙旁的茅屋里。"此处既无根绊"就是郭七郎要带母亲同去上任时说的话,义即"此处既无亲人"。再如,《二刻拍案惊奇》卷七:"大凡出路之人,长途寂寞,巴不得寻些根绊,图个往来。""巴不得寻些根绊"即"巴不得寻些亲识关系"。如果以"牵挂"释此句,则扞格难通。

(45)四卷1060页"梳拢"条:"①旧指妓女第一次接客伴宿。妓院中处女只梳辫,接客后梳髻,称'梳拢'。"

按:"梳拢"亦作"梳弄"、"梳栊"、"梳笼"。除《大词典》外,《中文》释"梳拢"为:"谓娼家处女初次荐寝于人也。"《辞海》释"梳拢"为:"(二)旧指妓女第一次接客伴宿。谓此后即当梳髻。"王利器主编《金瓶梅词典》释"梳弄"为:"或作'梳拢',指妓女第一次接客。从前妓院里清倌(处女)头上只梳辫子,接客以后才梳髻,故称。"另释"梳笼"为:"嫖客第一次包占雏妓。又作'梳拢',有笼发为髻,使之成人之意,为古之笄礼所演化。"上引四种释义,除最后一种外,其余三种皆基本与《大词典》相同。那么是不是这些释义都正确呢?可先看下列例句:

①《金瓶梅词话》第十一回:"原来西门庆有心要梳拢桂姐,故索落他唱。"又第三十二回:"俺妈说他才教南人梳弄了,还不上一个月。"

②《醒世恒言·卖油郎独占花魁》:"偶然有个金二员外,大富之家,情愿出三百两银子梳弄美娘。"

③清褚人获《坚瓠十集·妓家祝献文》:"九姐愿得富翁梳弄,十姐只求财主成双。"

④明朱有燉《香囊怨》第二折:"前日小子见他说,要去这院里,拣一个女孩儿梳拢他。"

⑤清李斗《扬州画舫录·小秦淮录》:"年十五时,一客以千金唉三胖诱之梳拢,不从。"

⑥《警世通言·玉堂春落难逢夫》:"他家里还有一个粉头,排行三姐,号玉堂春,有十二分颜色,鸨儿索价太高,还未梳拢。"

⑦清孔尚任《桃花扇·传歌》:"这里有位罢职县令,叫做杨龙友……常到院中夸俺孩儿,要替他招客梳栊。"

⑧《醒世姻缘传》第十三回:"正统五年,梳栊接客,兼学扮戏为旦。"

⑨清袁枚《随园诗话补遗》卷二:"梳笼谓之'开襟'。幼女梳笼以得美少年为贵,不计财帛。"

⑩欧阳予倩《桃花扇》第一幕第二场:"我有意举荐侯公子梳拢香君,你看怎么样?"

上引诸例包括"梳拢"的各种词形,其义均相同。如以《大词典》之释义"旧指妓女第一次接客伴宿"来解释上例,均不通。因为该释义中动作发出者为"妓女",而各例句中"梳拢"的动作发出者均为嫖客,有的句子尽管未出现嫖客,如例⑥,但其所言之义为"被梳拢"。或是其后宾语省略,如例⑤⑦,动作的发出者也是嫖客。唯一能说通的是例⑨,但同时也可以看作"被梳拢"。具体分析例①,"西门庆有心要梳拢桂姐",所言是西门庆要对桂姐怎么样,而桂姐是受动作支配的对象。如按《大词典》所释则无法解释。笔者同意《大词典》中"妓院中处女只梳辫,接客后梳髻称'梳拢'"的解释,这讲的是该词的本义,但该词在使用上已产生新的借代义。应当指嫖客出高价让未接过客的尚是处女的妓女伴宿。在口语中,还可借指女人使童男子有了性行为。如《醒世姻缘传》第三十七回:"那个闺女拿着一块瓜,往狄希陈口里填,说:'怎么来!上门子怪人!溺尿唬着你来么?原来还没梳栊的个相公,就唬他这们一遭仔。'"又同回:"我的小哥!你可是我替你梳栊的,你可别忘了我!"此两例中"梳栊"的对象又是男人,但这可以看作是该词的临时比附用义,并未固定。但它同样可以说明《大词典》之释义不确。

(46)四卷1380页**"支值"**条:"轮值侍候。《英烈传》第四八回:'如今你这百只小船,不可在外,可分投里面去支值,省得再误大事,招惹受军政司计较。'"

按:释义欠妥。"支值"即"轮值"、"轮流当值"义。如明薇园主人《清夜钟》第二回:"遗下生意,两个儿子支值。"释为"轮值侍候"义嫌过窄。

(47)五卷97页**"獃"**条:"今也作'呆'。"

按:"獃"和"呆"本是异体关系。古白话作品中即用"呆"。例如元宫天挺《范张鸡黍》第二折:"垂钓的严子陵,不是呆。"明周清原《西湖二集》第二十四卷:"也有道周必大是个呆鸟,怎生替人顶缸,做这獃事。"后一例中两字并行,可见并非今天才用此字。故似应将释语改为:"同'呆'。今多简作'呆'。"

(48)五卷142页**"献台"**条:"犹擂台。用来角技、比武的高台。《秦并六国平话》卷下:'便殿砖铺红玛瑙,献台石砌碧琉璃。'《水浒传》第七四回:'三月二十八日又近了,小乙并不要带一人,自去献台上,好歹攀他撅一交。'又'一个年老的部署拿着竹批上得献台,参神已罢,便请今年相扑的对手出马争交。'"

按:该条问题有三:首先,"献台"本义是"供桌,祭献供品之台",而非"擂台"。《辞源》"献"条:"①献祭。"又《大词典》"献"条:"①祭宗庙所用之犬。引申指献祭。"可证。其次,义例不合。第一例中的"献台"并非"擂台"义。请看该例的上下文:"徐福入海求神仙。忽然望见一庙宇,来至祠下,但见:袅袅祥云影里……便殿砖铺红玛瑙,献台石砌碧琉璃……两廊佳木秀宫槐,千载庙碑存古篆。庙门金碑写道:'三神仙之祠。'"这一段文字讲的都是徐福所见到的三神仙祠里面的景象。试想,在神仙的庙宇里面,怎么会有擂台呢?钟兆华《元刊全相平话五种校注》释其为"陈设供品的台子",是。他例亦可为证。《五代史平话·汉史上》:"又行至灌口二郎神庙里,又撞着六个在那献台上赌博。""在那献台上赌博"谓在那供桌,祭献供品之台上赌博。再次,语言不简明。释为"犹擂台"即可,加上"用来角技、比武的高台"纯属多余。所以正确的解释应为:"供桌,祭献供品之台。亦借指擂台。"

(49)五卷158页**"殊不知"**条:"犹言竟不知。《关尹子·一宇》:'观道者如观水,以观沼为未足,则之河、之江、之海,曰:水至也。殊不知我之津液、涎、泪皆水。'《新唐书·陈贞节传》:'平子狠引僖公逆祀为比,殊不知孝和升新寝,圣真方祔庙,则未尝一日居上也。'《红楼梦》第四三回:'比如这水仙庵里面,因供的是洛神,故名水仙庵。殊不知古来并没有个洛神,那原是曹子建的谎话。'"

按:释义有误,应为"实际上;其实"。"殊不知我之津液、涎、泪皆水",是说"实际上我的津液、涎、泪都是水";"殊不知古来并没有个洛神,那原是曹子建的谎话",是说"其实自古以来并没有个洛神,那原来是曹子建说的谎话"。清蒲松龄《聊斋俚曲集·墙头记》第一回:"他说的极好,我就分了。殊不知他是欣羡我那地,谁给谁粮食!"意思是:"他说得很好,我就分了。实际上他是羡慕我那土地,到头来还不知道谁给谁粮食。"同上《磨难曲》第六回:"不消讲迟呀耶看去的晚了,又说俺受了贿哩。殊不知俺是一口水也不曾吃的。""殊不知俺是一口水也不曾吃的"等于说:"其实(实际上)我连一口水也没喝他。"同上《翻魇殃》第一回:"那一等无知的小人,见人家有碗饭吃,就嫉妒他;有点不好,就加点祸给他,殊不知做着天么?"又第三十四回:"你这不是欺起下官来了么?殊不知我爱护他,正是爱你处。"同上《富贵神仙》第四回:"难道说方二爷他潮么?殊不知这正是方二爷他那乖处。"又《禳妒咒》第十八回:"我合妹夫相戏,殊不知我疼他什么。""竟不知"是"不知道",与"殊不知"意义悬殊,以《大词典》所释"竟不知"代入以上诸例都是讲不通的,反之则畅然无碍。今方言口语中尚有用例。如:"嘴上说得挺好,殊不知心里比谁都坏。"

(50)五卷 236 页"戗²"条:"②决裂。《儒林外史》第四三回:'几句话就同雷太守说戗了。'又第五四回:'两个人说戗了,揪着领子,一顿乱打。'"

按:应释为"(言语)冲突;顶撞"。此由"戗"的"逆,不顺"之义引申而来。"戗"是一种言语行动,"决裂"只是其结果之一,而并非唯一的结局。例如说"你别老拿话戗他",意即别总是说话顶撞人,此时双方并未决裂。

(51)五卷 265 页"比是"条:"犹既是。《金瓶梅词话》第十二回:'桂姐道:"甚么稀罕货,慌的恁个腔儿。等你家去,我还与你。比是你恁怕他,就不消他剪的来了。"'《金瓶梅词话》第十五回:'祝日念道:"比是哥请俺每到酒楼上,何不往里边望望李桂姐去。"'"

按:释义有误。"比是"应该是一个表示假设的词,释为"如果"、"要是"更为合适。"比是你恁怕他",就是说"要是你那么怕他";"比是哥请俺每到酒楼上,何不往里边望望李桂姐去",意思是说:"要是哥哥请我们到酒楼上,为什么不顺便去看看李桂姐呢?"《金瓶梅词话》第七十五回:"比是你有恁性气,不该出来往人家求衣食,唱与人家听。趁早儿与我走,再也不要来了!"又第七十八回:"西门庆听了,说道:'比是我与人家打伙儿做,我自家做了罢,敢量我拿不出这一二万银子来!'"皆假设之辞。

(52)五卷 337 页"**步戏**"条:"指在戏台上扮演的戏。《金瓶梅词话》第十九回:'叫了四个唱的,一起乐工、杂耍、步戏。'"

按:"步戏"并非在戏台上扮演的戏,而是民间地方戏的一种表演形式,演出不搭台,只在平地表演,四周围以长板凳,观者坐板凳观看。因演员是在平地边走边唱,而且没有固定演出场地,走到哪里唱到哪里,故称"步戏"。详参隋文昭《释"步戏"》①。蔡敦勇《金瓶梅剧曲品探》亦指出:"明代中叶,那些公侯、缙绅以及富豪之家,其府第之中都无舞台,所以乐人、戏班的演出或其他艺术活动,大都是在厅堂的红氍毹上进行。……它是一种乐人自弹自唱,边走边唱的演唱形式。"②皆道出了"步戏"的得名之由,当从。

(53)五卷 353 页"**歪蹄泼脚**"条:"犹言乱糟糟。《金瓶梅词话》第二三回:'你别要管他,丢着罢,亦发等他们拾掇,歪蹄泼脚的,没的展污了嫂子的手。'"

按:"歪蹄",言脚不周正。戏曲小说中"蹄子"、"歪辣骨"多用以詈称妇女。如《醒世姻缘传》第七十九回:"我知道你这囚牢忘八合小淫妇蹄子有了帐,待气杀我哩。"《金瓶梅》第四十三回:"金莲道:'你怎的叫我是歪剌骨来?'因跷起一只脚来,'你看,老娘这脚,那些儿放着歪?你怎骂我是歪剌骨?那剌骨也不怎么的!'"此金莲自言其脚周正,实即暗喻自己行为端方也。"泼脚",即大脚。"泼"有大义。《金瓶梅》中有"泼步撩衣"一语(见二十五回),"泼步"即大步。《水浒传》第六十三回:"早见宋江军马,泼风也似价来。""泼风"即大风。元史九敬先《庄周梦》第二折:"浮名浮利总是虚,泼天富贵等何如。""泼天富贵"谓大富大贵。《红楼梦》第八十回:"金桂听见他婆婆如此说,怕薛蟠心软意活了,便泼声浪气大哭起来。""泼声"即大声。今一些方言仍说"泼胆",亦即大胆。"歪蹄泼脚"云云,是潘金莲针对宋惠莲背后说她脚大而故意自贬的说法,以此表示她已知道宋说她的那些坏话,来敲打宋。此语当释为脚大、不周正。

(54)五卷 584 页"**旺跳**"条:"谓精力旺盛。"

按:"旺跳"为山东方言。现在我们所见到的书证大多出于《金瓶梅词话》和《醒世姻缘传》两部作品。又董遵章《元明清白话著作中山东方言例释》也收释该词。因此我们应当从方言的角度来考察它的准确含义。先说《大词典》所存在的问题。如果以《大词典》的释义解释所举例证,也能讲通。但看下二例:《醒世姻缘传》第四十九回:"去昨年毕姻的日子整整一年,生了

---

① 见《中国语文》1987 年第 2 期。
② 江苏文艺出版社,1989 年版。

一个白胖旺跳的娃娃,喜得晁夫人绕屋里打磨磨。"又同回:"晁夫人说:'这倒不消虑的,我下意不的这们个旺跳的俊孩儿舍了。他就认回去了,您也是他的养身父母,孩子也忘不了你。'"此二例中均言刚出世不久的孩子"旺跳",显然不宜以"精力旺盛"释之。此词与今山东临沂方言中"活旺八旺"相当,言及小孩子时义犹"活蹦乱跳",言及成年人时,往往指人身体健壮。《大词典》用例亦可以为证。《金瓶梅词话》第八回:"你指着旺跳的身子,说个誓,我方信你。"《醒世姻缘传》第六十回:"他要不是我的姐姐,他把我一个旺跳的爹两场气气杀了,我没的就不该打他?"如果以"(身体)健壮"释这两句中的"旺跳",当胜于"精力旺盛"。

(55)五卷1178页**"净"**条:"④指男子去掉生殖功能。元戴善夫《风光好》第二折:'空那般衣冠济济,状貌堂堂,却为甚偏嫌俺妓女,怕见婆娘,莫不他净了身不辨阴阳。'"

按:此义不妥。"净"应释为:指雄性动物除掉外生殖器官。如明王锜《寓圃杂记·优语》:"南京癸卯科颇有漏泄,方鹿鸣宴,有一老优负净猪一口而至,群优曰:'此猪何为?'"文中"净猪"指被阉割的猪。《汉语方言大词典》卷三3617页有"净猫"条释为:〈动〉阉猫。冀鲁官话。河北新河。1930年《新河县志》:"阉猫称净猫。"亦用于人,如上引"净身"例。《大词典》单指人,有点儿以偏概全。

(56)五卷1180页**"净军"**条:"由太监组成的军队。"举《野获编·内阁三·江陵震主》《霜猨集》《明史·樊莹传》三例。

按:此义欠精确。"净军"特指明末由太监组成的一种军队。如明焦竑《玉堂丛语》卷四《调护》:"杖其首恶三人百,发边戍,余九人各六十,为南京净军。"明郑晓《今言》八十六:"司礼珰王岳为刘瑾所恶,发充南京净军,瑾党长随王成等追至临清小沙滩,缢杀之。"《辞源》"净军"条:"由阉人组成的军队。"举明周同谷《霜猨集》:"辕门杀气蔽邪曛,未得恩颁似净军。"注:"天启中魏珰选京师净身者四万人,号曰净军。"说明"净军"只是明代后期特有的产物。

(57)五卷1182页**"洋"**条:"⑨用同'漾'。(1)晃动。《金瓶梅词话》第十二回:'月洋水底。'(2)抛掷。《古今小说·任孝子烈性为神》:'老娘不是善良君子,不裹头巾的婆婆!洋块砖儿也要落地。'"

按:说"洋"借作"漾"是对的,然释为"晃动"似不确。元曲中时见"漾在水中"一类说法,系"抛掷使沉入"义。例如马致远《青衫泪》第三折:"我为甚将几陌黄钱漾在水里?便死呵,也博个团圆到底。"杜善夫散套《耍孩儿·喻情》:"铁球儿漾在江心内,实指望团圆到底。"《金瓶梅》第十二回:"潘金莲睡不着,走来花园中,款步花台,月洋水底,犹恐西门庆心性难拿。"此言潘金莲与西门庆虽已结为夫妻,但仍时刻担忧失宠。所谓"月洋水底",指月亮投影于水底,暗喻团圆到底义,与上举元曲二例正同。故宜以"抛掷"为第一义,改"晃动"为"使投入,沉入",作为第二义。

(58) 五卷1353页**"淹淹缠缠"**条:"没精打采貌。《醒世姻缘传》第二二回:'一到家就没得精神,每日淹淹缠缠的。'"

按:当指久病淹牵。白维国《金瓶梅词典》该条释作"形容久病不愈的样子",是。《金瓶梅词话》第六十二回:"乃是第六的小妾,生了个拙病,淹淹缠缠也这些时候了。"正谓久病不痊。李瓶儿临终之前病势已十分沉重,说她只是"没精打采"显然不确。《醒世姻缘传》第二十一回:"从此即淹淹缠缠的再不曾壮起,却只不曾睡倒。"亦言病病恹恹,拖延时日。《大词典》所引"每日淹淹缠缠的","每日"犹日日,意同"一直"。前已说"没得精神",后紧接着用"淹淹缠缠"强调这种状态一直拖延着,不见好转。再从构词上看,淹淹缠缠乃"淹缠"的重言。清桂馥《札朴》:"乡语以病久为淹缠,语讹也。《集韵》:'瘫,疫病。'"《金瓶梅词话》第六十六回:"久病淹缠,气臌瘫痨类;疥癣痿疮,遍体脓腥气。"气臌、瘫、痨均属难治之症,故云"久病淹缠"。"久病"与"淹缠"同义复用,起强调作用。重叠为"淹淹缠缠"则强调程度更甚。

(59) 六卷297页**"手帕姊妹"**条:"称妓女结拜成的姊妹。"

按:"手帕姊妹",指意气相合的女子结成姐妹。清王韬《淞隐漫录》中多次出现此词。如卷六《陆月舫》:"以娄江往来多戚串中人,不能公然设勾栏,适有相识者来,述其手帕姊妹在汉皋青楼,甚著名誉,遂往依之。"卷十《合记珠琴事》:"琴者,金陵曲中女。生于名地,出自小家。早失怙恃,无所依。母之手帕妹秋瑟,固向日勾栏中翘楚也。"卷十二《甘姬小传》:"父为米家佣,恒出贩邻境,觅升斗需。母素为媒妇,善作撮合山。与邻媪沈氏结手帕姊妹,亦同业中人,见女艳之,曰:'此一颗掌上明珠也。'"此例中沈氏与甘姬母均为媒婆,可见并非一定为妓女。许少峰《近代汉语词典》1039页有"手帕姊妹"条,释为:"意气相投的女子结为异姓姊妹之称。"甚确。小说中亦见此词。如清钱锡宝《栊杌萃编》第十三回:"好在媚芴的娘有个手帕姊妹,包了一个倌人,前节生意甚好,上月因患痨病死了。"

(60) 六卷324页**"打旋磨"**条:"②引申指周旋献殷勤;磨烦。《金瓶梅词话》第六十回:'那玉箫跟到房中打旋磨儿跪在地下,央及五娘千万休对爹说。'"

按:"打旋磨",即围着某人团团转,是死命央求人或缠着别人不放的表现。"打旋磨跪着",是被央者把身子转向哪边,央求者就立即跟到哪边,始终面向被央求者跪着。元无名氏《赚蒯通》第三折:"赶着我后巷前街打旋磨儿。"《红楼梦》第九回:"你那姑妈只会打旋磨儿,给我们琏二奶奶跪着借当头。"均此意。

(61)六卷 372 页"**抄估**"条:"旧时主人侵吞奴仆财产的一种手段。"

按:此释的依据是明陶宗仪《辍耕录·奴婢》中的一段话:"然奴或致富,主利其财,则俟少有过犯,杖而锢之,席卷而去,名曰抄估。"此词元代已有用例。如刘时中《端正好·上高监司》套曲:"库官但该一贯霎须黥配,库子折莫三钱便断除,满百锭皆抄估。"此句中"抄估"犹言"抄没、没收"。陶宗仪为元末明初人,细揣《辍耕录》之语,其所言"抄估"亦当为"抄没、没收"义。

(62)六卷 464 页"**拐**":"⑧方言。用臂肘碰。"

按:释义偏狭。清蒲松龄《聊斋俚曲集·增补幸云曲》第十六回:"跳了一跳,贪慌拘那汗巾,把桌子上酒壶拐倒。"例中"拐"可释为"用臂肘碰"。贾凫西《木皮词》:"古板正传的方孝孺,金銮殿上把孝棒儿拖;血沥沥十族拐上了朋友,是他那世里烧了棘子乖了锅!""乖了锅"即"碰了锅","乖"即"拐"。鲁南方言中还说:"别拐,那狗会咬人。""这东西很沉,拐着你就不轻。"此指"其他物体碰",而不一定用臂肘。故"拐"当释为"碰,撞击"。

(63)六卷 536 页"**拿手**"条:"指有财物可以敲榨的对象。《醒世姻缘传》第十四回:'老爷方才不该放他,这是一个极好的拿手!'"

按:"拿手"并不是敲榨的对象,而是敲榨的凭借,应理解为:以之要挟、制服别人的条件或者把柄,也不限于敲榨财物方面。今徐州一带仍流行此语,例如:"对付这种人,你非得有个拿手不可。"

(64)六卷 762 页"**插手**"条:"②叉手。表示无所事事。"引例为《朱子全书》卷九:"然圣人也不是插手掉臂,做到那处,也须学始得。"

按:此义似可商榷。该条例证实则出自《朱子语类》卷一七,原文为:问:"切磋琢磨,是学者事,而'盛德至善',或问乃指圣人言之,何也?"曰:"后面说得来大,非圣人不能。此是连上文'文王于缉熙敬止'说。然圣人也不是插手掉臂做到那处,也须学始得。如孔子所谓:'德之不修,学之不讲,闻义不能徙,不善不能改,是吾忧也。'"

两相对照可以看出,《大词典》在引证文例时由于句读与原文不同,所以造成了误解。又,《大词典》六卷 666 页收录有"掉臂"条,义项②释义为:"自在行游貌。"引例为:唐·吕岩《七言》诗:"闲来掉臂入天门,拂袂徐徐撮彩云。"元·汪元亨《折桂令·归隐》曲:"问先生掉臂何之? 在云外青山,山上茅茨。向陇首寻梅,着杖头挑酒。"上引卷一七之"掉臂"即为此义的引申用法,可以理解为"轻松自在"。相对而言,语用意义可以与"掉臂"并列的"插手"一词用例较少,仅觅得一条,《北史·高句丽传》:"俗洁净自喜,尚容止,以趋走为敬。拜则曳一脚,立多反拱,行必插手。"值得注意的是,此例中的"插手"亦与行走时的姿态有关①。据上分析,《大词典》所引文例中的"插手"可以解释为:"行走的姿态,引申指轻松自在的行游。"

(65)六卷 1103 页"爬拉"条:"频频拨饭菜入口。"

按:"爬拉"有时指"很快"、"迅速"地拨动,指速度。有时带有"随意拨动"的附加义,不一定指速度快。例如:"好歹爬拉两口得了。"即如此。"频频"则指频率高。与以上两种情况均不相合。

(66)六卷 1248 页"脆骨"条:"②作为食品的动物的软骨。"

按:释义不够准确。"动物的软骨"不一定都"作为食品",直接解释为"动物的软骨"似乎更为妥帖。

(67)六卷 1297 页"脱空"条:"②落空;没有着落;弄虚作假。"

按:"脱空"义为欺骗,虚诳。宋吕本中《东莱吕紫微师友杂志》:"刘器之尝论至诚之道,凡事据实而言,不涉诈伪,后来忘了前话,便是脱空。"《宣和遗事》亨集:"朕语下为敕,岂有浪舌天子脱空佛?"元无名氏《抱妆盒》第二折:"我便是苏秦般嘴巧舌头快,我这里越分说他那里越疑猜,常言道脱空到底终须败。"元高明《琵琶记·拐儿脱骗》:"自家脱空行径,掏摸生涯。"以上各例皆欺诈义。"脱"本字当为"詑"。《说文·言部》:"詑,沇州谓欺曰詑。"王学奇先生指出:"《旧唐书·代宗纪》:'太仆寺佛堂有小脱空金刚。'偶像之所以名'脱空',就因它有外壳而中空。今谓'脱空'为'说谎',正是从这个意义引申而来。"②

(68)六卷 1339 页"腔子"条:"①胸腹;躯体。"

按:"躯体"是大概念,"胸腹"是小概念。不应该将其并列归纳为一个义项,这样会造成逻辑上的混乱。可以改为:"胸腹。亦可代指躯体。"

(69)七卷 500 页"恁"条:"你;您。"

按:此条释义问题有二:1."恁"是方言人称代词。可用为单数,释作"你";也可用作复数,义为"你们"。例如《刘知远诸宫调》第十一:"恁子母说话整一日,直到了不辨个尊卑。""恁"指"子母"二人。金董解元《西厢记诸宫调》卷二:"隔着山门厉声叫:'满寺里僧人听呵,随俺后抽兵便回去,不随后恁须识我。'""恁"指"满寺里僧人"。《金瓶梅词话》第二十三回:"嗔道恁恁久惯老成!"第一个"恁"指西门庆与潘金莲两个人。以上数例皆为复数甚明。2.宋元明时代的"恁"(或写作"您")并无表尊敬之意味,不同于现代普

---

① 详见李殿福《高句丽古墓壁画反映高句丽社会生活习俗的研究》,《北方文物》2001 年第 3 期。
② 见《评王季思先生的〈西厢记〉注释》,《语文研究》1983 年第 1 期。

通话中的"您"。详吕叔湘《释您,俺,咱,喒,附论们字》。故"恁"应释为"你;你们",方为确切。

(70)七卷585页**"情管"**条:"大概。"引例为《醒世姻缘传》第四回:"禹明吾看着童山人道:'老童,情管你的法灵了。'"和第十九回:"唐氏道:'情管你那辈子就是这们个老婆。'"

按:"情管"乃"管保、保准"义,表达的是肯定语气,而非推测语气。"情管你的法灵了"即管保、保准你的法灵了。"情管你那辈子就是这们个老婆"即管保、保准你那辈子就是这们个老婆。另外,从《醒世姻缘传》中的其他例子也可以证明"情管"乃"管保、保准"义。如第二回:"我叫人做些酸辣汤,你吃他两碗,热炕上发身汗出,情管就好了。"又第十八回:"晁爷你不信,只叫大官人替唐老爷做上女婿,情管待不的两日就是个知州。"二例中的"情管"皆"管保,保准"义,如释为"大概",则与文意不符。

(71)七卷806页**"将久"**条:"持久,坚持下去。"引例为《朱子语类》卷一〇四:"看过了后,无时无候,又把起来思量一徧,十分思量不透,又且放下,待意思好时,又把起来看,恁地,将久自然解透彻。"

按:释义不确。此处"将久"当释为:"时间长久,久而久之。"此种意义的"将久"在唐代已有用例,如韩愈《和仆射相公朝回见寄》诗:"尽瘁年将久,公今始暂闲。事随忧共减,诗与酒俱还。"高适《使青夷军入居庸三首》诗:"匹马行将久,征途去转难。不知边地别,只讶客衣单。"《朱子语类》中该词亦多次出现,除上所引一例外,又如卷三:"今且须去理会眼前事,那个鬼神事,无形无影,莫要枉费心力。理会得那个来时,将久我着实处皆不晓得。"又卷一一八:"大凡自家见得都是,也且做一半是,留取一半且做未是。万一果是,终久不会变着;万一未是,将久浃洽,自然贯通。""将久"皆长久义。

(72)七卷818页**"母儿"**条:"①指标准。《玉壶春》二折:'做子弟的有十个母儿。'"

按:"母儿"义为"本领、本事、才能"。"十个母儿"即十样本事或十种才能。① 字又写作"末儿"或"抹儿"。如元郑廷玉《后庭花》第三折:"那恰似一部鸣蛙,絮絮答答,叫叫吖吖,觑了他精神口抹,再言语还重打。"《儿女英雄传》第三十二回:"因向安老爷说道:'不但我这女儿,就是女婿,也抵得一个儿子。第一:心地儿使得,本领也不弱,只不过老实些儿,没什么大嘴末子。'"《金瓶梅词话》第二十一回:"西门庆在房里向玉楼道:'你看贼小淫妇儿,在泥里把人绊了一交,他还说人踹泥了他的鞋。恰是那一个儿,就没些

---

① 详见李申《元曲词语今证》,《中国语文》1983年第5期。

嘴抹儿。'""口抹"、"嘴抹",如释为"标准"显然不可通。

(73)七卷857页"神子"条:"①谓祖先的遗像。"

按:非专指祖先,亦用于一般人。《金瓶梅词话》第六十三回:"花子由道:'姐夫如今要传个神子?'"又同回:"西门庆与他行礼毕,说道:'烦先生揭白传个神子。'"此言为李瓶儿留个纪念像。故以释"谓祖先的遗像,也称人死后所留的纪念像"为宜。

(74)七卷1354页"略绰"条:"②粗壮。"引例为《秦并六国平话》卷中:"撞出一员猛将,牙齿如钻如凿,背略绰如虎如狼。"

按:释义似可商榷。释为"粗壮",就其所引《秦并六国平话》例虽然尚可相协,但是验之他卷则未必可通。如敦煌写本(伯三四六八)《儿郎伟》:"咬蛇之鬼,唇口略绰。"《元刊杂剧三十种·陈季卿悟道竹叶舟杂剧》第四折:"这个腾簪花曾游大罗,这个吹铁笛韵美声和,这一个口略绰手拿着个笊篱,这个发蓬松铁拐斜拖。"《水浒传》第十五回:"只见一个人从里面走出来。生得如何?但见:眍兜脸两眉竖起,略绰口四面连拳。胸前一带盖胆黄毛,背上两枝横生板肋。""背略绰",形容人背部宽阔。"唇口略绰"、"口略绰"(略绰口)则形容人嘴部宽大。"略绰"均非"粗壮"义。据上,义项②当释为:"宽大,宽阔。"

(75)八卷17页"私房话"条:"不让别人知道的秘密话;体己话。"

按:释为"不让别人知道的秘密话"就行了,后边加上"体己话",一者纯系蛇足,再者较被释词语还觉晦涩难懂,这不符合词典的释义原则。《辞源》释为:"不让别人知道的秘密话。"较胜。

(76)八卷51页"科兑"条:"典当、借贷时,估量抵押品,兑付银钱。《金瓶梅词话》第十六回:'家里有三个川广客人,在家中坐着,有许多细货要科兑与傅二叔,只要一百两银子押合同,约八月中旬找完银子。'"

按:"科兑",是把大宗货物一总折价转手。上引《金瓶梅词话》第十六回一例系言川广商人来不及自己发卖货物,而又急于回家乡,只好大宗出手,将货物贱价转卖给西门庆。并非典当、借贷时,将物品作为抵押,兑付银钱之义。

(77)八卷84页"稍间"条:"梢间。指房屋梢端处的一间,常用以堆放柴草等。《金瓶梅词话》第十五回:'仪门去两边厢房三间,客座一间,稍间过道穿进去第三层,三间卧房,一间厨房,后边落地紧靠着乔皇亲花园。'"

按:"稍间"非仅指房屋梢端处的一间,亦可指正房两边的偏房。《金瓶梅词话》八十二回:"两边稍间堆放生药香料。"元郑廷玉《金凤钗》第三折:"少了我房钱,不要你头房里住,你稍间里住去。"

(78)八卷85页"秆草"条:"作饲料的禾茎杂草。"

按:释义有误。秆草只是谷物的茎秆,"禾茎杂草"所指称的范围要广得多,是不能称之为秸草的。秸草是民间喂养牲口的常用饲料,大多用铡刀切碎拌上麸皮或者炒熟的黑豆喂养牲口,也有用整个的秸秆喂养的,应该包括"稻草"。

(79)八卷 88 页"**程程**"条:"②一程又一程。谓路途遥远。金董解元《西厢记诸宫调》卷四:'程程去也,相见何时却。'"

按:释义误。"程程"当为"渐渐"义。明冯惟敏《海浮山堂词稿·中吕粉蝶儿·李争冬有犯》:"撒花盖头程程重,挣了个鲤鱼跌脊滚了个蝴蝶翻风。""程程重"就是渐渐重。清蒲松龄《聊斋俚曲集·磨难曲》第十九回:"闷恹恹,闷恹恹,每朝夹马更加鞭,家越发在眼前,程程的走的慢。"又《慈悲曲》第一回:"不觉的光阴似箭,日月如梭,就是一年有零,张讷程程瘦了。"上例言"程程的走的慢"意为"渐渐的走得慢了下来"。张鸿渐因为杀了人,为逃避官方的追捕而远离家乡,由于思念亲人不得不返回。而当村庄就在眼前时,却又"怕人认得,不免带上眼罩",所以脚步也就渐渐地慢了下来,反映了张鸿渐极为矛盾的心理。后例言人"程程瘦了",显然与路程无关,是说人渐渐瘦了。陈玉琛《聊斋俚曲通论》(续):"程程:迅速。"①误。将该释义代入以上各例皆不通。

字亦写作"撑撑"。同上《磨难曲》第十五回:"骂了半日无人理,你就撑撑的乍了毛。""撑撑的乍了毛"即渐渐乍了毛。由剧情可知,骂人者因见无人出头对抗,所以胆子越来越大,也就渐渐地大发作起来,此与路途遥远毫不相涉。严薇青《聊斋俚曲中的山东方言词语和歇后语》释"程程"为"渐渐"②,甚为允当。

(80)八卷 95 页"**税调**"条:"谓放置调度。《敦煌变文集·维摩诘经讲经文》:'发言时直要停騰,税调处直如稳审。'"

按:释义不确。"税调"当为"怂恿,游说"义。"税调处"即"怂恿时,游说时",与前面"发言时"相照应。《维摩诘经讲经文》其他用例如:"若见时交巧出言词,税调者必生退败。""税调者"犹言游说者。有时又写作"说调"。金董解元《西厢记诸宫调》卷七:"郑恒的言语无凭准,一向把夫人说调。"此言一向把夫人怂恿、游说。

(81)八卷 134 页"**积泊**"条:"方言。指善、恶之行的报应。"

按:"积泊"当释为"积累"。例如《醒世姻缘传》第十五回:"小小年纪,要往忠厚处积泊,不要一句非言,折尽平生之福。"又第四十八回:"狄婆子折身

---

① 见《蒲松龄研究》1998 年第 1 期。
② 见《蒲松龄研究集刊》1981 年第二辑。

回去,一边说道:'前生,前生,这是我半辈子积泊的!'"《大词典》所引二例相同,其释义问题有二:1.从语义角度看,以"善恶之行的报应"解释两句的"积泊"均扞格难通。2.从语法角度看,两例句中的"积泊"都应是动词,不当以"善恶之行的报应"这一名词性短语作释。另外,"积泊"还具有"惯纵、娇惯"义,是由"积累"义引申出来的。例如《醒世姻缘传》第六十八回:"他爹做了场老教官,两个兄弟挦着面,戴着顶头巾,积泊的个姐姐这们等。"

(82)八卷166页"白不呲咧"条释为"方言"。其中义项①释为"指衣物退色发白"。自造例子为:还不到两年,这件衣服已经洗得白不呲咧的了。

按:此条释义过窄。"白不呲咧"不一定仅指衣物等物体,许宝华《汉语方言大词典》:"你病了吧,脸怎么白不呲咧的。"即谓脸色。故此条当释为:"颜色发白而难看。"

(83)八卷175页"白扯"条:"白说;没有效果地说。端木蕻良《科尔沁旗草原》十八:'你跟他说八天八宿也是白扯。他的心早按到胯骨肘子上去了,他就早没安排到正地方。'"

按:释义偏狭。并不一定"说"没有效果就是白扯,"做"没有效果亦可释为白扯。此词系东北、北京方言。当释为"徒劳"、"没有效果"。尹世超《哈尔滨方言词典》、许宝华《汉语方言大词典》均收有此词,释为"徒劳"、"白搭"。许典举例之一为:"这些作法都是白扯,不解决问题。"可以为证。

(84)八卷249页"皂丝麻线"条:"比喻是非混乱,纠缠不清。"

按:此条问题有二:1."皂丝麻线"的本义是"黑线白线",由此不能引申出"比喻是非混乱,纠缠不清"之义。其演变线索当为:黑线白线——白黑分明——比喻是非差错。例如《警世通言·乔彦杰一妾破家》:"在我家中,我自照管着他,有甚皂丝麻线?"明天然痴叟《石点头》第四卷:"若是我女儿到了你家,有甚皂丝麻线落在你眼里,这便合应受打、受骂、受辱。"两例均为"差失"义。2.如以"是非混乱,纠缠不清"解释《大词典》所引下面的例句则过于牵强。《京本通俗小说·错斩崔宁》:"我自半路遇见小娘子,偶然伴他行一程,路途上有甚皂丝麻线,要勒掯我回去?"《水浒传》第二十六回:"如今这事有甚难处,只使火家自去殓了,就问他几时出丧。若是停丧在家,待武松归来出殡,这个便没甚么皂丝麻线。"而如以"是非差错"解释,则顺畅无碍。

(85)八卷472页"穷厮"条:"旧时对贫穷、卑微者的蔑称。"

按:释义略宽。"厮"用来指人时,常指男性。例如元王实甫《西厢记》第一本楔子:"又有个小妮子,是自幼伏侍孩儿的,唤做红娘。一个小厮儿,唤做欢郎。"《红楼梦》第二十一回:"(贾琏)少不得和心腹小厮计议。"因此,"穷厮"当释为"旧时对贫穷、卑微男子的蔑称,犹今语之穷小子"。元无名氏《渔樵记》第二折:"这唤门的正是俺那穷厮。"元萧德祥《杀狗劝夫》第一折:"他骂道孙二穷厮煞是村。""穷厮"均指男子,即可为证。

(86)八卷523页"皮钱"条:"皮钱,明代所铸的一种薄而小的铜钱。"

按:释义偏狭。方言俗语中通常把铜钱称作"皮钱"。清蒲松龄《聊斋俚曲集·禳妒咒》第十七回:"你若是许了交易,我许上两吊皮钱。"同上《增补幸云曲》第十四回:"我夜来使了几个皮钱,称了一两好麻,待锥锥鞋来,为着搬你就耽误了。"这里的皮钱显然不是指明代的铜钱,只是指一般的铜钱。后来引申为普通的钱,现在鲁南苏北口语中仍然使用:"这个杯子最多值两皮钱。"

(87)八卷693页"声嗽"条:"犹声欬。借指言谈笑语。"

按:"声嗽"犹"声欬",并不能借指"言谈笑语",当为借指"较小的声音"。例如《金瓶梅词话》第七十回:"登时一队队都到宅门首一字儿摆下,喝的人静回避,无一人声嗽。"此句中"声嗽"活用为动词,指发出小的声音。《水浒全传》第八十一回:"李师师执盏擎杯,亲与燕青回酒谢唱,口里悠悠放出些妖娆声嗽。"另外,"声嗽"又可指行话。例如明祝允明《猥谈》:"所谓鹘伶声嗽,今所谓市语也。"明代有一部收录市井语的书,其名即为《行院声嗽》。

(88)八卷796页"致语"条:"①古代宫廷艺人在演出开始时说唱的颂辞。"

按:当为古代艺人在演出开始时说唱的颂辞。如明田汝成《西湖游览志余》卷十二《熙朝乐事》:"过官府豪门,各有赞扬致语,以献利事。"可见,"致语"不仅仅为宫廷艺人所用。

(89)八卷1297页"举发"条:"②发作。"

按:释义略宽。"发作"一词,《大词典》列有九个义项。"举发"之第②义项指的是"发作"的哪个义项,不清楚。故,应明确为"疾病发作"。且与所引例句均相符合。

(90)九卷94页"补衬"条:"②破布块。"

按:"补衬"是补衣服或制鞋底用的碎布。又写作"铺衬"。例如清蒲松龄《聊斋俚曲集·俊夜叉》:"拾了根绳子扎着腿,上下一堆破铺衬。"《大词典》十一卷1292页"铺衬"条释为"衬衣、制鞋底的碎布",是。这些碎布,条块均有,且往往新、旧混杂,并非仅仅是"破布块"。《俊夜叉》之"破铺衬",才专指破旧的碎布。

(91)九卷161页"美除"条:"谓除授美官。"

按:可以从两方面说明此条释义之误:1."美除"为一偏正式合成词,其中心语为"除","除"为动词时义为"授予官职",在"美除"中指"官职","美除"应释"美官",而不应释为"除授美官"。2.从"美除"同其他词语的搭配可以看出,"美除"为一名词性词语,而不具有动词性。例如元关汉卿《望江亭》第一折:"白士中孩儿也,喜得美除。我恰才道罢,孩儿果然来了也。"明孟称舜《娇红记》第三十七出:"幸喜两儿高第,又得美除,真家门之幸也。"两例中"得美除"均为动宾结构,义为"得到美官"。故不当以动词性的"除授美官"释之。

(92)九卷293页**"花哄"**条:"犹胡闹。"

按:"花"常用来指与女人有关的事物,如"花街"、"花胡同"、"花酒"、"花柳营"等。"哄"有"搅闹"义,故"花哄"指和女人搅在一块,即嫖女人。例如明梦觉道人《三刻拍案惊奇》第十九回:"不期撞出他一个本房书手张三来。这人年纪不多,好的是花哄嫖赌。"又,第二十一回:"这吕达日在道路,常只因好花哄嫖赌,所以不做家。"明金木散人《鼓掌绝尘》第三十七回:"(张秀)见陈通死了,他好似失群孤鸟,无倚无依,却便意回心转,竟不思量花哄,指望立业成家。"明陆人龙《型世言》第二十三回:"恺儿日日回家要钱,只见拿出去,不见拿进来,日逐花哄,怕荡坏了身子。"皆其例。

(93)九卷295页**"花酒"**条:"①在妓院中狎妓饮宴。"引唐吕岩《敲爻歌》:"色是药,酒是禄,酒色之中无拘束,只因花酒误长生,饮酒带花神鬼哭。"《官场现形记》第七回:"你看来往官员那一个不吃花酒。"《收获》1981年第4期:"你又花天酒地,吃花酒。"三例。

按:该释义存在两方面问题:1.义例不合。第一个例子中的"只因花酒误长生"中的"花酒"为名词,指"酒色",而"在妓院中狎妓饮宴"则为动词性词组。"花酒"作"酒色"讲还有其他用例。如元关汉卿《救风尘》第一折:"自幼颇习儒业,学成满腹文章,只是一生不能忘情花酒。"2.条例不合。词条是"花酒",但二、三两例中出现的却是"吃花酒"。而《大词典》(三卷130页)是将"吃花酒"(旧时谓在妓院狎妓宴饮)作为一个另外的词条来处理的。

(94)九卷298页**"花报"**条:"报应。《古今小说·闹阴司司马貌断狱》:'只怕后人不悟前因,学了歹样……如曹操欺凌献帝故事,显其花报,以警后人。'《初刻拍案惊奇》卷三二:'我只因见你姿色,起了邪心,却被胡生先淫媾了妻子。这是我的花报。'"

按:释义略宽。明天然痴叟《石点头》第五卷:"莫可今生富贵,两子连登,是前生做娼妓时救难周贫,修桥造路,所以受此果报。临终时恶病缠身,乃因平白强占紫英,使他不得不从。坏此心术,所以有此花报。果报在于后世,花报即在目前。"由"花报即在目前"可知"花报"应为眼前的报应。又《大词典》四卷820页"果报"条:"佛家语。因果报应。即所谓夙世种善因,今生得善果;为恶则得恶报。"该释义与《石点头》中所说的"果报在于后世"是相符合的。

另外,"花报"即"目前的报应",从《大词典》所引的两个例子中也可以看出来。为了便于理解,我们不妨把第一个例子补充完整:"只怕后人不悟前因,学了歹样,就教司马懿欺凌曹氏子孙,一如曹操欺凌献帝故事,显其花报,以警后人。"该例是说曹操因为欺凌献帝,后来,其子孙同样遭到了司马懿的欺凌。这并不是曹操本人来生遭到什么报应,亦即并非"果报",所以,才有"显其花报"之说。另一例是说那人想奸淫别人的妻子,但适得其反,却被胡生先淫媾了自己的妻子。这也是目前的报应。

(95)九卷311页"芳名"条:"②对他人名字的美称。"

按:释义过宽。"他人",既可指女人,也可指男人。但我们不能称一个男人的名字为"芳名",因为这是一个专用于女性的词。《大词典》所举明陈汝元《金莲记·湖赏》、《红楼梦》、巴金《家》三部作品例句中的"芳名"均为女性。再如明汤显祖《牡丹亭》第二十八出:"(生云)这都领命。只问姐姐贵姓芳名?"清蘧园《负曝闲谈》第十四回:"时豪人望着钱胡子说道:'有翁先生,这位贵相好叫啥格芳名?住勒啥场化?'"《现代汉语词典》(第6版)"芳名"条义项①为:"指女子的名字(一般用于年轻女子)。"释义准确。

(96)九卷439页"菽水"条:"豆与水。指所食唯豆和水,形容生活清苦。……后常以'菽水'指晚辈对长辈的供养。"

按:从《大词典》所引三条书证看,"菽水"当释"多指晚辈供养长辈的费用"。现录三例于下:①宋陆游《湖堤暮归》诗:"俗孝家家供菽水,农勤处处筑陂塘。"此例"菽水"与"陂塘"同为名词。释为"费用"比释为"供养"更为贴合。②元高明《琵琶记·高堂称寿》:"入则孝,出则弟,怎离白发之双亲?到不如尽菽水之欢甘齑盐之分。""菽水"与"齑盐"相对,亦应释为"供给之费用"。③郁达夫《再游高庄偶感续成》诗:"只愁母老群儿幼,菽水蒲编供不周。"此谓"菽水"和"蒲编"供应不周,也当释为"供给之费用"。

兹再衍数例:明陆人龙《型世言》第十八回:"且老母高年,河清难待,今我为君奉养,菽水我自任之,不萦君怀。"又第十九回:"若为穷所使,便处一小馆,一来可以藉他些束修,资家中菽水。"又清吴璿《飞龙全传》第三十四回:"望陛下以孝治天下为心,放臣得还故里,奉菽水于日月,尽定省于晨昏,终养优游。"清许奉恩《里乘》卷五《制军某公》:"小生一寒至此,老母菽水尚缺,行将弃儒而贾,复何奢望?"诸例亦皆"供给之费用"义,可资佐证。

(97)九卷1040页"纂作"条:"做作。元无名氏《南牢记》第一折:'不照顾自己,说别人是非,婆娘家见识,纂作着哄谁?'"

按：释义误。"纂作"当为"编造"义。通常含贬义。"纂作着哄谁"就是说"编造（谎话）哄骗谁"。清蒲松龄《聊斋俚曲集·慈悲曲》第三回："你这些屁，是听谁放的？必然是小讷子那忘八羔纂作的！"此言"一定是小讷子那个忘八羔子编造出来的"。近代作品中还有"纂捏"、"纂舌头"等说法，义均同"纂作"。《醒世姻缘传》第七十七回："心中怀恨，便从此以后，在相大妗子与相进士娘子面前，时时纂捏是非。"《金瓶梅词话》第十二回："也不枉说的，恁一个尿不出来的毛奴才，平空把奴纂一篇舌头。""纂"乃"撰"的借字。

（98）九卷1238页"篾片"条："①犹清客。旧时豪富人家专门帮闲凑趣、图取余润的门客。"

按："篾片"不一定是富室的门客，其"帮闲凑趣、图取余润"的对象也并不限于"豪富人家"。例如清谷口生《生绡剪》第十回："翠儿忙着去寻原中房主，个个都凹过了，都是一班无家的光棍。原来就是一向相与的这些篾片扎的火囤。"此称"无家的光棍"为篾片。清刘省三《跻春台·审豺狼》："何二娃前番与史银匠当篾片时即与翠翠私通，今见史、朱二人已死，意欲独占。""史银匠"亦非豪富。清艾衲居士《豆棚闲话》有一段话解释了"篾片"得义之由，见第十则："（老白赏）一名篾片，又名忽板。这都是嫖行里话头。譬如嫖客本领不济的，望门流涕，不得受用，靠着一条篾片帮贴了方得进去，所以叫做篾片。大老官嫖了婊子，这些篾片陪酒夜深，巷门关紧，不便走动，就借一条板凳，一忽睡到天亮，所以叫做忽板。"由上例可知，"篾片"本为妓院行话，指在妓院中帮闲凑趣以图余润之徒。其活动处所后来亦不限于妓院，可泛指一般帮闲者。因此，将"篾片"释为"专事趋奉凑趣以图余润之人"较为妥当。

（99）十卷185页"贼知"条："谓出鬼主意。知，'智'的古字。"

按：此条释义问题是：以词的临时活用义代替本义。此条下原引例证为：唐柳宗元《送范明府》诗序："由是吏得为奸以立威，贼知以弄权，诡窃窜易，而莫示其实。"此句中"为奸"与"贼知"对举，"贼知"可释为"出鬼主意"。但这种用法并不常见。"贼知"的习用义是"鬼主意、鬼点子"。例如明天然痴叟《石点头》第十卷："这人有气力，有贼知，久惯帮打官司，赌场中捉头放囊，衙门里买差造访。"清文康《儿女英雄传》第六回："往后料想一时倒退不及，他便起了个贼知，把身子往下一蹲……"

（100）十卷224页"卖皮鹌鹑"条："旧指卖淫的妇女。"

按："卖皮鹌鹑"为卖淫的隐语。宋孟元老《东京梦华录·潘楼东街巷》："先至十字街，曰鹌鹑市，向东曰东鸡儿巷，向西曰西鸡儿巷，皆妓馆所居。"因鹌儿市多妓馆，故以"卖皮鹌鹑"隐指卖淫。《大词典》该条所举例证为元无名氏《陈州粜米》第三折:"俺家里卖皮鹌鹑儿,老儿你在那里住?"此是动词性词组构成的隐语作谓语,不当以名词性偏正词组释之。

(101)十卷315页"**见背**"条:"①谓父母或长辈去世。"

按:同辈亲人去世亦可称"见背",并不专指父母或长辈。例如清酌元亭主人《照世杯·百和坊将无作有》:"缪奶奶娇声颤语道:'妾夫见背,没没无闻。得先生片语表彰……'"《中文》第三十册同条:"亲死曰见背,谓离我而去。"义较胜。

(102)十卷316页"**见便**"条:"犹知趣。《古今小说·明悟禅师赶五戒》:'红莲已经十岁,清一见他生得清秀,诸事见便,藏匿在房里。'《醒世恒言·郑节使立功神臂弓》:'[张员外]见他会书算,又且见便,诸色周全,便叫他在店中做主管。'"

按:《大词典》"知趣"条,列有两个义项:①领悟情味。②谓识时务;知进退,讨人喜欢。从"见便"条的书证来看,当与义项②相对应。高文达《近代汉语词典》释"见便"为:"乖觉,聪明。"释义直截了当,且通俗易懂。

(103)十卷328页"**规复**"条:"图谋恢复。"

按:释义不确。"规复"实即"恢复"义,而非未完成时。就其所引三例《魏书·杨椿传》《明史·丘民仰传》和蔡锷《滇省光复始末记》看,均既已"恢复",而非"图谋恢复"。今再举一例:清曾朴《孽海花》第六回:"……三省合攻,希图规复,总算大加振作了。"此处要表示将来时,须在"规复"前另加"希图",可资为证。

(104)十卷379页"**重完**"条:"重新完聚。《初刻拍案惊奇》卷二十七:'毕竟冤仇尽报,夫妇重完,此可为世人之劝。'《二刻拍案惊奇》卷三:'孺人道是骨肉重完,旧物再见,喜欢无尽。'"

按:《大词典》三卷1337页"完聚"条义项有二:①谓修葺城郭,聚集粮食。②团聚;团圆。亦指男女结为夫妇。而"重新完聚"中"完聚"当指义项②。为避免释义模糊和歧解,不如直接释为"重新团聚、团圆"。

(105)十卷558页"**蹬挫**"条:"方言。踢蹬四肢。"

按:释义不确。该词既可以指一般动物的踢蹬,也可以指人的抽搐。指人时只能下肢踢蹬,上肢如何踢蹬?故以释"腿连续踢蹬"为是。如《醒世姻缘传》第十三回:"行到那前日邵次湖死的所在,只见伍小川大叫道:'列位休要打我!邵兄弟,你拦他们一拦,我合你们同去就是了!'张了张口,不禁几蹬挫,就'尚飨'去了。"此言没禁得住几下抽搐。

(106)十卷635页"**都抹**"条:"方言。嘟起嘴巴不吭声。《醒世姻缘传》第四八回:'狄希都抹了会子,蹭到房里。'"

按：释义误。"都抹"义为徘徊、磨蹭，又写作"笃么"、"独磨"、"突磨"、"杜磨"等。如金董解元《西厢记诸宫调》卷六："问侍婢以来，兢兢战战，一地里笃么。"《冻苏秦》第二折："去不去两三次自猜疑，我我我突磨到多半响。"皆其例。"都"、"笃"等字当系"跿"的借字，《集韵·铎韵》："跿，一曰乍前乍却。"与噘嘴无涉。

(107) 十卷 671 页"乡头"条："明初南京的乡中役职。"

按：释义略窄。"乡头"是旧时乡中的役职，但并不只限于明朝，也非仅限于南京。因为元代杂剧中已见使用，且意义相同。例如石德玉《秋胡戏妻》第二折："牛表、牛筋是你亲戚大户，乡头是你相识。"故，"乡头"当指旧时村中社长、里正一类的小吏。

(108) 十卷 1142 页"遥地里"条："方言。远处；各处。《醒世姻缘传》第七五回：'你放着眼皮子底下一门好亲戚，他不消打听我，我不消相看他，你们不上紧点儿，可遥地里瞎跑。'又第九四回：'小浓袋自己也愿情待去，要跟着遥地里走走，看看景致。'"

按："遥地里"即"一地里"，义同"到处、各处"，并没有"远处"的意思。"遥地里瞎跑"即到处、各处瞎跑；"遥地里走走"即到处、各处走走。试再举二例：《醒世姻缘传》第十回："郭姑子，你既来投托蒋太太，你在蒋府里静坐罢了，你却遥地里去串人家，致得人家败人亡。"又作"摇地里"。同书第三回："家里又有两个不知好歹的孩子，摇地里对了人家告讼，说他家有一坛银钱。""遥地里"、"摇地里"皆"到处、各处"义。后者《大词典》未收录，当补。

(109) 十一卷 838 页"雌"条："⑨用同'泚'。淌；喷涌。《醒世姻缘传》第二五回：'[狄宗羽]虽是读书无成，肚里也有半瓶之醋，滉滉荡荡的，常要雌将出来。'《醒世姻缘传》第二一回：'（小孩子）照着晁夫人的脸合鼻子，碧清的一泡尿雌将上去。'"

按：此系随文释义。本作"泚"，"雌"为借字。多指水、尿等喷射。例如清夏敬渠《野叟曝言》第一百四十五回："中间露出白玉也似的婴儿，呱的一声，一张小卵朝着空里雌出一泡尿来。"用"泚"的例子如清蒲松龄《聊斋俚曲集·寒森曲》第二回："实说那日赵恶虎，我恨没泚出他脑儿浆，罢了！"

(110) 十一卷 840 页"雌答"条："亦作'雌搭'。冲撞，不礼貌。"

按："雌答"是方言词。现代口语中仍有用例。陈刚等编《现代北京口语词典》有"呲得"条，实"雌答"之同词异写。其释文为："训斥，指责，也说'呲登'。如：有话好好儿说，别尽呲得人。"今河北唐山也有此语，同时也单用"雌"，义同"雌答"。如："这半天他没好气，老雌（答）人。"考《醒世姻缘传》，"雌"和"雌答"并用，义相同。如第四十四回："素姐说：'没的你也嫁了他罢？

不回去!'雌的薛如下兄弟两个一头灰,往外跑。"又第七十四回:"两边的皂隶一顿喝掇了出去。雌了一头灰,同了薛三槐夫妇败兴而反。""雌答"《大词典》释文中已举《醒世姻缘传》中两例。现再举一例:第四十八回:"狄婆子说:'一个丫头,打了一二千鞭子,风了的一般。媳妇子说,骂媳妇子;婆婆说,骂婆婆。薛亲家闷闷渴渴的,是他闺女雌答的;咱怎么的来,他恼咱?'"综观各例,我们认为,"雌答"即"训斥,指责"。

(111)十一卷897页**"离离拉拉"**条:"方言。犹稀稀拉拉。"

按:"离离拉拉"当释为"断断续续"。"稀稀拉拉"系指数量少。刘小南等《黑龙江方言词典》释"稀稀拉拉"为"稀不拉的"。而《大词典》之引例:周立波《暴风骤雨》第一部十二:"男子和女人,三个一伙,五个一群,离离拉拉地来啦,站成一圈。"此"离离拉拉"当为状语修饰"来",表其来的状态,即"断断续续"地来,而非表明数量多少。故释为"稀稀拉拉"不妥。许宝华《汉语方言大词典》、尹世超《哈尔滨方言词典》均释其为"断断续续"。

(112)十一卷930页**"阿郎杂碎"**条:"方言。罗唆麻烦。《醒世姻缘传》第七一回:'平白地给我磕甚么头? 阿郎杂碎的,我见他做甚么?'"

按:释义有误。在鲁南方言中有"杂七杂八"、"不三不四"的意思。可指物,亦可指人。上引例系指人。陈公因为对童家有恩,童奶奶便前往陈府拜谢,陈太太倚财仗势,不想见无财无势、"猥琐低下"的童奶奶。其实童奶奶并非出身寒门,也不猥琐下贱,而是个爽利之人,有靠山,有背景。所以后文陈太太道:"这是个有主意有意思的女人。我当是个混账老婆来。""混账"正与"阿郎杂碎"的不三不四义相呼应。

(113)十一卷937页**"阿搂"**条:"揉搓。元李寿卿《度柳翠》第二折:'抖搜的宝钏鸣,偢偢的云髻松,阿搂的湘裙皱。'"

按:上引《度柳翠》二折句系写牛头鬼力摄过柳翠将斩,柳翠被"吓杀"的情景。此处"抖搜"、"偢偢"、"阿搂"互文,均为颤抖貌,是对上文"(旦儿做惊醒科,云:)兀的不吓杀我也!"一句宾白的具体描绘。王学奇主编《元曲选校注》第四册上卷注"抖搜":"颤动貌,因极度惊恐而身体哆嗦。《杂剧选》本、《柳枝集》本均作'抖搂',义同。"得之。"阿搂的湘裙皱",亦系因颤抖而使湘裙波动起皱之谓,不当释作"揉搓"。今徐州一带方言仍说"阿搂",音近似"合搂",正为晃动、抖动、搅动义。

(114)十一卷953页**"附就"**条:"谓与之贴近或靠拢。《红楼梦》第三十七回:'除这两日外,倘有高兴的,他情愿加一社,或请到他那里去,或附就了来,也使得。'"

按:释义不确,当释为"顺从"或"屈从"。清蒲松龄《聊斋俚曲集·寒森曲》第三回:"虽然持服不出嫁,说是明年该禁婚,附就着娶了礼也顺。""附就着娶了"就是说将就着娶了,是不情愿的,而不是靠拢或者贴近。《红楼梦》中尚有用例:第七十九回:"金桂知其不可犯,每欲寻隙,又无隙可乘,只得曲意附就。""曲意附就"即心里不是很乐意地做。以《大词典》所释代入本例显然不通。

(115)十一卷1068页"**阳炎**"条:"耀眼的阳光。郭沫若《北伐途次》二十:'武昌城远远地在阳炎中横陈着,脚跟是看不见的,白蒙蒙地好像是一座蜃气楼。'"

按:释义误。蒋礼鸿《敦煌变文字义通释》"阳焰":"旷野中虚幻的光气。《维摩诘经讲经文》:'永抛不久停,阳焰非真实。'(页555)又一篇:'如炎者,如似荒郊阳炎,那得久停?'(页581)"江蓝生等《唐五代语言词典》"阳焰"条:"旷野中浮动的光气。焰,也作'炎'。"从二者对"阳焰"的解释可以看出,"阳炎"就是"阳焰",指旷野中的光气,并非指耀眼的阳光。在光气中远望武昌城,才会出现"脚跟是看不见的,白蒙蒙地好像是一座蜃气楼"的景象。或据《玄应音义》卷三、《慧琳音义》卷七、卷三十六之"阳爓"释为"尘埃"、"热气",可备一说。

(116)十一卷1221页"**钧旨**"条:"对帝王将相的命令的敬称。"引例为《水浒传》第一○二回:"两个公人带王庆上前禀道:'奉老爷钧旨,王庆拿到。'"

按:释义不确。"钧旨"并非专指"对帝王将相的命令的敬称"。"钧"是敬词。古代的书札及口语中,对尊者多用钧安、钧启、钧座、钧旨等语。《水浒传》第一回:"奉知县相公钧旨,着我与朱仝两个引了部下士兵,分投下乡村各处巡捕贼盗。"《醒世恒言·两县令竞义婚孤女》:"大尹道:'若是人物好时,就是五十两也不多。明日库上来领价,晚上就要过门的。'张婆道:'领相公钧旨。'"以上二例中的"钧旨"分别是对"知县"和"大尹"命令的敬称。"大尹"是对府县行政长官的称呼,并非是什么帝王将相。另外,《大词典》所引书证"奉老爷钧旨"中的"老爷"指的是开封府府尹,也不是帝王将相。高文达和许少峰的《近代汉语词典》分别释为"尊称上司的命令"、"对上司命令的敬称",是。

(117)十一卷1291页"**铺潦**"条:"犹淋漓。《醒世姻缘传》第六十回:'像狄大哥,叫你使铁钳子拧的遍身的血铺潦,他怎么受来?'"

按:"铺潦"是指皮肤因受伤而起的泡。多由烫伤、烧伤或接触硬物摩擦引起,但皮肤并不溃破,所以没有"淋漓"的结果。释者当是受书证中前一个词"血"的影响,以为"血铺潦"就是"血淋漓",乃望文生义。"血铺潦"实即血泡。"泡"分音为"铺潦"。

(118)十二卷583页"饥困"条:"饥饿困顿。"

按:"饥困"即"饥饿",复词偏义,实与"困顿"无关。《百喻经·五百欢喜丸喻》:"尔若出国,至他境界,饥困之时,乃可取食。"由"取食"可知"饥困"是"饥饿",而非"困顿"。清蒲松龄《聊斋俚曲集·墙头记》第一回:"他急自极好害饥困,何况等了半日多,此时不知怎么饿。"这是说他平时非常耐不住饥饿,更何况等了大半天,不知会饿到什么程度。冯德英《山菊花》第十二章:"好儿压下一口气,道:'你歇着,俺弄点吃的。''不用,我不饥困。'""不饥困"也就是"不饿"。

(二)义项不全

义项齐备是大型语文工具书的重要特征之一。中型语文工具书一般只收常用义项,而大型语文辞书,则力求义项完备,凡是古今著作中有用例,能概括确立的义项,都应尽量收列。《大词典》的首席学术顾问吕叔湘先生曾要求编写人员在编写时要"义项齐备些、细密些"。《大词典》从一开始编写就反复强调充分利用资料卡片(包括索引卡),做到张张过堂,避免义项脱漏,力求义项完备。应该说,经过全体编写人员的努力,大部分条目所收列的义项已经比较全面了,但是遗漏的也还有不少。试举例分析如下:

(1)一卷22页"一旦"条义项有二:①一天之间。②有朝一日。

按:"一旦"尚有"一下子"之义。例如明金木散人《鼓掌绝尘》第一回:"妙,妙,数载不聆佳咏,又幸今日复赐教言,真令老朽一旦心目豁然矣。"同书第二回:"遂劝杜翰林替他改名杜葶,纳为己子:即便浑身罗绮,呼奴使婢,一旦富贵,非复昔日之杜葶矣。"又第二十一回:"文探花也不忍一旦轻离叔父,但难舍小姐恩爱,虑恐久盼不到,或者再有前番光景,反为不妙。"又第二十九回:"小侄在襁褓时,一旦椿萱尽丧,可怜生不能事,死不能葬,真大不幸也。"《初刻拍案惊奇》卷十一:"数年之疑,一旦豁然。非明公聪鉴盖世,何能及此?"明陆人龙《型世言》第八回:"我又不曾像前代君王荒淫暴虐,至一旦失了。云水为僧,才一念及,叫我如何消遣。"又同回:"只数十年相随,今日一旦拜别,不觉怅然。"清天花主人《云仙笑·又团圆》:"蒙你扶持家业,劳苦多年,何忍一旦抛离,还是同回家去的是。"《珍珠舶》卷一:"所恋恋者故乡亲友,一旦远别,岂能无感。"其用例极广,均非上列两个义项所能赅。

(2)一卷30页"一似"条,仅释"很象"一义。

按:"一似"另有"一样"义。例如《刘知远诸宫调》第三:"男如潘岳,女生越艳,媒人口一似蜜舌头。"此言媒人的嘴就像舌头上抹了蜜一样。又如《金瓶梅词话》第一回:"请看项籍并刘季,一似使人愁。""一似使人愁",即一样使人愁。释"很象"则不可通。今徐州方言"一样"仍说成"一似",例如"一似齐"即一样齐,"一似平"即一样平。

(3) 一卷 66 页"**一条边**"条,仅列明代田赋制度"一条鞭法"一义。

按:尚有"顺着一个方向成一排"义。例如《金瓶梅词话》第十四回:"把二娘那房子打开通做一处,前面盖山子卷棚,展一个大花园;后面还盖三间玩花楼,与奴这三间楼相连,做一条边。"

(4) 一卷 278 页"**上房**"条,列有"正房"、"王府家中主管食物款项的账房"二义。

按:"正房"、"正室"均有"正妻"借代义。"上房"即正房、正室,亦有此义。例如《金瓶梅词话》第二十一回:"大雪里着恼来家,进仪门,看见上房烧夜香,想必听见些甚么话儿,两个才到一答里。"又第七十五回:"我不知道,刚才上房对我说,我才晓的。"故应补列此借代义。

(5) 一卷 414 页"**不但**"条释义为:"连词。不仅,不只是。常表示递进。用在复句的上半句里,下半句通常有副词或连词与之相呼应。"

按:当补"不但"的非连词义"不只,不止,不仅仅",系表示超出某一数量或范围。如三国魏曹操《善哉行》:"君子多苦心,所愁不但一。"晋葛洪《抱朴子·祛惑》:"吾常谏谕曰,此儿当兴卿门宗,四海将受其赐,不但卿家,不可取次也。""不但一"即不止一事。"不但卿家"即不只卿一家。又如《朱子语类》卷二○:"或问'不亦说乎'。曰:'不但只是学道有说处。今人学写字,初间写不好,到后来一旦写得好时,岂不欢喜!'"又卷二六:"问:'君子当得富贵。所谓不当得而得者,乃人君不能用其言,徒欲富贵其身。'曰:'富贵不以道得之,不但说人君不用其言,只富贵其身。如此说,却说定了。'"例中"不但"皆非连词用法。

(6) 一卷 428 页"**不耐烦**"条,列有"谓不能承受烦剧的事情"、"厌烦,不能忍耐"和"表示程度很深"三个义项。

按:"不耐烦"尚有"身体不适"义。例如明金木散人《鼓掌绝尘》第六回:"姐姐,我妹子今夜有些不耐烦,先去睡一觉。"又第七回:"'老爷,玉姿昨晚身子有些不耐烦,着惠姿代他伏侍哩。'相国叹口气道:'怪他不得,其实这几日辛苦得紧。多应是劳碌上加了些风寒……'"清无名氏《人中画》:"花素英捱到傍晚,作说头痛,身子不耐烦,要先回去。"此数例,均非上列三义所能赅。

(7) 一卷 428 页"**不是**"条,列有"错误;过失"、"表否定判断"两个义项。

按：近代汉语中"不是"还有虚词用法。①语气词。例如《金瓶梅词话》第二十六回："房里无人，爹进来坐坐不是。"此表示委婉的祈使语气。又第七十八回："他不在家，左右有他老婆会扎，教他扎不是？"此表示反诘语气。②连词。假设语气较重，略同于"不然；否则"。《金瓶梅词话》第八十六回："倒亏了小玉丫头做了个分上，教他娘拿了两件衣服与他，不是往人家相去，拿什么做上盖？"《水浒传》第十七回："又差人来捉洒家。却得一伙泼皮通报，不是着了那厮的手。"胡竹安《水浒词典》释此例"不是"为"不曾，没有"。实际与《金瓶梅词话》第八十六回例用法相同，亦当作"不然，否则"解。③"不是"又有正话反说用法，加强肯定的语气。例如《水浒传》第五回："不是鲁智深投那个去处，有分教：到那里断送了十余条性命生灵，一把火烧了有名的灵山古迹。"又第十一回："不是这个人来斗林冲，有分教：梁山泊内，添这个弄风白额大虫；水浒寨中，辏几只跳涧金睛猛兽。"此两例中"不是"俱"正是；正因为"义。

(8) 一卷464页"不满"条，列有"不充满"、"不满足；不满意"两个义项。

按：还当补"不足；不够"义。《朱子语类》卷九四："吕与叔言语多不缜密处，是他不满五十岁。若使年高，看道理必煞缜密。"又卷一一一："是时饥饿民甚苦之，恣为吏人乞觅。或所少止七百，而限以十限，每限自用百钱与吏；或欲作一项输纳，吏又以违限拒之；或所少不满千钱，而趁限之钱，则已踰千矣。"

(9) 一卷468页"不论"条，列有"不考察，不评论"、"不议论，不谈论"、"连词"三个义项。

按："不论"还有"不能一概而论"一义。《金瓶梅词话》第四十四回："他也不论，遇着一遭也不可止，两遭也不可止，常进屋里看他。"此犹言"说不定"、"说不准"。

(10) 一卷515页"再"条，列有"两次；第二次"、"重复；再现"等十个义项。

按："再"还有"从，从来"义，用在否定词之前，加强语气。如清徐述夔《八洞天》："我一向命你破承开讲，再不见你当面立就，每每等我走身转动，方才成文。此必有人代笔。"清李渔《十二楼·鹤归楼》："（段璞）自幼聪明，曾噪神童之誉，九岁入学，到了十九岁，做了十年秀才，再不出来应举。"又《连城璧》第三卷："小的力气最大，本事最高，生平做强盗，再不用一个帮手，都是一个人打劫。"又第九卷："（上官氏）贤惠端庄，自十四岁进马氏之门，到二十四岁，这十年中，夫妻两口，恩爱异常，再不曾有一句参商的话。"

(11) 一卷710页"半折"条，列有"损失一半"、"对折；减半"、"折断一半"三义。

按："半折"另有"从拇指到中指伸直长度的一半"义。近代汉语文献中习见。如《大宋宣和遗事》:"凤鞋半折小弓弓,莺语一声娇滴滴。"元王实甫《西厢记》第四本第一折:"绣鞋儿刚半折,柳腰儿勾一搯。"《乐府阳春白雪》马东篱小令:"金莲肯分迭半折,柳腰儿恰一搦。"明刘兑《金童玉女娇红记》〔普天乐〕曲:"半折笋牙尖,三寸银钩钏。"均可为证。详前"一柞"条。

(12) 一卷 725 页**"了落"**条,仅释"了结;收场"一义。

按:另有"打发"义。如明陆人龙《型世言》第六回:"忽见一个禁子拿了两碗饭,两样菜道:'是你姓汪的亲眷送来的,可就叫他来替你了落我们。'"又第二十七回:"不若先将我身边银子且去了落差人,待我与婆婆再处。"以上两例,"了落"皆"打发"之义。

(13) 一卷 816 页**"十分"**条,列有"按十等分划分"、"犹十成"、"充分,十足"、"副词"等四个义项。

按:"十分"还有"实在"、"着实"义。例如元关汉卿《绯衣梦》第三折:"比及拿王矮虎,先缠住一丈青,批头棍大腿上十分的楞。""十分的楞"犹言"着实地打"。又,《金瓶梅词话》第三十八回:"若十分没银子,看怎么再拨五百两银子货物,凑个千五儿与他罢。"《古今小说·沈小官一鸟害七命》:"只听得一个画眉,十分叫得巧好。"此二例"十分"犹言"实在"、"确实"。

(14) 一卷 1250 页**"作念"**条,仅列"思念;怀念"一义。

按:另有"诅咒"一义。此"作"即"诅"古字(见《诗·大雅·荡》"侯作侯祝"孔颖达疏),或谓"作"、"诅"古字通用(见俞樾《诸子平议·管子六》"下作之地,上作之天"按)。本指求神加祸于人,后引申为诅咒、咒骂。明无名氏《墨娥小录》卷十四:"咒骂:作念。"《刘知远诸宫调》第二:"一路里作念千场。"元关汉卿《救风尘》第二折:"我作念你的言词,今日都应口。"《醒世姻缘传》第六十三回:"咒得那狄希陈满身肉跳,整日心惊,面热耳红,不住嚏喷:那都是智姐作念。"俱此义。

(15) 一卷 1258 页**"作痒"**条:"培养,培育。"

按:"作痒",又指皮肤等受刺激或过敏而需搔擦。如明陆容《菽园杂记》卷二:"言其乡人患耳鸣者,时或作痒,以物探之,出虫蜕,轻白如鹅翎管中膜。"又同书卷六:"一日闲坐,忽臀肉作痒,搔之,觉有物在指下,摘之,抽出肉红一线五六寸。"又引申为产生某种想法和冲动。如东台话:"你个调皮鬼,身上作痒了,我呗打呃你。"此义清代小说中可见。如清李渔《连城璧》卷七:"只怕一月两月不在面前,没有妒妇磨灭你,你的骨头又有些作痒起来,要思想妒妇,去受他的磨灭了,那里保得一年两载不想回去?""你的骨头虽然作痒,要想回去受磨难,其如这两位佳人大限未到,不该去见罗刹何。"

(16) 一卷 1270 页**"低心下意"**条,仅释"谓小心谨慎、专注不移"一义。

按：又犹言"放下身段,降低身份"。如《敦煌变文集·唐太宗人冥记》："皇帝闻此语,无地自容。遂低心下意,软语问催子[玉]曰：'卿□书中事意,可否之间,速奏一言,与宽朕怀。'"

(17)一卷 1320 页"**供花**"条："亦称'供佛花'。旧俗在神佛前的供品上所插的假花,用通草或绫、纸制成花果和人物等。"

按："供花",又指插花,即把鲜花插在瓷瓶等器皿中以供观赏。清顾禄《清嘉录》卷六《珠兰茉莉花市》："百花之和本卖者,辄举其器,号为'盆景'。折枝为瓶洗赏玩者,俗呼'供花'。"可证。又如宋姜夔《念奴娇》词："因觅孤山林处士,来踏梅根残雪,獠女供花,伧儿行酒,卧看青门辙。一丘吾老,可怜情事空切。"《红楼梦》第十七回："一隔一隔,或有贮书处,或有设鼎处,或安置笔砚处,或供花设瓶、安放盆景处,其隔各式各样,或天圆地方,或葵花蕉叶,或连环半璧。"《大词典》《近代汉语词典》等辞书均漏收该义。

(18)一卷 1379 页"**修养**"条,列有"指道家的修炼养性"等六个义项。

按：尚可补"按摩"义。清李渔《无声戏》第七回："王四以为得计,日日不等开门,就来伺候。每到梳头完了,雪娘不教修养,他定要捱捱捻捻,好摩弄他的香肌。"清谷口生《生绡剪》第八回："再说那楚老儿,年纪老了,簸片行中,件件俱换新腔,老骨董却用不着。偶然蹈袭得些修养之法,几句卫生歌,簸着一个老先生。"此皆"按摩"之义。

(19)一卷 1416 页"**信心**"条,列有"诚心"、"随心,任意"等四个义项。

按："信心"尚有"相信"义。明罗懋登《西洋记演义》第八回："小将又怕转来之时,元帅们不肯信心,即时生出一个计较,取过一块石灰团儿,写着'黄凤仙'三个大字,放在库门里面。""不肯信心"即不肯相信。

(20)一卷 1525 页"**做**"条,列有"制造;制作"、"从事某种活动或工作"、"举行;举办"等 15 个义项。

按："做"尚可当作介词使用,相当于"替,为"。例如《古今小说·杨思温燕山逢故人》："我有件事相烦你。你如今上楼供过韩国夫人宅眷时,就寻郑夫人。做我传语道：'我在楼下专候夫人来,问哥哥详细。'"同书《张古老种瓜娶文女》："大伯取一把刀儿,削了瓜皮,打开瓜顶,一阵异气喷人。请众人吃了一个瓜,又再去雪中取出三个瓜来,道：'你们做老拙传话谏议,道张公教送这瓜来。'"又同上："谏议听得说,用指头指着媒婆道：'做我传话那没见识的老子,要得成亲,来日办十万贯见钱为定礼,并要一色小钱,不要金钱准折。'"又卷三六："甚劳烦哥哥……见公公时,做我传语他,只要他今夜小心则个。"诸例中,"做"均可释为"替,为"。

(21)一卷 1528 页"**做作**"条,列有"作为,举动,所作所为"、"装模作样"

等四个义项。

按：尚缺"因不满而生气、发作"义。清李渔《无声戏》第一回："……只是自己晓得容貌不济，妻子看见定要做作起来，就趁他不曾抬头，一口气先把灯吹灭了，然后走近身去，替他解带宽衣。""做作"即"发作"义。

(22)一卷1540页**"侧"**条，列有"旁边"、"倾斜"等十个义项。其第十义指出："通'恻'。悲伤。"

按："侧"亦与"测"通，义为"测度；思量"。如《敦煌变文集·伍子胥变文》："适来专辄横相忏，自侧于身实造次。"项楚《敦煌变文选注》云："自侧，自料，自度。"《广雅·释诂》："侧，度也。"又《叶净能诗》："人问（间）罕有，莫侧（测）变现。""侧"亦"度"义。

(23)一卷1567页**"偏旁"**条，收二义：①汉字合体字的组成部分；②指旁屋侧室。

按：还有"旁边；旁侧"义。如《朱子语类》卷三〇："读书且要理会要紧处。如某旧时，专拣切身要紧处理会。若偏旁有窒碍处，只恁地且放下。"又卷五五："行者，事之所由；大道者，非偏旁之径，荆棘之场。"

(24)一卷1574页**"假女"**条，共列有"夫的前妻之女或妻的前夫之女"、"义女；养女"两个义项。

按："假女"尚可指"妓女"。例如清孔尚任《桃花扇·传歌》："妾身姓李，表字贞丽，烟花妙部，风月名班；生长旧院之中，迎送长桥之上，铅华未谢，丰韵犹存。养成一个假女，温柔纤小，才陪玳瑁之筵；宛转娇羞，未入芙蓉之帐。"此为鸨母李贞丽自报家门的独白，因养成一个绝色"假女"，欢喜之情溢于言表。此"假女"系指女主人公李香君。

首先，此"假女"与一般意义的"义女"、"养女"不同。古代做妓女要具备琴棋书画等各色技艺，故需经过一些专门的教习。今李香君已长成，鸨母要"替他招客梳栊"，可见鸨母将其看作是带来无数钱财的"妓女"。其次，清代小说《跻春台》中有多条"假"做"妓女"解之用例。如卷一《失新郎》："为人轻浮，言语狂妄，家富新亡，无人管束，遂习于嫖假。"又下文："未必然是前生丧德行，都是我爱嫖假，报应临身。""嫖假"即"嫖妓。"又卷二《捉南风》："艳姑闻夫在外嫖假，常对夫骂道：'你们男人家无情无义，只图在外嫖娼宿妓，丢得我孤孤单单。'"艳姑闻丈夫在外"嫖假"，遂骂其"嫖娼宿妓"。可为明证。由上数例可知"假"即指"妓"、"妓女"。从语用角度来看，此"假"当为"假女"之省。犹"妓女"常省称作"妓"。

《大词典》同卷1575页**"假母"**条："亦指鸨母。"相对而言"假女"亦当可指"妓女"。又，释此"假女"为"义女"、"养女"，似与"假子"（义子、养子）相匹配。其实,此"假女"(妓女),当与"假哥"(嫖客)为对。同样《跻春台》中有"假哥"作"嫖客"解的例子。如卷二《捉南风》:"当假哥四处把祸闯,一见妇女就想方。破银钱都要通来往,不到手设计又编诓。"又同卷《审豺狼》:"做片官往来赌场上,要假哥晚来宿妓娼。"故释此"假女"为"妓女"似更妥当。

(25)一卷1615页"仅仅"条义项有二:①形容数量少。②副词,表示限于某个范围,义同"只"而更强调。

按:"仅仅"尚有"整整"义。例如明金木散人《鼓掌绝尘》第七回:"这杜开先与韩玉姿,在船中坐了一日,只当仅仅一日一夜,不曾沾着些汤水。"同上第八回:"(杜开先)只当得了韩玉姿,重会了亲身父,岂不是终身两件要紧的事都完毕了,安心乐意,把工夫仅仅用了一年。"同上第十四回:"你看他含着泪,对着滩仅仅坐了一日,水米也不沾牙。"此"仅仅"或为"整整"方言记音,故可作"整整"解。

(26)一卷1654页"像"条,共列有"形象,形状"、"榜样;法式"等九个义项。

按:"像"尚有"像样"、"合乎情理"义。例如清魏秀仁《花月痕》第十二回:"那怕事的财东看见闹得不像,早都跑了。"又同书第九回:"小岑见那两边席上闹得实在不像,又怕秋痕冲撞了人。"上两例"不像"即"不像样","不成样子"。

(27)二卷60页"公母"条,仅释"雄雌的俗称"一义。

按:亦用以指夫妻。如《金瓶梅词话》第八十九回:"又请了吴大舅和大妗子老公母二人同去。"清蒲松龄《聊斋俚曲集·禳妒咒》第八回:"那高家公母,也不是伊巴,听说江城,一貌如花……若不然,除了这个图他嗄?"

(28)二卷93页"兵马"条:"①士兵和军马。亦泛指军队。""②借指战争,战事。"

按:明代京师五城兵马司各设指挥一人为专管官,以副指挥、吏目为分管官。兵马指挥又称为"兵马"。如明郑晓《今言》六十一:"改中东西南北城兵马指挥司为五城兵马司,指挥、副指挥为兵马、副兵马。"明何良俊《四友斋丛说》卷十二:"余初至南京时,见五城兵马尚不敢用帷轿。"又"凡道上见轿子之帷幔鲜整仪从赫奕者,问之必兵马也。"

(29)二卷120页"前人"条,列有"从前的人"和"前面的人"两个义项。

按:尚有"对方;他人"义。例如《坛经》:"若不同见解,无有志愿,在在处处,勿妄宣传,损彼前人,究竟无益。"《太平广记》卷四十二《李仙人》:"我去之后,君宜以黄白自给,慎勿传人,不得为人广有点炼,非特损汝,亦恐尚不利前人。"唐王梵志《前人敬吾重》诗:"前人敬吾重,吾敬前人深。"三例中"前人"均指"他人",而后一例其义尤显。

(30)二卷225页"**光光乍**"条,列"端正干净貌"等三个义项。

按:"光光乍"尚有"光秃秃、一无所有"一义。明罗懋登《西洋记演义》第二十八回:"你今日身无寸甲,手无寸铁,旁无一人,光光乍儿前临劲敌,岂不是个暴虎冯河。"又第三十三回:"小番道:'头上光光乍,却不是个和尚头?嘴上须蓬蓬,却又不是个道士嘴?'"

(31)二卷278页"**兜搭**"条,列有"曲折,崎岖"、"麻烦,周折"等五个义项。

按:"兜搭"尚有"记取"义。清艾衲居士《豆棚闲话》第十则:"又打听此地那个年家,那个同乡,那个亲戚,一一兜搭在心里,转身就到馄饨书铺,求他转荐。""一一兜搭在心里"犹一一记取在心里。

(32)二卷395页"**冰清**"条:"比喻德行高洁。也用以形容诗句清新。"

按:"冰清",又代指岳丈。如明程登吉《幼学琼林·外戚》:"冰清玉润,丈人女婿同荣;泰水泰山,岳母岳父两号。"自注:"冰清玉润:晋代乐广和他的女婿卫玠都很有名声,被人们分别称赞为冰清、玉润。"又,清乐钧《耳食录》:"叨近冰清,极知欣幸。"亦此义。

(33)二卷578页"**分剖**"条,列有"辩白;诉说"、"分开"两个义项。

按:"分剖"尚有"应付"、"解决"义。例如清不题撰人《续西游记》第八回:"那个说道:'长老货物到小店去卖。'扯的扯,夺的夺,师徒们哪里分剖的开。"店主不知唐僧师徒挑的是经担,以为是货物,所以纷纷上前争抢。"哪里分剖的开"犹"哪里应付得了"。再如,同书第二十二回:"三藏道:'老尊长,你便明说,我这几个徒弟,也都有些神通本事,便是有甚冤苦,也能替你分剖救解。'""分剖"与"救解"复用,其义更为明显。

(34)二卷586页"**分际**"条,共列有"界限;分寸"、"紧要关头"、"程度;地步"、"情分"四个义项。

按:"分际"尚可指两个地区分界的线,即"界线"。清俞万春《荡寇志》中有大量用例。如第一〇九回:"猿臂兵追到分际,希真传令教住,只将枪炮弓矢等远器,雨点价打去……所以希真追到分际,便传令止住。"又下文:"军士退到分际,只见希真军马止住不追。"

又,"分际"尚有"一点"、"分毫"之义。例如《古今小说·单符郎全州佳偶》:"第一手好针线,能于暗中缝纫,分际不差。""分际不差"即"丝毫不差"。

(35)二卷664页"**制度**"条,列有"在一定历史条件下形成的法令、礼俗等规范"、"制定法规"、"规定"等五个义项。

按:所释皆为名词,"制度"尚可用如动词,有"安排,处置"义。例如明许仲琳《封神演义》第四十八回:"子牙后随军至岐山,南宫适筑起将台,安排停当,扎一草人,依方制度。""依方制度"谓按照方子上的内容安排。又第五十八回:"杨戬把神农吩咐的言语,细细说了一遍。玉鼎真人依法而行,将三粒丹如法制度。""如法制度"即如法处置。清俞万春《荡寇志》第一二一回:"卢俊义心中十分狐疑,不知道这徐官儿又有什么法儿来制度他,却又没处捉摸。""制度他"犹言处置他。

(36)二卷678页"**刻铭**"条,义项有二:①在金石等器物上镂刻文字。②刻于金石等器物上的文字。

按:"刻铭"尚有"牢记"义。如清邗上蒙人《风月梦》第二十八回:"亏你不嫌腌臜,一连数夜代我将我眼睛舔好,此情刻铭在心,终身不忘。"

(37)二卷785页"**努**"条,列有"勉力;用力"、"凸出;鼓起"等四个义项。

按:"努"还有"伸"义。《敦煌变文集·燕子赋》:"硬努拳头,偏脱胳膊。""努拳头"即伸出拳头。《大词典》"努"下收有"努膊"、"努臂"条目,亦即伸膊、伸臂。当于第二义"凸出;鼓起"后再补上"伸出"二字。

(38)二卷786页"**劾治**"条:"审查治罪。"

按:"劾治",指用符咒等法术降伏鬼怪。如明顾起元《客座赘语》卷三《猿妖》:"后部中一办事吏谙道箓符水,即命劾治之。"此词在清纪昀《阅微草堂笔记》中多见。如卷十二《槐西杂志二》:"狐媚一富室女,符箓不能遣,募能劾治者予百金。"卷十三《槐西杂志三》:"交河有姊妹二妓,皆为狐所媚,羸病欲死。其家延道士劾治,狐不受捕。"卷十四《槐西杂志四》:"如是数十年,不为人所畏,亦不为人所劾治。"卷十六《姑妄听之二》:"后延道士劾治,殪数狐。"卷十八《姑妄听之四》:"妖祟大兴,日不聊生。延正一真人劾治,婢现形抗辩曰:'始缘祈请,本异私奔;继奉主命,不为苟合。'"

(39)二卷797页"**勒²**"条,列"捆住;套住;或捆、套以后再拉紧"和"方言。收紧、逼尖嗓子"二义。

按:尚有"用刀等锋利之物用力去触及"一义。例如明陆人龙《型世言》第二回:"王世名便乘势一推,按在地,把刀就勒。"

(40)二卷962页"**左券**"条:"古代契约分为左右两片,左片称左券,由债权人收执,用作索偿的凭证。"

按:"左券",又泛指凭证,此乃引申义。如明焦竑《玉堂丛语》卷六《师友》:"乃知流俗相诋,皆承娼疾者之误,非实录也。语曰:'不知其人,观其友。'执此可以为论公左券。"明于慎行《谷山笔麈》卷八《选举》:"近时,年少甲科,出为令长,稍有一二荐疏,视台省要津如持左券,长年先辈降颜抚接惟恐不及。"明叶盛《水东日记》卷九《圭斋题彭氏程文》:"彭氏世科之左券,不在兹乎?"明顾起元《客座赘语》卷九《大司马》:"后襄敏公竟官至大司马,代曾公铣出镇三边,王公之言遂为左券。"

(41) 二卷993页"土番"条,列有"犹土著、土人"、"即吐番"二义。

按:《金瓶梅词话》第九十五回:"忘八见他使钱儿猛大……戳与土番。"又同回:"来晚了,城门闭了,小的投在坊子权借宿一夜,不料被土番拿了。"此"土番"指巡辑地方、捉拿盗贼的差役。江南人叫"阴捕",北方人称"番子手"。

(42) 二卷1008页"在"条,共列"存在;在世"、"居于;处于"、"担任"等21个义项。

按:"在"尚有动词"到"的用法。汉魏以来习用"来在"一词,即"来到"义。如《佛说护身命经》(伯2340):"我等眷属常来在是人所住之处。"《净名经集解关中疏》卷上(伯2188):"复有万二千天帝亦从余四天下,来在会坐。"《无量寿经义记》下卷(斯2693):"天亦来在下,人亦上至天。"此义方一新已发之①。后亦单用"在"作"到"。如《金瓶梅词话》第十一回:"你在那里去来?"又第十八回:"不说蒋竹山在李瓶儿家招赘……"两例"在"皆"到"义。又,明罗懋登《西洋记演义》第一回:"沙弥道:'俺师父在落迦山紫竹林中散步去了。'"清刘省三《跻春台·巧姻缘》:"满英说:他在坡上去了,家中无人。"同书卷一《过人疯》:"此时兰英在外婆家耍去了,天祥对媒说道。"三例中"在"均处于谓语位置,与"去"构成连动式,义同动词"到"。

(43) 二卷1017页"地"条,列有"大地。与'天'相对"等14义。

按:"地",又有"考虑"、"着想"义。如明于慎行《谷山笔麈》卷四《相鉴》:"平湖陆五台光祖者,亦华亭门人,与蔡同侍挥麈,因往为华亭求解,冀以门墙故谊动之,蔡曰:'凡吾所为者,皆为相公地也,不如是,相公不安。'"清王韬《淞隐漫录》卷七《育娘再世》:"卿甫入吾家,余已早为之地,冰人有据,婚帖有凭,姨氏即口有百舌,亦难辩矣。"清俞樾《右台仙馆笔记》卷二:"姑太不为我地矣!我与姑相爱如姊妹,故隐以相闻,而姑遽为此决绝之事。"又卷十四:"归楚之费,知已备具。夫人高洁,超迈非常,然太不为吾夫妇地矣!"清长白浩歌子《萤窗异草》四编卷三《妓笃故谊》:"君痴于情者,然日夕置身爱河中以为事,安得不罹灭顶乎!今日知悔乎?且君向所厚者,曾有能为君地者乎?"以上几例中"地"均为"考虑、着想"义。上例诸语或当由《史记·魏其武安侯列传》"仲孺独不为李将军地乎"句中化出。

"地"又有"代人事先疏通"义,作动词。如明焦竑《玉堂丛语》卷四《忠节》:"未几,编修董璘自愿为太常少卿,震因诬公与璘同谋,故先言以为璘地,并逮下狱。"又,卷五《器量》:"其升少卿也,立纲以出身布衣,不得齐荣官,诸老怜其年深,曰:'不抑马君,无以为姜君地,奈何?'"卷六《科试》:"公

---

① 见《〈兴起行经〉语词劄记》,《福州大学学报》2000年第1期。

移文外簾,使勾稽墨卷,果眷录生截卷为所亲地者。"卷七《任达》:"杨徐谓:'家兄居恒相念君,但得一书,吾当为君地。'"又作"道地"。如明于慎行《谷山笔麈》卷四《相鉴》:"赂入,华亭心动,欲为道地,免世蕃死,二客又曰:'彼若得免,人将疑公,杀之以绝众疑也。'"皆此义。《大词典》"地"条义项⑦:"地步;余地。"是名词。

(44)二卷1019页"**地方**"条,列有"古人的一种地理观念"、"本地,当地"、"处所,地点"等七个义项。

按:"地方"尚有"土地"义。例如清刘省三《跻春台·义虎祠》:"此时家中紧逼,债主登门,东拉西扯,不能支消,只得将地方出卖。"又同书《节寿坊》:"凡一切小钱零用都是心痛的,总想多积银钱,广买地方。"《白玉扇》:"娘因此卖地方把账还够,母子们佃业耕有出无收。"《南山井》:"这银子是郑姐夫托你跟他买地方的,何得胡言乱讲。"义皆为"土地"。

(45)二卷1039页"**坐**"条,列有"古人铺席而坐"等23义。

按:"坐",还有"装"、"容纳"义。如清顾禄《清嘉录·六月不热五谷弗结》:"六月大,瓜茄落苏笋来坐。大,俗读作度字音。"又《太仓州志·风土》:"贮物曰坐。"《山歌·丢砖头》:"提子个糠虾来里眼泪出,升箩里坐子蚕茧细思量。"《吴方言词典》释"坐"为:"将东西倒入容器里。"所释欠准确。《汉语方言大词典》卷二2780页:"坐 ①〈动〉放;放进。""②〈动〉装;蓄。"甚确。《大词典》如补收此义,当注明为"方言"。

(46)二卷1270页"**专人**"条,列有两个义项:①指专为处理某事而派遣的人。②专门负责某项工作的人。

按:"专人",可作动词,指专门派人(去做某事)。如清柯悟迟《漏网喁鱼集》:"又嘱旗锣藏匿,并专人到何市、支塘探信。"又同书:"今又出札,连夜专人到彼,真生死关节,在此一宵,断不能再避。"

(47)二卷1421页"**天狗**"条,列"传说中的兽名"和"星名"两个义项。

按:应补"玃的别名"义项。如明李时珍《本草纲目·兽部》:"玃,狗玃,天狗。"

(48)二卷1457页"**夫娘**"条,列有两个义项:①夫人娘子。②苗族称妻。

按:"夫娘",又指品行差的女子。如明陶宗仪《南村辍耕录》卷十四:"苗人谓妻曰夫娘,南方妇人无行者亦曰夫娘。"明田汝成《西湖游览志余》卷六《版荡凄凉》:"妇人艳而暂者畜为妇,曰'夫娘'。"明何良俊《四友斋丛说》卷三十三:"如此乐府卷子,须镇殿将军与大夫娘对引角盆高揭万年欢,乃相当也。"清福申《俚俗集》卷十四《夫娘》:"……是时北则胡后却扇于县獣,南则徐妃荐席于瑶光,后世因以夫娘为恶称。"《汉语方言大词典》卷一555页收录此词,释为:"②〈名〉贱妇(骂人的话)。吴语。"甚确。清乾隆十五年《宝山县志》:"俗骂妇人之淫贱者曰夫娘。"均可为证。

(49)二卷1481页"**失事**"条:①处事失误。②指战事失败。③发生不幸的事故。

按:"失事",亦指失业。如清李庆辰《醉茶志怪·伍明伦》:"伍明伦,渤海人。家无恒业,为盐商伙友。偶失事,穷困无聊,或荐之于豫商。"又"醉茶子曰……及其失事也,嗒焉丧志,皇皇然如丧家之犬。"

(50)二卷1566页"**奋气**"条,仅列"奋发振作"一个义项。

按:"奋气"尚有"用力"、"尽力"义。例如清不题撰人《续西游记》第七回:"这妖怪见了行者手中拿着一条禅杖,光景似争打之状,乃奋气把手中铁叉直戳将来。"又同书第八回:"行者道:'只因师父悯念弟子们挑担费力,这真心一点,今却就有替挑担的,你看他们打号子奋力气,与徒弟们出力,走一里省徒弟们一里力,皆师父志诚灵感神应也。'""奋力气"犹"卖力"、"出力"。

(51)二卷1571页"**兀突**"条,义项有二:①高耸突出貌。②突然。

按:"兀突"尚有"形容心跳不安,心绪不宁"义。例如明天然痴叟《石点头》第十卷:"沉吟一下,心中兀突,分付且带下去,明日再审,即便退堂。"或重叠作"兀兀突突"。清谷口生《生绡剪》第十回:"亏煞金山一游,收拾这些零碎诗草,细细玩阅消遣,胸中兀兀突突,有个马翠儿的鬼胎,暗暗着魔。"此二例中的"兀突"、"兀兀突突"均与《大词典》所释之义有别。

(52)二卷1579页"**就就**"条,仅释"犹豫貌"一义。

按:尚有"完就"义。如《醒世姻缘传》第八回:"计大舅随口接道:'爹,你见不透,他是已把良心死尽了!算计得就就的,你要不就他,他一着高低把个妹子断送了!'""就就的"犹言好好的。"算计得就就的"即"算计得好好的"。此来自于"完就"义。

(53)三卷7页"**口重**"条,释为"菜或汤的味咸。……亦指爱吃味咸的菜和汤"。

按:"口重"尚有"说话严厉,不留情面"义。如《警世通言·宋小官团圆破毡笠》:"刘翁睁着眼道:'什么终身之孝!做爹的许你带时便带,不许你带就不容你带。'刘妪见老儿口重,便来收科。"

(54)三卷8页"**口案**"条,释为"口头判决书"。

按:"口案"尚有"宿店费用"义。例如清刘省三《跻春台·川北栈》:"那杨客人,你快喊他走,若是无钱,口案我也不要,免得死了,打脏我的店房。"又同书:"店主把账一算,口案钱二千八百文,又往药铺一算,药钱八百文。"又:"好,我就把你放了,快些回家,这点口案钱我跟你垫就是。"皆其例。另有"吃饭费用"义。如《跻春台·审豺狼》:"二差不依,只想与乔摆些口案,横顺要钱。乔气急,只得与差告哀曰:离城只有六七里,此时尚走得拢,若是吃饭烧烟,难走黑路,大家耐烦些,罢了……只见老狼怒气勃勃……差人躲乔背后,告饶曰:乔先生,快来救命,我们也不吃饭过瘾了,请你把狼喊开,我们收拾好走。"二差由一开始要求"摆些口案"到后来告饶"不吃饭过(烟)瘾了",可知"口案"是指吃饭费用。将以上两点合而为一,应增补"食宿费用"一个义项。

(55)三卷35页"可笑"条,列"好笑"一个义项。

按:还用作程度副词,相当于"甚,非常"。例如日本圆仁《入唐求法巡礼行记》卷四:"龛窟盘道,克饰精妙,便栽松柏奇异之树,可笑称意。"谓非常称意。《敦煌变文集·燕子赋》:"燕子被打,可笑尸骸:头不能举,眼不能开。""尸骸"为丑陋的模样,"可笑尸骸",谓燕子被打之后,模样非常丑陋。

(56)三卷46页"只好"条,释为"只适合,只能"。

按:"只好"尚有"大约"、"差不多"义,表示估量。例如《警世通言·金明池吴清逢爱爱》:"内中有个量酒的女儿,大有姿色,年纪也只好二八,只是不常出来。"清酌元亭主人《照世杯·走安南玉马换猩绒》:"把面孔都遮住了,离着杜景山只好七八尺远。"又同书《掘新坑悭鬼成财主》:"飞手夜叉道:'大爷输过七十千,该三十五两,这一串蜜腊念珠,只好准折。'"清无名氏《人中画》:"只见一个人,年纪只好四旬以外。"又同书:"行不上一二里,江面上忽涌起一片黑云,起时只好一片芦苇大小,顷刻间便撒满一天。"又:"大家失望,又是一个孩子,只好十五六岁,欲要推他入江,又无此理。"清古吴墨浪子《西湖佳话》:"闻说苏姑娘只好二十余岁,为何就死了。"清佚名《平山冷燕》第五回:"领出一个女子来——年纪只好十五六岁。"皆其例。

(57)三卷100页"同"条,列有"相同,一样"、"与……相同"、"齐一,统一"等22个义项。

按:"同"尚具有介词的功能,相当于"替"。例如清吴趼人《九命奇冤》第二回:"我就送你一两银子笔金,费心同我批个成本,但不知几天可以批得好?"第三回:"想我从小的时候,我父亲就叫人同我算过多少命,都是说什么三刑六害,什么血光阳刃,都是一片放屁胡说,那里有一个灵的。"第八回:"今日难得众位都在这里,请你众位同我评一评这个道理。"第九回:"我想求甥少爷,在省城同他谋一个粗工生活叫他去做。"又第十五回:"你看他近来这几年,跟了贤侄,一味的骗吃骗用,何尝同你办过甚事来。"同上回:"到了那天,他自然预先回来同他母亲做寿。"《大词典》释"同"为介词,列举四种情况:①引进共同行动者。②引进动作的对象。③引进比较的对象。④表示与其事有无关联。上引诸例中"同"均可释为"替",为《大词典》该条第十一个义项所列四种用法不能涵盖,当补。

(58)三卷 276 页"和缓"条:"春秋时秦国良医和与缓的并称。"

按:"和缓",又泛指医生。如清长白浩歌子《萤窗异草》初编卷二《温玉》:"如其所教,物色之,果得和缓。委以治疗,病乃痊。"清王韬《淞隐漫录》卷六《胡姬嫣云小传》:"……生之长妇,忽婴瘵疾,松郡颇鲜和缓,乃与妻妾谋,同往沪上,僦居城北寓庐……"

(59)三卷 287 页"呼¹"条,列有"使气从口或鼻中出来,吐气"等十个义项。

按:"呼"尚有"吸"义。如明清溪道人《禅真后史》第三十七回:"那贼取过炙热空心金管,照童子顶心凿下去,呼那脑髓来吃。"同回下文:"谁想印中贵用方士延龄药饵,取金管子伸入二子顶门,呼出脑髓食之。"清张南庄《何典》第十回:"由他捉回亭中,把根千丈麻绳缚住了,厌烦时便来呼他的骨髓吃。呼干了将人渣丢落,再去寻一个。"以上"呼……脑(骨)髓"即吸……脑(骨)髓,今仍有"敲骨吸髓"之说。清慕真山人《青楼梦》第四十三回:"爱卿啐了一声,呼了一口酒来喷挹香。""呼了一口酒"即吸(饮)了一口酒,"呼"与下文"来喷挹香"中的"喷"字相照应。

"呼",考其字,实为"䶂"的记音。《左传·僖公二十八年》"楚子伏己而䶂其脑"杜预注:"䶂,啑也。"《玄应音义》卷八"喉啑"注引《字书》:"啑……谓以口微吸之也。"朱骏声《说文通训定声·䶂部》:"今苏俗吸饮曰䶂。"俞樾《群经平议·春秋左传一》"楚子伏己而䶂其脑"按:"服氏盖读为䶃。"

(60)三卷 302 页"周章"条,列有"回旋舒缓"、"周流;周游"、"惊恐;遑遽"、"周折"等四个义项。

按:"周章"尚有"周遍"、"周全"、"完备"义。例如清吴璿《飞龙全传》第五十二回:"就是那从嫁丫鬟,任从贤妹自择,诸事都宜预备,免得临时局促,不及周章。""不及周章"就是不够周全。亦作"周张"。同书第十二回:"那官儿自不信,立起身走出案来,至檐前,又自盘旋回绕,反要周张的看了一遍。"此"周张"义为周遍。

(61)三卷 332 页"哈气"条,义项有三:①犹叹气。②犹呵气,张口呼气。③凝聚在物体表面的水汽。

按:"哈气"尚有"哈欠"义。如清石玉昆《龙图耳录》第三十三回:"雨墨掀帘一看,见金生伸懒腰,将两腿一蹬……打个哈气,口内念诵道:'一觉放开心地稳,不知红日照晴窗。'"

(62)三卷 416 页"喝令"条,仅收"喝命"一义。

按:还可指"从犯、帮凶"。如明陆人龙《型世言》第十三回:"驳到刑厅,刑厅是个举人,没甚风力,见上司这等驳,他就一夹、一打,把姚利仁做'因官孙之殴兄,遂拳梃之交下',比'斗殴杀人,登时身死'律绞,秋后处决;还要把姚居仁做喝令。"《西游记》第二十七回:"八戒道:'行者打杀他的女儿,又打杀他的婆子,这个正是他的老儿寻将来了。我们若撞在他的怀里呵,师父,你便偿命,该个死罪;把老猪为从,问个充军;沙僧喝令,问个摆站;那行者使个遁法走了,却不苦了我们三个顶缸?'"清陈盛韶《问俗录·开花》卷三:"仙游命案初出里中,地棍,马快与城中讼师,值役,如蜣闻臭趋集,表里为奸,觅一尸亲附着其身,将数十里风马牛不及之殷户一网打尽,诬为主使,为喝令,为党率,为不救,为朋殴,威逼呈内,正凶半隐半现,阳作词稿,阴行通风,使纳钱买静,辗转五六日呈县,邑人之倾家者大半矣。"诸例中,"喝令"之"从犯"义甚明。

(63) 三卷 949 页"衍文"条,释为"因缮写,刻版,排版等错误而多出来的字或句子"。

按:由"多出来的字或句子"进一步引申,则有"啰唆"义。如明罗懋登《西洋记演义》第五十五回:"天师道:'棋差一着便为输,今番再不可与他衍文。'"后句犹言再不可与他啰唆。

(64) 三卷 960 页"**后来**"条,共列有"迟到,后到"、"犹以后。指在过去某一时间之后的时间(跟'起先'等相对)"、"指以后成长起来的人"三个义项。

按:"后来"尚有"今后,指从现在开始以后的时间,犹将来"义。例如明荑秋散人《玉娇梨》第四回:"正是,昨日老爷对我说,有一位苏相公,才貌兼全,后来必定发达。"

(65) 三卷 1006 页"从直"条,仅释"从实"一义。

按:"从直"尚有"爽快"义。例如明荑秋散人《玉娇梨》第五回:"众人推辞道:'大相公是老爷一家人,怎敢受赏?'苏友白道:'到从直些,不要耽阁工夫。'"此谓苏友白劝叔父的家人"爽快"收下赏钱。又如清陈忱《水浒后传》第三回:"不是这般说,我已僭忘,小徒岂可再越?小七哥从直些。"此劝小七哥爽快些。清郭小亭《济公全传》第七回:"我店中生意忙,那有许多工夫,到不如从直些,脱下这破直裰来当了,省些口舌。"此谓济颠吃过酒不付钱想赊账,酒保劝他爽快些,干脆以衣服抵酒账。

又"条直"与"从直"义同。《大词典》一卷 1481 页"条直"条义项③释为"直截;爽快",是。

(66) 三卷 1132 页"**影**"条,列有"人或物体因遮住光线而投下的暗像或阴影"等 13 个义项。

按:尚有"(影子)晃动"和"有事系于心,造成心理上一种不安适的感觉"

二义。前者例如《水浒传》第二十九回:"武松只把两个拳头去蒋门神脸上虚影一影,忽地转身便走。"《金瓶梅词话》第五十四回:"我政待看个分明,他又把手来影来影去,混帐得人眼花撩乱了。"明梦觉道人《三刻拍案惊奇》第九回:"正值邓氏在门前闲看,忽见女墙上一影,却是一个人跳过去。"后者例如《金瓶梅词话》第十三回:"金莲虽故信了,还有几分疑疑,影在心里。"明孟称舜《娇红记》卷下第三折:"末云:'我心里有些影他。'旦云:'怎么影他?'末:'我见他倚绣幌春心怯,背银缸粉脸羞,我猛觑着紧低头。'"

(67)三卷1223页"**度**^{1}"条,列有"计量长短的标准"等22个义项。

按:尚缺"传送"义。唐温庭筠《齐宫》诗:"粉香随笑度,鬟态伴愁来。"宋欧阳修《蝶恋花》词:"桃杏依稀香暗度。"二例言传送香气。元白朴《梧桐雨》第四折:"莫不是无故将人愁闷搅,度铃声响栈道。"《梧桐雨》第二折:"卷三层屋上茅,度几声砧上杵。"此二例言传送声音。

(68)三卷1272页"**厮养**"条,释为"犹厮役"。

按:"厮养"尚有"喂养"义。明罗懋登《西洋记演义》第三回:"那爷爷一边分付和尚起来,好生厮养,一边的接着太爷。""好生厮养"即好生喂养(那个小娃娃)。又第九十九回:"万岁爷道:'这狻猊还是自小儿收养的么?'元帅奏道:'生七日,未开目时,取之则易调习,稍长则难。'万岁爷道:'养他无用,着令所司厮养,毋戕害朕百姓。'"《七侠五义》第一回:"便将自己的孩儿偷偷抱出,寄于他处厮养。"以上二例中的"厮养"亦"喂养"义。

(69)三卷1586页"**宽肠**"条,仅释"宽心;放心"一义。

按:还有"心胸宽广"义。如《朱子语类》卷二九:"因论孔文子,曰:'圣人宽肠大度,所以责人也宽。'"

(70)三卷1589页"**寡人**"条,列有"古代君主的谦称"、"诸侯夫人自称"、"晋人习惯自称寡人"、"借指孤立无助之人"四个义项。

按:"寡人"亦可指守寡之人,即寡妇。如《金瓶梅词话》第八十五回:"你我如今是寡人,比不的有汉子。"

(71)三卷1618页"**实授**"条,仅释"以额定之官职,正式除授实缺"一义。

按:"实授"尚可释为"实际上;真的"。例如清庚岭劳人《蜃楼志》:"(笑官)又转念道:'如今实授是他妻子,我自己亏心,怎么还好与老乌作对?我只说道喜,进去见他,便知端的。'"同上:"诸位中实授穷苦的,本利都不必还。"又:"小霞未说,先自己笑道:'我肚里实授没有书卷,只编得这几句儿。'"

(72)四卷9页"**尺头**"条,列有"绸缎衣料"、"犹尺码"两义。

按:"尺头"另有"口袋"义。如《金瓶梅词话》第二十五回:"正在卷棚内,教经济封尺头。"又:"我封的是往东京蔡太师生辰担的尺头。"第九十五回:

"抬回尺头。"三例中"尺头"俱非上释二义所能赅。清光绪《山西通志》"风土记·方言":"口袋曰尺头。"与上举《金瓶梅词话》三例相合。

(73)四卷73页"巴子"条,列有"巴子国"和"黏结块状的东西"二义。

按:另有"女阴"一义。《金瓶梅词话》第二回:"王婆道:'他家卖的拖煎河漏子,干巴子肉翻包着菜肉匾食。'"王婆系用淫秽隐语挑逗西门庆,此"巴子"即女阴。《奉天通志·礼俗·方言》:"按省俗亦谓女阴曰巴子,故常人用以骂人。"今人詈词"妈拉巴子"犹用。

(74)四卷74页"巴巴儿的"条,列有"特地"、"急忙,急迫"、"犹巴不得"三个义项。

按:尚有"形容人嘴巴会说,或话多语急,强词夺理"一义。如清玩花主人《缀白裘·牧羊记·小逼》:"咳咳的泼佞臣,巴巴的逞花唇,只管絮絮叨叨聒杀人。""逞花唇"、"絮絮叨叨"均有助于理解其词义。《金瓶梅词话》第三十一回有"巴巴来对我说",《红楼梦》第十七回有"巴巴铁嘴还奸诈"等语,义皆同此。今口语仍用,如:你一说她,她嘴巴巴儿的净是理。

(75)四卷74页"巴劫"条,仅释"奉承;讨好"一义。

按:尚缺"劳碌,劳顿"义。《金瓶梅词话》第六十七回:"家中一窝子人口要吃穿盘搅,自这两日忙巴劫的魂也没了。"此与"奉承;讨好"义殊。

(76)四卷76页"巴结"条,列有"努力;勤奋"、"奉承;讨好"、"凑合;勉强"三个义项。

按:"巴结"尚有"通过勤奋努力而得到或办到"一义。例如清曾朴《孽海花》第五回:"幸亏仑樵读书聪明,科名顺利,年纪轻轻,居然巴结了一个翰林,就娶了一房媳妇,奁赠丰厚。"又同书第十九回:"他一生饱学,却没有巴结上一个正途功名,心里常常不平。"

"巴"本有"谋取,营求"义,如"巴钱"。元石君宝《曲江池》第四折:"为巴钱毒计多。"

(77)四卷117页"弱"条,收有"柔软"、"软弱"等16个义项。

按:尚有"歹,坏"之义。《敦煌变文集·父母恩重经讲经文》:"有好男女,有弱男女。""弱"和"好"相对,"弱男女"即坏男女。金董解元《西厢记诸宫调》卷七:"有些好弱,你根柢不舍!""有些好弱"犹言有些好歹。《刘知远诸宫调》第十一:"好饭好食充你驴肚,试想俺咱无一弱意,称鳖气;吃和不吃,也即由伊。""弱意"即歹意、坏意。

(78)四卷283页"好心"条,列有"忠心"、"好意"两个义项。

按:"好心"尚有"仔细"、"认真"义。例如清刘省三《跻春台·过人疯》:"你前天才死,今天又活,阴司如何就走交了?你好心记着看。"上例指胡兰英借尸还魂,附在翠娥身上,受父母盘问的情景。"好心记着看"即"好好用心地回想着看",引申而有"仔细"、"认真"之义。又同书卷三《阴阳帽》:"官曰:'我内室有一眼镜,若能取来本县方信。'传言进去好心看守。"又同卷《心中人》:"真是天生一对佳偶,但须好心教训,从来红颜多薄命。"义并同。

(79)四卷291页"好意"条,释为:"好心,善良的心意。"

按:"好意"尚有"小心地,仔细地"一义。明罗懋登《西洋记演义》第三十五回:"国师看了一看,说道:'你好意收了,这是你防身的宝贝。我告诉你罢,你成家立业,显祖荣宗,封妻荫子,改换门闾,一条金带,都在这根草上。'""你好意收了"犹言你小心地、仔细地收藏着(隐身草)。

(80)四卷365页"琐琐"条,列有"疑虑不安"等六义。

按:"琐琐",特指西域一种葡萄。如明于慎行《谷山笔麈》卷十四《杂考》:"陕西近西域处,有一种蒲桃,号琐琐蒲桃,中土甚珍之,常疑其名所自起,以为必有正音,呼者传讹,直作琐琐。……当是武帝得西域蒲桃,种之离宫别苑,有娑馺之名,至今相沿,遂传为琐琐耳。"

(81)四卷383页"媒人"条,仅释"说合婚姻的人"一义。

按:"媒",《说文解字》:"谋也,谋合二姓。从女,某声。"段玉裁注:"谋合异类使和成者。""媒人"之"说合婚姻的人"当为其本义,由此尚可引申为:"说合事情的人,中间人。"例如《初刻拍案惊奇》卷十九:"小娥就在埠头一个认得的经纪家里,借着纸墨笔砚,自写了佣工文契,写邻人做了媒人,交与申兰收着。"此句言邻居介绍小娥到申兰家做工,写文契时"写邻人做了媒人"。此非说合婚姻之人,当为"中间人"。

(82)四卷395页"媳妇子"条,收有"妻子"、"泛指已婚妇女"、"谓仆妇"三个义项。

按:"媳妇子"尚有"方言。婊子"一义。清佚名《施公案》第三三九回:"蔡天化道:'咱且问你,这河南古称繁华之地,想那烟花中的所在定是不少。你可知道这里那一家有出色的好媳妇儿吗?'洪四见问,不知这媳妇子就是婊子。原来关东一带的婊子,皆叫'媳妇子'呢!"古白话既有载,理当增补此义项。

(83)四卷578页"现化"条,仅释为"佛教所称佛或菩萨在人间显现的化身"。

按:所释为名词,尚可用为动词,乃"显现化身"义。如明罗懋登《西洋记演义》第七十八回:"左右头目一齐道:'有其诚,则有其神。菩萨现化,只因我王平素所致,我王不可看得容易。'"又第七十九回:"番王道:'佛爷爷明白现化了这许多遭数,托出梦来,又是这许多人数。事在不疑,一定有个军马临门。'"

(84)四卷751页**"杜造"**条:"杜撰。章炳麟《新方言·释言》:'今人谓虚造为杜造,或曰杜撰。'"

按:"杜造"尚有"自家酿造"之义,"杜"乃"自己,自家"义(见《大词典》四卷748页"杜"条义项⑦),"造"乃"酿造"义。清吕熊《女仙外史》第二十七回:"酒是女真国奶子烧,半侵酒酿,又加百花自然汁,出自月君杜造。""出自月君杜造"谓(酒)是月君自家酿造的。

(85)四卷758页**"材质"**条,仅列"资质"一义。

按:"材质"一词在某些情况下还可以表达"材料的质地"义。例如《宋稗类钞》卷八:"新坑石,色带红紫,其文细密,材质厚大无瑕;然止是崖石,颇乏坚润。"《台风杂记》:"树大者过合抱,枝叶扶苏,蔽十数亩;材质坚牢,带赤色似朱檀,可以制器。"

(86)四卷944页**"架屋"**条,释义为:南朝宋刘义庆《世说新语·文学》:"庾仲初作《扬都赋》,成,以呈庾亮。亮以亲族之怀,大为其名价云:'可三《二京》,四《三都》。于此人人竞写,都下纸为之贵。'谢太傅云:'不得尔,此是屋下架屋耳。事事拟学,而不免俭狭。'"后遂以"架屋"为对专事模仿者的讥讽。

按:上所释乃"架屋"的典故义。还有"建造房屋"义,同"起屋"。唐白居易《黑潭龙》诗:"黑潭水深色如墨,传有神龙人不识。潭上架屋官立祠,龙不能神人神之。"《朱子语类》卷八:"如人要起屋,须是先筑教基址坚牢,上面方可架屋。若自无好基址,空自今日买得多少木去起屋,少间只起在别人地上,自家身己自没顿放处。"又同书卷九〇:"问:'陆子静家有百余人吃饭。'曰:'近得他书,已自别架屋,便也是许多人无顿着处。'"

(87)四卷1018页**"根头"**条收二义:"根,通'跟'。跟斗"、"根,通'跟'。跟前"。

按:还有"根部;根底"义。《朱子语类》卷六四:"盖上章言'尽性',则统体都是诚了。所谓'诚'字,连那'尽性'都包在里面,合下便就那根头一尽都尽,更无纤毫欠阙处。"《古尊宿语录》卷三十:"句义纵横那畔彰,五千余卷总含藏。如何不觅根头意,空看枝边木叶黄。"明金木散人《鼓掌绝尘》第三十四回:"终日哭着天,怨着地,吵吵闹闹,那东邻西舍,也是晦气,耳根头再没有一时清净。"

(88)四卷1037页**"梢^1"**条,共列有"树木或其它植物的末端"、"树木的枝条"、"事物的末尾或一段时间的结尾"等12个义项。

按:"梢"尚可指"事物的结果(结局)"。汉扬雄《方言》卷十二:"梢,尽也。"《文选·颜延之〈赭白马赋〉》:"徒观其附筋树骨,垂梢植发。"李善注:

"梢,尾之垂者。""梢"由指具体物体的末尾,进而引申可指事物的抽象的结果。"梢"又作"稍"。例如清刘省三《跻春台·平分银》:"这都是尔雇工当行方便,善虽小功德大又不要钱。果能够久遵行天爷照看,保佑你不久日就把稍翻。"此例为讲生宣讲圣谕,告诫人们积德行善,必有好的结果。"把稍翻"即"能把(坏)结果改变"。又,同书卷三《心中人》:"但愿神天暗护荫,早早翻梢赎儿身。"同卷《双冤报》:"此回出门把钱找,多承老表来放梢。"又下文:"为父言语谨记倒,财宝归身翻大梢。"卷四《双血衣》:"时运不济输滥了,无有银钱去翻稍。"又同卷《香莲配》:"就打主意,也要把场伙圆起,才能翻梢。""只要有钱翻了梢,那时美姬越女都有。"皆其例。

(89)四卷1285页"**乐子**"条,仅释"方言。快乐的事"一义。

按:"乐子"尚有第一人称用法。有自尊之意,相当于"老子"。例如清吴璿《飞龙全传》第八回:"失了什么财帛,只为不见了一个卖油的梆子,乐子在此气闹。"下文:"如今已出了城,你可替乐子相一相,乐子必然谢你。"又下文:"掌柜的,乐子有几件东西在此,与你换几壶酒来呷呷。"又下文:"驴球入的,谁敢来捋虎须戏着乐子?"同书第三十七回:"既大哥的姑母就是乐子的姑母,这一去见了他,乐子也叫姑娘哩!"下文:"只是你今到了禅州,见我姑母,还该敛迹;不要像我们兄弟相处,乐子长乐子短,有这许多粗俗,总宜小心才好。"从此例可以看出自称"乐子"是对人不敬的粗俗用语。

(90)四卷1326页"**机括**"条,列有"弩上发矢的机件"等三个义项。

按:还有"机会"义。如明陆人龙《型世言》第一回:"纪指挥道:'我且据实奏上,若有机括,也为他方便。'"又第七回:"这夜王夫人乘徐明山酒醒,对他说:'我想你如今深入重地,后援已绝,若一蹉跌,便欲归无路。自古没有个做贼得了的。他来招你,也是一个机括。'"均可为证。

(91)四卷1333页"**机警**"条,释为:"机智灵敏,对情况的变化觉察得很快。"

按:"机警"尚指利用谐音双关、诙谐、歇后等手段而做的文字游戏。该义《唐五代语言词典》已释,但仅举《游仙窟》四:"于是五嫂遂向果子上作机警曰:'但问意如何,相知不在枣。'十娘曰:'儿今正意密,不忍即分梨。'下官曰:'忽遇深恩,一生有杏。'"("枣"、"梨"、"杏"分别谐"早"、"离"、"幸"之音)一例。今再补充一例:《朝野佥载》第六卷:"吏部侍郎李安期,隋内史德林之孙,安平公百药之子,性好机警。常有选人被放,诉云:'羞见来路。'安期问:'从何关来?''从蒲津关来。'安期曰:'取潼关路去。'选者曰:'耻见妻子。'安期曰:'贤室本自相谙,亦不笑。'""性好机警"谓生性诙谐,喜欢做文字游戏。

(92)四卷1379页"**支剌**"条:"形容词词尾。见于元曲。"

按:"支剌"还是一个拟声词,可以用来描摹放肆叫嚷或刺耳难听的声音。例如元孙仲章《勘头巾》第三折:"休则管我跟前声支刺叫唤。因甚的,大古是脚踏实地。"元无名氏《神奴儿》第一折:"他两个一上一下,直留支刺,唱叫扬疾。"今语仍有"吱刺一声"、"吱吱刺刺真难听"等说法。

(93)五卷60页"**狼虎**"条,列有"狼与虎"和"比喻凶恶残暴的人"两个义项。

按:尚缺"形容吃东西贪婪快速或衣物消耗损坏急骤"一义。《金瓶梅词话》第八十六回:"婆子侧耳,果然听见猫在炕洞里狼虎,方才不言语了。"北京方言仍有此语。例如:"他吃东西狼虎,三大碗一下子就开完了。""他穿鞋狼虎,几天就飞。"

(94)五卷263页"**比如**"条,义项有三:①譬如。②如同,好像。③比起。

按:"比如"尚有"如果,与其"义。例如明金木散人《鼓掌绝尘》第十三回:"比如他当初不弄得这一块本钱,我如今那能够去赚这些利钱,落得拿些爽荡一爽荡,也不枉为人一世。"同上:"比如你令郎不来,那些都要被他弄完了,幸喜留些还好!"又,第十四回:"爹爹,比如在船里坐那几时,不如在寺里消遣一两日。"清吴趼人《九命奇冤》第五回:"侄老爹,我来请一个示。比如天来肯让那所石室,侄老爹肯出多少价呢?"上举第十四回例"比如"义同"与其",表示经过比较决定取舍。

(95)五卷475页"**散走**"条,仅释"四处奔逃"一义。

按:另有"闲走;随意走动"义。如《金瓶梅词话》第三十二回:"郑爱香道:'因把猫儿的虎口内烧了两醮,和他丁八着好一向了,这日只散走哩。'"又第五十四回:"吃茶毕,三人刚立起散走,白来创看见橱上有一副棋枰,就对常时节道:'我与你下一盘棋。'"此二例"散走"皆犹"闲走","散"有"闲"义。《金瓶梅词话》第八十六回与《红楼梦》第二十二回均有"散话"一语,义即"闲话";清东轩主人《述异记·抹脸儿术》有"散行",意即"闲走"。

(96)五卷598页"**明目**"条,列有"明亮的眼睛"、"使眼睛看得清楚"等三个义项。

按:"明目"尚有"明白,清楚"义。当系本义之引申。例如清刘省三《跻春台·十年鸡》:"提起鸡首有缘故,你今听我说明目。你本孝廉把官做,难道未看这样书。"同书《审烟枪》:"老大人在上容诉禀,听犯女从头说明目。"以上几例中的"明目"都有"明白、清楚"义。又同书《审禾苗》:"大老爷在上容告禀,听学生从头说分明。"同语而一作"明目"、一作"分明",是其确证。

(97)五卷639页"**春**[1]"条,下列"春季;春天"等九个义项。

按:"春[1]"尚有"说话(名词)"义。例如清谷口生《生绡剪》第九回:"他自吃了两番暗算,衙门中人着实周旋,又是新官新府,要讨些春儿。"又同回:"玉峰知道是递春的恶取笑,只是磕头。"第十七回:"众人只道李爱要卖春,一齐拥作一店道：'老爷吩咐，不许多说一句话，快去快去！'"上引三例中，申玉峰因遭过暗算，想要同官府处好关系，新官到任后，他要看看新官的态度，"讨些春儿"即"讨些话儿"。"递春"即"传话"。"卖春"即"透话——透露消息"。《语海·秘密语分册》释"春"："②清末北方地区江湖，指说话。"于此可知《生绡剪》中所用的"春"是秘密语。

（98）五卷645页**"春秋"**条，共列有"春季与秋季"、"指春秋两季的祭祀"等九个义项。

按："春秋"条义项⑧"褒贬"亦可形成偏义复词，重在贬义，犹"讥笑"、"讽刺"义。例如明金木散人《鼓掌绝尘》第二回："小弟往常在书房中独坐无聊的时节，也常好胡诌几句，只是吟来全没一毫诗气。朋友中春秋我的，都道是笺径。"又同书第三十回："被这班人扯住了，缠缠绵绵，热一句，冷一句，春秋了好一会，弄得他十分不快活起来。"再如，清石成金《雨花香·少知非》："那怀哥眼界极广，那里看得他在心，所以鬼脸春秋，不时波及。郑友是个聪明人，用了几十两银子，反讨不得个喜欢，心中深自懊悔。"此谓怀哥想摆脱郑友，不给他好脸看，时而讽刺、挖苦。

高文达《近代汉语词典》释"春秋"为"闲扯"、"用调情的语言纠缠"，亦引《鼓掌绝尘》第三十回例，欠妥。文中前番二叔公李岳压制、毒害文荆卿，不想今日文荆卿高中探花，故私下里跪在文面前以期得到原谅，但被亲戚故友撞个正着，无地自容，遂遭到一番奚落。故此处"春秋"释为"冷嘲热讽"更准确。

（99）五卷659页**"是"**条，列有"正；不偏斜"、"正确"、"认为正确；肯定"等22个义项。

按：尚有以下二义未收：①在。唐储光羲《江南曲》诗："惯是湖边住，舟轻不畏风。"唐温庭筠《苏武庙》诗："回日楼台非甲帐，去时冠剑是丁年。"清绿意轩主人《花柳深情传》第十四回："杨少荪便告诉了他，目指着这妓女名叫小如意的说：'这妓女是上海最有名，他曲子最唱得好。'"②有。唐白居易《寄刘苏州》诗："同年同病同心事，除却苏州更是谁？"明郭勋《英烈传》第十九回："（孙炎）心中想道：'三人之中，或是宋濂在内，也未可知。'"清俞万春《荡寇志》第七十八回："邓宗弼、辛从忠道：'再是两三日，此城必破，今无故退兵，真是可惜！'""更是谁"、"或是宋濂在内"、"再是两三日"中的"是"皆为"有"义。

（100）五卷707页**"时议"**条，只列"当时的舆论"一个义项。

按："时议"尚有动词"商议"、"商讨"义。例如清不题撰人《续西游记》第十二回："（灵龟老妖）答道：'只为一宗心事，特来时议。'乃把摄经一节，被唐僧他徒弄手段骗哄了他的情由,备细说出。""特来时议"即"特来商议"。

(101)五卷790页"会话"条义项有二:①聚谈;对话。②犹陈诉。

按:"会话"尚有"能说话"义。例如《古今小说·临安里钱婆留发迹》:"此鸟不知什么名色,天生会话,宜呼为'灵鸟'。"同卷:"这小鸟是天生会话,还是教成的?"上引两例中"会话"均可释为"能说话"。又,"话"具有"说"义,《文选·张协〈七命〉》"敬听嘉话"吕延济注:"话,说也。"今仍有"自说自话"语。唐李商隐《夜雨寄北》诗"却话巴山夜雨时","话"亦谈说义。

(102)五卷852页"水"条共列有21个义项。其中第18个义项是"旧指银子的成色,转为货币兑换贴补金、汇费及额外的收入之称"。

按:其实"水"还可直接指"银两"、"钱财"。例如清刘省三《跻春台·双金钏》:"又未招供,心中怀疑,回家拿银进水,他妻金氏问知情由。"又下文:"既有银钱把水进,何不周济姓常人。"同书卷三《巧姻缘》:"俞栋材回家谓妻曰:'只想把此命案移在水生身,除了这个祸害,谁知官又不信,如何是好?'余氏曰:'去进点水,把他治死就好了,免得害我女儿。'"又同卷《审烟枪》:"明山带疾进城,进了点水,把官司打赢,死于县中。"以上数例均指通过贿赂,打通关节,从中取利。故"进点水"相当于今时俗语"膏点油","进点儿贡"。

古以"泉"为钱。泉,水也。古有"银水",今有"薪水",皆用此义。

(103)五卷855页"水手"条,列有三个义项:①船工,驾船的人。②水兵。③船员职称之一。

按:"水手"尚有"或指一种固定数目的银钱,或泛指银钱"义。例如明梦觉道人《三刻拍案惊奇》第六回:"汪涵宇恐怕拘亲邻惹出事来,又送了一名水手方得取放回来。"第八回:"临终对夫人道:'我在任虽无所得,家中薄田还有数亩,可以耕种自吃,实甫年小,喜得聪明,可叫他读书,接我书香一脉。我在此,原不妄要人一毫,除上司助丧水手,有例的可以收他,其余乡绅、里道、衙役祭奠,俱不可收,玷我清名。'"又同回:"止是抚院、司道府间有些助丧水手银两,却也展转申请批给,反耽延了许多,止够得在本县守候日用,路上盘缠。"又第二十六回:"只是这样做,又费两名水手。"明金木散人《鼓掌绝尘》第三十七回:"你晓得我杨东翁不比别个先生,开口定用一名水手,白话定弗能够。"以上诸例中的"水手"或是"固定的银钱数目",或是泛指"银钱"。用前义时前面常加一数量短语,如上文之"一名水手"、"两名水手",目的是和"水手"本义用法相匹配。又,《三刻拍案惊奇》(张荣起整理,北京大学出版社,1987年)第六回注:"水手,一种银钱数目的市语。"可参证。

(104)五卷872页"水菜"条:①泛指水中生长的菜蔬。②指新鲜蔬菜。

按:"水菜",又指食物。如明李中馥《原李耳载》卷下《点金代府》:"道人不戒酒肉,每五日送水菜,饲虎于二门外。水菜至,道人自出运入,间有送至而不取者,言前次所积足用也。"又"匝三月,送水菜,则道人不出,犹以为尚有所积也。"

(105)五卷1022页**"决裂"**条,收有"分割"、"叛逆"等七个义项。

按:另有"败露"义未收。清俞万春《荡寇志》第一二六回:"吾兄不必过虑,弟等三人来此,端的无人认识,断不致决裂了,贻累老兄。"清不题撰人《赛红丝》第八回:"此时孙禁子奉太爷夜间之命,也将宋石、屠才、朱禁子三人带出监来,跪在堂下。皮象知道决裂,吓得魂飞天外。"清松云氏《英云梦传》第三卷:"秀翠道:'此事贱婢不能。眼下事已决裂,明日必然逐出。这书生将这方绫帕爱如珍宝,他岂肯轻易就还小姐。'"皆其例。

(106)五卷1034页**"法"**条,列有"刑法"等18义。

按:"法",又指风干或腌制。如明李诩《戒庵老人漫笔》卷四:"鸟凫昆虫之属悉罗取,法而售之,亦以千计。"此义早在宋代笔记就已出现。如吴自牧《梦粱录》卷六:"腊月内可盐猪羊等肉,或作腊豝、法鱼之类,过夏皆无损坏。"又卷十三《诸色杂卖》:"又沿街叫卖小儿诸般食件;麻糖……沙团、箕豆、法豆、山黄……"明清小说中亦见此义。如清吴璿《飞龙全传》第二十三回:"老王的舅舅,这是法制的五香狗肉,抹一抹消灾降福,抹两抹祛病延年。"《大词典》卷五1044页"法鱼"条释为"风干的鱼"。举明李时珍《本草纲目·鳞·鲍鱼》"以物穿风干者,曰法鱼"等。但"法"条下无"风干或腌制"义。

(107)五卷1047页**"法码"**条,仅释"砝码"一义。

按:"法码"尚可指"样子"、"榜样"。例如清刘省三《跻春台·义虎祠》:"劝众人莫学我这付法码,存好心行好事富贵荣华。""我这付法码"即我这种样子。可标明为方言。

(108)五卷1089页**"沿"**条,共列有"顺着(江河、道路等)"、"靠近……边"等九个义项。

按:"沿"尚有"离"、"差"之义。例如清陈忱《水浒后传》第六回:"跳出一只白额吊睛斑斓猛虎来,竟到西台上,咆哮剪尾,扑这道人,只沿一尺多近,不能到身。""沿一尺"即"差一尺"。

(109)五卷1119页**"波喳"**条,义项有二:①谓唠唠叨叨,争吵不休。②语末助词。

按:"波喳"尚有"艰辛,磨折"义,同《大词典》"波查①"。元无名氏《王兰卿》第二折:"你怎知道这做官的有许多波喳。"《金瓶梅词话》第六回:"可怪狂夫恋野花,因贪淫色受波喳。亡身丧命皆因此,破业倾家总为他。"

(110)五卷1224页"**海查**"条:"用竹木编制的渡海的筏。"

按:"海查",又指检查海兵勤惰的人。如清许奉恩《里乘》卷十《中州某生》:"吁嗟四更筹清,海查夜巡叱小兵。自注:每队派一人稽察勤惰谓之海查,又合营共派一人稽察各队,谓之'总海查'。"今天"海查"已成为负责查缉海上走私等非法活动人员的简称。如张欣《浮华背后》第四章:"正规军从来都玩不过流氓无产者,那段时间海查人员几乎被他们拖垮。"又"高锦林身边有了几个兄弟,他便派人在海关大楼前跟踪海查人员的行动,一有情况便遥控自家团伙的'蚂蚁大军'。"《近代汉语词典》《现代汉语大词典》等辞书未收录此义。

(111)五卷1257页"**流水**"条,列有"流动的水;活水"等六个义项。

按:尚缺"动作迅速"义。此种用法,近代汉语中习见。如《醒世姻缘传》第三十四回:"只听见乡约放个屁,他流水就说'好香,好香',往鼻子里抽不迭的。"《警世通言·玉堂春落难逢夫》:"那亡八把头口打了两鞭,顺小巷流水出城去了。"清李渔《无声戏》第一回:"忍得他睡着了,流水爬到脚头去睡。"清蒲松龄《聊斋俚曲集·姑妇曲》第二回:"兄弟媳妇坐在也么房,大伯亲手做菜汤,急忙忙,流水做来给他尝。"皆其例。

(112)五卷1296页"**清正**"条:①清朗平正。②廉洁公正;清白正直。

按:"清正",日本官名。明于慎行《谷山笔麈》卷十八《夷考》:"唐时,云南王官有清平官,清平者,蛮相也,近日关白、大将亦称清正。"

(113)五卷1318页"**清阳**"条,列有三义:①声音清越悠扬。②指眉目之间。③清轻。

按:"清阳",还指青色。如明于慎行《谷山笔麈》卷十三《仪音》:"唐时明堂制度,其宇上环覆以清阳玉叶。清阳,色也,玉叶亦瓦之类。今大享殿及环丘阑干皆用回青瓦,亦清阳玉叶之类。"

(114)五卷1323页"**清楚**"条,列有"清晰;明白;有条理"、"清朗"、"清峻严整"等六个义项。

按:"清楚"尚有"将财物交割完毕"、"偿还"之义。例如清天花主人《云仙笑·拙书生》:"文栋受逼不过,只得把棺木权厝祖茔,卖了住房,清楚众人,自己到三元阁借住。"同书《又团圆》:"闲话且住,说这季侯因官粮不曾清楚,终日忧闷。"又下文:"我今娶你,止为有些欠帐在外,我已年老,儿子不知世事,我此时不去清楚,再等一两年,越不能勾出门了。"又如清吴璿《飞龙全传》第十三回:"柴客人,这账也不必再算,除了令弟两次还过六两六钱余外只该找我三两之外,便是清楚。"清陈忱《水浒后传》第十六回:"蒋敬讨完账目,共有五百两本钱,还剩二三十两的零星账尾,一时不得清楚。"清刘省三《跻春台·捉南风》:"我的生意一本一利,交算清楚,还要说冤枉话,你做那些事不要钱么?"又同卷:"大德把堂周了,下午,众人收送清楚,尽都去了。"清李绿园《歧路灯》第四十八回:"你说的什么话,少爷既然要清楚时,只改日算明数目送过条子来,除了房租,欠下若干,叫少爷随心酌夺。"皆其例。

有时亦作"给楚"。例如《跻春台·巧姻缘》:"不够开消,遂将铺子顶了,各会让些利钱,方才给楚。只剩钱十串,母子佃间后房居住。"义同。

(115)五卷1384页"**沦**¹"条,列有"水的小波纹"、"相率"、"陷入;沉沦"等七个义项。

按:"沦"尚有"浇"、"泡"义。例如宋洪迈《夷坚志》甲志第十五卷:"张或与客出郊,置瓶于篚,倾水沦茗,皆如新沸者。"又同卷:"董躬携瓶沦茶,至第一百二十四尊者,茶方点罢,盏已空。"

(116)五卷1516页"**滋润**"条,列有"湿润;不干燥"等五个义项。

按:"滋润"尚可指给诗文书画作者的报酬,与"润笔"义同。例如元关汉卿《裴度还带》第一折:"裴中立,你学成满腹文章,比及你受窘时,你投托几个相知,题上几首诗,也得些滋润也。"又第二折:"近日朝廷差一公子,来此歇马,今日往城东去了也,有人见在邮亭上赏雪饮酒观梅,你去那里走一遭,但得些滋润便勾了也。""得些滋润"犹得些报酬。

(117)六卷20页"**准准**"条,仅释"犹整整"一义。

按:"准准"尚有"肯定"、"一定"义。如明周清原《西湖二集》第四卷:"终日立在人酒案子前,托盘弄盏,准准就有一顶纱帽戴哩。"此谓一些厨子因手艺出色,而肯定能当官。同书第十三卷:"来年此日,准准与你羹饭做周年。"第十四卷:"这头亲事准准是咱上手了。""俺这遭与他准准结为夫妻,同其衾而共其枕。"第十八卷:"吉人自有天相,临危自有神扶。若非功名不朽,准准死在穷途。"又第二十卷:"若不是李亚仙激励,那郑元和准准做了卑田院乞儿。""若是行了百千贯钱钞,准准说他好如孔圣人,高过孟夫子。"皆其例。

(118)六卷117页"**洁净**"条,共列有"干净,清洁"、"纯洁无邪"等四个义项。

按:"洁净"尚有"寂静"义。例如清不题撰人《续西游记》第八回:"乃叫店主取一个香炉,放上炭火,把客人与的芸香焚起,顿时那担内洁净不响。"此谓小妖怪变作虫子进入经担内蚀咬经书,发出吱吱声,唐僧等人焚起芸香,消灭了虫子,故担内寂静无声。

(119)六卷266页"**特然**"条,列有"特立貌"、"特别"、"特地"等三个义项。

按:"特然"尚有"突然"义。例如清郭小亭《济公全传》第二回:"长老特然被问,不曾打点,一时间答应不出,默然半晌无语。"此谓修元问老师"身既住此世六十二年,而身内这一点灵光在何处?"其师不曾想到,猝不及答,而哑口无言。此"特然"当为"突然"义。

(120)六卷296页**"手尾"**条:"首尾。犹瓜葛。比喻互有牵连。"

按:"手尾"亦指"所做的事情"。例如明金木散人《鼓掌绝尘》第六回:"惠姿,黄昏那一服药,却是你的手尾,我直到五更时候才吃。"《金瓶梅词话》第二十四回:"平安道:'我到后头来,后边不打发茶。惠莲嫂子说,该是那上灶的首尾,问那个要,他不管哩。'""手尾"、"首尾"乃同词异写。一如敦煌变文之"了手"亦作"了首"。

(121)六卷313页**"打先锋"**条:"比喻带头,冲在前面。"

按:"打先锋",清代有此词,特指太平天国的杀掠行为。柯悟迟《漏网喁鱼集》:"若暗夜潜逃,一必累及登官,一必吾方再打先锋,皆所不免。"又同书:"这老儿本不干他,杀亦无益,如再不到,他的房屋拆毁,所辖地方,全行打先锋,定将这老儿枭斩。"又陆筠《海角续编》:"钱贼派贼往各乡打馆,出伪示安民,令四乡百姓前来进贡,免打先锋。贼以杀掠为打先锋。"

(122)六卷323页**"打眼"**条,列有三个义项:①睁眼。②显眼,容易引人注意。③钻孔。

按:"打眼"尚有"发现"、"识破"义。例如清俞万春《荡寇志》第七十五回:"包袱里都有细软,吃人打眼怎好?""吃人打眼"即"被人看见"。同书第七十六回:"方才是我大意,不曾顾盼得。幸而天可怜见,着你打眼。"希真、丽卿父女二人及庄客投宿一家黑店,由于丽卿偶然发现破绽,故事后希真如此说。又第八十四回:"如用上将去,姨丈与麟甥的面貌,谁人认识?范将军亦是本地人,恐防打眼。"

高文达《近代汉语词典》亦释"打眼"为"发现"。

(123)六卷323页**"打帐"**条,义项有二:①打算,准备。②方言。记在心上。多指记仇。

按:尚缺"打架"义。如《醒世姻缘传》第三十二回:"你就待打帐,改日别处去。"清张南庄《何典》第八回:"两个一拳来,一脚去,打起死帐来。"当即"打仗"之借音。

(124)六卷329页**"打熬"**条,列有"折磨;磨炼"和"忍受"两个义项。

按:尚有"休息,养息(精神)"一义。例如明陆人龙《型世言》第四回:"一日,寂如因与慧明有约,先睡一睡打熬精神。"又第四十回:"他不见帖木儿在房中,竟到帐中道:'郎君!你是身体疲倦,还是打熬精神?'"上例,"睡一睡"的目的是养足精神,而不是磨耗体力和精力。后例是问躺在床上是因为身体疲倦还是为了养息精神。此义陈国华已发之,见《〈型世言〉词语札记》①。

---

① 载《古籍整理研究学刊》2004年第6期。

(125)六卷330页"打算"条,义项有二:①计算;核算。②考虑;计划。

按:"打算"尚有"认为,以为"义。如清郭小亭《济公全传》第六十六回:"我打算这么个济颠和尚,项长三头,肩生六臂,敢情就是这样无能之辈,也是个肉体凡胎。"第九十回:"郑雄一听,气往上冲,说:'你这厮太不知时务,你打算我怕你不成。今天我管教管教你。'"又第九十二回:"卖馒头的只打算陆通是打杠子的,吓的颜色更变。"

(126)六卷331页"打样"条,义项有二:①在建筑房屋或制造机械、器具之前,画出设计图样。②书报等排版后,先印出样张以供校对。

按:"打样"又有"冒名顶替;做替身"义。例如清刘省三《跻春台·平分银》:"我不该替人打样相亲,误人终身,所以我也被打样,误我终身。"又,同篇:"该因是在先年偶把心变,与老来去打样误人婵娟。"两例中的"打样"均为此义。

(127)六卷344页"扣算"条,仅释"按一定数额折算或结算"一义。

按:"扣算"尚有"吝啬"义。例如清俞万春《荡寇志》第八十七回:"自古道:天无白使人,朝廷不差饿兵。既要我替你出力,却这般扣算。""这般扣算"犹"这般吝啬"。又下文:"永清忍气吞声,说道:'长官,非是我扣算。你看我的簿书上,钱粮支销之外,有多余的,你便尽数取了去。'"此犹言不是我吝啬。

(128)六卷356页"扶伤"条:"谓扶助受伤的人。"

按:"扶伤",亦指带着伤。清长白浩歌子《萤窗异草》二编卷四《姜千里》:"孝廉奇其语,因诉曰:'予中途遇盗者,扶伤至此,敬求一席地,非为肮箧来也。'"

(129)六卷364页"找"条,收列两个义项:①寻觅。②退有余,补不足。

按:尚缺"斩获(首级)"义。例如明许仲琳《封神演义》第七十三回:"邓九公乃久经战场上将,马方那里是他的对手,正战间,被邓九公找了首级,掌得胜鼓回营,来见黄飞虎,将马方首级献上。"明清溪道人《禅真逸史》第二十六回:"杜伏威枪尖早到额前,叶荣躲闪不及,面中一枪,倒撞马下。杜伏威找了首级,驱喽罗四下里搜杀官兵。"明罗贯中《残唐五代史演义传》第十五回:"彦章回头,见思继马来得近,兜回马一枪,思继收马不迭,步心一枪刺死。彦章找了思继首级。"以上诸例中"找"皆"斩获"义。

(130)六卷398页"投[1]"条,列有"掷;扔"等19个义项。

按:尚缺"掺杂"义。《金瓶梅词话》第二十二回:"粳米投着各样榛松栗子、果仁、梅桂白糖粥儿。""投着"即"掺杂着"。

(131)六卷416页"抖"条,列有"振动;甩动"、"颤动,哆嗦"、"挣扎"等八个义项。

按：尚有"组装，安装"义未收。乃"鬭"之借。《说文·鬥部》："遇也。"朱骏声《说文通训定声》："相接之意。"唐李贺《梁台古意》"台前鬭玉作蛟龙"王琦注："今人谓木石镶准合缝之处谓之鬭。"后多指工匠组合器具。如清绿意轩主人《花柳深情传》第二十七回："芝芯遂将各机器一一抖起来，内有抖不起的笋头便锉，不能锉另打。""抖起来"即组装、安装起来。又第二十八回："却说芝芯将机器六七日一一抖好，后又一一拆去……""抖"和"拆"相对，义甚明。

(132) 六卷 437 页"**抹子**"条："瓦工用来抹灰泥的器具。"

按："抹子"，明代一种奏章，又称"奏本"。明叶盛《水东日记》卷十《奏本题本》："然题本多在内衙门，公事若在外，并自陈己事，则仍用奏本，东驾则称启本。宣庙每呼本为'抹子'，尝见传旨中云然。"

(133) 六卷 475 页"**抵手**"条，释为"拿手"。

按：尚缺"交手"义。《三宝太监西洋通俗记演义》第二十六回："(番王)说道：'卿父存日曾说，此人呼风唤雨，驾雾腾云，本领高强，十分利害。谁想今日你遇着他。你今日和他抵手，胜负何如？'"

(134) 六卷 491 页"**抱负**"条，义项有二：①手抱肩负。②志向。

按："抱负"尚有"学识，学问"义。例如《警世通言·俞伯牙摔琴谢知音》："子期先生，下官也不该僭言，似先生这等抱负，何不求取功名，立身于廊庙？"又同书《王安石三难苏学士》："可见老太师学问渊博，有包罗万象之抱负。"两例均言人学问大，非指志向。"抱负"本义为"手抱肩负"，由此可衍生出"一个人所具有的……"之义。"志向"和"学问，学识"均为其引申义。

(135) 六卷 574 页"**指爪**"条，列有三义：①指甲。②趾甲；爪子。③喻痕迹。

按："指爪"，即指头。如明焦竑《玉堂丛语》卷七《凤惠》："先生以指爪逐行按之，按毕辄背，一字不遗。"

(136) 六卷 737 页"**搭撒**"条，列有两个义项：①犹搭剌。低垂貌。②勾搭。

按："搭撒"尚有"根据"、"来由"、"边际"等义。亦作"搭煞"、"挞煞"、"答飒"等，形体繁多。常与"没"连用。例如明金木散人《鼓掌绝尘》第三十二回："哥哥又来说得没搭撒，终不然坐在家里，那银子肯滚进门来？""没搭撒"即"不着边际"、"没根据"义。再如清天花主人《云仙笑·又团圆》："哎呀！李官人，怎么你说这样没搭煞的话？好死不如恶活，且再算计，不要起这个念头。"明顾起元《客座赘语》卷一《方言》："南都方言……其有归着曰挞煞。"故"没挞煞"义即"无归着"、"无着落"。

高文达《近代汉语词典》收有"搭撒"并释为"着落"、"根据"。王锳《诗词曲语词例释》释"没挞煞"为"没来由"、"没道理"。所释均的当。

(137)六卷795页"**摸拟**"条,仅释"模仿,仿效"一义。

按:"摸拟"尚有"猜测"、"琢磨"义。例如清曾朴《孽海花》第八回:"(匡次芳)暗忖:雯青与彩云尚是初面,如何说是旧侣呢?难道这诗不是雯青手笔么?心里惑惑突突的摸拟,恰值那大姐端茶上来。"又同书第二十回:"又是什么信是托他门生四川杨淑乔寄来的。小燕正要摸拟是谁的,忽听纯客笑着进来道……"《五色石》卷四:"道是有才者毕竟有貌,时常虚空摸拟,思欲一见。"此三例均指"猜测"、"琢磨"。

高文达《近代汉语词典》和许少峰《近代汉语词典》、《近代汉语大词典》均未收录此词。①

(138)六卷845页"**撇然**"条,仅释"忽然"一义。

按:"撇然"尚有"决然"、"不犹豫"之义。例如明周清原《西湖二集》第二十三卷:"说罢,将鲛绡手帕投与张羽,便撇然而去。"

(139)六卷959页"**摆架子**"条:①摆出架式。②谓装腔作势,自以为了不起。

按:"摆架子",又特指民间一种摔跤活动,即"相扑"。如清顾禄《清嘉录》卷一《新年》:"杂耍诸戏,来自四方,各献所长,以娱游客之目……两人裸体相扑,谓之'摆架子'。"该义诸辞书皆未见载录。

(140)六卷1004页"**毛实**"条,释为"谷物"。

按:尚指内官(太监)的家人。如清东鲁古狂生《醉醒石》第八回:"那中贵见他(王勤)诸样会得,又无家,自己在司礼监文书房,姓王名敬。就叫他在家出入,认作侄儿,其实是个毛实。"此谓中贵虽认王勤为侄儿,其实王勤不过是他的家人罢了。又第九回:"(王小四)上交的是一辈权势监厂内官毛实,生事府卫勋戚管家。""内官毛实"即内官的家人。

又同卷1000页"**毛食**"条:"②旧称衣食无着而在有钱人手下帮闲的食客。《醒世姻缘传》第七十回:'陈内官差了名下的几个毛食,齐到铺中,教童七交本算账。'"

复按:此释误。"毛食"同"毛实",皆指朝廷内官的家人,并非指有钱人手下帮闲的食客。又《大词典》五卷73页"**猫食**"条:"旧时民间称朝廷内官的家人。明沈榜《宛署杂记·民风二》:'内官家人曰猫食。'"笔者认为,在"内官的家人"义上,"猫食"、"毛实"、"毛食"系异形词关系。《大词典》在修订时不仅释义上应该一致,还要做必要的关联说明。

---

① 许少峰《近代汉语大词典》(中华书局,2008年)收有"模似",释同《大词典》"摸拟"。

(141)六卷1035页"气质"条,列有四个义项:①指人的生理、心理等素质,是相当稳定的个性特点。②风度;模样。③犹风骨。④指气体。

按:"气质"尚有"脾气,性气"义。例如清艾衲居士《豆棚闲话》第九则:"始终年纪不多,不过在家使些气质,逞些公子威风。"又同则:"终日游花闲赌,口嘴吃惯,手里闲惯,气质使惯,以至到这田地。"《醒世恒言·卖油郎独占花魁》:"如今有了个虚名,被这些富贵子弟夸他奖他,惯了他性情,骄了他气质,动不动自作自主。"明黄秋散人《玉娇梨》第三回:"就是前日赏菊做诗吃酒,不知使了多少气质,我也不忍了他的。"以上诸例与《大词典》所释四义均不相合。

(142)六卷1084页"**断当**"条:"犹商订。"

按:还有"评价;评定"义。如《朱子语类》卷二八:"斯,只是这许多道理见于日用之间,君臣父子仁义忠孝之理。信,是虽已见得如此,却自断当恐做不尽,不免或有过差,尚自保不过。虽是知其已然,未能决其将然,故曰'吾斯之未能信'。"又卷八三:"左氏传是个博记人做,只是以世俗见识断当它事,皆功利之说。"

(143)六卷1383页"**朦胧**"条,列有"微明貌"、"模糊不清貌"等五义。

按:未收"欺骗"义。如明陆人龙《型世言》第一回:"若拿不到,差人三十板,把这朦胧告照,局骗良人妇女罪名坐在你身上。"清天花主人《云仙笑·拙书生》:"吕文栋却是大富之家,场里文字也是买人代笔的。你这大胆奴才,得他多少银子,却来朦胧我。"《四巧说·反芦花》:"今弟病已痊,理合避位。向日朦胧之罪,愿乞宽宥。"朦胧不清便可蒙蔽、蒙骗,故有此引申义。

(144)六卷1446页"**款待**"条,释为"热情优厚地招待"。

按:"款待"尚指待客的酒席。如清佚名《平山冷燕》第六回:"此时冷绛雪料到宋信必来,已叫父亲邀了郑秀才,备下款待等候。""备下款待"犹言备下酒席。又同回下文:"原来款待是打点端正的,不一时,杯盘罗列,大家痛饮了一回。""款待是打点端正的"谓酒席是准备好的。

(145)六卷1475页"**欢好**"条:"欢悦和好。"

按:"欢好",指男女同床之事。如清解鉴《益智录》卷二《梅仙》:"女闻之,反悲为喜。武欲与欢好,女曰:'妾不忍祸君子,夜台朽骨,不同人生,恐促寿命。'"又同卷《巨蝎》:"真赃在此,合将汝嫂妹痛打,仍交地主,听其处置。倘肯使汝妹与吾欢好,则听汝携谷去。"卷三《苏玉真》:"萧遂拥之于怀,腮连目眺,情态难书。欲与欢好,女不可,曰:'不嫌媸丑,愿琴瑟永谐;若私合,则决不敢从。'"又同卷《杜仲》:"仲曰:'卿真节义女也!'言已,欲与欢好。女曰:'妾心志忒,遍体如瘫,爱妾者忍为此耶?'"《辞源》《近代汉语词典》等都未收录该义。

(146) 六卷 1496 页"毁[1]"条,列有"毁坏;破坏"、"减损;缺失"等八个义项。

按:"毁"尚有"打"义。清古吴娥川主人《世无匹》第十五回:"毕癫头怒道:'贼囚!死在头上还敢无状?只问你,为何打伤我家人,又毁烂我水桶,并拔倒五十亩稻苗,那田地关系钱粮,岂是儿戏的?'""毁烂"和"打伤"相呼应,"毁烂我水桶"即打烂我水桶。明许仲琳《封神演义》第十四回:"李靖毁打泥身之事,其实伤心。"又第二十七回:"太师当殿毁打大臣,非打费仲,即打陛下矣!""毁"与"打"乃同义连文。今徐州方言仍保留此义,如"我毁你"即"我打你"之义,而非我把你给毁了。本字作"撃"。《说文·手部》:"撃,伤击也。"《广韵·纸韵》:"手撃伤也。"

(147) 六卷 1572 页"方才"条,列有"刚才"和"副词。表示时间或条件关系"两个义项。

按:"方才"尚有"将要"、"正要"义。例如清不题撰人《续西游记》第一回:"灵虚子方才开口劝收,那万化因如飞,不顾而去。"又同书第十回:"老妖依言,乃叫小的扎过包来。小妖方才去扎,只见:两个经文包子,方方两块石头。"二例皆"将要"、"正要"义。

(148) 七卷 122 页"无故"条,列有"没有原因或理由"等三个义项。

按:"无故"还有"无非,不过"义。例如元刘唐卿《降桑椹》第一折:"他无故则是刘普能,他就是普贤菩萨,我也不让他。"《金瓶梅词话》第四十三回:"你说你是个衙门里千户侯便怎的?无故只是个破纱帽、债壳子穷官罢了,能禁的几个人命?"又第八十六回:"你无故只是他家行财,你也挤撮起我来!"倘以《大词典》三义释上例,皆不可通。

(149) 七卷 233 页"热化"条,收"受热而熔化"等三义。

按:尚有"亲近,亲热"义。如《醒世姻缘传》第十九回:"从这日以后,唐氏渐渐的就合晁大舍热化了。""热化"犹今口语词"热乎",形容亲热的态度,与人接近,不显生分。"hua"音节的汉字如"化"、"划"、"滑"、"花"等,轻读时主元音 a 常脱落,韵母变成 u。如"肝花",有些地方读如"肝乎";"熟滑",说成"熟化"、"熟乎";"摆划"音如"摆乎"。故"热化"实即"热乎"。

(150) 七卷 262 页"燉煌"条,仅释"同敦煌"一义。

按:"燉煌"尚可指古代战争时用以报警的装置,犹"烽火台"。"燉",《广韵》:徒浑切,火光。唐张鷟《朝野佥载》卷一:"昼日人见火精赤燉燉,所诣即火起。""煌",亦可指火光。《文选·张衡〈东京赋〉》:"煌火驰而星流,逐赤疫于四裔。"薛综注:"煌,火光也。"清俞万春《荡寇志》中有多处用例。如第九十回:"某处好造炮台,某处好起硼楼,某处好掘壕堑,某处好设立燉煌。"又下文:"那芦川一带接连猿臂寨,多设立燉煌碉楼,也把守得。"又下文:"芦川一带建立碉楼二十余处,燉煌接连不断。"又同书第一〇七回:"且说宋江在莱芜,与吴用督修城池燉煌。"同书第一〇八回:"修理新柳城垣,添设燉煌,备御梁山。"第一〇九回:"便与朱武修缉新泰、莱芜两处燉煌营讯,端的十分如法。"第一一二回:"吴用在后山阅视燉煌,中午转来。"

(151)七卷357页"房老"条:①亦称"房长"。年老而色衰的婢妾。②僧之妻。

按:"房老",指年老后转做鸨母的妓女。如清王韬《淞滨琐话》卷七《谈艳上》:"诸呼侑觞者,又率皆富贵中人,不琐琐计较钱帛,姊妹行中亦并意存攀附。推求其故,为房老之谢玉珍,固拥有厚资者也。"又王韬《淞隐漫录》卷六《王蟾香》:"一夕,偶与女阅一盗案,乃大盗劫某王邸物寄赃于勾栏中,为盗所攀者,即任媚兰也,时已为房老矣。"卷十《丁月卿校书小传》:"其姊固娶自勾栏者也,以色衰退为房老,与女舅素相识,遂从之,鸨合狐绥,竟成夫妇。"卷十一《三十六鸳鸯谱中》:"有探花郎来自榕垣,偶一见姬,属意焉,立呼房老,为之梳栊,由此声价顿高。"以上诸例,显然可见"房老"均指年老的妓女。此义其他辞书未见收录。

(152)七卷436页"快子"条,仅释"衙役"一义。

按:尚缺"筷子"义。"箸"又称"快子",明李豫亨《推蓬寤语》:"世有误恶字而呼为美字者,如立箸讳滞呼为快子,今因流传之久,至有士大夫间,亦呼箸为快子者,忘其始也。"说明"快子"是由于船家讳"箸"(与"住"谐音)而反其意造出来的新词。《金瓶梅词话》多作"快子",如第十二回有"连二快子",第九十四回有"象牙快子"等。

(153)七卷455页"急切"条,列有"紧要;迫切"、"仓卒;短时间"二义。

按:尚缺"等闲;轻易"一义。《金瓶梅词话》第五十八回:"本等他嘴头子不达时务,惯伤犯人,俺每急切不和他说话。"此谓轻易不与之搭话。

(154)七卷640页"意味"条,释为"意境,趣味"。

按:还有"犹意义;隐含的意思"之义。如《朱子语类》卷一〇:"读了又思,思了又读,自然有意。若读而不思,又不知其意味;思而不读,纵使晓得,终是危殆不安。"又卷一一三:"问:'看先生所解文字,略通大义,只是意味不如此浃洽。'曰:'只要熟看。'又云:'且将正文熟诵,自然意义生。'"前例"不知其意味"与"自然有意"相对而出,后例"自然意义生"同样是说与"意味不如此浃洽"相反的情况。此处的"意味"与"意义"相近。又如明余邵鱼《春秋列国志传》第一回:"(云中子)遂书二十四字于西门外而去……百姓争视其句,莫知意味,恐纣闻知,即涂抹之。"

(155)七卷817页"**母子**"条,列有"母亲和儿子"、"本源。偏义复词,偏于'母'"二义。

按:"子"读轻声,还有"指母马等雌性动物,又喻指母亲"义。《醒世姻缘传》第五十二回有"槽头买马看母子"俗语。谓要看女儿品行如何,观察她母亲即可知道。"母子"又与"娘"连用,例如《金瓶梅词话》第四十一回:"我嫌他没娘母子,是房里生的,所以没曾应承他。""娘"与"母子"都指母亲,是一种羡余形式。另,今北方话还称雌蟹为"母子"。例如:"买了五个螃蟹,三个公儿,两个母子。"

(156)七卷931页"**禁钱**"条,仅释"由少府掌管、供帝王使用的钱财"一义。

按:另有"赚钱"义。如《金瓶梅词话》第八十六回:"要独权儿做买卖,好禁钱养家。"

(157)七卷1268页"**矍铄**"条:"形容老人目光炯炯、精神健旺。"

按:"矍铄"尚有"老迈"义。如清慕真山人《青楼梦》第五十五回:"挹香听了,笑说道:'和尚,你言之误矣!我父母年虽矍铄,尚健精神,今日华堂称寿,你何出此言耶?'""我父母年虽矍铄,尚健精神"谓我父母虽然年迈,但精神还很健旺。如按《大词典》解释,则为"我父母年纪虽然目光炯炯,精神健旺,但精神健旺。"不仅语句不通,而且语义重复。

(158)七卷1317页"**界分**"条,释义为:"境界;地界。"

按:还应补"分界,界限"一义。如《朱子语类》卷一五:"知至、意诚,是凡圣界分关隘。未过此关,虽有小善,犹是黑中之白;已过此关,虽有小过,亦是白中之黑。"又卷一六:"问:'"诚意"章结注云:"此大学一篇之枢要。"'曰:'此自知至处便到诚意,两头截定个界分在这里,此便是个君子小人分路头处。'"

(159)七卷1515页"**生缘**"条,列有"尘世的缘分"、"受生转世的因缘"二义。

按:"生缘"亦可指亲属。唐王梵志《观内有妇人》诗:"眷属王役苦,衣食远求难。出无夫婿见,病因绝人看。乞就生缘活,交即免饥寒。"又《寺内数个尼》:"但知一日乐,忘却百年饥。不采生缘瘦,唯愿当身肥。"项楚《王梵志诗校注》:"生缘,是亲属之义。"

(160)八卷49页"**科斗**"条,列有三义:①蝌蚪。蛙或蟾蜍的幼体。②指科斗文字。也指古文经籍。③指科斗形营帐。

按:"科斗",还可指一种蝌蚪形的面食。如明田汝成《西湖游览志余》卷三《偏安佚豫》:"饮食则乳糖、糖粽、圆子、馄饨、科斗、粉豉汤、水晶脍、韭饼、南北珍果。"清桂馥《札朴·乡里旧闻》:"济南春初有卖科斗食者,乃和粉以漏器沦于沸汤中,形似虾蟇子,故谓之科斗。"《汉语方言大词典》卷三4207页:

"〈名〉用米粉和水调匀经漏器漏到沸汤中做成蝌蚪型的食品。中原官话。"

（161）八卷114页"称亭"条："亦作'称停'。"释义为："称量平正。比喻公正,恰当。"

按：还有"斟酌,权衡"义。如《朱子语类》卷一八："程子格物几处,更子细玩味,说更不可易。某当初亦未晓得。如吕,如谢,如尹杨诸公说,都见好。后来都段段录出,排在那里,句句将来比对,逐字称停过,方见得程子说颠扑不破。"又卷二一："伊川语解有一处云：'一心之谓诚,尽心之谓忠,存于中之谓孚,见于事之谓信。'被他称停得也不多半个字,也不少半个字。"

（162）八卷115页"称娭"条："行列齐整貌。"

按："称娭",有"仓促,匆忙"义。此词清许奉恩《里乘》中多次出现。如卷二《陈太封公》："会秋谷将登,某防盗获,夜起侦伺。时月明如昼,见二人称娭行阡陌间,意是盗瓜豆者,故屏息觇之。"又,同卷《吾乡张生》："正流览间,瞥见及笄女郎称娭入山洞去,意其身藏珠宝,亟蹑迹追之。"卷三《钱弗要》："钱称娭归家,行至山腰,见两叟坐地谈医,一叟苍髯垂胸,一叟丰颐微髭。"卷四《姮儿》："媪笑曰：'可。'因称娭走近姮儿身旁,低声笑曰：'尚有一可笑事,请宽老妇罪,方敢陈说,原闻之否？'"卷十《中州某生》："蕊霞颔之,便呼婢取茶,生称娭向前,径诘氏族,女郎含笑具告之,亦转诘生氏族,彼此酬对,殷如熟识。"其他辞书多未见收录该义。

（163）八卷128页"积"条,列有"积聚,贮藏"等20个义项。

按："积德"口语中常单用"积"。例如《金瓶梅词话》第三十四回："你做这刑名官,早晚公门中与人行些方便儿,别的不打紧,只积你这点孩儿罢！""积孩儿"即为孩儿积德。故"积"当补"'积德'之省"一义。

（164）八卷163页"白口"条,列有"信口；随口"、"戏曲中的说白"、"木刻书的一种板式,中央折缝处上下都白的称'白口'"三个义项。

按："白口"尚有"争吵"义。如明薇园主人《清夜钟》第二回："父亲回来,定要与咱白口,咱且开去。""与咱白口"犹言与咱争吵。"白"乃"勃"之借字。《庄子·外物》"则妇姑勃谿"陆德明《释文》："勃,争也。"今吴语有"勃口"、"勃嘴"等语。"白"音如"勃"。

（165）八卷166页"白木"条,收有"树木名"、"不加涂饰的木材"两个义项。

按："白木"尚可指无才之人。如明梦觉道人《三刻拍案惊奇》第十回："文士笑他穷酸,武夫笑他白木,谨慎的说他没作为,豪放的道他忒放纵。"清不题撰人《两交婚》第一回："府县往往视为等闲,漫不留心,听人公荐,实系私情,滥收白木,遗弃青钱,使本道颠倒驽骀,不能获骏。""青钱"原指青铜钱,在这里比喻优秀人才。"白木"和"青钱"意义相对,指无才之辈。又清云封山人《铁花仙史》第五回:"(夏元虚)其年服制将满,恰值大比,意欲做两千银子不着,买个举人摇摆。恐人笑他白木,故设此社,遍招文士入社交游,却令人知他日与文人学士诗酒往还,不是个无才之辈。""白木"和句末的"无才之辈"相照应,其义可见。

(166)八卷210页**"白颈"**条:①白颈的乌鸦。②泛指白颈的水鸟。

按:"白颈",亦指刁劣之人。如清柯悟迟《漏网喁鱼集》:"其人曰白颈,其银曰漕规,奢华糜费,逞其所欲。"又同书:"总之白颈愈多,而小户愈少,漕规愈大,而小户愈穷。"

(167)八卷385页**"章台柳"**条,仅列"形容窈窕美丽的女子"一义。

按:"章台柳"又代指风尘女子。元关汉卿《南吕·一枝花·不伏老》:"我玩的是梁园月,饮的是东京酒,赏的是洛阳花,攀的是章台柳。"《金瓶梅词话》第二十一回:"回头恨骂章台柳,赧面羞看玉井莲。"又第十九回:"骗得铜钱放不牢,一心要折章台柳。"均以之代指妓女。

(168)八卷400页**"端然"**条,列有"端正、不偏不斜貌"、"庄重整肃貌"、"果然;真的"三个义项。

按:"端然"尚有"依然,仍然,还是"义。例如明金木散人《鼓掌绝尘》第八回:"你今只可改姓,不可移名。表字端然是开先,只改姓为舒尊便了。"同上:"原来状元已有了亲父,因此方才的说话,都有些古怪。想将起来,我们端然是陌路人了。"又同上:"我只道他改过前非,怎么隔了这几年,那骗马的手段端然不改。"又:"说不了,只见那小姐端然是旧时打扮,微展湘裙……"又:"文先生,我这条性命前日是你手里救活的,今日端然要在你手里断送了。"清艾衲居士《豆棚闲话》第一则:"独之推一人,当日身虽随着文公周行,那依恋妻子的心肠端然如旧,一返故国,便到家中访问原妻石氏的下落。"清谷口生《生绡剪》第一回:"若是二十四气不脱,端然是个俗子,读书何益?"又同回:"老丈,老丈,包儿端然在这里,我适才不便还你,恐被地方人见了。"以上各例俱"依然"义。

(169)八卷421页**"空群"**条,共列有"比喻人才被选拔一空"、"超群"两个义项。

按:"空群"尚有"全数"、"全部"义。例如清俞万春《荡寇志》第一〇九回:"那厮空群争兖州,他本寨必然空虚,我去袭他猿臂寨如何?""空群争兖州",其寨"必然空虚",倾巢之义甚明。又同书第一一七回:"此刻宋贼恨我已甚,见我退兵,须防空群来追。"义并同。

(170)八卷422页**"空头"**条,列有"有名无实"、"无根据;没来由"、"假账"等四个义项。

按:"空头"尚有"骗人;骗子"义。例如明金木散人《鼓掌绝尘》第十三回:"立伏辩人沙亨尔,原籍巴陵人,客居荆州府,向做空头事。"清艾衲居士《豆棚闲话》第十则:"一半是骗外路的客料,一半是哄孩子的东西。不要说别处人叫他空头,就是本地……"

(171)八卷 519 页"**皮子**"条,列有三个义项:①表面。②包或裹在物体外面的一层东西。③皮革或皮毛的统称。

按:"皮子"即"貔子"。汉扬雄《方言》卷八:"貔,关西谓之狸。"狸狐同类,小者为貔,大者为狐。重言"貔狐",俗作"皮狐"、"皮子"。《金瓶梅词话》第六十七回:"西门庆道:'老先儿倒猜的着,他娘子镇日着皮子缠着哩。'"此言被狐狸所魅惑。今山东许多地方仍用"皮子"一词。

(172)八卷 562 页"**发挥**"条,列有"把内在的性质或能力表现出来"等九个义项。

按:"发挥"尚有"骂;数落"义。例如清酌元亭主人《照世杯·掘新坑悭鬼成财主》:"我且不要轻动亵尊,先发挥他一场,若是崛强不服……"清谷口生《生绡剪》第十四回:"立刻叫知县举人进来,一顿发挥,千无耻,万蠢才,骂个痛快。""先发挥他一场",犹言先骂他一顿。"一顿发挥"犹言一顿数落。

(173)八卷 667 页"**圣旨**"条,收有"帝王的意旨和命令"等四个义项。

按:"圣旨"尚可指皇上。明罗懋登《西洋记演义》第十回:"黄门官道:'工部尚书在殿外听宣。'圣旨道:'宣他进来。'尚书也不待三宣两召,径自进来。圣旨道:'卿来的何事,这等促迫?'尚书道:'开玺工完,特来复命。'"又下文:"龙颜观看之时,委是'奉天承运之宝'六个字,忙刷朱砂印在纸上,掀起看来,依旧又是'九老仙都之印'。圣旨已自有七八分不快了,又宣工部尚书领出去重造。"二例中"圣旨"皆指皇上。

(174)八卷 777 页"**耐烦**"条,共列有"耐心,不怕麻烦"、"能忍耐;不急烦"、"忍受烦闷"等三个义项。

按:"耐烦"尚有"喜欢"、"愿意"之义。例如明西泠狂者《载花船》第九回:"武后道:'谁家耐烦举笔!'牛晋卿跪禀道:'内有紧急军机,专侯皇上裁定。'"清天花主人《云仙笑·胜千金》:"亘耐寺里这些秃驴饭也没得把咱家吃饱,谁鸟耐烦做和尚?"又同卷:"谁鸟耐烦再来吃你这样肮脏东西。"清艾衲居士《豆棚闲话》第十则:"咱也不耐烦呷茶,有句话儿问你,这里可有唱曲匠么?"清酌元亭主人《照世杯·百和坊将无作有》:"那个耐烦听你这些闲话,只问你无端为何进我宅子。"清陈忱《水浒后传》第二十八回:"我记得山前有条大路,骑了马去,好不爽快,谁耐烦坐在船里。"清俞万春《荡寇志》第九十二回:"至于那陈希真。有何好处,谁耐烦与他出力!"清魏秀仁《花月痕》第二十三回:"我不耐烦干这营生。""耐烦"均表示主观意愿。

下例其义更为显豁。《荡寇志》第七十五回:"(庄家)对那妇人说道:'我不耐烦那间耳房。倘有客来,我挪出让他。'自去倚了扁担,寻个床铺安排。那妇人道:'那房又暗又潮,不如耳房干净,你倒欢喜这里。'"此例"不耐烦"即"不欢喜"。换房后就"欢喜"了。

(175)八卷801页"**虎口**"条,列有"老虎之口。比喻危险的境地"、"指大拇指和食指相连的部分"、"人体穴位合谷的别称"三个义项。

按:尚有"隐指女阴"一义。如《金瓶梅词话》第三十二回:"郑爱香儿道:'因把猫儿的虎口内火烧了两醮,和他丁八着好一向了,这日才散走了。'"此言西门庆在妓女董猫儿的阴户烧了两个情疤。又如明陈所闻《金落索·谢美人赠锦囊》曲:"虽然虎口些娘小,无限相思若个包。"此双关语,表面指锦囊之口,实隐指女阴。清玩花主人《缀白裘·红梨记·亭会》[玉交枝]曲:"想他凌波偏称,罗袜内藏着可憎。行来旖旎身不定,软红鞋血染猩猩,量亲虎口只有三寸争,帮儿四面都周正。"此亦双关语,明写女子鞋脚,实亦喻指女阴。①

(176)八卷845页"**号头**"条,列"工头"等三个义项。

按:"号头"尚有"标记,记号,暗号"一义。如明罗懋登《西洋记演义》第三十四回:"元帅道:'是个什么号头?说来我听着。'番兵道:'号头在不便之处,故此不好说得。'"同书第八十三回:"地里鬼说道:'仙师老大人,铁笛儿可有个甚么号头么?'"又第八十四回:"'哒!番王之命,悬于我手。你们顺我则吉,逆我则凶!'这一声喝就是个号头。"

(177)八卷1064页"**肉麻**"条,义项有二:①谓肌肤感觉麻痒。②由轻佻的或虚伪的言语、举动所引起的不舒服的感觉。

按:"肉麻"尚有"心疼,舍不得"义。如清邗上蒙人《风月梦》第二十三回:"吴珍道:'承你四老爷的情,为的是我,劝我添他们几文。非是我太肉麻,实是并无拆措,允多了没处设法。'""非是我太肉麻"即并非我太心疼、舍不得(钱)。傅朝阳《方言小词典》"肉麻"条:"上海方言。心痛,舍不得。《新民晚报》84年8月31日:'孩子感冒没有好呀,昨天托儿所回来时,脸上不是挂着眼泪吗?阿娘肉麻煞哉!今天把孩子留在家里,让阿娘领吧。'""阿娘肉麻煞哉"犹阿娘心里舍不得,心痛得了不得。

(178)八卷1075页"**缺陷**"条,释为"欠缺;缺失;不完美"。

按:"缺陷"尚指"塌陷之地"。如明不题撰人《后西游记》第十四回:"他送

---

① 详李申《"虎口"讳语说补证》,载《中国语文》2011年第1期。

了我一粒金母,叫我埋在地下,化成金汁,将地土培厚,任是妖精,也钻不动了。妖精钻不动,缺陷自然渐渐填平。"又第十五回:"如今不但打死了妖怪,替你填平缺陷,又将无定岭上的葛藤都烧尽了,包管你这两村中平平安安。"

(179)八卷1106页"竿"条,列有"竹竿。竹子的主干"等八义。

按:"竿",量词。相当于"串"。清代用于钱的计量。如清宣鼎《夜雨秋灯录》前集卷一《吴孝子》:"公子惊询其事迹,转怒为喜,假青蚨五竿赠之,孝子坚却不敢受。"又,续集卷一《樟柳神》:"宰輿中祥审,知有灵,立命赏给青蚨一竿,以慰其冤责。"同集卷三《驴化为履》:"翁闻之,急携钱,尽购其剩者归。客醵货肉钱,得十竿,太息徒步去。"

(180)八卷1107页"笄"条:①簪。古时用以贯发或固定弁、冕。②指女子十五岁成年。亦特指成年之礼。

按:"笄",作动词,有"嫁"义。如明于慎行《谷山笔麈》卷十五《杂闻》:"刘司马公源清故为诸生,贫甚,所聘女家以其贫请决,更笄富儿,刘不能争也。"

(181)八卷1179页"节级"条,列有三义:①次第。②唐宋时低级武职官员。③宋元地方狱吏。

按:"节级",还可指官员出行时的仪仗队。如明田汝成《西湖游览志余》卷十九《术技名家》:"其人不信,偶冲郡守节级,果遭杖。"又卷二十《熙朝乐事》:"过官府豪门,各有赞扬致语,以献利市。遇襤褛猥汉,冲其节级,则攦而杖之,亦有谑浪判语,不敢与较。"

"节级",又作"节导"。如《醒世恒言·李汧公穷邸遇侠客》:"李勉原起畿尉,不上半年,即升监察御史,一日在长安街上行过,只见一人身衣黄衫,坐下白马,两个胡奴跟随,望着节导中乱撞。"《大词典》卷八1183页收"节导"条,释义为:"指官员出行前导的仪仗队。"所举即上例。

(182)八卷1198页"管¹"条,列有"古乐器名"、"吹奏管乐器"、"管子"等26个义项。

按:"管"尚可指代钱。例如明陆人龙《型世言》第二十三回:"忽一日,赌兴正高,却是你又缺管,我又无银,赌来都不畅意。"同上:"无奈朱恺不在,稍管短,也就没胆。"又:"姚明道:'不带得管!'钱十三道:'你时常大主出,怕没管?'"

上举第一例"管"、"银"互文见义。第二例讲赌徒姚明平日依仗富户子弟朱恺,常进赌场,慷朱恺之慨,现朱恺外出经商,姚明身上钱少,在赌场上也就没有胆量。第三例"不带得管"即"不带得钱"。

(183)八卷1219页"篆刻"条,列有"比喻书写和精心为文"、"谓雕琢,过分修饰文字"、"雕刻印章"三义。

按：当补"雕刻"一义。如《朱子语类》卷五七："'若合符节。''以玉为之，篆刻文字而中分之，彼此各藏其半。有故，则左右相合以为信。'"此"篆刻"为动词。

(184)八卷1314页"**自私**"条：①只为自己打算；只图个人的利益。②谓归个人私有。③偏私。

按：还有"方便"义。如清许奉恩《里乘》卷四《圆光二则》："公子欠伸起自私，手除角巾置案头，解衣脱袜上榻卧，两童安置虎子，压幕剔灯，联背拽门而去。""起自私"即起来解手。"虎子"为溺器。又同书卷八《小卫珏》："夜分客散，入房更衣，复出自私，突有人掩出其后，以刀洞其胸而殪之。"亦同。"私"本有小便义。《左传·襄公十五年》："师慧过宋朝将私焉。"杜预注："私，小便。"

又作"自便"。如明陆容《菽园杂记》卷三："尝言正统间，其里人王某女出嫁，中途下车自便，忽大风扬尘，吹女上空，须臾不见。"《近代汉语词典》《辞源》等皆未收此义。

(185)九卷87页"**补丁**"条，仅释"补在破损的衣服或物件上的东西"一义。

按："补丁"尚可指"宴席间增加的饭菜"。例如清曾朴《孽海花》第三回："（雯青）想得出神，侍者送上补丁，没有看见，众人招呼他，方才觉着。匆匆吃毕，复用咖啡。"

(186)九卷169页"**着甚**"条，仅释"犹言凭什么；用什么"一义。

按：另有"因何"一义。例如《金瓶梅词话》第五十三回："月娘道：'你道我昨日成日的不得看孩子，着甚缘故不得进来？只因前日我来看了孩子，走过卷棚照壁边，只听得潘金莲在那里，与孟三儿说我自家没得养，倒去奉承别人的……我气了半日的，饭也吃不下。'""着甚缘故"即"因何缘故"。

(187)九卷171页"**着紧**"条，列有"紧要；重要"、"抓紧；赶紧"等四个义项。

按：《金瓶梅词话》第十五回："姐夫是何等人儿，他眼里见的多，着紧处金子也估出个成色来。"又第六十四回："会胜买东西，也不与你个足数，一钱银子拿出来只称九分半，着紧只九分，俺每莫不赔出来？"此二例中"着紧"与上列四义皆不相合，当释作"着实"。"着实"有"认真"、"实在"、"实际"等义（详《大词典》九卷172页该条）。"着紧处金子也估出个成色来"，犹言"认真起来金子也能估出个成色来"。"着紧只九分"，犹言"实际只九分"。

(188)九卷174页"**义夫**"条：①坚守大义的人。②情专的男子。

按："义夫"，指采矿的人。如明王士性《广志绎》卷五《西南诸省》："其成硐者，某处出矿苗，其硐头领之，陈之官而准焉，则视硐大小，召义夫若干人，义夫者，即采矿之人，惟硐头约束者也。"又同卷："每日义夫若干人入硐，至暮尽出硐中矿为堆,画其中为四聚瓜分之……一聚为硐头自得之,一聚为义夫平分之。"

(189)九卷 209 页"**粗厉**"条,列有"形容乐音高急而壮猛"、"形容说话声音粗大而尖厉"二义。

按:"粗厉"除了形容声音以外,还可指人的性格。可补"谓人粗莽,不细心"一义。《旧唐书·李怀光传》:"怀光性粗厉疏愎,缘道数言卢杞、赵赞、白志贞等奸佞,且曰:'天下之乱,皆此辈也,吾见上,当请诛之。'"《朱子语类》卷一一:"看文字先有意见,恐只是私意。谓如粗厉者观书,必以勇果强毅为主;柔善者观书,必以慈祥宽厚为主,书中何所不有!"又卷三五:"毅父问'远暴慢'章。曰:'此章"暴慢、鄙倍"等字,须要与他看。暴,是粗厉;慢,是放肆。'"

(190)九卷 373 页"**草率**"条,列有"粗糙简略"、"轻率,不慎重"、"潦草,不工整"三义。

按:尚可补"粗心,不认真"一义。如《朱子语类》卷一一:"学不可躐等,不可草率,徒费心力。须依次序,如法理会。"又卷一九:"孔子之言,多且是汎说做工夫……至孟子,则恐人不理会得,又趱进一着说……今人将孔孟之言都只恁地草率看过了。"《初刻拍案惊奇》卷三八:"员外故意恼引孙道:'你为甚上不挑了春盛担子,齐齐整整上坟?却如此草率!'"

(191)九卷 591 页"**藏²**"条,共列有"储存东西的地方"、"宝藏"、"内脏"等八个义项。

按:"藏²"尚专用作指佛经的量词,义犹"遍"。此义系从"佛教经典总称。后也称道教经典"一义引申而来(见该条义项⑥)。例如明朱鼎臣《唐三藏西游释厄传》第六卷:"心行慈善,何须努力看经;意欲损人,空读如来一藏。"又如清天花主人《云仙笑·又团圆》:"不等季侯开口,先把自己的苦经念上两三藏。"

(192)九卷 622 页"**苏苏**"条,列有"畏惧不安貌"、"犹簌簌。形容眼泪纷纷落下的样子"等四义。

按:"苏苏",还有"慢慢地"一义。如明顾起元《客座赘语》卷八《尹山人》:"诘朝,解其缚,而少年苏苏有生色。"小说中亦有用例。如清谷口生《生绡剪》第七回:"行了好多日子,刚到宿迁地界,船家苏苏拢岸。"又第十一回:"曹十三只得将三十两银子苏苏递与。"

字又作"酥酥"。如《生绡剪》第一回:"只觉得贫汉身边暖烘烘起来,好不有趣,一会子,连石板都温温的了,有芑不觉酥酥睡去。"此外,又犹言"乖乖地",即"没办法,只好顺从"。如《生绡剪》第二回:"那黑汉酥酥的递还青汉。"第九回:"或者这封字儿降着他的,他恐怕惹人谈论酥酥送还也未见得,不要管他。"

(193)九卷767页"**纸**"条,列有"用丝絮或植物纤维为主要原料的制成品,可供书写、绘画、印刷、包装之用"、"量词"等四义。

按:还有"纸赎"义。商人以产业或券契抵押,请借官项,到期备银取赎,称"纸赎银"。又省缩为"纸赎"和"纸",而其义不变。如明陆人龙《型世言》第七回:"还有两廊吏书挪借,差人承追纸价未完,恐怕追比,倩出虚收。"又第九回:"第二是遇不好的官府,坐在堂上,只晓得罚谷罚纸,火耗兑头,县中水旱也不晓得踏勘申报,就申报时,也只凭书吏,胡乱应个故事。"又第十八回:"准理词讼,除上司的定罪,其余自准的,愿和便与和,并不罚谷要纸。"

(194)九卷879页"**紧自**"条,仅有"方言。接连不断"一义。

按:"紧自"另有关联词用法。义为"本来……,(还,又)……"。如《金瓶梅词话》第八回:"紧自他麻烦人,你又自作耍。"第五十八回:"金莲紧自心里恼,又听见他娘说了这一句,越发心中撺上把火一般。"又作"紧子"。如《醒世姻缘传》第七十五回:"紧子冬里愁着没有棉裤棉袄合煤烧哩。"以上均非"接连不断"义。

(195)九卷997页"**总然**"条,仅释"纵然;即使"一义。

按:"总然"尚有"总是"、"一直"义。例如清吴璿《飞龙全传》第三回:"你们动不动只管有什么惊恐,我公子凭他有甚风火,总然不怕。须要拼他一拼,怎肯束手待毙。"此言赵匡胤打跑了韩通,管家非常害怕,而匡胤不以为然。"总然不怕"犹"总是不怕"。又同书第十九回:"那灯光儿可杀作怪,匡胤紧行,这灯光也是紧行,匡胤慢走,那灯光也便慢走。凭你行走得快,总然赶他不上。"此例"总是"之义更为明显。下再举数例:《飞龙全传》第二十七回:"我们只疑是房屋不利,也曾几次请法师建醮净宅,总然无益。"同书第三十五回:"母亲见了,有些疑心。孩儿从直告诉,总然不信。"又第四十三回:"若有失机,两罪俱发,总然不出陛下之所算也!"

(196)九卷1063页"**才^2**"条,共列有"方始;刚刚"、"仅仅"等五个义项。

按:"才"尚可做"恰"、"就"解。例如清刘省三《跻春台·十年鸡》:"各位,你说此人是谁?原来才是米二娃。"又同书卷一《东瓜女》:"讲了半天,才是这个主意。"又同卷《义虎祠》:"有一人身背宝剑,飘然而入。陈氏细看,才是天生。"又同书卷二《捉南风》:"我急忙几步就赶上,他才是郭家艳姑娘。"同卷《巧姻缘》:"官指大明骂曰:'才是狗奴杀的。'众看大明,背上有黑。"同卷《白玉扇》:"你说这女客是谁?才是他的老姑娘。"同卷《巧姻缘》:"于是摸脸瘦腰细足小择一个,抬回店中,打开一看,才是一个老妇。"又下文:"你才是俞栋林之女翠瓶,我正是金顺斌之子水生。"同卷《白玉扇》:"大德接扇一看,才是七鬼材的。"以上数例皆可解作"恰"、"就"。

(197)九卷1103页"**起解**"条,列有"地方政府将钱、粮等物解送上级政府"、"旧时指犯人被押送上路"等四个义项。

按:另有"起动;行动"义。例如《金瓶梅词话》第九十回:"(春梅)起解行三坐五,坐着轿子,许多跟随。"

(198)九卷1122页"**趁钱**"条,释为"赚钱;挣钱"。

按:"趁钱"尚有"拥有钱财"义。从该词结构看,为动宾式合成词。"趁"具有"拥有"义,如明西泠狂者《载花船》卷二:"舍亲开久,各处闻名,主顾络绎不绝,趁过万金家当。""趁过"即"拥有了"。今河北唐山一带方言中有"趁钱"一词,"趁钱的"即"有钱的"。《现代汉语词典》收录了"趁钱",即释作"有钱"。

(199)十卷346页"**亲娘**"条,义项有二:①亲生母。②方言。对祖母的称呼。

按:"亲娘"在明清白话小说中常作为对妇女的称谓词使用,指称范围比较宽泛。例如明陆人龙《型世言》第三回:"徐婆道:'周亲娘央我送老亲娘。'"又第十二回:"采菱道:'有这样不识抬举?亲娘捱半年,怕不嫁出个好姑夫!'"同上第三回:"(掌珠)忽抬头见得徐亲娘走过,掌珠便把手招,那徐婆走到柜外。"第一例中"周亲娘"指一位年轻媳妇。第二例中的"亲娘"是一位闺中待嫁的小姐。第三例中"徐亲娘"即"徐婆",是一老妇人。

(200)十卷360页"**观光**"条,释为"观览国之盛德光辉。后泛指参观"。

按:"观光"尚有"参加科举考试"义。如清李汝珍《镜花缘》第十六回:"小子幼而失学,兼之质性鲁钝,虽屡次观光,奈学问浅薄,至今年已八旬,仍是一领青衫。"同书五十三回:"但老身年虽望六,志切观光,诚恐限于年岁,格于成例,不获叨逢其盛。"又五十四回:"前闻太后大开女科,咱虽有观光之意,奈祖母年高,不能同往。"皆其例。

(201)十卷424页"**足力**"条,列有两个义项:①力量足;力气大。②两腿的力气;脚力。

按:唐代尚有"仆役"一义。如《太平广记》卷四五一:"李与其仆数人极骋,追不能及,便入故城,转入易水村。足力少息,李不能舍,复逐之。"此"足力"并非上释第②义项之义,而指奴仆、差役。详郭在贻《〈太平广记〉词语考释》①。

(202)十卷441页"**跛嘴**"条:"走嘴;失口。"引《西洋记演义》第十六回:"万岁爷心里想道:'长老今番有些迂了。'天师心里想道:'这和尚今番却有

---

① 载《训诂丛稿》,上海古籍出版社,1985年。

些跋嘴了。'"一例。

按:"跋嘴"尚有"争吵"义。明罗懋登《西洋记演义》第十七回:"忽一日三位老爷坐在厂里,正是午牌时分,众匠人都在过午,猛然间作房里啰啰唣唣泛唇泛舌。三宝老爷最是个计较的,叫声:'左右的,你看作房里甚么人跋嘴?'"又下文:"老爷道:'你们锚便不铸,跋甚么嘴?'那掌作的说道:'非干小的们要跋嘴。缘是街坊上一个钉碗的,他偏生要碗钉,因此上跋起嘴来,非干小的们之事。'"此"跋"乃"勃"之音转。见前"白口"条。

(203)十卷445页**"跌脚"**条,列有"以足顿地;跺足"、"跋脚;瘸腿"、"失足跌倒"三个义项。

按:尚有"屈腿(下跪)"义。例如《金瓶梅词话》第十三回:"西门庆不听便罢,听了此言,慌的妆矮子,折跌脚跪在地下,笑嘻嘻央及说道:'怪小油嘴儿,禁声些。'"又第二十一回:"那西门庆见月娘脸儿不瞧,一面折跌脚,装矮子,跪在地下,杀鸡扯脖,口里姐姐长姐姐短。"

(204)十卷497页**"踢"**条,列"用脚击物"等四义。

按:尚缺程度副词一义。"踢"通"剔",相当于现代汉语中的"极其"、"特别"。例如元王实甫《西厢记》第一本第三折:"剔团栾明月如悬镜。"元无名氏《碌砂担》第一折:"我见他忽的眉剔竖,秃的眼圆睁。"《大词典》收有"踢团栾"、"踢竖"等条但"踢"字无解。

(205)十卷654页**"部署"**条,列有"安排,布置"、"军中武官"、"元明俗语。指拳棒教师或擂台比武的主持人"三个义项。

按:"部署"尚有"整理"义。例如清曾朴《孽海花》第二回:"搴如以将赴上海,少不得部署行李,先唤轿班点灯伺候,别着众人回家。""部署行李"即整理行李。同书第十九回:"雯青进了东屋,看金升部署了一回。"又下文:"知道父亲总理衙门散值初回,正歇中觉,自己把行李部署一回,还没了,早有人来叫。""部署一回"即"整理一会儿"。

(206)十卷689页**"郑重"**条,共列有"频繁,反复多次"、"殷勤切至"等五个义项。

按:"郑重"尚有"重视"义。例如清李伯元《文明小史》第四十三回:"如今特地亲自去走一趟,一来叫学生瞧着大帅如此郑重学务,定然格外感激,奋发要好。"清郭小亭《济公全传》第十三回:"长老看了大喜道:'济书记这等郑重,只得要去走一遭。'"

(207)十卷699页**"身己"**条:"犹身体。借指妇女的贞操。"

按:还可补"自身;自己"一义。《大词典》同条首例引《朱子语类》卷九八:"只是有私意,便内外扞格,只见得自家身己,凡物皆不与己相关,便是有外之心。"例中"身己"并不能解释为"自己的身体",而应当解释为"自身"。又《朱子语类》卷七:"如礼乐射书数,也是合当理会底,皆是切用。但不先就切身处理会得道理,便教考究些礼文制度,又干自家身己甚事!"例中"身己"解释为"自己"则更为妥当。"自家身己"是同义联合的羡余结构。《朱子语类》中的"身己"多以"自身己"、"自家身己"、"人身己"等形式出现,偶尔也单独使用,如卷八:"今世儒者,能守经者,理会讲解而已;看史传者,计较利害而已。那人直是要理会身己,从自家身己做去。不理会自身己,说甚别人长短!"此例中的"身己"以及"自家身己"、"自己"等羡余结构皆"自身"、"自己"义。

(208) 十卷 753 页"**述职**"条:①诸侯向天子陈述职守。今亦泛指向主管部门陈述汇报工作情况。②供职;就职。

按:"述职",古代一般多指官吏陈述职守,等待调任。如明何良俊《四友斋丛说》卷七:"……受密旨访察百官贤否。书小帖以所赐图书封进。因潜杨公。会公以应天府丞述职。即辞朝矣。"又,明焦竑《玉堂丛语》卷一《行谊》:"县官述职,公正佐吏部,冢宰欲黜此令,问公,公曰:'谓之最,固非公,以黜,则亦未至尔。'"可见并非今天才有泛指用法,故当增加如下义项:"古代多指官吏陈述职守,等待调任。今亦泛指干部陈述汇报履职情况。"

(209) 十卷 1070 页"**道长**"条:"对道士的敬称。"

按:"道长",又指御史官员。如明何良俊《四友斋丛说》卷十一:"有一道长买橙丁一斤。其价和买只五六分耳。皂隶因诈银五六两。"卷十二:"盖因有一二巡城道长欲入苞苴。有事发五城兵马勘处。兵马遂为之鹰犬。即为其所持而莫敢谁何之。故托道长之势而恣肆无忌若此。"清顾张思《土风录》卷十七:"中堂尚书称各道御史曰老道长。今督抚称道宪亦曰老道长。盖道不称卑,俨然有方面大员体统,故以此目之。"清王应奎《柳南随笔》卷一:"如内阁部堂彼此曰老先生,翰詹亦然。给事中曰掌科,御史曰道长,吏部曰印君,曰长官,自国初以来皆然。"《辞源》《近代汉语大词典》等亦未收录此义。

(210) 十卷 1378 页"**解馆**"条:"旧时谓书塾停办或塾师解聘。"

按:"解馆",义又同"散馆"。明清时翰林院设庶常馆,新进士考得庶吉士资格者入馆学习,三年期满举行考试后,成绩优良者留馆,授以编修、检讨之职,其余分发各部为给事中、御史等,或出为县官。如明于慎行《谷山笔麈》卷五《臣品》:"而儒无行义,旧为诸公所薄,及解馆,诸吉士以次授翰林、台省,儒得礼部,敦朴兵部,敦朴不能平,口语怏怏,儒以故隙思中之,尽籍其言。"

(211) 十一卷 19 页"**计较**"条,收有"较量;争论"、"计算核实"等四个义项。

按:"计较"尚有"处罚,惩治"义。如《醒世姻缘传》第三回:"晁大舍忽然想起梦中公公临去在他头上拍了一下,骂了两句,醒转就觉头疼,祟书上说触怒家亲,这分明是公公计较他。"明金木散人《鼓掌绝尘》第十六回:"我们竹园里一向原有两个狐狸,时常变作妇女模样出来迷人。……多时要访个有法术的人出来,计较他一番,并不曾见一个。"

(212)十一卷364页"讲通"条:"研究贯通。"

按:"讲通",有"沟通"、"勾结"义。多含贬义。如清柯悟迟《漏网喁鱼集》:"久驻顾山,后贼与讲通让路。……杨官知其通贼,欲斩之。"又同书:"谣闻有海盗包送,预将礼物讲通,吾谓断不至若此。"

(213)十一卷457页"譬如"条,义项有二:①比如。②与其。

按:"譬如"尚可用作表示假设关系的连词,相当于"假如,假使"。例如明西泠狂者《载花船》卷二:"譬如我当日迟疑,不曾分出,如今断然亦在劫中。"明陆人龙《型世言》第十二回:"譬如不拾得,却不道渔人得利。"又同上第二十五回:"你在行朋友,拿得出,譬如水不余来,讨这妇人也得斤把银子,也该厚待我们些。"清无名氏《人中画》:"譬如他桐油不长,两处只卖得千金,他也罢了。"清不题撰人《金石缘》第十回:"卢太师倘必欲置我于死地。譬如当日死于江中,亡于痼疾,还是泯没无闻的,所以小弟独不怕死。"上引几例中,"譬如"均可释为"假如,假使"。

又按:"譬如"还有"强如"义。例如清陈忱《水浒后传》第二十回:"行军勾当,长是淡吃,那里寻得盐味! 寻得獐子也就好了,譬如忍饿。"

(214)十一卷988页"除法"条,释为"数学名词。数学中基本运算之一。一个数被另一个数(不是零)分成若干等分的方法。是乘法的逆运算"。

按:"除法"还有"戏法,法术"义。如明杨尔曾《韩湘子全传》第十五回:"张千就把馒头抬一笼来,凭湘子去装。湘子使出一个除法,装了一笼又一笼,不多时,把他那三百五十六分馒头尽数装在花篮里面,还装这花篮不满。""使出一个除法"谓使出一个戏法。又同回下文:"退之看罢诗句,便道:'你这道人着实无礼,我那三百五十六分馒头要请众位大人吃的,好意赏你几分,你怎么弄出那除法将我许多馒头都骗了去?'""弄出那除法"即弄出那法术。

(215)十一卷1069页"阳夏"条,释为"指夏季。夏季阳气旺盛,故称"。

按:"阳夏"尚指地名。夏,音 jiǎ。《史记·陈涉世家》:"陈胜者,阳城人也,字涉。吴广者,阳夏人也,字叔。"《辞源》"阳夏"条:"①夏季。夏季阳气最盛,故名。②地名。夏,音 jiǎ。秦为阳夏乡,汉置县。隋开皇七年改太康县。阳夏城相传为夏后太康所筑。秦末农民起义军领袖吴广即阳夏人。故地在今河南太康县。"可为参证。

(216)十二卷13页"门单"条:①子孙不繁,门户衰微。②指完成某工程的总清册。

三、《汉语大词典》订补

按:"门单",尚可指明代出宫购物的宫人回宫门时交的费用。如明于慎行《谷山笔麈》卷六《阉伶》:"德宗宫市既贱买人物,仍索进奉门户及脚价钱。门户者,进奉所经门户皆有费用,汉灵帝时谓之导行费,即今之门单也。"

(217)十二卷34页"**问诸水滨**"条:"比喻不承担责任或两者不相涉。"

按:"问诸水滨"又有"投水自尽"义。例如清许奉恩《里乘》卷二《张叔未先生》:"自计失镪,父罪莫释,则己亦不欲生,盖将问诸水滨矣。"又卷十《陈氏女》:"今求举家音耗不得,苦无所依,行将问诸水滨矣。"清乐钧《耳食录》卷五《跨卫者》:"吾逐而送之,乃问诸水滨,殊不觉耳。"

又作"身问水滨"。如清王韬《淞滨琐话》卷一:"闻阿妹归家,越岁不食,旬日而死,此事更惨。试思绝粒之难,何如身问水滨之易乎!"

(218)十二卷44页"**开交**"条,共列有"分开;分离"、"了结;罢休"、"发付,打发"、"走开;跑开"等四个义项。

按:尚有"绝交"、"散伙"义。例如清李绿园《歧路灯》第三十二回:"绍闻见母亲也是开交的话,因说道:'斑鸠嫌树斑鸠起,树嫌斑鸠也是斑鸠起。'"栾星注同此义。

(219)十二卷237页"**顺治**"条:"顺从而大治。指社会秩序井然而安定。"

按:"顺治"尚指清世祖福临的年号(1644~1661)。参见《大词典·附录·历代帝王纪年干支公元纪年对照表》。又代称顺治皇帝。例如常杰淼《雍正剑侠图》第四十三回:"顺治死后,三儿子康熙做了皇帝,风调雨顺,国泰民安。"

(220)十二卷299页"**头皮**"条,列有"脑袋"等四义。

按:"头皮"还有"面皮"义。如唐王梵志《世间何物平》诗:"各身改头皮,相逢定不识。"又《天下恶官职之二》:"脱却面头皮,还共人相似。""改头皮"即换了面皮。"面头皮"即系由"面皮"和"头皮"相叠构成的羡余形式,亦即面皮。张锡厚《王梵志诗校辑》:"注[三]:头皮,唐代俗语,指人的面目。"近似。项楚《王梵志诗校注》:"头皮谓头颅。"误。

(221)十二卷382页"**面花**"条,列有"古代妇女的面部妆饰"、"面豆"两个义项。

按:"面花"尚有"隐私"、"短处"义。例如清刘省三《跻春台·双金钗》:"正泰从此含恨,想:你提我面花,我就要你性命。心怀鬼胎,候机发泄。"怀德席间当众大声指责其叔正泰唆讼筛桶。正泰认为揭了自己的短,从此怀恨在心。又下文:"'灾杂种也有今日,提不提我的面花了!'大笑而去。"为其明证。再如明金木散人《鼓掌绝尘》第二十八回:"李岳道:'贾先生,正是这般说,被他贴了面花,多少没趣。'""贴了面花"即"揭了短"。

(222)十二卷402页"**骨笃**"条:"见'骨咄犀'。即蛇角。可制器物,亦可供药用。"

按：尚缺"鼓着，噘着"义。如明天然痴叟《石点头》第十卷："今日为何红了半边脸，气愤愤，骨笃了嘴，不言不语，莫非与那个合口嘴么？""骨笃了嘴"即鼓着嘴，噘着嘴。或作"谷都"，如《金瓶梅词话》第八回："（潘金莲）盼不见西门庆来到，嘴谷都的骂了几句负心贼。"字又作"咕嘟"、"骨都"、"骨突"等，实皆"骨朵"之记音。凡物浑沦成块当中肥圆者，皆可称"骨朵"。如花蕾，可叫"花骨朵"；古代仪卫队所用金瓜，叫"金骨朵"；把嘴噘起来，亦叫"嘴骨朵"。

(223) 十二卷 483 页 **"食味"** 条："品尝滋味，吃食物。"

按："食味"，又用作名词，指食物。如明于慎行《谷山笔麈》卷十五《杂记一》："盖以牙盘装食味于上，谓之看食，即今之看盘也。"又同卷："唐制御馔器用九钉食，以牙盘九枚，装食味于上。"

(224) 十二卷 990 页 **"黄黄"** 条，列有"形容美好"和"指地"二义。

按：另有"东西（多指小东西）"义。明陆人龙《型世言》第五回："耿埴道：'瞎了眼，甚黄黄打在头上。'"又第十二回："王奶奶见了景东人事，道：'甚黄黄，这等怪丑的。'""甚黄黄"即"什么东西"。今徐州方言仍有此语，小孩、老人的贬义说法分别为"小黄黄"、"老黄黄"；买个玩具叫"买个黄黄"。

(225) 十二卷 1335 页 **"黑窣窣"** 条："懵懵懂懂。"引例为明王守仁《传习录》卷下："近来用功，亦颇觉妄念不生；但腔子里黑窣窣的，不知如何打得光明？"

按：此仅收"懵懵懂懂"一义，不仅义项不全，且有颠倒本末之失。《朱子语类》卷一二五："又问'玄'之义。曰：'玄，只是深远而至于黑窣窣地处，那便是众妙所在。'"例中"黑窣窣"之义与"黑洞洞"相近，此义可以形容空间深远之程度，亦可喻指义理之深邃。又如同书卷七五："问：'"惟深也"，"惟几"，"惟神也"，此是说圣人如此否？'曰：……又曰：'他恁黑窣窣地深，疑若不可测，然其中却事事有。'"另外，从《大词典》所引文例来看，"不知如何打得光明？"亦是对应"腔子里黑窣窣的"而言；此例的下文为："先生曰：'初下手用功，如何腔子里便得光明？……汝只要在良知上用功。良知存久，黑窣窣自能光明矣。'"《大词典》仅收录"腔子里黑窣窣"的比喻义（即懵懵懂懂）而未收"黑窣窣"的本义（黑洞洞），实欠妥当。单收比喻义则使人不知其义之所自来。

（三）例证晚出

(1) 一卷 21 页 **"一古脑儿"** 条："同'一股脑儿'。"首举茅盾《昙》为例。

按:清代小说中已有用例。张春帆《九尾龟》第八十二回:"陈文仙直觉得各种酸甜苦辣的滋味,一古脑儿都并到心上来。"蘧园《负曝闲谈》第八回:"连润笔,连蜡笺纸价,一古脑儿在内,也不过三四钱银子。"韩邦庆《海上花列传》第六回:"仲英乃一古脑儿论定价值,先付庄票一纸。"

(2)一卷25页"一式一样"条:"完全一样。"举鲁迅《且介亭杂文末编·我的第一个师父》为例。

按:清代小说已有例。李宝嘉《官场现形记》第二十九回:"佘道台见了这副神气,更觉得同花小红一式一样,毫无二致。"

(3)一卷35页"一把手"条:"③指在某方面能干出众的人。"引周立波《暴风骤雨》、周而复《上海的早晨》为例。

按:古白话已有用例。清李绿园《歧路灯》第十回:"却从来不曾妄为攀援,流落到那走声气的路上,叫旁观者夸是官场一把手。"

(4)一卷41页"一拍即合"条:"原指一打拍子就合于乐曲的节奏。比喻一下子就能够互相吻合。"举陈登科《赤龙与丹凤》、赵园《郁达夫"自我"写真的浪漫主义小说》为例。

按:清代小说中已有用例。李绿园《歧路灯》第十八回:"古人云:君子之交,定而后求;小人之交,一拍即合。"

(5)一卷43页"一板一眼"条:"本为民族音乐和戏曲中的节拍,二拍子的叫一板一眼。后即借喻言语行为有条理,合规矩。"首举李六如《六十年的变迁》第二卷第九章为例。

按:清代小说中已有用例。八宝王郎《冷眼观》第十二回:"立刻就有人过来请,由此一板一眼的做去,我也曾同他们吃过两回大菜。"

(6)一卷49页"一股脑儿"条:"通通;全部。"举朱自清《背影》等现当代作品为例。

按:先此已有用例。清玩花主人《缀白裘·红梨记·赏灯》:"你把这个酒饭一股脑儿拿上来,不用啰啰嗦嗦的。"

(7)一卷70页"一家门"条:"方言。全家。"举洪深《香稻米》第二幕为例。

按:清代小说中已有用例。张南庄《何典》:"走入里面,见他一家门尚未起身。"

(8)一卷72页"一纸空文"条:"一张空头文书。指只是写在纸面上而不能兑现的条约、规定计划等。"举蔡东藩、许廑父《民国通俗演义》第十回为最早书证。

按:清代小说中已有用例。李宝嘉《官场现形记》第四十六回:"说是筹了款项,只能办理本省之事,将来不过一纸空文咨部塞责。"

（9）一卷 81 页"一拃"条："方言。手指伸开，大拇指尖和中指尖间的距离叫一'拃'。"举梁斌《红旗谱》为例。

按：清代已有用例。蒲松龄《聊斋俚曲集·蓬莱宴》第二回："头隔着星辰够一拃，摸着南天门，邻着玉皇家。"

（10）一卷 85 页"一笔勾销"条，释义同"一笔勾消"。举毛泽东《矛盾论》为例。

按：清代小说中已有用例。夏敬渠《野叟曝言》第一四一回："驸马既如此说，便把前事一笔勾销。责打之说，再不须提。"

（11）一卷 85 页"一笔抹杀"条，释义同"一笔抹煞"。举鲁迅《二心集·我们要批评家》为例。

按：明代文献中已有用例。沈德符《万历野获编·嘉靖大狱张本》："而世宗独断，直谓议礼新贵所昭雪……遂将前后爰书一笔抹杀。"

（12）一卷 89 页"一塌糊涂"条："形容乱到不可收拾或糟到极点。"首举郭沫若《我的学生时代》为例。

按：清代小说中已有用例。曾朴《孽海花》第三十回："与其顾惜场面，硬充好汉，到临了弄的一塌糊涂，还不如一老一实，揭破真情。"

（13）一卷 94 页"一窝风"条，义同"一窝蜂①"。举茹志鹃《新当选的团支书》为例。

按：明清小说中已有用例。明清溪道人《禅真逸史》第三回："这一班后生村民，猎户，一窝风往东南赶来。"清八宝王郎《冷眼观》第三回："上至刑钱诸席，下至跟班执帖，一窝风都已齐备。"

（14）一卷 98 页"一尘不染"条，引申义为"亦指非常清洁"。举曹禺《王昭君》等现代作品为例。

按：清褚人获《隋唐演义》中已有用例。见第六回："唐公见和尚曲致殷勤，不觉的步进清舍，却不是僧人的卧房，乃一净室的去处，窗明几净，果然一尘不染，万缘俱寂。"

（15）一卷 106 页"一锅粥"条："犹一团糟。形容极其混乱。"举刘忠立《觉醒》等现当代作品为例。

按：明代小说中已有用例。《金瓶梅词话》第四十六回："像人家汉子在院里嫖妓来，家里老婆没曾往那寻去，寻出没曾打成一锅粥？"

（16）一卷 120 页"二五眼"条："方言。差劲。亦指差劲的人。"首举丁玲《太阳照在桑乾河上》为例。

按：清郭小亭《济公全传》中已有用例。第一〇四回："这个医官，本是个二五眼的先生。当时一瞧脉，他回禀老爷：'吾看他是个喜脉。'"

(17)一卷199页"**三花脸**"条:"①传统戏曲中丑角的俗称。亦指现实生活中卑微的坏人。"举老舍《四世同堂》为例。

按:清代作品已有用例。李汝珍《镜花缘》第七十回:"我只怕传到戏上,把我派作三花脸,变了小丑,那才讨人嫌哩!"

(18)一卷223页"**三只手**"条:"方言。扒手。活动于公共场所的一种小偷。"引黄谷柳《虾球传·旧缆断新缆续》为例。

按:古白话作品中已有用例。清玩花主人《缀白裘·琵琶记·拐儿》:"偷鸡偷狗,掏摸剪绺。夜里掘壁洞,日里三只手。"又:"区区名字叫贝戎,绰号三只手。"清浦琳《清风闸》第六回:"王二开言:'先生看我一看,将来可有碗饭吃?''借左手一观,好呀! 右手一观,尊驾是三只手,不是叉鸡定剪绺。'"

(19)一卷230页"**三脚两步**"条:"①形容走得快。"举茅盾《委屈》、曹禺《日出》为例。

按:清代小说中已有例。夏敬渠《野叟曝言》第三十八回:"素娥忽然一个头眩,直倒下去……恰好县里又差丫鬟晴霞前来问候,入房看见,三脚两步赶至床前,帮同灌救。"

(20)一卷264页"**上下**"条:"⑱旧时请问尊长名字,也称'上下'。犹言上一字,下一字。"举田汉京剧《白蛇传》剧本为例。

按:清代小说已有用例。郭小亭《济公全传》第一三八回:"雷鸣、陈亮各通了名姓,说:'我二人原是保镖为生,未领教仙长贵上下,怎样称呼?'"

(21)一卷291页"**上盖**"条:"外衣;罩衫。"举元剧及明清小说例。

按:宋时即有此语。南宋周密《武林旧事》卷七:"时太上、官家并已七八分醉,遂再服上盖,率皇后、太子谢恩。"

(22)一卷310页"**下不去**"条:"犹过不去。谓使人难堪。"举郭沫若《甘愿做炮灰》、茅盾《锻炼》为例。

按:清代小说中已有用例。吴趼人《二十年目睹之怪现状》第七十七回:"不定我说的他果然信了,他还要赶回京里和文琴下不去,这又何苦呢?"

(23)一卷319页"**下马饭**"条:"犹言接风酒。"举清李渔《比目鱼·狐威》、《儒林外史》第二八回例。

按:明袁于令《隋史遗文》中已有用例。如第二十九回:"(贾润甫)吩咐厨下庖人:'客人众了,先摆十来桌下马饭,用家中便菜。'"同回:"坐下点茶,摆下马饭。"又"众朋友吃下马饭已久,安席饮酒,有鼓手吹打。"

(24)一卷327页"**下腰**"条:"②弯腰。比喻屈服。"举例为臧克家《六机匠》诗:"饿死了不下腰,冻死了也要迎着风。"

按：清代已有用例。蒲松龄《聊斋俚曲集·增补幸云曲》第四回："万岁心迷了，难把意马栓，下腰推盛水，伸手捏脚尖。"

(25) 一卷332页"下边"条："①指人体或物体的下部。《儿女英雄传》第四回：'下边穿着一条香色洋布夹裤……'②指在某物之下。杜鹏程《保卫延安》第一章：'一个小通讯员折下一节桃枝放在鼻子下边闻着。'"

按：此二义所引书证均晚出。明代小说中皆有例证。例如《金瓶梅词话》第十九回："（蒋竹山问病妇）嫂子，你下边有猫没有？"此例蒋竹山说"下边"系指楼下边，妇人的丈夫误会为身体下部，所以把蒋竹山打了一顿。又第九回："下边酒保见武二行恶，都惊得呆了。"第二十一回："一面下边吃了茶，上来把弦筝调定。"此二例均指某物之下。

(26) 一卷352页"五行八作"条："泛指各行各业。"引老舍《龙须沟》第一幕例。

按：清代已有用例。不题撰人《续儿女英雄传》第十九回："带兵的是魏永福，带一百名兵，于次日起身，不准传扬出去，兵丁陆续而往；扮做五行八作，各项生意，到了寺前。"

(27) 一卷396页"不了"条："谓不能了结。"举清薛福成《与法兰西立约通常保护越南议》为例。

按：明代作品已有用例。许仲琳《封神演义》第二十二回："如今事已急迫，恐后面又有兵来，终是不了之局。待孩儿背父王，一时飞出五关，免得又有异端。"《古今小说·蒋兴哥重会珍珠衫》："还有一件，这个灵柩，如何处置？也是你身上一件大事。便出赁房钱，终久是不了之局。"《醒世恒言·张孝基陈留认舅》："（过善）说道：'逆子不肖，致令爱失其所天，老汉心实不安。但耽误在此，终为不了。'"

(28) 一卷401页"不甘"条："不情愿；不甘心。"首引清徐士銮《宋艳·驳辨》为例。

按：此前早有用例。唐李咸用《送人》诗："有客为儒二十霜，酣歌郢雪时飘扬。不甘长在诸生下，束书携剑离家乡。"《朱子语类》卷二〇："人之待己，平平恁地过，亦不觉。若被人做个全不足比数底人看待，心下便不甘，便是愠。"又卷一〇六："昔为浙东仓时，绍兴有继母与夫之表弟通，遂为接脚夫，擅用其家业，恣意破荡。其子不甘，来诉。"

(29) 一卷402页"不可耐"条："②无法忍受。"举茅盾小说《子夜》为例。

按：例过晚。唐张琰《春词二首》诗："春情不可耐，愁杀闺中妇！"《北史·隋宗室诸王传》："当时实不可耐，羡人无兄弟。"《资治通鉴》卷一七九《隋纪三·隋帝开皇二十年》："后愀然曰：'睍地伐渐不可耐，我为之娶元氏女,竟不以夫妇礼待之,专宠阿云,使有如许豚犬。'"

(30)一卷 406 页"**不在行**"条:"②缺少知识、经验。"举廖仲恺《致蒋介石函电》之六为例。

按:明清均有用例。明冯梦龙《笑府》"看戏":"乡人大喜,顾主翁曰:'这才是。我不说也罢,只道我不在行了。'"清吴敬梓《儒林外史》第十九回:"而今要写一个(婚书),乡里人不在行。"《大词典》二卷 1010 页"**在行**"条引上第二例"不在行"为例,实不当。

(31)一卷 407 页"**不光**"条:"不但,不仅。"举毛泽东《对〈晋绥日报〉编辑人员的谈话》为例。

按:程志兵、赵红梅《汉语大词典订补》(中国文史出版社,2006)补晚清小说《官场现形记》第六十回:"原来这山上并不光是豺、狼、虎、豹……"一例,实明末清初已有用例。《醒世姻缘传》第四十四回:"况且又不光止打骂那妾,毕竟也还把自己丈夫牵扯在里头……"

(32)一卷 407 页"**不成体统**"条:"形容办事没有一定的体制、规矩,不成样子。"举《红楼梦》第十六回为例。

按:明代小说已有用例。《三国演义》第十三回:"李乐、韩暹又连名保奏无徒、部曲、巫医、走卒二百余名,并为校尉、御史等官。刻印不及,以锥画之,全不成体统。"

(33)一卷 411 页"**不攻自破**"条:"不用攻击,就自行溃败。多指情节或论点虚谬,经不起反驳。"首举明张萱《疑耀》卷五为例。

按:此前文献已有用例。宋苏辙《栾城集》卷四十二《论黄河必非东决劄子》:"不过一月之后,涨水既落,则西流之势决无移理,而群小妄说不攻自破矣。"《朱子语类》卷九十七《程子之书三》:"若见得吾儒之说,则他之说不攻自破,所以孟子说'遁辞知其所穷'。"《金史·赤盏合喜传》:"讯知夏大将你思丁、兀名二人谋以为巩帅府所在,巩既下则临洮、积石、河、洮诸城不攻自破……"

(34)一卷 413 页"**不足惜**"条:"不值得可惜。"首举《西游补》第六回为例。

按:此前文献早有用例。《晋书·后妃传上·宣穆张皇后》:"帝退而谓人曰:'老物不足惜,虑困我好儿耳!'"唐刘肃《大唐新语·匡赞第一》:"房玄龄闻于太宗曰:'余人不足惜,杜如晦聪明识达,王佐之才……'"《资治通鉴》卷二二三《唐纪四十九·唐德宗贞元三年》:"臣老矣,余年不足惜,若冤杀臣子,使臣以侄为嗣,臣未知得歆其祀乎!"

(35)一卷 413 页"**不见得**"条亦作"**不见的**",释义为:"犹言说不定,不一定。"首引元无名氏《昊天塔》第一折为例。

按：宋代已有用例。《朱子语类》卷二一："问：'三省忠信,是闻一贯之后,抑未闻之前?'曰：'不见得。然未一贯前也要得忠信,既一贯后也要忠信。此是彻头彻尾底。'"

(36)一卷414页**"不足为奇"**条："不值得奇怪。"首举朱自清《航船中的文明》为例。

按：首例过晚。《水浒传》第八十四回："番人布的阵,乃是五虎靠山阵,不足为奇。"又第八十七回："宋江笑道：'料然只是变出循环八卦阵,不足为奇。'"《二刻拍案惊奇》卷三十二："如近在目前,远不过数年,预先算得出,还不足为奇……"

(37)一卷414页**"不足为凭"**条："不足为据。"举理由《高山与平原》为例。

按：《二刻拍案惊奇》中已有用例。如卷二："虽然如此,传言送语不足为凭,直待当面相见,亲口许下了,方无反悔。"

(38)一卷414页**"不足为据"**条："不能作为凭据。"首举鲁迅《且介亭杂文·中国人失掉自信力了吗》为例。

按：古代文献中用例颇多。宋戴埴《鼠璞·扶桑》："《山海经》多诞,不足为据。"清陈康祺《郎潜纪闻三笔》卷一："真人张继宗,于康熙十九年授光禄大夫,此事不存档案,不见会典,不足为据,宜照提点演法之类,给与品级。"清赵翼《陔余丛考》卷四十一："则滇之有学校已久矣,《元史》所云,恐不足为据。"

(39)一卷414页**"不足兴"**条："方言。不满足。"举梁斌《红旗谱》为例。

按：《红楼梦》中已有用例。如第四十一回："凤姐笑道：'还是不足兴,再吃一杯罢。'"

(40)一卷424页**"不治之症"**条："治不好的病,绝症。"首举鲁迅《伪自由书·电的利弊》例。

按：清代已有用例。长白浩歌子《萤窗异草》四编卷三《珠妓情殉》："岂期乐极生悲,容于酒阑灯炧,未免有情。芙蓉帐里,竟犯有不治之症。"

(41)一卷448页**"不期然而然"**条："不希望如此而竟然如此。"首引明高启《威爱论》为例。

按：可提前至宋代。《朱子语类》卷六："道夫问：'先生尝说"仁"字就初处看,只是乍见孺子入井,而怵惕恻隐之心盖有不期然而然,便是初处否?'"需要说明的是,此处中的"不期然而然"当解作"未料到如此而竟如此",与《大词典》所释略有出入①。

---

① 《现代汉语词典》110页该条同样释为"没有料想到如此而竟然如此。也说不期而然。"《大词典》所释似可商榷。

(42)一卷649页"**年把**"条:"一年左右的时间。"最早引《二十年目睹之怪现状》第七九回例。

按:明代已有用例。罗懋登《西洋记演义》第六回:"他若是出来时,遇晴天便乌风黑雨。遇阴雨,便就雨散云收,神通广大,变化无穷。弟子在这里受他的气,也有年把了。"《初刻拍案惊奇》卷十二:"便早死了年把,也不见得女儿如此。"

(43)一卷710页"**半拉**"条:"①半个,一半。"首举《儿女英雄传》第四回为例。

按:此前作品已见。清王廷绍编《霓裳续谱·寄生草·佳人悄立在柳荫下》:"瞧嘛,这月剩了半拉。等他来脱下花鞋,将他打几下。"又同书《数岔·听我胡诌》:"旁边放着半拉破油篓,拿将起来就要套狗。"

(44)一卷835页"**千年调**"条:"①长远之计。"引元秦简夫《东堂老》第一折、《醒世姻缘传》第九二回为例。

按:唐五代时已有用例。《王梵志诗》第十二首:"有钱但著用,莫作千年调。"《敦煌词·十二时·普劝四众依教修行》:"七十岁人犹自稀,何须更作千年调。"

(45)一卷838页"**千里镜**"条:"①旧称望远镜。"首举郑观应《盛世危言·火器》为例。

按:尚有更早用例。清赵翼《檐曝杂记》卷二《西洋千里镜及乐器》:"堂之旁有观星台,列架以贮千里镜。镜以木为筒,长七八尺……视城外,则玉泉山宝塔近在咫尺间,砖缝亦历历可数。"赵翼(1727～1814)比郑观应(1842～1922)早一个多世纪。

王宣武《〈汉语大词典〉拾补》147页该条补清吴炽昌《续客窗闲话》中一例,此书初刻于道光三十年(1850),亦略晚于《檐曝杂记》。

(46)一卷871页"**卑屈**"条:"③低微;谦敬。"首引《清史稿·礼志二》为例。

按:唐宋时已有用例。《隋书·杨勇传》:"其后晋王来朝,车马侍从皆为俭素,敬接朝臣礼极卑屈,声名籍甚,冠于诸王。"《朱子语类》卷二四:"三纲、五常地位占得大了,便是损益亦不多。至秦欲尊君,便至不可仰望;抑臣,便至十分卑屈。"

(47)一卷927页"**原**[1]"条:"⑥依旧。"首举清人董说《西游补》第十四回为例。

按:作"依旧"解的"原",元明已习用。马致远《般涉调·哨遍》:"虽无诸葛卧龙冈,原有严陵钓鱼矶。"《水浒传》第五十三回:"李逵依然原又去睡了。"上引各例中"原"俱"依旧"义。

(48)一卷 1004 页"**内侄**"条:"妻子的弟兄的儿子。"引《红楼梦》第三回和张天翼《新生》两例。

按:明代已有用例。袁于令《隋史遗文》第十四回:"手下家将着忙,把刑具拿了。到大堂外面,叫潞州解子:'这刑具你拿了去,秦大叔是老爷的内侄,老夫人是嫡亲的姑母,后堂认了亲了。'"

(49)一卷 1045 页"**人客**"条:"客人,宾客。"举杜甫《遣兴》诗"问知人客姓,诵得老夫诗"及洪深《青龙潭》第三幕两例。

按:郗政民《古书未释词语荟释》举唐诗数例,亦认为是"唐时方言"。实魏晋已有之。例如《贤愚经》卷十二《波婆离品》:"兄弟奉教,合居数时,后阿泪吒妇自心念言:'今共居止,逼难兄家,人客知识不得瞻待。若当分异各自努力。'"《齐民要术》卷五《种红蓝花栀子》:"无风尘好日时,舒布于床上,刀削粉英如梳。曝之,乃至粉干。足手痛按勿住,拟人客作饼。"

(50)一卷 1047 页"**人逢喜事精神爽**"条:"遇到喜庆之事则心情舒畅。"首举《金瓶梅词话》第五九回为例。

按:《五灯会元》卷十九《昭觉勤禅师法嗣·天封觉禅师》有"人逢好事精神爽,入火真金色转鲜"语。按体例,当以此条为主条,并征引上例,而以"人逢喜事精神爽"为后出同义条目。

(51)一卷 1055 页"**人缘**"条:"②指与别人的关系。"举郑振铎《旋涡》及老舍《四世同堂》为例。

按:明代作品已见。冯梦龙《山歌·陈妈妈》:"陈家妈妈有人缘,风月场中走子几呵年。"

(52)一卷 1139 页"**仙人跳**"条:"旧时以美女为诱饵,设置骗局诈取钱财的一种圈套。"仅举茅盾《多角关系》一例。

按:清俞樾《右台仙馆笔记》卷十一:"盖苏俗往往有以妇女为囮者,少年子弟误入其中,必尽取其服物,且迫使书借券,或数十千,或数百千,乃始释之,谚谓之仙人跳。"

(53)一卷 1168 页"**伕子**"条:"夫役,旧指从事体力劳动或被役使的人。"首举沈从文《萧萧》例。

按:清代已有用例。陆筠《海角续编》:"江某在谢家桥镇上,周视形势,欲筑营,唤伕子,无一人应者……时呼役工为伕子。"

(54)一卷 1169 页"**休囚**"条:"②委靡,不振作。"举清李渔《风筝误·请兵》和《天雨花》第二六回两例。

按:尚可提前。明袁于令《隋史遗文》第十六回:"柳氏却是个贤妻,只得依了丈夫,在家下假做休囚景象,哭哭啼啼。"又第二十九回:"九月间休囚

(55)一卷1329页"**使性**"条:"亦作'使性子'。谓发脾气;任性。"首举明贾仲明《对玉梳》第一折为例。

按:宋元已习用。《朱子语类》卷一二二:"伯恭言,少时爱使性,才见使令者不如意,便躁怒。"《新编五代史平话·周史上》:"咱父亲累代积善,不喜您恃勇使性打人。"

(56)一卷1334页"**侉子**"条:"旧时称口音跟本地语音不同的外乡人。多含贬义。"举张天翼《清明时节》和陈登科《赤龙与丹凤》文中例。

按:明代作品已有用例。冯梦龙《山歌·破骔帽歌》:"看呆子山东贩骔侉子,立痴子江西贩帽子个客人。"

(57)一卷1360页"**便门**"条:"③正门以外的旁门。"首引《初刻拍案惊奇》卷十二为例。

按:有更早的用例。唐长孙无忌等《唐律疏议》卷七:"及籍在东门而从西门入者,依令:'非应从正门入者,各从便门着籍。'"《朱子语类》卷一六:"且如人合当行大门出,却又有些回避底心夹带在里面,却要行便门出。"

(58)一卷1366页"**便饭**"条:"日常吃的饭食。区别于酒席。"首举《老残游记》第三回为例。

按:此前作品已有用例。清吴敬梓《儒林外史》第十五回:"捧上饭来,一大盘稀烂的羊肉,一盘糟鸭,一大碗火腿、虾圆杂脍,又是一碗清汤。虽是便饭,却也这般热闹。"同书第四十九回:"高翰林道:'先用了便饭,好慢慢的谈。'"清李百川《绿野仙踪》第五十二回:"久矣要请吃顿便饭,怎奈小户人家,没个吃的好东西。"

(59)一卷1394页"**保养**"条:"②保护调养。"最早引《红楼梦》第五五回为例。

按:明代笔记已见用例。陆容《菽园杂记》卷二:"则其子有力,且无病。其俗善保养者,无他法,惟护外肾,使不著寒。"

(60)一卷1416页"**信不及**"条:"信不过,不能相信。"首引《红楼梦》第四三回为例。

按:可提前至宋代。《朱子语类》卷一五:"若那分晓底道理却不难见,只是学者见不亲切,故信不及,如漆雕开所谓'吾斯之未能信'。"

(61)一卷1483页"**条桌**"条:"长方形的桌子。"书证出自鲁迅《孤独者》五和巴金《军长的心》一,皆为现当代作品。

按:此词并不是现代汉语时期的新词,明代《隋史遗文》中即多有用例。如第八回:"(叔宝)袖了银子,拿了潞绸,往里走进二门,三间大厅,酒店齐整得紧,厅上摆的,都是条桌交椅,满堂四景,诗书吊屏。"又:"(叔宝)定睛一看,两带琵琶栏杆的外边,都是厢房,厢房内都是条桌懒凳。叔宝素位而行,微微笑道:'这是我们穷打扮的席面了。'走向东厢房却在第一张条桌上放了潞绸坐下。"又:"王伯当就看见了,叫跟随的:'你转身看东厢房第一张条桌上这个人,像着谁来?'"

(62)一卷 1525 页"**做**"条:"⑧斗;打;揍。……引申为谋害,杀害。"首举《官场现形记》第五十回为例。

按:明陆人龙《型世言》中已有用例。如第十三回:"不知张罗的意思,虽陷了姚家弟兄,正要逐僧儿做富尔谷。"

(63)一卷 1532 页"**偏**"条:"⑮客套话。用于请人帮忙或谢人代己做事。"举沈从文《一个妇人的日记》为例。

按:此用法至迟清代已见。玩花主人《缀白裘·探亲》:"偏你老人家。到城中去望望女儿,我家下无人,诸事拜托你老人家照应照应。"

(64)一卷 1561 页"**偏辟**"条:"偏邪不正。"首引明黄绾《明道编》卷一为例。

按:可提前至宋代。《朱子语类》卷一六:"或问:'"正心"章说忿懥、恐惧、好乐、忧患,"修身"章说亲爱、贱恶、畏敬、哀矜、敖惰,如何?'曰:'是心卓然立乎此数者之外,则平正而不偏辟,自外来者必不能以动其中,自内出者必不至于溺于彼。'"

(65)一卷 1729 页"**优养**"条:"②谓享受优厚待遇。"举章炳麟《驳康有为论革命书》为例。

按:明代笔记已有用例。陆容《菽园杂记》卷十一:"无子而有孤女者,月给俸五石,年至十五住支,名曰优养。"又同卷:"孤女优养者,不拘出幼,至适人,始住给。"

(66)二卷 60 页"**公母俩**"条:"方言。亦作'公们俩'。夫妇二人。"举清文康《儿女英雄传》第十三回为例。又自造一例。

按:明代已习见。又作"公母二人"、"公母两个"。《金瓶梅词话》第八十七回:"又请了吴大舅和大妗子老公母二人同去。"《醒世姻缘传》第七回:"晁凤本日掌灯时候回到衙门,回了老晁公母两个的话。"

(67)二卷 66 页"**公孤**"条:"公,三公;孤,少师、少傅、少保。泛指重臣。"首举清魏源《默觚下·治篇十二》例。

按:明代已有用例。叶盛《水东日记》卷四十《杨鼎自述荣遇数事》:"……忽中使传命,召公孤、公侯、驸马、伯、都督、尚书、侍郎、都御史、学士、通政、卿尹等官若干人至午门里,宣旨赐观灯。"

(68)二卷 101 页"**弟弟**"条:"同父母、同父或同母而年纪比自己小的男子。"仅举杨沫《青春之歌》第二部第十九章例。

按:明叶盛《水东日记》卷五《英庙友爱至德》:"上喜见眉宇,呼诸臣曰:'弟弟好矣,吃粥矣。事固无预弟弟,小人怀之耳。'"

(69)二卷109页"具奏"条:"备文上奏。"首举《清会典·吏部八·考功清吏司》例。

按:明叶盛《水东日记》卷二《龚遂荣揭贴》:"门、谢二镇抚以其当具奏而不具奏,坐不应。"

(70)二卷123页"前任"条:"②同一职务先后由不同人担任,称继任者之前的任职者为前任。"首举清代昭梿《啸亭续录》为例。

按:"前任"一词至迟明代已见用例。《古今小说·滕大尹鬼断家私》:"谁知他老婆把这桩人命告了小人,前任漆知县,听信一面之词,将小人问成死罪。"又《警世通言·福禄寿三星度世》:"女娘拍着手道:'我乃前任刺史齐安抚女儿,你们都是认得我爹爹的。辄敢道我是鬼祟!你有法,就众人面前赢了我;我有法,赢了你。'"

(71)二卷137页"前襟"条:"上衣、袍子等前面的部分。"首举冰心《庄鸿的姊姊》为例。

按:古代文献早有用例。北齐颜之推《颜氏家训·兄弟第三》:"方其幼也,父母左提右挈,前襟后裾,食则同案,衣则传服,学则连业,游则共方,虽有悖乱之人,不能不相爱也。"又,《水浒传》第十四回:"刘唐回身看时,只见晁盖披着衣裳,前襟摊开,从大路上赶来,大喝道:'畜生不得无礼!'"清吴敬梓《儒林外史》第五十二回:"凤四老爹把前襟提起,露出裤子来。他便使尽平生力气,飞起右脚,向他裆里一脚踢去。"

(72)二卷169页"兴头"条:"行时;兴旺。"举清李渔《凤求凤·伙谋》和《儒林外史》第二十回两例。

按:明代已有用例。袁于令《隋史遗文》第三十一回:"秦大哥在来总管府中,明晃晃金带前程,好不兴头。"

(73)二卷180页"勾栏"条:"②……亦指妓院。"首举清蒲松龄《聊斋志异·于中丞》为例。

按:明代已有用例。《金瓶梅词话》第三回:"婆子又道:'官人,你和勾栏中李娇儿却长久。'"此"勾栏"即指妓院。后文第八十回写"李娇儿盗财归院",即回到妓院重操旧业去了。

(74)二卷219页"允孚"条:"谓得人心,使人信服。"首举清陈康祺《燕下乡脞录》卷二例。

按:明代已有用例。朱长祚《玉镜新谭》卷九《爰书》:"呜呼,大奸脱距,国典用章,事俪于辞,情罪允孚。"

(75)二卷 278 页"**兜底**"条:"②指全部,彻底。"仅举罗达成《你好,李谷一》一例。

按:明代已有用例。袁于令《隋史遗文》第二十八回:"那一个小民,来与他算个兜底账。"

(76)二卷 283 页"**凡夫俗子**"条:"人世间的俗人。"首举《红楼梦》第一〇九回为例。

按:明代文献已见用例。宋濂《宋学士文集·净慈禅师竹庵渭公白塔碑铭》:"有若清远,凡夫俗子孰不以文辞僧目之?"叶宪祖《鸾鎞记·秉操》:"我本玉府仙姝,岂偶凡夫俗子。"罗懋登《西洋记演义》第五十五回:"这个石头儿好来得利害,若是个凡夫俗子,却不打做了一块肉泥。"

(77)二卷 333 页"**交界**"条:"①谓两地相连,有共同的疆界。"首举清代吴趼人《二十年目睹之怪现状》第十七回例。

按:明何良俊《四友斋丛说》卷十八:"……后升庵谪戍,住札泸州,是云南四川交界之地,乃水次埠头也。"

(78)二卷 428 页"**准绳**"条:"②引申为标准;准则。"首例书证为章炳麟《驳中国用万国新语说》。

按:引例太晚。晋葛洪《抱朴子·内篇》卷十:"儒者,周孔也,其籍则六经也,盖治世存正之所由也,立身举动之准绳也。"《朱子语类》卷四一:"克己是大做工夫,复礼是事事皆落腔窠。克己便能复礼,步步合规矩准绳;非是克己之外,别有复礼工夫也。"二例皆其义。

(79)二卷 469 页"**凶锋**"条:"犹凶焰。指凶猛的锐气。"仅举清蒋良骐《东华录》卷二九例。

按:明朱长祚《玉镜新谭》卷二《罗织》:"杨涟首触凶锋,以二十四罪之疏入,海内缙绅之祸,从此始。"

(80)二卷 549 页"**刀豆**"条:"豆科植物名。荚形似刀,故名。蔓生,花紫或白,似蛾形。嫩荚可供食用,成熟种子或壳可入药。"仅举明李时珍《本草纲目·谷三·刀豆》为例。

按:宋代已有用例。吴自牧《梦粱录》卷十八:"豆:大黑,大紫,大白,大黄……白豌,刀豆。"

(81)二卷 644 页"**刨花水**"条:"用桐木刨花浸泡而稍带黏性的水。旧时妇女常用以梳理头发,使之光洁柔润。"首举巴金《忆·最初的回忆》为例。

按:清代已有用例。孙家振《海上繁华梦》(后集)第十二回:"回到寓中叫了个剃发匠,把刘海发剪去,只剩半寸不到留在顶上,不用刨花水刷他下来,一条松三股辫子打得紧紧儿的……"

(82)二卷 649 页"**刺鼻**"条:"谓气味呛鼻难闻。"首举叶圣陶《潘先生在难中》例。

按:清代已有用例。许奉恩《里乘》卷一《韩文懿公轶事》:"公知有异,悄起,于炉下摸得一物,就灯下谛视,形类蔑丝,上缠红线一缕,腥臭刺鼻,乃携压枕下,倚枕假寐以觇之。"

(83)二卷 652 页"**刺事**"条:"打探事情。"仅举清代张廷玉《明史·魏大中传》例。

按:明何良俊《四友斋丛说》卷七:"乃开西厂于灵济宫前。诏太监汪直领官校百余人刺事。"

(84)二卷 717 页"**剪子**"条:"即剪刀。"首举《红楼梦》第十七回例。

按:"剪子"在近代汉语中用例较多,明代已有用例。冯梦龙《喻世明言》第三十六卷:"扶住他,取出一件作怪动使剪子。"《二刻拍案惊奇》第三十九卷:"懒龙将剪子轻轻剪下,再去寻着印箱,将来撬开,把一盘发髻塞在箱内,仍与他关好了。"

(85)二卷 774 页"**加派**"条:"②增派,多派。"首举茅盾《子夜》第十四例。

按:可提前至明代。王临亨《粤剑编》卷二《志时事》:"初,中贵之入粤榷税也,当事者虑其骚扰,愿加派田丁以充税,其策甚善。"

(86)二卷 1048 页"**坐席**"条:"②坐上宴席。多指举行或参加宴会。"首举《红楼梦》第四三回例。

按:可提前至明代。何良俊《四友斋丛说》卷十二:"……若不与,或以不洁之物置汤中,则管办之人立遭谴责,且先吃午饭,方才坐席。"

(87)二卷 1155 页"**报名**"条:"欲参加某种活动或组织时,向主管者开具自己的姓名以及年龄、籍贯等。有时只须报告姓名。"首举清陈康祺《燕下乡脞录》卷十为例。

按:王宣武《〈汉语大词典〉拾补》53 页补明汤显祖《南柯记》一例。明无名氏《白兔记·投军》:"左右的,与我扯起招军旗,叫街坊上民庶,三百六十行做买卖的,愿投军者,旗下报名。"亦有"报名"一词。

(88)二卷 1158 页"**报复**"条:"②指报积怨、愤恨。"举巴金《家·十版代序》、田汉《获虎之夜》二例。

按:可提前至明代。袁于令《隋史遗文》中已见用例。如第三十八回:"这等看起来,不肖子孙,不自简制,死于人手,若有取死之道,何必为他报复?"

(89)二卷 1160 页"**报警**"条:"报告危急情况或发出危急信号。"首举清李渔《奈何天·攒羊》例。

按：明王临亨《粤剑编》有例，见卷四《九月十四夜话记附》："酒半，余问戴公：'近闻海上报警，有之乎？'"

(90)二卷1190页"墁"条："把砖、石等铺饰在地面上。"举清文康《儿女英雄传》第二四回和老舍《四世同堂》例。

按：明代已有用例。《金瓶梅词话》第十二回："有一个泥水匠，在院中墁地。"或作"漫"，见第三十五回："还少客位与卷棚漫地尺二方砖，还得五百，那旧的都使不得。"

(91)二卷1296页"对本"条："②利润或利息同本钱相等。"引沙汀《淘金记》为例。

按：清代已有用例。刘省三《跻春台·哑女配》："牛头、四足，肚脏卖得两串，其利对本过深。"又同卷："吃的又多，吃了又补，也有对本之利。"

(92)二卷1326页"大天光"条："①天大亮。"举马宁《红色故乡随笔》为例。

按：此词明代作品已见。冯梦龙《山歌·一边爱》："郎道姐呀，你做着弗着做个大人情，放我在脚跟头睏介夜，情愿拨来你千憎万厌到大天光。"吴语常言"直睏到大天光"。

(93)二卷1346页"大拉拉"条："形容举止随便的样子。"举王汶石《沙滩上》为例。

按：有更早用例。《醒世姻缘传》第八回："大晌午，什么和尚道士敢打这里大拉拉的出去？"

(94)二卷1603页"小拇指"条："手的第五指。"首举《儿女英雄传》第七回为例。

按：元代作品已见用例。孔齐《至正直记·画兰法》："用食指擒定笔，以中指无名托起，乃以小拇指划纸，衬托笔法挥之。"

(95)二卷1783页"失格"条义项③释为"谓有失尊严、体面"，举沈从文《王谢子弟》和周立波《调皮角色》为例。

按：清代已有用例。刘省三《跻春台·节寿坊》："傅氏笑曰：'我才多心，当真失格。'大家都笑起来。"又卷二《川北栈》："道台见了也叩头？我先前说他奢华骄傲，这才失格，今天怕要却拐。"

(96)三卷5页"口直心快"条："想什么便说什么。"首举巴金《家》十九为例。

按：清张春帆《九尾龟》中已有用例。如第一百二十回："只有那位二姨太太口直心快，对着康姨太太说话的时候，未免有些含着皮、包着骨头的话，所以康姨太太使出手段来，先收伏了这位二姨太太，叫他以后非但不敢再说什么，并且不得不和他一路。"

(97)三卷10页"口硬"条："②说话口气坚决。"举《新华半月刊》1958年第21期为例。

按:元末高明《琵琶记》已有用例。见第十一出:"老贼,你固自口硬,再过几时,饿得你口嗅屎哩!"

(98)三卷14页"口德"条:"说话的道德。谓不出口伤人。"举《1957年曲艺选·双窝车》为例。

按:清代已有用例。《济公全传》第一四一回:"我出家人以慈悲为门,善念为本,说话要留口德,不能明说。"

(99)三卷16页"口粮"条:"②指每人日常生活所需要的粮食。"举周恩来《关于经济工作的几则电文·藏富于民》等例。

按:此词明代作品已见。陈铎《滑稽余韵·嘲天子·厨子》:"汤水绝伦,切煤多样,叫的勤寻的广。整日家口粮,一家儿赡养,脱不了锅头上。"又,许仲琳《封神演义》第十回:"西岐之民,无妻者给与金钱而娶;贫而愆期未嫁者,给与金银而嫁;孤寒无依者,当月给口粮,毋使欠缺。"

(100)三卷61页"司李"条:"①官名。即司理。"首举清周亮工《理信存稿序》例。

按:明李中馥《原李耳载》卷上《两贤异用》:"赵公遂重责百人,发司李录供,依法遣戍,将赇内二千余金分恤各府贫宗。"

(101)三卷70页"叫花子"条:"即叫化子。"举老舍《四世同堂》等为例。

按:还有更早用例。《醒世姻缘传》第八回:"(珍哥)还说:'……这要是我做了这事,可实实的剪了头发,剥了衣裳,赏与叫花子去了,还待留我口气哩!'"同书第四十五回:"狄希陈说:'我是他甚么人?连屋里也不叫我进去,我吃他的饭哩!他破着今日再送两顿饭,我这叫花子可没的再有指望了!'"又李百川《绿野仙踪》第十回:"将走到天竺寺门前,见寺傍有一人倚石而坐,于冰见他形貌腌臜,是个叫花子,也就过去了。"

(102)三卷71页"叫哥哥"条:"方言。即蝈蝈儿。昆虫名。"《大词典》举许杰《炎夏小记》一例。

按:清代作品已见用例。顾禄《清嘉录》卷九《养叫哥哥》:"秋深,笼养蝈蝈,俗呼'叫哥哥',听鸣声为玩。"又文后有案语云:"案:'《瓶花斋集》云:'有一种似蚱蜢而身肥者,京师人呼为'蝈蝈儿',南人谓之'叫哥哥',喜捕养之。'"

(103)三卷79页"另起炉灶"条:"①比喻重新做起。"首举鲁迅《准风月谈·查旧账》例。

按:还有更早用例。清宣鼎《夜雨秋灯录》三集卷四《天缘巧合》:"君既不厌此,老身当为谋之,然不必另起炉灶矣。"

(104)三卷117页"**同情**"条:"③犹同谋。亦指同谋者,同伙。"最早引宋代苏轼《乞医疗病囚状》例。

按:唐代已有用例。段成式《酉阳杂俎》续集第七卷:"大历中,太原偷马贼诬一王孝廉同情,拷掠旬日,苦极强首,推吏疑其冤,未即具狱。"

(105)三卷135页"**吃粮**"条:"①旧时指靠当兵过日子。"引姚雪垠《长夜》、碧野《没有花的春天》、王西彦《死在担架上的担架兵》为例。

按:可提前至唐五代。《敦煌词〈失调名〉》:"十四十五上战场,手执长枪。低头泪落,悔吃粮,步步刀枪。"

(106)三卷183页"**吸铁石**"条:"磁铁的俗称。亦称磁石。"引张恨水《啼笑姻缘》、周而复《上海的早晨》为例。

按:明清小说中已有用例。明罗懋登《西洋记演义》第二回:"龙王道:'小神海中有五百里吸铁岭,那五百里的海底,堆堆砌砌,密密层层,尽都是些吸铁石,一遇铁器,即沉到底。'"又二十一回:"老爷又吃了一惊,说道:'这些锚和这些军器,想都是吸铁石儿吃吊了。'"清佚名《施公案》第三〇四回:"施公道:'贵署回署后,切勿泄露,可密饬妥人,赶买吸铁石一块备用。'"

(107)三卷235页"**吹牛皮**"条:"吹牛。"举萧军《五月的矿山》、丁玲《法网》为例。

按:清代小说中已有例。八宝王郎《冷眼观》第十二回:"并不是我替他吹牛皮,还是堂堂的前任江南盐巡道呢,而且做过制造局督办。"

(108)三卷236页"**吹火筒**"条:"用以吹气助燃的筒子。"举任红举《苏环打虎》为例。

按:元杂剧中已有例。孔文卿《东窗事犯》第二折:"我将这吹火筒却离了香积,我泄天机故临凡世。"

(109)三卷239页"**吹鼓手**"条:"②旧时婚、丧礼仪中吹奏乐器的人。"举赵树理《富贵》和峻青《秋声赋·胶济线上》两例。

按:可提前至明代。袁于令《隋史遗文》第三十回:"手下人虽多,多把些酒与他们吃。叫班吹鼓手来,壮观壮观。"

(110)三卷326页"**品题**"条:"③对诗文书画等的评论。亦指诗文书画上的题跋或评语。"最早引明代胡应麟《少室山房笔丛·经籍会通一》例。

按:"品题"一词,唐代作品已见。李白《与韩荆州书》:"今天下以君侯为文章之司命,人物之权衡,一经品题,便作佳士。"

(111)三卷330页"**呷唔**"条:"象声词。多形容吟诵声。"首举清焦循《忆书》卷六例。

按:明王士性《广志绎》中已有例。见卷三《江北四省》:"……而边阙缓急无所赖藉,卫尉材官,舍介胄、释弓矢,而学以咿唔相高,非其业也。"

(112)三卷331页"哈欠"条,首引丁玲《韦护》为例。

按:明代小说中已有用例。清溪道人《禅真后史》第三六回:"忽然大尹哈欠连天,两手按着心窝呼疼叫痛。"

(113)三卷356页"唇枪舌剑"条:"形容言辞锋利,争辩激烈。"首举鲁迅《且介亭杂文二集·"京派"和"海派"》为例。

按:元代作品已见用例。关汉卿《新水令》曲:"降书执写纳君前,唇枪舌剑难施展。"高文秀《渑池会》第一折:"凭着我唇枪舌剑定江山。见如今河清海晏,黎庶宽安。"

(114)三卷366页"哼哼唧唧"条:"②象声词。形容病呻吟声。"举束为《老长工》例。

按:《醒世姻缘传》已有用例。如第三回:"一个在上面床上,一个在窗下炕上,哼哼唧唧的不住。"

(115)三卷367页"唐花"条:"在室内用加温法培养的花卉。"首举清王士禛《居易录谈》卷下例。

按:明田汝成《西湖游览志余》已有用例。见卷十《术技名家》:"凡花之早放者,名曰'唐花'。"

(116)三卷370页"唧唧喳喳"条:"②象声词。形容细碎杂乱的声音。"举赵树理《表明态度》和管桦《女民警》为例。

按:该词清代作品已见。王廷绍编《霓裳续谱·西调·忽听得中堂人语喧》:"怎忍见姊妹们受无端拷打。好一部肉鼓吹(即体罚犯人的声音)唧唧喳喳。"

(117)三卷373页"哑巴亏"条:"指吃了亏不便说或不愿说。"引草明《乘风破浪》、老舍《骆驼祥子》、管桦《三日拘留》例。

按:清代小说已有用例。石玉昆《龙图耳录》第八十回:"王大笑说:'你答应个脆声,我算吃你个哑巴亏。'"钱锡宝《棒杌萃编》第二十回:"这回他的女儿同那未正名的如君受了这番糟蹋,他已经甘心吃哑巴亏,隐忍不发。"

(118)三卷379页"唱叫"条:"①大声呼叫。"最早引宋代苏轼《奏劾巡铺内臣陈慥》例。

按:唐初已有用例。《王梵志诗》第一一四首:"生活九牛挽,唱叫百夫敌。"又,《敦煌变文集》卷一《伍子胥变文》:"平王太剧,唱叫称冤。"

(119)三卷461页"哔剥"条:"象声词。"书证出自李大我《同心结》和方冰诗《拿火的人》。

按:明代已有用例。袁于令《隋史遗文》第二十三回:"那鞭铜相撞,叮当哔剥之声,如火星爆嗒,只管舞。"

(120)三卷517页"**嘴巴**"条:"①嘴。"首举茅盾《喜剧》为例。

按:清代已有用例。文康《儿女英雄传》第五回:"那和尚生得浓眉大眼,赤红脸,糟鼻子,一嘴巴子硬触触的胡子查儿,脖子上带着两三道血口子,看那样子像是抓伤的一般。"蒲松龄《聊斋俚曲集·墙头记》第一回:"你大号红粘粥,你名突你姓胡,原来你是高粱做。热了烫人嘴巴子,薄了照出行乐图,老来相处你这桩物。"

(121)三卷518页"**嘴唇**"条:"唇的通称。"首举《儿女英雄传》第十五回为例。

按:此前文献已有用例。《水浒传》第八十回:"原来那一石子正打着面门,唇口里打落了四个牙齿,鼻子嘴唇都打破了。"《西游记》第二十七回:"弱体瘦伶仃,脸如枯菜叶。颧骨望上翘,嘴唇往下别。"《初刻拍案惊奇》卷十七:"那时着了慌,连尿桶拌倒了,一交跌去,尿屎污了半身,嘴唇也磕绽了。"

(122)三卷519页"**嘴头**"条:"①指说话时的嘴。"举《醒世恒言·李汧公穷邸遇侠客》"那张嘴头子"为例。

按:唐初已有用例。王梵志《世间慵懒人》诗:"出语嘴头高,诈作达官子。"

(123)三卷658页"**圆情**"条:"旧时指踢球。亦指踢球的人。"此两义分别举《说唐》第十二回中的一例为证。

按:在《隋史遗文》中两种用法均习见。指"踢球"的如第二十回:"什么人喝彩?乃圆情的抛声。谁人敢在兵部射圃圆情?就是宇文述的公子宇文惠及。"又:"因圆情无出其右,绰号为金凤舞、彩霞飞。"指"踢球的人"的如第二十一回:"圆情近前道:'请老爹过论,小弟丢头,伙家张泛,伏侍你老人家。'"又:"(李如珪)就袖取出五两银子赏了圆情。"

(124)三卷664页"**团营**"条:"明自土木之役后,京军三大营(五军、三千、神机)损失殆尽。景泰中,于谦从三营中选精兵十万,分十营集中操练,称为团营。嘉靖时罢团营,恢复旧制。"仅举清代张廷玉《明史·孝宗纪》例。

按:明焦竑《玉堂丛语》卷二《筹策》:"夫今之团营,即汉之北军、唐之府兵、宋之禁旅,所以卫京都,备不虞。"

(125)三卷888页"**行子**"条:"①东西;家伙。"举《红楼梦》第六十三回例。

按:明代已有用例。《金瓶梅词话》第二十七回:"你不知使了甚么行子,进去又罢了。"

(126)三卷910页"**行提**"条:"行文提取人犯、案卷或有关之物。"仅举清黄六鸿《福惠全书·莅任·看须知》例。

按:明朱长祚《玉镜新谭》卷十《爰书》:"通抄到部送司,行提各犯前来,问拟前罪等囚,案呈到部。"

(127)三卷937页"**往往来来**"条:"谓多次往返。"首举鲁迅《书信集·致曹聚仁》为例。

按:元杂剧中已见用例。无名氏《隔江斗智》第二折:"往往来来,走了一个多月,至今头目还是昏眩的。"又如王子一《误入桃源》第四折:"自家与阮家兄弟急到山中访那桃源洞,往往来来,再不得其旧路。"

(128)三卷1087页"**冲疲**"条:"谓地当冲要,民情疲顽。"仅举清黄六鸿《福惠全书·莅任·驭衙役》例。

按:明王士性《广志绎》卷三《江北四省》:"洛中难治,以豪举故。荥阳、荥泽难治,以冲疲故。"

(129)三卷1133页"**影**"条:"⑬遮蔽;遮挡。"举杨朔《三千里江山》第十八段为例。

按:《金瓶梅词话》第二十四回:"妇人将身子把灯影着,左手执酒,刚待的敬济将手来接,右手向他手背只一捻,这敬济一面把眼瞧着众人,一面在下戏把金莲小脚儿踢了一下。"又第三十一回:"这琴童连忙把果子藏在袖里,将那一壶酒,影着身子,一直提到李瓶儿房里。"清蒲松龄《聊斋俚曲集·增补幸云曲》第二十一回:"二姐将身子影着万岁,说道:'姐夫穿上衣服,咱回南楼去罢。'"皆其例。

(130)三卷1223页"**度¹**"条:"⑧授予;给予。"首举金人元好问《论诗》"莫把金针度与人"句为例。

按:六朝时已有用例。《文选·奏弹刘整》:"苟奴仍随逡归宅,不见度钱。"刘坚《近代汉语读本》注云:"度,递给。"唐宋仍习用。《敦煌变文集·汉将王陵变文》:"霸王闻语,拔太哥(阿)剑,度与陵母。"《五灯会元》卷十四《芙蓉道楷禅师》:"一日侍投子游菜园,子度拄杖与师,师接得便随行。"

(131)三卷1225页"**度化**"条:"佛教语。谓超度苦海,超度,点化。"引《红楼梦》为例。

按:明代已有用例。罗懋登《西洋记演义》第四十三回:"火母道:'我曾在这个山上度化一个徒弟,名唤达观子。'"又第五十七回:"张守成道:'是他少年时节,弟子曾将金丹一粒度化他来。'"

(132)三卷1391页"**官腔**"条:"①官场中的门面话;用规章手续等来推托、刁难、责备的话。"首举沙汀《在其香居茶馆里》例。

按:明代已有用例。袁于令《隋史遗文》第二十九回:"尉迟南不好动手帮兄弟,自展他的官腔,叫:'酒保,这个地方是什么衙门管的?'觉道他就是个官了。"又第三十三回:"其间刘刺史之官腔,秦叔宝之侠气,樊建威之卑琐,王伯当之排调,皆人与一生面。"

(133)三卷1463页"**家伙**"条:"②指武器。"举老舍《断魂枪》等现当代作品为例。

按:清代小说已有例。贪梦道人《彭公案》第八十二回:"有几个伙计立刻就拿家伙,只见从楼上跳下一个小蛮子来,往外就走。"

(134)三卷1472页"**家常便饭**"条:同"家常茶饭"。即家庭中的日常饮食。举赵树理《三里湾》、峻青《秋色赋》为例。

按:清代已有用例。石玉昆《龙图耳录》第三回:"包兴不敢找那南北碗菜应时小卖的吃食铺儿,单拣了个斤饼斤面家常便饭的二荤铺。"

(135)三卷1581页"**宽衣**"条:"脱衣。"首举清李渔《风筝误·诧美》为例。

按:明代已有用例。《金瓶梅词话》第五十八回:"于是二人交拜,又道:'我学生来迟,恕罪,恕罪。'叙毕礼数方宽衣解带,才与众人作揖。"

(136)三卷1618页"**实落**"条:"实在,诚实。"举杨朔《三千里江山》、孙犁《白洋淀纪事·菏儿梁》等例。

按:明清之际已有用例。《醒世姻缘传》第一回:"狄贤弟,你倒把那痛哭的心肠似宗兄一般实落说了,解了众人的疑心便罢。"又第三十三回:"有了这三件实落的工夫,便是那扳高接贵的成仙得道之期。"清蒲松龄《聊斋俚曲集·墙头记》第二回:"起初时,耸着蛇头实落去做衣买帽,傻着脖子当真的称肉杀鸡。"

(137)三卷1623页"**寮檐**"条:"房檐。"举《三美缘》弹词例。

按:清玩花主人《缀白裘·借妻》:"(净)遭他娘的瘟!怎么处?且在这寮檐底下蹲一蹲再处。"

(138)四卷18页"**局赌**"条:"谓以赌博为圈套骗人钱财。"引《二十年目睹之怪现状》为例。

按:先此已有用例。《初刻拍案惊奇》卷二十二:"那些闲汉又领了好些王孙贵戚好赌博的,牵来局赌。"

(139)四卷73页"**巴斗**"条:"一种容器,底为半球形,一般用竹、藤或柳条等编制而成。"首举《老残游记》第十回为例。

按:《金瓶梅词话》第六十回:"左手拿着个黄豆巴斗。"说明至迟明代已有此语。

(140)四卷73页"**巴巴**"条:"④方言,粪便。"举《抗日歌谣》、郭光《仅仅是开始》为例。

按:元曲已有之。陈以仁《存孝打虎》第三折:"我若杀不过,我便走了,看你怎生刺巴巴。"《醒世姻缘传》作"把把"。见第二十一回:"晁夫人一只手拿着他两条腿替他擦把把。"

(141)四卷74页"巴巴"条:"⑧表状貌的词尾。"举清李渔《蜃中楼·双订》为例。

按:明代已有用例。《醒世恒言》第三卷:"美娘大惊道:'脏巴巴的,吐在那里?'秦重道:'恐怕小娘子污了被褥,是小可把袖子盛了。'"

(142)四卷84页"吊死鬼"条:"谓缢死者的灵魂。"举鲁迅《朝花夕拾·无常》为例。

按:清代作品已见。吴敬梓《儒林外史》第三十八回:"郭孝子道:'你这些做法,我已知道了。你不要恼,我可以帮衬你。这妆吊死鬼的是你甚么人?'"又李百川《绿野仙踪》第八回:"于冰看了多时,心里说道:'眼见这妇人是个吊死鬼,只怕我力量对他不过,该怎处?'"

(143)四卷94页"引逗"条:"诱引挑逗。"首引元白朴《墙头马上》第一折为例。

按:金代已有用例。《刘知远诸宫调》第二:"骂斩娘打脊穷神,把小妹孩儿引逗。"

(144)四卷130页"张罗"条:"⑤筹划;料理;安排。"最早引元代张养浩《新水令·辞官》套曲例。

按:唐代早有用例。吕岩《西江月》词:"劝君休要苦张罗,大限临头怎躲!"

(145)四卷134页"强水"条:"即镪水。强酸的俗称。"举鲁迅《准风月谈·归厚》为例。

按:此词清代作品已见。毛祥麟《墨余录》卷十六《志泰西机器·电气》:"湿电,则有电堆、电池之法,以红铜、白铅各数片,大如掌,使二金成偶,以强水浸透之厚纸间其中,层层堆起……"又下文:"又以木为长箱,中置铜铅,盛以强水,复于箱盖之下,嵌铜铅各片。"

(146)四卷136页"强似"条:"胜于;超过。"引元乔吉《扬州梦》第三折为例。

按:唐代已有用例。黄幡绰《嘲刘文树》诗:"文树面孔不似猕猴,猕猴面孔强似文树。"

(147)四卷136页"强如"条:"胜过。"最早引元不忽木《点绛唇·辞朝》套曲为例。

按:"强如"一词,唐诗中早有用例。王勃《采莲曲》:"叶翠本羞眉,花红强如颊。"

(148)四卷186页"存心"条:"③故意;蓄意。"引老舍《骆驼祥子》等现当代作品为例。

按:清代小说《济公全传》中已有用例。见第一七四回:"既是你不是存心,我念你是出家人,不怪罪你。"又第一七七回:"你这是存心打哈哈。轿子里又没年轻妇女,又没有窦永衡,你故意戏耍我们。"

(149)四卷 248 页"**学博**"条:"唐制,府郡置经学博士各一人,掌以五经教授学生。后泛称学官为学博。"首举清吴敬梓《儒林外史》第三六回例。

按:明顾起元《客座赘语》卷七《红鹅》:"王贡士忠征官全椒学博。"例更早。

(150)四卷 260 页"**女儿节**"条:"②指七夕。"举冰心《寄小读者》一例。

按:清代已有用例。顾禄《清嘉录》卷七《巧果》:"又范志:'七夕,亦有乞巧会,令儿女辈悉兴,谓之"女儿节"。'"

(151)四卷 315 页"**姑母**"条:"父亲的姐妹。"首举《二十年目睹之怪现状》第七一回例。

按:明代已有用例。袁于令《隋史遗文》第十四回:"这刑具你拿了去,秦大叔是老爷的内侄,老夫人是嫡亲的姑母,后堂认了亲了。"又第十六回:"叔宝叩谢,拜罢姑母,与表弟罗成对拜四拜,入席饮酒数巡,告辞起身。"又第十七回:"老母道:'你姑爹做甚官?你姑母可曾生子?可好么?'叔宝道:'……姑母已生表弟罗成,相会时,十二岁,今年十四矣。'"

(152)四卷 356 页"**奸谍**"条:"犹间谍。为敌方刺探情况的人。"首举清吴敏树《京师寄家人书》为例。

按:明朱长祚《玉镜新谭》卷三《称颂》:"臣两旬目不交睫,露立关门,亲自一一稽察,不令真正难民摈于关外,奸谍逃兵逸于关内。"

(153)四卷 366 页"**娘老子**"条:"②母亲。"举杨沫《青春之歌》为例。

按:明代已有用例。《金瓶梅词话》第二十五回:"那个没个娘老子,就是石头狢剌儿里迸出来,也有个窝巢儿。"又第九十五回:"两个且是不善,都要五两银子,娘老子就在外头等着要银子。"

(154)四卷 527 页"**玩具**"条:"供玩耍游戏的器物。"首引例为明唐顺之《重修泾县儒学记》。

按:宋代笔记已有用例。周密《武林旧事》卷七:"效学西湖,铺放珠翠、花朵、玩具、匹帛及花篮、闹竿、市食等,许从内人关扑。"

(155)四卷 719 页"**本钱**"条:"比喻可以凭借、依靠的人或事物。"引清李渔《风筝误·惊丑》为例。

按:已见于明罗懋登《西洋记演义》。如第四十一回:"火母道:'原来这个牛鼻子道士,却有好大的本钱哩!'"又第四十七回:"马公道:'我虽然是个男子汉,却没有男子汉的本钱。'"

(156)四卷820页"果干"条:"由鲜果经过日晒或烘干而成的食品。"举《新华半月刊》1958年第10期文句为例。

按:清代作品已见。李百川《绿野仙踪》第十五回:"于冰到里边内房,说道:'家中若有鲜果子甚好。如无,不拘果干果仁之类,我还吃些。烟火食物,我数年一点不动。'"又同书第三十回:"于冰道:'果子或果干,还间时用用。'"

(157)四卷968页"柴扒"条:"搂柴草的竹制器具。"举《说唐》第二十一回和沈从文《贵生》两例。

按:明袁于令《隋史遗文》多见,如第二十七回:"这汉子衣衫褴褛,脚步仓皇,肩上驮几个柴扒儿,放了柴扒坐下,便讨热酒来吃,好像与店家识熟的一般。"又:"咬金道:'差也不多,小子家中止有老母,全靠编些竹箕,做两个柴扒养他。'"

(158)四卷974页"桐油"条:"油桐果实榨出的油。有毒。是质量很好的干性油,可制油漆、油墨,又可作防水防腐之用。"仅举明宋应星《天工开物·膏液》为例。

按:宋代早有用例。李诫《营造法式·彩画作制度·炼桐油》:"用文武火煎桐油令清,先煠胶令焦,取出不用,次下松脂,搅候化。"

(159)四卷1075页"楮颖"条:"纸与笔。亦指文字、书画。"举清周亮工《书〈丙申入闽图〉后》及《书影》卷一两例。

按:明王临亨《粤剑编》卷一《志名胜》:"余上所纪,三山皆然,以为甚异,遂属之楮颖,后所见悉类是,倦不复署笔矣。"

(160)四卷1158页"楚楚"条:"⑥形容严肃,端庄。"首引宋叶適《故大理正知袁州罗公墓志铭》例。

按:唐五代已有用例。《敦煌变文集·维摩诘经讲经文》:"降魔除党每勤勤,运智兴慈长楚楚。"又:"尽总颙颙合掌,无非楚楚敛容。""颙颙"指严肃貌(见《大词典》"颙颙"条),"楚楚"和"颙颙"互文见义。

(161)四卷1167页"业户"条:"指不动产的所有者。"首举清黄六鸿《福惠全书·清丈·总论》例。

按:明何良俊《四友斋丛说》卷十四:"若里长有业户不到而朦胧量报者,许人告首,处以重罪,亦要取业户连名执结。"

(162)四卷1167页"业主"条:"产业的所有者。"首举清褚人获《坚瓠十集·揽田》例。

按:明何良俊《四友斋丛说》卷十四:"纬册乃田册也,以田为主而户从之。田有定额,而业主每岁有更革。"又明焦竑《玉堂丛语》卷二《政事》:"凡威取田宅者归业主,得半直者中分之,两造无验者籍之官。"

(163)四卷1210页"模糊"条:"②谓草率,马虎。"最早引清陈康祺《郎潜纪闻》卷二为例。

按:明罗懋登《西洋记演义》中已有该词。第二十二回:"长老分付道:'目今已是西洋大海,前哨的务要小心,不得模糊,误事不便。'"

(164)四卷1282页"样数"条:"品类数量。"引《红楼梦》为例。

按:"样数"已见于明罗懋登《西洋记演义》。如第八十九回:"凄惶埂虽然是长,走的鬼多,样数又多,王明见一样问一样,判官问一样答应一样,不觉的走过了这条埂。"

(165)四卷1331页"机轮"条:"②泛指机械转轮。"举申跃中《一盏抗旱灯下》为例。

按:此词清代文献已见。毛祥麟《墨余录》卷十六《志泰西机器·蒸汽》:"其蒸釜形圆若球,上有孔,横通二管,作十字形,管两端及背面,各有一孔,釜水滚沸,则气由管出,催动机轮,使自旋转。"同卷《志泰西机器·气球》篇后按语:"考其制造诸器,初不过创设机轮,使能旋转,继得蒸汽之法,益见精异。"同卷又有《机轮纺织》篇。

(166)四卷1375页"支分"条:"⑦犹分支。"首举清严如熤《三省边防备览·策略》例。

按:明陆容《菽园杂记》卷五:"此外有曰大营、曰围子手、曰幼官舍人营、曰十二营,皆五军营之支分……又有随侍营,则三千营之支分也,亦有坐营官以统之。"

(167)五卷4页"犯人"条:"犯罪的人。多指在押的。"首举《水浒传》第九回为例。

按:元代作品已有用例。关汉卿《窦娥冤》第三折:"[外扮监斩官上,云:]下官监斩官是也。今日处决犯人,着做公的把住巷口,休放往来人闲走。"

(168)五卷7页"犯界"条:"侵犯边界。"首举清代小说《说岳全传》第二四回为例。

按:明代已见用例。《三国演义》第六十回:"璋曰:'贼兵犯界,有烧眉之急;若待时清,则是慢计也。'"同书第六十九回:"辂设卦云:'东吴主亡一大将,西蜀有兵犯界。'"许仲琳《封神演义》第二十九回:"(黑虎)厉声大叫曰:'无故恃强犯界,任尔猖狂,非王者之师。'"又《古今小说·晏平仲二桃杀三士》:"一日秦兵犯界,景公引军马出迎,被秦兵杀败,引军赶来,围住在凤鸣山。"

(169)五卷18页"狂笑"条:"纵情大笑。"首举晚清吴趼人《二十年目睹之怪现状》第三十回为例。

按:明吴承恩《西游记》中已见用例。如第一回:"歌曰:'观棋柯烂,伐木丁丁,云边谷口徐行。卖薪沽酒,狂笑自陶情。'"

(170)五卷38页**"狗男女"**条:"詈词。"举清文康《儿女英雄传》第八回等为例。

按:明代已有用例。《金瓶梅词话》第九十四回:"眼看这狗男女道士就是个佞钱的,只许你白要四方施主钱粮。"

(171)五卷49页**"狡谋"**条:"狡诈的计谋。"首举清薛福成《滇缅分界通商事宜疏》例。

按:明朱长祚《玉镜新谭》卷三《称颂》:"奴酋之狡谋叵测,既穷于陆,或又逞志于水,未可知也。"

(172)五卷100页**"狮子狗"**条:"毛较长而蓬松的哈巴狗。"举曹禺《日出》第一幕为例。

按:此词清代作品已有之。王廷绍编《霓裳续谱·数岔·听我胡诌》:"出门遇见两条狗,咳呀,这条狗有些面熟。这条狗好像我大大爷家的大搭拉耳朵白鼻梁子挠头狮子狗,那条狗好像我二大爷家里二搭拉耳朵挠头狮子狗。这条狗瞪着那条狗,那条狗眈着这条狗。又不知我大大爷家里白鼻梁子挠头狮子狗,咬我二大爷家的二搭拉耳朵白鼻梁子挠头狮子狗,又不知我二大爷家里白鼻梁子挠头狮子狗,咬了我大大爷家里大搭拉耳朵白鼻梁子挠头狮子狗。"

(173)五卷147页**"死"**条:"⑮阻塞不通。"举何永鳌《火焰山上四十天》"见峒堵死又跑了回去"例及自造"死胡同"例句。

按:明代已有用例。《水浒传》第四十五回:"这条巷是条死巷,如何有这头陀连日来这里敲木鱼叫佛?"

(174)五卷151页**"死活"**条:"②无论如何。"首引《金瓶梅词话》例。

按:《元典章》中已有用例。《刑部四》:"本妇又道:'我死活不根(跟)你去。'"

(175)五卷156页**"殃榜"**条,举《红楼梦》和老舍《骆驼祥子》为例。

按:明代已有用例。《金瓶梅词话》第六十回:"徐先生当写殃榜,盖伏死者身上。"

(176)五卷193页**"成心"**条:"②存心,故意。"引老舍《骆驼祥子》例。

按:清郭小亭《济公全传》中已用该词。如第三十三回:"和尚,你这是成心,你知道我姓张,你又问我'贵姓'。"

(177)五卷264页**"比例"**条:"③比拟,比较。"引田北湖《论文章源流》等例。

按:明罗懋登《西洋记演义》中早有用例。如第九十二回:"国师道:'贫僧适来不堪告诉,意思也是一同。只是比例讥诮贫僧,着是狠毒,令贫僧如负芒刺。'元帅道：'愿闻诗句是怎么念？讥诮是怎么比例。'""比例讥诮贫僧"即通过比拟来讽刺贫僧。"怎么比例"即"怎么比拟"。"比例"皆"比拟"义。

(178)五卷375页"归贯"条："返回原籍。"引宋人彭乘《续墨客挥犀·王告好学有文》例。

按：初唐已有用例。《王梵志诗》第二七八首："天下浮逃人，不啻多一半。南北掷踪藏，诳他暂归贯。"

(179)五卷385页"收秋"条："谓收获秋熟农作物。"所举周立波《暴风骤雨》第一部十一等皆为现代例证。

按：明代已有用例。袁于令《隋史遗文》第七回："潞州即今山西地方，收秋都是那茹茹秸儿，若是别的粮食收□□□枯槁了，独有这一种气旺，收秋之后，还有青叶在上。"又："却说雄信富厚之家，收秋事毕，闲坐厅前。"

(180)五卷389页"收据"条："收取钱物后给予对方的字据。"首举阿英《盐乡杂信》等例。

按：清解鉴《益智录》卷七《虞娘》："某甲欠钱若干，有帐可凭，渠言仆肯立给收据，则如数清还。"

(181)五卷408页"放火"条，第三个义项（③比喻煽动……）下，举毛泽东《团结一切抗日力量，反对反共顽固派》文句为例。

按：明代已有用例。《金瓶梅词话》第九十回："当初只因潘家那淫妇，一头放火，一头放水，架的舌。""放火"即进行煽动。

(182)五卷409页"放白鸽"条："旧时指以女色为诱饵设骗局。"首举茅盾《一个理想碰了壁》例。

按：清俞樾《右台仙馆笔记》卷三："甲无婚书，无以自明，问女则女无一言，知为媪所绐，但呼咄咄，而众已一哄而散矣！苏谚所谓放白鸽者也。"

(183)五卷411页"放青"条："把牲畜放到青草地上吃草。"举清纪昀《阅微草堂笔记》为例。

按：明代已有用例。陆人龙《型世言》第十七回："便就在管的马中，相上了两匹壮健的在眼里，乘着夜间放青，悄悄到皮帐边，听他这些鞑子，鼾声如雷。"

(184)五卷430页"故自"条："尚自；还要。"引元王实甫《西厢记》第四本第二折一例。

按：唐代已有用例。无名氏《嘲伛偻人》诗："城门尔许高，故自匍匐入。"此谓城门已经那么高了，还要匍匐着进入。以此嘲笑伛偻者。

(185)五卷532页"变蛋"条："松花蛋的别称。"举《科学画报》1983年第1期文句为例。

按：此词清代作品已见。李百川《绿野仙踪》第四十三回："苗秃道：'我们有火腿和变蛋,亦足下酒。'"

(186)五卷669页"**映衬**"条:"①映照衬托。"举杜鹏程《保卫延安》及冰心《寄小读者》为例。

按:清代已见用例。张春帆《九尾龟》第四十四回:"到了栈内,走进房内坐下,秋谷就把贡春树手内的手卷取了过来,打开细看……栏杆屈曲,映衬着楼外边几树垂杨,随风飘拂……"

(187)五卷709页"**晃**"条:"⑤方言。引诱;捉弄。"举老舍《老张的哲学》为例。

按:清蒲松龄《聊斋俚曲集·蓬莱宴》第五回:"正在少年,正在少年,有怎么忧愁不自然?总被那镜中花晃杀男子汉。"

(188)五卷711页"**晌午大错**"条:"谓正午已经过去了很久。"举《红楼梦》第十五回为例。

按:明代已有此语。《金瓶梅词话》第七十八回:"止有何千户娘子直到晌午大错才来,坐着四人大轿,一个家人媳妇坐小轿跟随。"

(189)五卷731页"**曹郎**"条:"即部曹。部属各司的官吏。"举清孔尚任《桃花扇·阻奸》例。

按:明焦竑《玉堂丛语》卷八《谐谑》:"刘文安公为学士,掌院事,会礼曹移文,大书名押,公不喜……曹郎深以为愧。"

(190)五卷746页"**晚饭**"条:"②晚上吃的饭。"举《二十年目睹之怪现状》第六回和浩然《艳阳天》第一〇二章两例。

按:明代已有用例。袁于令《隋史遗文》第二十三回:"城门外却有二十二人,黄昏时候,吃过了晚饭,马上过细料,备了鞍辔,带在那宽阔街道口,等候主人。"

(191)五卷753页"**晴爽**"条:"爽朗,明朗。"举老舍《牺牲》等现代例。

按:该词在古代作品中习见。宋洪迈《夷坚甲志·陈承信母》:"时天色晴爽,丧车才出门,滂沱大雨,送者不可行。"《西游记》第六十四回:"况天光晴爽,虽夜深却月明如昼。"明许仲琳《封神演义》第二十四回:"况今春光晴爽,花柳争妍,一则围幸于南郊,二则访遗贤于山泽。"

(192)五卷793页"**暖炕**"条:"北方人用土坯或砖砌成的睡觉用的长方台,上面铺席,下面有孔道跟烟囱相通,冬天可烧火取暖。"举熊塞声《马莲花》诗为例。

按:清代已见用例。《醒世姻缘传》第十回:"又在那屋后边盖了小小的一间厨房,糊了顶格,前后安了精致明窗,北墙下磨砖合缝,打了个隔墙叨火的暖炕。"同书第二十一回:"另在晁夫人住房重里间内收拾了暖房,打了回洞的暖炕,预先寻下两个奶子伺候……"又第八十六回:"就只我的窗下是个暖炕,上面是张凉床,一男一女同房歇宿,成个什么嫌疑?"

(193)五卷794页"**暖席**"条:"把座位坐热。指安居。"举陈毅《过太行山书怀》诗句为例,但其本义"把座位坐热"却未举例。

按:《水浒传》中有其本义用例。如第八十八回:"宋江坐未暖席,即时起身。"

(194)五卷795页"**暖煦**"条:"温暖。"举李广田《银弧集·他们三个》为例。

按:清代已见用例。慕真山人《青楼梦》第十九回:"孤山暖煦小阳春,林下遥来策蹇人。"

(195)五卷795页"**暖锅**"条:"①即火锅。"仅举姚雪垠《李自成》第一卷第二六章例。

按:清顾禄《清嘉录》卷十二《暖锅》:"年夜祀先分岁,筵中皆用冰盆,或八、或十二、或十六,中央则置以铜锡之锅,杂投食物于中,炉而烹之,谓之'暖锅'。"

(196)五卷828页"**暴发户**"条:"突然发财得势的人家。"举《儒林外史》第五三回及《官场现形记》第一回为例。

按:此词明代作品已见。陈铎《滑稽余韵·雁儿落带过得胜令·古董》:"周彝商鼎辋川图,错认常行数。脱货求财暴发户,强支吾。"

(197)五卷889页"**水镖**"条:"也叫'水撇'。"引例为郑振铎《海燕》:"随了他们飞窜着,水面起了一条条的长痕,正如我们当孩子时用瓦片打水镖在水面上所划起的长痕。"

按:《大词典》对此词的处理有两个问题:1.收录了例证晚出的"水镖",而未收例证较早的"水撇"。2."水镖"释义中提出"也作'水撇'",而未以"水撇"出条,因而失去照应。"水撇"用例早已见于明代,如《三遂平妖传》第七回:"着甚来由捉人性命打水撇儿。"又《续侠义传》第八回:"想着如此,挨到何时,便打一个水撇,荡出丈余。"

(198)五卷908页"**汗流满面**"条:"形容极度紧张或非常劳累。"首举蔡东藩《明史通俗演义》第八十八回为例。

按:蔡东藩(1877~1945),《明史通俗演义》著于民国时期。此词还有更早用例。《三国演义》第一百零七回:"毓见帝惶惧,汗流满面。"明许仲琳《封神演义》第十二回:"哪吒走得汗流满面,乃叫家将:'看前面树阴之下,可好纳凉?'"《醒世恒言》卷十八:"少顷,只见一个村庄后生,汗流满面,闯进行家。"

(199)五卷979页"**没王法**"条:"旧谓无视法律和道德规范。"举《二十年目睹之怪现状》第三十回为例。

按:清初已有用例。《醒世姻缘传》第六十六回:"张茂实道:'了不的!

通没王法了！你是谁家的老婆,平白来这里打人?'"又,《红楼梦》第七回:"凤姐在车上说与贾蓉道:'以后还不早打发了这个没王法的东西！留在这里岂不是祸害?……'"

(200)五卷1047页"**法码**"条:"即砝码。"仅举艾青《大西洋》诗一例。

按:明袁于令《隋史遗文》第十二回:"栏杆里面设着柜栏,柜上天平法码,支架停当。"

(201)五卷1075页"**油炸鬼**"条:"即油炸果。"举老舍《骆驼祥子》为例。

按:清代作品已见使用。华广生编《白雪遗音·八角鼓·两口变脸》:"清晨起来不耐烦,你不梳头不洗脸,甜酱粥一大碗,油炸鬼一大串。"

(202)五卷1081页"**油鸡**"条:"②鸡的一个品种,羽毛多为黄色或红褐色,脚上有羽毛。身体较肥,卵较大。"举鲁迅《彷徨·伤逝》文中例。

按:清代作品已有用例。王廷绍编《霓裳续谱·数岔·骂鸡王奶奶住在街西》:"公鸡打鸣,还有些油鸡,牡鸡下蛋,还会孚鸡。"

(203)五卷1159页"**活似**"条:"极像。"举《花城》1981年第5期为例。

按:明代作品已见用例。《醒世恒言·李道人独步云门》:"(李清)下了云门山,一径的转过东门,远远望见祖坟上,山势活似一条青龙,从天上飞将下来的。"

王宣武《〈汉语大词典〉拾补》104页该条补《红楼梦》中一例,亦较晚。

(204)五卷1159页"**活见鬼**"条:"形容离奇或无中生有。"举茅盾《搬的喜剧》等例。

按:清代作品已见用例。竹溪山人《粉妆楼》第十七回:"小姐好好地坐在我家,他们在这里活见鬼。"

(205)五卷1161页"**活捉**"条:"活生生地抓住。多指作战时抓住敌兵。"首举清孔尚任《桃花扇·和战》为例。

按:唐以来文献中习见。唐吕岩《七言和》诗:"活捉三尸焚鬼窟,生禽六贼破魔宫。"《旧五代史·梁书·太祖纪四》:"活捉得刘知俊者,赏钱一万贯文,便授忠武军节度使,并赐庄宅各一所。如活捉得刘知浣者,赏钱一千贯文……"又下文:"如活捉得刘知俊骨肉及近上都将并枭送阙廷者赏赐有差。"《水浒传》第五十七回:"……斗到间深里,被呼延灼就马上把孔明活捉了去。"又《西游记》第九十回:"……变作千百个小行者,一拥攻上,当时拖倒猱狮,活捉了雪狮……"

(206)五卷1161条"**活埋**"条:"②活活地埋葬。"举魏巍《东方》及阮章竞《送别》诗为例。

按:宋代文献中早有用例。《五灯会元》卷十一《黄檗运禅师法嗣·临济义玄禅师》:"师钁地曰:'诸方火葬,我这里活埋。'"又,《西游记》第四十七回:"八戒道:'嘴脸!常言道:斋僧不饱,不如活埋哩。'"

(207)五卷1181页"**洋人**"条:"外国人(泛指西洋人)。"最早举清郑观应《盛世危言·税则》为例。

按:明代小说已有用例。罗懋登《西洋记演义》第八回:"鸿胪寺报名说道:'外国洋人进贡。'传宣的问道:'外邦进贡的可有文表么?'各洋人的通事说道:'俱各有文表。'"

(208)五卷1247页"**浮景**"条:"④宫廷舟名。"仅举范文澜、蔡美彪等《中国通史》第三编第一章第三节一例。

按:可提前到明代。袁于令《隋史遗文》第二十五回:"皇后是翔螭舟,制度也不甚差。又有浮景九只,是三重的。"又第三十六回:"共挽龙舟、翔螭、浮景、漾彩四号船,叫做殿脚,共九千人,俱着锦袍。"

(209)五卷1462页"**汤团**"条:"即元宵。"举明刘若愚《酌中志》及《警世通言》、《官场现形记》三书文例为证。

按:此词宋代已见。吴自牧《梦粱录》卷十三:"又沿街叫卖小儿诸般食件……麻团、汤团、水团……"又卷十六:"及沿街巷陌盘卖点心:……元子、汤团、水团、蒸糍、粟粽、裹蒸、米食等点心。"

(210)五卷1462页"**汤圆**"条:"即汤团。"首举《二十年目睹之怪现状》第五二回为例。

按:该词此前作品已见。清王廷绍编《霓裳续谱·寄生草·女大思春》夹白:"罢啊,随我后头吃个汤圆点心去罢。"

(211)五卷1470页"**温情**"条:"温柔深情。"首举瞿秋白《赤都心史》例。

按:清乐钧《耳食录》二编卷二《文寿》:"寿不孝,欠缺温情,卒不能有所成立,少慰高厚之心;而大人慈爱无已,使得复望见颜色。"

(212)五卷1481页"**滑溜**"条:"光滑。"举鲁迅《故事新编·理水》和艾青《吹号者》诗句例。

按:可提前到明代。袁于令《隋史遗文》第十一回:"张奇一口气呷了两三碗热酒,用脚将门一蹬,那门闩是日夜开闭,年深月久,滑溜异常,一脚激动,便跳将出来。"

(213)六卷30页"**溜瞅**"条:"谓眼睛转来转去地看。"举管桦《烙饼》和《人民文学》1976年第1期文句为例。

按:此词清代已见。《红楼梦》第二十六回:"那贾芸口里和宝玉说着话,眼睛却溜瞅那丫鬟:细挑身材,容长脸面,穿着银红袄儿,青缎背心,白绫细折裙。"清王廷绍编《霓裳续谱·平岔·云散雨收》:"云散雨收,呀呀哟,有一个女孩在房檐底下溜瞅,口口声声叫水牛。"

(214)六卷48页"**汉子**"条:"③俗称丈夫。"举《儒林外史》为最早用例。

按:明代小说中已有例。《金瓶梅词话》第十一回:"弄得汉子乌眼鸡一般,见了俺们,便不待见。"

(215)六卷265页"**特许**"条:"特别许可。"举康有为《大同书》为例。

按:"特许"为"特别许可"的意思,至迟唐代已见用例。《陈书·新安王伯固传》:"诏曰:'伯固同兹悖逆,殒身途路。今依外议,意犹弗忍,可特许以庶人礼葬。'"刘肃《大唐新语·文章第十八》:"神龙之际,京城正月望日,盛饰灯影之会。金吾弛禁,特许夜行。"

(216)六卷267页"**特简**"条:"皇帝对官吏的破格选用。"举清陈康祺《郎潜纪闻》卷三为例。

按:明焦竑《玉堂丛语》卷四《侃直》:"故事,非由翰林,不得入阁,本朝虽有数人,然皆出自特简,邃庵杨公其一也。"

(217)六卷292页"**手尾**"条:"首尾。犹瓜葛。比喻互有牵连。"引《二十年目睹之怪现状》为例。

按:明金木散人《鼓掌绝尘》第六回:"黄昏那一服药,却是你的手尾,我直要到五更时候才吃。"

(218)六卷303页"**手枪**"条:"单手发射的短枪。用于短距离射击。"仅举茅盾《小巫》例。

按:清王韬《淞隐漫录》卷十一《三怪》:"陆携有手枪,击之不鸣,始惧思遁,恐贻众笑。"

(219)六卷309页"**扎营**"条:"谓军队安营驻扎。"最早举清昭梿《啸亭杂录·缅甸归城本末》为例。

按:明代已有用例。罗懋登《西洋记演义》第二十五回:"唐英道:'依我学生之愚见,扎立军营,在此伺候。'众将道:'伺候便罢,何必扎营。'唐状元道:'……我和你扎营在此,天师下来,便于救应……'"

(220)六卷315页"**打杠子**"条:"用棍子打人,拦路抢劫。比喻夺取别人的利益。"仅引梁斌《红旗谱》三四回为例。

按:还有更早用例。清石玉昆《龙图耳录》第七十四回:"这是你出去打杠子呢,好吗,把行路的都赶到家里来了!若不亏老娘将他们药倒,你明日打不了的官司!"

(221)六卷319页"**打胎**"条:"人工流产。"举茅盾《清明前后》第二幕为例。

按:此词明清已见。《警世通言·况太守断死孩儿》:"支助道:'打胎只是一次,若一次打不下,再不能打了……'"清华广生编《白雪遗音》卷三

"南词"有《打胎》篇:"待我去买服灵丹妙药来吃下去,落了胎,也无祸来也无灾。"又其二:"唤多娇,些须小事犯急躁,卑人早已安排定,母子分离药一包,吃下去,打掉了,风不吹来树不摇。"可知文中"打胎"与今义同。

(222)六卷322页"**打闪**"条:"①天空发出闪电光。"举和谷岩《枫》、郭小川《平炉王出钢记》诗句为例。

按:此词清代作品已见。李光庭《乡言解颐·天部·电》:"乡人有闪电娘娘之称,且不谓之闪电,直曰打闪。"

(223)六卷326页"**打量**"条:"④打算;考虑。"引沈从文《失业》和《三三》为例。

按:清吴璿《飞龙全传》中已有用例。第四十二回:"三春听罢,心中打量了一回,即便微微冷笑。"

(224)六卷328页"**打抢**"条:"抢劫。"首举《红楼梦》例。

按:明顾起元《客座赘语》卷四《莠民》:"赌博酗酱、告讦打抢,间左言之,六月寒心,城中有之,日暮尘起。"

(225)六卷341页"**㧟**"条:"②犹扼。掐住。"举清代袁枚《新齐谐·王莽时蛇冤》为例。

按:明代作品已见。冯惟敏《归田小令·玉江引·农家苦》:"倒了房宅,堪怜生计蹙。冲了田园,难将双手㧟。"

(226)六卷372页"**抄没**"条:"查抄没收。"引明沈德符《敝帚轩剩语·凶宅》为最早用例。

按:元曲中已有例。郑廷玉《看钱奴》二折[随煞]:"有一日人连累抄没了旧钱债,恁时节合着锅无钱买米柴,忍饥饿街头做乞丐,这才是你家破人亡见天败。"无名氏《盆儿鬼》四折[朝天子]白:"张千,你与俺将盆罐赵的家私尽数抄没。"

(227)六卷380页"**折气**"条:"犹屈服。"首举清李渔《三与楼》第二回例。

按:明李诩《戒庵老人漫笔》卷六:"贫丽六极,扬韩二儒所欲逐而送之者也,而士人缘此折气卑卑不自好者不少,君不幸生即罹之,厥志弥厉,厥守弥坚,竟其生无一鄙琐行。"

(228)六卷422页"**把手**"条:"②器物上供手执握之处。"所举最早用例为清郑观应《盛世危言·火器》。

按:宋代作品已见用例。吴自牧《梦粱录》卷三:"其御宴酒盏皆屈卮,如菜碗样,有把手。"

(229)六卷462页"**拐**"条:"⑧方言。用臂肘碰。"举李劼人《大波》第一部第八章为例。

按：还有更早用例。清蒲松龄《聊斋俚曲集·增补幸云曲》第十六回："跳了一跳，贪慌拘那汗巾，把桌子上酒壶拐倒。"

（230）六卷 478 页"**抵当**"条："①抵充；承当。"最早引苏轼《论积欠六事并乞检会应诏所论四事一处行下状》例。

按：唐初已有用例。《王梵志诗》第二十四首："自造还自受，努力抵当却。"《敦煌变文集·燕子赋》："何为夺他宅舍，仍更打他损伤？凤凰令遣追捉，身作还自抵当。"

（231）六卷 498 页"**拉扯**"条："④交际。"首引《中国歌谣资料·太平军快到苏州城》为例。

按：清代小说中已有用例。俞万春《荡寇志》第一二三回："那珠儿本是喜欢拉扯，又见高鉴是父辈朋友，更兼高鉴也是相府仆从，同声相应，同气相求，便邀高鉴到酒馆里去。"

（232）六卷 499 页"**拉倒**"条："算了；作罢。"首举鲁迅《华盖集续编·马上支日记》为例。

按：此词清代作品已见。华广生编《白雪遗音·马头调·寂寞寻春》："不算谁，放出他来就拉倒罢，省的磨牙。"

（233）六卷 515 页"**招架**"条："③抵挡。"首举清洪昇《长生殿·进果》例。

按：明袁于令《隋史遗文》多见，如第十二回："（秦琼）也不从马头上上擂台，去平地九尺高，一撺就跳上擂台来，竟奔史大奈。史大奈招架秦琼，好打……"又第二十三回："叔宝抡金装简，招架众人。"

（234）六卷 515 页"**招租**"条："招人租赁。"仅举冰心《两个家庭》例。

按：清俞樾《右台仙馆笔记》卷三："既不能枯坐食贫，又不屑倚门卖笑，姑借招租之帖，聊当卖酒之帘。"

（235）六卷 587 页"**拼盘**"条："用两种以上的菜肴（多为冷荤）摆在同一个菜盘里合成的菜。"仅举周而复《上海的早晨》第一部为例。

按：清代已见用例。欧阳兆熊、金安清《水窗春呓》卷下："甲午以后有所谓拼盘者，每碟至冷荤四种，四碟即十六种矣。"

（236）六卷 592 页"**按说**"条："按照情理来说。"首举老舍《龙须沟》例。

按：清代已见用例。郭小亭《济公全传》第六十回："众位既来约我，按说我不当辞却，无奈现在我母亲病着，我所以不能从命，众位请罢。"贪梦道人《彭公案》第二百一十一回："按说龙飞雄在野吴山也算是五虎上将，今天跟常清刚一较量，就知道常清的能为出众，武艺高强，自己先已胆战心寒了。"

（237）六卷 627 页"**挨打**"条："①被打。"首举巴金《随想录》例。

按：《醒世姻缘传》中已有用例。如第九十一回："有时吴推官衙里受罪，狄希陈那边听了赞叹;有时狄希陈挨打,吴推官听了心酸……"同书九十五回:"素姐道:'你好好的挨打便罢;如再要叫唤,我就打你致命,今日赌一个你死我生!'"又,《红楼梦》第九回:"人家的奴才跟主子赚些好体面,我们这等奴才白陪着挨打受骂的。"

(238)六卷628页"挨门"条:"犹挨户。"首举《红楼梦》第六七回为例。

按:亦有更早用例。《西游记》第八十三回:"挨门儿搜寻,吆吆喝喝,一重又一重,一处又一处……"

(239)六卷633页"掌鞋"条:"谓用皮、车胎等钉补鞋底。"举当代作家李洪伟《掌鞋》为例。

按:宋以来多有用例。宋孟元老《东京梦华录·诸色杂卖》:"其锢路、钉铰、箍桶、修整动使、掌鞋、刷腰带、修幞头……"明冯梦龙《笑府·皮匠掌鞋》:"凡替人掌鞋,出门必落,辄尾其后,拾取以为本钱。"

(240)六卷634页"掌权"条:"掌握权力。"仅举赵树理《小二黑结婚》为例。

按:清代已有用例。无名氏《海公大红袍全传》第十回:"今有内城通政司严府掌权的严二先生,他要一房妻子,不拘聘金。"

(241)六卷686页"舍身"条:"②牺牲自己。"首引明叶宪祖《鸾鎞记·秉操》为例。

按:可提前到宋代。《朱子语类》卷一二六:"盖佛氏之所谓慈,并无缘由,只是无所不爱……故父母弃而不养,而遇虎之饥饿,则舍身以食之,此何义理耶!"

(242)六卷720页"探视"条:"②探望,看望。"首举清支机生《珠江名花小传》卷三例。

按:明焦竑《玉堂丛语》卷八《志异》:"一日,里人家大疫,凯探视病者,见妖神入瓮器中避之,奉纸笔与封识,命弃水中,疫即愈。"

(243)六卷731页"掇"条:"⑯量词。犹撮。"举徐迟《祁连山下》为例。

按:此词明代作品已见。陈铎《滑稽余韵·雁儿落带过得胜令·捏塑匠》:"一掇儿烂泥,几筒儿冷水,纸分两麻斤力,成形作象费心机,在手多生意。"

(244)六卷732页"掇弄"条:"逗引;摆布。"首举清代《白雪遗音·银纽丝·婆媳顶嘴》为例。

按:《金瓶梅词话》已习用。例如第七十五回:"紧教人疼的魂儿也没了,还要那等掇弄人,亏你也下般的,谁耐烦和你两个只顾涎缠。"又第七十九回:"潘金莲晚夕不知好歹,还骑在他上边,倒浇烛掇弄,死而复苏者数次。"

(245)六卷735页"搭手"条:"②参与;帮忙。"首举李劼人《死水微澜》为例。

按：清代已有用例。蒲松龄《聊斋俚曲集·翻魇殃》第十回："你先从容待二年，咱有了地上，寻上个老婆子，叫他搭手去忙就是了。"

(246)六卷737页"**搭腔**"条："答话；交谈。"引吴组缃《山洪》、浩然《机灵鬼》例。

按：清李宝嘉《官场现形记》中已有用例。第十三回："可恨这丫头，自从耳房里出来，非但不同我搭腔，连眼皮也不朝我望一望。"

(247)六卷738页"**搭头**"条："附带的东西。"引老舍《四世同堂》为例。

按："搭头"已见于明罗懋登《西洋记演义》。如第三回："那一句是个搭头。"又第七十三回："如果那和尚再加是这等利害，不如趁早抽身，如果那个和尚是个搭头，我还出来支持一二。"

(248)六卷744页"**提掇**"条："提携，挈带。"首引元末高明《琵琶记·义仓赈济》为例。

按：可提前到宋代。《朱子语类》卷一四〇："又四句云：'邴郑乡尝依北海，晁张今复事东坡。吹嘘合有飞腾便，未用溪头买钓簑。'此诗若遇苏黄，须提掇他。"

(249)六卷748页"**提亲**"条："男家或女家向对方提议结亲。"举巴金《家》等例。

按：清代用例甚多。蒲松龄《聊斋俚曲集·禳妒咒》第五回："这两日提亲的到不少，才去了又来到。"《红楼梦》第二十九回："宝玉因昨日张道士提亲，心中大不受用。"又第六十六回："方才说给柳二弟提亲，我正有一门好亲事，堪配二弟。"又第八十四回："却说袭人听了宝玉方才的话，也明知是给宝玉提亲的事。"《醒世姻缘传》第十八回："晁老听了两个媒婆的话，悄悄对夫人说：'提亲的虽是极多，这两门我倒都甚喜欢，但不知大官儿心下如何。'"《儿女英雄传》第二回："太太听见有人给公子提亲，连忙问道：'说的是谁家？'"同回："前日我在上头遇见咱们旗的卜德成卜三爷，赶着给玉格提亲。"

(250)六卷809页"**摇夺**"条："因外力影响而动摇改变决心。"首引明李贽《答李见罗先生书》为例。

按：宋代已有用例。《朱子语类》卷二六："此言内外大小皆当理会。外若不谨细行，则内何以为田地根本。内虽有田地根本，而外行不谨，则亦为之摇夺。"

(251)六卷844页"**撒**³"条："④用环、扣等把一物固定在另一物上。"引用郭沫若《海涛集·跨着东海四》为例。

按：清吴璿《飞龙全传》中已有用例。第十三回："郑恩并不理论，把柴荣的银包撒在腰间，往街坊上闲撞。"又下文："当时回至店中，付还了三两六钱饭钱,剩下八两有余,郑恩撒在腰间,供给自己酒食之费。"

(252)六卷883页"**擒捉**"条:"捕捉;捉拿。"首引金董解元《西厢记诸宫调》卷二为例。

按:唐李德裕《李文饶集》卷十三:"如三度以下擒捉得贼,委使司超与职名,其官健以下,便以贼赃物赏给,务令优厚。"《朱子语类》卷二五:"或曰:'初求放心时,须是执持在此,不可令他放。'曰:'也不用擒捉他,只是要常在这里。'"

(253)六卷896页"**拨拉**"条:"拨动。"举浩然和峻青作品例。

按:明时习用。《金瓶梅词话》第四十五回有"木杓、火杖儿短,强如手拨拉"的俗谚。《醒世姻缘传》第三十二回:"一日两顿饭,没端碗,先打着问心替嫂子念一千声佛,这碗饭才敢往口里拨拉。"字又作"拨剌",则元曲已有。汤式散套《一枝花·赠会稽吕周臣》:"张玩着辋川图四壁烟云驰骤,拨剌着峄阳琴一帘风雨飕飕。"

(254)六卷925页"**担惊忍怕**"条:"担心害怕。谓常处在惊吓、恐惧之中。"首举元无名氏《盆儿鬼》第一折为例。

按:金代《刘知远诸宫调》中有例。见《知远别三娘太原投事第二》:"只为牛驴寻不见,担惊忍怕,捻足潜踪,迤逦过桃园。"

(255)六卷933页"**抬扛**"条:"争辩;顶牛。"举茅盾《春蚕》和周而复《上海的早晨》例。

按:"抬扛"一词,清代作品已见。文康《儿女英雄传》第四十回:"姑老爷先不用合我们姑太太抬扛。"

(256)六卷934页"**抬价**"条:"提高价格。"仅举梁启超《中国改革财政私案》为例。

按:清代已有用例。李渔《无声戏》第八回:"要还就还,这个帐是冷不得的,任你田产屋业,我们都要,只不许抬价。"

(257)六卷991页"**搅散**"条:"扰乱拆散。"举赵树理《三里湾·奇怪的笔记》、顾笑言《你在想什么》为例。

按:明代小说中已有用例。《水浒传》第五十一回:"径到知县衙内,诉告雷横殴打父亲,搅散勾栏。"

(258)六卷1000页"**毛房**"条:"茅房,厕所。"举沙汀《选灾》为例。

按:清李百川《绿野仙踪》已见用例。如第四十八回:"如玉冷笑道:'我还不是就近的毛房,任人家屎尿哩!'"第八十一回:"娃子道:'不是。这个墙,是我那边毛房墙。'"又下文:"周琏道:'你那边毛房有几间?'"

(259)六卷1003页"**毛腰**"条:"方言。弯腰。"首举《儿女英雄传》第六回为例。

按:此词在清王廷绍编的《霓裳续谱》中已见用例。如《数岔·树叶儿娇》:"阿哥们吃了读书高,老爷吃了增福延寿,老太太吃了不毛腰,瞎子吃了睁开眼,聋子吃了听见了。"

(260)六卷1026页"气死风"条:"即风灯。因有护罩,风吹不熄而得名。"举茅盾《子夜》为例。

按:清代小说中已有用例。贪梦道人《彭公案》第三十四回:"前边大门,派蔡天化将门打开,多点灯笼,外边点上气死风。"

(261)六卷1033页"气喘吁吁"条:"大声喘气的样子。"首举清文康《儿女英雄传》第五回例。

按:明代已有用例。袁于令《隋史遗文》第二十九回:"程咬金气喘吁吁的,兜着马在那厢看。"

(262)六卷1085页"断"条:"㉖方言。赶;追赶。"举秧歌剧《惯匪周子山》等为例。

按:清代作品已有用例。《醒世姻缘传》第六十八回:"偏生的又撞见员外,又没叫俺进去,给了俺四五十个钱,立断出来了。"

(263)六卷1128页"月建"条:"丛辰名。星相术士称阳建之神。正月建寅,顺行十二辰,又称阳建。术者因月建以定凶吉。"首举《儿女英雄传》第二三回例。

按:明代已有用例。袁于令《隋史遗文》第七回:"今日我月建不利,把你卖在这庄,你有恋恋不舍之意,我却忍心卖你,我反不如你也。"

(264)六卷1142页"有一手"条:"②谓男女之间有暧昧关系。"首举《红楼梦》第六四回为例。

按:明代作品已见。《醒世恒言·卖油郎独占花魁》:"朱十老平时与兰花也有一手,未免有拈酸之意。"《二刻拍案惊奇》卷三十四:"起初,瑶月、筑玉等人,凡与他有一手者,时时说起旧情,还十分怜念他。"

(265)六卷1145页"有心人"条:"③留心的人;细心的人;有心计的人。"首举清孔尚任《桃花扇·侦戏》为例。

按:明代已有用例。《初刻拍案惊奇》卷二十七:"王氏自忖道:'此是丈夫遗迹,本不忍舍,却有我的题词在上,中含冤仇意思在里面,遇着有心人玩着词句,究问根由,未必不查出踪迹来!'"

(266)六卷1149页"有求必应"条:"只要有人请求就一定允诺。"首举清宣鼎《夜雨秋灯录》为例。

按:明代作品已见用例。朱长祚《玉镜新谭》卷三《称颂》:"此厂臣精忠为国,无虑不周,有求必应,当亦无俟职言之泄泄也。"又卷四:"有求必应,士马获饱腾之资;无备不周,塞垣有守御之实。"

(267)六卷1149页"**有利可图**"条:"有利益可以谋取。"举茅盾《子夜》等现代例。

按:清代作品已见用例。李宝嘉《官场现形记》第四十回:"乡下人有利可图,自然是踊跃从事。"吴趼人《二十年目睹之怪现状》第九十九回:"卜士仁见有利可图,便应允了。"

(268)六卷1149页"**有何**"条:"有什么。"首举金董解元《西厢记诸宫调》卷七为例。

按:隋唐以来已有此用法。《晋书·儒林传·范弘之》:"与浩年时邈绝,世不相及,无复藉闻,故老语其遗事耳,于下官之身有何痛痒,而当为之犯时干主邪!"同书卷一百三十《赫连勃勃载记》:"兴曰:'勃勃有济世之才,吾方收其艺用,与之共平天下,有何不可!'"刘肃《大唐新语·容恕第十五》:"良嗣见而惊曰:'此在江汉之间,与河东有何关涉?'"

(269)六卷1149页"**有私**"条:"②谓男女私通。"首举清程麟《此中人语》为例。

按:唐刘肃《大唐新语·政能第八》:"某与寡妇有私,常为儿所制,故欲除之。"宋张齐贤《洛阳缙绅旧闻记·第三》:"尝与潞民之妻有私,后半岁,向谓所私之妇曰……"元蒋正子《山房随笔》:"一户曹之妻与太守有私,府学一士子知其事。"

(270)六卷1150页"**有些**"条:"③略微,稍微。"首举《水浒传》第四回为例。

按:金元已有用例。金董解元《西厢记诸宫调》卷七:"有些儿好弱,你根柢不舍!"元王实甫《西厢记》第三本第一折:"他害的有些抹媚,我遭着没三思,一纳头安排着憔悴死。"

(271)六卷1152页"**有始有终**"条:"谓做事能贯彻始终,坚持到底。"举毛泽东《矛盾论》等例。

按:隋唐以来多有用例。《晋书·后妃传上·左贵嫔》:"有始有终,天地之经。"《古尊宿语录》卷四十五《宝峰云庵真净禅师偈颂》:"道心坚固,有始有终。"《金史·粘割斡特剌传》:"斡特剌曰:'自古人君始勤终怠者多矣,有始有终,惟圣人能之。'"《水浒传》第二十二回:"那汉道:'却才说不了,他便是真大丈夫,有头有尾,有始有终。我如今只等病好时,便去投奔他。'"《醒世恒言·卖油郎独占花魁》:"此是美娘有始有终处。"《初刻拍案惊奇》卷十八:"富翁见说肯留妾,心中恨不得许下天般大的愿,满面笑容,应承道:'若得如此,足见有始有终。'"清张春帆《九尾龟》第一百三十四回:"(马山甫)只勉强冷笑道:'今天大年初三,我也不说什么,但愿你以后做的客人,大家都好好的有始有终,不要像我这个样儿。'"

(272)六卷1152页"**有甚**"条:"有什么。"首举金董解元《西厢记诸宫调》卷一为例。

按:唐代已有用例。吕岩《沁园春》词:"奈今日茫然,不知明日,波波劫劫,有甚来由?"李贞白《咏狗蚤》诗:"忽然管着一篮子,有甚心情那你何!"

(273)六卷1155页"**有致**"条:"①有韵味;有情趣。"首举清宣鼎《夜雨秋灯录续集·古泗州城》为例。

按:明代作品已有用例。《二刻拍案惊奇》卷三十:"思他平时相与时节,长篇短咏,落笔千言,清新有致。"又同书卷三十三:"富家子看其模样,尽自飘逸有致,私自想道……"

(274)六卷1156页"**有气**"条:"②生气,心中不快。"举老舍《骆驼祥子》及古华《芙蓉镇》例。

按:清代作品已有用例。张春帆《九尾龟》第十七回:"秋谷见他这傲慢的样儿,心中十分有气,不去理他。"同书第六十七回:"陆云峰听王太史只是一派的糊涂话,更加有气,道……"又第七十三回:"沈剥皮还心中有气,说他瞧不起人。"

(275)六卷1160页"**有损无益**"条:"只有害处,没有好处。"首举《水浒传》第三五回为例。

按:唐五代已有用例。《旧唐书·狄仁杰传》:"开守西域,事等石田,费用不支,有损无益,转输靡绝,杼轴殆空。"又,《新唐书·张廷珪传》:"廷珪上书曰:'……南北异宜,至必生疾,此有损无益也。'"《资治通鉴》第一〇二卷《晋纪二十四·晋海西公太和四年》:"又,索头什翼犍疲病昏悖,虽乏贡御,无能为患,而劳兵远戍,有损无益。"同书第一百九十三卷《唐纪九·唐太宗贞观四年》:"置之中国,有损无益,恐一旦变生,犯我王略。"又第二百七十七卷《后唐纪六·后唐明宗长兴二年》:"以是思之,猎有损无益,故不为耳。"

(276)六卷1160页"**有零**"条:"用在整数后,表示整数外还有余数。"举清黄六鸿《福惠全书·编审·开报册单》为例。

按:可提前至宋代。苏辙《栾城集》卷四十五《御史中丞论时事劄子八首·论衙前及诸役人不便劄子》:"本路年收助役钱四万四千四十贯有零,除当留一分及雇募州役外,尚余宽剩钱三万一千一百一十贯有零。今若更将一万二千五百五十贯有零雇上件不及三番以下县役,尚有宽剩一万八千五百六十贯有零,委是不致妨阙。"又,《警世通言·一窟鬼癞道人除怪》:"问那邻舍时,道:'王婆自死五个月有零了。'"《醒世恒言·吕洞宾飞剑斩黄龙》:"师父道:'数着汉朝四百七年,晋朝一百五十七年,唐朝二百八十八年,宋朝三百一十七年,算来计该一千一百岁有零。'"又下文:"洞宾曰:'师父计年一千一百岁有零,度得几人?'"

(277)六卷1161页**"有意无意"**条:"②似故意又似不经意。"举茅盾《子夜》及杨朔《我的改造》为例。

按:清代已有用例。李百川《绿野仙踪》第五十一回:"(金钟儿)走到了厅中间,有意无意的斜觑了如玉一眼,拉过把椅子来,坐在下面,将脸儿朝着门外,一句话儿也不说。"又同书第八十九回:"不邪将笔付与家人,向苏氏道:'我看你到还像个灵变人,可持吾此字到妖妇房内,于有意无意之间,将此字向你小主人面上一照。'"

(278)六卷1162页**"有数"**条:"⑦谓了解情况,心中有底。"举老舍及丁玲作品为例。

按:《红楼梦》中已有用例。如第三十九回:"探春道:'可不是,外头老实,心里有数儿。'"

(279)六卷1164页**"有兴"**条:"有兴味,有趣味。"举《红楼梦》第一○八回为例。

按:明代已有用例。《西游记》第六十四回:"八戒道:'师父莫住。趁此天色晴明,我等有兴,连夜搂开路走他娘!'"《警世通言·老门生三世报恩》:"回家读书,愈觉有兴。"《二刻拍案惊奇》卷八:"郑十、李三道:'有兴,有兴!大官人一发在行得紧。'"又同书卷三十四:"如霞道:'夫人不要独吃自疴,我们也大家有兴,好做帮手。'"

(280)六卷1165页**"有点"**条:"①有一些。表示数量不大或程度不深。"例为茹志鹃《剪辑错了的故事》、孙犁《秀露集·戏的梦》及自造一例。

按:清代作品已见用例。《醒世姻缘传》第三十二回:"晁近仁还没做声,晁邦邦恃着是他的叔辈,又恃着有点气力,出来问说……"同书第六十五回:"白师傅从今日五更,因有点官事,和他徒弟冰轮都上城去了。"又第六十七回:"陈少潭道:'我还有点小事儿待做哩,改日扰茶罢。你脸上忙忙的是怎么?'"无名氏《五美缘》第十八回:"无事小弟也不敢来,今有点小事特来奉凟。"张春帆《九尾龟》第三十一回:"秋谷倒笑起来,又着实安慰了一番。畹香方才有点笑容。"

(281)六卷1209页**"胡吹乱嗙"**条:"方言。胡乱吹牛。"引老舍《四世同堂》为例。

按:清代小说中已有例。郭小亭《济公全传》第十八回:"你们众位就会吃饭,没事坐在班房胡吹乱嗙,今日有了事,你们全没了主意了。"曾朴《孽海花》第二十二回:"老实告诉你说罢,别花言巧语了,也别胡吹乱嗙了,要我上你家里去老虎头上抓毛儿,我不干!"

(282)六卷1244页**"胰子"**条:"本为猪、羊等动物的胰。……后因借称皂荚和肥皂为胰子。"首举《儿女英雄传》第十四回为例。

按:该词此前作品已见。《醒世姻缘传》第六十二回:"虽然使肥皂擦洗,胰子退磨,也还告了两个多月的假,不敢出门。"又清王廷绍编《霓裳续谱·平岔·清晨早起》:"清晨早起,姐儿的性儿急。叫了声丫鬟你讨仔细,这两日行动坐卧我看不上。你端了来的脸水,烫了我的手。肥皂胰子不知往那里去。"

(283)六卷1335页**"胜似"**条:"胜过,超过。"首引元乔吉《扬州梦》第二折为例。

按:宋代已有用例。《朱子语类》卷二四:"问'温故知新'。曰:'是就温故中见得这道理愈精,胜似旧时所看。'"

(284)六卷1343页**"腰眼"**条,举《红楼梦》第九十九回例。

按:宋代已有用例。洪迈《夷坚三志·壬·许生坠马》:"(黄)裳乘其扶立,急于腰眼上施一针。"又,《元典章》四十三《诸杀二·检验·检尸法式》:"两后胁 腰眼 两臀 谷道 两腿。"《金瓶梅词话》第三十七回:"令妇人仰卧于床,背垫双枕,以手托其双足,置之于腰眼间,肆行抽送。"

(285)六卷1385页**"脸大"**条:"①脸皮厚,不害臊。多指女子。"举老舍《老张的哲学》和冰心《冬儿姑娘》为例。

按:清代作品已见。王廷绍编《霓裳续谱·杨柳调·女大思春》:"人家孩子脸大,没有我们孩子脸大。"又下文:"睄睄街坊家,看看两邻家,谁家女孩不似过他。他又不害羞,脸有这么大。"

(286)六卷第1390页**"胆虚"**条:"胆怯,心里不踏实。"举曲波《林海雪原》等例。

按:明清作品习用。《金瓶梅词话》第八十三回:"妇人骂道:'贼短命,既不与他有首尾,贼人胆儿虚,你平白走怎的?'"《醒世姻缘传》第八十八回:"吕祥听见这话,恨不的再生出几个口来,合人折辨。怎禁得贼人胆虚,一双眼先不肯与他作主,眈眈稍稍,七大八小起来。"又第九十八回:"可怪那个媳妇拙口钝腮,只会短了个嘴怪哭,不会据了理合人折辨,越发说他是个贼人胆虚。"清蒲松龄《聊斋俚曲集·富贵神仙》第七回:"隔着家有一程路,心里胆虚,带上眼罩儿遮了面。"清俞万春《荡寇志》第八十回:"蔡京处我荐杨龟山与他,他为女儿女婿之故,竟不能用,便见他胆虚气馁。"

(287)六卷1397页"誊录生"条:"誊录所属下的誊录人员。清制,在会试下第的举人及顺天乡试正榜外选录能书者充任。"举商衍鎏《清代科举考试述录》第二章例。

按:明焦竑《玉堂丛语》卷六《科试》:"公移文外廉,使勾稽墨卷,果誊录生截卷为所亲地者。"

(288)六卷1611页"旋涡"条:"②流体急转所激起的螺旋形。"首引鲁迅《野草·颓败线的颤动》为例。

按:唐释道宣《续高僧传》卷二十七:"即又入水,合掌称十方佛,广发弘愿已,投于旋涡中;三日后其尸方出。"《朱子语类》卷二:"'海那岸便与天接。'或疑百川赴海而海不溢。曰:'盖是干了。有人见海边作旋涡吸水下去者。'"

(289)七卷2页"火叉"条:"①拨火或添炭用的铁叉。"最早引明吴承恩《西游记》第七回为例。

按:宋代已有用例。孟元老《东京梦华录·防火》:"下有官屋数间,屯驻军兵百余人,及有救火家事,谓如大小桶、洒子、麻搭、斧锯、梯子、火叉、大索、铁猫儿之类。"

(290)七卷15页"火筒"条:"吹火用具。"首举《说岳全传》第七十回为例。

按:明代已有用例。如《水浒传》第八十四回:"火刀火石,火筒烟煤,藏在身边。"《警世通言·三现身包龙图断冤》:"只见火筒塞住了孔,烧不着。"

(291)七卷61页"烙饼"条:"烙成的饼。"举《二十年目睹之怪现状》第一○八回为例。

按:此前作品已见之。清李百川《绿野仙踪》第八十三回:"不意庞氏出恭,素日在午未时分,昨日吃了些烙饼,大肠干燥了,便不出恭。"

(292)七卷164页"焦旱"条:"大旱。"举宋曾巩《诸寺院谢雨文》一例。

按:隋唐文献已有用例。如《晋书·天文志》:"蓬絮星色青而荧荧然,所至之国风雨不节,焦旱,物不生,五谷不登,多蝗虫。"《隋书·天文志》:"所见之国,风雨不如节,焦旱,物不生,五谷不成登,蝗虫多。"

(293)七卷166页"焦黄"条:"干枯而发黄。"首举周立波《暴风骤雨》第一部一例。

按:明王士性《广志绎》卷四《江南诸省》:"眼分三种……死眼者虽具眼形,内外俱焦黄无晕。"

(294)七卷172页"煳"条:"食品衣物等经火变焦发黑。"举魏巍小说《东方》为例。

按:《金瓶梅词话》已有用例。见第四十一回:"俺们一个一个只像烧煳了卷子一般,平白出去,惹人家笑话。"《红楼梦》第四十六回亦有此语。

(295)七卷 204 页"**照式**"条:"照样,按原样。"举《说岳全传》第十五回为例。

按:明代作品已有用例。《古今小说·木绵菴郑虎臣报冤》:"官买者,官出价买之,名为'公田',雇人耕种,收租以为军饷之费。先行之浙右,候有端绪,然后各路照式举行。"

(296)七卷 206 页"**照映**"条:"②照应;映衬。"首举清李渔《闲情偶寄·词曲上·结构》例。

按:明何良俊《四友斋丛说》卷二十六:"余尝听其论诗,必要有照映,有开合,有关楗,有顿挫,而南人唯重音调,不甚留意于此。"

(297)七卷 211 页"**煞是**"条:"确是;极是。"首引元杨显之《酷寒亭》楔子为例。

按:宋代已有用例。《朱子语类》卷二二:"问:'"知来",指何者而言?'曰:'子贡于此煞是用工夫了,圣人更进他上面一节,以见义理不止于此。'"

(298)七卷 219 页"**熬²**"条:"一种烹饪方法。将蔬菜等放在水里久煮使烂熟。"举孙犁《白洋淀纪事·吴召儿》为例。

按:南朝已有用例。《百喻经·种熬胡麻子喻》:"昔有愚人,生食胡麻子,以为不美,熬而食之为美。便生念言:'不如熬而种之后得美者。便熬而种之,永无生理。'"

(299)七卷 246 页"**熟醉**"条:"沉醉。"举唐杜甫《晦日寻崔戢李封》诗一例。

按:晋代已有用例。陶潜《搜神后记》卷四:"周寻得知,乃以醇酒饮之,令熟醉。"

(300)七卷 266 页"**营火**"条:"夜间露营时燃起的火堆。"首举郭沫若《北伐途次》九例。

按:明叶盛《水东日记》卷三《鸦鹘石》:"中贵有再遭营火者,珍珠皆灰化,玉器窑器,或裂或变浅黑色,惟诸色鸦鹘石愈精明。"

(301)七卷 349 页"**所**"条:"⑦意。"首引《汉书》为例。

按:先秦已有用例。《战国策·赵策》:"恣君之所使。"即恣君之意使之。

(302)七卷 351 页"**所在**"条:"④处所,地方。"首引元关汉卿《金线池》第三折为例。

按:宋代已有用例。《朱子语类》卷二三:"又曰:'如人要向个所在去,便是志;到得那所在了,方始能立;立得牢了,方能向上去。'"

(303)七卷 357 页"**房考**"条:"亦称'房官'。明清时乡会试时分房阅卷的考官。"首举清张廷玉《明史·选举志二》例。

按:明顾起元《客座赘语》卷五《鼠拖卷》:"房考心讶之,因再掷于地,假寐榻上俟之,则群鼠共抱,自地而置诸案也,因取以中式。"

(304)七卷383页"心术不端"条,亦作"心术不正"。释义为:"心地不正派;居心不良。"首引杜鹏程《在和平的日子里》第六章为例。

按:唐释道世《法苑珠林》卷一〇八:"若学种种呪术卜算吉凶心术不正,如是等不净活命者,是名维口食。"《朱子语类》卷五二:"沈庄仲问诐、淫、邪、遁之辞。文蔚曰:'如庄周放浪之言,所谓"淫辞"。'曰:'如此分不得。只是心术不正,便自节次生此四者。'"

(305)七卷384页"心细"条:"②细心。"首引现代作家王汶石《新结识的伙伴》为例。

按:宋代已有用例。《朱子语类》卷七六:"想得圣人心细,虽以鸟兽羽毛之微,也尽察得有阴阳。今人心粗,如何察得?"

(306)七卷438页"快船"条:"行驶速度较快的船。"首引清顾张思《土风录》卷四例。

按:明代已出现。特指明代专供官员水上往来,行驶快的船只。如焦竑《玉堂丛语》卷二《政事》:"济川等卫快船工料,额设江西、湖广、南直隶等处,每负课不完。"顾起元《客座赘语》卷二《快船》:"快船之害各卫军,至万历初年极矣。"又,同卷:"卫之应快船役者,家家如脱汤火,愿子孙世世祷祠倪君,不敢忘矣。""万历十四年驾部倪君博采公议,将快船改同马船事例,额减为五百只,官募江、济二卫人驾之……"又"且卫之四役,自操备外,屯田、修仓、快船、粮运各有司存,原不相涉,何得牵此合彼,藉以伸其鱼肉之计哉。"史书中亦见。如《明史·陈瑄传》:"又快船、马船所载不过五六十石,每船官军足用,有司添差军民递送,拘集听候。"

(307)七卷520页"恫喝"条:"恐吓。"首举清代张廷玉《明史·林魐公传》例。

按:明焦竑《玉堂丛语》卷八《纰漏》:"翟銮二子应乡试,主试官来谒辞銮,銮为恫喝关节,咸唯唯,即取荐。"

(308)七卷548页"悔憾"条:"悔恨。"首引明高攀龙《送陈二尹序》为例。

按:宋代已有用例。《朱子语类》卷二四:"圣人做得来自是恰好,不到有悔憾处。三代以下做来不恰好,定有悔憾。"

(309)七卷557页"恶斗"条:"凶狠的争斗。"首举《儿女英雄传》第六回为例。

按:《西游记》中已有用例。如第二十五回:"这场恶斗,有诗为证,诗曰:……"又第七十一回:"天罗地网漫山布,齐举刀兵大会垓。恶斗一场无胜败,观音推荐二郎来。"

(310)七卷557页"**情甘**"条:"情愿。"举《儿女英雄传》第十三回为例。

按:明代已有用例。《二刻拍案惊奇》卷十四:"宣教只得写道:'吏部候勘宣教郎吴某,只因不合闯入赵大夫内室,不愿经官,情甘出钱二千贯赎罪,并无词说。私供是实。'"

(311)七卷563页"**惹眼**"条"①引人注目,显眼。"下举鲁迅《呐喊·社戏》、柳青《创业史》、茅盾《子夜》为例。

按:明代已有用例。《金瓶梅词话》第十四回:"那箱笼东西,若从大门里来,教两边厢房看着太惹眼。"

(312)七卷579页"**情非得已**"条:"情况出于不得已。"举清李汝珍《镜花缘》一例。

按:宋以来文献多有用例。《资治通鉴》卷二百五十五《唐纪七十一·唐僖宗中和二年》:"仆射愍汝曹皆良人,为贼所制,情非得已。"《醒世恒言·李玉英狱中讼冤》:"又有《别燕诗》一绝云云。是皆有感而言,情非得已。"

(313)七卷587页"**情愿**"条:"②心里愿意。"首引元杨梓《霍光鬼谏》第一折为例。

按:宋代已有用例。《朱子语类》卷一五:"钟唐杰问意诚。曰:'意诚只是要情愿做工夫,若非情愿,亦强不得。'"

(314)七卷607页"**想必**"条:"表示偏于肯定的推断。"首引元杨暹《西游记》第四本第十五出为例。

按:宋代已有用例。《朱子语类》卷二七:"后人只是想象说,正如矮人看戏一般,见前面人笑,他也笑。他虽眼不曾见,想必是好笑,便随他笑。"又卷三六:"此处想必是人称道圣人无所不知,诲人不倦,有这般意思。圣人方道是我无知识,亦不是诲人不倦。"

(315)七卷824页"**毒计**"条:"毒辣的计策。"举鲁迅《三闲集·"醉眼"中的朦胧》为例。

按:古代用例颇多。元石君宝《曲江池》第四折:"那火倈的来,忽的着,烧地眠,炙地卧,眼睁睁,怎奈何?为巴钱毒计多。被天公生折磨。"明罗懋登《西洋记演义》第七十八回:"真君道:'他不合打翻了我的无底洞,故此我恼上心来,用此毒计。'"《初刻拍案惊奇》卷六:"而今还有一个正经的妇人,中了尼姑毒计,到底不甘,与夫同心合计,弄得尼姑死无葬身之地。"

(316)七卷851页"**祖国**"条:"①祖先以来所居之地。"仅举清魏源《圣武记》卷六为例。

按:明代已有用例。罗懋登《西洋记演义》第八十六回:"元帅道:'贤王俱奉回回教门,回回可有个祖国么?'番王道:'极西上有一个祖国,叫做天堂极乐之国。'"

(317)七卷957页"**禅机**"条:"①佛教禅宗和尚谈禅说法时,用含有机要秘诀的言辞、动作或事物来暗示教义,使人得以触机领悟,故名。"首引金王若虚《议论辨惑》为例。

按:唐李中《访章禅老》诗:"比寻禅客叩禅机,澄却心如月在池。松下偶然醒一梦,却成无语问吾师。"《朱子语类》卷三五:"禅家便是如此……他所以撑眉弩眼,使棒使喝,都是立地便掇教你承当识认取,所以谓之禅机。"

(318)七卷1092页"**磅**"条:"①英语 pound 的音译。英美制重量单位。"举曹禺《日出》第二幕为例。

按:此词清代已见。毛祥麟《墨余录》卷十六《志泰西机器·火水》:"其制造之法,云于密室中,平地贮水数寸,四面盖铅板,用硫磺八磅,朴硝一磅,置室内,引火燃之,即紧封其门,不使有一丝漏泄。"

(319)七卷1093页"**确当**"条:"正确恰当;适当。"首引清周亮工《书影》卷一为例。

按:宋代已有用例。《朱子语类》卷一九:"读书考义理,似是而非者难辨。且如精义中,惟程先生说得确当。"

(320)七卷1118页"**矿石**"条:"②含有有用矿物的岩石。"举清马建忠《富名说》、郑观应《盛世危言·开矿》二例。

按:明代笔记已有用例。陆容《菽园杂记》卷十四:"矿石不拘多少,采入碓坊,舂碓极细,是谓矿末。"

(321)七卷1186页"**看样**"条:"①学样,照着样子做。"引1982年7月20日《解放日报》为例。

按:明清小说中已见。明不题撰人《后西游记》第三十八回:"沙弥道:'哥哥呀,各人走的是各人的前程,莫要看样。'"清绿意轩主人《花柳深情传》第八回:"吃了烟有田的不能种田,有租的不能收租,有家的不能管家。并且妻子儿孙皆要看样,而且个个偷吃。"又第十四回:"耕了几次阿牛便能看样,母子两人竟将几亩田耕的一色坦平……"

(322)七卷1193页"**眉眼**"条:"比喻头绪,端倪。"举沙汀《老太婆》为例。

按:清代已有用例。《醒世姻缘传》第十一回:"正没好气,兜着豆子炒,那个李成名的娘子一些眉眼高低不识,叫那晃住的娘子来问他量米做晌午饭。"又第十三回:"若是知道眉眼高低的婆娘,见他们打得呲牙咧嘴的光景,料且说的又不中用,且是又受了他许多东西,也该不做声。"蒲松龄《聊斋俚曲集·磨难曲》第十回:"这报仇有点眉眼,单看那按院何如。"

（323）七卷1215页"**眼前亏**"条："目前的苦头或损失；一时的挫折。"首举茅盾《子夜》为例。

按：清代小说已有用例。俞万春《荡寇志》第七十二回："又有几个子弟们道：'高衙内今番也吃了苦。便是复得仇，也吃尽了眼前亏。'"又第九十七回："只是那纪贼，一身好拳脚，二官人此去，恐枉吃了眼前亏。"

（324）七卷1216页"**眼红**"条："①见别人条件好或有好的东西非常羡慕而忌妒。"举管桦《故乡》等当代作品为例。

按：清代小说中已有例。李汝珍《镜花缘》第九十九回："最怕是见钱眼红，起了贪心，自然生出无穷事端。"

（325）七卷1216页"**眼气**"条："②方言。谓看见美好的事物极为羡慕并想得到。"举杨朔《三千里江山》、刘真《春大姐》为例。今河南南阳方言仍有此说法。

按：清代小说已有例。李百川《绿野仙踪》第五十四回："我爱穿就穿，不爱穿就烧了，谁也管不得我！若害眼气……总弄不上绸子缎子，粗布衣服也骗两件，吃些淡醋怎么？"

（326）七卷1220页"**眼头**"条："方言。眼力；眼界。"引王汶石《大木匠》和《春夜》为例。

按：明代小说已有用例。荑秋散人《玉娇梨》第六回："偏生小姐眼头又高，做来的诗文再无一个中意。"

（327）七卷1244页"**瞎三话四**"条："方言。乱讲乱说。"举欧阳山《苦斗》及周立波《麻雀》等例。

按：清代作品多见用例。韩邦庆《海上花列传》第二十五回："四五个老客人，再要瞎三话四，倒好象坎坎做起。"张春帆《九尾龟》第七十七回："（洪月娥）连忙分辩道：'……今朝耐勿要倪去，倪倒定规要跟牢仔耐一淘去，省得耐来浪瞎三话四，说倪勿肯。'"曾朴《孽海花》第二回："聘珠一扭身放了盆子，一屁股就坐下道：'瞎三话四，倪弗懂个。'"

（328）七卷1245页"**瞎来来**"条："方言。轻率从事；胡来。"举叶圣陶《四三集》为例。

按：清代作品已见用例。李宝嘉《官场现形记》第八回："陶子尧道：'你这人真是瞎来来，我们的官是拿银子捐来的，同你们堂子里一个买进，一个卖出，真正天悬地隔。怎么好拿你们堂子里来比？'"张春帆《九尾龟》第九回："兰芬拍手道：'……倪为仔一生一世格事体，勿肯瞎来来；拣来拣去总无拨对劲格客人，倪格做格个断命生意，也叫吭说法！'"又同书第六十六回："金寓也不答应，也不回绝，只说：'格是倪一生一世格事体，勿是瞎来来格，慢慢里倪再商量。'"

(329)七卷1246页"**瞎跑**"条:"无目标地乱走。"举丁玲《韦护》等例。

按:《醒世姻缘传》中已见用例。如第七十五回:"狄希陈道:'你放着眼皮子底下一门好亲戚,他不消打听我,我不消看相他,你们不上点紧儿,可遥地里瞎跑……'"

(330)七卷1304页"**男人**"条:"②丈夫。"首举晚清《二十年目睹之怪现状》第三四回为例。

按:先此已见用例。清李百川《绿野仙踪》第二十九回:"走入院中,李必寿家大惊失色,喊叫他男人道:'快出来!二相公回来了!'"下文:"李必寿家老婆跑来在窗外,大嚷道:'我男人句句都是实话,怎么到打起来了?'"同书第五十八回:"韩思敬家女人见不问他,又不见他男人同来,心上甚是疑虑,也走来向如玉诉说。"又下文:"楞的这女人雨泪淋漓,口口声声只教问他男人。"

(331)七卷1392页"**当事**"条:"①当作一回事;重视。"首引现代作家王汶石《风雪之夜·春节前后》为例。

按:宋代已有用例。《朱子语类》卷二一:"如出一令,发一号,自家把不当事忘了,便是不信。"又卷四〇:"曾点却有时见得这个气象,只是他见得了便休。缘他见得快,所以不将当事。"

(332)七卷1394页"**当是**"条:"以为,以为是。"举《鸭绿江》1963年第1期作品为例。

按:清代已习用。《醒世姻缘传》第二十二回:"那县尹道:'也罢,你奶奶是做好事的,这八十亩学田就当是你奶奶买的。'"蒲松龄《聊斋俚曲集·慈悲曲》第四回:"我当是那杂毛待跟你一百年来呢。"吴敬梓《儒林外史》第十四回:"我这里将就垫二十两银子把与他,他也只当是拾到的,解了这个冤家吧。"李汝珍《镜花缘》第七十四回:"红珠不觉笑道:'呸!我只当是个数目哩。'"又第九十二回:"紫芝又剔出朝地下一丢道:'我只当是些脂麻,原来是几张虱子皮。'"文康《儿女英雄传》第十九回:"我这锯了嘴的葫芦似的,大约说破嘴,你也只当是两片儿瓢。"蘧园《负曝闲谈》第一回:"不要说别的,就是府太爷下座来替我们斟一巡酒,要不是有福气的,就得一个头晕栽下来。你们当是玩儿的么?"

(333)七卷1417页"**盆景**"条:"用植物或水、石等,经艺术加工,种植或布置于盆中,使之成为自然景物缩影的一种陈设品。"最早引清刘鉴《五石瓠·盆景》例。

按:明陆容《菽园杂记》卷五:"京师人家能蓄书画及诸玩器盆景花木之类,辄谓之爱清。"

(334)七卷1452页"**监临**"条:"③指科举制度中乡试的监考官。"首举清代吴敬梓《儒林外史》第十七回例。

按:明焦竑《玉堂丛语》卷六《科试》:"监临大惧,欲易明日试,刘公大夏曰:'非制也,且雨骤,势必霁。'"又同卷:"已而出者云涌,监临惧,以为遂空群矣。"

(335)七卷1459页"**盘**¹"条:"⑱方言。抚养。"引例为郭沫若《甘愿做炮灰》第二幕和艾芜《都市的忧郁》中的句子。

按:清代小说《跻春台》中已有用例。如卷一《哑女配》:"我家贫寒,母亲尚不能盘,怎能盘妻。"又卷四《错姻缘》:"你说的好,你去盘他,可怜我打草鞋,眼未乱看,足未下机,找不到钱,顿顿喝稀。"

(336)七卷1466页"**盘驳**"条:"诘问,盘查。"引《红楼梦》为例。

按:"盘驳"已见于明代小说《西洋记演义》。如第十回:"这句话儿虽是万岁爷盘驳的,不至紧,天师心里想道。"

(337)七卷1494页"**生死攸关**"条:"谓关系到生存或死亡。"首举《新华文摘》1982年第2期为例。

按:古代文献不乏用例。明清溪道人《禅真后史》第四十七回:"向前统兵官将,不过两阵对圆,兵刃相接,此际生死攸关,谁肯缩首自退。"清《圣祖仁皇帝圣训·七月辛酉》:"此内人之生死攸关,我等不可不慎。"

(338)七卷1513页"**生驹**"条:"指强悍的马。"首引元袁桷《鞭马图》诗为例。

按:宋代已有用例。《朱子语类》卷五八:"如贾谊胸次终是闹,着事不得,有些子在心中,尽要进出来,只管跳踯爆趠不已,如乘生驹相似,制御他未下。所以言语无序,而不能有所为也。"

(339)八卷18页"**私孩子**"条:"犹言私生子。"举《安徽妇女歌谣·诉苦歌》为例。

按:清代已多用。《醒世姻缘传》第五十六回:"(素姐)又叫狄周媳妇赶上拦阻他。不惟不肯回来,且说:'你叫他休要扯淡,情管替他儿生不下私孩子。'"李百川《绿野仙踪》第五十八回:"他就想到:'不是埋东西,定是埋私孩子。'"吴趼人《二十年目睹之怪现状》第二十五回:"(那乡下人)才说道:'……我忙着去撮了两服,赶到家去,一气一个死,原来他的肚子痛不是病,我赶到了家时,他的私孩子已经下地了!'"

(340)八卷21页"**私娼**"条:"暗娼。旧时与公娼相对。"举巴金《家》等例。

按:清张春帆《九尾龟》中已有用例。如第九十回:"那几个客人也每人叫了一个和阿娟一样的开门的私娼,只有秋谷不认得这些人,无从叫起。"又第一百九十一回:"秋谷叹一口气道:'本来是个半开门的私娼出身,手里头着实有几个钱,并且也通些文墨。'"

(341)八卷21页"私款"条:"私下亲密交好。"引明沈德符《野获编补遗·风俗·契兄弟》为例。

按:宋代已有用例。孙光宪《北梦琐言》第六卷:"唐通义相国崔魏公铉之镇淮扬也。卢丞相耽罢浙西,张郎中铎罢常州,俱过淮扬谒魏公,公以暇日,与二客私款。"

(342)八卷36页"秋老虎"条:"比喻立秋以后仍然炎热的天气。"举沈从文《会明》和《收获》1981年第3期为例。

按:清代文献已见用例。顾禄《清嘉录》卷七《朝立秋淘飕飕夜立秋热吽吽》:"土俗又以立秋之朝夜占凉燠,谚云:'朝立秋,淘飕飕。夜立秋,热吽吽。'自是以后,或有时仍酷热不可耐者,谓之'秋老虎'。"

(343)八卷71页"秩然"条:"秩序井然;整饬貌。"首引《明史·陈修传》为例。

按:宋代已有用例。《朱子语类》卷五三:"每时升堂,尊卑序齿,秩然有序而不乱,这可见得恭敬之理形见处。"

(344)八卷83页"稍公"条:"撑船的人;掌舵的人。"首举明小说《醒世恒言·大树坡义虎送亲》为例。

按:元曲中已有用例。无名氏《货郎旦》第一折:"俺同他躲到洛河边,你便假做稍公,载俺上船。"

(345)八卷83页"稍瓜"条:"越瓜的别称。又称菜瓜。"首举明李时珍《本草纲目》等例。

按:元曲已习用。《五侯宴》第三折:"茄子连皮咽,稍瓜带子吞。"《伊尹耕莘》第一折:"新捞的水饭镇心凉,半截稍瓜酿酱。"详林昭德《诗词曲词语杂释》(四川人民出版社,1986年)。但林释"稍瓜"为"丝瓜",误。《大词典》作"菜瓜",是。

(346)八卷125页"稻苗"条:"稻的幼苗。"举宋苏辙《和子瞻焦山》一例。

按:唐诗中已有用例。元结《说洄溪招退者》:"松膏乳水田肥良,稻苗如蒲米粒长。"王建《水运行》:"去年六月无稻苗,已说水乡人饿死。"刘商《送僧往湖南》:"闲出东林日影斜,稻苗深浅映袈裟。"

(347)八卷140页"积棍"条:"指作恶的歹徒。"仅举清黄六鸿《福惠全书·保甲·严禁赌博》例。

按:明朱长祚《玉镜新谭》卷六《缇骑》:"罗织一案五六人,以致京师积棍,敛金钱,营差干。"

(348)八卷183页"白相人"条:"方言。无业游民;流氓。"引茅盾《子夜》

为最早用例。

按:清代小说中已有例。八宝王郎《冷眼观》第十二回:"柔斋究竟是个白相人,又同我认识在先,非初次碰头的朋友可比。"

(349)八卷375页"立便"条:"立刻;立时。"引宋岳珂《桯史·大散论赏书》例。

按:唐代已有用例。无名氏《陕州语》诗:"不须赛神明,不必求巫祝,尔莫犯卢公,立便有祸福。""立便有祸福"即立时有祸福。

(350)八卷375页"立定"条:"②站住。"首引《初刻拍案惊奇》卷六为例。

按:可提前至宋代。《朱子语类》卷一二:"敬、义只是一事。如两脚立定是敬,才行是义;合目是敬,开眼见物便是义。"又卷二四:"私欲一次胜他不得,但教真个知得他不好了,立定脚根,只管硬地自行从好路去。待得熟时,私意自住不得。"

(351)八卷411页"空心"条:"③空腹。"引宋欧阳修《与梅圣俞书》及《红楼梦》第五一回为例。

按:唐代已用。《寒山诗》:"暖腹茱萸酒,空心枸杞羹。终归不免死,浪自觅长生。""暖腹茱萸酒,空心枸杞羹"这里指养生之法,"空心"和"暖腹"相对,指空腹。

(352)八卷422页"空衔"条:"没有实权的官职。"举清李玉《一捧雪·搜杯》一例。

按:明代已有用例。《西游记》第四回:"不若万岁大舍恩慈,还降招安旨意,就教他做个齐天大圣。只是加他个空衔,有官无禄便了。"

(353)八卷452页"**窝窝头**"条:"用玉米面、高粱面或别种杂粮面做的食物,略作圆锥形,底下有窝,故称。"举老舍《骆驼祥子》等例。

按:清代已习用。蒲松龄《聊斋俚曲集·禳妒咒》第一回:"枣面蒸成窝窝头,嫩鸡鲜鱼剁成炸。"文康《儿女英雄传》第十七回:"褚一官早张罗着送出饭来,又有老爷、公子要的小米面窝窝头,黄米面烙糕子,大家饱餐一顿。"

(354)八卷455页"**窟窿**"条:"窟窿。"举《警世通言·桂员外途穷忏悔》为例。

按:此词宋代文献已见。《五灯会元》卷二十《径山杲禅师法嗣·玉泉昙懿禅师》:"慧曰:'我不似云门老人,将虚空剜窟窿。'"

(355)八卷460页"**穷光蛋**"条:"指一无所有的男子。"举鲁迅《故事新编·采薇》、姚雪垠《李自成》、柳青《创业史》为例。

按:清代小说已有用例。李宝嘉《官场现形记》第三回:"这些候补小班子里头,一个个都是穷光蛋,靠得住的实在没有。"张春帆《九尾龟》第九十一回:"薛金莲和这个郑小麻子虽然十分要好,无奈郑小麻子也是个穷光蛋,拿不出一个钱的。"

(356)八卷487页"灶丁"条:"①旧称煮盐工。"首举清纪昀《阅微草堂笔记·滦阳消夏录六》例。

按:明王士性《广志绎》卷二《两都》:"丁溪、白驹二场,建闸修渠,金钱以万计,不两年为灶丁阴坏之。"

(357)八卷561页"发扬"条:"⑬犹发达。"举洪深《少奶奶的扇子》第一幕为例。

按:清代小说中已有用例。无名氏《人中画》:"却说汪费往北,一路上想道:'黄老儿如此迂腐,虽中进士,只怕做官终不发扬,结交他也无用处。'"

(358)八卷568页"发话"条:"①犹说话,开口。"首举《金瓶梅词话》第五三回为例。

按:元曲中已有用例。杨文奎《儿女团圆》第三折:"则他这小孩儿家发话别,便大人也不会怎样说。他道是百年时入墓穴,两下里驾舆车。"

(359)八卷592页"耘治"条:"锄草治田。"首引明沈榜《宛署杂记·宣谕》为例。

按:《朱子语类》卷五二:"苗固不可揠,若灌溉耘治,岂可不尽力!"

(360)八卷606页"老外"条:"②犹外行。不懂某行业务的人。"举柳青《创业史》为例。

按:明代已有用例。陆人龙《型世言》第二回:"王道道:'父母之仇,不共戴天。私和人命,天理上难去。'[一个老外]"此言王道不懂行,不通世故。又清蘧园《负曝闲谈》第十二回:"殷必佑虽是个老外,然而听见那些同窗讲过什么规矩……所以各事烂熟于心。"

(361)八卷610页"老江湖"条:"指阅历多而非常世故圆滑的人。"首举《二十年目睹之怪现状》第五十回为例。

按:此词明代作品已见。冯梦龙《挂枝儿·船》:"船儿船儿,你放出老江湖的手段,迎来送往,经过了万万千。"

(362)八卷648页"耳性"条:"犹记性。指受告诫后能够牢记。"首举《红楼梦》第二八回为例。

按:明代作品已有用例。丁綵《南商调金络索·新秋有感》曲:"人人说你使机关,将俺牢笼。千则万则你有心机,十遭九遭我没耳性。悔杀人枉受虚名。"

(363)八卷658页"耽待"条:"②担当;承担。"举华山《碉堡线上》为例。

按:元曲中已有用例。无名氏《小尉迟》第二折:"教咱教咱生嗔怪,教咱教咱怎耽待?把钢鞭忙向手中抬,磕叉打的他连盔夹脑半斜歪。"

(364)八卷693页"声嗓"条:"嗓音。"举梁斌《红旗谱》为例。

按:还有更早用例。明罗懋登《西洋记演义》第五十三回:"到了定更时分,却假装一个番兵的声嗓,叹一口气说道:'这等一池的水,怎么要个人来看他。'"第五十九回:"这分明是我国师老爷的声嗓,却也奇怪。"又第八十回:"王明却又小心,生怕有甚么不测处,照旧到他耳朵边做个屎苍蝇的声嗓,嗡狠一声。"清蒲松龄《聊斋俚曲集·蓬莱宴》第四回:"仔细端详,仔细端详,耳大头圆好声嗓,雪白的玉人儿,就有个福总像。"

(365)八卷714页"听其自然"条:"任凭人或事物自然发展变化,不加干涉。"首引清李渔《慎鸾交·赠妓》为例。

按:宋代已用。《朱子语类》卷二六:"义刚因问:'"无可无不可",皆是无所容心。但圣人是有个义,佛老是听其自然。是恁地否?'"

(366)八卷825页"虚报"条:"犹谎报。"首举清文康《儿女英雄传》第一回例。

按:早见于明王士性《广志绎》卷五《西南诸省》:"盖永以外将帅偏裨,无不乐用兵以渔猎其间者,故缅至,每每作虚报。"

(367)八卷841页"处变"条:"①生活在异常情况下。"首引明王守仁《传习录》卷中为例。

按:宋代已用。《朱子语类》卷二二:"论'父在观其志',曰:'此一句已有处变意思,必有为而言。'"后文对此句的解释为:"父在时,子非无行也,而其所主在志;父没时,子非无志也,其所主在行。"

(368)八卷883页"蛇药"条:"治蛇咬伤的药。"举《人民日报》为例。

按:清代作品已有用例。屈大均《广东新语·虫语·诸蛇》:"蛇之类甚众。中其毒者,以蛇药敷之即愈。"

(369)八卷885页"蜑人"条:"南方沿海从事渔业的水上居民。蜑,同'蛋'。"仅举清王韬《请建蒋祠议》例。

按:明王士性《广志绎》卷四《江南诸省》:"旧时蜑人采珠之法,每以长绳系腰,携竹篮入水,拾蚌置篮内则振绳,令舟人汲上之,不幸遇恶鱼,一线之血浮水上,则已葬鱼腹矣。"

(370)八卷885页"蜑户"条:"蜑户。蜑,同'蛋'。"首举清魏源《道光洋艘征抚记》上例。

按:明王士性《广志绎》卷四《江南诸省》:"廉州中国穷处,其俗有四民……四曰蜑户,舟居穴处,仅同水族,亦解汉音,以采海为生。"

(371)八卷1021页"罣误"条:"谓因过失或牵连而受到处分。"首举清蒲松龄《聊斋志异·小翠》例。

按:早见于明何良俊《四友斋丛说》卷十八:"徐髯仙少有异才,在庠序赫然有声,南都诸公甚重之,然不羁,卒以罣误落籍。"

(372)八卷1061页"肉肉"条:"方言。表示疼爱的昵称。"举张贤亮《绿化树》二九为例。

按:此词清代作品已见。李百川《绿野仙踪》第五十一回:"苗秃子笑道:'我的小肉肉,你和我也恼了!我替你舍死忘生请了一回,你也不与我请个安。'"又同书第六十一回:"老头儿寻觅儿孙,错抱定敲磬沙弥,拍拍打打叫肉肉;小娃子悲呼父母,紧搂住送生小鬼,亲亲热热唤妈妈。"

(373)八卷1154页"答应"条:"⑤伺候;服役。"首举《醒世恒言·两县令竞义婚孤女》为例。

按:元代已有用例。无名氏《黄鹤楼》第三折:"兀那楼下有聪明伶俐的着一个上楼去,答应元帅。"无名氏《云窗梦》第四折:"我今日招婿,您众人在意答应着。"

(374)八卷1173页"节下"条:"③指节日或接近节日的日子。"举老舍《老字号》为例。

按:元杂剧中已有用例。张国宾《薛仁贵》第三折:"一家家上坟准备,准备些节下茶食。"

(375)八卷1180页"节略"条:"②删节省略。"首引元德异《〈坛经〉序》为例。

按:唐释宗密《圆觉经略疏之钞》卷十六:"难可以文字释之,释之即甚繁矣,难为节略故,但与连续本文而已。"《朱子语类》卷一〇:"圣制经者,乃是诸书节略本,是昭武一士人作,将去献梁师成,要觅官爵。"

(376)八卷1195页"个中人"条:"②暗指妓女。"举明无名氏《勘金环》楔子为例。

按:元曲中多有用例。李致远《还牢末》第一折白:"他原是个中人,我替他礼案上除了名字,弃贱从良。"无名氏《盆儿鬼》第一折白:"我撇枝秀元不是良家,是个中人,如今嫁这盆罐赵,做了浑家。"

(377)八卷1203页"管饭"条:"谓负责供应饭食。"举《人民文学》1981年第1期为例。

按:书证较晚。《大词典》十一卷13页"计日工"条有例:清李光庭《乡言解颐·人部·工》:"京师木料全包者多,乡人则六十年前尚或有管饭给工钱者,今无有矣。"其中已有"管饭"一词。

(378)八卷1237页"篾片"条,列有"犹清客"和"竹子劈成的薄片"两个义项。前者举清李渔《意中缘·毒诓》和清蘧园《负曝闲谈》第五回为例,后者缺例证。

按:此二义项,明代均已有用例。冯梦龙《笑府》卷七"开路神":"开路神曰:'阿哥,你不知,我只图得些口腹耳;若论穿着,全然不济,剥去外一层遮羞皮,浑身都是篾片了。'"此例字面义为"竹子劈成的薄片",隐含义为"清客"。又,金木散人《鼓掌绝尘》第三十五回:"好笑一个受业先生,竟做了帮闲篾片。"此为清客义。

(379)八卷1303页"旧习"条:"②长久积累的习惯。"首引鲁迅《书信集·致姚克》为例。

按:可提前到宋代。《朱子语类》卷八:"今人言道理,说要平易,不知到那平易处极难。被那旧习缠绕,如何便摆脱得去!"

(380)八卷1316页"自取其咎"条:"谓自己惹来的麻烦,自己招来的惩罚。"举茅盾《昙》一例。

按:明《古今小说》中已有用例。如卷十一《赵伯昇茶肆遇仁宗》:"此乃学生考究不精,自取其咎,非圣天子之过也。"

(381)九卷13页"色力"条:"犹气力;精力。"最早引明袁宏道《赠心湛一小师》诗例。

按:宋代已有用例。《五灯会元》卷一《西天祖师·二十五祖婆舍斯多尊者》:"王有二子:一名德胜,凶暴而色力充盛。"

(382)九卷57页"被告"条:"②诉讼时被控告的一方,相对原告而言。"首举《二十年目睹之怪现状》第十四回为例。

按:元代有用例。关汉卿《窦娥冤》第二折:"[祗候吆喝科。孤云:]那个是原告?那个是被告?从实说来。"又明代已习用,《西游记》第八十三回:"金星道:'我只说原告逃脱,被告免提。'"《古今小说·闹阴司司马貌断狱》:"原告:韩信、彭越、英布。被告:刘邦、吕氏。"《初刻拍案惊奇》卷十:"二生就讨过笔砚,写了息词,同着原告被告中证一干人进府里来。"

(383)九卷77页"里手"条:"①方言。内行;行家。"举周立波《桐花没有开》、柯岩《奇异的书简·船长》为例。

按:清代小说中已有用例。八宝王郎《冷眼观》第十二回:"你们道中的规矩,我不过记问之学,实在不是个里手。"

(384)九卷91页"绿豆"条:"豆科植物名。一年生草本。叶由三片叶组成,花小。绿黄色。"仅引明李时珍《本草纲目·谷三·绿豆》为例。

按:宋代已有用例。孟元老《东京梦华录·州桥夜市》:"夏月麻腐鸡皮、麻饮细粉……绿豆、甘草冰雪凉水……皆用梅红匣儿贮。"又吴自牧《梦粱录》

卷十八:"豆:大黑,大紫,大白,大黄,大青,白扁,黑扁,白小,赤小,绿豆……白豌,刀豆。"

(385)九卷93页"补药"条:"滋补身体的药物。"首举《儒林外史》第二一回为例。

按:明代作品已习见。冯梦龙《山歌·镬子》:"我那间吃气弗过,生子介个肚漏,身体热了又烧破子嘴唇。补药吃来无用,看看性命难存。"《警世通言·况太守断死孩儿》:"(支助)去寻得贵说道:'我要合补药。必用一血孩子。你主母今当临月,生下孩子必然不养,或男或女,可将来送我。'"又下文:"得贵道:'……他说要血孩合补药,我好不奉他?谁知他不怀好意!'"

(386)九卷94页"补衬"条:"②破布块。"举梁斌《红旗谱》为例。

按:《醒世姻缘传》已有用例,见第九十二回:"合陈师娘换下的一条破裤,都拆破做补衬使了。"

(387)九卷112页"褙"条:"把布或纸一层一层地沾在一起。"举许钦文《疯妇》为例。

按:元代作品已见用例。孔齐《至正直记·别业蓄书》:"急扣其故,但云:'某婢已将几卷褙鞋帮,某婢已将几卷覆酱瓿。'"

(388)九卷166页"羞花闭月"条:"形容女子貌美,使花亦羞愧,月亦隐藏。"最早引明汤显祖《牡丹亭·惊梦》例。

按:元代已有用例。杨果《采莲女》曲:"记得相逢对花酌,那妖娆,殢人一笑千金少。羞花闭月,沉鱼落雁不怹也魂消。"

(389)九卷206页"粗人"条:"粗俗的人;粗鲁的人。"首举《京本通俗小说·碾玉观音》为例。

按:隋唐已有此词。《隋书·虞绰传》:"著作郎诸葛颖以学业幸于帝,绰每轻侮之,由是有隙。帝尝问绰于颖,颖曰:'虞绰粗人也。'帝领之。"

(390)九卷206页"粗心"条:"疏忽;不仔细。"首举《红楼梦》为例。

按:宋代已见用例。《朱子语类》卷一〇:"为学读书,须是耐烦细意去理会,切不可粗心。"

(391)九卷207页"粗忽"条:"疏忽;马虎。"引徐迟《财神和观音》为例。

按:清代小说已有用例。《红楼梦》第四十五回:"众人都体谅他病中,且素日形体娇弱,禁不得一些委屈,所以他接待不周,礼数粗忽,也都不苛责。"俞万春《荡寇志》第一一一回:"那魏辅梁、真大义二人,不但李应失眼,即吴用亦粗忽。"

(392)九卷208页"粗浅"条:"浅显;不深奥。"首引明谢榛《四溟诗话》卷四为例。

按：宋代已有用例。《朱子语类》卷五九："然孟子所说，正是为众人说，当就人心同处看。我恁地，他人也恁地，只就粗浅处看，自分晓，却有受用。"

(393)九卷 209 页**"粗疏"**条："疏略；不精细。"首引《古今小说·杨思温燕山逢故人》为例。

按：五代王定保《唐摭言》卷十一："邺尤长七言诗，时宗人隐，亦以律韵著称；然隐才雄而粗疏，邺才清而绵致。"又，《朱子语类》卷一三："向来做时文，只粗疏恁地直说去，意思自周足，且是有气魄。近日时文屈曲纤巧，少刻堕在里面，只见意气都衰塌了。"

(394)九卷 210 页**"粗粝"**条："②形容食物的粗劣。"首引书证为丁玲《奔》。

按：宋代已有用例。《朱子语类》卷二六："若志得来泛泛不切，则未必无耻恶衣恶食之事。又耻恶衣食，亦有数样。今人不能甘粗粝之衣食，又是一样。"

(395)九卷 230 页**"精髓"**条："②比喻事物的精要部分。"首引清王夫之《姜斋诗话》卷二为例。

按：宋代已有用例。《朱子语类》卷一九："集注乃集义之精髓。"

(396)九卷 233 页**"糊涂"**条："②模糊。"首引《京本通俗小说·拗相公》为例。

按：《朱子语类》卷五七："问'则故而已矣'。曰：'性是个糊涂不分明底物事，且只就那故上说，故却是实有痕迹底。'"

(397)九卷 241 页**"粮长"**条："明清所设征收、解运所在粮区田粮的大员。由粮区内大户充当。"首举清代张廷玉《明史·食货志二》例。

按：明何良俊《四友斋丛说》卷十三："自祖父以来，世代为粮长垂五十年。后见时事渐不佳，遂告脱此役。"

(398)九卷 251 页**"肇判"**条："初分。"首引《秦并六国平话》卷上为例。

按：可提前至唐代。《晋书·刑法志》："若夫穹圆肇判，宵貌攸分，流形播其喜怒，禀气彰其善恶，则有自然之理焉。"又，《朱子语类》卷二四："行夫问三统。曰：'诸儒之说为无据。某看只是当天地肇判之初，天始开，当子位，故以子为天正。'"

(399)九卷 274 页"芋头"条："即芋母。指芋艿块茎之大者。与'芋子'相对。"举明李时珍《本草纲目·菜二·芋》为例。

按：宋代已有用例。《西湖老人繁胜录》："盖江南地暖如此，蔬菜一年不绝，此月有台心菜、黄芽菜、矮菜、甘露子、菠菜、芋头、芋艿、山药之类，葱韭尤多。"

(400)九卷285页"花":"⑳指某些幼嫩细微的东西。亦指小孩。"举《儒林外史》第十七回例。

按:明代已有用例。《金瓶梅词话》第九十一回:"俺衙内老爹身边,儿花女花没有,好不单径。""儿花女花"犹言儿子、女儿。

(401)九卷296页"花容"条:"比喻女子美丽的容貌,亦借指女子面容。"最早引元人方回《虚谷闲抄》为例。

按:宋代已有用例。吴自牧《梦粱录》卷二十:"遂请男家双全女亲,以秤或机杼挑盖头,方露花容。"

(402)九卷299页"花椒"条:"落叶灌木或小乔木。枝上有刺,果实球形,暗红色,种子黑色,可以做调味的香料,也供药用。亦指这种植物的种子。"举侯金镜《漫游小五台·神游》为例。

按:明清已有用例。《西游记》第一百回:"石花仙菜,蕨粉干薇。花椒煮莱菔,芥末拌瓜丝。"清蒲松龄《聊斋俚曲集·禳妒咒》第二十四回:"皮鲊切成细线儿,鲤鱼成个正面儿,葱丝切成碎段儿,花椒研成细面儿。"又《快曲》第四联:"快拿来加上些花椒、茴香,去去那贼的恶气。"

(403)九卷329页"若有所思"条:"好像在思考什么的样子。"首引现代作家傅泽《小姐妹们》为例。

按:可提前至唐代。陈鸿《长恨传》:"玉妃茫然退立,若有所思。"又,《朱子语类》卷六三:"问'时中'。曰:'自古来圣贤讲学,只是要寻讨这个物事。'语讫,若有所思然。"

(404)九卷338页"苗脉"条:"②比喻事物的根源。"首引明杨慎《邓山正论》为例。

按:宋代已有用例。《朱子语类》卷五九:"今人说仁,多是把做空洞底物看,却不得。当此之时,仁义礼智之苗脉已在里许,只是未发动。"

(405)九卷376页"草头"条:"②也叫草字头。汉字的偏旁。"举《新华文摘》1981年第4期文句为例。

按:此词清代作品已见。李百川《绿野仙踪》第七十九回:"童生道:'《易经》上有"拔茅连茹","茹"字怎么写?'周琏道:'草头下着一如字便是。'"又张春帆《九尾龟》第一百九十二回:"方小松道:'你这个"杀草"的两个字虽然可以用得,但是这个"芥"字,拆了开来,上面的草头是不成字的。'"

(406)九卷439页"菽乳"条:"豆腐。"仅举清梁章钜《归田琐记·豆腐》例。

按:明李诩《戒庵老人漫笔》卷七:"余邑先达孙司业大雅先生嫌豆腐之名不雅,改名菽乳,赋诗云……"

(407)九卷441页"萌蘖"条:"④开始产生。"首引明沈德符《野获编·禁卫·驾帖之伪》为例。

按:宋代已有用例。《朱子语类》卷三九:"墨氏之学,萌蘖已久,晏子时已有之矣。"

(408)九卷445页"**菜刀**"条:"切菜切肉等用的刀。"举《儿女英雄传》第九回为例。

按:还有更早用例。元康进之《梁山泊李逵负荆》第三折:"恼的我怒难消,踹匾了盛浆铁落,辘轳上截井索,芭棚下漤副槽,掷碎了酓酒瓢,砍折了菜刀。"明谢诏《东汉秘史》第三十三回:"时有客人姓吴,被王莽罚钱赏军,不能还家。听得谕旨许人民共搜,即提菜刀一把,寻入东宫而去。"

(409)九卷445页"**菜市**"条:"①集中出售蔬菜和肉类等副食品的场所。"首举清袁枚《随园诗话补遗》卷五例。

按:明何良俊《四友斋丛说》卷十六:"菜市街西新卜居,豆棚瓜蔓共萧疏。胸中富有书千卷,谁笑家无担石储。"

(410)九卷478页"**葱花**"条:"切碎的葱。用作调味品。"首举萧红《马伯乐》第一章为例。

按:明清多有用例。《金瓶梅词话》第九十四回:"这雪娥一面洗手剔甲,旋宰了两只小鸡,退刷干净,剔选翅尖,用快刀碎切成丝,加上椒料、葱花、芫荽、酸笋、油酱之类,揭成清汤。"清蒲松龄《聊斋俚曲集·禳妒咒》第二十四回:"挺硬的鸡蛋俩仁儿,煎或用个葱花儿,并不见个油花儿。"又《富贵神仙》第三回:"无处抓,供养只得用葱花,杀鸡又赶饼,烧水又烹茶。"

(411)九卷532页"**蒸笼**"条:"用竹篾、木片等制作的蒸食物用的器具。"首引《红楼梦》第三八回为例。

按:宋代笔记已有用例。吴自牧《梦粱录》卷十三:"家生动事如桌、凳、凉床、交椅、兀子……竹笊篱、蒸笼……"

(412)九卷576页"**薄酌**"条:"菲薄的酒食。谦辞。"举清蒲松龄《聊斋志异·桓侯》为例。

按:明代已有用例。无名氏《胭脂记》第二十一出:"有劳二位光顾,小弟有薄酌在此,二兄请饮一杯。"

(413)九卷577页"**薄落**"条:"①犹落魄。潦倒失意。"举元秦简夫《东堂老》为最早例。

按:唐五代时已有用例。《敦煌变文集·丑女缘起》:"私地诏一宰相,交觅薄落儿郎,官职金玉与伊,祝娉[充]为夫妇。"

(414)九卷589页"**蓝衫**"条:"②明清生员所穿服装。"仅举清吴敬梓《儒林外史》第三二回例。

按:明何良俊《四友斋丛说》卷十六:"一日学中散堂后,文通过诣启公,以蓝衫置栏上,继而文襄适至,屏当不及,文襄问是某秀才蓝衫。"

(415)九卷 605 页"藤"条:"②借指手杖。"仅举清黄景仁《病愈作歌》例。

按:明何良俊《四友斋丛说》卷十六:"其夫取视之。曰此文官棍子也。访之是张尚书。明日侵晨。头顶此藤。跪在长安街上。少顷公至。双藤缺其一。"

(416)九卷 621 页"苏气"条:"方言。谓态度大方,打扮漂亮。"举现代作家李劼人《死水微澜》和沙汀《淘金记》为例。

按:清刘省三《跻春台》已有用例。卷二《审烟枪》:"你看那正直人何等苏气,酒筵中都尊他坐在上席。"

(417)九卷 698 页"纠参"条:"举发弹劾。"首举清黄宗羲《论文管见》例。

按:明朱长祚《玉镜新谭》卷九《爱书》:"如有隐匿朦蔽等情,许据实纠参,一并连坐。"

(418)九卷 773 页"紊乱"条:"②杂乱;纷乱。"首引清林则徐《会批义律于封港后递求诚禀》为例。

按:唐释道宣《续高僧传》卷十五:"忽旋风勃起径趣李宗,缦倒掩抑身首烦扰,冠帻交横衣发紊乱,风至僧伦,怗然自灭,大众笑异其相,一时便散。"《朱子语类》卷一三五:"义刚说赐姓刘氏,云:'古人族系不乱,只缘姓氏分明。自高祖赐姓,而谱系遂无稽考,姓氏遂紊乱。'"

(419)九卷 807 页"结记"条:"惦记。"举魏巍《东方》及梁斌《红旗谱》为例。

按:清李百川《绿野仙踪》第四回:"于冰道:'只有一子,今年才十四岁了。'献述道:'好极,好极。这是我头一件结记你处。'"又同书第九回:"不意次日仍是大雪,于冰着急之至,晚间结记的连觉也睡不着。"

(420)九卷 813 页"结缆"条:"②包揽;收揽。"首引元关汉卿《拜月亭》第三折为例。

按:宋代已有用例。《朱子语类》卷二七:"曾子如他与门人之言,便有个结缆杀头,亦见他符验处。子贡多是说过晓得了便休,更没收杀。"

(421)九卷 846 页"绞脸"条:"旧时妇女的修容术。用细线交互缠绞拔去脸上的汗毛。"举梁斌《播火记》为例。

按:清代已有用例。蒲松龄《闺艳琴声》:"忙把头梳,忙把头梳,开眉绞脸用功夫。"同上:"洗了身子重洗面,新衫新裤从头换,细细绞脸开了眉,霎时缺嗤的一身汗。"

(422)九卷 873 页"绤"条:"葛布的统称。"首举清孙枝蔚《苦雨》诗例。

按:明叶盛《水东日记》卷二十七《虞邵庵三像》:"频年车马践霜雪,六月裳衣无绘绨。"

(423)九卷879页"**紧**"条:"③指经济不宽裕。"举朱自清《回来杂记》和王西彦《寻常事》两例。

按:《金瓶梅词话》中已有用例。第七回:"世上钱财倘来物,那是长贫久富家?紧着起来,朝廷爷一时没钱使,还向太仆寺借马价银子来使。""紧着"犹经济不宽裕时。

(424)九卷894页"**网开一面**"条:"同'网开三面'。"首举陶行知《育才两岁之前夜》例。

按:明朱长祚《玉镜新谭》卷一《纳奸》:"所愿伏如天悯囹圄之已毙,网开一面,贷罪人以不孥,庶几律无所泥,而刑得其平矣。"

(425)九卷1014页"**绕口令**"条:"①一种语言游戏。也叫拗口令、急口令、吃口令等。"举柯岩《奇异的书简·船长》为例。

按:书证晚出。清王廷绍编《霓裳续谱·数岔·听我胡诌》:"像是这样的绕口令儿绕绕嘴了,若是一六不六挤瓜栽跟头。"

(426)九卷1067页"**走水**"条:"⑤避讳语。指失火。"首举《市声》第三五回为例。又:"⑥比喻走漏消息。"举沈从文《失业》一例。"⑦方言。指帏帐帘幕上方装饰的短横幅。亦指轿子四周的风帘。"举端木蕻良《曹雪芹》为例。

按:此三义项均可在明清小说中找到用例。"走水"为"失火"之讳,《红楼梦》已如此。见第三十九回:"南院马棚里走了水,不相干,已经救下去了。"喻走漏消息,如《金屋梦》第十五回:"赌誓已完,玉卿还有些留恋,恐天明走水,两个约期后而别。"指"短横幅"者,《金瓶梅词话》中不乏其例。如第四十三回:"惟乔五太太轿子在头里,轿上是垂珠银顶,天青重沿销金走水轿衣。"又第六十五回:"陈经济扶灵床,都是玄色纻丝灵衣,五色销金走水,四角垂流苏。"

(427)九卷1093页"**起坐**"条:"⑤指离席。"举现代相声《新房子》例。

按:明何良俊《四友斋丛说》卷三十三:"大凡饮酒,或起坐,或迁席,或喧哗,或沾洒淋漓……"又同卷:"今存斋先生一饮亦必百杯,亦竟日不起坐,杯中不剩余沥也,大率与东江同。"

(428)九卷1103页"**起解**"条:"②旧时指犯人被押送上路。"最早引《二刻拍案惊奇》卷三八为例。

按:还有更早用例。《宋元戏文辑佚·崔君瑞江天暮雪》:"负心的也么喽!把奴做逃奴起解。"

(429)九卷1149页"**趋事**"条:"②犹侍奉。"首引《京本通俗小说·碾玉观音》为例。

按:《朱子语类》卷二二:"且如趋事上位,其人或不可亲,既去亲了他,一日,或以举状与我,我受了,便用主之非其人,虽悔何及!"

(430)九卷1159页"**赤包儿**"条:"即王瓜。一种多年生蔓草的果实,大如鸭卵,熟时红色。"首举清富查敦崇《燕京岁时记·赤包儿》例。

按:明代已有此称,见陆容《菽园杂记》卷十二:"王瓜非今作菹之瓜,其实小而有毛,《本草》名菝葜,京师人呼为赤包儿。"

(431)九卷1187页"**车仗**"条:"车舆和兵仗。"引《三国演义》第九六回和《水浒传》第四四回为例。

按:宋代已有例。无名氏《张协状元》戏文第八出:"小客独自不敢向前,等待官程,不然车仗厮赶过去。"

(432)九卷1206页"**军牢**"条:"为官府服役的卫兵。"首引清孔尚任《桃花扇·投辕》为例。

按:《金瓶梅词话》中已有用例。第九十九回:"交两个军牢抬着轿子,小姜儿跟随,径往河下码头,上谢家大酒楼店中来。"

(433)九卷1325页"**转轮**"条:"①旋转的轮子。"举茅盾《子夜》为例。

按:清代作品已见。毛祥麟《墨余录》卷三《摘录〈乘楂笔记·马赛里海关记〉》:"另置板屋一间,可坐六七人,上下皆用转轮,安坐可升。"下文:"继出一笼,内畜五狮,笼大如屋,四周围以铁栅,下设转轮。"卷十六《志泰西机器·轮船》:"近英人又造水轮船:只以一轮隐船旁,又有二管,水从船底入,因转轮之力,催水由二管出,水势湍急,向后而泄,即令船行。"同卷《凿山机》:"法以铁箱数十,下置转轮,复以铁桶高数丈,引水灌中,旁使活塞,提动可藉水力鼓气入箱,机一发而数十铁凿齐击,每日开山约三尺余。"又同卷《蒸汽》:"后五十余年,其国复有牛国民,添造转轮,而力尚未足,运行不速。"

(434)九卷1342页"**豆棚**"条:"用竹木搭成棚架,供蔓生豆藤攀附生长。房前屋后的豆棚,夏日为纳凉佳处。"仅举清艾衲居士《豆棚闲话·朝奉郎挥金倡霸》为例。

按:明代已有用例。曹臣《舌华录》:"张灵嗜酒傲物,或造之者。张方坐豆棚下举杯自酬,目不少顾。"

(435)九卷1366页"**艳服**"条:"服饰华丽。"举清余怀《板桥杂记·雅游》例。

按:明末已有例。金木散人《鼓掌绝尘》第二回:"他便急忙梳洗齐整,穿了艳服,站在船头上看了一会。"

(436)十卷48页"**贞人**"条:"②太平天国对女官的尊称。"仅举中国近代史资料丛刊《太平天国·太平礼制》例。

按：清俞樾《右台仙馆笔记》卷四："贼恋其色，竟不夺阿九。久之，以乔为贞人，以阿九为公子。贞人者，贼妇中之有名号者也。"

(437)十卷157页"**贵干**"条："询问他人有什么事情的敬语。"引《水浒传》第十五回例为最早书证。

按：元曲中已有用例。高文秀《遇上皇》第二折："敢问那壁君子，姓甚名谁，何处人氏？有何贵干到于此处？"

(438)十卷190页"**贼驴**"条："詈词。指奸恶愚笨的人。"引《水浒传》第十九回例为最早书证。

按：元代南戏中已有用例。柯丹丘《荆钗记》二十九出："[净云]休想我轻轻放过你。[丑云]我怕你强横小贼驴！"

(439)十卷229页"**卖货**"条："①出售货物。"举许地山《春桃》为例。

按：明代已见用例。《古今小说·新桥市韩五卖春情》："且说吴山每日蚤晨到铺中卖货，天晚回家。"

(440)十卷248页"**贱坯**"条："詈词。孬种；下贱坯子。"引洪深、刘绍棠作品为例。

按：清名教中人《好逑传》中已有用例。第七回："不期游到此处，又触怒了这个贱坯知县，他要害我性命，却亏小姐救了。"

(441)十卷272页"**质铺**"条："当铺。"仅举鲁迅《〈呐喊〉序》例。

按：明顾起元《客座赘语》卷五《三宜恤》："向有议裁寄庄户之兼并，禁质铺之罔利，与搜富户之非法者，其说固亦有见地。"

(442)十卷276页"**赔贴**"条："赔垫贴补。"首举鲁迅《彷徨·离婚》例。

按：明顾起元《客座赘语》卷二《坊厢始末》："此外锱铢不得私行科派，阴令坊夫赔贴。"

(443)十卷315页"**见面钱**"条："初次相见时赠送的礼物钱财。"引《二刻拍案惊奇》卷五中句子为证。

按：元曲中已有用例。马致远《青衫泪》第二折："小子久慕大名，拿着三千茶引，来与大姐焐脚，先送白银五十两，做见面钱。"

(444)十卷321页"**见钱眼开**"条："谓贪鄙爱财。"引清李渔《比目鱼·挥金》为最早书证。

按：《金瓶梅词话》中已有例。第八十六回："那经济便笑嘻嘻袖中拿出一两银子来……那薛嫂见钱眼开，说道：'好姐夫，自怨没钱使，将来谢我。'"

(445)十卷405页"**野老公**"条："指姘夫。"举张天翼《反攻·脊背与奶子》为例。

按：清李渔《无声戏》中已有用例。如第二回："扇坠送与野老公去了，还故意东寻西寻,何不寻到隔壁人家去。"

(446)十卷 413 页"**野种**"条:"①私生子。"举张天翼《反攻·脊背与奶子》为例。

按:明代《古今小说》中已有例。如第十卷《滕大尹鬼断家私》:"老爹爹纵有万贯家私,自有嫡子嫡孙,干你野种屁事!"

(447)十卷 413 页"**野汉子**"条:"指情夫。"引老舍《骆驼祥子》为例。

按:《金瓶梅词话》中已有例。见第三十五回:"不长不短的也寻什么件子与我做拜钱,你不与,莫不问我和野汉子要?"

(448)十卷 415 页"**野鸡**"条:"⑤旧社会谓沿街拉客的游娼。"引欧阳予倩《车夫之家》为例。

按:清代小说中已有例。张春帆《九尾龟》第二十一回:"四马路浪,几几化化格人勒浪,耐作仔野鸡,随便去拉两格好哉哇!"钱锡宝《梼杌萃编》第十八回:"他在上海讨了一个出色的野鸡,名字叫做祝眉卿,绰号叫烂污阿眉。"

(449)十卷 459 页"**跨院**"条:"正院两旁的院子。"首引杨沫《青春之歌》第二部第七章为例。

按:清贪梦道人《彭公案》中已有例。第五十七回:"到了东跨院之内,只听得东配房里面有人说话。"

(450)十卷 469 页"**跳槽**"条:"③改变行业;变动工作处所。"引艾芜、浩然作品为例。

按:清陈森《品花宝鉴》中已有例。第四十回:"那姬师爷更不好,如果好,我也不跳槽了。"

(451)十卷 477 页"**路照**"条:"准许通行的证件。"仅举孙中山《民权主义》第二讲例。

按:清王韬《淞隐漫录》卷五《四奇人合传》:"桂轩于贼酋所窃得路照,启笥以绨袍赠鲍……"

(452)十卷 481 页"**跟斗**"条:"人体失去平衡而摔倒,或指人体向下弯曲然后翻转的动作。"引《二十年目睹之怪现状》第九三回为最早书证。

按:《醒世姻缘传》中已有例。第四十一回:"着了忙的人,没看见脚底下一块石头,绊了个翻张跟斗,把只草镶鞋摔在阳沟里。"

(453)十卷 502 页"**踏板**"条:"③安置在车沿、床前等处便于上下的设备。"引《西湖佳话·南屏醉迹》为最早书证。

按:《金瓶梅词话》中已有例。第七十三回:"便点灯往那边床上寻去,寻不见。良久,不想落在床脚踏板上,拾起来。"

(454)十卷 503 页"**踏逐**"条:"①寻访;觅求。"举高明《琵琶记·伯喈思家》为最早用例。

按:宋吴自牧《梦粱录》中已有例。第十九卷:"如府宅官员豪富人家欲买宠妾、歌童、舞女、厨娘、针线供过、粗细婢妮,亦有官私牙嫂及引置等人,但指挥使便行踏逐下来。"

(455)十卷512页"跶"条:"方言。踢。"举《中国地方戏曲集成·安徽卷〈三跶寒桥·许亲〉》为例。

按:清蒲松龄《聊斋俚曲集·翻魇殃》第八回:"妹夫比你强十倍,给他提鞋跶了牙!""给他提鞋跶了牙"意思是说给他提鞋还被踢了牙。同上《磨难曲》第十五回:"张春就着跶了顿脚,抹了一块石头来好打。"又用作"捲"。《聊斋俚曲集·寒森曲》第一回:"打了顿捶来捲顿脚,又使拳头捣那腮。"

(456)十卷621页"郎君子弟"条:"指显贵浮浪的公子。"举元无名氏《百花亭》第三折为最早用例。

按:宋灌圃耐得翁《都城纪胜·闲人》中有例,如:"此等刀镊,专攻街市宅院,取奉郎君子弟,干当杂事,说合交易等。"

(457)十卷640页"都阃"条:"指统兵在外的将帅。"举清方还《旧边诗·大同》例。

按:明朱长祚《玉镜新谭》卷八《自缢》:"大司马止闻有一郎舅宗珏,是以白丁而题授守备矣。更又有一萧郎舅而都阃乎?"

(458)十卷660页"乡下人"条:"生长居住在农村的人。"首举《儿女英雄传》第十二回为例。

按:此词明代作品已见。冯梦龙《山歌·烧香娘娘》:"乡下人一味老实,城里人十分介轻狂。"同书《乡下人》:"乡下人弗识栖里人,忽然看见只捉舌头伸。"又冯梦龙《挂枝儿·乡下夫妻》:"俏娘儿遇清明,把先茔来上。乡下人看见了,手脚都忙。若不是小脚儿,就认做观音样。"

(459)十卷685页"邻右"条:"邻居。"举《元典章·刑部十八·阑遗》为最早用例。

按:宋张世南《游宦纪闻·苏翁》中已有用例:"来豫章东湖南岸,结庐独居,待邻右有恩礼。"

(460)十卷700页"身心"条:"②心思;精神。"首引金董解元《西厢记诸宫调》卷一为例。

按:《朱子语类》卷七:"古者,小学已自暗养成了,到长来,已自有圣贤坯模,只就上面加光饰。如今全失了小学工夫,只得教人且把敬为主,收敛身心,却方可下工夫。"

(461)十卷730页"近傍"条:"接近;靠近。"首引金董解元《西厢记诸宫调》卷二为例。

按:《朱子语类》卷四九:"杨问:'程子曰:"近思,以类而推。"何谓类推?'曰:'此语道得好。不要跳越望远,亦不是纵横陡顿,只是就这里近傍那晓得处挨将去。'"

(462)十卷 736 页"**近视眼**"条:"①眼睛近视。"首举清陈森《品花宝鉴》第六回为例。

按:先此已有用例。吴敬梓《儒林外史》第十七回:"那人看书出神,又是个近视眼,不曾见有人进来。"李百川《绿野仙踪》第七回:"额大而凸,三缕须有红有紫;鼻宽而凹,近视眼半闭半开。"同回下文:"先生得意之至,把两只近视眼笑的只有一线之阔,掀着胡子说道……"又下文:"原来近视眼看诗文最费力,这先生将一本赋掀来掀去,几乎把鼻孔磨破,方寻得出来,付与于冰。"

(463)十卷 755 页"**迥别**"条:"①大不相同。"首引明李贽《书应方卷后》为例。

按:宋代已有用例。《朱子语类》卷四四:"'克伐怨欲不行',只是禁止不使之行;其要行之心,未尝忘也。'克己复礼',便和那要行之心都除却。此'克己'与'克伐怨欲不行',所以气象迥别也。"

(464)十卷 807 页"**逐一**"条:"逐个,一个一个地。"首例书证为《京本通俗小说·错斩崔宁》。

按:宋代已有用例。《朱子语类》卷六:"又以手指逐一指所分为四个处,曰:'一个是仁,一个是义,一个是礼,一个是智,这四个便是个种子。'"

(465)十卷 821 页"**迷魂药**"条:"犹言迷魂汤。"引晚清李宝嘉《官场现形记》第四六回为最早书证。

按:元曲中已有用例。无名氏《飞刀对箭》第一折:"一会家我运不行似吃着迷魂药,一会家我志不成似吃着无心草。"

(466)十卷 876 页"**连缠**"条:"纠缠,牵连。"首例书证为明刘基《感时述事》诗之一。

按:宋代已有用例。《朱子语类》卷二二:"杨允叔问:'伊川言:"信非义,近于义者,以其言可复也。恭非礼,近于礼者,以其远耻辱也。信恭因不失近于义礼,亦可宗敬也。"此说如何?'曰:'某看不当如此说。圣人言语不恁地连缠。'"

(467)十卷 890 页"**逐臭**"条:"谓喜爱臭味。"举清和邦额《夜谭随录·某太守》为例。

按:可提前至唐代。徐夤《逐臭苍蝇》诗:"逐臭苍蝇岂有为,清蝉吟露最高奇。"杜牧《分司东都寓居履道叨承川尹刘侍郎大夫恩知上四十韵》诗:"海边慵逐臭,尘外怯吞腥。"又如明冯梦龙《醒世恒言·陈多寿生死夫妻》:"又有刻薄的闲汉,编成口号四句:'伯牛命短偏多寿,娇香女儿偏逐臭。红绫被里合欢时,粉花香与脓腥斗。'"

(468)十卷919页"**这厢**"条,义为"这里"。举京剧《走麦城》为例。

按:宋元已见。《宋元戏文辑佚·琵琶亭》:"怎知我这厢,独守兰房。"

(469)十卷959页"**过冬**"条:"度过冬季。"首举宋张元干《留寄黄檗山妙湛禅师》为例。

按:《列子》中已有用例。《杨朱第七》:"故野人之所安,野人之所美,谓天下无过者。昔者宋国有田夫,常衣缊麻贲,仅以过冬。暨春东作,自曝于日,不知天下之有广厦隩室,绵纩狐貉。"

(470)十卷969页"**过场**"条:"④花样;办法。"举巴金《秋》、柳青《创业史》为例。

按:"过场"之"花样;办法"义,清刘省三《跻春台·南乡井》中已有用例。如:"夫君今日要妻打扮风流,为妻生来本相,做不来那些丑过场。"又:"淫妇虽然心畅快,就是娼妓有过场。龟子候你把床上,一门关你在小房。"

(471)十卷1041页"**逾千**"条:"超过一千。"首举清魏源《秦中杂感》为例。

按:五代早有用例。杜光庭《历代崇道记》:"三年三月十一日,亳州刺史潘稠差道士马含章、孙栖梧等奏,太清宫自乾宁四年,后累有逆寇侵犯真源,少或逾千,多或至万,皆窥伺是宫,欲为焚劫,或来攻城邑,或旁犯县城。"

(472)十卷1157页"**遮盖**"条:"②掩盖;从上面或外面遮住。"首引《元典章新集·刑部·偷盗》为例。

按:宋代已有用例。《朱子语类》卷一二四:"此正如贩盐者,上面须得数片鲝鱼遮盖,方过得关津,不被人捉了耳。"

(473)十卷1202页"**遗恨终天**"条:"谓终身感到悔恨。"举《历史研究》1976年第2期文章为例。

按:唐宋文献用例颇多。唐张说《周故通道馆学士张府君墓志》:"未遑归葬,有志不就,遗恨终天。"宋杨亿《武夷新集·故信州玉山令府君神道表》:"赍志没地,遗恨终天。行道之人,所共叹息。"同书卷九《宋故推诚保德翊戴功臣……钱公墓志铭》:"管公明不及嫁娶,遗恨终天;张元伯顿隔死生,绪言在耳。"

(474)十卷1229页"**遵旨**"条:"谓遵照皇帝的谕旨。"首举明卢象昇《起解罪帅疏》为例。

按:此词早已出现。《宋书·礼志二》:"晋宣帝遗诏:'子弟群官,皆不得谒陵。'于是景、文遵旨。"又如《北史·景穆十二王传》:"(顺)徐而谓雍曰:'高祖迁宅中土,创定九流,官方清浊,轨仪万古。而硃晖小人,身为省吏,何合为廷尉清官?殿下既先皇同气,诚宜遵旨,自有恒规,而复逾之也?'"

(475)十卷1272页"**避风头**"条:"谓情势对自己不利时,出去躲匿,以免吃眼前亏。"引洪深、许杰作品为例。

按:清代小说中已有例。李宝嘉《官场现形记》第二十六回:"现在是你原保大臣出了这个岔子,连你都带累的不好,我看你还是避避风头,过一阵再出来的为是。"

(476)十卷1378页"**解馆**"条:"旧时谓书塾停办或塾师解聘。"举清蒲松龄《聊斋志异·房文淑》例。

按:明焦竑《玉堂丛语》卷一《行谊》:"其家有女方笄,窥见公,心悦焉,朝夕辄以肉羹遣婢通意于公,公即以他故解馆去。"

(477)十一卷20页"**计算**"条:"③算计。谓暗中打损害别人的坏主意。"最早引《廿载繁华梦》第二回为例。

按:唐初早有用例。《王梵志诗》第一二一首:"你若计算他,他还计算你。勾他一盏酒,他勾十巡至。"

(478)十一卷34页"**讨愧**"条:"犹抱愧。"引1926年1月9日的《实事白话报》为例。

按:《红楼梦》中已有用例。第三十回:"宝钗再要说话,见宝玉十分讨愧,形影又变,也就不好再说,只得一笑收住。"

(479)十一卷167页"**诚确**"条:"诚实。"首引明王应遴《逍遥游》为例。

按:唐李筌《太白阴经》卷三:"一人判官,主仓粮财帛出纳军器刑书,公平者任;二人军典,明书计、谨厚诚确者任。"《朱子语类》卷二:"(雹)自有是上面结作成底,也有是蜥蜴做底,某少见十九伯说亲见如此。十九伯诚确人,语必不妄。"

(480)十一卷200页"**该死**"条:"该判死罪。……亦常用作责人或自责的口头语,表示责备、埋怨、愤恨或厌恶。"最早引《红楼梦》第十五回为例。

按:明代已有用例。童养中《胭脂记》第十六出:"你该死。你去了,怎么又转来怎的?"《水浒传》第二十九回:"那妇人大怒,便骂道:'杀才,该死的贼!'"

(481)十一卷240页"**说大话使小钱**"条:"谓口头慷慨,而行为吝啬。亦比喻口说大话,却行事胆小。"举冯志《敌后武工队》为例。

按:清代作品已见用例。李百川《绿野仙踪》第五十回:"苗秃子道:'那个说大话使小钱的小厮,还题他那旧事怎么?'"

(482)十一卷245页"**说破**"条:"把隐秘的意思或事情说出来。"首引《宣和遗事》前集为例。

按:唐释一行《大毗卢遮那成佛经疏》卷十:"此相微细难遣,处处说破无明三昧,净除自体之惑相。"又,《朱子语类》卷四:"如退之说三品等,皆是论气质之性,说得尽好。只是不合不说破个气质之性,却只是做性说时,便不可。"

(483)十一卷246页"**说书**"条:"④表演评书、评话、弹词等。"最早引清孔尚任《桃花扇·听稗》为例。

按:元代早有用例。无名氏《粉蝶儿·阅世》套曲:"折末道谜续麻合笙,折末道字说书打令。"

(484)十一卷248页"**说梦**"条:"②说梦话。引申为说昏愦的话。"首引明刘若愚《酌中志·忧危竑议前纪》为例。

按:宋代已有用例。《朱子语类》卷四:"程子云:'论性不论气,不备;论气不论性,不明,二之则不是。'所以发明千古圣贤未尽之意,甚为有功。大抵此理有未分晓处,秦汉以来传记所载,只是说梦。"

(485)十一卷254页"**认得**"条:"②记得。"引苏轼《水调歌头》词、辛弃疾《八声甘州》词二例。

按:唐代已有用例。白居易《重到江州感旧游题郡楼》诗:"郡民犹认得,司马咏诗声。""犹认得"即还记得。

(486)十一卷282页"**课簿**"条:"记载学生出、缺席和学习情况以备考核的簿册。"举清褚人获《坚瓠集·王雪村》例。

按:明陆容《菽园杂记》卷十二:"洪武年间,国子监生课簿仿书,按月送礼部。仿书发光禄寺包面,课簿送法司背面起稿,惜费如此。"

(487)十一卷312页"**调繁**"条:"谓调任政务繁剧的州县。"举清张廷玉《明史·熊开元传》例。

按:明何良俊《四友斋丛说》卷八:"后高中玄在吏部。葵庵以调繁改松江。中玄去位。葵庵亦以考察去。"

(488)十一卷369页"**讲学**"条:"②公开讲述自己的学术理论。"首引明陆树声《清暑笔谈》为例。

按:西晋陈寿《三国志·吴书·虞翻传》:"权积怒非一,遂徙翻交州。虽处罪放,而讲学不倦,门徒常数百人。"《朱子语类》卷四:"理离气不得。而今讲学用心着力,却是用这气去寻个道理。"

(489)十一卷521页"**青年**"条:"②指年轻人。"举毛泽东《〈中国农村的社会主义高潮〉的按语》及丁玲、赵树理作品用例为证。

按:此词明代已见。明刊《风月锦囊·摘汇奇妙续编全家锦囊姜女寒衣记》:"寄语青年,上和下睦须行善。"

(490)十一卷603页"长随"条:"②官府雇用的仆役。"首引清赵翼《廿二史札记》卷三六为例。

按:明代已有用例。卢楠《想当然》第二十七出:"我不免修书一封,叫长随的寄到许文仙家。"

(491)十一卷705页"霎"条:"④用同'眨'。"举张天翼《儿女们》"又霎霎眼睛"为例。

按:明代已有用例。《金瓶梅词话》第五十四回:"一个韩金钏,霎眼挫不见了。"此言眨眼间不见了。

(492)十一卷776页"灵验"条:"②预言能够应验。"首引元无名氏《盆儿鬼》楔子为例。

按:宋代已有用例。《朱子语类》卷六五:"问:'先生说:"伏羲画卦皆是自然,不曾用些子心思智虑,只是借伏羲手画出尔。"唯其出于自然,故以之占筮则灵验否?'曰:'然。'"

(493)十一卷796页"雀斑"条:"亦作'雀瘢'。面上生的黄褐色或墨色小斑点。患者以女性为多。"最早引《红楼梦》第四八回为例。

按:元末明初已有用例。陶宗仪《南村辍耕录》卷十一:"面雀斑,淡墨水斡。麻,檀水斡。"

(494)十一卷862页"鸡冠"条:"②草本植物名。一年生,花状如鸡首之肉冠。"举明李时珍《本草纲目·草四·鸡冠》等例。

按:宋代已有用例。孟元老《东京梦华录·中元节》:"又卖鸡冠花,谓之'洗手花'。"又吴自牧《梦粱录》卷十八:"紫荆花。鸡冠,有三色。凤仙。杜鹃。"

(495)十一卷974页"限制"条:"③约束。"首引清平步青《霞外攟屑·掌故·林西厓方伯》为例。

按:宋代已有用例。《朱子语类》卷六一:"'性也,有命焉',此性是气禀之性,命则是限制人心者。"

(496)十一卷992页"院使"条:"①元时称掌管茶事的人为'院使'。"仅举清梁章钜《称谓录·茶》为例。

按:明陆容《菽园杂记》卷二:"医人称郎中,镊工称待诏,磨工称博士,师巫称太保,茶酒称院使皆然。此元时旧习也,国初有禁。"

(497)十一卷1028页"阴曹"条:"犹阴间。"最早引清蒲松龄《聊斋志异·席方平》例。

按:《金瓶梅词话》中已有该词。第六十二回:"此位娘子,惜乎为宿世冤您所诉于阴曹。"

(498)十一卷1106页"**随便**"条:"③任何;无论。"引曹禺《日出》、老舍《骆驼祥子》为例。

按:清代已有用例。韩邦庆《海上花列传》第二十一回:"我有个朋友,内外科全会,真真好本事;随便耐稀奇古怪个病,俚一把脉,就有数哉。"

(499)十一卷1108页"**随从**"条:"②跟从者;侍从者。"引老舍《四世同堂》、冰心《到青龙桥去》为例。

按:元剧中已有用例。乔吉《扬州梦》第四折:"[白文礼引随从上云]小生白文礼,昔在扬州与杜牧之送行。"

(500)十一卷1170页"**金贵**"条:"珍贵;贵重。"引李準《不能走那条路》及《苏州杂志》1990年第4期文章为例。

按:《红楼梦》中已有用例。第三回:"好金贵东西!这么个小瓶,能有多少?"

(501)十一卷1203页"**钉头**"条:"③比喻强硬的对手。"引洪深《申屠氏》第一本为例。

按:清张南庄《何典》中已有用例。见第二回:"恰正钉头碰着铁头,两个牛头高,马头高,长洲弗让吴县的就打起来了。"

(502)十一卷1284页"**银鞘**"条:"②古时一种解饷银用的盛放物。"首举清吴敬梓《儒林外史》第三四回例。

按:明朱长祚《玉镜新谭》卷四《赏赉》:"偷卖田桑,偷卖龙袍,以至夺劫银鞘者,咸伏种种刑章……"

(503)十一卷1288页"**铺面**"条:"②店铺,商店。"首引《水浒传》第四十三回为例。

按:宋代已有用例。《朱子语类》卷五三:"'市,廛而不征',谓使居市之廛者,各出廛赋若干,如今人赁铺面相似,更不征税其所货之物。"

(504)十一卷1291页"**铺写**"条:"铺陈摹写。"举清刘献廷《广阳杂记》卷四例。

按:明何良俊《四友斋丛说》卷十五:"南宋陈简陆放翁杨万里周必大范石湖诸人诗,虽则尖新太露圭角,乏浑厚之气,然能铺写情景,不专事绮……"

(505)十一卷1292页"**铺衬**"条:"③补衣、制鞋底的碎布。"举《人民文学》1977年第12期作品一例。

按:此词清代已用。蒲松龄《聊斋俚曲集·俊夜叉》:"拾了根绳子扎着腿,上下一堆破铺衬。"又《墙头记》第三回:"上下一堆破铺衬,西北风好难禁。"同回:"外头袍子难囵囵,边上破铺衬。"

(506)十一卷1295页"**销票**"条:"回缴传票或拘票。"仅举清代陶贞怀

《天雨花》第二回例。

按:明李中馥《原李耳载》卷下《秉理通神》:"不特关圣不容此魅,即周将军岂甘污蔑如也?尔宁家一月后销票。"

(507)十一卷1326页"锢漏"条:"锢露。"仅举郭澄清《大刀记》第十七章例。

按:清解鉴《益智录》卷一《柳逢春》:"茂曾业锢漏,故识之,而卖花者不知奇货之可居也。"

(508)十一卷1328页"锅底"条:"锅的底部与烟火直接接触的一面。颜色漆黑。"举马烽、西戎《吕梁英雄传》第二十一回为例。

按:明代作品已见用例。罗懋登《西洋记演义》第六十九回:"张狼牙本等是生得面如锅底,须似钢锥。"《西游记》第三十四回:"行者随往后面,演到厨中,锅底上摸了一把,将两臀擦黑,行至前边。"《醒世恒言》卷七:"面黑浑如锅底,眼圆却似铜铃。"

(509)十一卷1330页"锥子"条:"尖端锐利的用来钻孔的工具。"首举《当代》1987年第2期为例。

按:古代作品习见。《五灯会元》卷十一《首山念禅师法嗣·谷隐蕴聪禅师》:"十五日已后诸佛灭,你不得住我这里,若住我这里,我有锥子锥你。"《红楼梦》第二十七回:"林之孝两口子都是锥子扎不出一声儿来的。"清李百川《绿野仙踪》第七十三回:"少刻,觉得浑身如绳子捆住一般,又觉得鼻孔中有几条锥子乱刺,痛入心髓。"

(510)十二卷6页"门司"条:"守门的吏役。"最早引宋吴曾《能改斋漫录·记事一》例。

按:唐五代已有用例。《敦煌变文集》二卷《韩擒虎话本》:"门司入报:'外头有一僧,善有妙术,口称医疗,不敢不报。'"

(511)十二卷15页"门对"条:"①门联。"最早引清黄辅辰《戴经堂日钞》例。

按:明代小说《钟馗传》中已有用例。如第九回:"家家贴门对,户户挂钱章。"

(512)十二卷29页"问话"条:"查问;询问。"首引《红楼梦》第一回为例。

按:《朱子语类》卷三三:"昔有人问话于一僧,僧指面前花示之,曰:'是甚么?'其人云:'花也。'"

(513)十二卷41页"开心"条:"⑦取笑;开玩笑。"举清李宝嘉《官场现形记》第三回为最早用例。

按:明代小说中已有例。《二刻拍案惊奇》卷十二:"岂知姊妹行中心路最多,一句开心,陡然疑变。"

(514)十二卷42页"开吊"条:"有丧事的人家在出殡以前接待亲友来吊

唵。"引《儒林外史》第二二回为例。

按:《红楼梦》中已有该词。第一〇一回:"他一到京,接着舅老爷的首尾就开了一个吊,他怕咱们拦他,所以没告诉咱,弄了好几千两银子。"

(515)十二卷50页"开后门"条:"②比喻通过不正当的途径,打通关节,以达到某种目的。"举巴金《随想录·怀念萧珊》为最早例。

按:清代小说中已有例。李宝嘉《官场现形记》第四十九回:"芜湖城里出新闻,提督军门开后门。日日人前来卖俏,便宜浪子与淫僧。"

(516)十二卷52页"开席"条:"开始入座饮酒用菜。"仅举清代李宝嘉《官场现形记》第一回例。

按:明顾起元《客座赘语》卷七《南朝旧日宴集》:"……方书眷生或侍生某拜,始设开席,两人一席,设果肴七八器,亦巳刻入席,申末即去。"

(517)十二卷69页"闲言冷语"条:"没有根据的讥刺他人的话。"首引《白雪遗音·马头调·烟花场》为例。

按:宋代已有用例。《朱子语类》卷四二:"谮,是谮人,是不干己底事。才说得骤,便不能入他,须是闲言冷语,掉放那里,说教来不觉。"

(518)十二卷96页"闷人"条:"使人烦闷。"首例书证为清吴趼人《二十年目睹之怪现状》第四三回。

按:宋代已有用例。《朱子语类》卷二〇:"盖此个道理天下所公共,我独晓之,而人晓不得,也自闷人。"

(519)十二卷99页"闸草"条:"即苲草。指金鱼藻等水生植物。"举老舍《龙须沟》第一幕为例。

按:此词清代文献已见。华广生编《白雪遗音·马头调·夏景》:"青的是闸草,红白是藕莲。"又同书《马头调·佳人独坐》:"恨将起,推倒石头,铲断了闸草,垫平了鱼池,掐吊了荷叶,手捧起鱼儿,赶散了鸳鸯。"

(520)十二卷147页"阙漏"条:"缺失遗漏。"首引《文献通考·经籍十九》为例。

按:宋代已有用例。《朱子语类》卷六〇:"尽心,也未说极至,只是凡事便须理会教十分周足,无少阙漏处,方是尽。"

(521)十二卷162页"关约"条:"犹契约。"引柔石《二月》一例。

按:明清溪道人《禅真后史》中早有用例。如第一回:"他如今在这里安身不稳,就欲起程回去,因无盘缠,将这张关约押弟五钱银子,岂不是一场好笑!"

(522)十二卷220页"顶门鍼"条:"'顶门上一针'的省略语。"仅举清章学诚《丙辰札记》例。

按:明代笔记已有用例。李翊《戒庵老人漫笔》卷三:"余大母严乃文恪之外孙女也,耳熟之……其诗语尤是与今日士子下一顶门鍼也。"

(523)十二卷243页"顺遂"条:"②顺当,顺利;合乎心意。"最早引清东轩主人《述异记》例。

按:明罗懋登《西洋记演义》中已有用例。第二十回:"一则朝廷洪福,二则国师法力,颇行得顺遂。"

(524)十二卷246页"须当"条:"应当。"首引《京本通俗小说·西山一窟鬼》为例。

按:宋代已有用例。《朱子语类》卷六:"学者须当于此心未发时加涵养之功,则所谓恻隐、羞恶、辞逊、是非发而必中。"

(525)十二卷273页"**预期**"条:"①预先期待。"首引明袁宏道《答陶石篑书》为例。

按:可提前至中古。唐释道宣《广弘明集》卷二引齐魏收《魏书·释老志》:"世祖征问方士金丹事。对曰:'神通幽昧,变化难测。可以暗遇,难以预期。'"《朱子语类》卷五二:"'必有事焉,而勿正',有事,有所事也;正,预期也。言人之养气,须是集义。苟有未充,不可预期其效,而必强为以助其长也。"

(526)十二卷276页"预习"条:"②事先演习。"举《小说选刊》1981年第6期中作品为例。

按:明焦竑《玉堂丛语》卷四《忠节》:"观至东阳河,知事不可为,会有朝使召观,观给使者曰:'入贺新朝,礼当预习。'"

(527)十二卷285页"领导"条:"①带领并引导朝一定方向前进。"首引瞿秋白《饿乡纪程》为例。

按:清代小说《劫余灰》中已有用例。第十五回:"(婉贞)由原媒六皆领导,坐了青衣小轿,过陈家来。"

(528)十二卷295页"头上"条:"③先,前头。"首引《金瓶梅词话》第六十九回为例。

按:宋代已有用例。《朱子语类》卷五二:"孟子只说'其为气也,至大至刚,以直养而无害',又说'是集义所生者',自不必添头上一截说。"

(529)十二卷304页"头拳"条:"指脑袋。以脑袋代替拳头撞击他人,故称。"仅举清陶贞怀《天雨花》第二回为例。

按:明罗懋登《西洋记演义》中不乏用例。如第四十七回:"铜头宫主听得胡都司的鸾铃,看看近着他,扑地里兜转马来,一头拳正撞着胡都司的脸。"第八十五回:"进不得门不至紧,却在船舱板上撞了一个头拳,把个船舱头上的灯早已打阴了。"又第九十八回:"左一头拳,右一脑盖,把两边的船打翻了,他却就中取事,利人财宝,贪人血肉。"

(530)十二卷394页**"骨子"**条:"①物体内起支撑作用的架子。"首引清李渔《闲情偶寄·居室·墙壁》为例。

按:宋代已有用例。《朱子语类》卷六:"且如扇子有柄,有骨子,用纸糊,此便是体;人摇之,便是用。"

(531)十二卷489页**"食嗓"**条:"指食管。"引清代作品例。

按:《西游记》中已有用例。第六十二回:"你看八戒放开食嗓,真个是虎咽狼吞。"

(532)十二卷500页**"饭店"**条:"①饭铺;饭馆。"首举《水浒传》第三八回为例。

按:宋代笔记已有用例。灌圃耐得翁《都城纪胜·食店》:"衢州饭店又谓之闷饭店,盖卖盦饭也。"

(533)十二卷501页**"饭堂"**条:"饭厅;食堂。"首举清代黄景仁《僧舍夜月》诗例。

按:明顾起元《客座赘语》卷二《杂赋》:"一曰流移夫银,该五城地方外郡来京附居人户出办,该光禄寺发三处饭堂赈济贫民,运米脚价,本寺橱役逐月支领。"

(534)十二卷503页**"饭锅"**条:"①煮饭的锅。"举鲁迅《三闲集·在钟楼上》为例。

按:还有更早用例。《初刻拍案惊奇》卷一:"能文的倚马千言,用不着时,几张纸盖不完酱瓿;能武的穿杨百步,用不着时,几竿箭煮不熟饭锅。"《醒世姻缘传》第二十七回:"过了几日,饭锅里撒上狗粪,或是做饭方熟,从空中坠下砖石,把饭锅打得粉碎。"

(535)十二卷600页**"风快"**条:"②犹飞快。"举艾芜《纺车复活的时候》、柳青《铜墙铁壁》为例。

按:明卢楠《想当然》第二十七出:"枢密院限了日期,时刻不停,车儿马儿,去的风快的。"又,清蒲松龄《聊斋俚曲集·快曲》第二联:"吱吱呀呀一片响,小船风快如流星。"清艾衲居士《豆棚闲话》第三则:"正要寻同乡亲戚写个会票接来应手,那老朝奉风快的到来,进门前后一看,叫屈连声,揪着兴哥就打。"

(536)十二卷619页**"风筝"**条:"①玩具。通常以竹篾为骨架糊以纸、绢而成。用长线系之,能乘风高飞。"举明陈沂《询蒭录》等例。

按:宋代已有用例。周密《武林旧事·西湖游事》:"至于吹弹、舞拍、杂剧、杂扮……风筝,不可指数,总谓之'赶趁人',盖耳目不暇给焉。"

（537）十二卷671页"**首揆**"条："首相。揆，宰相的职位。"首举清代张廷玉《明史·宰辅年表一》例。

按：明焦竑《玉堂丛语》卷三《礼乐》："上好更定礼制，欲绌孔子王号，去像为木主，于笾豆礼乐，皆有所抑损，而首揆张孚敬缘上指而发之。"

（538）十二卷741页"**髹几**"条："涂上漆的木几。"首引清魏耕《宿千松禅院待钱大缵曾不至》诗例。

按：明焦竑《玉堂丛语》卷三《宠遇》："是年秋，御书'怡老堂'三大字及髹几、玉鸠杖各一以赐。"

（539）十二卷780页"**马蜂窝**"条："①即马蜂的窝。"举周立波《暴风骤雨》书中例。

按：清代小说已见。李百川《绿野仙踪》第四十八回："（苗秃子）唱道：'你好似莲蓬座，你好似马蜂窝，你好似穿坏的鞋底绳头儿落。'"又下文："只是这金姐脸上，也有几个麻子，你就骂，也该平和些儿。怎么必定是石榴皮、马蜂窝、羊肚子、擦脚石，骂的伤情利害到这步田地！"

（540）十二卷896页"**惊吓**"条："①惊动吓唬。"首引《水浒传》第四十二回为例。

按：宋代已有用例。《朱子语类》卷二八："'屡憎于人'，是他说得大惊小怪，被他惊吓者岂不恶之。"

（541）十二卷1029页"**咸鸭蛋**"条："用加热的黄泥浆或盐水腌制成的鸭卵。"举峻青《党员登记表》一例。

按：清代文献已见用例。顾禄《清嘉录》卷四《立夏见三新》："宴饮则有烧酒、酒酿、海蛳、馒头、面筋、芥菜、白笋、咸鸭蛋等品为佐。"

（542）十二卷1325页"**黑奴**"条："黑人奴隶。亦为欧美殖民主义者对黑种人的蔑称。"首举清黄遵宪《樱花歌》为例。

按：清赵翼《檐曝杂记》卷四《诸番》："黑奴性最悫，且有力，能入水取物，其主使之下海，虽蛟蛇弗避也。"又下文："某家买一黑奴，配以粤婢，生子矣，或戏之曰……黑奴果疑，以刀斫儿胫死，而胫骨乃纯黑，于是大恸。"赵翼（1727～1814）早于黄遵宪（1848～1905）。

（543）十二卷1348页"**点天灯**"条："旧时酷刑。"举王皓沅《清宫十三朝》第七十二回为例。

按：该词清代作品已见。毛祥麟《墨余录》卷九《赵碧娘》："东贼初令杖责，及取冠裂视，复大怒，令于翌旦点天灯示众。盖以帛裹人身，渍油使透，植高竿，倒缚于上，以火燃之也。"

（四）缺少书证或书证不充分

书证，从编纂者而言，是释义的证明和立目的依据；对使用者来说，则有助于理解词义和弄清词语发展变化的源流关系。辞书义项归纳得全不全，释义正确与否，释义与书证是否相符，在很大程度上取决于书证是否丰富、典型。伏尔泰曾经说过："没有书证的词典是一具骷髅。"《大词典》虽以书证广博著称，但还有许多词目和义项仅列一个用例，甚至有的义项根本就没有用例。缺少书证或书证不充分势必影响辞书的整体质量。这对于言必有征的大型历史性语文工具书来说，不能不说是一个缺陷。下面试举例说明：

1. 缺少书证

(1) 一卷 55 页"**一面**"条："③指物体的几个面之一。"系自编例句。

按：《吕氏春秋·异用》："人置四面，未必得鸟；汤去其三面，置其一面，以网其四十国，非徒网鸟也。"《朱子语类》卷二："月质常圆，不曾缺，如圆球，只有一面受日光。"又卷一九："且如攻城，四面牢壮，若攻得一面破时，这城子已是自家底了，不待更攻得那三面，方入得去。"

(2) 一卷 202 页"**三角形**"条："把不在一直线上的三点，两两用线段连接起来的图形……"无书证。

按：清刘献廷《广阳杂记》卷四："……若三角形、锐钝角诸测法，未之有也。"

(3) 一卷 264 页"**上下文**"条："谓文章中与某一文句相连的前文和后文。"系自编例句。

按：《朱子语类》卷一一："问：'一般字，却有浅深轻重，如何看？'曰：'当看上下文。'"又卷二七："'忠恕违道不远'与'夫子之道忠恕'，只消看他上下文，便自可见。"

(4) 一卷 399 页"**不中听**"条："使人不喜欢听。"无书证。

按：此条实际上文献用例很多。《西游记》第七十一回："妖王走出宫门，只见那几个传报的小妖慌张张的磕头道：'外面有人叫骂，要金圣宫娘娘哩！若说半个不字，他就说出无数的歪话，甚不中听。'"《醒世姻缘传》第六十七回："艾回子道：'……只怕是我那清早醉了，说了甚么不中听的话。'"清王廷绍编《霓裳续谱·银纽丝·乡里亲家我瞅瞅亲家》："亲家母说话不中听，恼人的心。"清华广生编《白雪遗音·银纽丝·两亲家顶嘴》亦收此句。

(5) 一卷 410 页"**不安分**"条："不守本分。"仅自撰一例，无书证。

按：古白话文献中多用。《醒世姻缘传》第十回："大尹又叫：'晁源,你是个宦家子弟,又是个监生,不安分过日子,却取那娼妇做甚？'"清张春帆《九尾龟》第八十二回："这个欠户,听说很有钱的,靠着他儿子的丈人是县里头的差役,作威作福的,很不安分。"

(6) 一卷429页"不便"条："⑤缺钱用。"自拟一例。

按：《警世通言》有例。卷二十五《桂员外途穷忏悔》："向承看顾,感激不忘,前日令郎远来,因一时手头不便,不能从厚,非负心也,将来必当补报！"

(7) 一卷434页"不配"条："①不相称。"自拟一例。

按：《红楼梦》中有用例。第四十回："这个院子里头又没有个桃杏树,这竹子已是绿的,再拿这绿纱糊上反不配。"

(8) 一卷434页"不配"条："②谓不够格。"仅自拟一例。

按：亦见于《红楼梦》。第二十二回："那些梯己只留于他,我们如今虽不配使,也别苦了我们。"又第三十一回："晴雯道：'怪热的,拉拉扯扯作什么！叫人来看见像什么！我这身子也不配坐在这里。'"

(9) 一卷440页"不爽"条："③指身体、心情不愉快。"无书证。

按：明清以来用例很多。明许仲琳《封神演义》第五十四回："邓九公见女儿着伤,心下十分不爽,纳闷在帐,切齿深恨哪吒。"《西游记》第八十二回："……又蒙娘子盛情,携来仙府,只得坐了这一日,又觉心神不爽。你带我往那里略散散心,耍耍儿去么！"清无名氏《五美缘》第一回："不觉光阴迅速,过了个月,夫人一日身体不爽,一病半月。"

(10) 一卷443页"不得人心"条："①得不到群众的支持和拥护。"无书证,仅自撰一例。

按：《旧唐书·哥舒翰传》："先是,翰数奏禄山虽窃河朔,而不得人心,请持重以弊之,彼自离心,因而翦灭,可不伤兵擒此寇矣。"《新唐书·哥舒翰传》："禄山虽窃据河朔,不得人心,请持重以敝之,待其离隙,可不血刃而禽。"

(11) 一卷464页"不管不顾"条："②形容人莽撞。"仅自撰一例。

按：《醒世姻缘传》中有用例。如第二十回："他老人家从来说话不犯寻思,来替大叔吊孝原是取好,不管不顾说这们几句叫奶奶心里不自在。"

(12) 一卷1006页"内急"条："急着要解手。参见'内迫'。"无书证。

按：清长白浩歌子《萤窗异草》二编卷二《于成璧》："将抵蓟门,秣驹市镇。因内急,独出大解。"

(13) 一卷1061页"内痔"条："肛门内部粘膜上长的痔疮。"未举例。

按：明李时珍《本草纲目》中已见用例。如《木部第三十五卷·槐》："[附方]……内痔外痔。"《鳞部第四十四卷·鳝鱼》:"[附方]……内痔出血。"又《草部第十七卷·乌头》:"[附方]……内痔不出。"

(14)一卷1326页**"使不的"**条:亦作"使不得"。义项②:"谓不能使用。"系自编例句。

按:宋代有例。《朱子语类》卷二七:"问'忠恕而已矣'。曰:'此只是借学者之事言之。若论此正底名字,使不得这"忠恕"字。'"又卷六三:"又问:'"择"字,舜分上莫使不得否?'曰:'好问好察,执其两端,岂不得择?'"

(15)一卷1330页**"使眼色"**条:"用眼睛的动作向别人暗示自己的意思。"无书证。

按:近代汉语多有用例。《红楼梦》第四回:"正要发签时,只见案边立着一个门子,使眼色儿,不令他发签。"《儿女英雄传》第十回:"张姑娘只合他母亲努嘴儿,抬眼皮儿的使眼色,无奈这位老妈妈儿总看不出来。急得个张姑娘没法儿,只好卖嚷儿了。"

(16)一卷1376页**"修脚"**条:"修剪脚趾甲或削去脚上的趼子。"无例证。

按:《朴通事》:"我说与你,汤钱五个钱,挠背两个钱,梳头五个钱,剃头两个钱,修脚五个钱,全做时只使得十九个钱……又入去洗一洗,却出客位里歇一会儿,梳刮头,修了脚,凉完了身己时,却穿衣服吃几盏闭风酒,精神便别有。"

(17)二卷7页**"八角"**条:"③植物名。也叫'八角茴香'。常绿灌木,初夏开花,果实为8－9个木菁葵,轮生呈星芒状,香气浓烈。可作香料、佐料……"无例证。

按:清代已见用例。蒲琳《清风闸》第二十一回:"再言五爷到街上,打了些清酱油、木瓜酒、洋糖、花椒、八角等件家来,系了一条围裙:'等我来。'"

(18)二卷130页**"前站"**条:"亦指行军或集体出行时担当先行准备工作的部队或人员。"系自造例句。

按:明代有例。袁于令《隋史遗文》第二十八回:"二十名长箭手赶到,见卢方落马,各举标枪,叫道:'前站卢爷,被响马伤了。'"

(19)二卷156页**"兼毫"**条:"用狼毫(黄鼠狼毛)或紫毫(紫色兔毛)与羊毫合制成的毛笔。"无书证。

按:清钱泳《履园丛话》卷十二:"笔以吴兴人制者为佳,其所谓狼毫、兔毫、羊毫、兼毫者,各极其妙。"清姚元之《竹叶亭杂记》卷一:"以外间习用者进试之,取纯羊毫、兼毫二种,命仿此制造。复以管上镌字每多虚饰,命以后各视其笔,但镌'纯羊毫'、'兼毫'字而已。"

(20)二卷471页**"凸镜"**条:"即凸面镜。"无书证。

按:清毛祥麟《墨余录》中有例。如卷十六《志泰西机器·折光镜》:"有小凸镜十八面,调换用之,光力小者,放大百倍,光力极大者,放二千倍。"

(21)二卷960页"**左手**"条:"②左首。"无书证。

按:明何良俊《四友斋丛说》卷三十四:"今世南北之礼不同。凡客至相见作揖,南方则主人让客在东边,是右手。北方则主人让客在西边,是左手。"

(22)二卷963页"**左首**"条:"②左边。"举自造例:"左首一条小溪,右边一片树林。""左首坐着他们几位。"

按:明袁于令《隋史遗文》第三十一回:"到了左首第三席,是尤俊达、程咬金,他两个都没有交。"又"如今尤员外正席左首下首一席,是咬金坐了,叔宝却坐在桌子横头,坐得不安也罢了。"

(23)二卷970页"**巧遇**"条:"凑巧遇到。"无书证。

按:清俞樾《右台仙馆笔记》卷三:"盖其子年已弱冠,是日适为毕姻耳。坐客皆大惊叹,以为巧遇。"

(24)二卷988页"**土星**"条:"①太阳系九大行星之一。"未举例。

按:清代毛祥麟所著笔记《墨余录》中已见使用。如卷十六《志泰西机器·折光镜》:"镜窥云汉,仰见繁星满布,历历可数,如木星、土星、天王星,皆有小星几点随行。"又下文:"土星更有二带缠绕式如双环;火星则南北二极,有白光反照;金星于周岁中,若月之又盈亏;月如小地球,中有高山幽谷,惟不见水。"

(25)二卷1118页"**坚硬**"条释为:"硬。"自编例句。

按:后秦弗若多罗等译《十诵律》卷二十七:"麁毛甄钦跋有五种不可事。何等五?寒时大寒,热时大热,麁澁,坚硬,令人皮麁。"《朱子语类》卷二〇:"譬如物之初生,自较和柔;及至夏间长茂,方始稍坚硬;秋则收结成实,冬则敛藏。"又卷四九:"且如中央一块坚硬,四边软,不先就四边攻其软,便要去中央攻那硬处,如何攻得?"

(26)二卷1169页"**填空**"条:"①填补空出的或空着的位置、职务等。"无例证。

按:明陶宗仪《南村辍耕录》中已见用例,卷八:"大概树要填空。小树大树,一偃一仰,向背浓淡,各不可相犯。"

(27)二卷1407页"**天王星**"条:"太阳系九大行星之一。"未举例。

按:清毛祥麟所著笔记《墨余录》中已见使用。如卷十六《志泰西机器·折光镜》:"镜窥云汉,仰见繁星满布,历历可数,如木星、土星、天王星,皆有小星几点随行。"

(28)三卷174页"**名单**"条:"记录人名的单子。"只有自造例句,无书证。

按:"名单"一词在明清文献中均能见到用例。《警世通言·金令史美婢酬秀童》:"话休烦絮,到拈阄这日,刘云将应阄各吏名字,开列一单,呈与知县相公看了。……原来刘云开上去的名单,却从吏、户、礼、兵、刑、工挨次写的。"清赵翼《檐曝杂记》卷二《徐建菴》:"徐曰:'有名士数人不可失也。'及夕,则小红封送一名单至,计榜额已满。"

王宣武《〈汉语大词典〉拾补》136页仅补清吴炽昌《客窗闲话》中一例。

(29)三卷414页"喊叫"条:"大声叫。"无书证,仅自拟一例。

按:此词用例甚夥。《三国演义》第七十六回:"不三四合,三军喊叫,偃城中火光大起。"《西游记》第三十九回:"猪八戒高声喊叫,埋怨行者是一个急猴子……"明许仲琳《封神演义》第十三回:"(哪吒)拎起拳来,或上或下乒乒乓乓,一气打有一二十拳。打的敖光喊叫。"《初刻拍案惊奇》卷二十:"(兰孙)拜罢起身,噙着一把眼泪,抱着一腔冤恨,忍着一身羞耻,沿街喊叫。"《醒世恒言·陆五汉硬留合色鞋》:"夹棍刚套上脚,就杀猪般喊叫,连连叩头道:'小人愿招!'"清吴敬梓《儒林外史》第三十九回:"萧云仙携了木耐……忽然一声炮响,山凹里伏兵大声喊叫:'大兵到了!'"

(30)三卷469页"唪^2"条:"方言。自夸;吹牛。如:胡吹乱唪的坏习气要不得。"系自造例句。

按:清蒲松龄《聊斋俚曲集》已有用例。见《磨难曲》第二十三回:"一个磨轴没处按,一把锥子没处攘,瞎的瞎,俺会唪,骗了三官爷爷一顶巾,挣了镇武爷爷两顶网。"

(31)三卷851页"围桌"条:"旧时办婚丧事或祭祀时垂挂在桌前的遮蔽物,多用布或绸缎制成,现在有些戏曲演出时仍使用。"无例证。

按:清代石玉昆《龙图耳录》已有用例。如第二十一回:"(展昭)左右看了看,复又低头,见有围桌,便扯下一块来,将木头人儿包好,携在怀内……"又同回:"(巡更)见烛灭香残,宝瓶已破,满桌血渍,连围桌也短了一块。"

(32)三卷958页"后手"条:"⑦比喻回旋的余地。"自编例句。

按:《朱子语类》卷二九:"履之说子文文子。曰:'公推求得二子太苛刻,不消如此。某注中亦说得甚平,不曾如公之说。圣人之语本自浑然,不当如此搜索他后手。'"此处"后手",即指的是圣人言语之中留有回旋余地之义,故下文又说道:"文子却脱然掉了去,也自是个好人,更有多少人舍去不得底,所以圣人亦许其忠与清。"又卷八三:"昔尝闻长上言,齐威公伐楚,不责以僭王之罪者,盖威公每事持重,不是一个率然不思后手者。"

(33)三卷968页"后脑海"条:"方言。脑袋的后部。"无书证。

按:清郭小亭《济公全传》第七十回:"(华云龙)脸向里说话,由后面来了一瓦,正打在后脑海上,把脑袋也打破了。"现代作品中也不乏其例。老舍《离婚》:"他只买冰鞋而不敢去滑冰,怕摔了后脑海。"

(34)三卷1161页"**外痔**"条:"病名。生在肛门外部的痔疮。与内痔相对。"无书证。

按:此病症中医文献中多见记载。唐孙思邈《备急千金要方》卷七十一《痔漏方》:"治外痔方:真朱、雄黄、雌黄各一两,竹筎三两,猪膏一斤。"明李时珍《本草纲目·火部第六卷·灯火》:"又治头风胀痛,视头额太阳络脉盛处,以灯心蘸麻油点灯焠之,良。外痔肿痛者,亦焠之。"又同书《金石部第八卷·铅丹》:"[附方]……外痔肿痛。"

(35)三卷1162页"**外甥**"条:"姐或妹的儿子。……某些地区亦称外孙为外甥。"

按:"姐或妹的儿子"有书证,但"某些地区亦称外孙为外甥"没有书证。特补证如下:《初刻拍案惊奇》第三十三卷:"忽一日在门首闲立,只见外甥走出来寻公公吃饭。张老便道:'你寻我吃饭么?'外甥答道:'我寻自己的公公,不来寻你。'"又下文:"(张老)写下遗书二纸,将一纸付与鲁氏道:'我只为女婿、外甥不孝,故此要娶你做个偏房。'"二例中"外甥"皆"外孙"义。再看几例:清吴璿《飞龙全传》第二十四回:"(那婆子)只得大着胆,不顾呼喝,走近身来,拽住了匡胤袍服,叫声:'我的亲外甥儿,你莫把我看是别人,你的杜氏亲娘,便是我的女儿,我便是你指挥爹爹的岳母。'"又同回下文:"母夜叉道:'你打了婆婆外甥,乃是东京的赵公子,他寻上门来认了姥姥,哭哭啼啼告诉一遍。老人家痛的是外孙,见他被你打了,一时怒发,抓不着你,先把我打了一顿出气。'"以上二例中的"外甥"作"外孙"讲,更为明显。

另外,该词条释义应该列为两个义项。因为《大词典》"外甥女"条,便列有"①姐或妹的女儿。②有的地方称外孙女为外甥女"两个义项,这说明《大词典》在一些相关条目的义项确立上缺乏一致性。

(36)三卷1452页"**害事**"条:"②妨事;碍事。"系自编例句。

按:《朱子语类》卷一一:"看前人文字,未得其意,便容易立说,殊害事。盖既不得正理,又枉费心力。不若虚心静看。"又卷四七:"问'好信不好学,其蔽也贼'。曰:'只为不择是,我要恁地便恁地,终是害事。'"

(37)三卷1453页"**害处**"条:"②对人或事物有害的因素;坏处。"系自编例句。

按:《朱子语类》卷八〇:"今人不以诗说诗,却以序解诗,是以委曲牵合,必欲如序者之意,宁失诗人之本意不恤也。此是序者大害处!"又卷一一四:"天地人谓之三极,人才有些物欲害处,便不与天地流通,如何得相似?"

(38)四卷13页"**尿胞**"条:"尿脬。"无书证。

按:用例较多,仅补二例:《西游记》第七十一回:"可怜!真是猫咬尿胞空欢喜!"清王廷绍编《霓裳续谱·劈破玉·正盼佳期》:"吱溜溜将门开放,却原来是猫咬尿胞,只当是冤家,不承望是捎书的人到。"

(39)四卷257页"**女王**"条:"③女性的国王。"未举例。

按:"女王"为"女性国王"的意思,至迟在唐代文献中已出现。《隋书·西域传·女国》:"女国,在葱岭之南,其国代以女为王……女王之夫,号曰金聚,不知政事。"下文:"其女王死,国中则厚敛金钱,求死者族中之贤女二人,一为女王,次为小王。"

(40)四卷963页"**栽跟头**"条:"摔交,跌交。亦以比喻失败或受挫折。"自造例句,无书证。

按:增补一例:清王廷绍编《霓裳续谱·数岔·听我胡诌》:"像是这样的绕口令儿绕绕嘴了,若是一六不六擀瓜栽跟头。"

(41)五卷116页"**独吞**"条:"②谓(利益)为一人所占有。"缺书证。

按:明代有例。《二刻拍案惊奇》卷十六:"道这田总是欺心来的,今赎去独吞,有好些放不过。"

(42)五卷263页"**比武**"条:"比赛武艺。亦泛称各种行业技能技巧的比赛。"无例证。

按:明代有例。袁于令《隋史遗文》第十二回:"三人到栏杆边,叔宝问:'列位!打擂是个比武的去处,设这柜栏天平在此何干?'"

(43)五卷364页"**历书**"条:"排列月、日、节气等供查考的书。"未举文例。

按:《旧唐书·历志一》:"昔邓平、洛下闳造汉《太初历》,非之者十七家。后刘洪、蔡伯喈、何承天、祖冲之,皆数术之精粹者,至于宣考历书之际,犹为横议所排。"《朱子语类》卷五八:"又问:'如此,则尧即位于甲辰,亦未可据也。'曰:'此却据诸历书如此说,恐或有之。然亦未可必。'"

(44)五卷413页"**放风**"条:"②透露或散布消息。"无例证。

按:明袁于令《隋史遗文》第三十三回:"樊建威因刘刺史差个心腹吏放风与他,要他们赔赃,且要出五百两银子送柴嗣昌,极少也要三百两,慌做一团,赶来与叔宝计议。"

(45)五卷494页"**敦脄**"条:"厚背。"仅举《楚辞·招魂》例。

按:尚见于清俞樾《右台仙馆笔记》卷十一:"逾时阴风凛然,又见前有一奇鬼,敦脄血拇,殊可骇异。"

(46)五卷711页"**晌饭**"条:"①午饭。又称晌午饭。"此义项未举例。

按:《醒世姻缘传》中多有用例。如第三十回:"留计巴拉吃了晌饭,辞了晁夫人去了。"同书第三十二回:"快上去倒下换上,家里还等着碾了吃晌饭哩!"第三十三回:"却好放吃晌饭,狄希陈回去对着狄员外道……"又第四十四回:"连夫人笑说:'你先不吃,怎么请狄姐夫吃哩?我回去,薛亲家自己来送晌饭,您就吃了。'"

(47)五卷721页"**书套**"条:"套在几本或一本书外面的套子。有保护作用,多用硬纸制成,或加布面。"无书证。

按:清刘献廷《广阳杂记》卷四:"紫廷家废书套甚多,委积壁角以饱蛇鼠耳。"

(48)五卷861页"**水芹**"条:"伞形科。多年生水生宿根草木。有匍匐茎,茎节易生根。"无例证。

按:宋代已有用例。吴自牧《梦粱录》卷十八:"芥菜、生菜……甘露子、水芹、芦笋、鸡头菜、藕条菜、姜、姜芽、新芽、老芽。"

(49)五卷982页"**没有说的**"条:"①没有可以指责的缺点。"仅自造一例,无书证。

按:清代作品已见用例。吴敬梓《儒林外史》第三十回:"不要说姑娘标致……这姑娘再没有说的,就请老爷去看。"陈森《品花宝鉴》第十回:"这梅庚香的外貌却没有说的,不知品行如何?"同书第五十回:"菊花道:'姐夫也常来找我们老爷,所以我也看见过他几次,人才是没有说的。'"

(50)五卷1165页"**活塞**"条:"汽缸里或唧筒里往复运动的机件,一般是圆饼形或圆柱形。"未举例。

按:此词在清代毛祥麟所著笔记《墨余录》中已见使用。如卷十六《志泰西机器·凿山机》:"法以铁箱数十,下置转轮,复以铁桶高数丈,引水灌中,旁使活塞,提动可藉水力鼓气入箱,机一发而数十铁凿齐击,每日开山约三尺余。"

(51)五卷1223页"**海狗**"条:"亦称'海熊'。哺乳动物。生活在海洋中,能在陆地上爬行。四肢短,像鳍,趾有蹼,尾巴短,毛紫褐色或深灰色,雌的毛色淡。"未举例。

按:此词在历史文献中多见记载。《金史·太宗纪》:"往者岁捕海狗、海东青、鸦、鹘于高丽之境,近以二舟往,彼乃以战舰十四要而击之,尽杀二舟之人,夺其兵仗。"又《元史·英宗纪》:"乙卯,征东末吉地兀者户,以貂鼠、水獭、海狗皮来献,诏存恤三岁。"台湾《中文》亦收"海狗"一词,并引《明一统志》、《本草纲目》、《庶物异名疏》等三部明代作品为证,亦可参考。

(52)六卷95页"**渔师**"条:"②渔人。"举《宋书·隐逸传·王弘之》及宋于真人《凤栖梧》词两例。

按:"渔师"尚见于清俞樾《右台仙馆笔记》卷十二:"有一渔师,食河豚而死。"

(53)六卷515页"**招军**"条:"②管乐器。即号子。铜制。分两节,发音极为洪亮。旧时军队中用作召集、开拔等信号。民间鼓吹乐中亦常用。"无书证。

按:清刘献廷《广阳杂记》卷三:"吴氏军中有乐器曰知角,以竹为之。如铜招军式。上安箬叫子。以吞吐为高下……"

(54)六卷575页"**指出**"条:"②提出论点看法。"系自编例句。

按:《朱子语类》卷一九:"孔子教人只言'居处恭,执事敬,与人忠',含畜得意思在其中,使人自求之。到孟子便指出了性善,早不似圣人了。"此例后文又说:"孔子只说'忠信笃敬',孟子便发出'性善',直是漏泄!"由是可见此处的"指出"与"发出"义同。

(55)六卷672页"**推免**"条:"推辞。"引《景德传灯录·通禅师》:"虽然如此,再三不容推免。"一例。

按:再补一例:金代《刘知远诸宫调》第一:"老儿询问,潜龙不能推免,欲待说难言,转添悲怨。"

(56)六卷736页"**搭界**"条:"②交界。"举自造例"这山区三省搭界"。

按:明代有例。袁于令《隋史遗文》第二十八回:"尤员外说的长叶林,是尤员外从来做生意的去处,乃两州搭界地方,又服齐州,又服兖州。"

(57)六卷1006页"**毛虫**"条:"①体上多毛的蝶蛾类幼虫,如松毛虫、桑毛虫等。"无书证。

按:此词在清代笔记《墨余录》中已见使用。卷九《小毛虫》:"辛酉夏,浦东人家俱生小毛虫,长不及寸,色黑,遍生细毛,啮人如蚊蚁……"

(58)六卷1031页"**气球**"条:"在薄橡皮、涂有橡胶的布、塑料等制成的囊中灌入氢氦等气体制成的球,轻于空气,可以上升。"未举例。

按:此词清人笔记《墨余录》中已见使用。卷十六《志泰西机器·气球》:"英人以绸绫作气球,内藏烟焰,乘其气以凌空,能升二万数千尺。"

(59)六卷1147页"**有因**"条:"②有缘故。"仅自造一例,无书证。

按:古代作品中用例颇多。《西游记》第三十七回:"太子见他言语有因,将袍袖一展,教军士且退。"《初刻拍案惊奇》第十二卷:"老者见说得有因,密地叫人到王家去访时,只见王郎好好的在家里,并无一些动静。"清竹溪山人《粉妆楼》第十九回:"秋红见太太说话有因,答道……"

(60)六卷1217页"**胡蜂**"条:"昆虫。……通称马蜂。"无书证。

按:唐李贺《恼公》诗:"弄珠惊汉燕,烧蜜引胡蜂。"《古尊宿语录》卷三十九《智门祚禅师语录·网宗歌》:"胡蜂不恋旧时窠,猛将那肯家中死。"明陈铎《秋碧轩稿·梁州第七·秃子自叙》:"逗不的强,赌不的气,行动胡蜂绕定了飞,急躲着亏。"明李时珍《本草纲目·虫一·大黄蜂》:"[释名]黑色者名胡蜂……时珍曰:'凡物黑色者谓之胡。'"又明冯梦龙《挂枝儿·门子》:"蜻蜓身不大,胡蜂刺又多,寻一个蚊子也,搭救搭救我。"

另,"胡蜂"亦作"胡蠤"。宋罗愿《尔雅翼·释虫》:"蠤之最大者,螫人致死,能食蜘蛛……《方言》曰:'蠤大而蜜谓之壶蠤。'今人亦呼为胡蠤。"《大词典》未收"胡蠤"条。

(61)六卷1385页"**脸皮厚**"条:"形容不容易害羞。"仅自撰例句。

按:清代已有用例。《红楼梦》第五十三回:"贾珍道:'正是呢。我这边都可已,没有什么外项大事,不过是一年的费用。我受用些就费些,我受些委屈就省些。再者,年例送人请人,我把脸皮厚些,可以省些,也就完了。'"又说成"面皮厚"、"面皮混"。蒲松龄《聊斋俚曲集·磨难曲》第一回:"叫奶奶自觉面皮厚。多亏了好官看顾,教阖县南北迁流!"又《俊夜叉》:"亏了我那面皮混,没似你骂的忒也甚。"

(62)六卷1429页"**民团**"条:"民间组织的自卫武装。后多指旧社会地主豪绅的反动地方武装。"无书证。

按:清柯悟迟《漏网喁鱼集》:"江阴沿乡焚掠甚重,殷实者售诸贼有,各出银米散给乡里,为之民团,头裹白巾,声势颇壮。"

(63)七卷166页"**焦黑**"条:"物体燃烧后呈现的黑色。"无例证。

按:明代已有用例。陆容《菽园杂记》卷二:"有舜哥麦,其穗无芒。熟时,遥望之,焦黑若火燎然,云是舜后母炒熟麦令其播种,天佑之而生,故名。"

(64)七卷372页"**心包**"条:"包在心脏外面的一层薄膜。心包和心脏壁的中间有浆液,能润滑心肌,使心脏活动时不跟胸腔摩擦而受伤。"无书证。

按:清陆以湉《冷庐杂识》卷七:"惟治张汝功之女暑风用葛根、防风等药,遂致邪陷心包,神昏肢厥。"

(65)七卷823页"**毒月**"条:"俗称农历五月为毒月。"未举例。

按:清顾禄《清嘉录》中有用例。如卷五《修善斋》:"是月,俗又称为'毒月',百事多禁忌。"

(66)七卷1033页"**破案**"条:"②侦破案件。如限期破案。"无书证。

按:清李庆辰《醉茶志怪》卷四《刘玉厅》:"氏母家无人,得以蒙涵消案……一起畿南许姓,拐卖良家童男女二十二名口,未经破案。"

(67)七卷1122页"**砻糠**"条:"稻谷经过砻磨脱下的壳。"仅自造例句,无书证。

按:明冯梦龙《山歌·撖青》:"郎道姐儿呀,湿砻糠种火慢慢里煨着子你,只怕雨打泥墙自倒来。"又下文:"容貌娇姿奴夺魁,同郎有意只无媒,尔是站垛踏车逐脚上,水湿砻糠慢慢煨。"

(68)八卷126页"**稻糠**"条:"稻谷经过加工脱去的外壳;砻糠。"无书证。

按:《元史》中有用例。《刑法志二》:"诸漕运官,辄受赃,纵水手人等以稻糠盗换官粮者,以枉法计赃论罪,除名不叙。"

(69)八卷521页"**皮蛋**"条:"用石灰、食盐、草木灰等加工腌制的禽蛋,一般用鸭蛋。"无书证。

按:清代小说、笔记有例。李百川《绿野仙踪》第五十回:"如玉看了看,是五六十个皮蛋,一坛糟鲋鱼,四包百花糕,八小瓶儿双粘酒,贴着红纸签儿。"毛祥麟《墨余录》卷六《奸商通盗》:"一日,某行中发挑皮蛋数千,自浦下船。内有好饮担夫,息肩酒肆,拟以担中蛋下所沽。乃取一枚去其壳,不意内皆火药,遍验皆然。"

(70)八卷551页"**发物**"条:"指有刺激性容易长疮疖或引起某些病变的食物,如梭子蟹、虾等。"无书证。

按:清陆以湉《冷庐杂识》卷五:"宜忌羊肉发物四十九日。"

(71)八卷566页"**发电**"条:"①产生电力。"仅自造一例,无书证。

按:此词在清人笔记《墨余录》中已见使用。卷十六《志泰西机器·雷鱼》:"有一鱼,曾为英人所得,长四尺,重五十余斤,剖验其腹,内有脆骨千余,其形如鼓,上通于脑,始知此鱼腹中,天生电机,故能发电也。"

(72)八卷631页"**老鹰**"条:"鸢的俗称。"无书证。

按:明青莲室主人《后水浒传》中已有书证。第十九回:"这老鹰展翅摩空,你若能射落,俺有紫金虎头凤冠赏你。"又下文:"原来飞禽中最难射的是老鹰。"

(73)八卷646页"**耳孔**"条:"即外耳门。"无书证。

按:《南史·陶弘景传》:"弘景……身长七尺七寸,神仪明秀,朗目疏眉,细形长额耸耳,耳孔各有十余毛出外二寸许,右膝有数十黑子作七星文。"唐赵蕤《长短经·察相》:"鼻孔小缩、准头低曲者,悭吝人也;耳孔小、齿瓣细者,邪谄奸佞人也。"《初刻拍案惊奇》卷四:"这神像耳孔,只有指头大小,但是饮食到来,耳孔便大起来。"

(74)八卷717页"**听说**"条:"③方言。听话。"无书证。

按:《醒世姻缘传》第七十五回:"也是一个不听说的孩子;他见不的我么,只传言送语的?你请了他来,我自家合他说。"

(75)八卷757页"**要面子**"条:"爱面子。"无书证,仅自撰一例。

按：清张春帆《九尾龟》中有用例。如第一百二十四回："大姨太太听了，停了一回道：'原来你也知道要面子的么？如今第二个新媳妇差不多又要进门了，你再去扒灰去罢！'"

(76) 八卷 803 页"**虎刺**"条："①植物名。常绿灌木，高约二尺许。枝叶繁茂，茎上密生细刺……"无书证。

按：明顾起元《客座赘语》卷一《花木》："凡案所供盆景，旧惟虎刺一二品而已。"

(77) 八卷 1033 页"**罩子**"条："①遮盖东西的器具。"系自编例句。

按：《朱子语类》卷一五："若是知未至，譬如一盏灯，用罩子盖住，则光之所及者固可见，光之所不及处则皆黑暗无所见，虽有不好物事安顿在后面，固不得而知也。"

(78) 九卷 57 页"**被告人**"条："诉讼时被控告的人。"无书证。

按：《二刻拍案惊奇》中已见之。如卷三十一："……至于官面前桌上要烧香钱、朱墨钱、笔砚钱，毡条坐褥俱被告人所备。"

(79) 九卷 82 页"**装卸**"条："①装到运输工具上和从运输工具上卸下。"仅自撰一例，无书证。

按：宋欧阳修《欧阳文忠公文集·乞条制催纲司》："一置装发勾朱簿一扇，具逐纲只数、纲官姓名、装卸官物数目月日，依程限抄上催促。"宋王明清《挥麈后录》卷七："或有圮毁，即时循补。其因装卸官物权暂拆动者，候毕即日完筑。"清薛福成《庸庵笔记》卷四："是年十一月十三日，太古公司之上海轮船由沪开驶，搭客约逾三百人，是晚十二点钟抵镇江码头装卸货物。"

(80) 九卷 154 页"**羊角风**"条："①旋风，龙卷风。"无书证。

按：明李昌祺《剪灯余话》卷三："政谳讯间，羊角风自厅而起。公祝之曰：'逝魄有知，导吾以往。'"

(81) 九卷 168 页"**着²**"条："④方言。用于应答，表示同意。"仅自造一例。

按：清李百川《绿野仙踪》中有用例。如第二十八回："文炜道：'老伯吩咐，小侄今后再不说斯文话。'桂芳点头道：'着，这就是了。'"又第二十九回："林岱道：'孩儿也要同他去走遭，往返不过八九天即回。若他令兄有可恶处，也好与朱兄弟做个帮手。'桂芳连连点头道：'着，着……'"

(82) 九卷 210 页"**粗粮**"条："一般指大米和面粉以外的粮食，如玉米、高粱、小米等。与'细粮'相对。"无书证。

按：元无名氏《举案齐眉》第三折："他着你奋志夺魁，划地在这坦春着粗粮，筛着细米。"元刘时中《端正好》套曲："十分料钞加三倒，一斗粗粮折四量，煞是凄凉。"清陈端生《再生缘》第六回："三餐自有粗粮食，每日须将铁缧连。"

(83)九卷337页"苗"条:"③指微露迹象的矿脉。如:矿苗、金苗等。"缺书证。

按:清代小说中早有例证。清绿意轩主人《花柳深情传》第三十一回:"总而言之,脉气以敦厚固结,不被山风吹散,金银各苗便聚在一处。"又同回下文:"走了数处,矿师便说:'你们这山金苗是没,其余皆有。'"清俞万春《荡寇志》第九十回:"慧娘与众头领都见了,希真便叫慧娘去探看银苗。"又下文:"次日到夜分,希真吩咐多点火把,照耀着一同下山,直到青云山东南山脚银苗之处,看了一转,指点了表记回寨。"

(84)九卷445页"菜子油"条:"即菜油。详见'菜油'。"无书证。

按:清俞樾《右台仙馆笔记》卷八:"长洲朱君孔彰时寓安品街,距其地不数十步,使人汲井验之,果如菜子油,入灯盏可然。"

(85)九卷446页"菜油"条:"用油菜子榨的油。又称菜子油。可供食用,也可作工业用油。"无例证。

按:明陶宗仪《南村辍耕录》中已有用例。如卷三十:"再用箬籿;次用布籿;次用菜油傅,却用光粉揩,方明亮。"

(86)九卷447页"菜台"条:"某些花科蔬菜植物的花茎,如油菜台、芥菜台。"无例证。

按:清代已见用例。蒲琳《清风闸》第二十四回:"次日,五爷起来,叫锅上到街上打肉,买菜台子。那晓得下锅认他是个完库肉,开他八十五文一斤,还只得十四两秤;菜台开他三分一斤,十六两秤。"又"五爷叫锅上菜台佘腌肉,放些虫米烧好了来吃。"

(87)九卷447页"菜馆"条:"方言。饭馆。"无书证。

按:清陈恒庆《谏书稀庵笔记·查三》:"新年灯节,菜馆甫开张,在龙源楼宴客。"又同书《朝审》:"至京师勾到之期,监斩绞者,为刑部司员。事毕,同僚在菜馆相候饮酌。"清张春帆《九尾龟》第一百二十八回:"那些戏园、菜馆、马车行、绸缎店的帐,一古脑儿也不过三百块钱,这一点儿不算什么。"

(88)九卷452页"菠菜"条:"蔬菜名。又名菠薐菜。一年生或二年生草本植物,叶子略呈三角形,根略带红色,花黄绿色,茎和叶子可食,富铁质。"无例证。

按:宋代笔记已有用例。《西湖老人繁胜录》:"盖江南地暖如此,蔬菜一年不绝,此月有台心菜、黄芽菜、矮菜、甘露子、菠菜、芋头、芋艿、山药之类,葱韭尤多。"

(89)九卷704页"红心"条:"②靶子的中央红点。"系自编例句。

按:《朱子语类》卷九:"且如人学射:若志在红心上,少间有时只射得那帖上;志在帖上,少间有时只射得那垛上。"

(90)九卷769页"**纸条**"条:"①长条形的纸。"无书证。

按:元王实甫《西厢记》第一本第三折:"窗儿外淅零零的风儿透疏棂,忒楞楞的纸条儿鸣。"又同书第三本第一折:"他可敢嗤、嗤的扯做了纸条儿。"

(91)九卷1385页"**酒精**"条:"乙醇的俗称。"未举例。

按:清代笔记《墨余录》中已见使用。卷十六《志泰西机器·寒暑表》:"又有酒精表、天气表、双头表、热表,则因地制宜,名不一而用略同也。"下文:"酒精表,易于涨缩,而不成冰,施之极冷之处。"又下文:"盖凡热至二百度以上,则酒精化为气,六百度以上,则水银亦为气所化,故造此表,以济其穷,虽经一二千度,亦无碍耳。"

(92)十卷406页"**野花**"条:"②喻指男子的外遇。"系自造例句,无书证。

按:用此义之例颇多。明冯梦龙《夹竹桃·绝胜烟柳》:"姐道我郎呀,小阿奴奴虽是一朵野花,从弗曾经个蜂蝶采,绝胜烟柳满皇都。"又《挂枝儿·野花》:"绿边红膝裤,越看越风骚。酒醉人多也,野花儿偏滋味好。"清华广生编《白雪遗音·七香车·十二月》:"他在外边贪恋着野花,回头就把那堂客骂。"

(93)十卷1031页"**遇便**"条:"谓遇到方便的机会。"为自造例句。

按:《醒世姻缘传》第十七回:"(晁夫人)又叫晁书袖了十两银子去寻香岩寺的长老……说他的皮箱已自奶奶取得出来,遇便捎出与你,叫他不要心焦。"同书第十九回:"唐氏进在厨房内,遇便与晁大舍递了手势。"又如清李修行《梦中缘》第五回:"花氏道:'此处虎视眈眈,不可久居。我且带你同回城中,与小女盘桓几日。以后遇便,好送你回家。'"

(94)十卷1388页"**触动**"条:"③碰撞。"系自编例句。

按:唐释道世《法苑珠林》卷四九:"王行既疾,触动草木,肃有人声。父母惊言:'此是何人?非我子行。'"《朱子语类》卷六六:"如过剑门相似,须是驀直撺过,脱得剑门了……若才挨近两边触动那剑,便是撺不过,便非易之本意矣。"

(95)十一卷669页"**电池**"条:"将化学能或光能等转换为电能的装置。"无书证。

按:清毛祥麟所著笔记《墨余录》中已见使用。卷十六《志泰西机器·电气》:"湿电,则有电堆、电池之法……"又下文:"又以木为长箱,中置铜铅,盛以强水,复于箱盖之下,嵌铜铅各片。用时浸入水内,而电即生,所谓电池是也。"

(96)十一卷672页"**电报**"条:"②用电信号传送电码、文件、图表、照片的通信方式。"未举例。

按:此词清人笔记《墨余录》中已见使用。卷十六《志泰西机器·电报》:"泰西各国,制电机以通音信,名曰电报。"下文:"至电报作字之法,创于意大利之嘎氏……"又下文:"按电报之法,各国虽有异同,而美国郝氏所造,似最便捷。"

(97)十一卷1215页**"钝角"**条:"数学名词。大于直角而小于平角的角。"无书证。

按:清刘献廷《广阳杂记》卷二:"其图以一平方面,截为十三块,或长方,或半长方,或锐角,或钝角,展转那移,互相拼凑。"

(98)十一卷1306页**"锐角"**条:"小于直角的角。"无书证。

按:清刘献廷《广阳杂记》卷二:"其图以一平方面,截为十三块,或长方,或半长方,或锐角,或钝角,展转那移,互相拼凑。"

(99)十一卷1343页**"录供"**条:"法律上指讯问时记录当事人说的供词。如:到审讯时须详细录供。"

按:明李中馥《原李耳载》卷上《两贤异用》:"赵公遂重责百人,发司李录供,依法遣戍,将赇内二千余金分恤各府贫宗。"

(100)十一卷1398页**"镪水"**条:"强酸的俗称。"无书证。

按:清姚元之《竹叶亭杂记》卷三:"镪水以真石卤砂合五倍之水而成,可烂铜铁。"

(101)十二卷99页**"闸口"**条:"闸门开时水流通过的孔道。"无书证。

按:《宋史·河渠志》:"今河流安顺三年矣,设复砜水暴涨,则河身乃在闸口之上。"《元史·河渠志》:"今若枋口上连土岸,及于浸水正河置立石隁,与枋口相平,如遇水溢,闭塞闸口,使水漫流石隁,复还本河,又从减水河分杀其势,如此庶不为害。"明宋应星《天工开物·漕舫》:"后运军造者私增身长二丈,首尾阔二尺余,其量可受三千石。而运河闸口原阔一丈二尺,差可度过。"

(102)十二卷347页**"显微镜"**条:"②观察微小物体用的光学仪器,主要由一个金属筒和两组透镜组成。"未举例。

按:此词在清代笔记《墨余录》中已见使用。卷三《摘录〈乘槎笔记·瑞典国记〉》:"是日,观显微镜,以滴水如粟大者,点壁照之,水纹中见有虫,其大如蝎,千百往来。又有滴醋一点,照见虾蟹形,种种变异。"根据句中所描绘的放大情形,其"显微镜"和今天的"显微镜"含义相同。

(103)十二卷501页**"饭量"**条:"一个人一顿饭能吃的食物的量。"无书证。

按:《醒世恒言·吴衙内邻舟赴约》:"原来贺小姐平日饭量不济,额定两碗,故此只有这些。"清李宝嘉《官场现形记》第五十六回:"凡是抽烟的人,只要饭量好,能够吃油腻,脸上便不会有烟气。"

(104)十二卷598页"**风车**"条:"利用风为动力的机械装置。可以带动其他机器,用来发电、提水、磨面、榨油等。"未举例。

按:此词在清人笔记《墨余录》中已见使用。卷十六《志泰西机器·风磨》:"倘得因利乘便,仿而行之,亦经世之一助也。其法,或用布帆,状类风车;或以木板,设竖轴,下立机关,皆能趁风旋转。其舂谷、碾油、锯木,亦多用之,名曰风磨。"

(105)十二卷601页"**风雨表**"条:"①测空气压力以预知风雨的仪器。"无书证。

按:此词在清人笔记《墨余录》中已见使用。如卷十六《志泰西机器·风雨表》:"风雨表,能度量天气轻重,以定阴晴。"

(106)十二卷964页"**高丽**"条:"③朝鲜历史上的王朝(公元918—1392年)。我国习惯上多沿用来指称朝鲜或关于朝鲜的物产。"未举文例。

按:唐长孙无忌等《唐律疏议》卷六:"异类相犯者,若高丽之与百济相犯之类,皆以国家法律,论定刑名。"《朱子语类》卷六一:"问:'先生谓外国本下更有云云者,何所据?'曰:'向见尤延之说,高丽本如此。'"又卷一三三:"高丽与女真相接,不被女真所灭者,多是有术以制之。"

2. 书证不充分

又有两种情况,一种是书证较晚,未能追溯其源;另一种是书证较早,未能探究其流。这一部分未能很好贯彻"源流并重"的编纂方针。下面一并举例说明。

(1)一卷166页"**七嘴八张**"条:"形容人多语杂。《东周列国志》第三二回:'众官员一拥而前,七嘴八张的,都问道:"世子何在?"'"

按:书证仅一例。现再补充二例:《古今小说·沈小霞相会出师表》:"老门公拦阻不住,一时间家中大小都聚集来,七嘴八张,好不热闹。"《警世通言·赵春儿重旺曹家庄》:"闻得家中有父丧,又浑家为假锭气死了,恐怕七嘴八张,不敢去吊问。"

(2)一卷322页"**下舂**"条:"称日落之时。"举《淮南子·天文训》、隋卢思道《春夕经行留侯墓》诗两例。

按:尚缺近古时期的例证。"下舂"尚见于清俞樾《右台仙馆笔记》卷十二:"时日已下舂,乃解佩玉付酒家为质,别少年而归。"

(3)一卷470页"**倒偃**"条:"向后倒跌。"举元关汉卿《金线池》第四折一例。

按:《三国演义》中亦有用例。如第七十一回:"(赵云)遂拨弓弩手于寨外壕中埋伏;将营内旗枪,尽皆倒偃,金鼓不鸣。"

(4)一卷1538页"奏厕"条:"上厕所。"举《汉书·金日䃅传》、宋洪迈《夷坚丁志·周三郎》两例。

按:"奏厕"尚见于清俞樾《右台仙馆笔记》卷九:"女至其门外,见有鸡毛,疑焉;入视之,妇适奏厕。"

(5)一卷1557页"停免"条:"中止免除。"举《宋史·徽宗纪二》一例。

按:后世不乏其例。《金史·显宗纪》:"帝自守国,深怀谦抑,宫臣不庭拜,启事时不侍立,免朔望礼。京朝朔日当具公服问候,并停免。"《明史·礼志四》:"北极佑圣真君者……今请止遵洪武间例,每年三月三日、九月九日用素羞,遣太常官致祭,余皆停免。"《续资治通鉴》卷第六《宋纪六·宋太祖开宝二年》:"自今虽限外获贼者,令有司备书于籍以除其罚,但不得叙为勤绩。其累经殿降法当停免者,不用此制。"

(6)一卷1594页"备厚"条:"丰厚。"举《汉书·高惠高后文功臣表》一例。

按:《新唐书》中亦有用例。卷一百七十二《王智兴传》:"诸将闻,战愈力,遂有功。入朝,燕麟德殿,赐予备厚。"

(7)二卷431页"凋寡"条:"零落稀少。"举《晋书·桓温传》一例。

按:后世文献亦有用例。《续资治通鉴》卷第一百三十七《宋纪一百三十七·宋高宗绍兴三十二年》:"癸亥,观文殿大学士、判建康府张浚言:'军籍日益凋寡,补集将士,必资西北之人,能战忍苦,方为可仗。'"

(8)二卷635页"利矢"条:"锋利的箭。"举《汉书·晁错传》一例。

按:后世文献亦有用例。《金史·穆宗纪》:"方大寒,乃募善射者操劲弓利矢攻之。"

(9)三卷1066页"衔怒"条:"心怀愤怒。"举《后汉书·种暠传》一例。

按:后世文献亦有用例。《新唐书·裴炎传》:"承嗣又讽太后诛韩王元嘉、鲁王灵夔,以绝宗室望,刘祎之、韦仁约畏默不敢言,炎独固争,后愈衔怒。"《续资治通鉴》第三十七《宋纪三十七》:"下之而验,太后始疑其私,颇衔怒。"

(10)三卷1161页"外妇"条:"指男子于正妻以外在别处另娶的妾或私通之妇。"举《汉书·齐悼惠王刘肥传》、《新唐书·吴通玄传》两例。

按:"外妇"尚见于清俞樾《右台仙馆笔记》卷十一:"而何有外妇,遂仇视厥妻,日肆陵虐,盛顺受之无怨言。"

(11)四卷217页"孤拐"条:"②颧骨。《红楼梦》第六一回:'高高儿的孤拐,大大的眼睛,最干净爽利的。'"

按:再补一明代用例:《西游记》第三十六回:"只见行者撞进来了,真个生得丑陋;七高八低孤拐脸,两只黄眼睛,一个磕额角。"

(12)四卷375页"姥属"条:"亲属。"仅举《史记·樊郦滕灌列传》例。

按:"姥属"尚见于清俞樾《右台仙馆笔记》卷九:"时杜氏姥属寓居淮城,闻其至,妇女悉迎于庭。"

(13)四卷377页"婠妠"条:"体态丰满美好。"仅举唐韩愈《征蜀联句》例。

按:"婠妠"尚见于清俞樾《右台仙馆笔记》卷十六:"尝于役于中州,骑马过中牟县城外,见树阴之下一小儿,才四五岁,婠妠可爱。"

(14)四卷456页"王母"条:"④鸟名。……后世官妓之帔子状如王母鸟飞时尾开之形,故以指官妓。元杨显之《酷寒亭》楔子:'我当了三年王母,如今纳了官衫帔子,改嫁良人去也。'"

按:《大词典》仅举元剧一例。今再补充清代小说中的两个例子:魏秀仁《花月痕》第九回:"小岑接着说道:'你那板门就是我推倒的,我拐了王母两个侍儿来你这里窝藏哩。'"又同回下文:"这心印不认是谁,却也晓得是教坊里的人,便接口道:'真个王母两个侍儿,被老爷拐来了。'"

(15)五卷92页"猴子"条:"②指小童、孩童。"引《水浒传》第二五回:"武大看那猴子吃了酒肉,道:'你如今却说与我。'"一例。

按:又见《金瓶梅词话》第二十七回:"那猴子接了果子,一直去了,春梅关了花园门。"

(16)五卷111页"获铎"条:"喧闹,慌乱。"引元关汉卿《普天乐·崔张随分好事》曲一例。

按:再补明代小说一例:《初刻拍案惊奇》卷一:"文若虚心中获铎,忖道:'不信此物是宝贝,这等造化不成!'"

(17)六卷1161页"有意思"条:"①谓意趣思致不同世俗。《南史·齐晋安王子懋》:'[子懋,武帝]诸子中最为清恬,有意思,廉让好学。'"

按:明代作品中也有书证。明天然痴叟《石点头·侯官县烈女歼仇》:"原是个有意思的秀才,指望上进,因累试不第……寄情山水,做个散人。"又下文:"自来有意思的人,尝物色英雄于尘埃中,岂可以世情起见,一概抹杀好人。"明周清原《西湖二集·巧妓佐夫成名》:"你可密密请一个大有意思之人,做成诗文,将来装在自己名下,求个有名目的文人才子,做他几篇好序在于前面。"

(18)七卷42页"炎冷"条:"犹冷热。"举宋苏轼《次韵黄鲁直效进士作岁寒知松柏》一例。

按:后世文献亦有用例。元辛文房《唐才子传》卷一《王绩》:"跃身炎冷之途,标华黄、绮之列。"

(19)七卷85页**"烹炙"**条:"烹煮煎烤。"举唐白居易《首夏》诗一例。

按:宋代文献亦有用例。苏辙《栾城集》卷十三《诗八十六首·正旦夜梦李士宁过我谈说神怪久之草草为具仍以一小诗赠之》:"先生惠然肯见客,旋买鸡豚旋烹炙。人间饮食未须嫌,归去蓬壶却无吃。"

(20)七卷246页**"熟溜"**条:"熟练貌。"举《二刻拍案惊奇》第八卷一例。

按:清张春帆《九尾龟》中亦有用例。如第一百四十一回:"这位金观察丰采过人,衫裳倜傥,办起笔墨上的公事来又是个惯家,那一枝笔来得十分熟溜。陈观察倒也十分敬重。"

(21)七卷356页**"房主"**条:"房屋所有者。"举《醒世恒言》一例。

按:晚此亦有用例。《醒世姻缘传》第二十三回:"尚书道:'我是他的紧邻,他是我的房主,俺两个甚是相厚,行动就合影不离身一般。'"同书第七十五回:"问那房主,就是翰林院堂上的长班,姓李,号明宇,这房是他讨的官地铺盖的,后边是他的住房。"

(22)七卷368页**"扈养"**条:"马夫、炊事等仆从人员。"举《公羊传·宣公十二年》、唐封演《封氏闻见记·卤簿》两例。

按:"扈养"尚见于清俞樾《右台仙馆笔记》卷十三:"完事者,或与之千金,或二千金,视肆之大小自是递降,至厮役扈养,皆有分也,最下亦与钱十万。"

(23)七卷410页**"忍羞"**条:"忍受羞辱。"举《淮南子》一例。

按:后世文献亦有用例。唐张读《宣室志·计真》:"妾自知死至,然忍羞以心曲告君,幸君宽罪宥戾,使得尽言。"清醉月山人《狐狸缘全传》第五回:"恐日后失身非偶,知我是书香后裔,方忍羞与我相会。这也是有心胸志气的女子。"

(24)七卷1090页**"磐牙"**条:"交相连结。一说如犬牙相交。"仅举《后汉书·滕抚传》例。

按:"磐牙"尚见于清俞樾《右台仙馆笔记》卷十四:"尔愿则宏矣,方今盗贼磐牙,人民雕劚,事必无成,不如已也。"

(25)七卷1498页**"生拘"**条:"生擒。"举《左传·哀公元年》一例。

按:后世文献亦有用例。《旧唐书·北狄传·契丹》:"官军不利,娑固、大辅临阵皆为可突于所杀,生拘薛泰。"

(26)八卷113页**"称臣"**条:"①犹臣服。"举晋孙楚《为石仲客与孙皓书》一例。

按:后世文献亦有用例。宋苏辙《栾城后集》卷七《历代论一〈并引〉·汉文帝》:"佗去帝号,俯伏称臣。"又《三国演义》第四回:"李儒读策毕,卓叱左右扶帝下殿,解其玺绶,北面长跪,称臣听命。"

(27)八卷183页"**白面郎君**"条:"犹白面书生。"举宋孙光宪《北梦琐言》卷十四一例。

按:《初刻拍案惊奇》中亦有用例。卷三:"黄衫毡笠,短剑长弓。箭房中新矢二十余枝,马额上红缨一大簇。裹腹闹装灿烂,是个白面郎君;恨人紧辔喷嚏,好匹高头骏骑!"

(28)八卷272页"**皓髯**"条:"白须。谓年老。"举唐刘禹锡《问大钧赋》一例。

按:后世文献亦有用例。宋苏辙《栾城集》卷二十六《代人祭文八首·代李公仪谏议祭张文裕侍郎文》:"操行之坚,老而益强。苍眉皓髯,邦家之光。既谢于朝,偃息帝乡。"《西游记》第二十六回:"青鸾飞,丹凤篆,袖引香风满地扑。拄杖悬龙喜笑生,皓髯垂玉胸前拂。"

(29)八卷605页"**老公公**"条:"①对老者的敬称。"举《西游记》第十三回为例。

按:清代作品亦有用例。竹溪山人《粉妆楼》第三十五回:"柏玉霜上前为礼,说道:'老公公在上,小子走迷了路了,特来宝庄借宿一宵,明早奉谢。'"

(30)八卷605页"**老公公**"条:"②明清时对太监的称呼。"举明王世贞《觚不觚录》一例。

按:清代作品亦有用例。洪昇《长生殿》第八出《献发》:"〔副净〕老公公,全仗你进规箴,悟当今。〔丑〕这个自然。"吴敬梓《儒林外史》第三十九回:"马大老爷是司礼监老公公的侄儿。现今内里传出信来,务必要找寻尸首。"

(31)八卷756页"**要任**"条:"要职重任。"举《宋书·颜延之传》为例。

按:后世文献亦有用例。苏辙《栾城集》卷四十七《辞免恩命表状札子十六首·辞御史中丞札子》:"若复冒居要任,诚异本心。"

(32)九卷82页"**装送**"条:"嫁妆。"仅举《后汉书·列女传·鲍宣妻》例。

按:"装送"尚见于清俞樾《右台仙馆笔记》卷十一:"有富家娶新妇,装送甚盛,与火伴八人往劫之。"

(33)九卷1409页"**酷法**"条:"严刑峻法。"举《新唐书·高宗纪》《新五代史·后蜀世家·孟昶》两例。

按:"酷法"尚见于清俞樾《右台仙馆笔记》卷九:"此有明一代之弊政,实与妇女发教坊同一酷法也。"

(34)十卷8页"**农家子**":"①农家子弟。"举《后汉书》一例。

按:后世文献亦有用例。《新唐书·严震传》:"严震,字遐闻,梓州盐亭人。本农家子,以财役里间。"《清史稿》卷五百十一《列传二百九十八·烈女四》:"王如义妻向,涪州人。幼能为诗文。如义农家子,向恒劝之读。"

(35)十卷787页"**追救**"条:"犹补救。"举汉王充《论衡·对作》一例。

按:再补《续资治通鉴》一例:卷第六十三《宋纪六十三·宋英宗治平二年》:"吕诲言:'古者以功绩举贤,则万化成而瑞应著;后世以毁誉取人,故功业废而灾异至。陛下当翼翼循思,追救其失,庶几消复之理也。'"

(36)十卷908页"**透支**"条:"①开支数超过收支数。"举《二刻拍案惊奇》一例。

按:《清史稿》亦有用例。如卷一百二十一《志九十六·食货二·赋役》:"备用银两,不得额外透支,征解银册,布政司按季提取,年终报部。"

(37)十一卷84页"**设重**"条:"设置重屋。指建宗庙。"仅举《隋书·礼仪志三》例。

按:"设重"尚见于清俞樾《右台仙馆笔记》卷九:"圣人知之,故始死设重以依神,虞则有虞主,练则有练主,皆欲其灵爽有所式凭,不至遽散也。"

(38)十一卷204页"**详革**"条:"谓报请革除功名。"举清李伯元《文明小史》一例。

按:再补充二例:清李绿园《歧路灯》第四十六回:"暂且押在班房,准备细审。待详革以后,便于施讯加刑。"清俞万春《荡寇志》第九十回:"天彪见他弓马平庸,性情乖张,便将他功名详革。"

(39)十一卷904页"**难说话**"条:"犹言不易相处。"举元秦简夫《东堂老》第一折一例。

按:后世文献亦有用例。《醒世恒言·一文钱小隙造奇冤》:"只因赵完父子,平日是个难说话的,恐怕说而不听,反是一场没趣。"《醒世姻缘传》第六十九回:"只是你公公难说话,你那兄弟薛相公更是毁僧谤佛的。"清张春帆《九尾龟》第八十一回:"文仙听了一面笑着瞪了秋谷一个白眼道:'你这个人实在的难说话,一句无心的话儿,你又要挑起眼来,难道我和你两个人还要这些过节儿不成?'"

(40)十一卷952页"**附乔**"条:"依附高攀。"引《玉娇梨》第四回:"门生得为斧柯,不胜荣幸,明早即往达台命。想苏生素仰老师山斗,未有不愿附乔者。"一例。

按:再补一例:清吴素庵主人《睢阳忠毅录》第二回:"得非嫌小生寒酸侧陋,不堪附乔吗?"

(41)十二卷48页"**开放**"条:"①释放。《书·多方》'开释无辜'孔传:'开放无罪之人。'"

按:再补一例。清贪梦道人《彭公案》第七回:"把我兄弟开放,我情愿替弟领罪。"

(42)十二卷129页"阘跜"条:"谓脚蜷曲,脚尖点地而行。"仅举《庄子·德充符》例。

按:"阘跜"尚见于清俞樾《右台仙馆笔记》卷七:"其诸子皆前卒,止存一孙,阘跜支离,无丑不备。"

(43)十二卷403页"骭毛"条:"胫毛。比喻细微之物。"举晋葛洪《抱朴子·任命》《应嘲》两例。

按:"骭毛"后世尚见于清俞樾《右台仙馆笔记》卷十六:"乃妇言是用,骭毛不拔,遂使母子流离,挤于沟壑,固宜其饮恨九原矣。"

(44)十二卷913页"骤步"条:"快速行走。"举唐冯万石《议边塞事对策》一例。

按:后世文献亦有用例。《五灯会元》卷九《沩山祐禅师法嗣·晋州霍山和尚》:"晋州霍山和尚,因仰山一僧到,自称集云峰下四藤条天下大禅佛参,师乃唤维那:'打钟著。'大禅佛骤步而去。"《古尊宿语录》卷三十四《舒州龙门佛眼和尚语录》:"又云:'者个是什么?'乃骤步而去。"

(45)十二卷914页"骤富"条:"犹暴富。突然发财。"举元孔齐《至正直记·文章设问》一例。

按:后世文献亦有用例。《醒世恒言·张廷秀逃生救父》:"就拘邻里审时,料必实说,当初其实穷的,不知如何骤富。"《清史稿》卷四百八十九《列传二百七十六·忠义三》:"生员锺人杰、金太和等起而包输纳,不数年皆骤富,与县胥分党角立。"

(五)词形不全[①]

锐意创新,"词必己出"、"唯陈言之务去",是我国文学家的重要传统之一。他们在使用词语时,往往略加改动,以求其新,因而出现了许多变体。例如:"心领神会——心领神悟"、"魂飞魄散——魂飞魄丧"、"花天酒地——酒地花天"、"安居乐业——乐业安居"等。同时,由于汉语方言众多,文献作品,尤其是古白话作品运用了大量的俚词俗语,加上不断吸收音译外来词语,这两类往往依音用字,词无定形,亦造成了丰富的异形词。为了很好地

[①] 异形词,或限于义、音皆同,仅字形有异者,如"鬼胡由"与"鬼胡油"之类。此所谓"词形不全",未受其所限,亦包括其他一些变体。

反映这一特色,突出汉语词汇一词多形的特征,《大词典》力求对见诸文献的所有变体都尽可能收录。例如:既收"鬼胡由",也收"鬼胡油"、"鬼胡延"、"鬼胡涎"、"鬼狐由"、"鬼狐犹"、"鬼狐缠"、"鬼狐尤"。既收"别扭"、"缘分",也收"扭别"、"分缘",等等。不过,仍有部分条目所收词形不全。下面从三个方面举例说明:

1. 词头相同①

(1)一卷 152 页"七老八十"条:"形容年纪很大。"

按:又作"七老八老"。《古今小说·新桥市韩五卖春情》:"(胖妇人)碾那老婆子道:'你七老八老,怕兀谁? 不出去门前叫骂这短命多嘴的鸭黄儿!'"当补收。

(2)一卷 179 页"三天两头"条:"犹言经常。"

按:尚缺"三日两头"形式。《醒世姻缘传》第十四回:"却说晁大舍自从与典吏相知了,三日两头,自己到监里去看望珍哥。"《红楼梦》第五十九回:"袭人见他娘来了,不免生气,便说道:'三日两头儿,打了干的打亲的,还是卖弄你女孩儿多,还是认真不知王法?'"

(3)一卷 458 页"不当人子"条:"亦作'不当价'。犹言罪过。"

按:尚可写作"不当人子花花的"。"花花的",语助词,无实义。清邗上蒙人《风月梦》第十三回:"青年妇人道:'小和尚,跟我到房里来,把斋饭与你。'少年男子道:'阿弥陀佛! 斋饭不放在厨房里,为何放在房里? 不当人子花花的呀! 大奶奶,你怎倒睡在床上去了,斋饭在那里呢?'"当补收。

(4)一卷 710 页"半拆"条。

按:"半拆",又作"半折"、"半扎"、"半札"、"半叉"、"半抙"、"半窄"。《金瓶梅词话》第四十四回:"半叉绣罗鞋,眼儿见了心儿爱。"同书第四回:"只见妇人尖尖趫趫刚三寸,恰半抙一对小小金莲。"同书第五十二回:"刚三寸,恰半窄。"而《大词典》于"半拆"的后几种书写形式概未收录,使翻检者无从查找,殊为不便。

(5)一卷 710 页"半拉"条:"①半个,一半。"

按:"半拉"又写作"半落"。《金瓶梅词话》第十七回:"房子盖的半落不合的都丢下了。"第五十二回:"剃的恁半落不合的。"当补收后者。

(6)一卷 1555 页"偷鸡摸狗"条,收有"偷鸡摸狗"、"偷鸡盗狗"二词形。

按:还可写作"偷鸡吊狗"。1.同"偷鸡摸狗①",指偷窃。《初刻拍案惊奇》

---

① 此为方便借指两个词形开头一字或几个字相同。

卷三十六:"他有一个儿子,叫做牛黑子……结识那一班无赖子弟,有时也去做偷鸡吊狗的勾当。"2.同"偷鸡摸狗②",指背着自己的配偶和他人搞男女关系。《古今小说·任孝子烈性为神》:"你的丈夫必然打发你归家去。我每日得和你同欢同乐,却强如偷鸡吊狗,暂时相会。"《初刻拍案惊奇》卷三十四:"奈何平人见个美貌女子,便待偷鸡吊狗;滚熟了,又妄想永远做夫妻。"

(7)二卷278页"兜搭"条:"亦作'兜答'。"

按:尚可写作"兜达",同"兜搭③",指难对付,多心眼。《金瓶梅词话》第九回:"有老身在此,任武二那厮怎的兜达,我自有话回他,大官人只管放心!"

(8)二卷1136页"执迷不醒"条:"犹执迷不悟。"

按:尚缺"执迷不省"形式。明罗懋登《西洋记演义》第六十五回:"早早归降,免得军民涂炭。若只是执迷不省,往后城池一破,寸草不留,那时悔之晚矣。"

(9)二卷1391页"大踏步"条:"迈着大步。"

按:《金瓶梅词话》又作"大扠步",如第一回:"横拖着防身稍棒;浪浪沧沧,大扠步走上冈来。""扠"即"跥",《玉篇》:"跥,踏。""大扠步"亦当收入。

(10)二卷1659条"尚兀自"条:"犹自;尚且。"

按:尚可写作"尚兀子"。《清平山堂话本·快嘴李翠莲记》:"这早晚,东方将亮了,还不梳妆完,尚兀子调嘴弄舌。"

(11)三卷256页"呵脬捧卵"条:"犹呵脬。"

按:尚可写作"呵脬捧屁"。《二刻拍案惊奇》卷十一:"果然这番宗族邻里比前不同,尽多是呵脬捧屁的,满生心里也觉快活。"又明周清原《西湖二集》第三卷:"那时西湖上的人又一齐称赞他是个才子了,都来呵脬捧屁,极其奉承。"

(12)三卷332页"哈喇子"条:"方言。口涎。"

按:尚可写作"哈拉子"。清醉月山人《狐狸缘全传》第十一回:"我又奔了蟠桃宫,这还凑巧,幸亏太白李金星在那桃树底下够不着摘桃儿,馋的流哈拉子哪。"

(13)三卷366页"哼哼唧唧"条:"②象声词。形容病呻吟声。"

按:尚可写作"哼哼喷喷"。《西游记》第十八回:"好行者,却不近他,且睡在床上推病,口里哼哼喷喷的不绝。"当予补收。

(14)三卷381页列有"唱偌"、"唱喏"、"唱诺"三个词条。

按:尚缺"唱惹"条。《金瓶梅词话》第七十三回:"每日他从那里吃了酒来,就先到他房里,望着他影深深唱惹。"《大词典》七卷562页"惹^2"字义项①:"用同'偌'。"

(15) 三卷991页"得不得"条:"犹言巴不得。"举《儒林外史》例。

按:"得不得"又写作"得不的"。《金瓶梅词话》中屡见。例如第二十五回有"老和尚不撞钟,得不的一声"歇后语。第五十八回:"这西门庆得不的一声儿,翘起脚儿就往外走。"又,第六十七回:"那伯爵得不的一声,拿在手中一吸而尽。"

(16) 四卷76页"巴结"条:"②奉承;讨好。"

按:尚缺"巴捷"形式。清邗上蒙人《风月梦》第七回:"你老爷楼梯子高,我脚大脸丑,恐怕巴捷不上。"又,第二十七回:"爱林道:'你又不是他买定了的,难道我们就巴捷不得你吗?'"当补收。

(17) 四卷397页"嫌好道歉"条:"说好道坏。谓挑剔苛求。"又作"嫌好道恶",又省作"嫌好"。

按:还有"嫌好道歹"、"嫌好道丑"二词形未收录。《古今小说·杨思温燕山逢故人》:"老媳妇没兴,嫁得此畜生,全不晓事,逐日送些茶饭,嫌好道歹。"《初刻拍案惊奇》卷二十四:"左近人家,有几家来说的,两个老人家嫌好道丑。"

(18) 五卷245页"战钦钦"条:"形容由于害怕、寒冷等原因而颤抖。"

按:尚可写作"战欣欣"。元王伯成《哨遍·项羽自刎》套曲:"汗湿征衣背似冰,战欣欣火灭烟消,干剥剥天寒地冷。"

(19) 五卷353页"歪剌骨"条:"亦作'歪辣骨'、'歪剌姑'。比喻卑劣下贱的人。詈词,旧时多用于妇女。"

按:尚缺"歪腊骨"、"歪落骨"形式。明无名氏《南牢记》第三折:"歪腊骨!你这等缠汉子,不识羞!"明薇园主人《清夜钟》第二回:"好好一家人被这歪落骨搅坏了。"又第七回:"那有把结发夫妻撇下,在这厢与那歪落骨缠?"

(20) 五卷629页"昏头搭脑"条:"同'昏头昏脑'。"形容头脑昏沉;糊里糊涂。另收"昏头打脑"、"昏头搭恼"形式。

按:还可写作"昏头夯脑"。清张春帆《九尾龟》第七十一回:"陈文仙正在气得昏头夯脑的时候,忽听得修甫这样说法,也觉诧异。"

(21) 五卷1232页"海啸"条:"亦称'海吼'、'海唑'。由风暴或海底地震造成的海面恶浪并伴随巨响的现象。海水往往冲上陆地,造成灾害。"

按:尚可写作"海笑"。明罗懋登《西洋记演义》第三十九回:"那樵夫道:'天师,你还不知,今日是个海笑之日。'天师道:'海笑不至紧,我大明国的宝船也不见在那里。'那樵夫道:'你这行道士好痴!你把个海笑只当耍子。今日海笑,连我的爪哇国一国的城池,一国的百姓,俱已沉没于海,何况你那几只宝船。'"

(22)五卷1333页"清醒白醒"条:"谓神志清楚。"

按:尚缺"清省白醒"形式。《金瓶梅词话》第七十三回:"我如今茶前酒后,且不打你,到明日清省白醒,和你算帐。"

(23)六卷321页"打脊"条:"鞭笞背部。古代肉刑的一种。亦用作詈词。犹该死。"

按:尚缺"打即"形式。《吕后斩韩信平话》卷上:"韩信大怒:'打即匹夫,我教你怎的,如何却反了?'"

(24)六卷323页"打野"条:"①亦称'打野呵'。谓艺人在街头卖艺。"

按:尚可写作"打野火儿"。《三遂平妖传》第十三回:"那人与他赶起了吹的扑的道:'这里好,也曾有人在这里打野火儿过,在这里做好。'"又同回下文:"那妇人盘膝在地上坐了,看的人一来看见这妇人生得好,二来见妇人打野火儿的,便有二三十人围住着,都道:'不知他卖甚么?'"

(25)六卷537页"拿讹头"条:"亦作'拿囮头'。讹诈、勒索作奸者的钱财等。"

按:尚可写作"拿鹅头"。清佚名《平山冷燕》第十四回:"幸而问着老僧,还不打紧。若是问着一个生事的人,便要拿鹅头、扎火囤,骗个不了哩!"清谷口生《生绡剪》第三回:"不知这歇家胡凹鼻,是个京师有名的大光棍,专拿鹅头走空,促眉害物,斩眼杀人。"清蒲松龄《聊斋俚曲集·姑妇曲》第三回:"县官又脏,又拿鹅头,出了个票子。"

(26)六卷613页"捉鹅头"条:"故意寻人过失,乘机敲诈勒索。"

按:缺少"捉讹头"形式。清韩邦庆《海上花列传》第五十回:"软厮缠有意捉讹头,恶打岔无端下毒手。"

(27)六卷736页"搭剌"条:"亦作'搭拉'、'搭落'。下垂貌。"

按:尚缺"搭喇"形式。蒲松龄《聊斋俚曲集·磨难曲》第八回:"脖子搭喇不起,眼皮肿闭也难睁,浑身晕不知是那里病。"

(28)七卷455页"急手"条:"①急速。"

按:尚缺"急首"、"急守"二词形。《王梵志诗》第三首:"急首卖资产,与设逆修斋。""急首卖资产"即急速、快速变卖资产。《敦煌变文集·李陵变文》:"急守趁贼来,大家疲乏,虽行千里,约损万人。纵得汉兵,知将何用!不如早回却。""急守趁贼"即急速赶贼。

(29)七卷557页"恶狠狠"条:"亦作'恶哏哏'。凶狠貌;威风凛凛貌。"

按:尚可写作"恶很很"。清俞万春《荡寇志》第八十九回:"次日,狄雷恶很很的领了兵马来挑战。"

(30)八卷167页"白日撞"条:"白天闯入人家作案的窃贼。"

按:尚缺"白日闯"形式。清八宝王郎《冷眼观》第十八回:"你们真是老鼠眼睛寸寸光了,怎么身上穿的褴褛一点儿就定是白日闯呢?"

(31)八卷578页"发躁"条:"显露出急躁的情绪。"

按:尚作"发灶"。蒲松龄《寒森曲·俚曲》第六回:"俺看着路途遥,不由心中先发灶。"

(32)八卷1238页"篾片"条:"①犹清客。旧时豪富人家专门帮闲凑趣,图取余润的门客。"

按:尚可写作"篾骗"。清邗上蒙人《风月梦》第十四回:"花打鼓道:'他叫莫爱,又叫莫虚友,是个无营无业之人。平时同些老爷们来,他就像是个帮闲,俗称篾骗的光景。'"

(33)九卷20页"衣食饭碗"条:"比喻赖以为生的职业或技能等。……亦省作'衣食饭'、'衣食碗'。"

按:尚可省作"衣饭"。《水浒传》第三十回:"快活林这座酒店,原是小施管营造的屋宇等项买卖,被这蒋门神倚势豪强,公然夺了,白白地占了他的衣饭。"明贾仲名《对玉梳》第一折:"暗想俺这门衣饭,又无甚黄牛耕……非同容易也呵!"

(34)九卷83页"装腔作势"条:"装出一种腔调,摆出一种姿态。形容故意做作。"《大词典》另收了"装腔作态"词形。

按:尚可写作"装腔做势"。明不题撰人《后西游记》第十九回:"我若去讲人情,倘他装腔做势,未免损伤体面。"《快心编·初集》卷之二第三回:"初先替他表扬名誉,然后替他包揽人情,狼狈为奸,助纣为虐;所以做乡绅的愈觉装腔做势,夜郎自大。"

(35)九卷295页"花狸狐哨"条:"亦作'花里胡哨'、'花里胡绍'、'花丽狐哨'、'花黎胡哨'。"其义有二:①形容颜色错杂、艳丽。现多用于贬义。②形容花言巧语,耍弄花招。

按:尚作"花藜胡哨",同义项①。清吴敬梓《儒林外史》第二十九回:"一同进到房里,见满桌堆着都是造的刻本文章,红笔对的样,花藜胡哨的,杜慎卿看了,放在一边。"

(36)九卷1258页"轻乞列"条:"轻。乞列,语助词。……亦作'轻吉利'。"

按:还可写作"轻急力"。元兰楚芳《折桂令·相思》曲:"支楞争弦断休弹,轻急力取次别离,短急促不似今番。"

(37)十卷734页"近来"条:"指过去不久到现在的一段时间。"又737页"近新"条:"近来,新近。"

按:尚可写作"近新来"。元关汉卿《谢天香》第三折:"近新来,下雨的那日,你输与我绣鞋儿一对,挂口儿不曾题。"又《五侯宴》楔子赵太公白:"浑家刘氏,近新来亡化了。"

(38)十一卷 574 页"**静办**"条:"清静;安宁。"

按:还有"**静扮**"形式未收。元关汉卿《陈母教子》第三折:"母亲要打我,番番不曾静扮。"

2. 词头不同,词序相同

(1)三卷 152 页"**合气**"条:"②怄气;赌气。"

按:尚缺"**各气**"形式。清李绿园《歧路灯》第二十七回:"休要叫孩子们各起气来,惹人家笑话。"又第八十二回:"你小两口子,从来不各气,为甚这一遭儿,就如仇人一般?"

(2)六卷 803 页"**捣子**"条:"鄙称。犹家伙,流氓,光棍之类。"

按:尚可写作"**倒子**"。《水浒传》第三十一回:"那四个倒子拜谢武松。张青看了,也取三二两银子,赏与他们四个自去分了。"

(3)八卷 1238 页"**篾片**"条:"①犹清客。旧时豪富人家专门帮闲凑趣,图取余润的门客。"

按:尚作"**蔑片**"。清魏秀仁《花月痕》第十八回:"只有狗头肚里晓得鸣盛是不喜欢秋痕的,卜长俊三人不过是阔蔑片,只有同秀是个有名的大冤桶,十分仰慕。"

(4)八卷 1353 页"**众生**"条列有五义:①泛指人和一切动物。②百姓,世人。③指人以外的各种动物。④詈词。犹言畜生。⑤佛教语。(1)众人共生于世。(2)由众多之法,假和合而生。(3)经众多之生死。

按:尚可写作"**中生**"。明罗懋登《西洋记演义》第四十四回:"阿难道:'是那一次释迦佛偷了弥勒佛的铁树花,要掌管世界,弥勒佛就把个世界上的中生好人,都装在乾坤叉袋里面。这乾坤叉袋,却不是个赢手!'"(同"众生①")第五十二回:"(王明)低头一想,计上心来。说道:'那中生你过来,我和你讲话。'樵夫又跪着,说道:'大仙有何吩咐?'"(同"众生②")第八十九回:"判官道:'你们这些中生,原日自不合出阵,今日也不合来缠扰,那里有这闲工夫准你的状。众象说道:'老爷可怜见,蝼蚁尚且贪生,何况我们狮象之列,都是有德有行的中生,怎么肯白受其死?'"(同"众生④")

另外,《大词典》"众生好度人难度"(佛教语。谓除人以外的动物本性率真,易于救度;而人心巧伪,难以济度)条,也可写作"中生好度人难度"。如《西洋记演义》第三十九回:"王神姑大怒,骂说道:'你这行牛鼻子好生无礼。中生好度人难度,宁度中生不度人。'"

(5)九卷1245页"**载歌载舞**"条:"边唱,边舞蹈。"

按:尚可写作"**再歌再舞**"。明罗懋登《西洋记演义》第八十四回:"歌者、舞者,吓得只是抖战,生怕有些不到处,自取罪戾,再敢有个懈怠之时,只是这等留坐劝酒,只是这等再歌再舞,不觉就是五更,不觉就是天亮。"

(6)十卷1347页"**角子门**"条:"指角门。"

按:尚可写作"**脚子门**"。《警世通言·万秀娘仇报山亭儿》:"万秀娘移步出那脚子门,来到后花园里。"

3. 词序不同,词素相同

这类词可称为同素异序词或倒序词,本文要讨论的仅限于复音词。字序对换的复音词已有多人论及,说明它已经引起了研究者的广泛注意。《大词典》对这类复音词也较为重视,收录较多,除了上面提到的"别扭——扭别","缘分——分缘"外,还有"防备——备防"、"此外——外此"、"杳蔼——蔼杳"等。不过,也有部分复音词仅收了其自身一种词形,缺少倒序词形式。例如:

(1)一卷924页"**厚爱**"条:"深爱。"

按:尚缺"**爱厚**"形式。《金瓶梅词话》第四十九回:"便说道:'四泉,你如何这等爱厚? 恐使不得。'"清邗上蒙人《风月梦》第十回:"如今承你爱厚,弄了金镯来把我,我若是不要,我岂不是要呆了?"又第二十八回:"承你爱厚,送我的诗同对联,可惜我认不得字,你念与我听。"

(2)一卷929页"**原先**"条:"从前;起初。"

按:还可写作"**先原**"。清佚名《梼杌闲评》第三十九回:"库吏急了,才说道:'先原有一千两赃罚库,十日前家眷回去提去了。'"

(3)一卷1341页"**佩服**"条:"④钦佩;信服。"

按:尚可写作"**服佩**"。清佚名《施公案》第九十三回:"还是我多六爷生成的福大量大。我看着吃的实在是爽快,真叫我服佩。"

(4)三卷567页"**嘱咐**"条:"叮嘱,吩咐。"

按:尚可写作"**咐嘱**"。《敦煌变文集·伍子胥变文》:"其越王追兵还国后,乃吴王致疾临死之时,咐嘱太子夫差:'汝后安国治人,一取国相子胥之语。'"

(5)四卷59页"**履历**"条:"②指人的资格和经历。"

按:尚可写作"**历履**"。明陆采《怀香记》第四出:"跋涉匆忙,才到京都觅寓房,推帘求见,自通历履,道端详。"

(6)五卷1438页"**凑巧**"条:"偶合;正好。"

按:尚作"**巧凑**"。清东鲁古狂生《醉醒石》第九回:"陈大姐略定了神色,整顿衣服,自与邻舍说这苦不题。巧凑是内巡捕把牌闸夜。"

(7)六卷646页"**掩映**"条:"③遮掩衬托。"

按:尚可写作"**映掩**"。宋吴自牧《梦粱录》卷一:"修葺西湖南北二山,堤上亭馆园圃栈道,油饰装画一新,栽种百花,映掩湖光景色,以便都人游玩。"

(8)六卷1485页"**殷勤**"条:"①情意深厚。"

按:尚可写作"**勤殷**"。明天然痴叟《石点头》卷十二:"董昌年少智浅,见他这般勤殷,只道是好意。"

(9)七卷300页"**灿烂**"条:"②明亮貌;鲜明貌。"

按:尚缺"**烂灿**"形式。清云封山人《铁花仙史》第一回:"昔时孝里庄园,从来不曾栽种牡丹,其年忽生出一种牡丹来,至明年三月花开,始知为紫金牡丹,甚是烂灿。"

(10)七卷747页"**恳求**"条:"诚恳请求。"

按:尚可写作"**求恳**"。清俞万春《荡寇志》第七十二回:"我的老子,我再三求恳你,你怎的这般执性儿?"

(11)八卷35页"**秋分**"条:"①二十四节气之一,每年在阳历9月23日或24日。"

按:还有"**分秋**"形式未收。元关汉卿《四春园》第二折[感皇恩]:"不想望至公楼春榜动,划的可便分秋。"

(12)九卷224页"**精细**"条:"③精明能干。"

按:尚作"**细精**"。清刘鹗《老残游记》第十八回:"贵县差人有细精点的吗?"

(13)十卷168页"**买断**"条:"④独占,占尽。"

按:尚可写作"**断买**"。元张可久《沉醉东风·酬史楚甫》曲:"关节得荼蘼自慢开,春已听榆钱断买。"

(14)十一卷206页"**详细**"条:"②周密完备。"

按:尚可写作"**细详**"。元关汉卿《裴度还带》第二折:"通神的许负细详推……肉眼藏天地理,丰鉴隐鬼神机。"

(15)十一卷389页"**谦虚**"条:"①虚心,不自满。"

按:还可写作"**虚谦**"。清无名氏《人中画》:"华小姐道:'姐姐不必虚谦,妹子是真心服善。'"

(16)十一卷1430页"**钥匙**"条:"①开锁的器具。"

按:尚可写作"**匙钥**"。《醒世姻缘传》第九十五回:"(素姐)拿了匙钥,自己将衙门开将出去。"

(17)十二卷654页"**音耗**"条:"音信;消息。"

按:尚可写作"**耗音**"。宋无名氏《张协状元》戏文第二十出:"这般样人,这般样心,我时闻传耗音。"

（六）引文有误

作为工具书的辞书，其书证必须准确。准确性高，失误少，让使用者可信可据，能较圆满地解决问题，这就大大增强辞书的使用价值；如果失误多见，让人存疑，就会减弱辞书的作用，不仅造成文意晦涩不顺，让读者不知所云，甚至以讹传讹，贻误后人。《大词典》的书证都是从第一手资料中直接摘录的，非沿袭相抄而来；编入词典时又对这些书证作了逐一核对，态度严谨。因此，其书证的精确性也是相当高的。但因引用的古今文献面广量大，编纂者考察有关文献的工作头绪复杂，再加上书成众手，一些书证也难免会出现这样那样的疏误。下分"讹"、"脱"、"衍"、"倒"、"多重错误"等五种情况胪列如次。①

1. 讹

（1）一卷122页"二尺半"条："①军装。"第二例为张笑天《逝水流年》："[温铁柱]穿一身肥大的'二天半'，小脸瘦成了一条条。"

按：例句中的"二天半"当为"二尺半"。

（2）一卷308页"下土"条义项②所引第三例为《后汉书·仲长统传》："故下土无壅滞之土，国朝无专贵之人。"

按："壅滞之土"误，当为"壅滞之士"。此二句意谓朝廷之外无被埋没之士，朝廷之内无专权擅政之人。"士"与"人"相对。可参中华书局1965年版点校本《后汉书》。《大词典》"壅滞"条义项②亦举此例，作"士"，可证。

（3）一卷478页"不稳"条义项①第三例：《古今小说·新桥市韩五卖春情》："倘有人不惬意，在此飞砖掷瓦，安身不稳。"

按："不惬意"当作"不惬气"。《大词典》"不惬气"条："不满，不服气。"亦举同例为证。该词在近代汉语文献中不乏用例，如明清溪道人《禅真后史》第三回："我少年夫妇，半路分离，不知那个不惬气，故意定要他远出，教他死得好苦。"亦作"不怯气"，如《水浒传》第二一回："外人见押司在这里，多少干热的不怯气。"《古今小说》有明天许斋刊本，系初印，可参上海古籍出版社1987年影印本。亦可参江苏古籍出版社1991年版魏同贤校点本。

---

① 此部分对《初刻拍案惊奇》、《二刻拍案惊奇》的书证给予了较多关注。所依据的本子为上海古籍出版社1985年影印的明代尚有堂《初刻拍案惊奇》（1628年）、《二刻拍案惊奇》（1632年）初刻本。同时，二书又参考了江苏古籍出版社1990年版石昌渝校点本，人民文学出版社1991年版《初刻拍案惊奇》、1996年版《二刻拍案惊奇》陈迩冬校注本。

(4)一卷700页"主翁"条义项②第二例:《二刻拍案惊奇》卷十九:"老苍头说:'你新到我主翁家来,我们该请你吃三杯。'"

按:检之影印本,前"我"应作"吾"。

(5)一卷1509页"伦比"条首例:汉桓宽《盐铁论·刺复》:"自千乘、倪宽以治《尚书》冠九卿,及所闻睹选举之士,擢升赞宪甚显,然未足绝伦比,而为县官兴滞立功也。"

按:"未足"此处不可解,当作"未见"。此句意即没有看见超群出众,能够为朝廷兴利除弊建立一番功业的人。据四部丛刊本《盐铁论》卷二,亦可参中华书局1992年版王利器《盐铁论校注》。《大词典》"赞宪"条亦引此例为证,作"未见",确。

(6)二卷176页"勾盾"条:北魏杨衒之《洛阳伽蓝记·建春门》:"建春门内御道内,有勾盾、典农、籍田三署。"

按:据四部丛刊本《洛阳伽蓝记》卷一,"御道内"当为"御道南"。御道即供帝王车驾通行的道路,勾盾、典农、籍田为官署的名字,官署不可能建在路中,况下文还有"御道北有空地,拟作东宫"之句,与之相应。亦可参中华书局2010年版周祖谟《洛阳伽蓝记校释》,上海古籍出版社1978年版范祥雍《洛阳伽蓝记校注》。

(7)二卷766页"功夫"条义项③第二例:《古今小说·滕大尹鬼断家私》:"每日只去查点家财杂物,那有功夫走到父亲房里问安。"

按:"杂物"乃"什物"之误。可参上海古籍出版社1987年影印明天许斋刊本,亦可参江苏古籍出版社1991年版魏同贤校点本。

(8)四卷286页"好$_2$事"条义项③首例:汉应劭《风俗通·穷通·司徒中山祝恬》:"今君所苦沈结,困无医师。闻汲令好事,欲望语之。"

按:尾句"望"当作"往",为"前往"义。可参四部丛刊本《风俗通义》卷七,亦可参中华书局1981年版王利器著《风俗通义校注》。《大词典》"沈结"、"医师"等条亦举此例为证,均作"往",可证。

(9)五卷102页"獘"条:"②通'弊'……(2)残破,破旧。《管子·小匡》:'戎车待游车之獘。'"

按:引例前一"车"字应作"马"。据四部丛刊本《管子》卷八。广西人民出版社1982年版赵守正《管子注译》译此句为:"战马的补充等待游车用完的老马。"此"獘"与"弊"的疲义相通。

(10)五卷155页"殀"条义项①:"短命而死。"举《孟子·尽心上》"殀寿不二,修身以俟之,所以立命也"为例。

按:"二"当作"贰"。唐以前表示两属、不专一、生二心等抽象意义用后者。可参四部丛刊本《孟子》卷十三。杨伯峻《孟子译注》亦作"贰"。

(11) 五卷 326 页"**正宾**"条首例:明沈榜《宛署杂记·杂费》:"乡饮酒礼每年两次……相沿,上席六卓,正宾一、僎宾一、介宾一、主宾二、司正一。"

按:今所见《宛署杂记》发现于日本尊经阁文库,1961 年北京出版社点校铅印,1980 年北京古籍出版社又重排出版。今据重排本,"两次"当作"二次"。《大词典》"僎宾"、"司正"条亦举此例为证,均作"二次",可证。

(12) 五卷 1073 页"**油光水滑**"条义项①首例:《儿女英雄传》第七回:"原来这顶柜子里面……象是常有人出入的样子。"

按:"象"误,当作"像"。见上海古籍出版社 1990 年版影印本(聚珍堂 1878 年初刊本),亦可参上海古籍出版社 2001 年版,浙江古籍出版社 1997 年版。

(13) 五卷 1083 页"**况且**"条首例:《二刻拍案惊奇》卷十:"莫妈因是老儿年事已高,无心防他这件事……"

按:据明尚友堂影印本,"年事"当作"年纪"。

(14) 五卷 1279 页"**涕泗**"条义项②第三例:《二刻拍案惊奇》卷十四:"向士肃出外拜客……遇个妇人,鬌发蓬松,涕泗而来。"

按:据影印本及其他诸本,"涕泗"当作"涕泣"。

(15) 五卷 1376 页"**混俗和光**"条举一例:《二刻拍案惊奇》卷四十:"典册高文,不晓是翰墨林中大手;淫词艳曲,多认作繁华队里当家。"

按:据影印本,"认作"当为"认做"。

(16) 五卷 1393 页"**淫昵**"条首例:《初刻拍案惊奇》卷三二:"狄氏引了门氏在里面帘内观着,看见外边淫昵亵狎之事,无所不为,随你石人也要动火。"

按:对比影印本原文,"观着"当为"观看","着"、"看"形近而误。

(17) 六卷 62 页"**满腔**"条首例:《二刻拍案惊奇》卷十三:"……只为满腔怨抑事,一宵鬼话报新仇。"

按:检之影印本,引例中"怨"当作"冤"。

(18) 六卷 171 页"**激犯**"条:"急剧发作。《金瓶梅词话》第七十二回:'这春梅还是年壮,一冲性了,不由激犯,一阵风走来李瓶儿那边。'"

按:句中"一冲性了"当为"一冲性子",谓性情毛糙。有时指发怒而不能自抑。如《金瓶梅词话》第二十八回:"西门庆就不问谁告你说来,一冲性子走到前边。"亦作"一冲性儿"。如《儿女英雄传》第二十三回:"更加姑娘那等天生的一冲性儿,万一到了不知根底的人家,不是公婆不容,便是夫妻不睦。"《大词典》收"一冲性子"条,可参。

(19) 六卷 174 页"**激话**"条举一例:《初刻拍案惊奇》卷二三:"兴娘肚里,

一心只盼崔生来到,再没有二三的意思。虽是亏得防御有正经,却看见母亲说起激话,便暗地恨命而哭。"

按:据影印本,该句问题有二:1."激话"当为"激聒"。《大词典》六卷173页"激聒"条义项①:"谓絮语,烦琐之言。《初刻拍案惊奇》卷三八:'引孙当不起激聒,刘员外也怕淘气,私下周给些钱钞,叫引孙自寻个住处。'清侯方域《明都察院陈公墓志铭》:'今日倘避激聒,不一深言,为失职。失职且负国,老臣不敢。'"由此可见,《大词典》立"激话"为目就有些让人怀疑了。2."恨命而哭"之"而"当作"自"。

(20)六卷304页"手头"条第二例:《二刻拍案惊奇》卷三七:"程宰道:'一向流落,归去不得……'"

按:据上下文,"程宰"当为"程寀"。"程寀"为"程宰"之兄。"寀"、"宰"形近而讹。

(21)六卷328页"打业钱"条,举一例:《二刻拍案惊奇》卷五:"做公的见了做贼的,就是仙鹤遇了蛇洞,闻风即知。"

按:据影印本及其他诸本,"闻风"误,当作"闻气"。

(22)六卷690页"采问"条第三例:《二刻拍案惊奇》卷十一:"死后数月,自有那些走千家管闲事的牙婆每,打听脚踪,采问消息。"

按:据影印本,"采问"误,当作"探问"。"采(採)"、"探"形近而讹。

(23)六卷715页"捥³"第二例:《二刻拍案惊奇》卷二一:"做工的回嗔作喜道:'店家娘子,不必发怒,灶砧小事,我收好还你。'便把手去捥那碎处。"

按:"做工的"实为"做公的"之误。前文讲小孩在街上嚷嚷,说出王林与王妻在灶下私藏掳银的秘密,不巧"早有做公的听见",事因败露。"做公的",即"衙门的差役",此处如写成"做工的",则文意不可解。影印本即为"做公的"。

(24)六卷854页"撒妖"条举一例:《初刻拍案惊奇》卷三一:"我看这妇人,日里也骚拖拖的,做妖撒妖,捉身不住。"

按:据影印本,"做妖撒妖"当作"做妖撒娇"。《大词典》十二卷862页"骚拖拖"条亦举同例为证,作"做妖撒娇",可证。

(25)六卷982页"撅"义项③首例:《初刻拍案惊奇》卷一:"文若虚接了银钱,手中撅撅看,约有两把重。"

按:据影印本,"撅撅看"当作"等等看"。"等等"即"掂掂"、"称称"之义。《正字通·竹部》:"等,称量轻重也。"《大词典》八卷1141页"等等"条义项①:"'称等'之'等'的重叠用法。犹言称称。"举一例:《西游补》第九回:"行者道:'约来的数不确,你自家等等分厘看。'"人民文学出版社1991年版陈迓冬校注《初刻拍案惊奇》该处即作"等等",注云:"等等,掂量掂量。"可参。《大词典》此条以《初刻拍案惊奇》为例,恐不太妥当。

(26)六卷1171页"肘手鍊足"条仅举一例:《初刻拍案惊奇》卷二十:"又有那下一等人,一时错误,问成罪案,囚在囹圄,受尽鞭箠,还要肘手鍊足。"

按:据各本,该句问题有三:1."错误"当作"过误"。《大词典》十卷973页"过误"条:"过失;错误。"2."囚在囹圄"当为"困在囹圄","囚"乃"困"之误。2."肘手鍊足"当为"肘手镣足","鍊"乃"镣"之误。《大词典》该条以《初刻拍案惊奇》为例,恐不太合适。

(27)六卷1241页"胎孕"条义项①首例:《初刻拍案惊奇》卷二四:"如是三年,其妻果然有了胎孕。"

按:据影印本,例中"胎孕"当作"妊孕"。《大词典》未收"妊孕"。

(28)六卷1299页"脱清"条只举一例:《二刻拍案惊奇》卷三十八:"客人可看平日邻舍面上,到家说知此事,一来救了奴家出去,二来脱清了杨二郎,也是阴功。"

按:据影印本,"脱清"当作"说清"。此处指讲清被拐缘由,使杨二郎脱离干系。《大词典》仅凭《二刻拍案惊奇》一例而立"脱清"为目,恐不太合适。

(29)六卷1324页"朝圣"条义项①只举一例:《初刻拍案惊奇》卷十七:"吴氏出来上香朝圣,那知观一眼睃定,越发卖弄精神。"

按:检之影印本,"越发"实为"越越"。"越越"有"越发"义。《大词典》九卷1114页"越越"条义项②:"愈益,越发。"并举《宣和遗事》等例,可参。

(30)七卷219页"熬夜"条:《清平山堂话本·快嘴李翠莲记》:"后生家熬夜有精神,老人家熬了打瞌睡。"

按:《清平山堂话本》刊刻于明代嘉靖年间,其残本十五篇藏日本内阁文库,1929年北京古今小品书籍印行会影印出版。据影印本,例中"打瞌睡"当作"打盹睡"。该书亦可参江苏古籍出版社1990年版石昌渝校点本,上海古籍出版社1957年版谭正璧校点本。齐鲁书社2000年版程毅中辑注《宋元小说家话本集》所收《清平山堂话本》亦作"打盹睡"。《大词典》"后生家"、"老人家"条亦引此例,均作"打盹睡",可证。

(31)八卷184页"白骨"条义项①:清纪昀《阅微草堂笔记·如是我闻三》:"刀笔舞闻,曲相开脱,遂使凶残漏网,白骨沈冤。"

按:"舞闻"误,当作"舞文"。凤凰出版社2012年版吴波等辑校《阅微草堂笔记会校会注会评》注云:"刀笔为书吏之掌案牍与讼师之别称。舞文,变弄文法也。"《大词典》引例意为:作为刀笔之吏,你舞文弄墨,百般为其开脱,于是使凶手漏网,而死者无处申冤。此处如用"舞闻",则意不通。亦可参上海古籍出版社1980年版汪贤度校点《阅微草堂笔记》。《大词典》"开脱"义项①亦举此例为证,为"舞文",确。

(32)八卷193页"白雪楼"条第二例:宋沈括《梦溪笔谈·乐律一》:"世称善歌者皆曰郢州,郢州至今有白雪楼。"

按:据四部丛刊本《梦溪笔谈》卷五,前"郢州"当作"郢人"。《大词典》十卷624页"郢人"条义项①:"指善歌者;歌手。"并举同例为证。亦可参上海古籍出版社1987年版胡道静《梦溪笔谈校证》。

(33)八卷319页"绥绥"条所举例证为:汉赵晔《吴越春秋·越王无余外传》:"涂山之歌曰:绥绥白狐,九尾庞庞,我家嘉夷,来宾来王,成家成室,我造彼昌。"

按:据四部丛刊本该书卷六,当为"来宾为王"。贵州人民出版社1993年版张觉译注《吴越春秋》此句释为:"所来客人是帝王。"该书又可参上海古籍出版社1997年版周生春《吴越春秋辑校汇考》,齐鲁书社2000年版吴庆峰点校《吴越春秋》。《大词典》"来宾"条亦举此例,作"来宾为王",确。另,"我造彼昌","彼"乃"攸"字之误(据《初学记》29)。引者未察原本之误。

(34)九卷277页"扎筏子"条第三例:《儿女英雄传》第二八回:"她一眼看见了褚一官,便拿他扎了个筏子,说道……"

按:句首"她"字显属误用,当为"他"。"她"字由刘半农首倡。刘半农1920年6月写成《"她"字问题》,载当年《上海时事新报·学灯》上;随后为了推广此字,又于1920年9月写了脍炙人口的《教我如何不想她》。《大词典》四卷293页"她"字义项①:"女性第三人称代词。"首举陶行知《午饭桌上》为例。《午饭桌上》作于1931年,显系晚出。《汉语大字典》二卷1029页该条则首举《"她"字问题》为例,甚当。

(35)九卷332页"若个"条义项②首例:唐贾岛《盐池院观鹿》诗:"条峯、五老势相连,北鹿来从若个边。"

按:检之四部丛刊本《唐贾浪仙长江集》卷十,"北"当作"此"。"此鹿来从若个边"意即这鹿是从哪里来的呢,"若个"即何处。"北"、"此"当为字形相近而致讹。亦可参上海古籍出版社1983年版李嘉言《长江集新校》,中华书局《全唐诗》卷五百七十四,巴蜀书社2002年版黄鹏《贾岛诗集笺注》。《大词典》"条峯"条亦举此例,作"此",确。

(36)九卷826页"给假"条第三例:《二刻拍案惊奇》卷十七:"[闻俊卿]问着了杜子中一家,原来那魏撰之已在部给假去了。"

按:据影印本,句中"原来"当作"元来"。另,前补省略主语"闻俊卿"不妥,当作"闻龙"。原文:"不一日,到凉城。叫闻龙先去打听魏、杜两家新进士的下处,问着了杜子中一家……"

(37)九卷1031页"**绳头**"举一例:《二刻拍案惊奇》卷二五:"钱已道:'我身子坌,果然下去不得,我只在上边吊着绳头,用些坌气力罢。'"

按:"钱已"误,当为"钱巳","己"、"巳"形近而讹。钱巳的同伴为赵申,该卷又有张寅、李卯等人,其名皆在十二地支之列。六卷342页"打偏手"条第二例:《二刻》卷二五:"起初钱巳和赵申商量救人……"作"钱巳",可证。

(38)九卷1080页"**赴**"义项⑪第四例:《仪礼·聘礼》:"赴者未至,则哀于巷,哀于馆。"

按:据清阮元校刻《十三经注疏》,"哀"当作"衰"。"衰"同"缞",指古代的丧服。郑玄注:"衰于馆,未可以凶服出见人。"下文还有"赴者至,则衰而出"、"若有私丧,则哭于馆,衰而居,不飨食"等句。可参《大词典》九卷29页"衰²"字义项④之解释。

(39)十卷4页"**辱莫**"第三例:《醒世恒言·两县令竞义婚孤女》:"但是出身低微,贾公又怕辱莫了石知县,不能俯就。"

按:《醒世恒言》的最早刻本为明叶敬池本,上海古籍出版社1987影印出版。检之该书,"不能俯就"之"能"当作"肯"。又可参江苏古籍出版社1991年版魏同贤校点本。

(40)十卷289页"**赛祭**"条:"谓祭祀酬神。"举一例:《初刻拍案惊奇》卷二七:"求官人赏赐些,并买些福物纸钱,赛祭江湖之神。"

按:据影印本,"赛祭"应为"赛赛"。"赛",《大词典》义项①:"酬报。旧时祭祀酬神之称。""赛"之重叠为"赛赛",在口语中也未尝不可。

(41)十卷708页"**躬身**"条义项③首例:宋吴自牧《梦粱录·车驾诣景灵宫孟飨》:"躬身不要拜,唱喏直声立,奏圣躬万福。"

按:句中"直声"不可解,当作"直身"。此礼节其他典籍亦有记载,如宋周密《武林旧事·四孟驾出》:"班首奏圣躬万福,唱喏直身立。"可参影印知不足斋丛书本,商务印书馆1936年版丛书集成初编本。《辞源》"躬身"条义项二亦引此例为证,作"直身",确。

(42)十卷1065页"**道人**"条义项④首例:汉牟融《理惑论》:"仆尝游于阗之国,数与沙门道士相见。"

按:"道士"误,当为"道人"。《理惑论》又称《牟子》,今所见该书出自南朝梁僧祐编《弘明集》卷一。《四部丛刊》有收录,可参。

(43)十一卷34页"**讨顺**"条举一例:《冷眼观》第二三回:"这讨顺的日期,却是大家都攒在一处,或十个人一班,或二十个人一排,个个都一只手捧着香仪,一只手打着单稽者,对着那老师傅致颂词道……"

按:句中"稽者"不可解,当为"稽首"之误。可参黑龙江人民出版社1995年版该书。

(44)十一卷37页"讨饶"条首例:《京本通俗小说·菩萨蛮》:"速忙入城,去传法寺,央主持桌大惠长老同到府中,与可常讨饶。"

按:《京本通俗小说》首见于缪荃孙刊印的《烟画东堂小品》,1915年公之于世。检之上海古籍出版社1992年影印本,"速忙入城"之"速"当作"连"。亦可参江苏古籍出版社1991年版程毅中校点本。

(45)十一卷542页"青云"条义项⑦:唐李贺《大堤曲》:"青云教绾头上曲,明日与作耳边珰。"

按:据四部丛刊本《李贺歌诗编》卷一,"曲"为"髻"之误。上海古籍出版社1994年版沈惠乐《李贺诗选注》注云:"高高的发髻像青云的形状。"亦可参上海人民出版社1977年版王琦《李贺诗歌集注》,中华书局1960年版《全唐诗》卷二十一。《大词典》"绾"字义项③、"教²"字义项③亦举此例为证,均作"髻",可证。

(46)十一卷583页"长矛"条第三例:《二十年目睹之怪现状》第五八回:"起先是大旗队;大旗队过去,便有一对扛叉的,扛刀的,扛长矛的。"

按:"一对"乃"一队"之误。"一对"和"一队"人数不同,不应混淆。可参人民文学出版社1996年版该书。

2. 脱

(1)一卷781页"乳臭小儿"条第三例:《二刻拍案惊奇》卷五:"乳臭小儿,如此惊动天听,又烦圣虑获贼,直教老臣粉身碎骨,难报万一。"

按:据影印本,"难报万一"应为"难报圣恩万一","难报"后脱"圣恩"二字。

(2)一卷1521页"健勇"条义项①首例:《荀子·王制》:"材技股肱、健勇爪牙之士,彼将日日挫顿竭之于仇敌,我将来致之,并阅之,砥砺之于朝廷。"

按:"我"后脱"今"字。上文还有"我今将修饰之"、"我今将畜积并聚之于仓廪"之句,下文还有"我今将顿顿焉日日相亲爱也"之句,均有"今"字。此可参四部丛刊本《荀子》卷五,亦可参齐鲁书社1997年版董治安等《荀子汇校汇注》。《大词典》"来致"条亦举此例为证,有"今"字,可证。

(3)三卷735页"常民"条第二例:汉桓宽《盐铁论·国疾》:"往者常民衣服温暖而靡,器质朴牢而致用。"

按:据四部丛刊本《盐铁论》卷五,"靡"前脱"不"字。靡即奢靡,此讲从前百姓穿衣既暖和又不奢侈,脱"不"字语意就反了。亦可参中华书局1992年版王利器《盐铁论校注》。《大词典》"温暖"条亦引此例为证,作"不靡",确。

(4)四卷282页"**好不**"条义项②第二例:《醒世恒言·两县令竞义婚孤女》:"又每日限定石小姐要做若干女工针指还他。倘手脚迟慢,便去捉鸡骂狗,口里好不干净。"

按:据明叶敬池影印本,引例"日"后脱"间"字。又可参江苏古籍出版社1991年版魏同贤校点本。《大词典》"捉鸡骂狗"、"限定"等条亦引此例为证,均有"间"。

(5)四卷827页"**东司**"条义项②第二例:《古今小说·史弘肇龙虎君臣会》:"定眼再看时,却是史大汉跧蹲在东司边。"

按:据明天许斋刊本影印本,"跧"前脱"弯"字。弯跧,《大词典》:"蜷局不伸貌。"他例又如:宋范成大《鼎河口枕上作》诗:"漂泊离巢燕,弯跧负壳蜗。"此亦可参江苏古籍出版社1991年版魏同贤校点本。

(6)五卷50页"**狠¹**"条义项③第二例:《二刻拍案惊奇》卷十二:"一发狠,着地方勒令大姓迁出棺柩,把地与小民安厝祖先,了完事件。"

按:据该书影印本,"把地与小民"应为"把地给与小民",脱一"给"字。

(7)五卷89页"**猥琐**"条义项②首例:《初刻拍案惊奇》卷三:"那国使抱在手里来献,武帝见他生得猥琐,笑道……"

按:"来献"前脱"进门"二字,当补。

(8)五卷1317页"**清清**"条义项④举一例:《二刻拍案惊奇》卷二一:"[许公]吃了一惊,飒然醒来,乃是一梦。那四句都记得清清,仔细想之,不解其意。"

按:"清清"后少一"的"字,当补。

(9)五卷1415页"**淡泊**"条义项③首例:《初刻拍案惊奇》卷二九:"方才老员外与安人的意思,嫌张家家事淡泊些,说道:'除非张家官人中了科名,才许他。'"

按:"张家官人"之"家"后脱一"小"字。

(10)六卷30页"**溜撒**"条第二例:《初刻拍案惊奇》卷十九:"谢小娥还亏得溜撒,忙自去撺在舵上。"

按:引例于"忙"前脱"乘众盗杀人之时"一句。

(11)六卷764页"**插趣**"条第二例:《初刻拍案惊奇》卷二十五:"而今苏盼奴是个有名的能诗妓女,正要插趣,谁肯轻放了他?"

按:最后一句原文为"谁肯轻轻便放了他"。《大词典》引例脱"轻"、"便"二字。

(12)六卷787页"**摩索**"条例证为明睡乡居士《〈二刻拍案惊奇〉序》:"然

据其所载师弟四人各一性情,各一动止,试摘取一言一事,遂使暗中摩索,亦知其出自何人。"

按:"摘取"后脱一"其"字。

(13)六卷870页"**挤塞**"条首例:《二刻拍案惊奇》卷三一:"王世名到了县堂门外,喊发连天,何止万人挤塞。"

按:引文脱漏。原文应作"王世名到了县堂,县门外……""门"前漏一"县"字。

(14)六卷986页"**攒砌**"条例举《初刻拍案惊奇》卷三一:"[赛儿]做些羹饭,看匠人攒砌得了时,急急收拾回来,天色已晚了。"

按:"天色"后脱一"又"字。

(15)六卷1156页"**有时**"条义项①第三例:《二刻拍案惊奇》卷十一:"满生心里反悔凤翔多了焦家这件事,却也有时念及,心上有些遣不开。"

按:例句"反悔"后脱一"着"字。

(16)六卷1165页"**有窍**"条第二例:《西湖佳话·西泠韵迹》:"贾姨却又在行有窍,凡来求他的子弟,必须人物俊雅,可中得小小之意,方才应承许可。"

按:"方才应承许可"前脱"又要挥洒不吝,有些油水滋培的"。《西湖佳话》有清康熙金陵王衙精刊本,系初刻。上海古籍出版社1990年有影印本可参考。《大词典》此处可用省略号标示,不当随意删除。

(17)六卷1293页"**望头**"条第二例:《二刻拍案惊奇》卷二四:"我们万里远来,所干何事?……只贪着他些微酒食……我们有甚么别望头在那里?"

按:"只贪着"前漏一"却"字,当补。

(18)七卷670页"**恼骂**"条举一例:《二刻拍案惊奇》卷二十:"那陈定男人家心性……遂致巢氏不堪,日逐恼骂。"

按:影印本原文作"……日逐嗔恼骂詈"。是"嗔恼骂詈",非"恼骂",二者出入较大。《大词典》以此句为例欠当。

(19)七卷894页"**祝报**"条,例证为《二刻拍案惊奇》卷十:"若得大郎看死的老爹面上,此处处置停当,我烧香点烛,祝报大郎不尽。"

按:"老爹"后脱一"爹"字,影印本原文为"老爹爹"而非"老爹"。

(20)八卷84页"**稍间**"条,举《金瓶梅词话》第十五回例:"仪门去两边厢房三间,客座一间,稍间过道穿进去第三层,三间卧房,一间厨房,后边落地紧靠着乔皇亲花园。"

按:"仪门"后漏掉一"进"字。日本大安株式会社影印之明万历木刻本(下简称大安本)作"仪门进去",应从。

另,此例断句亦有误。应为:"仪门进去,两边厢房,三间客座,一间稍间,过道穿进去第三层,三间卧房,一间厨房……"《金瓶梅词话》第七十八回:"原来旁边又典了人家一所房子,三间客位内摆酒。"亦云"三间客位"("客位"即"客座"),可以为证。另外可以说从"过道穿进去",说从"稍间穿进去"则欠通。又,"仪门去两边厢房三间"不辞。

(21)八卷710页**"职官"**条第三例:《二刻拍案惊奇》卷二一:"小人虽卑微,也是个职官,岂不晓得法度,干这样犯死的事?"

按:"虽"后脱一"然"字,当作"小人虽然卑微"。

(22)八卷836页**"处¹"**条义项⑫第五例:《二刻拍案惊奇》卷十三:"房氏道:'只为赖家欺小妇人是偷寄的东西……'知县道:'这个我自有处。'"

按:"只为"前脱"也是有的"四字。当补,或标以省略号以示省略。

(23)九卷110页**"裋"**条首例:《方言》第四:"襜褕,其短者谓之裋褕,自关而西谓之祚裋。"

按:据《方言》原文,该句脱文甚多。"襜褕"后脱"江淮南楚谓之襜褣,自关而西谓之襜褕","其短者谓之裋褕"后脱"以布而无缘,敝而纴之,谓之褴褛"。《大词典》虽为节引,但此处可用省略号表示,而不当任意截取。

(24)九卷145页**"襦"**条义项②一例:《方言》第四:"裺谓之襦。"钱绎笺疏:"襦之言濡也。裺所以承次(涎)液,故裺亦名襦也。"

按:对比中华书局1991年版钱绎《方言笺疏》原文,《大词典》引例"襦之言濡也"后脱"《广雅》'濡,渍也。'《邶风·匏有苦叶篇》毛传同"一句。《大词典》九卷105页**"裺¹"**条义项①亦引同例为证,引文无误。

(25)九卷777页**"扎火囤"**条首例:《二刻拍案惊奇》卷十:"其间又有奸诈之徒,就这些贪爱上面,想出个奇巧题目来,做自家妻子不着,装成圈套……"

按:据影印本,"这些"前脱一"在"字。

(26)九卷885页**"绮绘"**条义项③第二例:明谢肇淛《五杂俎·事部二》:"近时文人墨客,有以浅近之情事而敷以深远,以寒暄之套习而饰以绮绘之语。"

按:"深远"后脱"之华"二字。"深远之华"与下句"绮绘之语"相对。《大词典》"套习"条亦引此例,有"之华"二字,可证。亦可参该书上海书店2001年版。

(27)九卷1232页**"软默"**条举一例:《二刻拍案惊奇》卷二二:"妻上官氏,生来软默,不管外事,公子凡事凭着自性而行。"

按:"凭着"前脱一"只"字。

(28)十卷558页**"逗漏"**条首例:《二刻拍案惊奇》卷二:"一连几日有些耐不得了,不觉口中嗫嚅,逗露出两着来。"

按:"逗露出两着来"应为"逗露出一两着来","两"前脱"一"字。

(29)十卷652页**"部郎"**条首例:《醒世恒言·黄秀才徼灵玉马坠》:"金

榜开时,高高挂一个黄损名字,除授部郎之职。"顾学颉注:"部郎,部,指吏、户、礼、兵、刑、工等六部;郎,泛指部里的中下级官员。"

按:据人民文学出版社1956年版《醒世恒言》,顾注原文为:"部郎——部,指吏、户、礼、兵、刑、工等六部。郎,泛指部里的中下级如郎中、员外郎、主事一类的官员。"明显有出入。《大词典》既已称引,就应忠实于原文,而不应随意删削增补。

(30)十卷752页"**述**"条义项⑤第三例:清钱大昕《十驾斋养新余录·何法盛书》:"何法盛《晋中兴书》名目与诸史异:本纪曰典,表曰注,列传曰录,论曰叙。"

按:据江苏古籍出版社1997年版孙显军、陈文和点校《嘉定钱大昕全集·十驾斋养新余录》,"表曰注"后脱"志曰说"一项。此亦可参上海书店1983年版该书。"注"字义项㊱举同例,确。

(31)十卷921页"**通**"条义项㉖首例:《后汉书·光武帝纪上》:"传吏疑其伪,乃椎鼓十通。"

按:据商务印书馆百衲本《后汉书》,"十"前脱"数"字。又可参该书中华书局1965年点校本。

(32)十卷1093页"**运日**"条第二例:《国语·鲁语上》"使医鸩之"三国吴韦昭注:"鸩,鸟也,一名运日……"

按:据《四部丛刊》所录《国语》卷四,韦昭注"鸟"后脱"名"字。亦可参中华书局2002年版徐元诰《国语集解》。

(33)十卷1214页"**遗腹**"条义项①第五例:《二刻拍案惊奇》卷三二:"朱景先却记起那年离任之日,张家女子将次分娩……明知遗腹在彼地,见说是生了儿子,且惊且喜。"

按:据影印本,"遗腹"前脱一"有"字。

(34)十一卷111页"**诉词**"条义项②举一例:《二十年目睹之怪现状》第二三回:"有一个卖帖子的,席地而坐。面前铺了一大张帖子的诉词。"

按:检之人民文学出版社1959年版、上海书店1994年版、上海古籍出版社2001年版等各本,该书原文皆作"面前铺了一大张出卖帖子的诉词",《大词典》引例末句"帖子"前脱"出卖"二字。

3. 衍

(1)一卷781页"**乳臭未除**"条举一例:《二刻拍案惊奇》卷二十:"[商功父]虽有两个外甥,不是姐姐亲生,亦且是乳臭未除,谁人来稽查得他?"

按:据影印本,"亦且是乳臭未除"中"是"为衍字,当删。

(2)五卷1074页"**油汗**"条义项①首例:鲁迅《呐喊·风波》:"忽然看见赵七爷满脸油汗,瞪着眼,准对伊冲过来。"

按:"忽然看见"原文作"忽然见",例句衍一"看"字,当删。

(3)五卷1083页"**况**"条义项⑦第四例:《二刻拍案惊奇》卷十:"你儿子又小,官府见了,只有可怜,决不会难为他的……"

按:"决不会难为他的"衍一"会"字,当删。

(4)六卷333页"**打噤**"条首例:《二刻拍案惊奇》卷九:"做了夫妻之后时常与素梅说着那件事,两个还是打噤的。"

按:"时常与素梅说着那件事"之"件"为衍字,当删。

(5)六卷805页"**搬弄**"条义项④首例:《二刻拍案惊奇》卷二一:"前日着落银两,多是大主人王爵亲手搬弄的。"

按:对比原文,《大词典》引例句尾衍一"的"字。

(6)六卷843页"**摔**¹"条义项④首例:《二刻拍案惊奇》卷十九:"……寄华扯住不放,被他用袍袖一摔,闪得一跌。"

按:"用袍袖一摔"中之"用"为衍字,当删。

(7)七卷117页"**无明无夜**"条首例:《二刻拍案惊奇》卷八:"所以一就了这件的滋味……忘飡废寝的。"

按:"这件的"之"的"为衍字,当删。

(8)七卷359页"**房奁**"条首例:《京本通俗小说·志诚张主管》:"我家下有十万贯家财,须着一个有十万贯房奁的亲来对付我。"

按:据上海古籍出版社1992年影印缪荃孙《烟画东堂小品》本,"着"后衍"一"字,当删。此又可参江苏古籍出版社1991年版程毅中校点本。《大词典》"家下"、"对付"等条亦引该例为证,均无"一"字,可证。

(9)八卷462页"**穷奇**"条义项③第三例:《二刻拍案惊奇》卷三九:"细看那镜小小的只有四五寸,面上精光闪烁,背上鼻钮四傍,隐起穷奇饕餮鱼龙波浪之形。"

按:原文作:"刷净泥滓细看,那镜小小,只有四五寸……"引文"小小"后衍一"的"字,标点亦不对。

(10)十卷483页"**跟随**"条义项①第二例:《二刻拍案惊奇》卷十七:"闻小姐仍旧带了闻龙夫妻跟随,同杜子中到成都来。"

按:对比原文,《大词典》引例中"闻小姐"之"闻"为衍字。

(11)十一卷176页"**话下**"条第二例:《二刻拍案惊奇》卷十八:"今见家主如此死了,恨不得登时咬他一块肉……不在话下。"

按:"恨不得"之"得"为衍字,当删。

4. 倒

"倒",这里指《大词典》中的一些书证有文字颠倒的现象。

(1)二卷1334页"**大母**"条义项②:宋周密《齐东野语·御宴烟火》:"穆陵初年,尝于上元日清燕殿排当,恭请恭圣太后,既而烧火烟于庭。"

按:"火烟"当为"烟火"。可参中华书局1983年版张茂鹏点校本《齐东野语》。《大词典》"地老鼠"条亦收此例,作"烟火",可证。

(2)五卷988页"**没$_2$得**"条第二例:《初刻拍案惊奇》卷二二:"若一下冲撞了他,收拾了本钱去,就没得蛇弄了。"

按:检之影印本,原文作"……就没蛇得弄了"。

(3)六卷271页"**牵扭**"条只举一例:《二刻拍案惊奇》卷二一:"正行之间,一阵大风起处,卷得沙灰飞起……"

按:"沙灰"为"灰沙"之误。

(4)六卷389页"**扳陷**"条举一例:《二刻拍案惊奇》卷十五:"你这杀剐不尽的奴才,自做了歹事,又受人买嘱,扳陷善良。"

按:"善良"乃"良善"之倒。

(5)六卷777页"**挥金如土**"条第二例:《初刻拍案惊奇》卷二二:"七郎挥金如土,并无吝惜,才是如此行径。"

按:"如此行径",应作"行径如此"。

(6)六卷944页"**掷撅**"条举一例:《二刻拍案惊奇》卷五:"[真珠姬]乱喊乱叫,将身子在轿内掷撅不已。"

按:"掷撅"当为"撅掷"。《大词典》仅凭倒乙之例而立"掷撅"为目,恐无根据。

(7)六卷1477页"**欢喜**"条义项②第二例:《二刻拍案惊奇》卷二十:"商小姐见兄弟小时母子伶仃,而今长大知事,也自欢喜他。"

按:对比原文,"欢喜"当作"喜欢"。原例句与词目不合。

(8)十卷658页"**乡^1**"条义项④第二例:宋李清照《〈金石录〉跋》:"余性偶强记,每饭罢坐归来堂烹茶,指堆积史书言某事在某书某卷第几叶第几行……"

按:据《四部丛刊续编·史部》中《金石录》原文,例中"史书",当为"书史"误倒。《大词典》五卷715页"书史"条义项②:"典籍,指经史一类书籍。"并举南朝梁江淹《杂体诗·效颜延之〈侍宴〉》、唐韩愈《此日足可惜赠张籍诗》、《醒世恒言·刘小官雌雄兄弟》等数例为证。此义用在文中亦当。在笔者所能查到的本子里面,该句均写作"书史"。如人民文学出版社1979年版王仲闻《李清照集校注》,上海古籍出版社2002年版徐培均《李清照集笺注》

等,可资参考。

(9)十卷1208页"**遗产**"条义项①第二例:《二刻拍案惊奇》卷十:"何况人家兄弟们争着祖父的遗产,不肯相让一些,情愿大块的东西作成别个得去了。"

按:"兄弟"乃"弟兄"之误倒,当乙正。

(10)十二卷187页"**靴腰子**"条:《官场现形记》第十三回:"……并怪龙珠不该应不念我往日之情,私底下同别人要好。"

按:"不该应"误,当作"不应该"。可参人民文学出版社2000年版该书。《大词典》二卷734页"割靴腰子"条首例仍举《官场现形记》第十三回同例为证,即作:"……并怪龙珠不应该不念我往日之情……"确。

5. 多重错误

《大词典》中有的书证可能不止一种疏误,凡兼有"讹"、"脱"、"衍"、"倒"之中的两种,或同类错误几次在一条中出现者,皆归入此类。

(1)一卷725页"**了绝**"条义项②举一例:《初刻拍案惊奇》卷三八:"更有一等狠毒的,偏要算计了绝,方才快活的。"

按:例句原文作:"……偏要算计了绝得,方快活的。"《大词典》引例"绝"字后脱"得","方"字后又衍一"才"字。

(2)二卷784页"**助赈**"条举一例:《二十年目睹之怪现状》第六十回:"你送一百银子去助赈,他能一点弊都不做,完全一百银子拿去赈饥,他可是在这一百之外,稳稳的赚了七十了。"

按:检该书人民文学出版社1996年版张友鹤校注本,"他能一点弊都不做"作"他不错一点弊都不做"。《大词典》引例衍一"能"字,又脱"不错"二字。亦可参江西人民出版社1988年版,上海古籍出版社2001年版。

(3)五卷1332页"**清头**"条义项②首例:《初刻拍案惊奇》卷二六:"两个常人自聒聒聒聒,我也不知一个清头。"

按:引例前半句"常"后衍一"人"字,致句意不可解;"聒聒聒聒"当作"激激聒聒";"聒聒(激激)聒聒"后又脱"的一番"三字。原文实为"两个常自激激聒聒的一番"。

另,《大词典》八卷662页"**聒聒**"条第二例:《初刻拍案惊奇》卷二六:"两个人常自聒聒聒聒的一番,我也不知一个清头。"首先,此例"常"字后无"人"字,"聒聒(激激)聒聒"后有"的一番"三字,可证上举"清头"条之误;其次,该例"常自"前衍一"人"字,当删;再次,因"聒聒聒聒"乃"激激聒聒"之误,故将此例作为"聒聒"的书证,显然是不妥当的。

(4)六卷309页"**打照会**"条:《初刻拍案惊奇》卷二六:"我家未知道我

回,又未与娘家打照会,便私下住在此两日,无人知道。"

按:该引文有两处失误:1."又未与娘家打照会"应为"与娘家又不打照会";2.末尾"无人知道"为"无人知觉"之误。

(5)六卷330页"打諢"条第四例:《初刻拍案惊奇》卷三四:"元来那王尼有一身奢遮本事。第一件一张花嘴,数黄道白,指东话西,专一在官宦人家打諢,那女眷没一个不被他哄得投机的。"

按:此引例有两处疏误:1."本事"前漏一"的"字;2."奢遮"当作"奢嗻"。《大词典》二卷1548页"奢遮"条、九卷304页"花嘴"条第二例亦引此例为证,皆有以上两处失误。

(6)六卷400页"投托"条义项②举一例:《初刻拍案惊奇》卷一:"我等与诸郎君原无前缘,故此前来告别,往某县某村王姓某者投托。"

按:此引例有两处疏误:1."郎君"后脱一"辈"字;2."前来告别"应为"先来告别","前"为"先"之误。

(7)六卷870页"撮哄"条第二例:《初刻拍案惊奇》卷二九:"报人的只是乱嘈,牢中人从旁撮哄,把一个牢里闹作了一片。"

按:引文失误有二:1."报人的"当作"报的人"。于幼谦因私情下狱,正不耐烦,不想科考高中,报喜的人找到狱中讨赏,在牢里闹成一片。"报人的"不可解,应作"报的人",指"报喜的人"。本句前后共出现三次"报的人",唯此处为"报人的",可见其误。2."乱嘈"为"乱嚷"之误。

(8)六卷986页"攒风"条举一例:《二刻拍案惊奇》卷三一:"把马一拍,攒风一般,前后左右俱跑过了。"

按:此引例问题有二:1."攒风"后脱一"的"字;2."俱"为"都"之误。

(9)六卷1162页"有紧没要"条第二例:《初刻拍案惊奇》卷二六:"那小床帐钩上吊着一个紫檀的小木鱼……郑生好戏,手除下来,手里捏着,看看有紧没要,把小槌敲他两下。"

按:查原文,此段文字如下:"……郑生好戏子,除下来手里捏了看看有要没紧,把小槌敲他两下。"《大词典》此句引文疏误甚多。

(10)六卷1164页"有亲"条第二例:《初刻拍案惊奇》卷十:"外甥女如此长成了,不知曾受聘否?本不该如此说,但犬子尚未有亲,姊夫若不弃,做个中表夫妻也好。"

按:该句原文如下:"外甥女如此长成得标致了,不知曾受聘未?不该如此说,犬子尚未有亲,姊夫不弃时,做个中表夫妻也好。"《大词典》引文短短数语,竟有几处疏漏。

(11)六卷1189页"肥¹"条义项③第四例:《初刻拍案惊奇》卷一:"原来

乃是太湖中有一洞庭山,地软土肥,与闽广无异。"

按:该句疏漏有二:1."原来"一词原文中并未见,当删;2."软"为"暖"之误。

(12)七卷188页"炼性"条举一例:《初刻拍案惊奇》卷十七:"这道教门最上者,冲虚清静,出有入无……"

按:该句原文作"这家教门,最上者卫虚清静……"《大词典》引例颇有出入。

(13)七卷370页"心上"条第二例:《二刻拍案惊奇》卷二三:"行修触着'稠桑'二字,心上想到:'莫不是王老就在此处?'"

按:原文应为:"行修听得'稠桑'二字触着,便自上心,想道:'莫不甚么王老正在此处?'"短短一句,竟有几处失误。

(14)八卷251页"的³"条义项③第三例:《二刻拍案惊奇》卷十二:"[陈亮]知道了悔道:'我只向晦菴说得他两句话,不道认真的大弄起来。'"

按:该句有数处疏误:1."悔"前脱一"也"字;2.句前没有必要补出"陈亮",原文即是"陈同父知道了也悔道",照录即可;3."两句话"应为"两句说话",脱一"说"字。

(15)十卷658页"乡¹"条义项④第三例:《二刻拍案惊奇》卷二二:"公子银子到手,手段阔惯了的,那里够他用的?况且一向处在不足之乡……没有几时,手里又空。"

按:该句有数处疏漏:1."公子银子到手"应为"公子银子接到手",脱一"接"字;2."那里够他用的"当为"那里够他的用";3."没有几时"当为"没多几时","有"为"多"之误。

(16)十卷927页"通私"条第二例:《二刻拍案惊奇》卷二三:"小塪蒙令爱庆娘不弃,一时间结了私盟,负不美之名,犯通私之嫌。"

按:此句原文作:"小塪蒙令爱庆娘不弃,一时间结了私盟,房帏事密,儿女情多,负不义之名,犯私通之律。"与《大词典》引例出入较大。更严重的问题是,词目是"通私",而引例本为"私通",二者明显不符。

(七)其他失误

1. 义例不合

书证一定要典型、规范,书证中被释词的词义一定要与词典释义相吻合,义例乖违,是词典的根本性缺陷。《大词典》在一些书证的使用上存在着义例不合的现象。兹举例说明如下:

(1)一卷85页"一答"条:"一处;一带。元王实甫《西厢记》第五本第三折:'了这件事,好和小姐一答里下葬去。'"

按:例句中"一答里"是一个词,同"一搭里",犹言一道,一起。不同于表示处所的"一答"。

(2)一卷210页"三房"条:"②三房妻室。《红楼梦》第四六回:'大家子三房四妾的也多,偏咱们就使不得?'"

按:例句中"三房"非实指三房妻室。"三房四妾"中的"三"、"四"都是虚指,在该词语中言数量之多。

(3)二卷561页"切云"条:"上摩青云。极言其高。《楚辞·九章·涉江》:'带长铗之陆离兮,冠切云之崔嵬。'"

按:例句为一对句,"长铗"与"切云"相对,均为名词。"切云"当为"切云冠",古时的一种高冠。而非"上摩青云。极言其高"义。

(4)三卷1006页"从直"条释为"从实"。所举的书证为《警世通言·金令史美婢酬秀童》:"阿哥从直些吧,不嫌轻,就是阿哥的盛情了。"

按:此例中"从直"当为"爽快"义。详前文(二)义项不全之"从直"条。

(5)四卷73页"巴巴"条义项⑦:"黏滞;黏结成块的。宋·陆游《大慧禅师真赞》:'平生嫌遮老子,说法口巴巴地。'周立波《暴风骤雨》第一部四:'吃晚饭时,炕桌上摆着煮得粘粘巴巴的豆角。'"

按:所引陆游例,"巴巴"是指说话很快,语速急切,方言口语中常用。例如:"你一说他,他就嘴巴巴地给你讲理。"所引周立波例,"巴巴"是用作形容词词尾,无实在意义。"粘粘巴巴"是说很黏,也可以说成"粘巴巴"、"粘巴"。拿《大词典》的解释代入以上二例,均无法讲通。

(6)五卷96页"猱"条:"③挠;搔。……《醒世姻缘传》第十四回:'典史自推开门,一步跨进门去。只见珍哥猱着头,上穿一件……'"

按:引例中的"猱头"非"搔头"义,系形容头发未经梳理,散乱纷披的样子。《金瓶梅词话》第三十一回有"猱头狮子",亦形容毛发纷乱状。"猱"音náo,通"挠"。"猱头"又作"挠头"。明沈榜《宛署杂记·民风》:"不梳头曰挠头。"可证。《醒世姻缘传》第八十九回:"素姐扎煞两只烂手,挠着个筐大的头,骑着左邻陈实的门大骂。"此例也是形容素姐蓬头散发貌,两只手都"烂"了,而且"扎煞"(五指张开)着,故显然亦非搔头义。

(7)五卷265页"比是"条:"犹既是。"《金瓶梅词话》第十五回:"祝日念道:'比是哥请俺每到酒楼上,何不往里边望望李桂姐去。'"

按:所引例与释义不合。此处"比是"应释为"与其"。《金瓶梅词话》第四十八回:"呸,贼没算计的,比是搭月台,买些砖瓦来盖上两间厦子却不好?"字或作"比似"。《桃花女》第一折:"比似你做阴司下鬼囚,争似得他这天堂上阳寿。"两例中"比是(比似)"均非"既是"义。

(8)六卷697页"掐"条:"⑦量词。拇指和另一指头相对握着的数量。亦用以比喻数量微小。……魏巍《东方红》第一部第八章:'杨大伯抱了一大掐绿盈盈的小葱走了进来。'"

按:"掐"作为量词有二义:1.拇指和另一指头相对握着的数量;2.两只手相对握着的数量。《大词典》所释为前一义,而引例所用则是后一义,试想"抱了一大掐"中的"抱",仅用一只手的两根指头如何完成?所以此句中的"掐"只能是后一义,相当于一小"抱"。而两根指头对握的数量最多只能相当于一小"把"。今江淮方言中的涟水话和湖南永州一带方言中,"掐"均表示"两手对握着的数量"。

(9)六卷1385页"脸皮"条:"②指情面或害羞的心理。鲁迅《书信集·致郑振铎》:'脸皮之厚,世上无两,尚足与之理论乎!'曹禺《日出》第二幕:'要不是为我们这几个可怜的孩子,我肯这么厚着脸皮拉着你,跑到这个地方来?'"

按:引例中的"脸皮"均指脸面或者脸上的皮肤,与情面或害羞的心理没有关系,而与"厚"有关系。引例应放在"脸皮厚"或"厚脸皮"词条。

"脸皮"亦确有"情面或害羞的心理"之义。《喻世明言》卷二十七:"你被儿童耻笑,连累我也没脸皮。你不听我言抛却书本,我决不跟你终身,各人自去走路,休得两相耽误了。""连累我也没脸皮",是说连累我也没有面子。

(10)七卷29页"灰榇"条:"亦作'灰傧'。骨灰盒。……明朱有燉《香囊怨》第四折:'这一堆灰傧骨殖,也无用了。'"

按:该例中的"灰傧"当为"骨灰"义。"一堆灰傧骨殖"即一堆骨灰,而非一堆骨灰盒。"灰傧"与"骨殖"同义连文,皆"骨灰"义。"灰榇"作骨灰讲,还有他例。元无名氏《冤家债主》第四折:"岂不闻有限光阴有限的身,咱死后只落得半丘儿灰榇。""半丘儿灰榇"即半丘儿骨灰,不能说"半丘儿骨灰盒"。所以,"灰榇"的"骨灰"义,《大词典》当补之。例证也可提前至元代。

(11)七卷197页"煨"条:"③烹饪法。用微火慢慢地煮。……《说岳全传》第五一回:'[牛皋]就在石中敲出火来,拾些枯枝,把牛煨得半生不熟的。'"

按:该例中的"煨"并非"用火慢慢地煮"义,而是"烧、烤"义,"煨得半生不熟的"即"烧、烤得半生不熟的"。

请看该例的上文:"(牛皋)这一日瞒了师父,偷下山来闲走。走了一回,进林子去,拣块石上坐下歇息。忽见一只水牛奔进林来,牛皋看时,只见牛角上扎缚着利刃。原来是伍尚志的火牛逃走来的。牛皋上前一把拿住,想道:

'我每日吃素,实是难熬。今日天赐此牛来,想是与我受用的。若不然,为什么角上带了刀来?'把牛杀了。就在石中敲出火来,拾些枯枝,把牛煨得半生不熟的。"上文至少可以从三个方面来说明"煨"并非"煮"义:①牛皋当时是瞒着师父下山来闲走的,事先并不知道会遇到牛,所以身上不可能带着炊具。②文中并没有提到林子中有住户,所以不可能借到炊具,即便是刀子也是从牛角上解下来的。③最主要的一点,牛皋是个急性子,又多日没有吃荤了,现在忽然有了一头牛,根据当时的情况,最简单易行的方法是烧烤,而不是煮。所以才有"就在石中敲出火来,拾些枯枝,把牛煨得半生不熟的"之说。

又《大词典》"煨炙"条:"烧烤。《法苑珠林》卷八六引《行七行现报经》:'即时以盐涂诸牛口,牛贪咸味,出舌舐之,即用利刀一时截取,以火煨炙,而共食之。'""煨炙"同义连用,"煨"即"烧、烤"。可证。

(12)七卷602页**"惚"**条:"隐约或游移而不可捉摸;不清晰。《老子》:'惚兮恍兮,其中有象;恍兮惚兮,其中有物。'《金瓶梅词话》第三十八回:'香褪了海棠娇,衣惚了杨柳腰。'"

按:所释之义与所引《金瓶梅词话》一例殊难相合。查日本大安本,"惚"作"㥒"。"㥒"(sōng),又作"憽",同"鬆"。"衣惚了杨柳腰"实为"衣㥒(鬆)了杨柳腰"之误。故上引《金瓶梅词话》第三十八回一例应移至《大词典》七卷667页"惚[2]"条下。

(13)八卷56页**"科范"**条:"①仪式;规格。……《金瓶梅词话》第三三回:'春梅做定科範,取了个茶瓯子,流沿边尅上递与他。'"

按:此处的"做定科范",是说春梅按照潘金莲的授意做好圈套,铺好了计谋。应将此例证移至该条第四个义项(④圈套;机谋)下,方为妥帖。

(14)八卷125页**"稻草"**条:"脱粒后的稻秆。唐元稹《酬乐天东南行》诗:'短檐苫稻草,微俸对渔租。'丁玲《母亲》一:'风带点稻草的香味,带点路旁矮树丛里的野花的香味,也带点牛粪的香味,四方飘着。'"

按:第一例相合。第二例中的"稻草"当指"稻禾",而非"脱粒后的稻秆"。

(15)九卷169页**"着[4]"**条:"③助词。紧接在某些动词后或放在某些祈使句末,表示强调、催促、商量、请求等语气。……《红楼梦》第三九回:'宝玉信以为真……按着刘老老说的方向地名,着焙茗去先踏看明白,回来再作主意。'"

按:从所举《红楼梦》一例看,第一个"着"是接在介词"按"之后,第二个"着"本身即是动词,相当于"派",并非"紧接在某些动词后或放在某些祈使句末"表示语气。

(16)九卷577页**"薄设"**条:"设小酌、便宴。"第二条书证为《二刻拍案惊奇》卷四:"纪老三道:'多承两位不弃,足感盛情。待明日看了货,完了正事,另治个薄设,从容请教,就此结义何如?'"

按:该例中的"薄设"当为名词,乃"小酒席,便宴"义,在句中作"治"的宾语,"治薄设"才是"设小酌、便宴"。《大词典》将该例作为"设小酌、便宴"的书证,显然不妥。

(17)九卷1125页"超忽"条:"②迅速貌。……清蒲松龄《聊斋志异·促织》:'覆之以掌,虚若无物;手裁举,则又超忽而跃。'"

按:例中"超忽"有"远"义。李白《送王屋山人魏万还王屋》:"华顶殊超忽。"王琦注:"超忽,远貌。"《全唐诗·郊庙歌辞·景云舞》中也有"龙湖超忽,象野芊绵"的说法。其实"超"和"忽"都有"远"的意思。《读书杂志·荀子》:"忽兮其极之远也。"王念孙注:"忽,远貌。"《方言》卷七:"超,远也。东齐曰超。"由此,"超忽而跃"应理解为"远远地跳(走)"。

(18)十一卷19页"计结"条:"犹打算,主张。宋无名氏《张协状元》戏文第四一出:'我不道你痴心,别寻个计结来闭门。'……《京本通俗小说·错斩崔宁》:'我从丈人家借办得几贯钱来养身活命,不争你偷了我的去,却是怎的计结?'《水浒传》第六六回:'正是狱囚遇赦重回禁,病客逢医又上床。毕竟梁中书一行人马怎地计结,且听下回分解。'"

按:二、三两例中的"计结"并非"打算,主张"义,而是"解决、了结"义。第二例是说,我从丈人家借办得几贯钱来养身活命,如果被你偷了去,那我以后的日子可怎么解决?释为"打算,主张"则于义不符。第三例中"毕竟梁中书一行人马怎地计结,且听下回分解",犹毕竟梁中书一行人马如何了结,且听下回分解。另外,下例亦可为证。《宋元话本集·山亭儿》:"这一秋一冬,却是怎地计结?做甚么是得?"此谓这一秋冬的生活,却是如何解决?做什么来谋生呢?"计结"亦"解决、了结"义。

(19)十二卷297页"头上末下"条:"①谓从上到下,从最前头一个到最末尾一个。《金瓶梅词话》第十九回:'恰似俺们把这桩事放在头里一般,头上末下就让不得这一夜儿!'②头一回,第一次。"

按:第一个义项释义与引例不合。"头上末下就让不得这一夜儿",意即李瓶儿是"头一回"(谓其新娶进门),而其他老婆与之争汉子,就不让她这一夜儿。上举《金瓶梅词话》第十九回例,只适合于第二个义项。

(20)十二卷1272页"麻犯"条:"①犹麻烦。……《醒世姻缘传》第六八回:'我说的好话,倒麻犯我起来。'"

按:该例中的"麻犯"当为"训斥,责备"义。文意是说我讲的本来是好话,你不但不领情,反过来却训斥我,责备我。"麻犯"作该义讲,《醒世姻缘传》中还有他例。如第四回:"晁大舍听了,明知道是取了《金刚经》进城,所

223

以狐精敢于下手,叫了几声苦,只得将来报的庄客麻犯了一顿。"又四十三回:"(张瑞凤)麻犯着那些禁子道:'这如今同不的常时,大爷不是常时的大爷,四爷也不是常时的四爷了,你们还放进闲人来做什么?'"皆其证。

2. 相关条目缺少参见或参见不严密

"参见"是词典编纂中既节省篇幅又提供相关知识的重要手段。本应采用参见办法解决问题,却重复释义和举例,既浪费了篇幅,又未能给读者带来新的信息。尤有甚者,由于照应不到,有时还会造成释义不一致、相互抵牾的情形。这种情况在《大词典》中不乏其例。例如:

(1)一卷19页"一火"条:"④同'一伙'。指若干人结合成的一群。"同卷30页"一伙"条:"亦作'一夥'。"其义有三:①一群,指若干人结合的集体。②同伙;伙伴。③方言。犹言一下子。

按:参见不够严密。"一火④"应该注明同"一伙①",因为"一伙"有三个义项。另外"一伙"条仅注明"亦作'一夥'",却未注明同"一火"的关系。

(2)一卷41页"一拃"条:"张开大拇指和中指,两端的距离(长约五寸)为'一拃'。"

按:同卷一部又收"一柞"(55页)、"一揸"(81页),三者实为一词。按"凡例",同部首内一个词有异体字或另外的书写形式应进行关联处理。此条则未做这样的处理。类似的情况又如二卷大部"大拉拉"条(1346页)、"大剌剌"条(1354页)、"大落落"条(1374页),四卷己部"巴巴劫劫"条(74页)、"巴巴结结"条(74页)等,均未注明其联系。

(3)一卷236页"三番五次"条:"屡次,多次。"又同页"三番两次"条:"屡次,多次。"

按:二者的释义完全相同,但缺少参见说明。笔者以为,像这样的多字条目,可用其中的一条作为主条,另外一条作为附条,采用参见的方式。这点,《大词典》在凡例中已经做出说明。类似这一情况的还有:四卷262页"女娘"(对妇女的通称)、"女娘家"(对妇女的通称);七卷1468页"盘缴"(花费)、1469页"盘搅"(花费)等。

(4)二卷183页"包荒"条:"③掩饰;遮盖。"又185页"包慌":"遮掩。"

按:二者是同词异写的关系,应做必要的关联说明,且释义也应保持一致。

(5)四卷281页"好一歇"条:"较久的时间。《荡寇志》第七一回:'范天喜见了那人,便撇了戴周二人,进茶店同那人坐下,说了好一歇话。'"又291页"好歇"条:"好一会儿。……《荡寇志》第七三回:'那希真吃了一回茶,又把那马看了好歇,起身牵了回去。'"

按:"好一歇"就是"好歇",这点从引例中可以看出来。《大词典》用"又省作'好歇'"处理即可,没必要作为两条来收释,如果都收,在释义上也应前后一致。

(6)八卷717页**"听说"**条:"③方言。听话。参见'听说听道'。"

按:"听说"条在"参见'听说听道'"后并无书证,但是同页"听说听道"条所举皆"听说听道"的书证,并没有出现有关"听说"的书证,也未注明和"听说"的关系。这属于典型的参而不见。

(7)九卷1373页**"酒大工"**条:"酿酒的人。"又同页**"酒太公"**条:"造酒的工匠。"

按:"酒大公"就是"酒太公","大"是"太"的古字。清江沅《说文例释》:"古只作'大',不作'太',亦不作'泰'。"《大词典》对二者的解释不尽相同,且未做关联说明。

(8)十卷841页**"退班"**条:"④方言。差;次。……"参见"推扳"。

按:参见不严密。六卷671页**"推扳"**条:"见'推班'。"又674页**"推班"**条:"方言。亦作'推扳'。①差,不好。……②马虎。"既然"推班"是主条目,"推扳"是附条,那么"退班"就不应该参见"推扳",而是应该参见"推班①"。

(9)十一卷978页**"阵阵"**条:"亦作'陈陈'。连续而略有间断。宋苏舜钦、苏舜元《送梁子熙联句》:'腹愤轧轧,胸奇陈陈。'"

按:该条存在问题有二:1.条目是"阵阵",但并未列举有关"阵阵"的书证,列举的仅是"陈陈"的书证。笔者以为,尽管前面已注明了"亦作'陈陈'",也应该先列举"阵阵"的书证,再列举"陈陈"的书证。2.缺少照应。同卷1012页"陈陈"条,义项有三:①指陈年的粮食。②沿袭;因袭。③久远。并没出现"连续而略有间断"这一义项。这就使相关条目失去了关联性。

(10)十二卷302页**"头油"**条:"抹头发的油质化妆品。清潘荣陛《帝京岁时纪胜·元旦》:'更间有……卖桂花头油摇唤娇娘声,卖合菜细粉声,与爆竹之声相为上下,良可听也。'"又308页**"头发油"**条:"抹在头发上的油状或膏状化妆品。张天翼《移行·包氏父子三》:'这里东西可多着:香水,头发油,雪花精什么的。'"

按:"头油"即"头发油",二者是同义词,但《大词典》对二者的释义并不相同,且缺少必要的参见说明。可在"头油"条下,注明"又作'头发油'",或在"头发油"条下,注明"亦省作'头油'",将二者作为一个词条来处理。

3. 出条不当

(1)三卷518页**"嘴吃"**条:"指食物。《西游记》第七六回:'我不舍得买了嘴吃，留了买匹布儿做件衣服。'"

按："嘴吃"非词。"嘴（儿）"代指食物。吃零食今口语仍说"吃零嘴儿"。明代小说有"买嘴/吃"（见上引《西游记》例）、"换嘴/吃"等说法。后者见《金瓶梅词话》第九十三回："不消两日，把身上绵衣也输了，袜儿也换嘴来吃了，依旧原在街上讨吃。""换嘴来吃了"，说明是"换嘴"，而非"嘴吃"。故要么以"嘴儿"出条，要么以"买嘴吃"出条，而不当以"嘴吃"出条。

（2）五卷233页"**截舌**"条："搬弄是非。《金瓶梅词话》第十一回：'……明在汉子跟前截舌儿，转过眼就不认了。'"

按：意义为"搬弄是非"的是"戳舌"。"截"、"戳"因形近而致误。同书第二十八回："你在傍戳舌怎的？"又第八十五回："今被秋菊丫头戳舌，把俺两个姻缘拆散。"均作"戳舌"，可以为证。而"截舌"作"搬弄是非"用的，未见他书，故不当以此误文出条。

（3）八卷196页"**白婆**"条，释为"白发老妇"。引蒲松龄《聊斋志异·促织》："成妻具资诣问。见红女白婆，填塞门户。"杨恩寿《坦园日记·郴游日记》："迨返家时，恶语、怒语、忿语、浪语、亵语、骂妾语、咒夫语、讽叔语，千态万状，一时并作，而台下笑声不绝，即旁观之村姑闺秀，红女白婆，亦喝采焉。"两例为证。

按：此条出条不当。九卷703页有"红女白婆"条，引同例释为"少女和老妇"，而"红女"没有单独出条。实际上"红女"、"白婆"为并列式四字语，相对为文，不宜分开。此系喻各类妇女众多。

（4）十卷925页"**通成**"条："方言。全部，整个。《醒世姻缘传》第四三回：'到了那里，通成不得了，里头乱多着哩！'"

按："通成"非一词。"成不得"，或作"成不的"，意即"不成；不行"，小说中习见。例如《醒世恒言·钱秀才错占凤凰俦》："尤辰摇着头道：'成不得！人也还在他家，你狠到那里去？'"《金瓶梅词话》第十二回："淫妇的身上，随你怎的拣着烧遍了也依，这个剪头发却成不的，可不嗽死了我罢了！""通"，义为"全然，完全；根本"，用以修饰动词，小说中俯拾皆是。例如《金瓶梅词话》第十二回："真个？我通不知。"又第十四回："俺这个成日在外边胡干，把正经事儿通不理一理儿。"又第十五回："大官人通影边儿不进里面看他看儿。"又第十六回："他一字通没敢题甚么，只说到明日二娘过来，他三日要来爹家走走。"《醒世姻缘传》第四十三回："晃夫人说：'拿饭养活你们，通似世人一般，肯打听点信儿！'"清李绿园《歧路灯》第二十七回："一年多没见，你通不来傍个影儿，是何话说？"《大词典》所引《醒世姻缘传》"通成不得了"意即"全然不行了"。上举"通似世人一般"即"全像世人一样"。以"通"与"成不得"的"成"出条,不辞。

(5)十一卷492页"**辣臊**"条:"腥臭气。《水浒传》第二一回:'外人见押司在这里,多少干热的不怯气,胡言乱语,放屁辣臊。押司都不要听。且只顾饮酒。'"

按:"放屁辣臊"是一个四字语。"辣"是"拉"的借音字,义为"撒"、"放"、"排出"。"辣臊"即"撒臊",与"放屁"同为动宾格式。此语系以排放难闻的臊臭气味比喻人嘴里不干不净,说出难听的话。① 故此语不当拆开单以"辣臊"出条。

4. 义项归纳、确立不合理

(1)一卷41页"**一抹**"条共列有七个义项。

按:其中义项⑦释作"一擦"或"一摸"。该义项不当立。此义项中"一抹"之"一"当为"一"字条之义项④即"表示动作一次或短暂"。其中"抹"字是用其基本义"涂抹"、"抹掉"。故作"一擦"讲的"一抹"不是一个词,而是临时组合。这一点也可以从《大词典》所引二例中看出:《儿女英雄传》第六回:"破这个架式是用胳膊横着一搪,封在面门,顺着用右手往下一抹,拿住他的左腕子一拧,将他身子拧转过来,却用右手从他脖子右边反插将去把下巴一掬:叫做'黄莺搦嗉'。"杨朔《三千里江山》第十六段:"刘福生用手把脸一抹,鼻子眼一紧蹙,扎撒着两只大手,发疯地扭起腰来。"其中"一搪"、"一抹"、"一拧"、"一掬"、"一紧蹙"都是临时性组合。皆不当出条。

(2)二卷974页"**差失**"条,释义为:"差错;过失。"引例三则:北齐颜之推《颜氏家训·勉学》:"见有闭门读书,师心自是,稠人广坐,谬误差失者多矣。"宋范仲淹《奏灾异后合行四事》:"听断十事,差失者五六。"《再生缘》第三回:"醒来自想无差失,白发公公怎警凶。"

按:就《大词典》所引文例来看,前两例中的"差失"用为动词,后一例用为名词。又如《朱子语类》卷二五:"心里不惬地,外面强做,终是有差失。纵饶做得不差失,也只表里不相应,也不是礼乐。"又卷三〇:"如颜子地位,岂有不善! 所谓'不善',只是微有差失。才差失,便能知之;才知之,便更不萌作。"两例中的"差失"亦可分为动、名两种用法。结合现代汉语中的"差失"一般用作名词②的事实,《大词典》该条当另设"出差错"一义,以区别该词在

---

① 详李申《〈金瓶梅〉词语例释》,《河北师院学报》1989年第1期。
② 本文认为现代汉语的"差失"一词没有兼类的性质;与之不同的词语,比如"失误",则兼具动、名两种特性。

语言历时演变中的某一阶段语法功能方面的分化。

(3)三卷 519 页"**嘴头**"条,列有"①指说话时的嘴"、"②指说话或说话的口气"两个义项。

按:义项①释义不确,已见前文。其实义项②亦无必要。两者可合而为一,释为"嘴巴"。义项②引例为《朝野佥载》卷二"(陆)余庆,笔头无力嘴头硬"和《红楼梦》第二十三回"凤姐因见他素日嘴头乖滑"两例。"嘴头硬"和"嘴头乖滑"就是嘴巴硬和嘴巴乖滑。"嘴巴"无须区分说话时与不说话时,本身也并不表示什么口气。如上引二例,其口气是通过"硬"和"乖滑"两个词体现的。

(4)三卷 1162 页"**外甥**"条:"姐或妹的儿子。……某些地方亦称外孙为外甥。"

按:《大词典》"外甥女"条列有两个义项:①姐或妹的女儿。②有的地方称外孙女为外甥女。而"外甥"条却将两个意义合并为一个义项。义项分合无统一标准,此种例子并不是个别的。实际二义差别很大,不当并为一条处理。

(5)六卷 498 页"**拉把**"条:"提携;抚养。"

按:"提携"和"抚养"当列为两个义项。《大词典》"拉巴"条:方言。①拉;拖。②提携。③辛勤抚养。又"拉拔"条:①提携;照顾。②辛勤抚养。"拉把"、"拉巴"、"拉拔"这三个词在"提携;抚养"意义上属于一词多形,既然"拉巴"、"拉拔"这两个词条把"提携"和"抚养"作为两个义项来处理,那么"拉把"条也应该列为两个义项。另外,三个词条在"提携;抚养"这个意义上,缺少必要的参见说明。

(6)十二卷 165 页"**关给**"条:"发放或领取。"

按:"发放"和"领取"是方向相反的两个动词,应该作为两个义项来处理。

5. 注音有误

(1)一卷 1581 页"**假撇清**"条释为"伪装清白"。"撇"注音为 piē。其中一例为元李文蔚《燕青博鱼》第三折:"你这个养汉精,假撇清。"

按:此条中"撇"音当为 piě,义即六卷 844 页"撇²"条义项⑥所释之"装扮"、"假装"义。又六卷 845 页"撇清"条释为"装清白",亦引用元李文蔚《燕青博鱼》三折例。两条目均引同一用例,但出条不一致。其实,一卷 1581 页"假撇清"条之"撇"当为六卷 844 页"撇²"之义项⑥之义,即"装扮;假装"之义。"撇²"音 piě,故,此"撇"亦当注音为 piě。

(2)三卷 142 页"**合¹**"条:"[hé《广韵》侯阁切,入合,匣。]⑩交锋;交战……引申为争执,争吵。参见'合口③'、'合气②'。"

按:"合口"、"合气"之"合",音当读 gé。《西游记》第二十六回:"我们走脱了,被他赶上,把我们就当汗巾儿一般,一袖子都笼去了,所以阁气。"此以"阁"记"合"。"合"本有"古沓切"一读。今鲁南苏北方言中仍有"合气"、"合架"、"合嘴"等语,音皆如"硌"。王学奇《元曲释词》二:"按合,读如蛤(gé)。故合气、阁气,音意同。"得之。

(3)四卷880页"枓"条,注音为"doǔ"。

按:调号位置打错了,应为 dǒu。

(4)四卷1179页"楞头葱"条:"楞头青。"

按:《大词典》"楞"有两个读音:"楞¹(léng)"、"楞²(lèng)"。义为"冒失,鲁莽"时,应读"楞²(lèng)"。例如:"楞²头青"(指鲁莽的人)、"楞²头货"(指粗鲁莽撞的人)等。所以,"楞头葱"中的"楞"应改注"楞²"的音,这样,音义才能相符。

(5)八卷94页"税说(—suì)"条:"以言语游说他人。"

按:"说"在作"游说"义讲时,当读为"shuì"。误将卷舌音注为平舌音。

(6)九卷1142页"趖"条:"[suō《广韵》苏禾切,平戈,心。]谓走。引申指太阳西斜、落山。《说文·走部》:'趖,走意。'段玉裁注:'今京师人谓日跌为晌午趖。'"

按:"晌午趖"实即"晌午错"。明清以来多见。《金瓶梅词话》第三十四回:"到明日,只交长远倚逞那尿胞种,只休要晌午错了。"清高某《正音撮要》卷二:"晌午错,晏昼过。"《聊斋俚曲集·禳妒咒》第二回:"仲鸿说天已晌午错了,也该放了学了,怎么到如今不来?"又《墙头记》第二回:"你在路上慢慢走,避风的去处好磨陀,到家就是晌午错。"光绪十二年《顺天府志》:"今顺天人谓日午为正晌午,少西曰晌午趖。午,读若火;趖,读若错。"说明这个词实际一直读"cuò"。

6.释义或引例顺序排列不当

(1)一卷149页"七九"条下列两个义项:①步枪的一种。②农历冬至日起第五十五天至第六十三天,称为"七九"。

按:义项②产生的时间先于①,故应列于前。而且义项①远不如义项②常用。

(2)一卷1529页"做客"条,下列三个义项:①谓外出经商。②访问别人,自己当客人。③客气。

按:义项②应当为"做客"之本义,应释于先。其顺序应为②③①。且应删"自己",因为客人不限于自己。例如说"欢迎您来我家做客!"说话人自己是主人。

(3)三卷357页"哨¹"义项⑥:"围场;猎区。"首举《清续文献通考》,次举清魏源《圣武记》。

按:《清续文献通考》本名《皇朝续文献通考》,简称《清续通考》,近世刘锦藻(1854~1929)撰。四百卷。该书于1921年最后成书。另有光绪间乌程刘氏坚匏庵刊三百二十卷本,系该书初稿本。《圣武记》,纪事本末体史书,十四卷,清魏源(1794~1857)撰。道光二十二年(1842)成书,道光二十四年和道光二十六年经两次修订。很明显,二书相比,《圣武记》更早一些,应放在《清续文献通考》之前。

(4)五卷1076页"油纸"条举二例:《儿女英雄传》……清唐孙华《和顾侠君小野秀》。

按:《儿女英雄传》作者文康,"生年不详,大约卒于清同治(1862~1874)初年"(见浙江古籍出版社1997年版《儿女英雄传》"出版说明"部分)。其书卷首载有雍正甲寅(1734)"观鉴我斋"序及乾隆甲寅(1794)"东海吾了翁"的弁言,很容易给人造成雍正以前就已成书的错觉。《中国通俗小说总目提要》"儿女英雄传"条:"此书卷首虽然载有雍正甲寅(1734)'观鉴我斋'序,又有乾隆甲寅(1794)'东海吾了翁'弁言,但俱属伪托。按小说正文曾谈及《施公案》《品花宝鉴》,都是乾隆以后行世的作品。《施公案》刊行于嘉庆年间,《品花宝鉴》刊行于道光二十九年(1849)。《菽园赘谈》谓:《品花宝鉴》行世,'儿女英雄传》随后出'。故本书的刊行不会早于道光二十九年。"上海古籍出版社影印光绪四年(1878)北京聚珍堂活字本《儿女英雄传》"前言"亦云:"《儿女英雄传》……清光绪四年(一八七八)北京聚珍堂活字本。可知为初刊本。卷首又有乾隆甲寅东海吾了翁弁言、雍正甲寅观鉴我斋序。观鉴我斋序中说到《红楼梦》,书中第三十二回提到《品花宝鉴》中徐度香和袁宝珠两个人物,则此书作于道光二十九年(一八四九)《品花宝鉴》刊行之后,署名东海吾了翁、观鉴我斋的两序,显系伪托。"总之,《儿女英雄传》的成书时间不会早于1849年。而清代唐孙华(1634~1723)早卒于1723年。因此,唐氏作品应放在《儿女英雄传》之前。

(5)七卷1217页"眼望"条,下列两个义项:①盼望。②眼睛看着。

按:义项②为"眼望"之本义,应列于首。

(6)八卷1238页"篾片"条,下列两个义项:①犹清客,旧时豪富人家专门帮闲凑趣、图取余润的门客。②竹子劈成的薄片。

按:义项②为"篾片"之本义,应列于首。

(7)九卷198页"米盐"条,下列两个义项:①比喻繁杂琐碎。②米和盐。

按:义项②为"米盐"之本义,当列于首。

(8)九卷1073页"走起"条:"起身,起床。"首例举《醒世姻缘传》第九十一回例,再举《醒世姻缘传》第二回例。

按:依《大词典》体例,在意义相同的情况下,引同一文献中的不同书证,要按先后顺序排列。如五卷409页"放心托胆"举二例:《何典》第七回……又第九回……。又如五卷1076页"油气"条义项①举二例:《醒世姻缘传》第四八回……又第五一回……。所以,《醒世姻缘传》第二回应作首例。

(9)十卷101页"贩买"条举二例:《老残游记》第七回……清钱泳《履园丛话》。

按:《老残游记》作者刘鹗(1857~1909),晚于钱泳(1759~1844),故《履园丛话》应在前,《老残游记》应在后。

(10)十卷468页"跳槽"条,下列三个义项:①指男女间爱情上喜新厌旧,见异而迁。②指牲畜吃盛器内的食,吃了这只又吃那只。③改变行业;变动工作处所。

按:义项②为"跳槽"之本义,当列于首。其义项顺序为②①③。

(11)十卷666页"乡书"条,下列两个义项:①家信。②周制,乡学三年大比,乡老与乡大夫荐乡中贤能之书于王,谓之"乡书"或"乡老书"。

按:"乡书"具有"家信"义,最早书证见于唐代,如按词语出现的先后,义项②应列于先。

(12)十二卷450页"鬼胎"条,下列三个义项:①怪胎。②喻不可告人的心事。③由鬼魅孕育。

按:义项③为"鬼胎"的本义,应排列在先。其顺序应为③①②。

7. 漏释本义或常用义

(1)一卷1528页"做出来"条:"犹言出岔子。"

按:"做出来"常用之义应为"泄漏出来"。例如清古吴墨浪子《西湖佳话》:"我若是妖,必然做出来了。"明梦觉道人《三刻拍案惊奇》第十七回:"鲍雷道:'这小官家不晓事。这须是两条人命,我们得他多少钱,替他掩?做出来,我们也说不开个同谋!'"清谷口生《生绡剪》第十回:"你这活冤家,怎的前晚拿这一顶头巾放在我的席下,几乎做出来。"这几例"做出来"都是"泄露出来"。又,明梦觉道人《三刻拍案惊奇》第二十七回:"皮匠与公布怕做出马脚来,便住手。"由此例可知"做出来"实乃"做出马脚来"之省。《大词典》未释其常用之义,所释之"犹言出岔子",当是其引申义。

(2)五卷412页"放空枪"条:"说不能实现的话。"

按:"放空枪"本义为"未装子弹发射",今仍使用。"说不能实现的话"是其比喻义。本义不废的,不释本义而仅释比喻义,不妥。又,同卷412页"放空炮"仅释"比喻说实际做不到的空话、大话",亦同此。

8. 漏标"方言"

一卷1399页"促恰"条:"见'促掐'。"又"促掐"条,注明为"方言"。

按:同卷还收有"促狭"条,三词乃同词异写,故"促恰"和"促狭"亦当注明是"方言"。又二卷534页"卷¹"条:"⑨方言。骂。"但九卷1040页"纂"条:"⑧咒骂。"未标"方言"二字。其实"卷"与"纂"同为一词,在一些方言中读音也相同,仅用字不同而已。

9. 篇目、卷数疏误

(1)四卷767页"村憨"条举一例:宋洪迈《夷坚支乙志·叶氏庖婢》:"永嘉叶正则为湖北安抚参议官。有庖婢忽怀妊……置不问。"

按:《夷坚支乙志》误,当作《夷坚支志乙》。如十二卷463页"魁昂"条:宋洪迈《夷坚支志乙·景德镇鬼斗》。四卷640页"环睨"条第二例:宋洪迈《夷坚支志丁·蜀梁二虎》。四卷761页"村步"条第二例:宋洪迈《夷坚支志庚·兴化官人》。四卷1098页"栈箔"条:宋洪迈《夷坚支志癸·丽池鱼箔》。均作《夷坚支志×》。

(2)五卷209页"戒杀"条第二例:《初刻拍案惊奇》卷三:"佛说戒杀,还说杀一物,要填还一命。"

按:此句在该书各版本卷三中遍检不得,最后在第三十卷索得。"卷三"实为"卷三十"之误。

(3)五卷226页"戛戛"条义项③"独特貌"。举例为《阅微草堂笔记·姑妄言之四》。

按:应作《姑妄听之四》。盛跂云:"今岁夏秋之间,又笔记四卷,取庄子语题曰《姑妄听之》。"可证。又,《大词典》五卷231页"戢景"条引同书亦作《姑妄言之四》,并误。

(4)六卷629页"挨靠"条:"依靠。"举例为《西厢记诸宫调》卷三:"小生客寄,没个人挨靠。"

按:该书卷三无此语,实出自卷六。《大词典》六卷642页"捱²靠"条:"依靠。"引《西厢记诸宫调》同一句话,作"卷六",不误。

(5)六卷741页"提¹"义项⑤首例:《二刻拍案惊奇》卷十:"晦翁准了他

状,提那大姓到官。"

按:卷数有误。此句应在第十二卷;而非第十卷。

(6)六卷 1150 页"**有枝有叶**"条举一例:《初刻拍案惊奇》卷十三:"防御惊得呆了道:'庆娘见在房中床上卧病,郎君不信可以去看得的。如何说得如此有枝有叶?'"

按:卷数有误。此句实在第二十三卷中,而非在第十三卷,"十三"乃"二十三"之误。

(7)八卷 447 页"**窘迫**"条义项②第二例:《二刻拍案惊奇》卷二九:"他也有遇着不巧,受了窘迫,却会得逢急智生,脱身溜撒。"

按:卷数错误。此句并非在卷二九中,而在卷三九中。

(8)八卷 601 页"**老人家**"条义项①第二例:《二刻拍案惊奇》卷十一:"一个七十多岁的老人家,笑嘻嘻进来堂中,望见了闻俊卿,先自欢喜。"

按:卷数错。此句非出卷十一,而在卷十七。

(9)九卷 777 页"**扎火囤**"条首例:《二刻拍案惊奇》卷十:"其间又有奸诈之徒,就这些贪爱上面,想出个奇巧题目来,做自家妻子不着,装成圈套……"

按:卷数弄错。此句并不在第十卷,而在该书第十四卷中。

(10)九卷 878 页"**纼**"条举例:《周礼·考工记·画缋》:"三入为纁,五入为纼,七入为缁。"

按:篇目有误。"画缋"当为"钟氏"。此句讲钟氏染羽之事,而与前文紧邻"画缋"无关。见《四部丛刊初编·周礼》。《大词典》九卷 1039 页"纁"条义项①、九卷 928 页"缁"条义项②亦举同例为证,皆作《周礼·考工记·钟氏》,可证。

(11)十卷 1051 页"**游食**"条义项①首例:《汉书·明帝纪》:"田荒不耕,游食者众。"

按:出处有误。此句实在《后汉书》中,《汉书》未见。

(12)十一卷 252 页"**认的**"条义项①第二例:《三侠五义》:"丁二爷问道:'大哥如何认的他呢?'展爷便将苗家集之事述说一回。"

按:该例缺少回数。此句当在该书第三十一回。

(13)十一卷 585 页"**长行**"条义项③第一例:唐李肇《唐国史补》卷上:"今之博戏,有长行最甚……其法生于握槊,变于双陆。"

按:索之《唐国史补》卷上,未见此句。最后在卷下"叙博长行戏"一篇中找到。"卷上"为"卷下"之误。

还要特别指出的是:《大词典》凡书证引自期刊杂志,一律只标明出处,如一卷 1137 页"**代课**"条,引例为《花城》1981 年第三期:"中学代课教师的生涯,无形中帮助她温习了功课。"又如六卷961页"摆龙门阵"条:"方言。谈天;讲故事。"第二例:《当代》1981年第3期:"就像四川人所说的'摆龙门阵'那样,讲了他参加几次战斗的经过。"这种以出处代替作品篇目的做法殊不可取。

10. 标点疏漏

(1)二卷711页"**剖诉**"条首例:《二刻拍案惊奇》卷六:"只要安得身牢,寻个空,便见见妻子,剖诉苦情。"

按:标点不当。"便见见妻子"之"便"当属上而非属下。"空便"为近代汉语常用词。如明伏雌教主《醋葫芦》第十三回:"成珪一归,颇没工夫,一连挨过数日,并无空便出门。"《二刻拍案惊奇》卷三十八:"我前日与你说的,收拾了些家私,和你别处去过活,一向不得空便。"可证。《大词典》八卷416页"空便"条:"机会;方便。"举《灰阑记》《西厢记》等书中例,并可参考。

(2)四卷689页"**未省**"条:《敦煌变文集》……蒋礼鸿通释、"[未省,]……"

按:"通释"后顿号为明显疏忽,当作冒号。

(3)六卷775页"**揎拳裸手**"条,例举《二刻拍案惊奇》卷十五:"江老夫妻女儿三口,杀猪也似的叫喊,擂天倒地价哭,捕人每揎拳裸手,耀武扬威,正在没摆布处。"

按:此乃断章取例。文意至"耀武扬威"处已完足,应用句号点断。"正在没摆布处"当属下文。"没摆布"义为"无法处置"(见《大词典》五卷992页),"正在没摆布处"即"正在无法处置的时候",显然与原文此句下文"只见一个人踱将进来,喝道:'有我在此,不得无理。'"相衔接。《大词典》所引例句从下文截取"正在没摆布处"硬安在描写捕人耀武扬威一段话之后,纯属画蛇添足。

(4)六卷1142页"**有人**"条义项③首例:《孟子·尽心下》:"有人曰:'我善为陈,我善为战,大罪也。'"

按:正确的标点应为:"有人曰:'我善为陈,我善为战。'大罪也。""我善为陈,我善为战"是"有人"说的话,"大罪也"为孟子对此句话的批判。整句话意思是:孟子说:"有人说:'我善于摆设作战阵势,我善于打仗。'这是最大的罪恶。"如把"大罪也"和"我善为陈,我善为战"括为一处,则有乖文意。

(5)八卷605页"**老父母**"条第二例:《二刻拍案惊奇》卷四:"今日年夜,老父母何事直入内室。"

按:句尾标点用句号显与语意不符,此处当用问号为佳。大年夜知县率役搜查人犯,"竟往厨下来搜,金事无计可施,只得出来道:'今日年夜……直入内室?'"既疑且责。

（6）八卷779页"耍子"条义项②第二例：《二刻拍案惊奇》卷二三："好人家女眷出外稀少，到得时节，头边看见春光明媚，巴不得寻个事由来外边散心耍子。"

按：引文断句有误，"到得时节，头边看见春光明媚"应断为"到得时节头边，看见春光明媚"，"头边"当属上而非属下。《大词典》十二卷310页"头边"条义项①："谓临近的边缘。"亦举此例为证，即断为："……到得时节头边，看见春光明媚……"可证。

（7）九卷770页"纸笔"条义项③首例：《二刻拍案惊奇》卷十："双荷道：'不该就写纸笔与他？'"

按：句尾用问号，明显与句子语气不符。此句乃双荷责备丈夫不该写下借票与人，并非疑问语气。此处当用句号。

（8）十卷651页"部判"条举一例：《二刻拍案惊奇》卷二十："以致山中虎狼食人，川中波涛溺人，有冥数不该不行分别，误伤性命的，多一一诘责，据案部判。……"

按："有冥数不该不行分别"，当于"不该"后用逗号点断，否则容易将"不该"和"不行分别"连在一块。商功父夜梦至阴府，代阴吏断案，但有善因未报，恶因未惩之事，皆秉公断之。"有冥数不该"即不该有的气数命运。"不行分别"是原因，"误伤性命"是结果，语义相关联。故不当将表示下句原因的句子划为上文。

（9）十卷769页"迴"条义项⑨第三例：清陈康祺《郎潜纪闻》卷一："公退草疏，置之怀，闭阁自缢，冀以尸谏回天听也。"

按：标点不当，应断为："公退，草疏置之怀……""草疏"当属下。此句出该书卷一《王文恪公尸谏》篇，言道光间大学士王文恪（鼎）力陈割地求和的危害，希望挽回局面，但失败，回去后怀揣"条约不可轻许，恶例不可轻开"之遗疏自缢，以期"尸谏回天听"。例中"退"字为"返归"义，为不及物动词；如将"草疏"置后作"退"的宾语，而主语为"公"，则造成文意乖误。

（10）十一卷807页"雁头笺"条：唐冯贽《云仙杂记·笔文章货》："罗隐喜笔，工苌凤语之曰：'笔，文章货也，吾以一物助子取高价。'……"

按：断句有误。当断为"罗隐喜笔工苌凤，语之曰……"罗隐，唐代诗人，《唐才子传》有录。其亦精于书法，特别喜爱工匠苌凤所制之笔。"笔工"为一词，引例将二字断开实属不当。"语之曰"的主语为罗隐，非苌凤。可参中华书局1998年版张力伟点校《云仙散录》（即《云仙杂记》）。《大词典》"文章货"条亦收此例，标点无误。

(11)十一卷1260页"**铜头**"条:清纪昀《阅微草堂笔记·槐西杂志一》:"盐山有刘某者,患癃闭,百药不验一夕,梦神语曰:'铜头煅灰,酒服之,即通。'问'铜头何物?'曰:'汝辈所谓蝼蛄也。'"

按:"百药不验一夕"一句,令人费解。"一夕"前当断开,指"一天夜晚",与"梦"正相关联。可参上海古籍出版社1980年版汪贤度校点《阅微草堂笔记》,河北教育出版社1995年版孙致中等校点《纪晓岚文集》。《大词典》"蝼蛄"条亦举此例,标点确。

(12)十二卷1413页"**鯯**"条首例:汉扬雄〈蜀都赋〉:"春鳠秋鯯……"

按:书名号有误,当作《蜀都赋》。

11. 引文不完整

引文是书证的具体内容,虽限于词典的体例和篇幅,不可能整段抄入,但亦应相对顾及文意的完整性。更不能掐头去尾,随意删削词语。有的省略主语,在引证时也要补出,否则文句显得突兀,不好理解。

(1)二卷689页"**剋剥**"条义项②第四例:《初刻拍案惊奇》卷二二:"只是仗他资本营运,毕竟有些便宜处……"

按:查原文为:"那江湖上走的人,拼得陪些辛苦在里头,随你尽着欺心算帐,还只是仗他资本营运,毕竟有些便宜处……""只是"前"还"字作为句子中的一部分,不能省略。

(2)五卷92页"**狻儿**"条义项①首例:《红楼梦》第二二回:"宝玉跑至围屏灯前,指手画脚……"

按:句首漏"早见"二字,当补。

(3)五卷991页"**没头没脑**"条义项①首例:《二刻拍案惊奇》卷十六:"夏主簿遭此无妄之灾……"

按:引文不完整。句首本有"且说"二字,应补出。

(4)六卷310页"**打**[1]"条义项㉗举一例:《警世通言·李谪仙醉草吓蛮书》:"来到县前,令小仆退去……"

按:省略主语"[李白]"当补出。

(5)六卷570页"**挑逗**"条第三例:《警世通言·俞仲举提名遇上皇》:"且说相如久闻得文君小姐貌美聪慧……"

按:引文不完整。句首本有"话中"二字,当补。

(6)六卷690页"**采问**"条第三例:《二刻拍案惊奇》卷十一:"死后数月,自有那些走千家管闲事的牙婆每,打听脚踪,采问消息。"

按:"死后"前缺省略的主语"[郑生]",应补出。《大词典》六卷1278页"脚踪"条:"亦作'脚踪'。"第二例亦引此例为证,但作:"[郑生]死后数月……"补出了缺省的主语。

(7)六卷870页**"撮弄"**条义项③首例:《二刻拍案惊奇》卷三八:"即时奔往闹热胡同……"

按:缺省主语应补出。此句应补出省略主语"[郁盛]"。

(8)六卷1161页**"有的是"**条,第三例:《官场现形记》第十四回:"他是老州县出身,心上有的是主意。"

按:句首本有"幸亏"二字,当补。

(9)六卷1410条**"腾的"**条:"亦作'腾地'。"第三例:《初刻拍案惊奇》卷三:"拣一个高大的健骡,腾地骑上,一鞭前走。"

按:句首应补出省略主语"[东山]"。

(10)六卷1458页**"歇力"**条首例:《初刻拍案惊奇》卷三一:"采樵回来,歇力在一个谷口。"

按:断章取例。原文作:"己亥岁,[侯元]在县西北山中采樵回来,歇力在一个谷口。"

(11)六卷1579页**"施舍"**条义项①第一种用法第四例:《二刻拍案惊奇》卷二四:"伯皋,平生忠厚志诚,奉佛甚谨,性喜施舍。"

按:此句原文作:"话说南京新桥有一人,姓丘,字伯皋,平生忠厚志诚……"不当断章取例。

(12)七卷727页**"宪司"**条义项②首例:《二刻拍案惊奇》卷四:"而今单表一个作恶的官宦,做着没天理的勾当……"

按:"而今"前本有"小子"二字,当补。

(13)八卷119页**"称怀"**条举一例:《醒世恒言·蔡瑞虹忍辱报仇》:"朱源同了小奶奶到临清雇船……"

按:句首本有"却说"二字,应补出。

(14)八卷236页**"百脚"**条举一例:《初刻拍案惊奇》卷三:"那赤足蜈蚣,俗名'百脚',又名'百足之虫'。"

按:句首本有"就是"二字,当补。同卷228页"百足之虫"条义项②亦举同一例:"就是那赤足蜈蚣……"未删"就是"。

(15)八卷779页**"耍子"**条义项②第二例:《二刻拍案惊奇》卷二三:"好人家女眷出外稀少,到得时节,头边看见春光明媚,巴不得寻个事由来外边散心耍子。"

按:句首当补"大凡"二字。

(16)八卷845页**"号称"**条义项①第三例:《二刻拍案惊奇》卷十七:"蜀

中女子,从来号称多才……"

按:查原文,"蜀中"前还应补"只因"二字。

(17)九卷843页"**绝艺**"条第三例:《二刻拍案惊奇》卷二:"既有此绝艺,便当挟此出游江湖间……"

按:句首本有一"儿"字,当补。

(18)十卷552页"**蹴**¹"义项⑤举一例:《二刻拍案惊奇》卷九:"去拽那门时,谁想是外边搭住了的……"

按:句前应补主语"[杨素梅]"。五卷51页"狠性子"条义项①亦举此例为证,即补出了主语。

(19)十卷1176页"**迁授**"条第三例:《二刻拍案惊奇》卷十九:"上皇登极,恩典下颁……"

按:句首本有"乃是"二字,原文:"只有一遭最奇异的,乃是上皇登极,恩典下颁……""乃是"作为句子中的一部分,不应省略。

12. 书证不一

《大词典》在征引同一书证时,有时会出现前后不一致的情况。

A. 文字不一

(1)一卷725页"**了落**"条第二例:《二刻拍案惊奇》卷十:"只因有个人家,也为内眷有些妒忌,做出一场没了落事,几乎中了人的机谋,哄弄出折家荡产的事来。"

按:《大词典》五卷979页"没了落"条亦举此例,但"折家荡产"作"析家荡产"。"折"、"析"不一。检之原文,此处作"折"。

(2)二卷1445页"**天网恢恢,疎而不漏**"条:"语出《老子》:'天网恢恢,疎而不失。'"

按:九卷893页"网"条义项⑥首例:《老子》:"天网恢恢,疏而不失。""疏"、"疎"虽为异体,但在同一个例句中,从规范要求还是统一为"疏"好。

(3)六卷1163页"**有数**"条义项⑥首例:《初刻拍案惊奇》卷二二:"如今朝廷混溺,正正经经纳钱,就是得了官,也只有数。不能够十分大的。"

按:《大词典》五卷630页"混浊"条义项②亦引此句为例:"如今朝廷混浊,正正经经纳钱,就是得官,也只有数。不能勾十分大的。"前后对比,差别甚多。经查,"混浊"引例为确。

(4)八卷119页"**稻**"条义项①举例:《礼记·内则》……郑玄注:"孰穧曰稻。"

按:八卷152页"穧"条举例:《礼记·内则》……郑玄注:"熟穧曰稻。""孰"、"熟"不一。

(5)八卷157页"稳下"条举一例:元王实甫《西厢记》第四本第四折:"稳下俺那能拘管的夫人。"

按:同卷158页"稳住"条首例亦举此例为证,但作:"瞒过俺那能拘管的夫人……"一个是"稳下",一个是"瞒过",前后不一,很可能是《大词典》在择例时使用不同版本所致。该句为"瞒过",而非"稳下"。

(6)九卷109页"被"条举一例:《方言》第四:"襜谓之被。"……钱绎笺疏:"被,所以蔽掖下,故以为名。"

按:九卷143页"襜"条义项②首例亦举同例:……钱绎笺疏:"被,所以蔽掖下也,故以为名。""掖下"后一个有"也"字,一个没"也"字,引文不一。查中华书局1991年版《方言》该句,"掖下"后并无"也"字。

(7)十卷12页"豕讹"条举一例:明陆采《怀香记·鞫询香情》:"流言却成投鼠误,偏惑犹然见豕讹。"六卷406页"投鼠忌器"条:"亦省作'投鼠'。"举一例:明陆采《怀香记·鞠询香情》:"流言欲成投鼠误,偏惑犹然见豕讹。"

按:对比后即可发现,二词条虽举同一例,但文字却有出入。1.前为"鞫询香情",后为"鞠询香情","鞫"、"鞠"不一;2.前为"却成投鼠误",后为"欲成投鼠误","却"、"欲"不一。前者,查中华书局1958年版《六十种曲·怀香记》,该句作"鞫询香情"。后者,该书为"却成投鼠误","却(卻)"、"欲"因形近而讹。

(8)十二卷31页"问柳评花"条举一例:《红楼梦》第七五回:"这些都是少年,正是斗鸡走狗、问柳评花的一干遊侠纨绔。"

按:十二卷719页"斗鸡走狗"条第四例:《红楼梦》第七五回:"这些来的……都在少年,正是斗鸡走狗、问柳评花的一干遊荡纨绔。"引同一句却文字不一。

(9)十二卷1412页"鼢"条首例:《尔雅·释兽》"鼸鼠"晋郭璞注:"形大如鼠,豆如兔……"

按:十二卷1412页"鼸鼠"条首例:《尔雅·释兽》:"鼸鼠。"郭璞注:"形大如鼠,豆似兔……"一个"豆似兔",一个"豆如兔","似"、"如"不一。查上海古籍出版社1989年版《清疏四种合刊·尔雅》,该句为"豆如兔"。另,"郭璞"前加不加朝代不统一,一个加了"晋",一个却未加"晋"。

B. 标点不一

(1)一卷868页"豪父"条举一例:三国魏曹操《与太尉杨彪书》:"而足下贤子恃豪父之势……"

按:十卷27页"直绳"条义项②第二例亦举此例,但断为:"而足下贤子,恃豪父之势……""贤子"后点不点断不统一。

(2)二卷890页"刟"条第二例:章炳麟《新方言·释言》:"方言刟,短也……今江、淮、浙西,于物之短者称为短黜黜,或曰秃黜黜。"

按:八卷4页"秃黜黜"条举一例:《新方言·释言》:"今江、淮、浙西于物之短者称为短黜黜或曰秃黜黜。"二例标点不尽相同。"浙西"后一个点断,一个未点断;"短黜黜"后一个点断,一个未点断。另,加不加作者也不统一,前一例有作者章炳麟,后一例却无作者。

(3)四卷843页"东堂"条义项①首例:《书·顾命》:"一人冕执刘,立于东堂;一人冕执钺,立于西堂。"

按:八卷748页"西堂"条义项②首例亦引此例为证,但标点为:"一人冕,执刘,立于东堂;一人冕,执钺,立于西堂。"前后不一。

(4)五卷148页"死水"条首例:银雀山汉墓竹简《孙膑兵法·地葆》:"东注之水,生水也。北注之水,死水;不流,死水也。"

按:七卷1490页"生水"条义项①亦举此例为证,但标为:"东注之水,生水也;北注之水……""生水也"后一个用句号,一个用分号,标点不一。

(5)六卷58页"满心"条义项①第二例:《二刻拍案惊奇》卷十一:"满生听得此言,就是九重天上飞下一纸赦书来,怎不满心欢喜!"

按:九卷1178页"赦书"条亦引此例,但句尾用的是问号,而非感叹号。前后标点不一。

(6)六卷854页"撒妖"条举一例:《初刻拍案惊奇》卷三一:"我看这妇人,日里也骚拖拖的,做妖撒妖,捉身不住。"

按:一卷1528页"做妖撒妖"条,亦举同例为证:"我看这妇人日里也骚拖拖的,做妖撒妖,捉身不住。""妇人"后一个点断,一个未点断。

(7)八卷119页"稻"条义项①举例:《礼记·内则》:"饭:黍、稷、稻、粱、白黍、黄粱、稰、穛。"

按:八卷152页"穛"条举同例,但又标作:《礼记·内则》:"饭:黍稷稻粱、白黍、黄粱、稰穛。"前后不一。

(8)九卷74页"袾裷"条举一例:《荀子·富国》……杨倞注:"袾,古'朱'字。裷,与'衮'同……"

按:九卷109页"裷²"条亦举同例:《荀子·富国》……杨倞注:"袾,古'朱'字;裷,与'衮'同……""裷"字前一个用句号,一个用分号,前后不一。

(9)九卷76页"袽"条举一例:《易·既济》:"繻有衣袽,终日戒。"王弼注:"繻直曰濡。衣袽所以塞舟漏也。"

按:九卷1039页"繻"条义项①举同例:《易·既济》:"繻有衣袽终日戒。"王弼注:"繻直曰濡,衣袽所以塞舟漏也。"对比前文,发现有两处不一:"繻有衣袽"后一个点断,一个却未点断;"繻直曰濡"后一个是句号,一个又作逗号。

(10)九卷105页**"裿"**条举一例:王念孙疏证:"……藉与褯通。"

按:九卷125页"褯"条举同例,但标作:王念孙疏证:"……藉,与褯通。""藉"字后一个点断,一个没点断。另九卷134页"褿"亦举同例:王念孙疏证:"……'藉'与'褯'通。"又与前二者不一样。

(11)九卷890页**"緆"**条义项②举一例:《仪礼·既夕礼》:"縓綼緆。"

按:九卷903页"綼"条亦举此例,但标作:"《仪礼·既夕礼》:'縓、綼、緆。'"前后不一。

(12)十卷11页**"豕分蛇断"**条举一例:后蜀何光远《鉴诫录·知机对》:"一击而鱼溃鸟离;四合而豕分蛇断。"

按:十二卷1197页"鱼溃鸟散"条:"亦作'鱼溃鸟离'。"第二例亦举上例,但二句中间用的是逗号。

(13)十卷27页**"豪上"**条首例:南朝宋刘义庆《世说新语·豪爽》:"帝令取鼓与之于坐,振袖而起……"

按:十一卷337页"谐捷"条义项①却将此例断为:"帝令取鼓与之,于坐振袖而起……""于坐"一个属前,一个属后。

(14)十卷51页**"贞坊"**条举一例:清蒲松龄《聊斋志异·荷花三娘子》:"诘其姓氏。曰:'春风一度,即别东西,何劳审究?岂将留名字作贞坊耶?'"

按:三卷1629页"审究"条义项①第三例:"……何劳审究,岂将留名字作贞坊耶?""何劳审究"后一个是问号,一个是逗号,二者不一。

(15)十二卷720页**"閙"**条义项⑧:"犹搞,干。"第三例:《三侠五义》第五回:"欠我的四百多钱,总要还我的,不用閙这个软局子。"

按:九卷1228页"软局子"条举同一例:"……总要还我的。不用閙这个软局子。""我的"后一个用逗号,一个用句号。

(16)十二卷1115页**"鵌鼵"**条:"亦作'鴒鼵'。"举例:《尔雅·释鸟》:"鸟鼠同穴,其鸟为鵌,其鼠为鼵。"郭璞注:"鵌似鵽而小,黄黑色。穴入地三四尺,鼠在内,鸟在外。今在陇西首阳县鸟鼠同穴山中。"晋郭璞《山海经图赞·鸟鼠同穴山》:"鴒鼵二虫,殊类同归……"

按:十二卷1414页"鼵"条举例:《尔雅·释鸟》:"鸟鼠同穴,其鸟为鵌,其鼠为鼵。"郭璞注:"鵌似鵽而小,黄黑色。穴入地三、四尺,鼠在内,鸟在外。今在陇西首阳县鸟鼠同穴山中。"晋郭璞《山海经图赞·西山经》:"鴒鼵二虫,殊类同归……"对比二例,可发现有三处不同:1.前者为"穴入地三四尺",而后者为"穴入地三、四尺"。2."鸟鼠同穴山",前者加有专名线,而后者却未加。十二卷1251页"鰠"条举例:《山海经·西山经》:"又西二百二十里曰鸟鼠同穴山……""鸟鼠同穴山"下又有专名线。3.前者为"《山海经图赞·鸟鼠同穴山》",而后者为"《山海经图赞·西山经》"。

C.其他不一

(1)二卷882页"受私"条第二例:《三宝太监西洋记》第九十回。十卷1202页"遗孩"条首例:《三宝太监西洋记》第三回。

按:十卷1017页"违灭"条:《三宝太监西洋记通俗演义》第二一回。十卷872页"连环计"条义项②最后一例:《三宝太监西洋记通俗演义》第三三回。有的用简称,有的用全称,当统一。

(2)四卷1219页"榴"条首例:《文选·左思〈吴都赋〉》:"龙眼橄榄……"

按:十二卷1478页"龙眼"条首例:晋左思《吴都赋》:"龙眼橄榄……"引文出处标注前后多有不同。

(3)九卷120页"袆"条义项①首例:《周礼·天官·内司服》:"掌王后之六服……褖衣。"郑玄注……

按:九卷120页"褖"条义项①一例:《周礼·天官·内司服》:"掌王后之六服……褖衣。"汉郑玄注……"郑玄"前一个加朝代"汉",后一个未加,不统一。

(4)九卷144页"襜裙"条首例:《金史·舆服志下》:"妇人服襜裙……"

按:九卷144页"襻"条亦举同例,但作:《金史·舆服志》:"妇人服襜裙……"前例具体指出"舆服志下",而后例却没有指出。

13. 释语不规范

《大词典》有少量条目释语不辞或不符合现代汉语规范。仅举数例如下:

(1)五卷211页"我山"条:"喻顽固的我执。"

按:第212页有"我执"条。以需要出条解释的佛教用语作为释语,不符合释语应为"元语言"的要求。此条应直接释为:"比喻人顽固地执着于自我。"

(2)八卷1066页"肉头"条:"傻瓜,寿头。"

按:"寿头"何义?相信很多人都不明白。《现代汉语词典》《现代汉语规范词典》皆未收载。当系方言,应删除。

(3)十二卷1325页"点茶"条:"③点抹茶食。明王锜《寓圃杂记·脂麻通鉴》:'盖吴人爱以脂麻点茶,鬻者必以纸裹而授。'"

按:"点抹茶食"何义?查同卷1351页"点抹"条,释为"搽抹"。但"搽抹茶食",亦费解。此"点茶"应理解为以物佐茶。

四、《汉语大词典》未收词语例释

与其他同类辞书相比,《大词典》具有收词丰富的特点。但汉语词汇浩如烟海,有些词语《大词典》失于收录在所难免,读者也不能求全责备。我们认为,古代文献中凡较为重要的疑难词语均应当收录,以解读者之惑。这类词语我们在研读中发现不少,下面列举一百七十余条试作诠释,以供编者增补词条时参考。

(1)**碍却** 犹言妨碍,阻碍。《五灯会元》卷十四《梁山观禅师法嗣·梁山岩禅师》:"若也信得及,陕府铁牛吞却乾坤。虽然如是,被法身碍却,转身不得。"又《朱子语类》卷二一:"问'无友不如己者'。曰:'这是我去求胜己者为友。若不如我者,他又来求我,这便是"童蒙求我,匪我求童蒙"也。前辈说这一句,多是被不如己者不与为友底意思碍却,便说差了。其实本不相背。'"有时也指碍于某事。《警世通言·杜十娘怒沉百宝箱》:"想鸨儿怪你无钱使用,白白占住他的女儿,设计打发你出门;那妇人与你相处已久,又碍却面皮,不好明言。"

(2)**白牌** 古时官府出示通知的令牌。明于慎行《谷山笔麈》卷十四《杂考》:"唐时,御史所过皆给驿马,先有牒文饬候,谓之排马牒,即今之白牌也。"《金瓶梅词话》第九十二回:"须臾批了呈状,委的两个公人,一面白牌,行拘陈经济、娼妇冯金宝,并两邻保甲,正身赴官听审。"《警世通言·三现身包龙图断冤》:"包公讨白牌一面,将这一联楷书在上。却就是小孙押司动笔。"明张应俞《江湖奇闻杜骗新书·买学篇》:"简准状,即出白牌,捉拿客棍风火至急,秋风棍即乘机逃去。"清刘献廷《广阳杂记》卷一:"至午门。见悬白牌一面。大书限吴伟业于八月二十二日到此。"《中国古代名物大典·朝制类·印绶符节部·牌》:"白牌:官衙拘捕人的令牌。"释义偏狭。

(3)**白嘴** "白"乃"勃"之借字。《庄子·外物》"则妇姑勃谿"陆德明《释文》:"勃,争也。"为"辩嘴;争吵"义。明梦觉道人《三刻拍案惊奇》第十九回:"事一明白,奶子要赶到冯外郎家去,与他女人白嘴,道冤他做贼,害他出丑受刑。"又第二十六回:"王秀才道:'奇事,从那边说起! 舍妹夫往广东不回,是这个人说与他同回,带一个妾,住在这厢。舍妹特来白嘴,既没妾在此罢了,有甚得你银子,嫁你做妾事?"同书第二十九回:"江花来对我说,吃我走来,他来白嘴怎处?"又作"白口",已见前文。

(4) **半死半活** 意为不死不活的状态,引申指人虚弱不堪。《朱子语类》卷六六:"说卦中说许多卜筮,今人说易,却要扫去卜筮,如何理会得易? 每恨不得古人活法,只说得个半死半活底。若更得他那个活法,却须更看得高妙在。"此例中是拟人用法,指理论缺乏实证。又如明罗贯中《残唐五代史演义传》第二十五回:"帝饿了七日,眼黄鼻黑,半死半活,乃呼曰:'令孜爱卿……何处有水,寻一口与我度命?'"明金木散人《鼓掌绝尘》第三十九回:"一个个执着器械,拿着石子,齐赶到亭子边。只见本官和李箴,都被砍倒在地,单单留得个半死半活的杨太守。"

(5) **包送** 代人运送。明顾起元《客座赘语》卷一《辨讹》:"包,容也,裹也,今任人物足其数曰'包赔',代人上纳官货曰'包揽',雇觅舟车骡马曰'包至'。"故"包送"当为"帮人运送"义。清柯悟迟《漏网喁鱼集》:"谣闻有海盗包送,预将礼物讲通,吾谓断不至若此。"清陆筠《海角续编》:"八年正月,运津米船将驶,忽有英夷揽载包送,抚道等不允。"又:"九年,漕艘仍由湖达津,夷船包送,不允即驶天津滋事,大败。"《辞源》《近代汉语词典》等书均未见收录。

(6) **饱猪肝** 俗以某种名义向别人索取财物。义同"打秋风"。清长白浩歌子《萤窗异草》二编卷一《潇湘公主》:"仲鼎素轻财,与皆不受,仍以一僮一剑相随,囊橐萧然,绝不类已饱猪肝者。"又同书卷二《鬼书生》:"书生以小试不利,心窃愤懑,将赴北京,援例以冀科名。故纡道过此,思饱猪肝,以望云路。"《辞源》《近代汉语词典》等辞书均未收录。

(7) **比手** 交手,交锋。《西游记》第五十一回:"想我闹天宫时,玉帝遣十万天兵,布天罗地网,更不曾有一将敢与我比手。"明罗懋登《西洋记演义》第三十五回:"咬海干心里想道:'似此状元,天下有一无二。'不敢比手,只说道:'午后交兵,兵法所忌。今日天晚,各自收兵,等待明日天早,再决雌雄。'"明罗贯中《残唐五代史演义传》第四十八回:"敬瑭大怒,拈枪就刺,张龙急架,比手三合,张龙力怯,拨马而走。"又第五十五回:"(张仲达)与史弘肇比手数合,被史弘肇一刀挥作两段。"

(8) **䰾然** 液体沸腾溢出或热气蒸腾的样子。此词在清俞樾《右台仙馆笔记》中多处出现。如卷五:"道士口含红铁弹,手挏红铁链,久之,投入冷水中,水犹䰾然,即以此水为病人洗面。"卷六:"俄闻窗外有扇声,又有薪柴爆裂声。虑火未尽灭,或致上炎,偕出视之,则庐内初无一星之焰,而铛中已䰾然沸矣。"卷十四:"釜中䰾然,黑水溢出,可四五石,水尽启盖,则已熟矣。"卷十五:"初时每食,尚有热气蘙然自喉间溢出,盖即刃所刺处也,久之创合,亦不复然矣,惟头稍偏,常若左顾耳。"

(9)**补伍** 明代军士另立军籍,父死子继,世代为兵。缺伍时按册取丁即为"补伍"。明叶权《贤博编》:"里排畏刑,至愿代军补伍。"同书:"闻于监司,二举人竟至谪戍。时张已老,以其子学生补伍。"明焦竑《玉堂丛语》卷五《义概》:"吾仕宦日不能为子孙乞恩泽,今发配老死,顾令子孙补伍,岂人情乎?"《明史·兵志二》:"正军有故,即令补伍,毋再勾摄。"《辞源》《中国历史大辞典》等未收录此词。

(10)**不成模样** 犹不成样子;不像话。宋释惠洪《冷斋夜话》卷八:"元神新来,被刘法师、徐神翁形迹得不成模样。"宋吴泳《鹊桥仙》词:"边烽白羽,军符赤籍,弄得不成模样。"《朱子语类》卷三六:"这'利'字是个监界麋糟的物事。若说全不要利,又不成特地去利而就害。若才说着利,少间便使人生计较,又不成模样。所以孔子于易,只说'利者义之和',又曰'利物足以和义',只说到这里住。"又卷四二:"当初经、总制钱,本是朝廷去赖取百姓底,州郡又去瞒经、总制钱,都不成模样!"

(11)**不答对** 势头不好,情况不妙。清钱彩《说岳全传》第四十九回:"到了临晚,元帅唤过张保来吩咐道:'你可独自前去,见机而行。倘有意外之变,可将流星放起,自有救应。'张保道:'不妨。小人走得快,若是不答对,我自跑了回来就是。'"又第六十二回:"(张英)说罢,就在旁边取过一根门闩,有一二尺粗细,向膝盖上这一曲,曲成两段,怒冲冲的立住在门中间。众人吃了一吓,俱吐出了舌头缩不进去。冯忠看来不答对,便道:'张掌家息怒!我们不过奉公差遣,只要有人进京去便罢了……'"

(12)**不干事** 意谓与某事不相干涉;不相关。宋程颢《二程遗书》卷二下:"胎息之说,谓之愈疾则可,谓之道,则与圣人之学不干事。"《朱子语类》卷二〇:"诗人所谓令色者,仲山甫之正道,自然如此,非是做作恁地。何不看取上文:'仲山甫之德,令仪令色。'此德之形于外者如此,与'鲜矣仁'者不干事。"又卷二二:"仲思问乐与好礼。曰:'无谄无骄,此就贫富里用功耳。乐与好礼,则大不干事。'"清陈铭珪《长春道教源流》卷三:"师父默自念曰:'从师以来,不知何者是道。凡所教者,皆不干事。'"

(13)**不可移易** 指坚定牢固,不可动摇;引申指不可更改。《汉书·王莽传》:"莽大怒,乃策尤曰:'视事四年,蛮夷猾夏不能遏绝,寇贼奸宄不能殄灭,不畏天威,不用诏命,兕恨自臧,持必不移。'"颜师古注曰:"臧,善也。自以为善,而固持其所见,不可移易。"《隋书·礼仪志》:"其年四月,即皇帝位。谢广又议,以为初祭是四时常祭,首月既不可移易,宜依前剋日于东庙致斋。

帝从之。"《朱子语类》卷四:"或问:'"亡之,命矣夫!"此"命"是天理本然之命否?'曰:'此只是气禀之命。富贵、死生、祸福、贵贱,皆禀之气而不可移易者。'"又卷一四:"言能知止,则有所定;有所定,则知其理之确然如是。一定,则不可移易,任是千动万动,也动摇他不得。"

(14)**不契** 指不相符合,不契合。引申指意见或看法不一。晋释僧肇《肇论》:"是以圣心不有,不可谓之无;圣心不无,不可谓之有。不有,故心想都灭;不无,故理无不契。"唐吕温《江陵酒中留别坐客》诗:"寻常纵恣倚青春,不契心期便不亲。今日烟波九疑去,相逢尽是眼中人。"宋陈亮《龙川集》卷二一:"若其论终不契,自此可以一笔勾断矣。"《朱子语类》卷二二:"先生问学者:'今人行礼,多只是严,如何得他和?'答者皆不契。"又卷一三二:"汪端明少从学于焦先生。汪既达时,从杲老问禅。怜焦之老,欲进之以禅,因劝焦登径山见杲。杲举'寂然不动,感而遂通'。焦曰:'和尚不可破句读书。'不契而归,亦奇士也。"

(15)**不胜其繁** 犹言不堪繁琐。《新唐书·刑法志》:"至其繁积,则虽有精明之士不能遍习,而吏得上下以为奸,此刑书之弊也。盖自高宗以来,其大节鲜可纪,而格令之书,不胜其繁也。"又同书卷五七:"自《六经》焚于秦而复出于汉,其师传之道中绝,而简编脱乱讹缺,学者莫得其本真,于是诸儒章句之学兴焉。其后传注、笺解、义疏之流,转相讲述,而圣道粗明,然其为说固已不胜其繁矣。"《朱子语类》卷一八:"若以为一草一木亦皆有理,今日又一一穷这草木是如何,明日又一一穷这草木是如何,则不胜其繁矣。"

《大词典》一卷 452 页收录有"不胜其烦",释义为:"烦琐得使人受不了。"首引宋陆游《老学庵笔记》为例。检索元代以前语料,得"不胜其繁"用例 11 条,"不胜其烦"7 条,且前者时代要早于后者。

(16)**不识痛痒** 形容麻木不仁或不知利害。《祖堂集》卷十一:"招庆举岩头云:'如人学射,久久方中。'时有人问:'中时如何?'云:'莫不识痛痒?'"《五灯会元》卷七《雪峰存禅师法嗣·玄沙师备禅师》:"师曰:'瞌睡作么?'曰:'学人即瞌睡,和尚如何?'师曰:'争得恁么不识痛痒!'"《朱子语类》卷二六:"敬之问:'富贵贫贱,圣人教人,要得分别取舍到个真切处,便随道理做去。有一般昏弱之人,都只是人欲上行,便是不识痛痒底人。'"

《大词典》一卷 422 页有"不知痛痒",首引《二刻拍案惊奇》卷十二例。"不识痛痒"出现在前,用例要早得多。

(17)**不因** 只为,由于。《前汉书平话》卷上:"高祖即行圣旨,诏行天下,拘刷钟离昧、季布二人。不因行此圣旨,致使君臣失义,信有十大功劳,变作崭鬼。"《清平山堂话本·错认尸》:"次日午时分,周氏门首又有人敲门……不因这人来,有分交:周氏再不能与乔俊团圆。"董解元《西厢记》卷八:"后来暗约,向罗帷镇欢悦。夜来晓去,约未近数月。不因败漏,才时许我为姻眷。"

(18)**才丁** 即打。明金木散人《鼓掌绝尘》第二十一回:"为着你,安童适才险些儿被员外'才丁'了。""才丁"是"打"的拆字格。紧接此句是:"文荆卿惊问道:'怎么,员外到要打着你?'"此种拆字隐语,文学作品中多有。

(19)**插号** 绰号。明陆人龙《型世言》第十六回:"先病了一个肖腾,请了一个医生来,插号叫做李大黄——惯用大黄。"又同书第二十二回:"当时抓得些儿,到一个姓桑,插号桑门神家赌博。"

许少峰《近代汉语词典》收有此词,引《禅真逸史》中例子,释义同。

(20)**查刷** 查看。明罗懋登《西洋记演义》第二回:"(老祖)拽开步来,把个杭州城里城外的洞天福地,逐一磨勘一番,逐一查刷一番,都有些不慊他的尊意。"又如《金瓶梅词话》第四十八回:"(曾公)一面查刷卷宗,复提出陈三、翁八审问,俱执称苗青主谋之情。"

(21)**挡贺** 恭喜;奉承。明顾起元《客座赘语》卷一《诠俗》:"善迎人之意而助长之,曰挡。"故"挡贺"有奉承、恭喜义。清刘省三《跻春台》中有大量用例:卷一《双金钏》:"怀德你都挡贺,我就不挡贺吗?"同上:"正泰叔公良心丧,明中挡贺暗为殃,吃得肉肥膘也长。"卷二《巧姻缘》:"只管把大明挡贺,明知他逼住水生,也不说他。"卷二《万花村》:"有场天大富贵,今日特来挡贺,看你拿甚么谢我,好跟你说。"卷二《吃得亏》:"我待你如大宾十分挡贺,我敬你如长上并未刻薄。"卷三《巧报应》:"因他是个讼棍,卡犯挡贺,不曾吃苦。"卷三《比目鱼》:"回来哄你瞎子老汉,我的儿子未见你挡贺,总说读不得。"卷三《假先生》:"有钱的挡贺他好得无比,无钱的你当你牛马驱驰。"卷三《解父冤》:"兼有功名财势,房班都挡贺,害得人倾家气毙者无数。"皆其例。

许少峰、高文达两部《近代汉语词典》及许少峰《近代汉语大词典》等均未见收录此词。

(22)**丑看** 丑陋难看。明罗懋登《西洋记演义》第八回:"本等只是一个精怪,带了这等十丈长的鼻头,委实也是丑看。"又如清曹去晶《姑妄言》第十四回:"虽然矮小,却生得斯趁,头脸手脚身材,无不小巧。倒也不觉丑看,比那种粗肥而短的人强了许多。"清吕熊《女仙外史》第四十八回:"曼尼道:'如何恁样丑看?待我变个俊俏些的。'"又同书第七十三回:"连黛摇头道:'行不得,这比城下之盟,更觉丑看。'"

(23)**穿帮** 暴露真相;被揭穿。清李伯元《文明小史》第二十五回:"济川捏了一把汗,暗道:'他这一去,那话儿就穿帮了,如何使得?'""穿帮"即"暴露真相"。

许宝华《汉语方言大词典》收有"穿浜"、"穿绷"、"穿梆",乃一词异写。

(24)川中犬百姓眼　此为拆字格,"川中犬"隐"獨","百姓眼"隐"眠",合为"独眠"。清曹去晶《姑妄言》第二回:"这昌氏是一夜也不能离此道的,前水路来有屠四相伴,他因感恩尽力,也还将就过了。到了此处,屠四夜间又去帮叔叔,竟川中犬百姓眼起来,多年未惯,甚是难过。"文意说屠四夜间帮叔叔看赌场,与其私奔的昌氏只能一个人睡觉了。有与此类似的说法,如明郎瑛《七修类稿》卷五"千文虎序":"宋陶穀使于南唐,因书十二字于馆社壁间曰:'西川狗,百姓眼,马包儿,御厨饭。'宋齐邱解之:'十二字包四字云,独眠孤馆。'"元曲中亦有解释。如《陶学士醉写风光好》第二折:"(韩坐宋看字科,云)太守,你解此意么……川中狗者,蜀犬也。蜀字着个犬字,是个'獨'字;百姓眼者,民目也。民字着个目字,是个'眠'字。"均可为证。

(25)遄归　速回之义。《列子·周穆王篇》:"荣汝之粮,不若遄归也。"清长白浩歌子《萤窗异草》初编卷二《柳青卿》:"晨起,戴亦不与绅言,径趋省下,谒见院司。事竣遄归,初犹虑柳之爽约也。"同书卷二《珊珊》:"今即欲遄归复命,实难不翼而飞。"同书卷三《李念三》:"第翁以书去,初犹望子遄归。"清俞樾《右台仙馆笔记》卷十三:"未几寒热大作,达旦竟死。唐闻而遄归,已无及矣。"清解鉴《益智录》卷九《贺梦龄》:"生终以无故诱怀春之女为非礼,意欲遄归。"《尔雅·释诂下》:"遄,疾也。"又"遄,速也。"

(26)吹木屑　因人得利或占人便宜。"吹木屑"一词屡见于明清小说戏曲,是一个俗语词。但《大词典》等大多未予收录,笔者所见只有许少峰《近代汉语词典》和王学奇《宋金元明清曲辞通释》等收入,解释为"带个头",书中所引例证如下:

①明周朝俊《红梅记》二一[玉抱肚·前腔]白:"这些朋友央及小弟做个头儿,小弟又不指望,就吹个木屑儿,说这样话。"

②明徐畈《杀狗记》二三[柳絮飞]白:"孙大哥恐怕我每来吹了木屑,故此瞒了我每。"

③清越雪山人《双南记》五[双劝酒·前腔]:"花花面儿,三髯簇颔,木屑会吹,松香惯糁,包得稳亲提亲勘,算得定收铺收监。"

④明陆人龙《型世言》十一回:"去!去!饮酒宿娼,提学也管不着,就是不去的,也不曾见赏德行。今日便带挈我吹一个木屑罢!"

⑤《型世言》十五回:"那些妓者作娇,这两个帮闲吹木屑,轿马船只,都出在沈刚身上。"

《宋金元明清曲辞通释》并引述《金陵六院市语》"吹木屑者,不请自来"之说,但因该说"与上举诸例义不相侔"而"推知别有所指"。然分析上举诸例,可知《宋金元明清曲辞通释》的解释不妥。例①,言不指望"做个头儿",只"吹个木屑儿",可见"吹木屑"与"做个头"意义相对。例④"带挈我吹一个木屑"语,说明"吹木屑"是要别人"带挈"的,而不是自己"带个头"。此外还有一些用例:

⑥《型世言》三三回:"前日送来的鸡鹅还在,可以作东,怎就走去？待小弟陪你,也吹个木屑。"

此例是在"陪"人的情况下"吹木屑",可能是"带个头"。

⑦清苏庵主人《伴花楼》一回:"如今辽东闲人极多,就是似鬼的娼妓,也都长了价钱来了,况且去看时,同伙吹木屑的又甚多,东道又胜,辽阳女人倒也相应。"

"带个头"根本不合此例的文意。还有一副对联:

⑧杨柳花飞,白面郎君吹木屑；梧桐叶落,青皮光棍打秋风。

"吹木屑"对"打秋风",意义应相关。"打秋风"义为找借口拉关系以求财,如"吹木屑"释为"带个头",两者就风马牛不相及了。综观以上分析,"吹木屑"不是"带个头"而是要别人带挈、随附别人的。

《近代汉语词典》只举《三刻拍案惊奇》第三回一例,实即上举例④(《三刻拍案惊奇》为《型世言》的节改本),释为:"吴语:随着他人去嫖或吃而自己不掏腰包。"对"吹木屑"做出解释的还有王锳等《型世言评注》,该书第四回的注释有云:"吹木屑:指不花钱而陪同吃喝玩乐,为当时市语。"同时该书也引述《金陵六院市语》的说法为证。这两种解释大同小异,也比较合乎《型世言》中三例的句意。但也都因为搜集例证不充分,影响了对词义的适当概括,使释义过实。我们看例②,剧情是结义三兄弟的大哥上坟而未通知两位义弟,两人闻知即赶到坟上。例中所引是一位义弟在说大哥不请他们同来上坟的原因。"孙大哥恐怕我每来吹了木屑"是说孙大哥怕两位义弟沾了自己先人的阴骘,而不是"陪同吃喝玩乐"。

曲彦斌《中国隐语行话大辞典》也收录了该词,只不过误为"吹不屑"了。其解释为"明代金陵六院市语谓不请自来"。只是引述了《金陵六院市语》的说法,没有提供更多的例证,无甚可取。

通观所有例证,我们认为"吹木屑"犹"沾光,揩油",即"因人得利或占人便宜"。这个解释也与《金陵六院市语》的解释一致:"不请自来",也就是"沾光、揩油"来了。

至于此义的理据,可认为是源自木匠活中没有必要专人负责的"吹木屑"的工作。如下例:

⑨清落魄道人《常言道》第十六回:"压火砖头无一块,吹木屑的很有人。"

这是一首诗的最后两句。整首诗叙述砌盖"空中楼阁"的过程。其中"吹木屑"双关：即指做帮木匠吹木屑的事，又指做不费力而又不必要做的事以占住职位获取报酬的行为，即是沾人光，揩人油。由此可看到"吹木屑"与"沾光，揩油"的内在一致性，以"吹木屑"来指"沾光，揩油"就很自然了。

（27）**撮戏法** 表演魔术。清顾禄《清嘉录》卷一《新年》："杂耍诸戏，来自四方，各献所长，以娱游客之目……以毯覆地，变化什物，谓之'撮戏法'。"胡祖德《沪谚外编·看潮歌》："撮戏法咋卖拳头，糖食水果摆摊头。"又杨荫深《事物掌故丛谈·游戏娱乐·魔术》："魔术即古所谓幻术，或云变戏法，撮戏法，其初实传自西域。"《吴方言词典》561页举上例，释"撮戏法"为"变魔术"，甚确。《大词典》卷六870页收有"撮把戏"条，但未收"撮戏法"条。《近代汉语词典》《辞源》等辞书亦未见收录此词。

（28）**打伴** 即做伴。明焦竑《玉堂丛语》卷六《科目》："受诏日中垂藻鉴，奎文时晔散云霓。安车打伴南宫宿，中使宵传有御批。"清代小说《宜春香质·风集》第一回："一日，先生不在家，大家学生打伴耍子，猜枚打牌，顽了一会，李尊贤看得孙小官中意……"今该词仍使用。吴童子《棒子，棒子》第二回："她想找到跑反的人打伴，可又胆战心惊不敢挪动半步，听到周围棒叶响就吓掉了魂。"又第八回："茂良靠在门空坐着，身边不再有二喜打伴了。"今盐城人常说的"打打伴"，义同"打伴"。《汉语方言大词典》卷一1019页"打伴"条："〈动〉结伴；作伴。"甚确。

（29）**打不过** 犹言过不去，通不过；引申指没有办法。《朱子语类》卷二一："曾子三省，只是他这些未熟。如今人记书，熟底非全不记，但未熟底比似这个较用着心力照管。这也是他打不过处。"卷二二："其人云：'礼起圣人之伪。今日会茶，莫不消得如此？'龟山曰：'既是不消得，因何又却会茶？'其人曰：'只为心中打不过。'龟山曰：'只此打不过处，便是礼……只为不如此，则心有不安，故行之自和耳。'"卷一三六："器远问：'诸葛武侯杀刘璋是如何？'曰：'这只是不是。初间教先主杀刘璋，先主不从。到后来先主见事势迫，也打不过，便从他计。'"明抱瓮老人《今古奇观》卷二五："徐宽道：'我家全亏他挣起这些事业，若薄了他，内心上也打不过去。'"

《大词典》六卷324页收录有"打过"，释义为"放过去"。"打不过"亦习用，与今有别，应补收。

（30）**打叉** 意外，不顺利。清俞万春《荡寇志》第一百二十一回："一路顺风，无些毫打叉之事，以是吴用渐渐向愈。"又下文："不料骤然起了一桩大打叉的事，你道是甚么事？"

许宝华《汉语方言大词典》收有此词但无此义项。

(31)**打对** 指昆虫类动物的交配。清柯悟迟《漏网喁鱼集》:"自后蝗雌雄打对,几日卸子,忽而倏然去矣。""对",明李诩《戒庵老人漫笔》卷五:"鸟兽交感,驴马曰罩,鸡鹅曰撩水,余鸟曰打雄,猪曰付,蚕蛾曰对……"又清道光四年《苏州府志》:"鸟兽交感,鸡鹅曰撩水,余鸟曰打雄,蚕蛾曰对。"《汉语方言大词典》卷一1520页"对"条:"④〈动〉蚕蛾交配。"该书卷一1016页收有"打对"条,但遗漏上义。《近代汉语词典》等亦未见收录该词。

(32)**打禾** 即以连枷拍打晒干后的农作物禾穗荚果等使之脱粒。《景德传灯录》卷二二:"僧问:'请师举唱宗乘。'师曰:'今日打禾,明日般柴。'"《朱子语类》卷一九:"论语易晓,孟子有难晓处。语孟中庸大学是熟饭,看其它经,是打禾为饭。"此语也作"打禾谷",如《古尊宿语录》卷四二:"九日无白嗙,饱餐黄栗糕;十日有黄菊,催人打禾谷。"

《大词典》六卷325页收录有"打场",释义为:"麦子、高粱、大豆等农作物收割后在场上晒干,再脱粒。"义同"打禾",可参。

(33)**打磨古** 蒙古语谓"烟"。清玩花主人《缀白裘·宿关》:"〔贴〕苏里烟看打磨古来。""看打磨古来"即备好烟奉上来。同篇:"〔付看贴介〕大姑娘,打磨古。〔贴〕该他吃罢。〔付〕得,孩子,大姑娘该你打磨古吃。"《蒙古译语女真译语汇编》中"新刻校正买卖蒙古同文杂字"释"烟"为:dama ɤa 打木嘎或damaqa 打抹哈。另在蒙古人待客礼仪中请吸烟也是其中一种,在客人进入蒙古包以后,主客要寒暄互问:"玛拉赛因努(牲畜们好吗)?"客人取出烟袋说:"塔玛哈塔塔(请吸烟)。"打木嘎、打抹哈、塔玛哈、打磨古皆为蒙古语"烟"的不同音译形式。

(34)**打独坐** 谓人独自吃饭、喝茶等。明陆人龙《型世言》第十一回:"姜举人道:'陆仲含,好个素性懒入花丛,却日日假拜客名头,去打独坐!'陆仲含道:'并不曾打甚独坐。'"

(35)**打桨** 即划桨。唐曹松《将入关行湘阴》诗:"打桨天连晴水白,烧田云隔夜山红。"清长白浩歌子《萤窗异草》四编卷三《船女奇缘》:"乃阿巧至十二龄时,姿容即明媚可喜,某妪颇钟爱之,不令作船上生活,凡拖篙打桨诸务,皆不问也。"清王韬《淞隐漫录》卷六《陆月舫》:"此乃月中画舫,嫦娥所制,每夕打桨以迎后羿也。"清吴趼人《二十年目睹之怪现状》第八十四回:"就是长龙舢板,也用了小火轮拖带,船上人并不打桨,只在那里作军乐。"

(36)**打破头屑** "屑"同"楔"。锯木时将楔子钉入锯缝使不复合叫"打破头屑"。后用来比喻说别人的坏话使他人的事情不成功。清西周生《醒世姻缘传》第六回:"他那一路的人恐怕晃大舍使性子,又恐怕旁边有人不帮衬的,打破头屑,做张做智的圆成着,做了五十两银子,卖了。"清佚名

《平山冷燕》第十七回:"因打个破头屑道:'松江只有张吏部老爷的公子张寅便是个真才子。'"王玉龙《清泉曲》:"我可不是给诸位打破头楔,这花生可是细科作物呀,说分就分,行吗?"今河北唐山仍有此语,如:他的亲事没成,就是因为二民打了个破头屑。其义同。

(37)**大脚仙** 旧时指貌美的大脚女子。清宣鼎《夜雨秋灯录》续集卷二《小癞子》:"时有盐商江某,老而淫,婢妾外,更广集大脚仙荐枕席。"同卷:"忽一妖艳大脚仙,年甫十六七——内着绮罗,外罩布素,满头花朵,云鬓堆鸦;裙下莲船,崭新花履……"同书续集卷三《大脚仙杀贼三快》:"生有殊色,不施脂粉,不作时样妆;以裙下双趺不作弓月样,故人皆呼为'半截美人',其实即近今所谓'黄鱼'、所谓'门槛里'、又所谓'大脚仙'也。"此词今仍在使用。如莫言《檀香刑》第一章:"看了上半截把人想死,看了下半截把人吓死,只有钱大爷怪启,喜欢大脚仙。"《汉语方言大词典》卷一282页"大脚仙"条:"〈名〉旧时指未缠足的大脚女佣人。江淮官话。江苏南京。"《南京方言词典》61页"大脚仙儿"条:"在妇女普遍裹小脚的时代指不裹脚、喜欢到处游荡的妇女,带贬义。"释义均欠精确。

(38)**大拍头** "大拍头"实为拍东西的器具,挥动之时虽显得气势很大,但实际效果却不然。借以喻指虚空不着边际;虚张声势。《朱子语类》卷四二:"'居之不疑',便是放出外而收敛不得,只得自担当不放退。盖才放退,则连前面都坏,只得大拍头居之不疑,此其所以驾虚而无实行也。"又同卷:"问:'色取仁而行违,居之不疑,在邦必闻,在家必闻',与乡原如何?'曰:'却不同。那"在邦必闻,在家必闻"底,是大拍头做,要压倒人。乡原却是不做声,不做气,阴沉做罪过底人。'"

(39)**点儿低** 时运不济。清刘省三《跻春台·巧姻缘》:"你去买少妻,反得老东西,看你这个人,还是点儿低。"同书卷三《心中人》:"爹爹呀,未必然,点儿低疾病临时变了症。"又同书卷四《双血衣》:"这是我点儿低正行霉运,撞在他罗网内恳祈原情。"

"点儿"有"机遇"、"运气"义。今东北方言中仍旧使用。故"点儿低"可释为"时运不好"、"运气差"。许宝华《汉语方言大词典》释"点儿低"(点儿背)为"时运不好,机遇不巧"。可参证。

(40)**䚡梢** 吴地端午节划龙船时有小孩在船尾扮演各种剧目,称之"䚡梢"。清顾禄《清嘉录》卷五《划龙船》:"尾高丈许,牵彩绳,令小儿水嬉,有独占鳌头、童子拜观音、指日高升、杨妃春睡诸戏,谓之'䚡梢'。"明顾起元《客座赘语》卷一《辨讹》:"梢,木枝末也,舟之舵尾曰'梢'……"《字汇·系部》:"䚡,悬物也。"清翟灏《通俗编》卷三十六:"《玉篇》:'䚡,丁了切,悬物也。'"俗常用

"吊"字。如《武林旧事》诸小经纪有卖吊挂。故"绉梢"又写作"吊艄"。如清邗上蒙人《风月梦》第十三回:"众人敲起吊艄的锣鼓,艄后那小孩在那小红木棍上吊艄,顽的是甚么'红孩拜观音'……"众辞书未见收录此条。

(41) **丁封** 古代社会由上级批准下级处决犯人的文书。清刘省三《跻春台》中用例甚夥,如卷一《义虎祠》:"丁封到日婆媳急忙去看,见镇远已提跪大堂。"下文:"本县亦知你的冤屈,但丁封太快,救尔不得。"卷二《捉南风》:"后来丁封一到,将吴豆腐、郑南风、艳姑一同绑至法场。"同卷《万花村》:"父:怕的是丁封到罪问斩铰。子:可怜间父子情半路一抛。"同卷《吃得亏》:"丁封一到苦无比,绑在杀场哭唏唏。红光一冒身首异,死作凶魂莫皈依。"又同书卷三《审烟枪》:"怒你儿养育恩未报半点,丁封到定然要命丧黄泉。"卷四《双血衣》:"丁封一到,斩首示众。"

(42) **丢儿** 谓银两、钱物。明金木散人《鼓掌绝尘》第十三回:"下等的帮不得闲,捉不得酒,也去寻几件粗布衣服,向人丛中闻香听气,见人身边带有银两,不是剪了绺,定然调了包,神出鬼没,弄丢儿去,也要养家糊口。"又第二十八回:"明日你身边私蓄的那丢儿,拿将出来,女儿一半,女婿一半。终不然肯分些与我小叔不成?"前例指那些靠偷窃为营生的人,文中"剪绺、调包、弄丢儿去"都是针对别人身边的银两而言,可见此处"丢儿"与钱财有关。后例"私蓄的那丢儿",从词语搭配看,"私蓄"指个人积攒,多与钱物相配。因此,此处的"丢儿"应指钱物。

(43) **呫嗟筵** 短时间内办成的酒席。清王韬《淞隐漫录》中多见此词。如卷一《莲贞仙子》:"即唤厨娘作呫嗟筵,'行与郎君为长别矣!'"卷二《杨素雯》:"须臾,月上窗棂,花影零乱,煮酒既温,举杯相属,生曰:'有仓促客,无呫嗟筵,山肴野蔌,不足供下箸,若之何?'"卷五《李珊臣》:"遂命厨娘作呫嗟筵,为生饯行。"卷八《海底奇境》:"立呼厨娘作呫嗟筵。"卷十《鹤媒》:"佳客辱临,不可无以款之。可作呫嗟筵,借尽主宾之谊。"呫嗟,指时间很短,呼吸之间。"呫嗟筵"有时也指简便的饭菜。如《淞隐漫录》卷十一《东瀛才女》:"友人知其意之所属,特呼呫嗟筵,为之洗尘。"

(44) **二空子** 二混子,外行。清刘省三《跻春台·审烟枪》:"这天喜貌虽清秀,读书极钝,明山又最吝财,每年接些二空子先生来教,伍氏又不准责骂,十五岁连四书都未读完。"此言子钝父吝,请一些"二空子先生",故其子读书难以长进。

《汉语方言大词典》释"空子"为"外行"、"傻瓜",可参证。

(45) **发快** 发达,发迹。清刘省三《跻春台·双金钏》:"我们佃户,在他地上发快者有四五家,各家出些米,你族中富者,出些钱。"此句为怀德家以前的一佃户,看到怀德家败人亡,张罗为其母料理后事。上文亦有一例介绍此佃户:"幸来一位救星,是他先年的佃户,在他地上发迹,念其旧恩前来看望。"此例中"发迹"正与"发快"对等。义甚明。

(46)**放枪** 清代白话小说中"替人做文章"称"放枪"。清刘省三《跻春台·川北栈》:"'既是赶考,为甚么不跟学院一路来,在此处何事?''皆因背时行霉运,放了几枪都无名,忿气不过回原郡,无有盘费当衣襟。'"同上:"悔不该出远门东游西荡,跟学院到四川前来放枪。"又同书:"杨学台贪财放枪,不讲品行,希图外面好耍。"又同书《比目鱼》:"钱氏吵曰:'入他妈的学,不知他请何人放枪,回来哄你瞎老汉。'""替人做文章"称"放枪","替人做文章者"则称"枪手"。陈森《品花宝鉴》第五十一回:"这孙嗣徽如何会做文章?遇见了一个同窗朋友,是个廪生,托其代请枪手。那人与他请了一个人,讲定了八十两银子,写了契约。在场内与孙嗣徽枪了两文一诗。"吴趼人《九命奇冤》第二十六回:"还记得有一日,李老爷来说,抚台大人要看大爷的文章,大爷说做得不好,怎好拿去?李老爷教他请什么抢(枪)手,他就去请了三个来,那里是什么抢手,是三个斯斯文文的读书人,请来住在三德店里。"二例中之"请枪手"即雇人代写文章。

(47)**反思** 指回想过去,以自省自检。汉班固《汉书》卷七十五:"臣自知所言害身,不辟死亡之诛,唯财留神,反复覆愚臣之言。"颜师古注曰:"财与裁同,谓裁量而反思之。"宋程颢《二程遗书》卷一八:"人之未知学者,自视以为无缺,及既知学,反思前日所为,则骇且惧矣。"《朱子语类》卷二七:"杨问'以己''推己'之辨。先生反问:'如何?'曰:'以己,是自然底意思;推己,是反思底意思。'曰:'然。'"又卷五九:"或曰:'"万锺于我何加焉?"他日或为利害所昏,当反思其初,则不为所动矣。'"

(48)**放样** 超乎寻常的(大)。清曹去晶《姑妄言》第二回:"这样看起来,你是个多见广识的了。也不瞒你,这物件我也经过了些,觉得都大同小异,也没有见过那个放样的。只有一个人的此道又太放样了些,我也曾约他来试过了。"《吴江雪》第十七回:"李公只有一女,未曾字人,不敢违旨,就许了他,也不知他如此放样的身材。"《姑妄言》第三回:"这铁氏身子胖大,他有这个放样的肥臀,特做了一张放样的大杌做坐具。"有时形容如人的行为等抽象事物,表此人异于常人,拿大架子。清竹溪山人《粉妆楼》第六十一回:"且言柏玉霜进了城,来与沈廷芳作别道:'……天色晚了,不敢造府,明日清晨到府奉谢罢。'沈廷芳道:'岂有此理,且到舍下歇歇再走。'那锦上天在旁接口道:'柏兄好生放样,自古同行无疏伴,既到此,那有过门不入之礼!'"

(49)**分上** 意谓身份上,地位上;引申指在某一特定的方面。《敦煌变文集新书·维摩诘经讲经文》:"观察身心必意亡,少贪名利恣乖张,但于分上能求得,此个名为真道场。"《朱子语类》卷一三:"讲学固不可无,须是更去自己分上做工夫。若只管说,不过一二日都说尽了。"又同卷:"如唐明皇为人,他于父子夫妇君臣分上,极忍无状,然终始于兄弟之情不衰。这只缘宁王让他位,所以如此。"此语有时也可解作"某种程度;某种地步"。《朱子语类》卷四一:"问:'孔子语子路"为国以礼",只是以子路不逊让,故发此言。程先生云云,如何?'曰:'到"为国以礼"分上,便是理明,自然有曾点气象。'"

(50)**伏卵**　即"孵卵"。汉扬雄《方言》第三:"蔿,鬮,哱,涅,化也。燕朝鲜洌水之间曰涅,或曰哱。鸡伏卵而未孚,始化之时,谓之涅。"师旷《禽经》①:"鸟伏卵将成,子鸣于㲉,母应之。"《朱子语类》卷一九:"……又曰:'如鸡伏卵,只管日日伏,自会成。'"

《大词典》六卷489页收录有"抱伏",释义为:"禽鸟孵卵。"引例为清俞樾《茶香室三钞·蛇与孔雀偶》。《大词典》同卷490页收录了"抱卵",释义为:"孵卵。谓母禽伏于蛋上,孵出小雏。亦借用于其他动物。"引例为五代伊用昌《湖南闯斋吟》。《玄应音义》卷十八"抱卵"条云:"字体作菢,又作勺,同。"更早于五代。

(51)**浮一大白**　为"浮白"的离合词形式。即"痛饮一回"之义。清曾朴《孽海花》第七回:"'功名富贵,直彐狗耳!我当为宝翁浮一大白!'宝廷也高兴起来,就与幕友辈猜拳行令,直闹到月落参横,方始回船傍岸。"再如清魏秀仁《花月痕》第六回:"剑秋道:'词本好的,秋痕又能体会出作者的意思,抑扬顿挫,更令人魂销。'荷生道:'我要浮一大白了!'"又同书第十七回:"荷生道:'秋痕有此佳构,大要浮一大白。'便教丫鬟取过大杯,众人痛饮一回。"

(52)**狗脸**　谓不讲情面,翻脸不认人。《水浒传》第三十七回:"老爷唤做有名的狗脸张爷爷,来也不认得爹,去也不认得娘。"清李绿园《歧路灯》第九十六回:"假若是票子请乡绅,那时就不是这样了,狗脸朋友,休要得罪。"

宋孝才《北京话语词汇释》"狗脸"条:"称爱翻脸的人(贬义)。老舍《离婚》:'也不敢再和他要钱,他病那么一场,多花了许多钱,别叫他翻了狗脸,说我花张了。'"可参证。

(53)**餶飿性儿**　比喻暴躁的脾气。清俞万春《荡寇志》第七十四回:"希真道:'贤婿,老汉是这般餶飿性儿,幸勿芥蒂。'衙内连说'不敢',辞别了,回覆高太尉去。"希真知道高太尉怀疑并派人监视自己,而对监视的人

---

① 《禽经》全一卷,旧本题师旷撰,晋张华注。

大发雷霆,使其暴露。下例中其义更为明显。同书第八十九回:"栾师父,奴家是这般孩子气,馉饳性儿麦杆爆仗。你有年纪人,幸勿挂怀。""馉饳儿"为一种粒状油炸爆裂而成的面食。暴躁义当由此比喻引申而来。

(54)**怪差** 犹言奇怪,怪异。宋释赞宁《宋高僧传》卷一八:"原夫圣人之应身也,或南或北,或汉或胡,或平常之形,或怪差之质;故令闻见必也有殊。"《朱子语类》卷一三:"又曰:'"臣之视君如寇雠",孟子说得来怪差,却是那时说得。如云"三月无君则吊"等语,似是逐旋去寻个君,与今世不同。'"又卷三七:"权是碍着经行不得处,方使用得,然却依前是常理,只是不可数数用。如'舜不告而娶',岂不是怪差事?以孟子观之,那时合如此处。然使人人不告而娶,岂不乱大伦?""差"读去声,《集韵·祃韵》:"异也。"

(55)**官旗** 指明代锦衣卫等卫所千户之类的校尉。明朱长祚《玉镜新谭》卷四《赏赉》:"其官旗杨震等,准照后册数目升授。"同书卷六《缇骑》:"三月十八日,武进具毗陵驿传报,钦差锦衣卫官旗,十八日到驿捧斋开读等因。"同书卷八《遣戍》:"着锦衣卫即差的当官旗,前去扭解,押赴彼处,交割明白。"同书卷九《爰书》:"魏忠贤,年六十岁,系直隶河间府肃宁县人,系净身男子,于万历年间选入皇城,历转司礼监太监,总督东厂官旗办事。"明叶盛《水东日记》卷二十二《府卫官旗军人数》:"正统十四年未多事之先,五军都督府并锦衣等卫官旗军人等三百二十五万八千一百七十三员名……"清烟霞逸士《巧联珠》第九回:"奉圣旨:胡宗尧着锦衣卫差的当官旗,扭解来京究问。"清烟水散人《合浦珠》第五回:"前时蓼州被逮,犹奉圣旨,况击苑官旗,故佩韦不免于难耳。"《明史·食货志三》:"有羡余,不输太仓,即用以修船,官旗渔蠹者重罪。"

官旗,又写作"官旂"。如明朱长祚《玉镜新谭》卷二《罗织》:"官旂感泣,为具赀设醮,祷于关帝之庙。"卷四《封拜》:"魏忠贤遣官旂往扰乱之,名曰监督,其实牵掣。"卷六《缇骑》:"而一犯官一驾帖,每一帖止官旂二人,而伪从辅翊者五十人。"卷十《爰书》:"张体乾等有旨,听法司会议定罪外,其东厂官旂,原无缉拿干涉,岂得株连,致干天和,不必行提。"《明史·应履平传》:"又以军伍不足,请令卫所官旂犯杂死及徒流者,俱送镇将立功,期满还伍;边军犯盗及土官民与官旂罪轻者,入粟缺储所赎罪。"《辞源》等未收录此词。

(56)**窒念** 挂念。"窒"当即"挂"之借字。清刘省三《跻春台·东瓜女》:"小姐自婢去后,心常窒念,闻得好处,使人来接。""窒念"即"挂念"。又同书卷四《活无常》:"贤妻在家,须当稳重,切勿窒念,为夫不久自归。"

有时亦作"窒欠"、"窒牵"。例如同书卷二《白玉扇》:"丈夫耐烦,妈莫窒欠,今天回来过不得河,都要来?"同书卷四《活无常》:"儿此去千万要找着你爹回来,免得为娘窐牵。"

"窐"单用亦有"牵挂"义。《跻春台·活无常》:"媳进门日勤苦原是正项,我婆婆反怜惜常窐心旁。"

(57)**海底** 隐语,指帮规。民国吴虞公《青红帮演义》第九回:"摺中载的,都是帮中隐语规例……这个摺子,他们便叫海底。懂了海底,便随到什么地方,可以拜会同帮,大占便宜。"又第十回:"原来青帮规则非常奥妙,他们就叫海底。初入帮的时候,传道师将这海底,详细讲解,教徒皆一一记牢,以便将来与他处同帮相遇,可以互相问答。"同回下文:"话说王四见这黑面大汉,挂出青帮的招牌,上前盘问海底道:'请问老大,你在门槛没有?'"

(58)**喝水成冰** 极言说话有分量,有权威。明金木散人《鼓掌绝尘》第十五回:"只是那夏方毕竟是个诡诈的人,时常心里不服,思量得当年的时节,原在这个所在喝水成冰的,今日落在人后,却有些忿气不过。"此句是夏方回想当年自己在娄公子面前受器重、在娄府受优待的情景,对比现在落于陈亥之后,心中不服而说的话。

《大词典》三卷416页收"喝水",释为"呵令流水",所以"喝水成冰"即呵令流水变成冰,极言人的权威之重。

(59)**合条儿** 合伙。清东鲁古狂生《醉醒石》第十五回:"谢奶奶道:'好好,这是舅子与陆指挥合条儿局你了。'"又同回下文:"只见妹子好端端坐在房里道:'哥,不是家,他不学好,还要你去说他道他,怎合条儿哄他,须不是亲戚们做的事。'"

(60)**红房** 产妇的卧室。清俞樾《右台仙馆笔记》卷五:"一日逐鬼,鬼逃入其妻室,妻适免身。俗呼产妇房为红房。一月内入此为不洁。孝廉守此为戒甚谨,鬼知之,故逃入红房。"民间认为产妇所在的卧室是污秽的,男子进入会不吉利,故文中孝廉不敢进产房。今江苏东台仍有类似风俗。当地把结婚未满一个月的女子称为"红人",认为"红人"去别人家,亦会带去晦气。

(61)**鹘鹘突突** "鹘突"的重叠形式。犹"糊糊涂涂"。清郭小亭《济公全传》第四回:"众僧不知是何义理,大家鹘鹘突突的散去。"又同书第十二回:"众僧虽多听见,只认做济颠酒狂,谁来理他?沈万法也鹘鹘突突,又打发济颠睡下。"又清无名氏《人中画》:"诗虽送入,心下只是鹘鹘突突。"

《大词典》十二卷1133页仅收"鹘突",未收"鹘鹘突突"。

(62)**花盆** 恭维话,犹"高帽子"。清酌元亭主人《照世杯·七松园弄假成真》:"众美人还在那里赞他量好。阮江兰却没福分顶这个花盆,有如泰山压在头上,一寸一寸缩短了身体,不觉蹲倒桌下逃席。"又同书《走安南玉马换猩绒》:"那晓得猩猩也是极喜花盆,极好名的,遂开口许捕傩主们几瓢。"皆此义。又,《语海·秘密语分册》"卖花盆"条:"江苏扬州市井。指故意恭维人。"可知"花盆"有"恭维话,高帽子"义。

(63)**喉下取气** 指仰人鼻息、看人脸色行事。明陆人龙《型世言》第十六回:"结发夫妻说不得要守,你须是他妾,丢了儿子,吴氏要这股家私,怕弟男子侄来夺,自然用心管他,何苦熬清受淡,终身在人喉下取气?"《初刻拍案惊奇》卷三十八:"平日又与他冤家对头,如今他当了家,我们倒要在他喉下取气了。怎么好?还不如再求妈妈则个。"明瞿佑《剪灯新话》第一集:"大丈夫死就死了,怎么忍受得了在别人喉下取气、仰人鼻息呢?"清褚人获《隋唐演义》第四十六回:"还有个兄翟弘,拜上柱国荥阳公,更是一个粗人,他道:'是我家权柄,缘何轻与了人,反在他喉下取气?'"

(64)**活切头** 指古代科举考试中冒名顶替的作弊行为。明陆人龙《型世言》第十六回:"这吏员官是个钱堆,除活切头,黑虎跳,飞过海,这些都是个白丁。"例中"活切头"与"黑虎跳"、"飞过海"并列,均为作弊行为。又同书第二十七回:"他做秀才,不学这些不肖,日夕上衙门,自坏体面,只是往来杭州代考,包覆试三两一卷,只取一名,每篇五钱;若只要黑黑卷子,三钱一首。到府间价又高了。每考一番,来做生意一次。及至帮补了,他却本府专保冒籍,做活切头。"清东鲁古狂生《醉醒石》第九回:"如在前程,则有活切头、飞过海、假印、援纳、加纳、买缺、挖选、坐缺、养缺各项等弊。""专保冒籍"和"做活切头",义亦相同。又如清曹去晶《姑妄言》第十八回:"富新无颜在家,拿了数百金到北京,做了个黑虎跳,又名飞过海,又叫活切头,冒名顶替,叫做傅谊,得了陕西西安府富平县典史。"

(65)**急舌** 口吃。清魏秀仁《花月痕》第三十九回:"刚走到月亮门,遇着厨子天福,是个急舌,说话不大分明。"

(66)**加绝** 东西由典当变成卖死,当铺还要加付典当者钱,叫做加绝。《古今小说·宋四公大闹禁魂张》:"这带是无价之宝,只要解他三百贯,却对他说:'三日便来取赎,若不赎时,再加绝一百贯。你且放在铺内,慢些子收藏则个。'"清五色石主人《八洞天》:"冯乐善道:'舍下转与甄家价止三百金,原典价尚亏二百两,那里又要加绝?'"又:"刘辉备言欲找绝房价之意。奉桂道:'兄与舍下不是对手交易。舍下典这屋未及半年,岂有就加绝之理?'"

(67)**夹界** 本指地界相交,引申指介于两种境界或状态之间。宋张洞玄《玉髓真经》卷一九:"顾祖龙形第十格:两岸山水夹界一带,平田忽见,山峦不见。"《朱子语类》卷一二:"学者之于善恶,亦要于两夹界处拦截分晓,勿使纤恶间绝善端。"又卷三〇:"'喜怒哀乐发而皆中节','天下之达道',那里有无怒底圣人！只圣人分上着'不迁'字不得。颜子'不迁怒',便尚在夹界处,如曰'不改其乐'然。"清顾炎武《肇域志》卷四九:"洛阳江在县东北二十里,晋江、惠安二县夹界之江;纳晋江县东北、惠安县西南之水,东南入于海。"

(68) **假哥** 嫖客。清刘省三《跻春台·捉南风》:"当假哥四处把祸闯,一见妇女就想方。破银钱都要通来往,不到手设计又编诓。"又《跻春台·审豹狼》:"做片官往来财场上,要假哥晚来宿妓娟。"

(69) **驾火** 生火;烧火。清刘省三《跻春台·哑女配》:"朱泰问牧童曰:'你水烧开么?'牧童曰:'方才驾火。'"又下文:"哦,是了,他在烧陶,今日驾火,定是杀我祭陶。"又明朱鼎臣《唐三藏西游释厄传》第三卷:"将大圣解去绳索,推入八卦炉中,命看炉的道人,驾火的童子将火扇起锻炼。"又下文二:"慌得驾火的童子,看炉的丁甲一班人来扯,被他一个个都放倒。"

许宝华《汉语方言大词典》,尹世超《哈尔滨方言词典》均收有此词,写作"架火"。

(70) **见不到** 考虑不到,思虑不周。《水浒传》第七十五回:"蔡京又道:'我叫这个干人跟随你去。他多省得法度,怕你见不到处,就与你提拨。'"《古今小说·任孝子烈性为神》:"一时小人见不到,被这婆娘巧语虚言,说道老父上楼调戏。"《金瓶梅词话》第三回:"王婆便道:'……不是老身路歧相烦,难得这位娘子在这里,官人好与老身做个主人,拿出些银子,买些酒食来,与娘子浇浇手,如何?'西门庆道:'小人也见不到这里。有银子在此。'"《警世通言·李谪仙醉草吓蛮书》:"贫道一时见不到,激恼娘子,望乞恕饶。"

(71) **见推** 被推举、被推崇之义。《三国志·蜀书·蒋琬传》:"琬见推之后,夜梦有一牛头在门前,流血滂沱,意甚恶之,呼问占梦赵直。"《资治通鉴》卷第一百五十九:"众议推整为刺史,整曰:'吾属以张保逆乱,恐阆州之人俱陷不义,故相与讨诛之;今复见推,是效尤也。'"明何良俊《四友斋丛说》卷二十二:"何曰:'卿今日何故忽见推?'阮曰:'我图数千户郡,尚不可得,卿乃图作佛。不亦大乎。'"清褚人获《隋唐演义》第七十一回:"文顶武足,五德见推于田饶;杂霸雄王,二宝呈祥于嬴氏。"以上几例中"见推"均为"被推举"义。

"见推"又有"被推崇"义。明王世贞《艺苑卮言》卷五:"胜国之季,业诗者,道园以典丽为贵,廉夫以奇崛见推。迨于明兴,虞氏多助,大约立赤帜者二家而已。"清佚名《平山冷燕》第八回:"太师若能略去富贵,而以翰墨见推,则宾礼为宜。然当今之世,略去富贵者能有几人?"

有时也用为推举义。清佚名《平山冷燕》第二回:"皇上有命,众大臣见推,臣妾焉敢不遵。但恐浅陋之词,不能上扬圣德之万一,伏祈皇恩宽宥。"

《大词典》卷十收有"见责"、"见容"、"见轻"、"见遗"等条,循例当收"见推"条。

(72)**见录** 被录用义。北齐颜之推《颜氏家训》卷四:"吾家世文章,甚为典正,不从流俗;梁孝元在蕃邸时,撰西府新文,讫无一篇见录者,亦以不偶于世,无郑、卫之音故也。"明焦竑《玉堂丛语》卷八《志异》:"由其生也,不尽用于明时,故其死也,乃见录于上帝。"明顾起元《客座赘语》卷五《长干塔》:"有两吏见录至十八地狱,随报重轻,受诸苦毒。"《大词典》卷十收有"见容"、"见轻"、"见遗"等条,循例也当收"见录"条。

(73)**交卯运** 男人被当作女人对待。"卯",卯眼,某些利用凹凸方式相连接的器物凹进的部分。此隐指女人。清玩花主人《缀白裘·买胭脂》:"[净]哈哈哈!再弗晓得我一把年纪还交卯运丑!"又同书九编《寻亲记·遣青》:"[丑]员外叫我干事了,弗道是介把年纪还要交卯运。"前例因剧中有"小生也拜完起,辩净亲嘴"之科介,谓郭华错把老货郎当成心上人抱住亲吻,故老货郎有此打趣之语。后例系马夫误以为员外要同他肛交,故云。

(74)**角脑** 指明代一种矿兵的头目。明王士性《广志绎》卷三《江北诸省》:"其技最悍,其人千百为群,以角脑束之,角脑即头目之谓也。"《明史·兵志三》:"其不隶军籍者,所在多有……而嵩及卢氏、灵宝、永宁,并多矿兵,曰角脑,又曰打手。"《中国历史大辞典》1512页"角脑"条:"明代矿兵之一种。亦名打手。"《辞源》等未见收录此词。

(75)**角孽** 犹言无理地争斗,耍赖。今河北唐山一带仍有此语。如两人争论不休,其中一人无理,另一人常说:"你净角孽。"明清白话小说中亦有用例。清刘省三《跻春台·阴阳幅》:"你若待强,不服理论,告状角孽,他都陪你。"又,同书《假先生》:"任随徒弟上树取鹊、洗澡、摸鱼、角孽、吵嘴,都不经管。"同书《双冤报》:"父:'角了孽喊肚痛其情已显。'母:'才是他把我儿毒丧黄泉。'"同书《巧报应》:"哪知他书又懒读,专与人打架角孽。"同书《活无常》:"到你家来面理,角孽告状都陪你。"又《错姻缘》:"滥龙不依,逼住搬家,陪他角孽,卖主畏惧而去。"

(76)**剧术** 戏法,法术。《三遂平妖传》第十回:"瘸师道:'我再有一件剧术交你们看。'取出一张纸来,剪出一匹马,安在地上,喝声道:'疾!'那纸马通身雪白,如绵做的一般,摇一摇,立起地上,能行快走。"又第十三回:"一伙看的人都喝采:'好妙剧术!一枝湿的泥蜡烛便点的着,又只要得三文钱一枝,那里不使了三文钱!'"

(77)**开清** 清账,结算清楚。清刘省三《跻春台·双金钏》:"(孟氏)衣服器皿寻出当完,尚欠二百金无有出路,孟氏哀求债主各项让些,方才开清。"明金木散人《鼓掌绝尘》第二十三回:"明日店主人把租钱酒账弄清起来,终不然唱个喏儿,随我们踱出门去。"明西泠狂者《载花船》第七回:"刺史封起府库,开清钱粮户口册籍,各办牛酒相迎,外解送犒兵银一万两。"以上三例均指将钱物结算清楚。

(78)**看想** 图谋,算计。明陆人龙《型世言》第六回:"这些人道:'古怪,这蛮子你在他家与老寡妇走动罢了,怎又看想小寡妇,主唆婆婆逼他,我们要动公举了。'"《二刻拍案惊奇》卷二:"陈定平时家里饱暖,妻妾享用,乡邻人忌克他的多,看想他的也不少。"清东鲁古狂生《醉醒石》第十五回:"我一家子有三个园,又都收拾得齐整,出了名,怕有人忌嫉,有人看想。"清艾衲居士《豆棚闲话》第四则:"又道钱财易于耗散,囤在那里,惹人看想,功名富贵,都是书香一脉发出来的,不如积下些千古奇书,子孙看了,一朝发迹,依旧起家。"

(79)**空马** 没有人骑乘或没驮带物品的马。清艾衲居士《豆棚闲话》第九则:"即唤伴当,将后边一匹空马叫他骑上,竟往苏州进发,跟到营里住下。"又下文"中右营有个弟兄的马尚未该操,却是空的。待我说了,你就好与他借骑。""尚未该操"而是"空的",即"空马"。又下文"我有空马在后,你快骑上,稍迟便有番役至矣。刘豹着忙,坐了空马,紧紧随着大汉而行。"

(80)**快当些** 亦作"快当"。快速,迅速。明罗懋登《西洋记演义》第十三回:"侍郎道:'也快当些取出来。'"又如清魏文中《绣云阁》第十四回:"吴魁曰:'……可将尔那犬足发快当些。'"清江左谁庵《醉春风》第五回:"先生立住了脚,细细一听,听得男子道:'我和你快当些弄弄。明早我有事,今夜要回去的。'"清曹去晶《姑妄言》第十四回:"到临产之时,很快当,竟生下一个儿子。"此方言今陕西口语仍常用。如:"你放快当些,车都要开咧!"

(81)**匡壳子** 指框子,框架。《朱子语类》卷一九:"论语孟子都是大学中肉菜,先后浅深,参差互见。若不把大学做个匡壳子,卒亦未易看得。"清王夫之《读四书大全说》卷一〇:"太极图中间空白处与四围一墨线处何异?不成是一匡壳子,如围竹作籦,中间籦着他物在内。"

《大词典》一卷959页收录"匡子"条,释义为"即框子"。首引鲁迅《集外集·流言和谎话》为例。可参。

(82)**蜡事** 怪事,异事。明罗懋登《西洋记演义》第三十八回:"洪公道:'怪不得张狼牙说他死而不死。果真有些蜡事。'"第四十五回:"天师剑头上烧了一道飞符,早已有个天将把这些猴子一刀一个,四百九十九个,就砍做了九百九十八个。又是一场蜡事。"第六十八回:"雷将军心上吃惊,说道:'好一场蜡事!怎么三个道士都腾云去了?'"

(83) **浪搭**　搭话,打招呼。清张南庄《何典》第七回:"(臭花娘)磕了头起来,便有一个后生师姑,向前来浪搭。"又作"浪答"。清松云氏《英云梦传》第二卷:"绣翠见王云问他,巴不得与王云浪答。"

(84) **来日无多**　指未来的时日不多。多用于表达对余生短暂的悲观和担忧。宋陆游《野兴》诗:"来日无多去日遒,朱颜那肯为人留。"《五灯会元》卷十九《太平懃禅师法嗣·何山守珣禅师》:"先师只年五十九,吾年五十六矣,来日无多。"《朱子语类》卷二一:"又云:'近觉多病,恐来日无多,欲得朋友勇猛近前,也要相传。某之心,便是公之心一般!'"

(85) **乐天安土**　指随所遇而安,犹乐天安命。宋陈宓《龙图陈公文集》卷一一:"易直子谅之心生,则于性之所受者能乐,于性之所受者能乐,则于事之所遇者能安;此易所谓乐天安土之意也。"宋《张载集·正蒙·至当篇第九》:"大海无润,因竭者有润;至仁无恩,因不足者有恩。乐天安土,所居而安,不累于物也。"《朱子语类》卷三四:"'不怨天,不尤人',乐天安土,安于所遇,无一毫之私意。'下学上达',是天人事理,洞然透彻,无一毫之间隔。"

《大词典》四卷1285页"乐天知命"条释为:旧谓乐从天道的安排,安守命运的分限。引申为安于现状,乐守本分。可参。

(86) **立逼**　犹硬逼人马上做某事。明天然痴叟《石点头·郭挺之榜前认子》:"不期又过不得几时,忽王知县报行取(去)了,要进京,遂立逼着要郭乔同去。"清褚人获《隋唐演义》第五十九回:"今早五更时分,润甫爷到来,说是老爷的主意,将夫人小姐,立逼着起身,说要送往秦太太处。"清古吴墨浪子《西湖佳话》第六卷:"因叫侍儿将酒撤去,立逼着他二人解衣就寝,小小到此际亦无可奈何,但半推半就,任阮郁拥入罗帏而已。"《醒世姻缘传》第十九回:"一个搂住唐氏,一个把张氏剥着上下没根丝儿,立逼着晁源着实的教训了他一顿。"又第七十七回:"忘了结发正头之妻,别要歪拉没根之妇,罪不可容。更兼拐了调羹同往,法不可赦。即该就去,立逼着叫他卖了这两个淫妇,方是斩草除根。"

(87) **两脚**　本意为人或物体的两只脚,引申为事物的两个方面。《朱子语类》卷九:"致知、力行,用功不可偏。偏过一边,则一边受病。如程子云:'涵养须用敬,进学则在致知。'分明自作两脚说,但只要分先后轻重。"又卷二四:"或云:'某于"克己复礼"、"动容貌"两章,却理会得。若是仰高钻坚,瞻前忽后,终是未透。'曰:'此两章止说得一边,是约礼底事,到颜子便说出两脚来。'"清潘世恩《正学编》卷一:"程子云:'涵养须用敬,进学则在致知。'分明自作两脚说。"

(88) **临后**　最后。元无名氏《符金锭》第四折:"[赵弘殷云]他临后怎

四、《汉语大词典》未收词语例释

去了来？[正旦唱]呀，打的是无处乱奔逃。"《水浒全传》第五十回："四路军兵出了门，四下里分投去厮杀。临后孙立带了十数个军兵，立在吊桥上。"《醒世姻缘传》第一回："先是一伙女骑摆队前行；临后珍哥戎装跨马。"又第二十三回："村中有什么社会，他比别人定是先到，定是临后才回。"

(89)**慢忽** 犹言轻慢，怠慢。宋曹勋《松隐集》卷二五："大抵人才以兢业恪恭为用，风俗以敦实俭啬为本，兵以不用为武，刑以不刻为平，财以不敛为富，一言一为，立政立事，如天在傍不敢慢忽。"《朱子语类》卷二一："人须是事事敬，方会信。才信，便当定如此，若恁地慢忽，便没有成。"又同卷："'人道惟在忠信，不诚无物'。物，只是眼前事物，都唤做物。若诚实，方有这物。若口里说庄敬，肚里自慢忽，口里说诚实，肚里自狡伪，则所接事物还似无一般。"《续资治通鉴长编》卷一四六："事既发，乃将所支文历，悉皆焚去。原心揣情，慢忽朝廷，非亢①之比。"

(90)**毛里光** 指在太平天国之乱中依附过太平军的人。清陆筠《海角续编》："时毛里光搜罗城中炉鼎瓶镜面盆及零星铜器等件，互相争卖，城中铜器为之一空。"同书："时官兵去攻江阴，百姓纷纷回家，其曾为贼而不当兵者，呼之为毛里光，概逐出城，城中潮就肃清。"

(91)**没紧要** 犹言无关紧要，不重要。《朱子语类》卷三："此便是合理会底理会得，将间鬼神自有见处。若合理会底不理会，只管去理会没紧要底，将间都没理会了。"又卷一一："看经书与看史书不同：史是皮外物事，没紧要，可以札记问人。若是经书有疑，这个是切己病痛。"明谢榛《四溟诗话》卷二："此皆似不紧要，有则方见古人作手，所谓没紧要处便是紧要处也。"

(92)**没要紧** ①犹言无关紧要。《朱子语类》卷一六："问敖惰。曰：'大抵是一种没要紧底，半上落下底人。'"清鸳湖烟水散人《珍珠舶》第六卷："往往借件没要紧的事头，闯进陆氏家里。"《醒世姻缘传》第六回："至二十五日，端了一扶手银子，果然到了庙上，买了些没要紧的东西，回到京中宅子，住了七八日。"又第六十四回："薛三省娘子道：'原来为这没要紧的事……这是甚么深仇么？咱同去走罢。'"②随随便便。明金木散人《鼓掌绝尘》第四回："且与你说，我如今不比往年，没要紧把日子虚度过去，日夕看些书史……"《醒世姻缘传》第三十二回："晁夫人道：'你待说甚么正经话，你说罢。别要没要紧的瞎淘淘！'"明天然痴叟《石点头》第五卷："也是他合当晦气，有没要紧的，随着脚闯去，不想却穿到斯员外宅外小街。"③平白无故；无缘无故。《醒世姻缘传》第九回："养娘道：'奶奶没要紧，把

---

① "亢"，即原著上文提到的张亢，引者注。

263

东两都俵散了。大爷说道要休,也只耍快活嘴罢了……"又第七十五回:"拣近些日子,你两口团圆了罢,没要紧费那钱怎么?"又第八十回:"众人见了,连忙来拆,道:'没要紧,为甚么事来伤情破面?'"同回:"刘振白道:'这可是没要紧,怎么又带上我呢? 只怕是重名的。'"《金瓶梅词话》第二十四回:"惠莲道:'你好没要紧,你顿的茶不好,爹嫌你,管我甚事,你如何走来拿人撒气。'"

(93)**妹倩**　即妹夫。清龚炜《巢林笔谈》卷六:"惟从弟丽天及妹倩李天柱,予则力阻之,盖以其所处不同也。"同书卷六:"予前致妹倩严效义札云:'前人辛苦造家,亦欲子孙和睦相守……'"《巢林笔谈》续编卷上:"五妹最喜予尺牍,一日妹倩至,偶诵一札无遗句。"又同卷:"今春,妹倩李天柱母周夫人六十寿诞,建延龄道场于小桃源,予亦一往,有紫石山静方师在焉。"《说文·人部》:"倩,人美字也。从人,青声。东齐婿谓之倩。"《史记·仓公列传》:"黄氏诸倩见(宋)建家京下方石,即弄之。"裴骃《集解》:"倩,女婿也。"故可知"妹倩"之义。

(94)**描写画角**　添枝加叶,夸张地叙述。清曾朴《孽海花》第十九回:"稚燕因把路上盗图的事说了一遍,却描写画角都推在雯青身上。"有时亦省作"描写"。例如清刘省三《跻春台·节寿坊》:"厨妇又描写几句。犁老怒曰:……"

(95)**明打明**　光明正大。明罗懋登《西洋记演义》第六十二回:"你今日明打明的出来,我和你杀三百合来,你看一看。"此语今陕西、江苏等多地方言仍习用。

(96)**摸空**　本意为以手把捉虚空之物。唐释道世《法苑珠林》卷八六:"第二中阴有者,若阎浮提人,命终生郁单越。则见细软赤氎可爱之色,即生贪心,以手捉持举手揽之,如揽虚空,亲族谓之两手摸空。"引申指说话毫无根据。如《朱子语类》卷一八:"道夫曰:'龟山"反身而诚"之说,只是摸空说了。'曰:'都无一个着实处。'"又卷一〇〇:"道夫曰:'旧看此意,似与"性为万物之一原,而心不可以为限量"同。'曰:'固是。但只是摸空说,无着实处。'"

(97)**磨棱合缝**　犹言严谨细密,毫无疏漏。《朱子语类》卷一九:"圣人说话,磨棱合缝,盛水不漏。如云'一言丧邦','以直报怨',自是细密。"又卷九三:"或问:'颜子比汤如何?'曰:'颜子只据见在事业,未必及汤。……颜子比孟子,则孟子当粗看,磨棱合缝,犹未有尽处。'"明罗钦顺《困知记》四续:"大学诚意是一刀两段工夫,正心修身是磨棱合缝工夫。"

《近代汉语大词典》收录此词,亦引《朱子语类》为例,释义相近;唯词形作"磨棱合缝",与王星贤点校本略有出入。

(98) **磨子** 即今之磨盘。唐薛渔思《河东记·板桥三娘子》:"又于厢中,取出一裹荞麦子……须臾生,花发麦熟……又安置小磨子,硙成面讫。"《朱子语类》卷五三:"所谓为心者,岂是切切然去做,如云'天命之,岂谆谆然命之'也?但如磨子相似,只管磨出这物事。"又卷七四:"问:'"刚柔相摩,八卦相荡。"……而谓之"摩、荡",何也?'曰:'摩如物在一物上面摩旋底意思,亦是相交意思。如今人磨子相似,下面一片不动,上面一片只管摩旋推荡不曾住。'"《醒世恒言·卖油郎独占花魁》:"(九阿姐)方才告诉我许多话,说你不识好歹,放着鹅毛不知轻,顶着磨子不知重,心下好生不悦。"

(99) **摩诃萨** 为"摩诃萨埵"的省略,为菩萨的通称,亦可作念佛用语。作菩萨通称的,习见于佛教典籍《道行般若经》。作念佛用语的,如《钵中莲》(明万历抄本)第十二出《听经》:"(合)……愿我佛慈悲哀纳,南无普供养菩萨摩诃萨 南无普供养菩萨摩诃萨,南无普供养菩萨摩诃摩诃萨摩诃萨。"又如《醒世姻缘传》第七十一回:"童奶奶道:'可说什么来?要分外再有个钱,可敢还来缠老公哩?除了这老公赏的首饰,精于摩诃萨的,有个低钱么?'"

(100) **拿舟(拏舟、挐舟)** 撑船义。明顾起元《客座赘语》卷十《城内外诸水续考》:"其为坏决,则水注圩中,平陆良田,顷刻变为江湖,哭声满野,挐舟结筏,走避他处,国赋民食,两皆失之。"明陆粲《庚巳编》卷四《戴妇见死儿》:"一日,有妪拏舟舣岸,款门而入,不忍其夫妇之悲哽……"

又引申有"乘船"义。清王应奎《柳南随笔》卷一:"方伯有所亲某,田舍翁也,而慕董先生名,闻先生至,特拏舟入城,介方伯以见。"同书卷四:"壬子孟夏,予拏舟重至院中,秀公弟子久芳留予茶话,复以《丹桂卷》见示。"清王韬《淞滨琐话》卷三《严寿珠》:"一日谐友拿舟过利涉桥,容与中流,彷徨四顾,意甚得也。"同书卷二《魏月波》:"戚妻妒而悍,素有'胭脂虎'名。闻戚娶女,郁怒填胸,立刻拿舟至城。"《说文解字》:"拏,牵引也。从手,奴声。"《广韵·鱼韵》:"挐,牵引。"《正字通·手字》:"拿,俗拏字"。《说文解字义证》:"挐,通作拏。……今俗作拿。"故"拏"、"挐"同义,今写作"拿"。"拏舟"一词早在唐代就出现了。如韩愈《送区册序》:"有区生者,誓言相好,自南海挐舟而来。"又宋黄庭坚《听宋宗儒摘阮歌》:"渔父挐舟在葭苇。"

综上,"拿舟(拏舟、挐舟)"有二义:撑船;乘船。《辞源》《近代汉语词典》《大词典》等均所未载。

(101) **馕嗓** 吃。含贬义。清吴璿《飞龙全传》第十四回:"你驴球入的,怎么只管自己馕嗓,不来请乐子吃些,实是可恶!""馕",《大词典》释作:"拼命往嘴里塞食物。"今东北、北京方言中仍有"馕食包"指"贪食的人;无用的人(贬)"。"嗓",吃。贬义。山东方言作品中有大量用例。《醒世姻缘传》第七十六回:"买些烧饼点心,嚷在自己肚里。"清蒲松龄《聊斋俚曲集·禳妒咒》第十二回:"借重你做一个明证,从今后各支锅子把饭嚷。"故"馕嚷"实为同义复用,可释为"吃",含贬义。

"馕嚷",亦作"攮嚷"、"攮颡"。《醒世姻缘传》中有大量用例(见董遵章《元明清白话著作中山东方言例释》),兹不赘引。

(102)**㮋砺** 欺负,折磨。㮋,《字汇补·木部》:"泥展切,㮋磨。"例如清刘省三《跻春台·双冤报》:"王氏吵曰:'我晓得你爷儿父子,商商量量要把我㮋死,好讨那个娼妇。'"砺,《俗字背篇》:"同'逼'也。"两字意思基本相同,即"欺压"、"折磨"义。例如《跻春台·过人疯》:"你二老走人户也不想下,丢儿子在屋里受尽㮋砺。"又下文:"为啥子事受了㮋砺,你要讲,为娘才晓得。"又同卷《义虎祠》:"此时家中紧逼,债主登门,东拉西扯,不能支消,只得将地方出卖,又被买主㮋砺。"

张一舟《从〈跻春台〉的校点看方言古籍整理》(《方言》1995年第2期)释"㮋砺"为"刁难"。

(103)**弄笔端** 即提笔写文章,多含轻慢不庄重意。需要注意的是,此语在用于自己时,多为自嘲或自谦。唐崔致远《寄颢源上人》诗:"终日低头弄笔端,从人杜口话心难。远离尘世虽堪喜,争奈风情未肯阑。"《朱子语类》卷二〇:"或以巧言为言不诚。曰:'据某所见,巧言即所谓花言巧语。如今世举子弄笔端做文字者,便是。看做这般模样时,其心还在腔子里否?'"

《近代汉语大词典》录有与此条相近的"弄笔头",释为"写写弄弄,指以文为生",引例为《醉醒石》第十三回:"这些弄笔头酸丁,不是舍钱姐夫;山人墨客,只要骗人钱,怎有钱与他骗?"释义与上几例似不甚切合。

(104)**皮绊** 犹言不正当的男女关系。"皮"或"皮肉"多涉男女性事。如"皮解库"、"皮肉行"、"皮条"、"卖皮鹌鹑"等。"绊",《说文解字》:"马絷也。从系,半声。"即马缰绳,乃系马之物。隐语中"马"指女子,如"入马"。故,"皮绊"实即指皮肉关系。清刘省三《跻春台·假先生》:"到如今女儿不见面,把老娘忧得喊皇天。你好好出外去寻转,有差错要你把命填。可怜他夫妇都落难,你叫我如何不惨然。从今生谅想难相见,不知他落在哪一边。怕的是亲家讲皮绊,我看你狗脸有何颜。"又同书《南乡井》:"我二人在先前就有皮绊,商量到远方去蓄发同眠。"又《双冤报》:"父:'说你妻与有仁定有皮绊。'母:'难怪得一见了话不断缠。'"此语现在仍在使用。例如《此案无法起诉》(《警坛风云》,1993年第7期):"更主要的是,你没见那男的时常东张西望?这说明他的心虚。这也证明了他们既不是恋人关系,更非父女关系。

他们只能是'皮绊'。"

(105) **片芥** 即鸦片。清王韬《淞隐漫录》卷二《眉绣二校书合传》:"绣金亲调片芥,自制寒具以进,温存旖旎,得未曾有。"同书卷七《返生草》:"女临警号哭,惟求速死。某固吸片芥,女乘间吞阿芙蓉膏,遽殒。"又卷十一《三怪》:"仆与橱人方高踞胡床调片芥,妇忸怩陈词,殊有欲炙色。"阿芙蓉膏,即罂粟果实中的乳状汁液熬成黑色膏状的鸦片。吸时需先在烟枪上烧泡。故"片芥"是调制后可以吸食的鸦片。且由例二可见"片芥"就是鸦片。"片芥"又称为"片烟",《汉语方言大词典》卷一874页"片烟"条:"〈名〉鸦片。粤语。"

(106) **嫖假** 嫖妓。清刘省三《跻春台·失新郎》:"为人轻浮,言语狂妄,家富亲亡,无人管束,遂习于嫖假。"又下文:"未必然是前生丧了德行都是我爱嫖假,报应临身。"又同书《捉南风》:"艳姑闻夫在外嫖假,常对夫骂道:'你们男人家无情无义,只图在外嫖娼宿妓,丢得我孤孤单单。'"

(107) **朴愿** 朴实忠厚义。清纪昀《阅微草堂笔记》卷十三《槐西杂志三》:"少年素朴愿,恐或追觅为累,亦未敢拾。归以告母,谯诃其痴。"同书卷十四《槐西杂志四》:"妇故朴愿,以为相邻相戏,亦不较也。"清许奉恩《里乘》卷一《雷击某氏子》:"一子年弱冠,貌甚朴愿,为某官傔从,服役勤慎,能得主人意。"同书卷六:"伯素朴愿,病瘵濒死,召仲执手泣谓曰:'我病殆将不起,手足从此分矣。'"此词在《梁启超文集·痛定罪言》中亦见。如:"民之黠者、悍者,则或钻营以求为官吏、军士……其驯善朴愿者,无力远举斯耳。"

(108) **其初** 指刚开始的时候,起初。宋严羽《沧浪诗话·诗法》:"学诗有三节:其初不识好恶,连篇累牍,肆笔而成;既识羞愧,始生畏缩,成之极难;及其透彻,则七纵八横,信手拈来,头头是道矣。"《朱子语类》卷四:"孟子之论,尽是说性善。至有不善,说是陷溺,是说其初无不善,后来方有不善耳。"① 又如卷一一:"为学须是先立大本。其初甚约,中间一节甚广大,到末梢又约。"

(109) **启肆** 开设商店。清俞樾《右台仙馆笔记》卷十三:"徽人程姓者,启肆于扬州新城之流芳巷。"同书卷十四:"汉口镇民陈某,启肆卖干肉。"同卷:"吾邑新市镇,有陈姓启肆鬻缯帛,名曰源泰。"又卷十五:"然则启肆卖药,岂不胜此?"启,开创、开始之义。"启肆"也即"设肆"。如《右台仙馆笔记》卷十五:"又以道路往返耗其资,不复能设肆,恒至余家助爨烹之役。"

(110) **气夯(气夯破)** 形容极度生气。元郑光祖《王粲登楼》第四折:

---

① 此例中"其初"之"其"可以有有指和无指两种理解,选择此例意在说明正是"其"的这种所指特征促进了"其初"的词汇化(与此类似的还有"其中"、"其实"等)。

"不由我肚儿里气夯,他有甚脸来俺门上!"元杨显之《潇湘雨》第三折:"则见他努眼撑睛大叫呼,不邓邓气夯胸脯。"元王实甫《西厢记》五本四折:"有口难言,气夯破胸脯。"

"气夯破"当为"气夯"的后补式。如"气夯破肚皮"、"气夯破胸膛"。犹今语"气炸……"。龙潜庵《宋元语言词典》"气夯"、"夯破"分别出条。不当。

(111) **前呵** 古时官员出行,前有从人喝令行人让路回避。即所谓"呵道"。明叶盛《水东日记》卷二《顾都御史声望》:"且晚东朝房小憩,前呵双藤立户外,官僚行道,以此为验。往往有挽驴驻马折而还者。"同书卷十六《武安阳武两侯遗事》:"武安治大同极有威严,前呵一出,街头狗豕皆走避之,瑄所目击,当时人亦大异此事。"明于慎行《谷山笔麈》卷五《臣品》:"海忠介公为御史中丞,出抚苏、松,行事过于核刻,出入自乘一马,以二杖前呵……"

(112) **墙围** 指围绕某处所而建的墙。《朱子语类》卷二八:"如一个大屋,但见外面墙围周匝,里面间架却未见得,却又不肯做工夫。"又卷九〇:"唐制颇放此,最有条理。城中几坊,每坊各有墙围,如子城然。"元滕斌小令《中吕·普天乐·气》:"柳丝柔,莎茵细。数枝红杏,闹出墙围。"《三国演义》第七二回:"修曰:'门内添活字,乃阔字也。丞相嫌园门阔耳。'于是再筑墙围,改造停当,又请操观之。"

《大词典》七卷818页收录有"墙匡"条,释义为"围墙;墙垣",与"墙围"义同。可供参酌。

(113) **侵过** 指越过;侵占。《朱子语类》卷一六:"'……只是我也方,上也方,下也方,左也方,右也方,前也方,后也方,不相侵越。如"伐冰之家,不畜牛羊"。'亚夫云:'务使上下四方一齐方,不侵过他人地步。'曰:'然。'"又同卷:"曰:'如桑弘羊聚许多财,以奉武帝之好。若是絜矩底人,必思许多财物,必是侵过着民底,满着我好,民必恶。'"明李诩《戒庵老人漫笔》卷六:"其田畴不多,日用不能有余,则一味节啬……不可侵过次日之物。若一日侵过,无时可补,则便有废家之渐,当谨戒之。"

(114) **清局** 旧指没有妓女相陪的宴会。清曾朴《孽海花》第七回:"胜芝、效亭都撺掇着。雯青想是清局,也无碍大礼,就答应了。"又下文:"别听效亭胡说!这是船主人,我们不能进了香火赶出和尚,不叫别个局,还是清局一样。"

"局",亦指陪宴的妓女(见《大词典》四卷15页"局"第十二个义项),故没有妓女作陪的宴会为"清局"。

(115) **清目** 即另眼相看。明金木散人《鼓掌绝尘》第一回:"李道士道:'书房左则空的,敢论房金,只待相公高中,另眼相看足矣。'许叔清笑道:'今日也要房金,明日也要清目,两件都不可少。'"上例李道士谈及两点:房金和另眼相看的问题。许叔清也是针对这两点从中撮合,很明显"清目"就是另眼相看。同书还有他例可证,见第十八回:"老太师乃天衢贵客,台阁重臣,晚生一介寒儒,垂蒙青眼,实三生有幸。""青眼"亦即"清目"。《大词典》十一卷收有"青目"条,亦当收"清目"为其副条。

(116)**全曲** 即成全。明金木散人《鼓掌绝尘》第四回:"我今有个道理在此,杜公子前日所吟诗句,我已明明牢记心头,不免将计就计,就写在这纨扇上,然后封固停当,待老爷明日着人送去,他见了时,必定欣然趋往。那时待我暗中偷觑,再把手语相传。若得天意全曲,成就了百年姻眷,岂非纨扇一段奇功。"又同回云:"倘蒙天意成全,能够与杜公子一见,他是个伶俐书生,点头知尾,自能触悟,决然乘机趋谒。"两句对比,可证"成全"与"全曲"同义。同书又倒作"曲全",见第十四回:"望公子俯念昔日交情,恩宥往时深过,再展仁恩,曲全残喘。"义同。

(117)**三山二水** 泛指南京山水。语出李白《登金陵凤凰台》诗:"三山半落青天外,二水中分白鹭洲。"明罗懋登《西洋记演义》第十回:"汉室金陵吴建业,盘围百里帝王国。三山二水壮皇图,虎踞龙蟠旺地脉。"清吴敬梓《儒林外史》第三十四回:"庄绍光道:'少卿兄,相别数载,却喜卜居秦淮,为三山二水生色。'"

(118)**设嘴** 即说大话,炫耀,吹牛。明金木散人《鼓掌绝尘》第十三回:"夏虎道:'依主人翁说来,西湖之妙,不可胜言。我今来到杭州,若不去游玩一游玩,譬如有花不采空回去了。不如今日乘暇一游,日后也好向人前去夸谈设嘴。'""夸谈"与"设嘴"乃同义复举,都指说大话、吹牛皮。又同书第十四回:"有甚古怪事情?何不与我仔细一讲,待我去看看,明日回去,也好向人前说个天话。"此处"说个天话"即说个大话,与上例之"夸谈设嘴"义同。

(119)**声唤** ①呼喊;呼唤。《古今小说·闲云庵阮三偿冤债》:"恰才整理完备,早听得房外夫人声唤,小姐慌忙开门。"《警世通言·庄子休鼓盆成大道》:"婆娘又不敢嗔责他,又不敢声唤他,只得回房。"《初刻拍案惊奇》卷二十七:"县宰声唤去,只见一个妇人走将出来。"②呻吟。《敦煌变文集·无常经讲经文》:"冤恨健时不预造,转眼艰难声唤频。"《水浒传》第二回:"庄主太公来到客房前过,听得王进子母在房里声唤。"又第八回:"林冲走不到三二里,脚上泡被新草鞋打破了,鲜血淋漓,正走不动,声唤不止。"《古今小说·范巨卿鸡黍死生交》:"在路非只一日,到洛阳不远,当日天晚,投店宿歇。是夜,常闻邻房有人声唤。"

(120)**失朝** 指古代大臣早朝时迟到。明焦竑《玉堂丛语》卷八《谐谑》:

"西涯在翰林时,偶失朝被罚,翰林旧有语云:'一生事业惟公会,半世功名只早朝。'"明于慎行《谷山笔麈》卷五《臣品》:"试看道学先生。举动失朝事小,何至对万众瞩目之地,作此举措。"同书卷十《谨礼》:"此未必朝,且恐有他,礼官姑徐行以俟,不可争先而进,以骇瞻望,政使失朝,所失反小。"又同卷:"予即遣人驰谢曰:'失朝事小,欺君罪大,忝为大臣,岂敢以欺自处。'……盖失朝之罪不过夺俸,何忍以是欺上?"其中第四例上文提到"一日早朝后至,点查列名,当事中贵遣阁校来言……"可见"失朝"即大臣早朝迟到。例二魏公亦因"一日早朝后至"才有失礼的行为。《辞源》等未收录此词。

(121)**实头** 犹言实在。宋洪觉范《林间录》卷上:"有以见世道交丧甚矣!大沩真如禅师一生诲门弟子,但曰:'作事但实头。'"《朱子语类》卷三一:"而今却不要如此论,须求他所以能不改其乐者是如何。缘能'非礼勿视,非礼勿听,非礼勿言,非礼勿动',这四事做得实头工夫透,自然至此。"又卷一一四:"先生说:'闻说薛象先甚好,只是不相识,曾有何说?'……某又说:'薛大博……谓某学问实头,但不须与人说。'"

《近代汉语大词典》亦收录此词,释为"吴语:真正,实在",分别引《文明小史》第五十五回和《九尾龟》第十七回为例①,实宋已习用。

(122)**使急** 犹言着急,急欲做成某事。《朱子语类》卷一九:"问:'论语近读得如何?昨日所读底,今日再读,见得如何?'骞曰:'尚看未熟。'曰:'这也使急不得,也不可慢。所谓急不得者,功效不可急;所谓不可慢者,工夫不可慢。'"又同卷:"问林恭甫:'看论语至何处?'曰:'至述而。'曰:'莫要恁地快,这个使急不得。须是缓缓理会,须是逐一章去搜索。'"亦作"使急性"。《晦庵先生朱文公续集》卷二:"欲稍加润缛亦不难,但亦使急性不得,恐愈草率耳。"

(123)**水钱** 即小费,附加的杂费。明金木散人《鼓掌绝尘》第三十二回:"一个叫做方帮,一个叫做李篦。原是终日在那些娼妓人家串进串出趁水钱、吃闲饭的白日鬼。"同书第三十三回:"你分明带这顶乌龟纱帽,干这等乌龟的事情,指望那些官妓们赚水钱儿养你么?""水"与钱财有关,非此一例,如"银水"指银子的成色。《金瓶梅词话》中的"水柜"、"死水儿"即喻钱柜、固定的资产。许少峰《近代汉语词典》亦收"水钱",释为"小费,附加杂费",引《歧路灯》第一零一回:"问麸料草价。店小二道:'一个牲口尽喂管饱,总是一百大钱,水钱两个越外。'"亦可证。

(124)**肆蛮** 侵乱、冲突义。清柯悟迟《漏网喁鱼集》:"时昭令毓报水接

---

① 《近代汉语大词典》所引两则文例中的"实头"皆为副词用法,似不够全面。

踵肆蛮,即谕米牙毋许高抬出境。"同书:"上海县征收漕尾,乡民拥入署肆蛮,乡勇御敌受伤。"又同书:"各店忿恨已及,众哗肆蛮,竟将刘巡司发辫拔落,群追共逐,遂罢市。"

(125)**苏苏气气** 漂漂亮亮。清刘省三《跻春台·过人疯》:"于是寻些衣服首饰,收拾得苏苏气气。"又同书卷四《螺旋诗》:"我看你苏苏气气,都是有根之家,手捧洋烟,足履邪地。"同卷《审禾苗》:"今听舅爷请他送亲。把衣帽袍靴办得苏苏气气。"

《大词典》九卷621页收有"苏气"条,释为"态度大方,打扮漂亮"。"苏苏气气"为"苏气"的重叠形式。

(126)**算弄** 算计。清俞万春《荡寇志》第一〇六回:"李应虽是强盗,待我未尝失礼,我怎好算弄他。"此"算弄"即"暗中谋害"义。同"算计"。

(127)**帖然** ①安静,平静。"帖",《资治通鉴·梁纪二》"则大帖民情"胡三省注:"帖,静也,安也,伏也。"与"怗"通。《玉篇》:"怗,静也。"宋洪迈《夷坚志》甲志第七卷《祸福不可避》:"自意安全无虞。是夜,卒周德为变,劫其舟,一家尽死,惟存一老婢,而舒城帖然。"又《朝野佥载》卷一:"邻里亲戚来贺,衣冠不得,遂以绯袍覆其上,帖然而终。"②顺从,折服。明荑秋散人《玉娇梨》第三回:"此一行无论奴虏狡猾,未必便帖然讲和,即使和议可成,而上皇迎请回来好,是不迎请回来好。"

吴士勋《宋元明清百部小说语词大辞典》释"帖然"为"服服帖帖的样子"。引《于谦全传》第三十回:"慰肃百僚,奏灭奸羽,群臣帖然就班。"和《英烈传》第五十二回:"文忠登时杀戮示众。全城帖然,更不知有更革事务。"引例与释义不符,未为确诂。前一例中"帖然就班"当为"静静地上朝",未必是"服服帖帖的样子"。后一例中,"全城帖然"意为全城一片寂静,而不知有"更革事务"发生。故此二例中"帖然"亦为"安静"、"平静"义。

(128)**头除** 扣头,回扣。明陆人龙《型世言》第二十八回:"颖如道:'你去说,我把你加一头除,若不说,把你都扯在里边。'"同回:"那王尼听了'头除'这句话,便扯着沈氏打合,道:'大娘,这和尚极是了得的,他有这些乡官帮护,料不输与相公;一动不如一静,大娘劝一劝,多少撒化些,只当布施吧。'"清东鲁古狂生《醉醒石》第十回:"又预放去次年人役工食,一来示恩,二来也得些头除,为入觐之费。"又第十三回:"给得钱粮,委官管三军不吃淡饭,并书吏也有头除。"

(129)**团班** 组织戏班。清顾禄《清嘉录》卷七《青龙戏》:"每岁竹醉日后,炎暑逼人,宴会渐稀,园馆暂停烹炙,不复歌演,谓之'散班'。散而复聚,曰'团班'。团班之人,俗称'戏蚂蚁'。"团,即组织、聚合之义。如清吴敬梓

《儒林外史》第二十七回："只得这二十两银子,要团班子、弄行头,是弄不起;要想做个别的小生意,又不在行;只好坐吃山空。"遇笑容《儒林外史词汇研究》143页释"团"为"组织"。

(130) **团仓** 指新进监的犯人送钱物与老犯人,以求照顾。否则,将遭受毒打及各种折磨。清刘省三《跻春台·双血衣》:"可怜子良无亲人与他团仓,受尽私刑,板疮又痛,万莫奈何。"又同书《阴阳帽》:"娘闻此言魂魄丧,赶紧为钱来团仓。呀!儿呀!可怜你,偌大铁绳锁颈项,周身全然莫衣裳,撩脚还把手肘上,拴在便桶受肮脏。"同书《六指头》:"卡犯知他家富,人人欢喜,即命鸡子加刑。兆麒曰:'各位既要加刑,还要不要钱咧?'众犯曰:'怎么不要钱? 团仓礼是少不得的。'"同书《万花树》:"父子哭得难分难舍,禁子忙来劝曰:'你们不要啼哭,既舍不得儿,就该拿银把仓团了,免得受苦。'"同书《心中人》:"还说那些,整夜何曾闭眼,看你母女来把仓团了,或者好得些么。""团仓"亦称"和监"。例如同书《心中人》:"我家极穷,日无鸡啄之米,夜无鼠耗之粮,靠夫挣个吃,那得多钱和监。"

(131) **望送** 古代大臣出葬时,帝王吊问之礼。唐李世民《望送魏征葬》诗:"阊阖总金鞍,上林移玉辇。野郊怆新别,河桥非旧饯。惨日映峰沉,愁云随盖转。哀笳时断续,悲旌乍舒卷。望望情何极,浪浪泪空泫。无覆昔时人,芳春共谁遣。"明于慎行《谷山笔麈》卷三《恩泽》:"第举丧礼一节:两汉时,王公将相葬日,天子御门望送,魏、晋哭于东堂,六朝人主临吊,至唐、宋犹有望送临吊之礼……"《兜率龟镜集·玄奘法师》:"下敕葬日……四俗以之悲伤。七众惜其沉寂。帝亲临城望送。敕同如来金棺银椁。"

(132) **窝窟** 泛指坑洞,多为可供鸟兽居处者。宋庄绰《鸡肋编》卷上:"天清寺前多积潦,亦名虾蟆窝。都中轻薄子戏咏虾蟆诗曰:'佳名标上苑,窝窟近天清。'"《朱子语类》卷一八:"一个一般道理,只是一个道理。恰如天上下雨:大窝窟便有大窝窟水,小窝窟便有小窝窟水,木上便有木上水,草上便有草上水。随处各别,只是一般水。"又卷二七:"又说及'陈叔向也自说一样道理。某尝说,这样说话,得他自立个说,说道我自所见如此,也不妨。只是被他说出一样,却将圣贤言语硬折入他窝窟里面。'"清张宗法《三农纪·治果蠹》:"于虫未出时,凡败叶腐枝,皆虫蛆窝窟,宜尽去之。"

(133) **渥典** 丰厚的赏赐。明朱长祚《玉镜新谭》卷四《赏赍》:"总皆外廷之所不尽知,口碑之所不易尽者也。有此纯臣。宜膺渥典。"《清史稿·列传三百十四·属国二》:"王其懋将丹款,肃矢冰兢,固圉以长其子孙,勿使逼滋他族,悉心以勤于夙夜,罔令逸欲有邦,益敬奉夫明威,庶永承夫渥典。"《皇明太学志卷之一·典制上祀典》:"朕若稽圣学,祗服格言,乃著新称,益彰渥典。"

(134) 侮甬　指奴仆。清许奉恩《里乘》卷三《扎拉芬夫妇》:"又起坐,遍谕侮甬人等:'善事太夫人,共抚孺子,好理家政,我去矣。'"同书卷八《小卫玠》:"亟密召郦翁至,问曰:'汝家侮甬来往人等,有口吃而狐臭者乎?'"同书卷十《林明府》:"幕友见病状绵惙,请改试期,君漫应之。以厌闻人语,屏去侮甬,蒙头大睡。"扬雄《方言》第三:"臧、甬、侮、获,奴婢贱称也。……自关而东陈魏宋楚之间保庸谓之甬。秦晋之间骂奴婢为侮。"后来"侮"、"甬"也连用为"奴仆"义。《大词典》卷五238页收"臧获"条,释为"古代对奴婢的贱称"。循例也应收"侮甬"条,但未收录。

(135) 无头脑　犹言混乱无头绪。宋释惠洪《石门文字禅》卷三十:"师曰:'和尚替侍者,下涅盘堂始得。'南厉语曰:'关西人真无头脑。'"宋周必大《文忠集》卷一九一:"林生方送去年诲札来,士人做事无头脑,大率如此。"《朱子语类》卷六〇:"如佛氏以绝灭为事,亦可谓之'夭寿不贰';然'修身以俟'一段,全不曾理会,所以做底事皆无头脑,无君无父,乱人之大伦。"又卷一三五:"贾谊说教太子,方说那承师问道等事,却忽然说帝入太学之类。后面又说太子,文势都不相干涉。不知怎地,贾谊文章大抵恁地无头脑。"

(136) 玩苏玩款　享乐,讲排场。清刘省三《跻春台·双冤报》:"银钱壮人胆,玩苏又玩款。日里进秦楼,夜晚宿楚馆。"再如同卷《巧报应》:"(国昌)每日吃酒吃肉,玩苏玩款,耍得心中快活。"又下文:"假说大宁娶的,请个老妈,每日玩苏玩款,好不快乐。"

亦作"好款玩苏"、"玩格与玩苏"。同书《失新郎》:"他妻冯氏,亦大家人女,幼少教训,好款玩苏,不惟不知劝止,反说野味好吃。"同书《南山井》:"老子生来家豪富,爱的玩格与玩苏。就是丫鬟和奴仆,时常打扮美而都。"

《汉语方言大词典》收有"玩格",亦释为此义。

(137) 下老实　表示程度。犹言特别,非常;狠狠地,卖力地。明陆人龙《型世言》第五回:"后边父死了,他接了役缉事。心儿灵,眼儿快,惯会拿贼。一日在棋盘街,见一个汉子打小厮,下老实打。"《二刻拍案惊奇》卷五:"宗王心里道是家丑不可外扬,恐女儿许不得人家,只得含忍过了,不去声张下老实根究,只暗地嘱咐开封府留心访贼罢了。"《醒世姻缘传》第十九回:"你只休抢着他的性子,一会家乔起来,也下老实难服事的……"又第二十七回:"虽是空坛,有鬼在内,谁知那两个坛都下老实的重。走路的看了,不知是甚么物件在内。"同书第四十九回:"亏了大的丫头子,今年十二了,下老实知道好歹,家里合他奶奶作伴儿。"又第八十三回:"我这多嘴屄养的,没要紧下老实的撺掇他援例,叫人丢这们几千银子,这可怎么处!"清东鲁古狂生《醉醒石》第十三回:"这些讨债的老子,粗蠢的俗流,都没心招接他,有那等钞多才郎,他便下老实敲他两下,止望留在身边,与董文甫作人家。"

(138)乡空子　犹"乡巴佬",比喻没有见过世面的人。清刘省三《跻春台·审豺狼》:"我看你是乡空子,不晓得规矩,出钱还要受气。"此例为当差的骂乔景星不懂规矩,是个"乡巴佬"。

另,"空子"有"外行"、"傻瓜"义。见前"二空子"条。

(139)箱局　指妓女出局接客之处。清王韬《淞隐漫录》卷八《桥北十七名花谱》:"日本所谓箱局者也,犹妓馆之外场,以故呼之曰箱奴。骏河坊之箱局曰三茅屋,畜箱奴六人,皆衣食于局,局就妓身价一枝给二钱,若客赏奴以缠头,则为奴所得。箱局壁悬小牌,牌记妓名。日记箱奴各自记录,某奴所记,止某奴所送之妓耳。"又:"桥北之妓总称曰骏河坊妓,以箱局在骏河坊而得名也。"《近代汉语词典》《辞源》等亦未见收录此词。

(140)响节　指宫廷中使用的一种仪仗,其顶端有铜制饰物,摇动时能发出响声。明李诩《戒庵老人漫笔》卷二:"光禄官张幄廷中,治具上馔,有乐众遂之。前一人执高杖,多贯铜箍,上下摇击,名响节,以惊鸟粪食中也。"《明史·礼志十四》:"班剑、牙仗各一,金裹立瓜、骨朵戟、响节各二……俱以木为之。"同书《仪卫志》:"丹陛左右陈幢节、响节、金节、烛笼、青龙白虎幢、班剑……"又《三才图会·仪制》:"响节,按《宋会要》曰:'天武一百五十人充围子,入内院。'《金集礼》曰:'司围四十人,皆不注其义。'今按,围子即响节也……今制同(元),冒以黄销金装。"《中国古代名物大典·朝制类·仪仗卤簿部·节幢》1309页有"围子"条,释为"亦称'响节'。古代仪仗。宋即有之。"此释义笼统,没有具体地说清事物。

"响节"又称为"响竹"。清刘献廷《广阳杂记》卷一:"有明时,凡腰玉者,轿前必用一人执朱拂以行。拂以竹为之,如今京师响竹之制……行风中,摇飐有声。"《辞源》等亦未收录此词。

(141)饷舟　指古代替官府运粮或物资的船。明焦竑《玉堂丛语》卷八《志异》:"白公圭会试,偕同事数人者往觅饷舟,舟卒方假寐,梦神人叱之曰:'急起,尚书来矣,众中最少者是也。'"

此词清代小说中亦见。吕熊《女仙外史》第十八回:"燕王问截饷舟何如,李远对曰:'淮河饷舟,悉已烧完。谭将军杀散运粮军士,尽夺其粮饷。'"又第九十二回:"镇抚周拱元,率步兵访饷舟,为燕兵所劫,战死。"《明史·段民传》:"民力为矜宥,人情始安。车驾北征,饷舟由济宁达潞河,陆挽出居庸至塞外。"又同书《平安传》:"燕兵围济南,安营单家桥。谋出御河夺燕饷舟。"《辞源》等未收录此词。

(142) **心肯意肯** 犹言十分愿意。《朱子语类》卷一六:"如今人虽欲为善,又被一个不欲为善之意来妨了;虽欲去恶,又被一个尚欲为恶之意来妨了。盖其知之不切,故为善不是他心肯意肯,去恶亦不是他心肯意肯。这个便是自欺,便是不诚。"又卷四一:"颜子如何若死要'克己复礼'?自家如何不要'克己复礼'?……这里须思量颜子如何心肯意肯要'克己复礼'。"《水浒传》第四十一回:"宋江道:'你这般麤卤说话,全在各人弟兄们心肯意肯,方可同去。'"有时也可解作十分服帖,如元关汉卿《哭存孝》第二折:"用着你那打大虫的拳头着一顿,想着那厮坑人来陷人,直打的那厮心肯意肯。"

(143) **信事** 指信奉,相信。晋葛洪《神仙传》卷六:"临死谓子道生曰:'我得少君神方,我不信事,怀恨黄泉,汝后可行求术人问,解之者,若长服此药,必度世也。'"《晋书·周札传》:"时有道士李脱者,妖术惑众,自言八百岁,故号'李八百'。自中州至建邺,以鬼道疗病,又署人官位,时人多信事之。"《朱子语类》卷三二:"问:'"敬鬼神而远之",莫是知有其理,故能敬;不为他所惑,故能远?'曰:'人之于鬼神,自当敬而远之。若见得那道理分明,则须着如此。如今人信事浮屠以求福利,便是不能远也。'"又卷九三:"某尝疑诛少正卯无此事,出于齐鲁陋儒欲尊夫子之道,而造为之说。若果有之,则左氏记载当时人物甚详,何故有一人如许劳攘,而略不及之?史传间不足信事如此者甚多。"明傅梅《嵩书》卷二十二:"其东有启母石,方广数丈,谓为启母,化启从此中出也。殊怪诞,不足信事。"

(144) **星忙** 急忙。明朱鼎臣《唐三藏西游释厄传》第九卷:"行者云头听见,星忙走来道……""众猴望见大圣回转,星忙来接,迎入洞中,彼此各陈真情。""老妖听得公主叫,星忙按落云头。"又同书第十卷:"只见强人来寻马匹不见,星忙赶来,被行者金棒一顿打死。"

亦作"星飞"。例如同书第九卷:"老妖闻言大怒,星飞回转洞口,见行者披挂等候。"

(145) **虚撮脚** 空拉着架势,装作要干某事的样子。常用来形容对人虚情假意。明清溪道人《禅真后史》第五回:"(夫人)呻吟道:'还用甚药,不如死休,你二人好自在快活,不必恁地虚撮脚,假心忙。'"《醒世姻缘传》第八十七回:"你那借花献佛虚撮脚儿的营生,我不知道么!"明陆人龙《型世言》第十八回:"就是亲友与僮仆,都向他两人虚撮脚。"

(146) **循规守矩** 义同"循规蹈矩"。宋许叔微《伤寒百证歌》卷一:"太阳阳明同合病,仲景法中有三证……喘而胸满属麻黄,慎勿下之轻性命,循规守矩治为宜,要使冲和自安静。"《朱子语类》卷三九:"因云:'冉伯牛闵子之德行,亦不多见。子夏子游两人成就自不同。胡五峰说,不知集注中载否。他说子夏是循规守矩,细密底人;子游却高朗,又欠细密工夫。'"又同卷:"又问:'不践迹。'曰:'是古人所做底事恁地好。虽不曾学古人已做底事,做得来也恁地好。"循涂守彻",犹言循规守矩云耳。'"

(147)**压子** 旧时指未生孩子前,用借助过继儿子和泥娃等方法来压住风水,以便促生儿子的风俗。清李庆辰《醉茶志怪》卷三《泥娃》:"津中风俗,妇人乏嗣者,向寺中抱一泥娃,令塑工捏成小像如婴儿,谓之压子。"清夏敬渠《野叟曝言》第六十四回:"那年为我妈死了没棺材,把儿子卖给人家做压子,得过他三吊钱。如今若加倍去赎,敢怕还赎得出来。"清吴璿《飞龙全传》第三十六回:"管他什么青骨血白骨血,收这儿子,只当与你压个子孙儿。要是二嫂压下个娃娃来,却不是他的翅膀么!"文中禄哥是素梅过继的儿子。又如寒波《老残遗恨·刘氏父子和李鸿章的会见》:"于是和成忠商量,将大章过继与铁云为子。这是旧风俗,说是有了嗣子,可以压住风水,嫡子便会相继降生,名为'压子'。"可证。江苏东台地区历来就有过继男孩来"压子"的说法。又,"压子",亦可借助于物。如明田汝成《西湖游览志余》卷二十六《幽怪传疑》:"象院西一民家女,买得一压被孩儿,归置屏桥之上,玩弄不厌。"例中的"压被孩儿"是一泥娃娃。因"鸭子"与"压子"谐音,扬州地区结婚时用"对鸭"。《汉语方言大词典》卷二1744页:"压子 ①〈名〉养子。江淮官话。"仅释"养子",似欠全面。许少峰《近代汉语词典》举《野叟曝言》例释为:"因家境穷苦向人借钱,把儿子抵押给人家白使唤,待有钱还时赎出,名为压子。"释义亦不确切。

(148)**魇钝** 迷信者认为,办喜事时遇到不吉利的事会使人丧气。故意做不吉利的事使人丧气即为"魇钝"。清谷口生《生绡剪》第八回:"都是你们做媒的不是,将一个新娘子打扮得像送丧的一般,来魇钝我的儿子,不死不活,如何处置?"同上回:"白轿一去,正是新年朝头,那老头儿见白轿子进了门,说:'又来魇钝我了。'"同书第九回:"那卜监生已六十多岁,怕的是死。伤寒新好,是个喜日子,了还心愿,撞着这节魇钝,只好跌脚。"

(149)**央假** 谓人装腔作势,得意自夸。清刘省三《跻春台·六指头》:"平湖有钱央假起来了,答曰:'娘子不知,我这钱是从"子曰学而时习之,不亦乐乎"得来的。'"此谓平湖一有钱便在妻子面前夸耀,装腔作势地转文。又同书卷四《孝还魂》:"鼻拱眉错杂,两足拖起像王瓜。越丑越央假,偏偏要把胭脂搽。"又同书卷一《义虎祠》:"我生平做的事却也不马,估得住高堂上二位爹妈。出嫁后逗人林又央又假,爱穿红与着绿又爱戴花。"

(150)**要不过** 只不过。清东鲁古狂生《醉醒石》第三回:"众朋友笑道:'头婚好,有甚隐衷?要不过为兄年貌不相当耳。'"清嗤嗤道人《警寤钟》第一卷一回:"要不过为着一分家产,恐他分去。"

(151)一袜 袜是成双的,故以此喻指夫妇有共同的志趣。有"一袜同心"、"双心一袜"、"心成一袜"等说法。清王韬《淞滨琐话》卷六《剑气珠光传》:"弥月后,孝廉迓岳母同居,夫妇孝养备至,伉俪谐和双心一袜。"清许奉恩《里乘》卷三《古雏鸾》:"君命非仕宦中人,此后可栖景邱园,春晖奉母。日对丽人,坐拥厚资,一袜同心,南面不易。"《冷庐杂识》卷二:"于是草元弟子,戴笠故人,将使鬼不单行,心成一袜。"

(152)一霎时 形容时间很短;一瞬间。宋辛弃疾《稼轩长短句》卷十一:"简策写虚名,蝼蚁侵枯骨,千古光阴一霎时,且进杯中物。"宋杨万里《诚斋集》卷二八:"水鸟舟人两不栖,波声风响总堪悲。觉来枕上三更后,梦到江南一霎时。"《朱子语类》卷一:"大凡人生至死,其气只管出,出尽便死。如吸气时,非是吸外气而入,只是住得一霎时,第二口气又出,若无得出时便死。"又卷二:"夜明多是星月。早日欲上未上之际,已先烁退了星月之光,然日光犹未上,故天欲明时,一霎时暗。"

《大词典》一卷105页:"一霎"条释义为:"谓时间极短。顷刻之间;一下子。""一霎那"条释义为:"极短的时间,一瞬间。"可参。

(153)应贡 即经乡贡考试合格者由州县送京参加会试。《魏书·列传第四十一·李孝伯》:"孝伯兄祥,字元善。学传家业,乡党宗之。世祖诏州郡举贤良,祥应贡,对策合旨,除中书博士。"《元史·百官志》:"是年四月,中书省奏准,监学生员每岁取及分生员四十人,三年应贡会试者,凡一百二十人。"明何良俊《四友斋丛说》卷十:"林见素嘉靖初再起为刑部尚书。方到京。适文衡山应贡而至。见素首造其馆。遍称之于台省诸公。"

(154)裕后 造福后代义。清解鉴《益智录》卷四《华月娘》:"齐人以一妻妾而处室者,非仅为养也,兼为裕后计。"同书卷五《翠玉》:"观某生之遭遇,不惟身亡,兼绝后嗣,乃以施药一节,得绝处逢生,嗣子裕后。"《大词典》卷二227页收有"光前裕后"条,亦单收"光前"条。卷九95页收有"裕后光前"条,循例亦应单收"裕后",但未收录。

(155)聿新 即全新。明朱长祚《玉镜新谭》卷四《赏赉》:"皇极殿宫告竣,累朝旷典聿新,共永万方,享用五福,朕心嘉悦。"又:"羡奂羡轮,襄成一代之中兴;肯构肯堂,弘开万年之有道。具瞻顿肃,旷典聿新。"《宋史·食货志下二》:"今京邑鍮铜器用之类,鬻卖公行于都市。畿甸之近,一绳以法,由内及外,观听聿新,则钰销之奸知畏矣。"清佚名《明珠缘》第四十七回:"厂臣毕力经营,矢心赞画,美轮美奂,襄成一代之中兴;肯构肯堂,弘开万年之有道。具瞻顿肃,旷典聿新,着于弟侄中封一人为安东侯,世袭其职。"陈寅恪《柳如是别传》:"厥后其法日密,其体日变,其弊亦遂日生。我国家景运聿新,乃反而归于正轨。"《重修太白楼记》:"于是量力设法,鸠工庀材,重加修葺,不逾时而焕然聿新焉。"

(156)**朝更夕改** 指变动频繁,没有常规。《宋大诏令集》卷一九六:"构造无根之语,鼓惑邪说,倾动中外……其说多端,朝更夕改,以致搢绅惶惑,不安厥位。"宋罗泌《路史》卷三十一:"下有贡而无赋,上有赐而无俸,事百循理,又孰有朝更夕改而不可为者?"《朱子语类》卷二一:"子升问:'如何信了方能节用?'曰:'无信,如何做事。如朝更夕改,虽商鞅之徒亦不可为政。'"

(157)**整酒** 即置办酒席。明何良俊《四友斋丛说》卷三十五:"后合郡士夫整酒于冯南江家。再三讲解。事始得释。"明清溪道人《禅真逸史》第十三回:"傍晚殷道士整酒相待,阿保只是不应,滚到床上睡了。"《金云翘》第十二回:"小姐吩咐整酒,与相公洗尘。那些家人小厮,丫头媳妇,一齐俱来磕头。"明清溪道人《禅真后史》第三十九回:"刘仁轨当晚整酒洗尘,彼此道了间阔之情,又把家事说了一遍。"整,治义。《汉语方言大词典》卷五7212页"整酒"条:"举办婚礼酒席。西南官话。"四川张慎仪《蜀方言》:"婚姻宴会曰整酒。"其实,整酒不仅仅是为婚宴。见上文。又如明叶权《贤博编》:"杭州官府好役铺户,有恰好铺户者,乃卖木梳之家,遇官府整酒筵处,则铺户一人持梳胚,备篦掉用。"此词《辞源》《近代汉语词典》等均未见收录。

(158)**整容匠** 即今之理发师。清许奉恩《里乘》卷八《媚芗》:"师适需理发,命呼整容匠至。"又:"盖此匠本与富翁同里,幼即出入其家。彼日亦因将为师理发来塾,见惟媚芗在此作书,更无他人……惟将整容匠瘐死狱中。"《二刻拍案惊奇》卷二十五:"三日之前,蕊珠要整容开面,郑家老儿去唤整容匠。"整容,即理发义。如明顾起元《客座赘语》卷十《国初榜文》:"梳头人止许称梳篦人,或称整容,不许称待诏。"《大词典》卷五516页收有"整容"条,但未收此义。

(159)**纸赎** 又名"纸赎银",商人以产业或券契抵押,请借官项,到期备银取赎。明沈德符《万历野获编》卷十八:"释褐为广东新兴知县,以大计入京,留其仆王守真等三人于衙斋,时时向县佐有所关说,又盗在官纸赎底籍货之,易银瓜分。"明陆人龙《型世言》第十八回:"可怜库中既无纸赎,又无兑头,只得些俸粮柴薪马丁银两未支,不过百两,将来备办棺木衣衾,并合衙孝衣。"又第二十一回:"若是戴了一顶纱帽,或是作下司凭吏书,作上司凭府县,一味准词状,追纸赎,收礼物,岂不负了幼学壮行的心?"清西周生《醒世姻缘传》第三十一回:"也是把那纸赎搜括得罄尽,将自己的公费都捐出来放在里边,前院裁汰了许多承差,他开了一个恩,叫他每名纳银五十两,准他复役。"

(160)**直是** 犹言"只是,就是,正是"(具体意义随上下文语境而略有微异)。《抱朴子·内篇》卷一五:"余亦屡见浅薄道士辈……或大食肉而咽其汁,吐其滓,终日经口者数十斤,此直是更作美食矣。"宋程颢《二程文集》卷十一:"五姓之说,验诸经典,本无证据。古阴阳家亦无此说,直是野俗相传,竟无所出之处。"《朱子语类》卷三:"或问鬼神。曰:'且类聚前辈说鬼神处看,要须自理会得。且如祭天地祖考,直是求之冥漠。然祖考却去人未久,求之似易。'"又卷五:"古人学问便要穷理、知至,直是下工夫消磨恶去,善自然渐次可复。"

(161)**只但** 犹言"只是,只管,只要"。宋晁补之《蓦山溪·谯园饮酒为守令作》:"何须说此,只但饮陶陶,灯光底,百花春,自是仙家地。"《朱子语类》卷三〇:"又问:'颜子之过如何?'曰:'伊川复卦所言自好。未到"不勉而中,不思而得",犹常用力,便是心有未顺处。只但有纤毫用意处,便是颜子之过。'"《西游记》第八十一回:"行者道:'我们住了三日,已是吃了这寺里六个小和尚了。'长老道:'……我亦僧也,我放你去,只但用心仔细些。'"

(162)**只光** 副词。仅;仅仅。二字乃同义连文。《金瓶梅词话》第六十四回:"把银子休说。只光金珠玩好、玉带、绦环、髻、值钱宝石,还不知有多少。"又第七十七回:"(伯爵)又问:'你媳妇没子女?'那人又道:'只光两口儿。'"

(163)**住不得** 本意指无法停下来。又引申为不由自主,势所必至。宋陈文蔚《克斋集》卷三:"虽思虑之横出未能顿去,但孳孳不敢自已,亦自觉住不得也;所恨无切磋之益,日有寡陋之惧。"《朱子语类》卷八:"……如吃果子相似:未识滋味时,吃也得,不消吃也得;到识滋味了,要住,自住不得。"卷二四:"势自是如此。有人主出来,也只因这个势,自住不得,到这里方看做是如何。惟是圣人能顺得这势,尽得这道理。"卷三六:"'欲罢不能',是住不得处。惟'欲罢不能',故'竭吾才'。"

(164)**专恃** 指单独依靠,仅仅依仗。《吕氏春秋·用民》:"人主之不肖者,有似于此。不得其道,而徒多其威。威愈多,民愈不用。亡国之主,多以多威使其民矣。故威不可无有,而不足专恃。譬之若盐之于味,凡盐之用,有所托也,不适则败托而不可食。"宋陈亮《龙川集》卷四:"则圣人起而治天下,必不能以易此矣,亦何怪于汉宣帝之专恃赏罚以为治乎?"《朱子语类》卷二三:"先立个法制如此,若不尽从,便以刑罚齐之。集注后面余意,是说圣人谓不可专恃刑政,然有德礼而无刑政,又做不得。"又卷一三二:"吕居仁家往往自抬举,他人家便是圣贤。其家法固好,然专恃此,以为道理只如此,却不是。"

(165)斫斧头 指妓女向嫖客勒索钱财。清王韬《淞滨琐话》卷十二《沪上词场竹枝词》:"其向客索银物曰'斫斧头',其号为清者,虽不可究治,而其数尤巨。"又:"侬本浮萍不自由,清浑何必强追求。温柔一晌休高兴,准备明朝斫斧头。"斫斧头,也可写作"敲斧子"、"砍斧子"。如清张春帆《九尾龟》第四十一回:"定是兰芬放出功夫,把方子衡迷住,要叫他慢些回去,好趁着这个机会,大大的敲他一下斧子。"又同书第一百三十一回:"陆韵仙自从砍了这下斧头之后,摸着了马山甫的脾气,平常时候是不肯拿出钱来的,一定要硬逼着他,方才肯拿出钱来……"《元明清文学方言俗语词典》有"砍斧子"条,释义为:"妓院中用种种手段向嫖客索取钱财。"甚确。

(166)着得 巴不得,求之不得。明金木散人《鼓掌绝尘》第五回:"李道士道:'啊呀,杜相公是这样说,难道毕竟要小道收下的意思么?'杜开先便揿在他袖里。这李道士其实着得,便把手来接住,连忙向他二人深深唱了几个大喏。"又第七回:"康汝平听了,心里其实着得,却便不好应承,便假意推脱道:'这个小侄怎么敢受……'"清李渔《连城璧》第五卷:"二人虽不好应,心上也着得如此。"

(167)子午卯酉 本是地支中的四位,后借用引申而形成两个义项:①把事情原原本本地(叙说)。清李绿园《歧路灯》第一百一十八回:"父子到了大厅,把进京以至出京,子午卯酉细陈一遍。"清李伯元《文明小史》第四十六回:"便把安徽黄抚台要聘他去做顾问官的话,子午卯酉诉了一遍。"又同书第五十五回:"于是派人把萧楚涛寻着了,子午卯酉告诉他一遍。"②道理,根据。清文康《儿女英雄传》第二十四回:"你们方才讲的那些甚么子午卯酉,我可全不懂。"此义今北方方言中仍有使用。刘小南《黑龙江方言词典》收有此义项。

(168)作丧 ①因耽于女色等原因而致身体受到损伤。清曹去晶《姑妄言》第十四回:"这胡旦已是四十外的人,又作丧的虚飘飘一个空壳儿。这一吓,又一冻,成了个急阴,第二日就游地府去了。"又第十七回:"僧人道:'若作丧的多了,脑枯髓竭,所以人就身弱致病。"清佚名《明珠缘》第四十五回:"众姬妾也被他笼络得十分相好。呈秀在此中年,得了这个绝色,朝夕欢娱,那顾作丧?"《东度记》第九十五回:"施才见了道:'呀?作怪,作怪!好好的一个精壮王阳,怎么就弄得这般模样?'王阳道:'店主,你不知我二人作丧太过了些,自然有这个模样。'"②可具体指交合。清酌元亭主人《照世杯·百和坊将无作有》:"此时滁山是作丧之后,昏昏沉沉,四肢瘫软,才叫得一声有贼,那贼即拔开门闩,早已跳在门外。"明不题撰人《后西游记》第三回:"有资禀弱强之寿夭,有作丧保养之寿夭,有天眷天罚之寿夭。"字又作"斫丧"。明谢肇淛《五杂俎》卷十一:"夫人之精气自足供一身之用,乃以斫丧过度,而藉此腥秽污浊之物以求助长之效,鲜有不速其毙者也。"清赵翼《陔余丛考》卷四十三:"人不自爱惜,耗其精神于酒色者,曰斫丧。"清曹去晶《姑妄言》第一回:"道士见他夜来斫丧太过,恐伤了他,意欲辞行。"又第十四回:"一来怕他嫌老,二来想他生子,因他自幼不曾斫丧过,年虽六十,到还精壮……"

(169)**作享** 祭祖义。明何良俊《四友斋丛说》卷十七:"一日来作享。不同诸士大夫。惟约旧朋友四五人沈惟馨王大用辈。"《雪月梅》第三十四回:"那东院房屋因有家庙并什物器具在内,晚间仍着岑忠过去住宿,逢时遇节,两边作享。""作享"一词早在《国语·楚语下》中就有。如"及少昊之衰也,九黎乱德,民神杂糅,不可方物。夫人作享,家为巫史,无有要质。民匮于祀,而不知其福。"

(170)**坐斗** 犹"坐墩",即指身体失控,臀部着地。清刘省三《跻春台·仙人掌》:"开榜等得气急,一掌推去,打个坐斗。那人说道:'哥哥呀,是我。'"又同卷《失新郎》:"绿波与婢早已藏避,公子犹踊跃争毯,将刘公撞个坐斗。刘公大怒,将子罚跪责打。"又同卷《哑女配》:"朱泰惊定,往下一看,'嗨呀!'又是一个坐斗,说道:'我我我,今天定死无疑了。'"同书卷二《巧姻缘》:"妾向内跑,妻赶去,地下被茶打湿,溜个坐斗,把气跌脱了。"同书卷三《阴阳帽》:"将簾揭开一看,一个坐斗。店主忙拉起问:'啥事?'"皆其例。

亦作"坐徒"。《跻春台·解父冤》:"听一言来魂不住,转身跌了一坐徒。起来看见一冤妇,手拿绳索泪如珠。"

(171)**坐子** 指一种坐具,似凳而无脚。宋徐梦莘《三朝北盟会编》卷七十四:"上所居止有榻,上有毡二番,前有小机子二只,止有二绣坐子,萧然独处而已。郎官亲见,归以告人,闻者痛心。"《朱子语类》卷一六:"刘圻父说'正心'章,谓:'不能存之,则四者之来,反动其心。'曰:'是当初说时添了此一节。若据经文,但是说四者之来,便撞翻了这坐子耳。'"又卷一〇一:"如龟山极是简易,衣服也只据见定。终日坐在门限上,人犯之亦不较。其简率皆如此。榦尝闻先生云:'坐在门外石坐子上。'今云门限,记之误也。"有时亦可泛指坐具。如《全元南戏·高明·蔡伯喈琵琶记》:"只有一万匹马,一千三百个漏蹄,二千七百个抹膺……鞍鞒又破损,坐子又欹倾。抽辔尽是麻绳,鞭子无非荆杖。"

五、关于《汉语大词典》修订的理论探讨

本书三、四两部分从释义不确、义项不全、例证晚出、词语失收等方面指出《大词典》存在的各种问题,提出商补的意见。这是一种微观的研究。从语言学和辞书学专家学者们二十多年来研究《大词典》所取得的成果看(论文已多达万余篇),也大都属于这一范围。当然,针对该书有问题的条目逐条进行审核、推敲,通过恰当的修订使其更臻完善,是十分必要的,也是非常有意义的。这些成果为业已启动的《大词典》二版的编纂、修订工作打下了良好的基础。

但对于《大词典》这样一部大型历史性辞书而言,如果仅仅做微观的、局部的、具体的研究是远远不够的。因为如果不能对整部辞书从宏观上加以审视,进行综合性考察,做更为系统深入的研究,那么书中隐藏着的许多问题可能就很难发现。比如,若不从汉语存在大量"配套词语"这一特点出发,去审查所收词语是否"配套",就搞不清楚哪些词语是当收未收的,所立条目哪些是残缺不全的。再者,《大词典》在整体设计上也有不少尚待完善之处。例如对多义词义项排列的标准就并不是非常明确,实际操作上要求也并不那么严格,故致使相当多的词语义项排列存在颠倒、错乱现象。要解决好这样的问题,就需要首先从理论上加强探讨,明确其排序标准,并力求鳌清一个个多义词的词义系统,注意其释义的层次性和义项的层级性,并用适当的方法予以体现。只有这样,才能使义项排列失序状况有根本性的改观。如果二版编纂修订者不能对诸如此类的问题一个个予以完善解决,而仅致力于一些具体条目的修订,那么其修订工作仍将会留下诸多问题和缺憾。

为此,本文第五部分,即试图从七个方面入手,在对《大词典》进行专题调查研究的基础上,探讨二版应当如何更好地规划全书,如何进行全面的修订和从整体上提高全书的质量,希望能提供一些有参考价值的观点和思路、方法和材料,以起到抛砖引玉的作用。

（一）词目增补类析

《大词典》广泛收录古今汉语文献中出现的一般语词，共收词目37万余条，从整体上历史地反映了词汇发展的面貌与词义演变的轨迹。但古今文献卷帙浩繁，词语众多，编纂者在收列条目时难免会有所漏略。至今已有不少成果指出漏收的众多词条。例如王宣武《汉语大词典拾补》"收词拾补"①和王锳《〈汉语大词典〉商补》"立目商补"②即各为之补充一百余条。汉语大词典编纂处《汉语大词典订补》也补收了大量的"新增条目"③。本节则拟从词汇研究的角度，着重分析指出《大词典》词语失收的重要原因之一是对汉语词汇的特点尤其是一些特殊现象关注不够，故在许多方面造成系统性缺失，因此在二版编订过程中应尽量予以弥补和避免新增条目此类问题发生。下分七类举例分析说明。

1. 羡余词语

语言文字包含的信息超出了实际需要的信息，语言学把语言的这种性质叫作羡余性。羡余性是语言的本质特征之一。就汉语来说，它不仅存在于上古以来的每一个发展阶段，而且汉语的各个要素都存在这种现象。但比较言之，词汇羡余当更为普遍。④ 例如"这般样"，其构造就有一定的特殊性。它是由"这般"和"这样"同义叠加并省掉一个相同的语素"这"构成的，而意义与后二者相同，"样"为羡余语素。《大词典》收录了不少这样的词语，除"这般样"以外，还有"耳边厢"、"两边厢"、"这壁厢"、"稳情取"、"这等样"、"一般样"、"欲待"、"料莫"、"尚兀自"、"担惊忍怕"、"娘母子"、"措置"、"弯跧"等。但仍有不少未收录在内，尤其是近代汉语阶段的很多羡余性词语。例如：

须索要 元杨景贤《西游记》第二本第五出："今日奉圣旨，率领百官前往，须索要走一遭。"元无名氏《隔江斗智》第二折："（甘宁云）小姐，到那里须索要小心些。（梅香云）俺小姐不要你分付，他好不精细哩。"清青心才人《双合欢》第九回："今乃二十一，晚上他约来相会，须索要伺候他，经不得妈妈屋中有事耽搁哩。""须索"就是"须要"，"索"有"要"义。"索要"乃同义连文。

---

① 贵州人民出版社，1999年。
② 黄山书社，2006年。
③ 上海辞书出版社，2010年。
④ 见李申《近代汉语词语的羡余现象》，载《徐州师范大学学报》1998年第3期。

"要"为羡余语素。

一直迳 《金瓶梅词话》第二回:"走出街上闲游,一直迳踅入王婆茶坊里来,便去里边水帘下坐了。"又第五十四回:"等了半日不见来,耐心不过,就一直迳奔到金莲房里来,喜得没有人看见。"又第五十五回:"三人下马访问,一直迳到县牌坊西门庆家府里投下。""迳"有"直"义,"一直迳"等于"一直"再加上一个"直"。

爹老子 《金瓶梅词话》第四十二回:"见他爹老子收了一盘子杂合的肉菜、一瓯子酒和些元宵,拿到房里,就问他娘一丈青讨。""爹"即"老子",两词叠加,后者为羡余成分。该词在现代作品中仍有用例,如周立波《盖满爹》:"尤其是楠森,要跟爹老子算账,说小时候打过他,这是么子话?"

依旧原 《水浒全传》第二十四回:"那妇人道:'干娘自便,相待大官人,奴却不当。'依旧原不动身。"清坐花散人《风流悟》第三回:"却说张静芳,打听得桃花社里,依旧原选了王畹香等三人,他快活得了不得,即忙备了四个盒子,去望闺秀状元情仙。""原"有"依旧,仍然"义,为羡余成分。

停嗔息怒 《武王伐纣平话》卷上:"小臣之言逆王直谏,大王停嗔息怒,且免西伯之罪。"元纪君祥《赵氏孤儿》第一折:"告大人停嗔息怒,听小人从头分诉。""停嗔"与"息怒"叠加,习用为四字语。

较好些 元郑光祖《倩女离魂》第三折:"梅香,你姐姐较好些么?"《醒世姻缘传》第三十回:"晁夫人问说:'亲家这些时较好些么?'"又同书第四十八回:"我白日后响的教道了这半月,实指望他较好些了,谁知他还这们强。""较些"即好些,"好"为羡余语素。

其他还有"可煞是"(周密《南楼令》词)、"自家身己"(《朱子语类》卷八)、"追朋趁友"(《冤家债主》第二折)、"拘管收拾"(《诈妮子调风月》第二折)、"目今现"(《五代秘史》第二十四回)、将就脓(《金瓶梅词话》第四十一回)、"怪嗔道"(同上第十七回)、"霎眼挫"(同上第五十四回),等等。

这些词语有的索解匪易,有的易生误会,因《大词典》和一般语文辞书均未收录,使读者无从查检,束手无策。《大词典》在修订时应当尽量收入。

2."反词同指"词语

汉语中有一些词语,从字面上看意义是相反相对的,但它们在句中表达的意义却是相同的。例如《左传·宣公十二年》:"楚子又使求成于晋,晋人许之,盟有日矣。"又《僖公三十三年》:"武夫力而拘诸原,妇人暂而免诸国,堕军实而长寇仇,亡无日矣!"两句中的"有日"与"无日"都表示事情的发生不要很长时间了。又例如《庄子·说剑》:"宰人上食,王三环之。"

《吕氏春秋·报更》:"有饿人卧不能起者,宣孟止车,为之下食,蠋而铺之。"两句中的"上食"与"下食"同指送上食物。此种现象可统称为"反词同指"现象。① 此种现象上古已见,中古以后日渐普遍,现代仍余绪未断。可以说这从一个方面反映出汉语的特点,显示了汉语表达方式的丰富和词语运用的变化。

《大词典》分别收录了以上"有日/无日"、"上食/下食"两组词语和其他一些同类型词语,如"寒炉/暖炉"(同指天气寒冷取暖用的火炉)、"抽头/抽脚"(同指抽身,脱身),等等。但也漏收了一些,有的一组都没收,有的一组漏收了某一个,有的虽然一组词都收了,但缺少"同指"的义项。下面略举数例:

上老实/下老实　明陆人龙《型世言》第六回:"两个吃酒谈笑,道:'好官,替我上老实处这一番,这时候不知在监里仔么样苦哩。'"又,同书第五回:"一日在棋盘街,见一个汉子打小厮,下老实打。""上老实"与"下老实"义均为"着实用力地"。学者或不明于此,以致说解错误。二词《大词典》均未收录。

寒帽/暖帽,热帽/凉帽　清蔡奭《官话汇解便览》上卷:"寒帽,暖帽;热帽,凉帽。"引例的两组词,其被释词与训释词所指皆同一物。《大词典》只收了其中的"暖帽"和"凉帽",而未收录相应的"寒帽"和"热帽"。

减年/增年　一张《不眠之夜》:"后来诗人云:'身老怯增年','人道增年是减年'。"② 就有限的生命而言,增一年就是减一年,故云"增年"是"减年"。宋苏辙《辛丑除日寄子瞻》诗有"人心畏增年"句,其实所"畏"的也是"减年"。《大词典》收录"增年"而漏收"减年"。

3. 缩略语

《大词典》将"缩略语"解释为:"为便利使用,由较长的语词缩短省略而成的语词。"缩略语是汉语词汇的有机组成部分,也是一种古今常见的构词现象。"羡余词语"是在原词上增加一些成分,"缩略语"与之相反,是原词语省掉一些成分。《大词典》亦收录了相当数量的缩略语,如:桑枌(桑梓和枌榆)、珠柙(珠襦玉柙)、事畜(仰事俯畜)、化鱼(化鱼为龙)、顶门针(顶门上一针)、三八节(三八国际劳动妇女节)、博山(博山炉)、三青团(三民主义青年团)、汽机(蒸汽机或汽轮机)、秦房(秦阿房宫)、潜艇(潜水艇)、殿本(清代武英殿官刻本)、高知(高级知识分子)、释迦(释迦牟尼)、科诨(插科打诨)、

---

① 见李申《汉语"反词同指"现象探析》,载《语文教学与研究》2000年第4期。

② 见《新民晚报》1984年2月1日2版。

山相（山中宰相），等等。但也有很多未收录在内。例如：

山梲 山节藻梲的简称。古代天子的庙饰。参《大词典》三卷 790 页"山节藻梲"条。宋陆佃《陶山集·庙制议》："芝栭，山梲也，方小木为之。"《礼记注疏》卷四十三："山节薄栌刻之为山梲，侏儒柱画之为藻文。"

八怪 有二义：①扬州八怪的省称。清刘鹗《老残游记续》第二回："扬州本是名士的聚处，像那'八怪'的人物，现在总还有罢？"②指丑八怪。《醒世姻缘传》第七十二回："周龙皋又甚是好性，前边那位娘子丑的似八怪似的，周大叔看着眼里拨不出来，要得你这们个人儿，只好手心里擎着，还怕吊出来哩。"义项①省略"扬州"，义项②省掉了"丑"。

班郢 古代巧匠公输班和郢的合称。比喻技艺超群的能手。唐柳宗元《王氏伯仲唱和诗序》："操斧于班郢之门，斯强颜耳。"《归有光集·与陆武康》："公家所谓班郢之门，不宜敢当重委，且平生不能为八代间语，非时所好也。"

淡交 君子之交淡如水的略语。谓贤者之交谊，平淡如水，不尚虚华。唐白居易《赠皇甫宾客》诗："始信淡交宜久远，与君转老转相亲。"宋范仲淹《淡交若水赋》："伊淡交之相爱，谕柔水于前闻。"

梦婆 春梦婆之略。义参《大词典》五卷 651 页"春梦婆"条。清八宝王郎《冷眼观》第十回："白衣苍狗寻常事，都付人间一梦婆。"清施士洁《艺农、幼青……并谢诸君子》诗："年年生日说东坡，磨蝎身宫奈命何。路鬼揶揄惭作郡，梦婆富贵笑登科。"

弓影 杯弓蛇影之略。唐王焘《外台秘要方》卷五："此病别有祈祷厌禳而瘥者，自是人心妄识，畏爱生病，亦犹弓影成蛊耳。"《明史纪事本末》卷五十六："特以上下相蒙，弓影之疑蓄于中；恩信不着，投杼之说动于外也。"

秋播 秋季播种。《御制诗集》四集卷三十五《麦色》："春连冬雪膏为渥，秋播夏收丰祝登。"

龟沙 地名，龟兹、流沙的合称。泛指边远之地。唐武元衡《兵行褒斜谷作》诗："古地接龟沙，边风送征雁。"《文选·王僧达〈祭颜光禄文〉》："才通汉魏，誉浃龟沙。"李善注："汉书曰：龟兹国王治延城，去长安七千四百八十里。尚书曰：被于流沙。汉书，李陵歌曰：经万里，度沙漠。说文曰：北方流沙。"

渠观 石渠、东观的合称。古代帝王藏书的地方。参《大词典》七卷 992 页"石渠"、四卷 855 页"东观"条。宋王义山《对厅致语》："我知府、运使、华文、国史、秘监、侍郎，渠观联辉，节麾叠组。"

拾唾 拾人涕唾的略语。也作拾唾余、拾人唾余。参《大词典》六卷 565 页"拾人涕唾"条。明罗洪先《念庵文集·与王龙溪》："经纶与二氏不同，弟已勘破，今更不向此辈口中拾唾，兄亦当戒之。"

4. 配套词

"所谓配套词,就是由在内容上密切相关、语义上相互补充、结构上相似的词所组成的一个聚合类(paradigmatic set)。"[①]配套词自成体系,要收全收,要不收全不收,如果只收部分,那么就无法形成一个完整的聚合类,条目之间也会失去照应。《大词典》于此类词语时有收录不全、顾此失彼的现象。例如:

我国古六历 已收:颛顼历、夏历、殷历。失收:黄帝历、周历、鲁历。见《汉书·律历志上》。

西湖十景 已收:柳浪闻莺、雷峰夕照、三潭印月。失收:苏堤春晓、曲院风荷、平湖秋月、断桥残雪、花港观鱼、双峰插云、南屏晚钟。见宋吴自牧《梦粱录·西湖》。

汉乐府《铙歌》十八曲 已收:《朱鹭》《思悲翁》《上之回》《拥离》《上陵》《将进酒》《芳树》《圣人出》《上邪》《远如期》《石留》。失收:《艾如张》《战城南》《巫山高》《君马黄》《有所思》《雉子斑》《临高台》。见《乐府诗集·鼓吹曲辞一·汉铙歌》。

隋鼓吹四部 已收:棡鼓部。失收:铙鼓部、大横吹部、小横吹部。见《乐府诗集·横吹曲辞》郭茂倩题解。

古九州 《尚书·禹贡》九州为:冀州、豫州、雍州、扬州、兖州、徐州、梁州、青州、荆州;《尔雅·释地》九州无青州、梁州,有幽州、营州;《周礼·夏官·职方氏》九州无徐州、梁州,有幽州、并州。《大词典》以上词条失收"兖州"、"扬州"、"营州",其他均收录。

九仙 九类仙人。已收:上仙、高仙、玄仙、天仙、真仙、神仙、灵仙。失收:火仙、至仙。九仙之名,见《云笈七签》卷三。

秦汉所祠八神 已收:天主、地主、兵主、阴主、阳主、月主、四时主。失收:日主。见《史记·封禅书》。

九畿 已收:侯畿、甸畿、男畿、采畿、卫畿、蛮畿、夷畿、镇畿。失收:藩畿。见《周礼·夏官·大司马》。

古人灼龟所得四种卜兆 已收:方兆、弓兆。失收:功兆、义兆。见《周礼·春官·卜师》。

古代九种祭仪 已收:命祭、衍祭、炮祭、周祭、振祭、擩祭、缭祭、共祭。

[①] 见赵刚《试论汉英词典中配套词的处理》,载曾东京编《双语词典研究:2003年第五届全国双语词典学术研讨会论文选》,上海外语教育出版社,2003年。

失收:绝祭。见《周礼·春官·大祝》。

舜的七个友人 已收:雄陶、方回、伯阳、东不訾。未收:续牙、秦不虚、灵甫。见晋陶潜《集圣贤群辅录》。

明十三陵 已收:长陵、献陵、景陵、裕陵、茂陵、泰陵、昭陵、定陵、思陵。未收:庆陵、德陵、康陵、永陵。

为西王母取食的三青鸟 已收:大鵹、青鸟。未收:小鵹。见《山海经·大荒西经》。

春秋时殷民六族 已收:条氏、徐氏、萧氏、长勺(氏)。未收:索氏、尾勺氏。见《左传·定公四年》。

古代东方九夷 已收:畎夷、方夷、黄夷、白夷、玄夷、阳夷。未收:于夷、赤夷、风夷。见《后汉书·东夷传》。

清朝内务府六库 已收:炭库。未收:木库、铁库、房库、器库、薪库。见《清史稿·职官志五》。

中医九针 已收:鍉针、铍针、毫针、镵针。未收:员针、锋针、员利针、长针、大针。见《灵枢经·九针十二原》。

传说中的黄帝七辅 已收:风后、天老、五圣、知命、窥纪、力墨(亦作力牧、力黑)。未收:地典。见晋陶潜《集圣贤群辅录》。

《诗经》三颂 已收:周颂、鲁颂。未收:商颂。

5. 同素逆序词

所谓同素逆序词,是指构词语素相同,但语素序位互为倒置的一组双音节词。这一现象古已有之,它是汉语词汇系统中一种特有的语言现象。《大词典》收录了不少倒序词。如:腥膻/膻腥、拙笨/笨拙、齐整/整齐、煎熬/熬煎、细底/底细、典坟/坟典、鱼鲁/鲁鱼、鸿鳞/鳞鸿、青紫/紫青、锡飞/飞锡、毫管/管毫、鼎定/定鼎、楮墨/墨楮、绅冕/冕绅、苍穹/穹苍、胃口/口胃、黎黔/黔黎、算计/计算、热闹/闹热、人客/客人、常时/时常、镇纸/纸镇、缁黄/黄缁、荆棘/棘荆、邻居/居邻,等等。也有不少漏收的。例如:

荡摇 即摇荡。唐温庭筠《太液池歌》诗:"叠澜不定照天井,倒影荡摇晴翠长。"宋沈括《梦溪笔谈·杂志一》:"方家以磁石磨针锋,则能指南,然常微偏东,不全南也。水浮多荡摇。"清蒲松龄《聊斋志异·孙必振》:"孙必振渡江,值大风雷,舟船荡摇,同舟大恐。"

烧燃 即燃烧。元王祯《农书·粪田之宜篇第七》:"凡扫除之土,烧燃之灰,簸扬之糠粃,断稿落叶,积而焚之,沃以粪汁,积之既久,不觉其多。"清褚人获《坚瓠余集·蛇吞鹿》:"蛇吞一鹿在于腹内,野火烧燃,堕于山下。"

条纸 即纸条,字条。清梁廷枏《夷氛闻记》卷一:"假学政考棚扃而考之,卷夹条纸,开四事为问。"清海上独啸子《女娲石》第十三回:"少时托出一盘纸烟,一副金丝眼镜,一副麻雀牌来。取出一张条纸,一枝笔。"

头除 即除头。义为扣头,回扣。清东鲁古狂生《醉醒石》第八回:"内中去了官的头除,人役使用,已十不得三。"又第十回:"又预放去次年人役工食,一来示恩,二来也得些头除,为入觐之费。"

瘴烟 即烟瘴。瘴气;烟瘴之地。唐白居易《遇微之于峡中》诗:"君还秦地辞炎徼,我向忠州入瘴烟。"宋张孝祥《水调歌头·桂林集句》词:"自是清凉国,莫遣瘴烟侵。"

巧凑 即凑巧。清心远主人《二刻醒世恒言》第七回:"却好不东不西,巧凑行到那贫人所住古庙之下,只听得怨气呻吟,鬼哭不已。"清夏敬渠《野叟曝言》第一百四十二回:"文郎真有心人也,求婚之意,已见于此。且此娥育恰合,这是天缘巧凑,不可当面错过!"

细详 即详细。细节;详情。清陈端生《再生缘》第四回:"有何大事传梆报,快快当前禀细详。"又第十一回:"丫鬟仆妇齐传谕,唤上园丁问细详。"

6. 异形词

异形词也称异体词,指的是字形有异而读音、意义相同的词。异形词在汉语中是大量存在的,尤其是在古代汉语中,一词数写的情况就更为多见。《大词典》收录了大量的异形词,如:成材/成才,钟馗/钟葵,一圪塔/一圪堵/一圪垛/一各多/一各都,中壄/中野,呱唧/呱咭/呱叽,呴俞/呴谕/呴喻,咋呼/咋唬/咋乎,等等。但由于文献众多,爬梳不易,很多异形词没有被收录在内。兹举数例如下(括号内词语《大词典》已收录):

悖理(背理):违背天理或伦理;不合理。《汉书·张汤传》:"骄逸悖理,与背畔无异,臣子之恶,莫大于是,不宜宿卫在位。"《魏书·刑罚志》:"弗究悖理之浅深,不详损化之多少。"《金史·蒲察合住传》:"寻为御史所劾,初议答赎,宰相以为悖理,斩于开封府门之下。"

层迭(层叠):重叠。明刘成德《唐司业张籍诗集序》:"变化莫测,起伏层迭。"明罗懋登《西洋记演义》第五十回:"形如冬瓜,皮似栗子多刺,刺内有肉层迭,味最佳。"

狡滑(狡猾):诡诈刁钻。《初刻拍案惊奇》卷十三:"却是为他有钱财使用,又好结识那一班惨刻狡滑、没天理的衙门中人,多只是奉承过去,那个敢与他一般见识?"明许仲琳《封神演义》第三十二回:"实指望斩草除根,绝你黄氏一脉,孰知你狡滑之徒,终多苟且。虽然如此,谅你也难出地网天罗!"

清李百川《绿野仙踪》第三十四回:"我知道你这小淫妇子,狡滑的了不得,朱文魁儿硬是你教调坏了。"

斤斗(筋斗):跟头。宋王安石《诉衷情·又和秀老》词:"蓦然打个斤斗,直跳过羲皇。"元王大学士《点绛唇》曲:"一个将斤斗番,一个将背抛打,一个响扑儿学咯牙。"清张春帆《九尾龟》第一百一十五回:"临了儿更格外添出许多解数,翻出许多斤斗,只听得台下一片喝彩的声音。"

撅嘴(噘嘴):嘴唇圆合而向外凸出。《醒世姻缘传》第九十五回:"满脸哭丧仍撅嘴,双眉攒蹙且拌唇。"清华广生辑《白雪遗音·银钮丝·母女顶嘴》:"女大思春果是真,撅嘴膀腮不称心,扭鼻子扯脸就呕死人。"

宁阙勿滥、**宁缺勿滥**(宁缺毋滥):宁可短缺,不要不顾质量而一味求多。清李绿园《歧路灯》第五回:"喜诏上保举贤良一事,是咱学校中事。即令宁阙勿滥,这开封是一省首府,祥符是开封首县,却是断缺不得的。"蔡东藩《民国演义》第一百一十九回:"由全国各县农工商会各会各举一人,为初选所举之人,不必以各本会为限。如无工商会,宁缺勿滥。"

扑咚、**扑嗵**(扑通、噗通、噗嗵):象声词。形容重物落水或落地之声。《水浒传》第三十回:"这一个急待转身,武松右脚早起,扑咚地也踢下水里去。"《醒世恒言》卷二十:"二子身上疼痛,从醉梦中惊醒,挣扎不动,却待喊叫,被杨洪、杨江扛起,向江中扑嗵的摔将下去。"常杰淼《雍正剑侠图》第五十八回:"他以为是童林,没敢抬头,'扑嗵'跪在这磕头。"

蒲茸(蒲绒):香蒲的雌花穗上长的白绒毛,可以用来填充垫子或枕头。唐刘象《早春池亭独游三首》诗:"蒲茸才簇岸,柳颊已遮楼。"宋林逋《送慈师北游》诗:"郁郁蒲茸染水田,渡淮闲寄贾人船。"宋彭元逊《瑞鹧鸪》词:"鸂鶒浪起蒲茸暖,翡翠风来柳絮低。"宋梅尧臣《和潘叔治早春游何山》诗:"浅石长蒲茸,朝烟暖岩树。"

清泠泠(清凌凌):形容水清澈而有波纹。明王世贞《皇明异典述·赐群臣诗》:"归荣遂尔追远情,吴松江水清泠泠。"

拾遗补缺(拾遗补阙):拾取遗漏,补正缺失。明刘元卿《贤弈编·官政》:"使臣拾遗补缺,裨赞朝廷则可。使臣掇拾臣下短长,以沽直名,则不能。"清李渔《闲情偶记·变调·变旧成新》:"尚有拾遗补缺之法,未语同人,兹请并终其说。"许慕羲《宋代宫闱史》第三十二回:"那李家明感激知遇,也就拾遗补缺,随时纳谏,挽救不少。"

是的(似的):助词,用在名词、代词或动词后面,表示跟某种事物或情况相似。《醒世姻缘传》第二回:"他高大爷先不敢在你手里展爪,就是你那七大八,象个豆姑娘儿是的,你降他象钟馗降小鬼的一般。"同书第四十九回:"周奶奶家姑姑娶了,这是周奶奶赏你的两匹布,两封钱,共是一千二百。他娘儿两个喜的象甚么是的。"又第九十八回:"周相公,你前日也不该失口骂我,我也不该泼你那一下子。这些时悔的我象甚么是的,我这里替周相公赔礼。"

梳略(梳掠):梳理头发,引申为梳妆打扮。唐王梵志《观内有妇人》诗:"观内有妇人,各各能梳略。"

书柬(书简):书信。明刘若愚《酌中志·内板经书纪略》:"皇城中内相学问读'四书'、《书经》、《诗经》;看性理、《通鉴》节要、《千家诗》、唐贤三体诗;习书柬活套,习作对联;再加以古文真宝,古文精粹尽之矣。"《金瓶梅词话》第五十八回:"只因学生一个武官,粗俗不知文理,往来书柬,无人代笔。"明天然痴叟《石点头·王孺人离合团鱼梦》:"一日早春天气,王从事治下肴榼,差驰夫持书柬到县,请王从古至烂柯山看梅花。"《醒世姻缘传》第八十二回:"相爷合察院爷是同门同年,察院爷不曾散馆的时节,没有一日不在一处的。就是如今也时常往来,书柬没有两三日不来往的。"

树丫(树桠):树杈。宋梅尧臣《次韵和酬永叔》诗:"闭门饮浊醪,秋千系树丫。"元张可久《凭栏人·暮春即事》曲:"鸟啼芳树丫,燕衔黄柳花。"清佚名《施公案》第二百一十九回:"天霸与邓龙将他两个身上带子解下,四马攒蹄的捆了,将刀割下一片衣襟,塞在口内,把他们提到树林里面,放在树丫内夹着。"

死气白赖(死乞白赖、死乞百赖):谓纠缠不休。《醒世姻缘传》第七十四回:"你公公又叫调羹死气白赖拉着,甚么是肯放!"常杰淼《雍正剑侠图》第三十三回:"我不愿意来,不是你们哥儿俩死气白赖非让我来吗?"

五痨七伤(五劳七伤):泛指各种疾病和致病因素。明朱橚《普济方·泻痢门·炙肝散》:"治脾胃虚弱,五痨七伤,肌体羸瘦。"明李时珍《本草纲目·草部·黄芩》引孙思邈《千金方》:"疗男子五痨七伤,消渴不生肌肉,妇人带下,手足寒热,泻五脏火。"清魏文中《绣云阁》第七十回:"五痨七伤以及脾寒、摆子、跌打等症,件件能医。"

丫杈(桠杈):树木分枝处。明罗贯中《三遂平妖传》第十回:"又盘上几层,拣个大大的丫杈中,似乌鹊般做一堆儿蹲坐着。"清卢文弨《抱经堂文集·周忠介墨迹跋》:"余向于吴中见一小幅画,亦公笔也,老树丫杈中危坐一人,非如释家所画罗汉相。"

押队(压队):跟在队伍后面保护或监督。《宋史·仪卫志》:"弩四,弓矢十六,槊二十,左右金吾卫果毅都尉二人押队。"明戚继光《练兵实纪·练营阵》:"各队长在前领队,各旗总俱在后押队,凡路上行走不齐,前后不分者,俱旗总之责。"明罗懋登《西洋记演义》第九十六回:"诚恐坐下一干孽畜贻害宝船,故此老身押队而行,聊致护持之私。"

押车(压车):谓随车保护或监守。清赵吉士《寄园寄所寄》卷一:"予笑命家人,押车运行李后至,即同二徐急策蹇。"清贪梦道人《彭公案》第十七回:"押车的还有一个少年之人,年约二十余岁,身高八尺,头戴新纬帽。"

其他还有:

一搾(一拃、一柞、一揸),大扠步(大踏步),半落(半拉),半扎、半札、半叉(半拆),唱喏(唱偌、唱喏),下三滥(下三烂),称钱(趁钱),隔三岔五(隔三差五),绛紫(酱紫),喊哩喀嚓(喊哩喀喳),起航(启航),气乎乎(气呼呼、气虎虎),纽襻(纽襻、纽绊),暖乎乎(暖呼呼、暖忽忽),辟头(劈头),劈里啪啦(噼里啪啦、劈哩啪啦、噼呖啪啦),咔喳(咔嚓),咔哒(咔嗒),磨得开(抹得开),筻子(抿子),等等。

异形词在现代汉语中是规范的对象,一般只保留其中一个,其他的作为不规范字形加以排除。但作为反映本民族语言全貌的大型历史性工具书,《大词典》应尽力将其收录、收全,并完整客观地描绘其使用情况。异形词还有一个词形出现早晚的问题。例如:"半拦脚"词形出现早,《大词典》未收;"半篮脚"出现晚,却收录了。"担迟不担错"出现在后,收录了;"耽迟不耽错"出现在前,却未收录。这就影响了人们对一些词语产生时代的准确认知。这是需要编纂者重视的。

7. 别名异称

汉语词汇丰富,特别是古汉语中名物词很发达。很多事物在正名之外,还有别名异称。认识、了解这些词语,对于人们阅读古籍、考证名物无疑具有很大的帮助。以收词宏富著称的《大词典》也收录了很多事物的别名异称。如:月亮/素女/素娥/素舒/桂魄/桂轮/金蟾/素蟾/圆蟾/望舒/卿月/瑶月/璧月/娥月/蟾桂,毛笔/玉管/毛颖/毛元锐/寸毫/毛锥子/凤毫/兔管/宝帚/颖生,等等。但由于中国古代文献众多,异称繁复,书中仍有不少没有收录。例如:

附支 通草的别名。又名丁公藤、丁翁。《神农本草经》卷二:"通草味辛平……一名附支。生山谷。"明朱橚《普济方·本草药性异名·草部》:"通草,一名丁翁、附支。"《大词典》已收通草、丁公藤、丁翁。

清明门 汉长安都城十二门之一,别名凯门。北魏郦道元《水经注·渭水》:"第二门本名清明门,一曰凯门,王莽更名宣德门,布恩亭。"《三辅黄图·都城十二门》:"长安城东出第二门曰清明门,一曰籍田门,以门内有籍田仓;一曰凯门。"《大词典》已收凯门。

青黏 即黄芝,又称玉竹、葳蕤等。《三国志·魏志·樊阿传》"青黏生于丰、沛、彭城及朝歌云"裴松之注引《华佗别传》:"青黏者,一名地节,一名黄芝。"清李调元《南越笔记·葳蕤》:"方家称黄芝,亦曰青黏。以漆叶同为散,可以延寿。"《大词典》仅收黄芝、玉竹、葳蕤。

牛遗 车前草。又名车前、当道、马舄、虾蟆衣等。《大词典》以上均收录,独缺"牛遗"。宋郑樵《通志·昆虫草木一》:"芣苢曰当道,曰虾蟇衣,曰牛遗,曰胜舄,曰马舄,车前也。"明李时珍《本草纲目·草五·车前》:"陆机《诗疏》云:此草好生道边及牛马迹中,故有车前、当道、马舄、牛遗之名。"

收香倒挂 即桐花凤,鸟名。又名探花使、探花郎、绿毛幺凤。元伊世珍《嫏嬛记》卷中:"桐花凤小于玄鸟,春暮来集桐花,一名'收香倒挂',又名'探花使'。"明王修《君子堂日询手镜》:"倒挂,小巧可爱,形色皆如绿鹦鹉而小,略大于瓦雀,好香,故名收香倒挂。"《大词典》已收桐花凤、探花使、探花郎。

翁离 即拥离。乐府鼓吹曲辞汉铙歌之一。《乐府诗集·鼓吹曲辞一·汉铙歌》引南朝陈智匠《古今乐录》:"汉鼓吹铙歌十八曲,字多讹误。一曰《朱鹭》,二曰《思悲翁》,三曰《艾如张》,四曰《上之回》,五曰《拥离》……《拥离》亦曰《翁离》。"清黄宗羲《附阎尔梅诗》:"菊夜相怜题乐府,汉家铙吹有翁离。"《大词典》仅收拥离。

赤芝 亦名丹芝,中药名。《文选·郭璞〈游仙诗〉》:"临源挹清波,陵岗掇丹荑。"李善注:"《本草经》曰:'赤芝,一名丹芝,食之延年。'"明朱橚《普济方·本草药性异名·草部》:"赤芝,一名丹芝。"《大词典》仅收丹芝。

野木瓜、八月楂 即柞瓜。明朱橚《救荒本草·木部》:"野木瓜,一名八月楂,又名杵瓜,出新郑县。"《大词典》仅收杵瓜。

千叶桃 即碧桃。桃树的一种。唐元稹《连昌宫词》:"又有墙头千叶桃,风动落花红簌簌。"宋方勺《泊宅编》卷九:"先舍人顷寓太学,斋后千叶桃忽结子十八枚,其中一颗甚大。"《大词典》仅收碧桃。

五锋(鑯) 即五残。星名。古代以为凶星。《史记·天官书》:"五残星,出正东东方之野。"张守节正义:"五残,一名五锋……见则五分毁败之征,大臣诛亡之象。"元郝经《续后汉书·历象》:"五残星亦名五锋,星表有气如晕。""锋"亦作"鑯"。《晋书·天文志中》:"十二曰五残,一名五鑯,出正东,东方之星。"《大词典》仅收五残。

天蝼 蝼蛄的别名。《尔雅·释虫》:"螜,天蝼。"晋郭璞注:"蝼蛄也。《夏小正》曰:'螜则鸣。'"宋黄庭坚《演雅》诗:"天蝼伏隙录人语,射工含沙须影过。"《大词典》已收蝼蛄、石鼠。

铅精 水银的别名。唐梅彪《石药尔雅·释诸药隐名·水银》:"水银,一名汞,一名铅精。"《全唐诗补编·还丹歌》:"九炼铅精大道成,我家何虑不长生。"《大词典》已收水银、汞。

胡王使者、奈何草 即药草白头翁。近根处有白茸,状似白头老翁,故名。又名"野丈人"。唐孙思邈《千金翼方·草部下品之下》:"白头翁……一名野丈人,一名胡王使者,一名奈何草。"宋郑樵《通志·昆虫草木略一》:"白头翁曰野丈人,曰胡王使者,曰奈何草,状似白薇,叶生茎端,上有白毛,近根处有白茸,正似垂白之翁。"《大词典》已收白头翁、野丈人。

五色丝 旧俗端午时系于臂上以祈福免灾的五彩丝。亦称长命缕、续命缕、辟兵缯。《太平广记》卷二百九十一引南朝梁吴均《续齐谐记》:"今世人五月五日作粽,并带楝叶及五色丝,皆汨罗水之遗风。"明谢肇淛《五杂俎·天部二》:"古人岁时之事,行于今者,独端午为多,竞渡也,作粽也,系五色丝也,饮菖蒲也,悬艾也,作艾虎也,佩符也,浴兰汤也,斗草也,采药也,书仪方也。"《大词典》已收长命缕、续命缕、辟兵缯。

其他还有(括号内词目《大词典》已收录):

离别草(思子蔓、悬肠草),丹螺(香螺卮),小银台(龙脑菊),享糖(兽糖),地髓(芐、地黄),上清华(虹映),冬生(女贞),凤腿(凤尾),熠耀、良鸟(萤火、耀夜、夜光、宵烛、景天),倭菊、新罗(玉梅),执移(貔),等等。

以上从七个方面指出《大词典》词语失收的问题。我们认为,《大词典》之"大",应首先表现在"收词量大"上,当收的词语应尽量收齐收全。要做到这一点,就要大力加强对汉语词汇的研究,包括专书词汇、断代词汇和词汇发展史的研究。特别要加强对汉语词汇特点、词义系统和特殊现象的研究。正如《法语宝库》主编伊姆勃斯所言:"搞不好词汇学也不能搞好词典学。"[①]赵振铎先生说:"要把编写工作和科学研究结合起来,要研究字典编纂工作中存在的问题,总结理论来指导编写实践。"[②]我们希望以上所做的一些总结,能够有助于《大词典》修订二版的"收词立目"工作。

(二)关于方言词语收录的标准问题

方言词是汉语词汇的重要组成部分,其数量庞大,对汉语研究具有重要

[①] 转引自张志毅《辞书强国——辞书人任重道远的追求》,载《辞书研究与辞书发展论文集》,上海辞书出版社,2012年。

[②] 见《辞书学论文集·前言》,商务印书馆,2006年。

作用。毫无疑问,作为一部大型综合性语文辞书,《大词典》也非常重视方言词语的收录,为使用者提供了极大的便利。但是,《大词典》在方言词语收录方面尚难称尽善尽美,仍存在一些问题需要进一步探讨。

为了更准确地发现问题所在,我们逐一统计了《大词典》第十卷收录的所有方言词语。根据所列例证将其分为两类:一是有例证,又包括有书证和自编例两小类。根据书证的时代又将其分为现代方言和古代方言。二是无例证。具体情况如下:

1. 有例证

古代方言:《二十年目睹之怪现状》1,《说岳全传》1,《儿女英雄传》5,《醒世恒言》2,《龙图耳录》1,《白雪遗音》2,《新方言》2,《客座赘语》1,唐顾况《囡》诗1,清范寅《越谚》1,《金瓶梅词话》3,《文明小史》1,《醒世姻缘传》13,《九尾龟》1,明袁宏道《致张幼于书》1,元金仁杰《追韩信》1,元郑廷玉《后庭花》1,清西清《黑龙江外记》1,清顾张思《土风录》1,清李调元《南越笔记》1,《海上花列传》1,《吴歌》2,《歧路灯》2,《天雨花》1,《二刻》1,《官场现形记》1,《豆棚闲话》1,清屈大均《广东新语》1,《西厢记》1,《何典》1,《红楼梦》3,《儒林外史》2,清张涛《津门杂记》2,唐颜师古《匡谬正俗》1,《古今小说》1,明冯梦龙《山歌》1,明杨慎《俗言》1,《石点头》1,清黄汉《猫苑·名物》1,元无名氏《刘弘嫁婢》1。(作品后数字为词条数目,下同)

所引作品凡40种,词语67条。

现代方言(出现于不同作品中的同一词条只统计一次):胡祖德《沪谚外编》4,李准《李双双小传》、《不能走那条路》2,欧阳山《苦斗》、《高干大》4,周立波《暴风骤雨》、《山乡巨变》18,周克芹《许茂和他的女儿们》1,陈残云《山谷风烟》1,徐特立《法国小学教育状况》、《浙江日报》(1991.1.26)1,王西彦《古屋》1,叶圣陶《一个小浪花》1,何其芳《下江人及其他》1,刘绍棠《青枝绿叶》1,郭沫若《黑猫》、《今津纪游》2,峻青《秋色赋》1,华方、钟涛《千重浪》1,康濯《东方红》1,贺敬之《惯匪周子山》2,丝弦剧《空印盒》、徐朝夫《战俘》、《拍不出影子的姑娘》2,刘半农《瓦釜集》1,叶紫《丰收》1,丁洪《真正的战士董存瑞的故事》1,李劼人《死水微澜》、《暴风雨前》、《天魔舞》6,鲁迅《且介亭杂文》、《彷徨》、《故事新编》3,束为《第一次收获》1,郁达夫《雕刻家刘开渠》1,萧军《五月的矿山》、《羊》、《第三代》、《八月的乡村》5,柳青《创业史》、《喜事》、《狠透铁》6,刘亚舟《男婚女嫁》4,《评弹创作选集·王孝和》1,《小说选刊》4,《苏州报》(1980.10.5)1,吴祖光《闯江湖》1,沙汀《困兽记》、《青枫坡》2、《陕北民歌选》2、魏风《刘胡兰》1、鄢国培《游沈》1、杨朔《北线》1、张恨水《夜深沉》1、丰子恺《防空洞中所闻》1、老舍《牛天赐传》、《赵子曰》、《骆驼祥子》、《正红旗下》、《离婚》、《二马》、《龙须沟》、《方珍珠》5、《中国谚语资料》2、《中国农村的社会主义高潮·长沙县高山乡武塘农业生产合作社是怎样从中农占优势转变为贫农占优势的》1、郭澄清《大刀记》1、《花城》(1981.6)1、姚雪垠《长夜》1、《新民晚报》(1984.4.2)1、孙犁《白洋淀纪事》1、李克非《京华感旧录》1、徐哲身《反啼笑姻缘》1、木青《不许收获的秋天》1、贾平凹《浮躁》1、茅盾《子夜》1、李贽均《机会主义的邪气垮下去,社会主义的正气升上来》1、鲁易《团结立功》1、毛泽东《寻乌调查》1、浩然《艳阳天》、《浮云》、蒋子龙《机电局长的一天》2、《收获》(1981.5)1、骆宾基《父女俩》1、《芳草》(1981.3)1、《当代》(1981.2)1、《解放日报》(1943.1.18;1943.11.17;1944.6.13)3、《文汇报》(1984.3.11)1、《中国歌谣资料》1、许地山《凶手》、《缀网劳蛛》2、曹禺《雷雨》1、韩起祥《刘巧团圆》1、洪深《香稻米》、《五奎桥》2、艾芜《荣归》、《人生哲学的一课》2、秦兆阳《大地》1、沙陆墟《魂断梨园》1、赵树理《李有才板话》1、谢觉哉《孔夫子与老农》1。

收录词语132条,涉及当代作家59人,作品100种。

自编例(8条):见天见　见新　重落　足实①　蹦子①　那程子　逞嘴　这疙疸①(词语右下角数码为义项序号,下同)

2. 无例证

买空仓　帐主子　卖交情　卖呆①　卖底　重伤　跑鞋　狼猫　邮券　邮飞　邮钞　邮资　邮资券　逗闷子　过响　逼

上文所列数据基本上能反映《大词典》第十卷所收方言词语的全貌,进而我们可以了解《大词典》全书对该问题的处理情况,尽管不是十分准确,但还是出言有据的。不难看出,《大词典》对收录方言词语是很重视的,并且做了卓有成效的工作。但我们认为,有些问题仍需讨论。特别是关于方言词收录的标准问题,当是关键所在。众所周知,汉语中拥有数量惊人的方言词语,这些词语,有些流行于人们的口语中,有一部分已进入文学作品,这种现象从古代到现代一直存在,我们不能将所有的方言词语都收入《大词典》,这一点是肯定的。但哪些词语该收,哪些词语不该收,依据是什么呢?从上文的统计我们可以看到:①有书证的词语数量占绝大多数,自编例和无例证的词语占少数。对此我们可以提出如下问题:那些自编例和无例证的词语收录的依据是什么?我们生活中尚有大量这类词语为什么不被收录?②有书证的词语中现代的多于古代的,现代作品中有现代名著也有一般文章;有文学巨匠,也有名不见经传的普通作者,特别是收录有《文汇报》《解放日报》《收获》《小说月报》等报刊上的词语,如果我们问,是不是写在书面上的方言词语都被收录呢?回答当然是否定的。但从上文的统计中我们确实看不出《大词典》收录方言词语的标准是什么。

为了证实自己的观点,我们又将《现代汉语词典》(第6版,商务印书馆,2012年,下简称《现汉》)、傅朝阳编《方言小词典》(下简称《小词典》)所收部分方言词条与《大词典》做了比较,情况如下。

《现汉》声母为"H"的词条中共包括方言词152条,将这些词条与《大词典》相比较,有以下三种情况。

(1)二者都收录为方言的(46条):

哈哈儿 哈剌子 哈巴 海椒 海子 害口 顸① 汗褟儿 旱道 旱伞 熯② 行道 薅② 毫⑦ 好多② 耗子 合不着 合得着 河浜 盒子枪 盒子炮 黑糖 黑瞎子 横⑤ 横⑩ 红煤 哄弄 鵁② 猴② 后半晌 后晌 后续② 后罩房 㳠浴 糊糊 花鲫鱼 话茬儿② 话口 欢实 㙓 黄菜 黄牛 黄糖 火亮 火龙② 火塘

(2)《大词典》已收录,但未认为是方言的(79条):

哈① 海⑤ 海⑦ 害⑦ 憨子 汉子② 夯④ 行子 号丧 毫洋 毫子 豪横 好生 号子② 耗⑤ 呵欠 蠚 禾场 黑不溜秋 黑枣③ 恨人 桁条 横是 横直 烘笼 红苕 蕻② 猴③ 猴儿急 猴儿精② 后生 后首 后头② 帍 忽悠① 胡匪 胡子② 猢狲 糊涂② 虎③ 糊弄 花⑤ 花菜 花说柳说 花头 划拉 滑不唧溜 画④ 画字 话茬儿① 话匣子 缓醒 荒⑧ 荒数 荒信 黄包车 黄芽菜 黄烟 黄鱼③ 癀病 灰棚 灰头土脸儿 回口 回头人 回佣 毁④ 混混儿 豁子 活该② 活局子 活络 火刀 火龙① 火色 火纸② 火箸 和弄 镬 镬子

(3)《大词典》未收录的(27条):

顸实 喊③ 行家② 好⑫ 好⑮ 河粉 红矾 红果儿 猴儿精① 忽闪② 忽悠② 胡噜 虎实 欢③ 护犊子 糊弄局 花⑧ 花花肠子 花项 花籽儿 怀⑤ 黄账 谎信 灰不溜丢 磓 浑球儿 火烧鳊

上述统计数据表明,《大词典》和《现汉》在方言词条的收录方面存在较大差异。

《大词典》和《现汉》是两部最具权威性的语文辞书,在社会上具有广泛的影响。然而,当我们面对上述情况(特别是"2"列举的词语)时,就会自然产生一个疑问:在两部都具权威性的辞书面前,我们该依据哪一个呢?

笔者又统计了傅朝阳编著的《小词典》中所收的鲁迅作品方言词63条，与《大词典》比较，《大词典》作方言收录的仅3条，已收而未认作方言的45条，未收录的15条。统计所收《红楼梦》方言词130条，《大词典》作方言收录的3条，已收而未认作方言的93条，未收录的34条。这些统计数字进一步说明了《大词典》方言词的收录标准存在问题。

究竟《大词典》方言词语的收录标准是什么，这的确是一个十分复杂棘手的问题。但有一点是肯定的，就是绝不能在没有一个明确标准的情况下漫无目地收录。如果那样，即使收录的数量再多也没有用，反而会降低辞书的质量。我们认为，《大词典》在收录方言词条时，可以考虑下面几个问题：

(1)主要考虑辞书的性质，以此作为确立标准的出发点、思考点，才不致失之偏颇。作为一部大型的综合性语文词典，《大词典》的编写方针是"古今兼收，源流并重"，"借用吕叔湘先生的比方，《汉语大词典》应该是古往今来汉语词汇的'档案库'。这是《汉语大词典》的主要特点，也是我们努力的方向。"① 既然《大词典》要具有"档案库"的特点，它就要能够解决人们在阅读时所遇到的疑难方言词，因此，不管是古代的方言词还是现代方言词，都将包括在《大词典》的收录范围之内。

(2)古往今来的文献作品浩如烟海，其中的方言词语亦难以计数，我们不可能将所有的方言词都收录于《大词典》。但我们应将古往今来的重要作家和有重要影响的作品中的方言词语收入。这应当是《大词典》方言词收录对象的重要标准。《不列颠百科全书》"词典"条目的释义中特别强调"例证应来自第一流作家的作品"。这似乎对我们思考这个问题有所启示。至于哪位作家、什么作品才算得上重要，这也是一个可以商讨和达成共识的问题。如上文提到《红楼梦》、鲁迅作品中有些方言词语未被收录，比如《红楼梦》中的"打花胡哨、扬崩、扎花、花涅、扣环、坐小月子、拐僻"等，鲁迅作品中的"女吊、打棚、写包票、荐头、困觉、船肚、纵心纵意"等。如果读者在阅读这类作品时查检《大词典》而不能解决问题，那肯定是一个很大的遗憾。

(3)认真吸收、借鉴古代和现、当代方言研究的成果。尤其是近些年来，我国的方言研究取得了较大的进展，一方面体现在有关方言的论文、论著数量多、质量高，另一方面方言的研究成果也在辞书中体现出来。比如《现汉》就是一部具有很高质量的辞书，其中所收的方言词应是具有一定的权威性的，《大词典》应该很好地加以吸收、借鉴。然而从上文二者的比较中，得出的结论是二者存在很大分歧。其中判别一个词是否为方言词的标准尚存争

---

① 见徐文堪《略论〈汉语大词典〉的特点和学术价值》，《辞书研究》1994年第3期。

议。如前文中提到的《现汉》(H声母中)认为是方言词而《大词典》认为不是方言词的就有60条。如果《大词典》在这方面多做些工作,类似情况肯定会减少。也将会大大提高该书的质量,切实树立起它在众多辞书中的权威地位。

总之,笔者认为,《大词典》方言词的收录应考虑收词范围、收录对象、方言词判别标准等几个较为重要的问题,并做深入研究。我们的主要观点可以概括成两个"三":

一是《大词典》收录方言词语应坚持"三为主原则",即以文献载录的方言词语为主,以古代方言词语为主,以古今重要作家和作品中的方言词语为主。这是《大词典》的性质、收词原则以及特点所决定的。

二是《大词典》在现代汉语方言词语的处理上要把握好"三条注意事项",即判定现代汉语方言词语应注意更多地参考和依据李荣先生主编的《现代汉语方言大词典》,收录现汉方言词语的数量应注意高于《现汉》方言的收词量,《大词典》在对现汉方言词语的释义和标注方面应注意减少与《现汉》的分歧。

如此,则可以较好地把握方言词语的收录范围,较准确地判定所收录的对象,处理好方言词语收录的各种问题。

(三)关于同义条目释义问题

本节所涉及的同义条目指以下三种情况:①成语或四字格固定短语与仅靠词序改变形成的同义短语。如"弄盏传杯"和"传杯弄盏"。②一词语和通过改变其某个语素所形成的同义词语。如"跑马观花"和"走马观花"。③主条目及其"亦作"或"参见"类条目。如"裹足布"也称"行缠"。关于这类条目的释义要求,汪耀楠先生在《相关条目解释的平衡问题》[①]一文中做了很好的论述。他指出:对相关条目所涉及的相类似知识信息做出全面正确的解释,使读者从分散的各相关条目的解释中获得同类条目前后一致、完整的知识,是词典释义的一项重要任务。它要求提供知识信息的量与质、广度和深度的辩证统一,要求释义风格的统一。然而我们在查考比较了《大词典》部分同义条目后,发现存在问题颇多。现提出来讨论。目的有二:一是指出《大词典》在释义方面存在的问题,希望编者和读者注意于此。二是或许能

---

① 见《辞书研究》1985年第1期。

对《大词典》的修订起到一些参考作用。下面每组词语按 A 条目卷次、页次排列。

(1) A 一笑一颦:同"一颦一笑"。指脸上的表情。(1—65。1 为卷数,65 为页码。下文同。一般只引与论证有关的释义部分)

B 一颦一笑:谓不高兴或喜悦的表情。(1—11)

按:"颦",皱眉。该成语基本义即"一皱眉一发笑"。比较 A、B 两项,很容易看出,B 为基本义基础上的初步引申,A 项是对 B 内容的进一步概括。然而这种高度的概括恰恰使该词内含不断扩大。"脸上的表情"有许多种,至少"庄重"当不在"一笑一颦"之列。所以我们认为 A 释义不确。

(2) A 冥思苦索:绞尽脑汁,苦苦思索。(2—451)

B 苦思冥想:尽心地思索和想象。(9—320)

按:《现汉》释"冥思苦索"为"苦思冥想"。我们可以得到这样的信息:"冥思苦索"和"苦思冥想"的释义应是一致的。但我们却从 A、B 中发现二者释义并不相同。问题在于 B 释"想"为"想象"。在"冥思苦索(想)"中,"冥"、"苦"同义,"思"、"索(想)"同义,整个词语应为互文见义。故当以 A 释义为确。

(3) A 司空见惯:(先引该词出处唐孟棨《本事诗·情感》)后因以称事之常见者。(3—58)

B 见惯司空:谓经常看到,不足为奇。(10—320)

按:A 中"事之常见者"即"常见之事"。其义与 B 迥别。"司空见惯"人们口语中常用,尽管许多人不清楚它的来源,但并非不懂其义。笔者不再述其源,只引两部词典的释义即可辨孰是孰非。《现汉》:现在用"司空见惯"指看惯了就不觉得奇怪。《成语述源释义》(宁夏人民出版社,1984 年版。下简称《释义》):后来人们引用"司空见惯"表示看惯了就不觉得奇怪。故,A 有误。

(4) A 回光反照:亦作"回光返照"。①指太阳落到地平线下时由于反射作用而使天空短时发亮,用以比喻人临死前精神的短暂兴奋。亦用以比喻事物衰亡之前,表现情况的一时好转。②谓自我省察。(3—609)

B 返照回光:参见"回光反照"。佛教语。谓用佛性对照检查,自我反省。(10—742)

按:B 项释义实际上同 A②。A①的内容不见于 B。《大词典·凡例》言"参见"为"表明同本条内容有关,可补充不足或供参考的另一条目"。但 B 却以"参见'回光返照'"代替了 A①。

(5) A 众口铄金:众人的言论能够熔化金属,比喻舆论影响的强大。亦

喻众口同声混淆视听。(8—1351)

  B 群口铄金：同"众口铄金"。形容舆论影响的强大或比喻人多口杂,足以混淆是非。(9—185)

  按：比较 A、B,发现问题有二。一是释义风格不统一。A 释本义,然后释比喻义。B 只释引申义。二是 B 释义不确。《大词典》释"人多口杂"为：谓谈论的人多,各种议论都有。亦指在场的人多,七嘴八舌。这不同于 A 的"众口同声"。联系"众口铄金"的对句"积毁销骨"来考虑,A 为确。

  (6) A 般涅槃：略称涅槃。佛教语。谓超脱生死的境界,也指僧尼的圆寂。(9—4)

  B 涅槃：佛教语。梵语 Nirvana 的音译。旧译"泥亘"、"泥洹"。意译"灭"、"灭度"、"寂灭"、"圆寂"等。是佛教全部修习所要达到的最高理想,一般指熄灭生死轮回后的境界。(5—1210)

  按：A 尽管未分义项,但实含有两个并列的意义。B 只含 A 中一义。但 B 对此一义的解释要比 A 的内含丰富、清晰。二者各有优劣,但似乎都不能成为这部大型辞书的最佳释义。

  (7) A 色飞眉舞：同"眉飞色舞"。形容喜悦和得意的神态。(9—5)

  B 眉飞色舞：形容高兴或得意的神情。(7—1193)

  按：A、B 不同只在于"和"与"或"。这两个连词所表示的意义是不同的。这里应用后者。《现汉》亦作"或"。

  (8) A 色子：即骰子。用骨头、木头等制成的立体小方块,六面分刻一、二、三、四、五、六点。作赌具用。(9—13)

  B 骰子：赌具。也用以占卜、行酒令或做游戏。多以兽骨制成,为小正方块,六面分刻一、二、三、四、五、六点,一、四点涂以红色,余涂黑色。掷之视所见点数或颜色为胜负,故又称投子、色子。相传为三国魏曹植创制。(12—404)

  C 投子：博具。或云起于战国,或云创于三国魏曹植,取其投掷之义。初用玉制,只两颗,后改用骨制,故又称"投子",增至六颗。每颗成正立方体,六面分别刻一点至六点之数,投掷以决胜负。点着色,故后世又称"色子"。(6—399)

  按：比较 A、B、C 三项,不难发现三者的信息量不同。A 最为简单,读者读后不能准确了解该事物的特征、性质,甚至用词不准。如"立体小方块"不同于 B、C 项中的"小正方块"和"正立方体"。单看 B 或 C 都很完整清楚,但比较二者后则有使人模糊之处,如关于色子创制时间、创制人、颗数的演变,用途。我们未对色子再做全面考证以决三项之优劣,这里只是指出其存在问题,意在引起大家的注意和思考。

(9) A 袍套:补服的别称。亦名外褂、外套。(9—53)

B 补服:① 明清时的官服。因其前胸及后背缀有用金线和彩丝绣成的补子,故称。通常文官绣鸟,武官绣兽。各品补子纹样,均有规定。② 明清时于品服之外,缀有随时依景而制的补子的衣服。(9—89)

C 外褂:清朝官员的礼服之一,因加于各衣之外,故名。长及胫,裾前左右开叉,胸部及背部皆绣有花纹。(3—1165)

D 外套:外衣。(3—1158)

按:依 A 所释,"袍套"、"外褂"、"外套"实为一物。然据 A、B、C、D 之释文,我们可以提出如下问题:①补服义项有二,"袍套"释为"补服的别称",当指其中的哪一项?还是全部包含?②"补服"为"明清时的官服",而"外褂"则为"清朝官员的礼服之一",究竟以谁为准?③"外套"释为"外衣",那么"明清时的官服"等同于"外衣"吗?这些问题说明《大词典》无论在释义内容上还是在体例上都存在照应不周的缺陷。

(10) A 被宠若惊:谓受到意外的恩遇而顿觉吃惊不安。(9—61)

B 受宠若惊:骤然受到意外的宠爱而感到惊喜和不安。(2—888)

按:A、B 的不同在于是"顿觉吃惊不安"还是"感到惊喜和不安"。揣摩语意,似当为后者,惊喜和不安两种感情成分同时具有更符合实际。

(11) A 良辰吉日:美好的时辰,吉利的日子。(9—262)

B 吉日良辰:吉利的日子,美好的时光。(3—91)

按:"良辰",A 释为"美好的时辰",B 释为"美好的时光"。《现汉》释为:"①美好的日子:良辰吉日。②美好的时光:良辰美景。""良辰"与"吉日"乃互文见义。故可统释为:"美好吉利的日子。"

(12) A 走马看花:①形容得意、愉快的心情。②比喻匆忙和粗浅地了解事物。(9—1073)

B 跑马看花:比喻大略地观看一下。(10—451)

按:"走"的本义即为"跑",故 A、B 两成语意义实无不同。但我们看到 A 释义内容较 B 丰富。B 只含 A②的内容。另外 B 项释义也值得讨论。该成语本义是骑在奔驰的马上看花,也就是大略地看看花,其比喻义还为"大略地观看一下",不确。故当以 A②为胜。

(13) A 豕突狼奔:如野猪冲撞,似恶狼奔窜。比喻人之横冲直撞。(10—12)

B 狼奔豕突:形容坏人成群作乱。(5—60)

按:A 先释本义,再释比喻义。B 直接释引申义。表现出释文风格的不一致。A 言"比喻人之横冲直撞","人"之外延过宽。该成语中的"豕"、"狼"

很明显应指坏人。故 B 释义略胜。

(14) A 负薪救火:抱着柴草救火。比喻想消灭灾害,反而使灾害扩大。(10—77)

　　B 抱薪救火:比喻以错误的做法去消灭祸患,反而使祸患扩大。(6—494)

按:A 释义中比喻义未能抓住该成语本质。"救火"是一行为,那么该行为的方式应加以强调突出。尤其是"救火"怎能再"负薪"呢?很明显,其方法的错误应是强调的重点,而 A 未能体现此义。该成语《现汉》释为:比喻因为方法不对,虽然有心消灭祸患,结果反而使祸患扩大。《释义》为:比喻因消灭灾害的方法不对,反而使灾害扩大。故,B 较 A 为胜。

(15) A 买青苗:旧时地主或商人在每年青黄不接时,利用农民生活上的困难,杀价预购农民地里的青苗,庄稼成熟后,归其所有。或以青苗作抵押品,放出高利贷,从中获取暴利。也称放青苗。(10—163)

　　B 放青苗:旧时地主或商人在谷物成熟前,利用农民生活困难的机会,用低价预购谷物,是一种变相的高利贷。(5—411)

按:"买青苗"也称"放青苗",两词同义。我们读 A,能够比较清楚地了解什么是"买青苗",为什么称为"买青苗"。而 B 则没有这么多信息,甚至给人造成错觉。如:"用低价预购谷物"中的"谷物"究竟指什么?这种做法怎么"是一种变相的高利贷"呢?这些读者从 B 中无法弄清楚。故 A 释义较好。

(16) A 亲离众叛:大家反对,亲信背离。形容不得人心,极其孤立。(10—350)

　　B 众叛亲离:众人反对,亲信背离。形容处境危险,十分孤立。(8—1356)

按:A、B 两项的分歧在于究竟是"形容不得人心"还是"形容处境危险"。另外,"大家(众人)反对,亲信背离",引申出来的意义很自然、很符合逻辑的是"不得人心,极其孤立"。如果再往下思考也可能"处境危险",但这种引申已超出了一定的度,与原词语的本义相距太远了。《现汉》释为:众人反对,亲信背离,形容十分孤立。与 A 基本相同,较得当。

(17) A 袣襒:亦作"袘襒"。明代宫廷内臣穿的一种常服。也称"曳撒"。(9—48)

　　B 曳撒:古代的一种戎装。短袖或无袖者称袴褶,长袖者称曳撒。(5—580)

按:A 指出"袣襒"也称"曳撒"。而"曳撒"所解释的事物和"袣襒"风马牛不相及,完全是两种不同的东西。此类条目,读者不查则已,可能愈查愈糊涂。

(18) A 野鹤闲云:幽闲孤高的鹤和来去无定的云。常用以形容人闲散自由。(10—416)

B 闲云野鹤:同"闲云孤鹤"。即:飘浮的云,孤飞的鹤。常比喻无拘无束,来去自由的人。(12—86)

按:《大词典》释"野鹤"为"鹤居林野,性孤高,常喻隐士"。"野鹤闲云"为一联合结构,从所组成的两部分的相似点来看,"野鹤"当与"闲云"喻指同样的事物。所以 A、B 两项释义 B 为确,而不能如 A 释为"形容人闲散自由",当为"指闲散自由的人"。

(19) A 迎新送旧:①谓迎来新的,送走旧的。②特指妓女生涯。(10—749)

B 送故迎新:亦作"送旧迎新",送去旧的,迎来新的。①指送旧官迎新官。②指送旧岁,迎新年。③指娼妓送迎嫖客。(10—809)

按:这一组问题在于 B。在"送去旧的,迎来新的"后列三个义项并不能将"旧的"、"新的"这两个"的"字短语所包括的含义表达完全。如"送旧同事,迎来新同事",也可以称"送旧迎新",也能列为一项吗?该成语中的两个"的"字短语包含的内容是非常丰富的,我们不可能将其列举穷尽,所以说 A 的处理是很恰当的。

(20) A 道不拾遗:谓路有失物,无人拾取。古时用以形容刑法严峻或民风淳厚。(10—1066)

B 路不拾遗:谓东西掉在路上,人们不会捡起据为己有。形容社会风尚好。(10—474)

按:"道不拾遗"与"路不拾遗"语义应当相同。而 A 释义所包含的信息量则多于 B。如果查考各自的例句,均能言之成理。但在同一部辞书、甚至同一卷中存在这样的问题是否应该,可以讨论。我们认为应统一释义,作主副条处理为宜。

上文列举了《大词典》中同义条目 20 组,对其中存在的问题,有的做了分析、鉴别,有的则未加评判取舍。正如前文所言,本文旨在指出《大词典》中存在的不足,希望引起对这一问题的重视。虽然这只是举例性质,但由此亦可看出《大词典》在处理同义条目问题上存在很大缺陷。这主要反映在同义词条释义有误,释义中所含信息量多寡不一,释文风格不统一等方面。希望二版编修时,能采取一定的方法打破分卷编纂的局限,认真排查散见于各卷中的同义条目,对有类似问题者一一修改订正,使相关条目的解释更趋科学、平衡和统一。

（四）义项排列顺序问题研究

《大词典》作为中国第一部"古今兼收，源流并重"的大型汉语历史性语文词典，不但在汉语词典编纂史上成就卓著，也代表了当时汉语语言学理论和实践，特别是词汇语义学研究的最高水准。但就目前来看，因为受当时编纂条件的制约，《大词典》在编纂的多个程序上尚可改进。本文仅就其多义词义项排列次序问题做些探讨，谈谈我们对于汉语历史词典义项排列次序原则的观点，以此来检视《大词典》义项编排上的问题，并提出改进的设想，以供第二版编纂修订工作参考。

1. 汉语大型历史词典义项次序的编排原则

一般来讲，语文词典义项排列的次序主要有三种类型：历史顺序（chronological (historical) ordering）、频率顺序（ordering by frequency(usage)）、逻辑顺序（logical ordering）。历史顺序是指"按各词义在历史上出现的先后次序排列"①，词义出现的先后顺序依据历史文献而定。这种顺序一般为采取历史主义编写原则的大中型词典所采用，此种词典的目的是从形体、含义、用法等角度，全面揭示各词的起源、历史演变和现状。英语词典中的《牛津英语大词典》和《韦氏大学词典》就声称按历史主义原则排列词典义项，汉语词典中的《现代汉语规范词典》也采用这种顺序。频率顺序是指按使用频率来排列义项，最常用的义项排在最前面，罕用的义项排在后面。采用这种编排顺序的词典背后一般都有大规模的语料库作为统计频率的根据。许多中型的共时词典和学习型词典都采用这种顺序，如《朗文当代英语词典》。逻辑顺序是指"按词义间的逻辑联系，以类相从排列"。定义中"逻辑联系"的含义非常模糊，但正反映了词典编纂的实际情况，这也是我们引用这个定义的原因。按照 Robert Lew 的说法，逻辑顺序至少包含以下几个方面：②

- 从中心/核心意义到边缘意义（from central/core to peripheral）
- 从一般意义到特殊意义（from general to specific）
- 从具体意义（空间、时间）到抽象意义（from concrete (spatial, temporal) to abstract）

---

① 黄建华《词典论》，上海辞书出版社，2001年。

② Robert Lew. 2009. Towards variable function-dependent sense ordering in future dictionaries. In *Lexicography at a Crossroads: Dictionaries and Encyclopedias Today*, *Lexicographical Tools Tomorrow*. Bern: Peter Lang.

・从字面意义到隐喻意义(from literal to metaphorical)

・从本义到引申义(from original to derived)

除了这三种传统顺序,词典编纂文献中还提到了文本/语用顺序,提议按照从旧信息到新信息的顺序安排义项,就跟说话行文的顺序一样①。但目前我们还没有见到按照这种顺序实际编纂出来的词典。除了以上四种全局性的顺序之外,还有一些顺序可以用于词典中一部分词条,如句法顺序、用于人的义项优先于用于事物的义项的顺序、中性意义优先于褒贬意义等②。

《大词典》并没有对义项排列原则做明确说明,但从其"前言"的有关论述中,我们能找到一些线索:"(《大词典》)着重从语词的历史演变过程加以全面阐释。所收条目力求义项完备,释义精确,层次清楚……符合辞书科学性、知识性、稳定性的要求。"要全面阐释语词历史演变的全过程,从词典的微观结构看,就是要在义项排列上按历史顺序排序;要求释义层次清楚,从义项排列看,则非按逻辑顺序不可。这两个要求是不是相互矛盾呢?这两个原则《大词典》的编纂者并没有明确提出来,是否仅仅是我们的理解,而《大词典》并不遵循呢?作为《大词典》编纂过程的亲历者,虞万里先生写道:"(《大词典》)义项按本义—引申义—引申义的引申义依次排列,但汉语单字与词汇词义之发展并非依循直线链式引申,而是立体式多向度引申,犹如族谱的谱系,难以用序号反映在辞典式的序列中,最终也只能大致按本义—引申义排列。"③对照上文论及的几种顺序,《大词典》采用的是逻辑顺序中的"本义到引申义"的顺序。但这个顺序也没能得到很好的贯彻,最后只是把本义放在第一个义项,而其他引申义之间的逻辑联系就无暇顾及或者由于编排体例所限就不能顾及了。这可以说是虞万里先生所揭示的《大词典》"编纂过程中因历史和人为因素造成的种种缺失"④中很重要的一种了。可见,我们现在讨论《大词典》的义项排列问题是切中要害的。

那么,《大词典》到底应该按照哪种顺序排列义项呢?现代词典学研究者认为,所谓好的义项排列次序是相对于词典功能而言的。兹古斯塔《词典学概论》中转引雅努齐的话就很好地说明了这一点:"各种排列顺序都是可能的,决定因素在于词典为谁而编,为哪个用场或哪些用场而编。"⑤Robert Lew 说:"我认为对于在所有情况下都是最佳的义项排列的唯一策略的期

---

① Frawley, William. 1989. 'The Dictionary as Text.' *International Journal of Lexicography*.
② 同上页注②。
③ 虞万里《〈汉语大词典〉编纂琐忆》,《辞书研究》2012 年第 2 期。
④ 同上。
⑤ 兹古斯塔《词典学概论》,林书武等译,商务印书馆,1983 年。

待是天真和不切实际的。"①（I believe that an expectation that a single strategy might be optimal in all circumstances is naive and unrealistic.）他提出了两条理由：一是义项排列策略应该反映词典的设计功能（design function(s)），二是词典里的某些词条需要不同于一般词条的特别处理。比如采用历史顺序的语文词典其服务对象可能就是从事语言研究的专家。

《大词典》当然不会只是语言学家在查阅，但是我们认为凡是会查阅这样的大型历史词典的读者也会跟语言学家抱有类似的目的，即对语词特别是其意义的发展演变历史做比较系统全面的了解。如果仅仅是为了获得汉语某个发展阶段中某些语词的权威解释，一般读者大可不必费力查阅这种大型的词典，因为查阅《现代汉语词典》《王力古汉语字典》，包括各个时代的"语言词典"和专书词典要有效率得多。既然《大词典》如其前言所述的宗旨是"古今兼收，源流并重"，那么它就应该对每一个词语的起源、历史演变和现状加以全面阐释，在义项排列上首要策略应该是历史顺序策略。

但是，历史顺序并不意味着流水账似的把语词的意义按照在文献中出现的先后排列出来，这样做并不能准确反映语词意义的历史。一方面，语词的意义变迁并不能完整的在文献中展现出来，即使我们穷尽了所有传世和出土文献，也不能保证我们发现的最早的用例就是该意义在汉语中首次被使用。由于书面语和口语的不同步，故往往书面语中反映出来的词语及其意义的变迁比口语实际要晚。甚至，我们也无法排除有些意义不在历史文献中出现的可能性。从这一点上说，至少历史文献中反映出来的词义变迁的先后，并不能作为我们确定义项排列顺序的唯一标准。另一方面，从读者使用《大词典》角度出发，单纯按照文献顺序排列义项，往往会造成理解上的混乱，让读者抓不到词义变化的真正的历史线索。词典的编纂者在理解词义发展历史的同时必须考虑如何把这样的历史更好地呈现给读者，以满足读者学习词汇和了解词汇历史知识的需求，达成《大词典》对科学性和知识性的追求。出于这两方面的考虑，《大词典》的多义词义项还要采取另外一种原则，即逻辑顺序，主要是其中的从本义到引申义的顺序。只有这样，我们才能真正地达到预期的编写目标，即在准确把握每一个语词词义系统的基础上，把每一个语词的历史完整准确地传递给读者。

所以，我们对于《大词典》的义项排列顺序的观点是历史顺序和逻辑顺序相结合。这里要说明的是，这种策略在保证义项排列的科学性和知识性

---

① Robert Lew. 2009. Towards variable function-dependent sense ordering in future dictionaries. In *Lexicography at a Crossroads: Dictionaries and Encyclopedias Today*, *Lexicographical Tools Tomorrow*. Bern: Peter Lang.

的同时，并不会导致稳定性的缺失。王力先生早在《理想的字典》中就说过："本来，'明字义孳乳'就含有'分时代先后'在里头：本义最早，引申义次之，引申义的引申义又次之。"①可见他认为历史顺序和逻辑顺序是一致的，并没有冲突。从理论上来讲，逻辑顺序中的本义是引申义的源头，在时间上也应该在引申义之前。所以，在最理想的情况下，历史顺序和逻辑顺序应该完全一致。Kipfer 在论及逻辑顺序时提到，Hiorth 的观点就是在没有文献调查的情况下提出的关于意义演变的理论上的假设。② 所以，在这里，逻辑顺序可以看成是对词义发展历史的理论假设，历史顺序可以看成是对词义发展历史的文献调查。只要理论假设能够比较好地反映词义发展的客观规律，而历史文献又全面地反映了词义发展的状况，这两种顺序就会完全一致。这就是最理想的情况。可是在实践中，一方面词义演变理论在不断进步，谁也不敢说已经找到了词义演变的根本规律；另一方面，文献，即使像汉语这样历史文献绵延不绝、极大丰富的语言，也不可能将词义演变的所有方面保存下来。所以，我们认识到要真正做到准确、全面、系统地在词典中记录语词意义发展的全部面貌是不可能的。

人们对于科学和知识的追求是无止境的，但是每一个人，即使专家对某方面的知识也只能追求尽量的准确、全面。词典的编纂就是要在有限的理论和实践条件下，尽可能达到编纂目标，尽可能满足读者需求。所以，在《大词典》编纂的实践上，在理论和文献都不足以独立支撑大局的情况下，只有结合两者的优长，在义项次序的编排中审慎地考虑到两方面的情况，才能在现有条件下尽量准确反映语词意义发展的"真实"历史。

2.《大词典》义项排列失序问题举例

本部分，我们试举《大词典》第二卷刀部和第八卷穴部一些多义实词为例，在分析归纳其词义系统的基础上，对其义项排列问题提出一些具体的修订意见。先看"刀"部的六个词：

(1)**列** 《大词典》(二卷 609 页)列有 16 个义项，共有 23 义：

①"裂"的古字。分离；分裂。引申为斩杀。②行列；位次。③属类；范围。④陈列；排列。⑤罗列。⑥收列；列入。⑦陈述。⑧大；显。⑨众；各。多用于有名位者。⑩市集。⑪田垄水渠。⑫量词。⑬古星名。⑭通"烈"。⑮通"迾"。遮拦。⑯姓。

---

① 王力《理想的字典》，收入《王力文集》第 19 卷，山东教育出版社，1990 年。

② Kipfer, B. A. 1984. Methods of ordering senses within Entries. *LEXeter '83 Proceedings*. Tubingen: M. Niemeyer.

按:对其词义系统进行梳理后,我们发现其义项的确立和排列皆有不当之处。《说文》:"列,分解也。"其本义为分解、分裂,是"裂"的古字。引申为斩杀。裂人即斩杀人。此即《大词典》义项①。但"斩杀"与"分离;分裂"意义区别明显,应分为两个义项。"分离;分裂"成条状,即为行列,因此引申为"行列"。古人所居行列,即代表其所在位次,因此又引申为"位次",此两义关系极近,可列为一个义项,即《大词典》义项②。由"行列"引申为动词"陈列,排列,罗列",即义项④和⑤。其动词意义可以是"列出来",也可以是"列进来",即义项⑥"收列;列入"。收列起来的事物可构成一个类属,形成一定的范围,又可引申出"属类;范围"义,即《大词典》义项③。用语言"陈列,罗列"就是"陈述",即《大词典》义项⑦。"行列"中人数必众,因此又引申为"众多";指称"行列"中的每一个,即"各",此为义项⑨。《大词典》引《左传·庄公十一年》例,孔颖达疏:"列国,谓大国也。"释"列"为"大;显",实乃随文释义,此处"列"完全可释为"各",所以义项⑧应归入⑨。由"行列"可以引申出排成列的事物:"市集"、"田垄水渠",即义项⑩、⑪。"行列"义虚化,作为量词,用于成行的东西,即义项⑫。根据以上分析,"列"的词义系统可以表示如下:

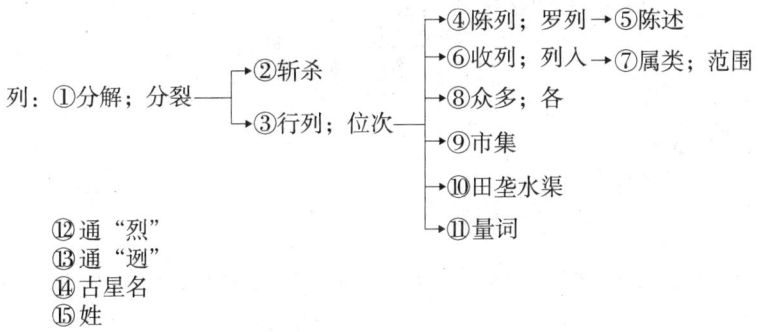

《大词典》如按上表中次序排出"列"的义项,似更为明晰。

(2)利 《大词典》(二卷634页)共列17个义项:

①锋利;锐利。②疾;迅猛。③利益;好处。④吉利;顺利。⑤方便;适宜。⑥胜;胜过。⑦资源。⑧赢利;利息。⑨爵赏;利禄。⑩顺应。⑪犹利用。⑫贪爱;喜好。⑬犹养,谓告祭时的供养。⑭指大小便。⑮通"离"。离开。⑯通"痢"。⑰姓。

按:其中前两个义项分立、排列清楚明白,符合客观实际。自第三个义项起,除⑬为特殊用法,⑭"指大小便"是因"便"而生义,⑮、⑯为通假,⑰为专名以外,其余义项均系由"财利"义引申而来,而《大词典》不仅义项繁杂,而且排列混乱,需要重新整理。"利"的"财利"义很明显是存在于语言实际中的(参见

《王力古汉语字典》"利"字条)。以此为起点,由"财利"引申为一般的"利益;好处"。《大词典》义项"⑦资源"所举例为《周礼·夏官·职方氏》:"掌天下之图,以掌天下之地……周知其利害。"义项"⑨爵赏;利禄"所举例为《国语·晋语九》:"夫以城来者,必将求利于我。"《礼记·表记》:"事君大言入则望大利,小言入则望小利。"唐韩愈《酬厮门卢四兄云夫院长望秋作》:"驰坑跨谷终未悔,为利而止真贪馋。"其中"利"皆系与"害"相对之"利益;好处"义,《大词典》所立义项⑦、⑨均是未经概括的语境义,因此上两个义项应归入"③利益;好处"。从利益、好处的获得来说,获得过程中没有遇到阻碍,则为"吉利;顺利",获得过程不繁杂、不困难,则为"方便;适宜",即分别为《大词典》义项④、⑤。"利益;好处"用于比较,则为"比……有利,比……好",此可代替《大词典》义项"⑥胜;胜过"。通过他人或他物获得"利益;好处"即为"⑧利用",由此又引申为"顺应"。由"财利"又可引申出贪爱财利的"贪财",由此引申为一般的"贪爱;喜好",此即义项⑫。多余的或赚取的"财利"即是"利润;利息",此为义项⑩。由上面的分析整理,可将"利"的词义系统归纳为:

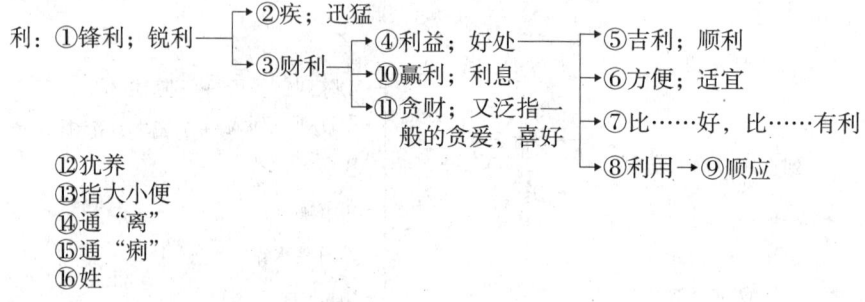

⑫犹养
⑬指大小便
⑭通"离"
⑮通"痢"
⑯姓

《大词典》如按表中次序排列"利"的义项,则各义项之间的层次关系似更为清楚。

(3) 刺 《大词典》(二卷649页)列有20个义项,凡30义:

①以剑矛之刃向前直戳。亦泛指用刀剑等尖锐的东西刺入或穿过物体。②刺杀;杀死。后亦指暗杀。③讽刺。④谓指责、揭发。⑤探取;采取。⑥古代耕田器耒下连耜之前曲部分,本称"疵"。……后用为刨土、耕作之意。⑦刺探;侦探。⑧插入;钻进。⑨刺激;刺射。⑩兵器的锋刃。⑪泛指尖利如针之物。亦喻令人难堪、棘手的言行。⑫书写。⑬名片。⑭担任州刺史或郡守,亦泛指出任。⑮刺绣。⑯刺配。⑰判决。⑱划船;撑船。⑲征募兵卒的代称。宋制,凡兵卒常刺字为记,故称。⑳一种横网捕鱼方式。

按:"刺"的中心意义为"用刀剑矛之刃刺",也可指"刺杀"。《说文》:

"刺,直伤也。"《广韵·昔韵》:"刺,穿也。"亦泛指用尖锐之物刺入或穿过物体。此即《大词典》义项①。而"用刀剑矛之刃刺"的结果之一就是杀死。后又指暗杀活动。同时又活用为名词,引申为兵器的锋刃,即《大词典》义项⑩,后又扩大泛指所有尖利的物体,即义项⑪。此乃动静互用引申之结果。

因刺入或穿过的事物之不同,"刺"产生了不同的意义:"以词讥之曰刺",此用话语,可训为"讽刺;指责"。《大词典》中"③讽刺"、"④谓指责、揭发"皆为用"词"刺,当合并为"讽刺;指责",所引众例皆合。以篙等物刺水则为"撑船"义,《庄子·渔父》:"(渔父)乃刺船而去,延缘苇间。"此即《大词典》义项⑱。"以笔刺简之上也"则产生"书写"义,即义项⑫。又由"画姓名于奏上"引申为"名帖"义,即今天所谓的名片,此即义项⑬。以"疵"刺地为义项⑥。《玉篇·刀部》:"刺,针刺也。"此乃以针刺织物,则产生"刺绣"义,即义项⑮;有时又指刺绣品。以刀刺人时,因目的不同而产生不同的意义:在面部刺字,表明地点、时间,则为"刺配",即义项⑯。刺配是定罪后施行的,故又引申为"判决",即义项⑰。在面部或其他部位刺字,仅是为表明军士身份,则为宋代军制,即义项⑲"征募兵卒的代称"。让鱼刺网则特指一种横网捕鱼方式,即义项⑳。以人"刺入"则产生"钻入"义,此即义项⑧。因人钻进的目的不同,《正字通·刀部》:"刺,侦伺。"指人钻入团体中进行侦探活动,为"刺探"义,即义项⑦。在此意义上又进一步引申指以监督下属官员为目的,出任刺史,也即义项⑭。若钻而取之,则为"探取;采取"义,即义项⑤。

最后,由"尖锐之物刺入物体"又引申为"刺激",即义项⑨,此义系因果引申而来。

综上,"刺"的词义系统可归纳如下:

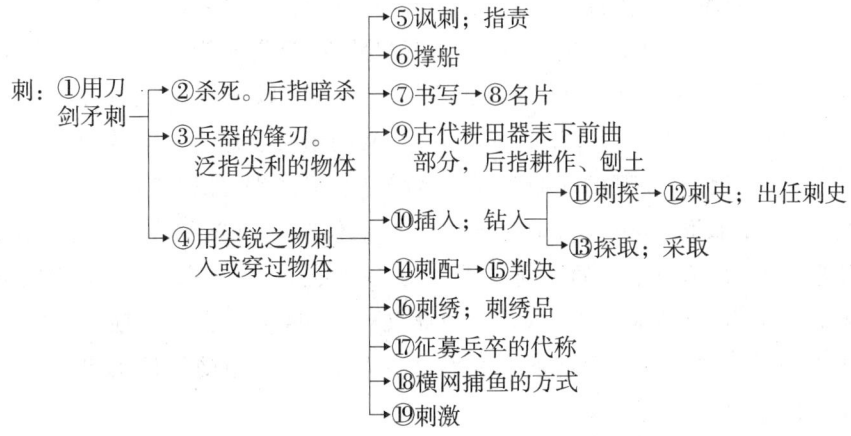

《大词典》如按上列顺序排列"刺"的义项,当可避免一些义项之间引申关系的颠倒、混乱。

(4)制 《大词典》(二卷661页)列有16个义项:

①依式剪裁;断切。②造作。③制裁;制服。④控制。⑤断绝;禁止。⑥制定。⑦遵从。⑧著述;创作。⑨法度;制度。⑩体制;样式。⑪指帝王的命令。⑫古代丧服的礼制。后指父母丧事。⑬古之长度单位。一丈八尺为"制"。⑭古代农业生产的组织单位。⑮古邑名。⑯姓。

按:在对"制"的词义系统的分析中,我们发现其具有很强的体系性。《说文》:"制,裁也。"《大词典》所列的16个义项,除"⑮古邑名"、"⑯姓"外,其他众义皆由"剪裁"义引申而来。

就动作而言,《字汇·刀部》:"制,造也。"因制造他物与裁制衣服有相通之处,故由中心意义"剪裁"引申为一般意义上的制造。《大词典》将此义释为"造作",颇为不妥。"造作"(十卷,902页)共列有四个义项,用作训释词难以辨别所对应的义项是哪一个,且《大词典》"制②"下所引众例皆为"制作"义,故当取"制造;制作"作为义项。"制"又具体指"著述",即文章的创作,此仍为"制作"义,当归于"制作"。故《大词典》中②、⑧应合而训为"制作;创作"。同时由于制作而成的事物总以一定形式而存在,由此"制"又进一步引申为名词"体制;式样",此即义项⑩。

就结果而言,"剪裁"又引申为用强力使之驯服,即制服,从而掌控事物不使之任意活动或超过范围,即控制住、抑制住。《大词典》义项③、④即为"控制;制服"。《说文·刀部》:"一曰止也。"《广雅·释诂四》:"制,禁止。"此时,"制"则训为"禁止",此义系"制服;控制"的近引申义,实即"控制,抑制"义,当归于"制服,控制"。

就目的而言,"剪裁"又进一步引申为"制定",即义项⑥。制定下来的东西就会对某个团体产生约束力,具有权威性,逐渐成为法度、制度,此即义项⑨。因帝王的命令是"金口玉言",也就具有权威性,就这一点而言,"制"又特指"帝王的命令",即义项⑪,此义归于⑨为佳。就约束力而言,"制"又训为"丧服的礼制",后又特指守父母之丧,此即义项⑫;又训为"古代长度单位"、"古代农业生产的组织单位",此即义项⑬、⑭。上三义均有约束力、约定俗成的共同性质。又,法度、制度一旦产生,对全体成员都有约束力,全体成员必须遵守,由此又产生"遵从"义,即义项⑦。"制"既训为"制定",又训为"遵从",此乃施受同词现象,施受同词引申乃词义引申的重要方式之一。

"制"的词义系统可归纳如下:

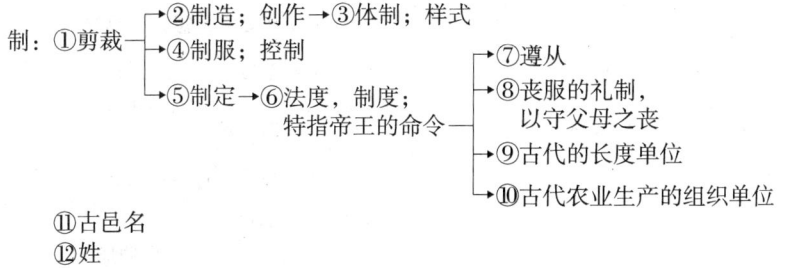

⑪古邑名
⑫姓

《大词典》可按上表的次序对"制"的义项排列做适当调整。

(5) 剥　《大词典》(二卷 713 页)列有 13 个义项,共 15 义:

①裂;撕裂。②削。③去掉外皮。引申为扒去外层物。④脱落;侵蚀。⑤盘剥;掠夺。⑥罢免;革除。⑦伤害。⑧谓生硬套用别人作品的形式。⑨《易》卦名。……后谓时运不利为剥。⑩衰微;减少。⑪裸露。⑫象声词。⑬通"驳"。

按:"剥"基本义为"削,削皮",此即《大词典》之义项②、③。后由具体的"剥皮"义扩大引申为一般意义上的去掉外层物。《大词典》中除"⑫象声词"、"⑬通'驳'"外,余下众义皆系"去掉外层物"引申而来的,下面从三个方面做具体分析:

以外层物与事物本体的关系而言,"剥"这个动作的结果,使外层物与事物本体截然分开,由此产生"裂;撕裂"义,《说文·刀部》:"剥,裂也。"

对事物自身而言,外层物去掉后,原事物必受到损坏,便产生"伤害"义。此即义项⑦。又因外层物的丧失,原有事物呈现减少状态,事物处于暴露状态。此时"剥"可训为"减少"、"裸露",即《大词典》义项⑩、⑪。"剥"训为"减少;衰微"时,又特指卦名,即义项⑨。

对外层物而言,"剥"有剥而去之、剥而取之之分。《广雅·释诂三》:"剥,落也。"《庄子·人间世》:"夫直梨橘柚果之属,实熟则剥。"此"剥"训为"脱落",即外层物被侵蚀,脱落下来。官员离开原有职位,其性质与外层物脱离事物相同,于是"剥"便产生引申义"罢免;革除",此即义项⑥。上述两个义项均为剥而去之。"剥"又有剥而取之,目的在于剥取外层物时,则产生"掠夺"义;而套用别人作品的形式,其性质同于剥取外层物,同性质引申便产生义项⑧。

附带提到的是:《大词典》:"⑫象声词。参见剥剥、剥啄[1]。"我们检看"剥啄[1]"条,发现其未出现释义为"象声词"的,而"剥啄"条则释为象声词。

现将"剥"的词义系统列表表示如下:

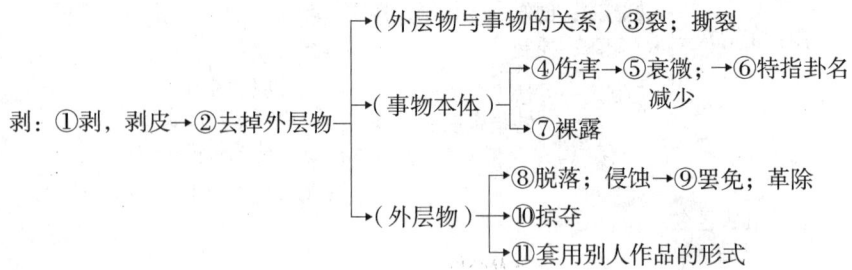

⑫象声词
⑬通"驳"

《大词典》可按上表之次序排列"剥"的义项。

(6) **割** 《大词典》(二卷731页)共列16个义项：

①用刀分解牲畜的骨肉。亦谓宰杀牲畜。②切割；截断。亦指杀害。③指烹饪。④分割；划分。⑤指裂土分封。⑥谓割据。⑦剥夺；夺取。⑧(刀口)伤缺。⑨断绝；舍弃。⑩判断；裁断。⑪古代酷刑之一。截取男性生殖器。⑫数学术语。谓以直线通过圆周或其他曲线上的任意两点。⑬方言。撕割；领取。⑭方言。制作。⑮象声词，犹豁。⑯通"害"。⑰通"曷"，何。

按："割"义项排列较混乱，下面试做分析：《尔雅·释言》："割，裂也。"邢昺疏："割，谓以刀裂之也。""用刀割"是其本义。《大词典》中义项①、②所引众例皆可训为"用刀割"，当归于一项。又《庄子·养生主》："良庖岁更刀，割也；族庖月更刀，折也。""割"、"折"均为动作动词，"割"亦当训为"用刀割"。《大词典》释为"(刀口)伤缺"，似不确。又因"割烹煎和"常连用，故割牲畜肉又代替烹饪，即义项③。此乃相关引申。

用刀割的结果就会把整体分开，由此引申为"分；划分"。唐杜甫《望岳》诗句"造化钟神秀，阴阳割昏晓"及《续资治通鉴·元成宗大德元年》例，皆是。在"划分"义基础上转为数学术语，即义项⑫。由"划分"又可引申为"判断"，即义项⑩。把事物分开因目的不同而产生不同意义：分而取之，则为"领取"，即义项⑬。分他人之物而取之则为"夺取；占有"。此即义项⑥、⑦。又有分而去之则引申为裂土分封，即"分封"义。分己之物而去之，是极不情愿的，迫不得已，则引申为"割让"。《战国策·秦策》例、汉司马相如《难蜀父老檄》例皆是。从迫不得已这一特点来讲，又进一步引申为"舍弃；断绝"。在此义上，又特指古代一种酷刑，即义项⑪。

"割"的词义系统可表示如下：

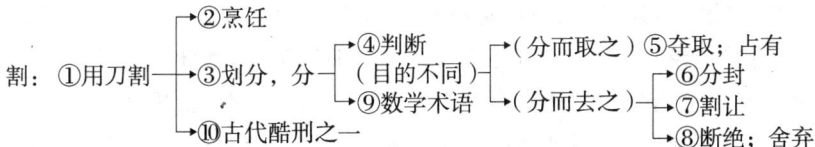

下面再看第八卷"穴"部的四个词。

(7) 窄 《大词典》(八卷439页)仅列有5个义项,共9义,但其词义系统仍欠清晰:

①狭隘;狭小。②短缺。③紧迫;困难。也指窘迫。④不舒坦。⑤整齐;漂亮。

按:《字汇·穴部》:"窄,狭也。"本指横向距离小,即"狭小",引申为一般意义上的"小;少"。也指心胸、气量不宽广,如《大词典》所举例:"心眼儿太窄",此系比喻引申而来。"窄"之训小、少,犹"狭"之训小、少;"窄"之训"心胸、气量不宽广",犹"狭"之训"心胸狭窄"。此乃同义词的相同方向引申之理,即同步引申。同时一般意义上的"小;少"又引申为"窘困,窘迫",此乃因果方式的引申。"窘困,窘迫"又泛指心理上"窘"、"不舒服",此即义项④。至于义项"⑤整齐;漂亮",我们认为是由通"乍"而得(《大词典》(一卷645页):"乍⑨形容俏丽的样子。"元王实甫《西厢记》第二本第三折:"打折的身子乍,准备着云雨会巫峡。")

"窄"的意义系统可归纳如下:

窄:①狭小 → ②小;少 → ③窘困;窘迫。泛指不舒服
　　　 → ④心胸狭窄

⑤通"乍"。整齐,漂亮

《大词典》可按上列次序调整排列"窄"的义项。

(8) 窠 《大词典》(八卷449页)列有10个义项,共16义:

①动物的巢穴。亦借指简陋的居所。②做窠。③物集中之所。④物聚集成团。⑤织物上的花纹式样之一,即团花。⑥指凹陷低洼的地方。⑦指印文空白处。亦指刻印写字的横直界格。⑧洞;坑。⑨同"科"。(1)官;官职。引申为做官。(2)章节。⑩量词。(1)多用于一胎生或一次孵出的动物,亦用于一穴共时生长的植物。(2)用同"棵"。多用于植物。(3)用同"颗"。多用于颗粒状物。

按:"窠"本指"鸟类、昆虫类栖止处",由此可借指人的居所。如宋孟元老《东京梦华录·育子》:"浴儿毕,落胎发,遍谢坐客,抱牙儿入他人房,谓之移窠。"此二义当分立为佳。由"鸟类、昆虫类栖止处"又活用为动词,引申为"做窠",即义项②,此系名动相因引申而来。事物聚集成团,与鸟类、昆虫类把杂物堆织成巢性质相似,由之,"做窠"义进一步扩大引申为一般事物聚集成团成簇。此即义项④。"窠"又训为"物集中之所",此亦因性质相似引申而来。在此义上,又特指织物上的团花,此即义项⑤。由"鸟类、昆虫类栖止处"进一步虚化为量词,即义项⑩的(1)义。

由"窠"多呈凹形,引申为指"凹陷低洼处",此即义项⑥。此义系由形状相似引申而来。"坑"可训为"地上洼陷处"(《大词典》二卷1062页),"洞"训为"洞穴",即深凹处(《大词典》五卷1143页)。"深凹处"、"地上洼陷处"皆为"凹陷低洼处"。义项⑧当归于义项⑥。且《大词典》所引众例皆为此训。"窠"之训"物聚集成团。亦指物集中之所",犹"窝"之训"物成团或簇。亦指事物的聚集处"。"窠"之训"凹陷低洼之处",犹"窝"之训"凹陷处",均为同步引申。印文空白处因印章上凹陷处未沾上印泥而造成,故在"凹陷低洼处"之义上,又引申指印文空白处,此乃同状引申的结果,"刻印写字的横直界格"义的产生与之同理。此即义项⑦。

《广韵》:"科"、"窠"皆"苦禾切",音同而借用,故"窠"用同"科",此即义项⑨。

"窠"的词义系统可表示如下:

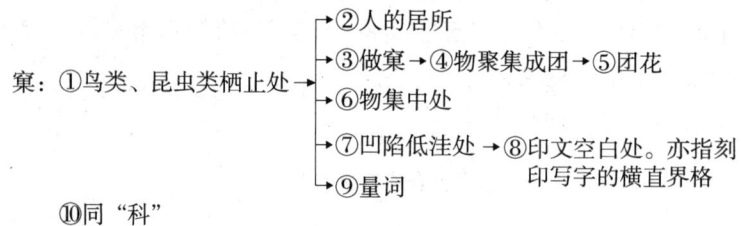

《大词典》可按上列次序排列"窠"的义项。

(9) **穷** 《大词典》(八卷457页)共有22个义项,32义,名目之多,义项之繁,很难弄清这些意义之间的关系:

①尽,完。②终端;终极。③理屈;辞屈。④空。⑤贫苦。⑥困窘;窘急。⑦特指不得志。与"达"相对。⑧指鳏、寡、孤、独四种无依靠的人。⑨不肖人;恶人。⑩彻底推求;深入钻研。⑪查究。⑫揭穿;识破。⑬止息;杜绝。⑭不足;缺陷。⑮荒僻;边远。⑯小;浅。⑰大。⑱高。⑲破旧;破烂。⑳副词。最;非常。㉑通"穹"。㉒古国名。

按:经过重新整理,我们发现"穷"的义项实际并没有如此复杂。"穷"的基本意义是"终端;终极"。由"终极"引申为动词穷尽,即义项①。穷尽义又引申为无言以对或无理以对,此即义项③。"尽,完"也即"空",故义项"④空"当归于"穷尽";由基本义又引申为动词"穷究"。《易·说卦》:"穷理尽性,以至于命。""穷"乃"深入钻研"义。《汉书·张汤传》:"及治淮南,衡山,江都反狱,皆穷根本。""穷"乃"深入查究"义。此二义均为"穷究",当并为一项。穷究之下,能发现人所未见之内幕并加以揭露,则"穷"又训为"揭穿",即义项⑫。

"终极"之义进一步引申为"困窘,不得志",与"达"相反。《论语·卫灵公》:"君子固穷,小人穷斯滥矣。"《孟子·尽心上》:"穷则独善其身,达则兼济天下。""穷寇莫追"均为此训。在此义基础上引申为财物缺少,即义项⑤。又特指生活上无依靠的人,即鳏寡孤独之人。《大词典》列出义项⑲"破旧;破烂",并引例;又有"穷皮"条,"比喻破烂的衣服"(460页),此乃由"⑤贫苦"引申而得。由财物的缺少引申为一般意义上的缺少、不足,即义项⑭。《大词典》又训"穷"为"小;浅"(义项⑯),所收录"穷流"、"穷径"条之"穷"当归于此义。困窘、不得志的人很有可能成为不肖的人,甚至于恶人,此即义项⑨。

终端是事物发展的极点,事物会处于终止状态。由此便产生"止;息"义。《礼记·儒行》:"儒有博学而不穷,笃行而不倦。"孔颖达疏:"博学而不穷者,谓广博学问而不止。"终端对始点而言是处于最边缘,故"穷"又可训为"边远,荒僻"(义项⑮)。由此"穷"进一步虚化为副词"最,非常"(义项⑳)。《大词典》训"大"(义项⑰)所举"穷怒"、"穷衄"之"穷"皆为副词,也即"非常"义,故当归于"最,非常"(义项⑳)。

《广韵》:"穷,渠弓切,平东,群。""穹,去宫切,平东,溪。"群母字为全浊音,在全浊声母清化过程中,因为是平声字,故变为次清,也即"溪"母。故"穷"通"穹"。又《玉篇·穴部》:"穹,高也。"且"穷陆"、"穷塘"之"穷"皆有"高"义,则"穷"训为"高"(义项⑱),是由于通为"穹"所致。故"穷"通"穹"得二义:(1)见"穹庐"。(2)高。

如此梳理后,"穷"意义演变的线索就比较清楚了,建议《大词典》按以下顺序排列其义项:

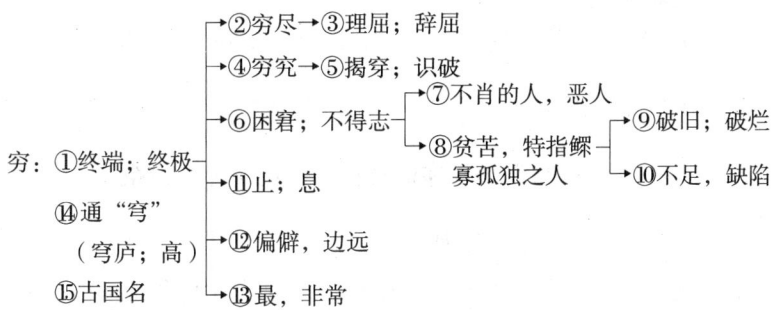

(10) 窃 《大词典》(八卷 489 页)共列 13 个义项：

①盗贼。②偷盗。③谓非其有而取之；不当受而受之。④见"窃窅"。⑤侵害；危害。⑥抄袭。⑦私下；私自。多用作谦词。⑧男女私通。⑨切近。⑩副词。偷偷地；暗暗地。⑪通"浅"(1)淡；(2)稍微。⑫通"践"。⑬用同"察"。考察，观察。

按："窃"的本义为偷盗，活用为名词，即从事偷盗活动的人，盗贼。"偷盗"一般指偷窃财物，也指把别人的创作成果窃为己有。此"窃"为"抄袭"义，即《大词典》之义项⑥。"抄袭"也是一种"偷盗"，故此"抄袭"义可归于"偷盗"。清俞正燮《癸巳存稿·律禁旁淫》："非法旁淫曰通，曰盗，曰窃。"此"窃"当训为"男女私通"，即《大词典》之义项⑧。该义系"非其有而取之"引申而来的。偷窃行为的结果是据他人之物为己物，对他人来说造成损失，由此"窃"又训为"损害"，即义项⑤。此乃因果引申而来的。《大词典》义项④，"窃窅"之"窃"为"偷盗"的比喻义。

《广雅·释诂四》："窃，私也。"杨树达《词诠》卷六："窃，表态副词，私也。凡是不敢公然为之者为窃。"由此"窃"又训为"暗暗地"、"偷偷地"，此即义项⑩。清刘淇《助字辨略》卷五："窃，凡云窃者，谦词，不敢径直以为何如，故云窃也。"此"窃"为表敬副词"私自，私下"，即义项⑦。以上二者可合而为一项：副词：(1)暗暗地。(2)私下，私自。谦敬副词。"窃"作为"切"的同音借用字，可训为"切近"，即义项⑨。

"窃"的义项系统可表示如下：

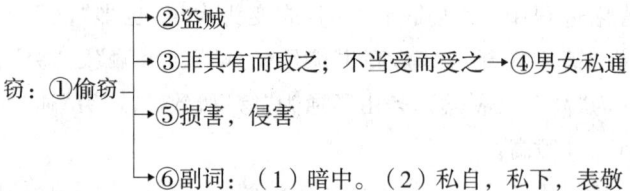

⑦通"切"（切近）
⑧通"浅"
⑨通"践"
⑩通"察"

《大词典》可按上述次序排列"窃"的义项。

3.《大词典》义项失序的类型及正确排序的策略

(1)《大词典》义项失序的类型

从以上考察及相关研究中，我们发现《大词典》有些多义词的义项编排

确实存在不少问题。概言之,主要是:

①基本意义不明。如上举"窃"条,其本义应为偷窃。《王力古汉语字典》同条第一个义项即为"盗窃"。《大词典》却将"盗贼"列为首义,打乱了原本很规整的辐射式引申。又如"穷"条,本义应为"终端;终极",《大词典》该条义项①为"尽,完",这样的处理也使得引申系统不明。《王力古汉语字典》正以"终极"为首义,似更确当。王力先生指出:"关于词义的发展,最重要的是不能倒因为果。"要做到这一点,本义的准确判定极为关键。

②引申关系混乱。根据逻辑原则排列义项,依赖于对意义之间远近关系的准确判断。《大词典》在义项排列上的问题此类居多。如"刺"条,本义是用刀剑矛之刃刺,"杀死"、"兵器的锋刃"、"用尖锐之物刺入或穿过物体"显然都是其直接引申义。而《大词典》将后二义排在⑩和⑪;义项③-⑨都是本义的间接引申义,却排在两个直接引申义的前面,致使本义与直接引申义相距太远。⑫-⑳也是间接引申义,却被⑩和⑪拦腰切断了与③-⑨的联系。一般说来,义项愈多愈容易产生排列混乱问题,其原因主要是意义系统较复杂,而编者又没有下功夫去理清意义之间的关系。再如"穷"条,原义项排列较为混乱,主要是未能辨识"困窘;不得志"、"不肖的人,恶人"、"贫苦,特指鳏寡孤独之人"、"破旧"等意义之间的联系造成的。再如一卷306页"下"条,义项"⑩对尊长表示谦逊之词"应该排在"⑥身份、地位低"之后,《大词典》却将它们远远隔开了。

③义项漏略或分立不当。义项收录全面和分立恰当是正确排列义项的前提。如果漏略了义项或者义项分立不当,则会导致义项之间的关系模糊不清,从而影响义项的恰当编排。如"利"条,由于《大词典》的义项序列中缺少"财利"这一义项,其他义项之间的逻辑联系就难以梳理清楚,以致排列混乱。上文所举"列"条,《大词典》:"①'裂'的古字。分离;分裂。引申为斩杀。"其中"斩杀"义与"分离;分裂"义区别已很明显,故以单独立为义项②为宜。同样,例(8)"窠"条,《大词典》将动物巢穴与人的陋居合为一个义项,也似分立为宜。而例(5)"剥"条,《大词典》义项②"削"和义项③"去掉外皮"又可并为一条:"削;削皮"。再如"窠"条,《大词典》:"⑥指凹陷低洼的地方。……⑧洞,坑。"⑧亦可并入⑥。还有些义项是随文释义的,应予删除,此不一一举例。这些问题如不先行解决,就会直接影响义项顺序的编排调整。

④将由于音同音近造成的文字借用所得的字义混入词的引申系统。这是由于字词不分,从而混同字的假借义与词的引申义而引发的错误。如"窠"条义项⑩"副词"下列三个意义,只有第一个意义与其本义有意义联系,后面两个意义分别用同"棵"和"颗",是由于假借获得的,不应该在"窠"这个

词的意义系统中列述,而《大词典》却将它们不加分别地放在一起。我们认为后面两个意义应该按体例分别单列为通假义项为妥。再如"窃"条义项⑨"切近",我们认为此义是"窃"与"切"通假而得,故也应单列为通假义,而不应放在其引申系统中陈述。

⑤书证晚出,导致义项排列失序。按照历史顺序排列义项,完全依赖于对义项出现时间的确定。每个义项的首证一般是编纂者所找到的最早书证,书证的时间就等于该义项在历史上最早出现的时间。所以书证晚出就会导致义项失序问题。如前"窠"条的几个义项的排列就较为典型。其义项⑥"指凹陷低洼的地方",首证出自《朱子语类》;义项⑦"指印文空白处",首证出自唐李贺诗;义项⑧"洞;坑",首证出自唐岑参诗,致使唐代出现的义项⑦、⑧排在了宋代出现的义项⑥之后。又如上例"穷"条,本义应为"终端;终极",但《大词典》该义项的首证引自《楚辞》,偏晚,导致在本义判定上的失误。

(2)《大词典》义项正确排序的策略

①处理好历史原则和逻辑原则之间的关系,确立合理而可行的义项编排原则。我们认为,这两个原则虽然在理论上和理想状态下是一致的,但是在词典编纂的实践中,应该以历史原则为主要原则,同时参考逻辑原则。历史文献是我们研究词汇史的最主要依据,历时词典应该能够反映每一个词条在历史文献中的来龙去脉。但是因为词义的发展不是线性的,为了理清词义发展的脉络,我们就不能只根据意义在文献中出现的先后顺序来排列义项,要兼顾逻辑原则。但是我们知道语义及其发展规则是非常难以把握的,语言学家们承认总体规律的存在,但是也不能否认每一条规律都可能有例外。比如有语法化,就有反语法化;词义中的具体意义一般比抽象意义要出现得早,但是也有抽象意义先出现的情况,况且抽象和具体本身就是一个见仁见智的问题。所以,除非证据确凿,不能轻易用逻辑原则否定历史文献所反映的先后顺序。如"上、下"两词,都是由空间域概念隐喻投射到时间域上,这是认知规律,这个顺序也反映在词义发展上。但是"先"作为一个时间域概念,也引申出了空间域概念。词典编纂者要时刻牢记,逻辑原则的主要作用是梳理非线性发展的多个义项之间关系的。义项编排原则应明确写入前言或凡例之中,并将其贯彻于整个修订工作的始终。

②利用大型汉语历时语料库,解决文献调查的全面性和准确性的问题。解决失序问题的重要工作之一是要精确把握各个义项在文献中出现的时代。这个工作光靠人工是难以完成的。随着语言研究和语料库技术的发展,全面、可靠的汉语历时语料库正在不断建设中,有不少已经在汉语研究中发挥重要作用。《大词典》的修订,在技术上应跟上世界其他国家词典编

纂的前沿,充分发挥语料库的作用。《大词典》修订时,可以整合现有汉语语料库资源,建立更全面精确的语料库,作为编纂的依据。开发高效率的专用语料库工具,以提高文献调查的准确性和高效率。

③厘清每个多义词的词义系统。修订时,编纂者应从掌握多义词的词义系统出发,逐条复核现有义项,厘清词义演变的历史和义项之间的关系,调整编排不当的义项顺序,使之符合整部辞书义项编排的原则。当然,要理清每条词语意义演变的线索殊非易事,可以说是历史性语文辞书编纂的一大难点,但经过深入研究和努力探索,对大部分多义词还是能够把握其词义系统,梳理清楚各个义项之间的关系的。

④加强词典编纂者的语言理论修养,及时跟踪语言学理论,特别是词汇语义学前沿。有两类语言理论跟历时词典的编纂最为相关,一是共时词汇语义学,一是历时语义学和历时语用学(包括语法化研究)。共时词汇语义学的分析方法,比如义素分析法、概念要素分析法(详参蒋绍愚等先生的有关著作),可以为分析义项间的异同提供精确而又可操作的方法。历时语义学和语用学对于词汇语义发展规律的研究,可以帮助我们更好地了解词义发展的逻辑,是我们排列义项的重要参照。

⑤编纂者应充分吸收和利用汉语学界近30年的研究成果,特别是关于词语具体意义的历史演变和语法化方面的成果。汉语语法化研究,近20年来非常兴盛,这方面的成果为确定大量虚词的义项顺序提供了很好的参照。比如"著"(zhuó)作为介词,《大词典》收录了五种用法:(1)用;拿。举唐白居易诗为例。(2)被。举宋袁去华词为例。(3)把,将。举宋苏轼诗为例。(4)向,朝。举宋袁去华和陈亮词为例。(5)在。表示处所。举晋《博物志》和《百喻经》等例。义项排列顺序和其所列每个用法的首例的时间顺序都不一致,义项排列的顺序是混乱的。可是汉语语法史学者们已经对"著"的介词用法有了大致一致的意见:六朝时产生了动作完成后的附着或到达的处所、动作发生的处所两种用法,唐代出现了引进动作工具和方式的用法,宋代才有引进动作主动者的用法。根据吴福祥的研究,这几个用法之间并没有逻辑上的联系,它们分别是从"著"的不同实词意义语法化而来的。[①] 因为这几个用法分别对应于《大词典》该条的(4)、(5)、(1)、(2)、(3)这几个义项,所以《大词典》就可以参照此一顺序排列义项。

⑥创新《大词典》义项编排方式。多义词的义项系统一般较为繁复,其词义引申方式多数是连锁式和辐射式兼具的混合式。按照传统词典的形

[①] 吴福祥《敦煌变文语法研究》,岳麓书社,1996年。

式,要想在《大词典》中充分展现义项系统的复杂情况几乎是不可能的。为了充分反映汉语历史词汇学和词典学研究的成果,必须进行义项排列形式的创新。我们有两种建议:一是在传统形式上适当增加对多义词各个义项相互关系的说明,这就需要用一些固定的术语。例如连锁式引申用"某义引申为某义,又引申为某义",辐射式引申用"由某义引申出某义,并引申出某义"之类。二是设计一套有层级的义项顺序符号,使义项排列层次更为清晰。《大词典》现在采用的是黑圈白字的"❶❷❸❹……"一种义项序号(少量义项下分(1)、(2))。这种符号对于那些呈连锁式引申的义项是非常合适的。但大量多义词是辐射式引申或辐射与连锁式相结合相交错的引申方式,仅采用原有的一套符号系统便很难显示其词义间复杂的引申关系。这也是造成义项排列混乱的一个客观原因。因此不妨设想采用一种层级顺序号,例如第一级用(一)(二)(三)……,第二级用㊀㊁㊂……,第三级用①②③……,等等,或许更有利于表示多向度引申的义项序列。

总之,我们希望修订二版或三版能将义项失序作为修订工作的一个重点,作为提高全书质量的重要目标,并为此采取有效措施,付出切实努力,从而使新版《大词典》更为精良,更加完善。

(五) 对书证不一的专题考察

书证是大型语文辞书的必要组成部分,是建立词目、确立义项、解释词义的依据。一条书证,在辞书中往往被反复征引,多次使用。但多次引用要符合一条准则,那就是一定要保证其前后的一致性,包括征引格式、引文内容以及标点符号等,这是辞书用例严谨性、准确性的体现。但考察现今几部大型语文工具书,如《辞源》《汉语大词典》《汉语大字典》等,其书证均存在前后不一致的问题。兹以《大词典》为例,做一专题性考察。

《大词典》是我国最具权威性的大型多卷本汉语语文辞典,代表了当今国内辞书编纂的最高水平,其书证之丰富、精确,体例之详备、缜密,为其他同类辞书所难以比及。但由于引用的古今文献面广量大,文献本身又有版本、点校等各种复杂情况,再加上分卷编写、人手众多等原因,所以在引用同一条书证时,难免会出现前后不一的现象。本书第三部分曾列举了一些书证不一的例子,兹再做一些更深入的探讨。下面分为文字不一、标点不一、体例不一三类,分别举例说明。所引书证均于括号内注明其在《大词典》中出现的卷、页数。

1. 文字不一

不同条目征引的同一书证文字不统一，多是因为其中一条出现了问题。这又包括以下几种情况：

(1) 引文有脱漏

【举疏】 汉王充《论衡·命禄》："主父偃辱于齐，排摈不用……"(8—1297)

【辱贱】 汉王充《论衡·命禄》："主父偃辱贱于齐，排摈不用。"(10—4)

按：前为"辱于齐"，后为"辱贱于齐"。检四部丛刊本《论衡》卷一，"辱贱"确。《大词典》释为："受侮辱轻视。"亦可参中华书局1990年版黄晖《论衡校释》(附刘盼遂集解)、四库全书本等。

【挣揣】 元王实甫《西厢记》第四本第三折："……到京师休辱末了俺孩儿，挣揣一个状元者。"(6—586)

【辱末】 元王实甫《西厢记》第四本第三折："……到京师休辱末了俺孩儿，挣揣一个状元回来者。"(10—3)

按：后者比前者"状元"后多出"回来"二字。据上海古籍出版社1978年版王季思校注本《西厢记》，后例为确。《辞源》"挣揣"条亦引此例为证，田忠侠《辞源通考》考订说："引文不确。此系《长亭送别》中语句，失落'回来'一词，原文当作'挣揣一个状元回来者'。"①可参。

【踢球】 《二刻拍案惊奇》卷二："凡一应吹箫、打鼓、踢球、放弹、拘拦、五花爨弄，诸般戏具，尽皆施呈。"(10—498)

【拘拦】 《二刻拍案惊奇》卷二："……凡一应吹箫、打鼓、踢球、放弹、拘拦、傀儡、五花爨弄，诸般戏具，尽皆施呈。"(10—409)

按：所引为同一例，但后例比前例多出"傀儡"一项。《二刻拍案惊奇》最早由苏州尚友堂于崇祯五年(1632)刊行，据上海古籍出版社1985年影印本，后例确。《大词典》"施呈"条亦引此例，有"傀儡"二字，可证。

(2) 引文有衍字

【小吃】 清李斗《扬州画舫录·小秦淮录》："小东门街多食肆，有熟羊肉店……先以羊肉杂碎饲客，谓之小吃，然后进羊肉羹饭。"(2—1625)

【杂碎】 清李斗《扬州画舫录·小秦淮录》："小东门街多食肆，有熟羊肉店……先以羊杂碎饲客，谓之小吃，然后进羊肉羹饭。"(11—876)

按：对比二例，前例"杂碎"前比后例多一"肉"字。检之所见诸本，皆无

---

① 福建人民出版社，2002年。

此字,如影印乾隆六十年(1795)自然盦初刻本、中华书局1960年版点校本、江苏广陵古籍刻印社1984年版点校本。此"肉"字衍,当删。《辞源》"杂碎"条亦引此例为证,无"肉"字,可参。

(3)文字有讹误

【有奇】《汉书·食货志下》:"而罢大小钱,改作货币,长二寸五分,广一寸,首长八分有奇。"(6—1150)

【货布】《汉书·食货志下》:"[天凤元年]罢大小钱,改作货布,长二寸五分,广一寸,首长八分有奇……"(10—96)

按:前作"货币",后作"货布",用字不一。"货布"为西汉末王莽时货币名。《汉书·食货志下》:"后五岁,天凤元年,……而罢大小钱,改作货布,长二寸五分,广一寸,首长八分有奇,广八分,其圜好径二分半,足枝长八分,间广二分,其文右曰'货',左曰'布',重二十五铢,直货泉二十五。"商务印书馆1958年版百衲本、中华书局1962年版点校本《汉书》均作"货布"。

【酒军】 宋张耒《着花》诗:"经营美景还诗匠,倾扫顽愁赖酒军。"(9—1379)

【诗匠】 宋张耒《看花》诗:"经营美景还诗匠,倾扫顽愁赖酒军。"(11—144)

按:前为"着花",后为"看花",诗题不一。检《四部丛刊》所录《张右史文集》卷二十八,"看花"确。清吴之振等编《宋诗钞》卷三十一亦作"看花"。傅璇琮等编《全宋诗》第一一七三卷亦收录该诗,并可参证。

(4)引文有颠倒

【甘芳】 清蒲松龄《聊斋志异·仙人岛》:"酒既行,珍肴错杂,入口甘芳,并异常馐。"(7—970)

【馐】 清蒲松龄《聊斋志异·仙人岛》:"酒既行,珍肴杂错,入口甘芳,并异常馐。"(12—574)

按:前例作"错杂",后例作"杂错"。检之中华书局1962年版张友鹤辑校《聊斋志异会校会注会评本》、齐鲁书社2000年版任笃行《聊斋志异全校会注集评》、影印铸雪斋抄本等,此处均作"杂错"。应据之倒乙。

以上书证问题属于显误,只要编者能勤于翻检原书,多参照比勘,一般都能避免。

(5)异文未统一

"异文指同一文献的不同版本中用字的差异,或原文与引文用字的差异。"①《大词典》由于引书版本选择不同,一些书证出现用字不一的异文现象,应予统一。例如:

---

① 陆宗达、王宁《训诂与训诂学》,山西教育出版社,2005年。

【蒲服】《战国策·秦策三》:"〔伍子胥〕坐行蒲服,乞食于吴市。"(9—520)

【坐行】《战国策·秦策三》:"〔伍子胥〕坐行蒲伏,乞食于吴市。"(2—1044)

按:前作"蒲服",后作"蒲伏",二词同为"匍匐"的记音。有时又作"扶伏",如《汉书·匈奴传》:"呼韩邪携国归化,扶伏称臣。"四部丛刊本《战国策》作"蒲服"。如采用相同版本,自可避免异文歧出现象。

分析《大词典》书证异文,除同音替代外,还较多涉及异体字、繁简字、古今字、通假字、通用字等问题。例如:

【都数】宋沈括《梦溪笔谈·技艺》:"唐僧一行曾算棊局都数,凡若干局尽之。"(10—640)

【名数】宋沈括《梦溪笔谈·技艺》:"唐僧一行曾算棋局都数,凡若干局尽之……"(3—176)

按:"棊"、"棋"不一。《汉语大字典》"棊"字:"同'棋'。"二者为异体字。

【禹汤】《左传·庄公十一年》:"禹汤罪己,其兴也勃焉;桀纣罪人,其亡也忽焉。"(1—665)

【忽焉】《左传·庄公十一年》:"禹汤罪己,其兴也悖焉;桀纣罪人,其亡也忽焉。"(7—428)

按:上例为"勃",下例为"悖"。二字上古同属并纽物部,为同音通假字。《汉语大字典》"悖"字义项⑦:"通'勃(bó)'。盛貌。清朱骏声《说文通训定声·泰部》:'悖,叚借为勃。'"并举同例为证。《大词典》中该例多次出现,多作"悖"。检之中华书局1980年版《十三经注疏》,亦作"悖"。

【驰荡】晋张协《七命》:"田游驰荡,利刃骏足。"(12—805)

【利刃】晋张协《七命》:"田遊驰荡,利刃骏足。"(2—635)

按:上例为"游",下例为"遊",偏旁不统一。王宁先生认为此二字"不是异体字关系,而是同源字分化后又通用的同源通用字关系"①。《大词典》此处虽可通用,但亦应一致。

除以上所举之例外,其他还有:烟、煙(见【纸落云烟】【落纸】条,唐杜甫《饮中八仙歌》),叹、欸(见【望羊】【向若而欸】条,《庄子·秋水》),卻、却(见【芳菲】【凋零】条,元王翰《题败荷》诗),閒、間(见【羸服】【轻赍】条,《后汉书·朱儁传》),棹、櫂(见【别棹】【归辙】条,唐王勃《临江》诗),于、於(见【鹯巢蚊睫】【蚊睫】条,《晏子春秋·外篇下十四》),疏、疎(见【疏网】【天网恢恢,疎而不漏】条,

---

① 王宁《再论汉字规范的科学性与社会性》,《语言文字应用》2006年第4期。

（6）多错并出

有时反复征引的同一书证同时出现几种错误，竟无一可信者，使人无所适从。例如：

【轻屑】《宣和遗事》前集："近闻有贼臣高俅、杨戬，乃市井无籍小人，一旦遭遇圣恩，巧进佞谀，簧蛊圣听，轻屑万乘之尊严，下遊民间之坊市。"（9—1269）

【簧蛊】《宣和遗事》前集："近闻有贼臣，乃市井无籍小人，一旦遭遇圣恩，巧进佞谀，簧蛊圣德。"（8—1236）

【娼馆】《宣和遗事》前集："近闻有贼臣高俅、贼臣杨戬……巧进佞谀，簧蛊圣德，轻屑万乘之尊严，下遊民间之坊市，宿于娼馆。"（4—370）

按：该书证在《大词典》中反复出现，仔细对比之后，发现不同之处甚多。当是征引不同版本所致。据《中国通俗小说总目提要》①，该书的版本分为两卷本和四卷本两大系统，两卷本分前后两集，四卷本分元、亨、利、贞四集。从所引书证看，当属两卷本。两卷本又有潢川吴氏旧藏明本、士礼居丛书本等。士礼居丛书本为宋本重刊，尤为重要，后来版本多从此本出，如1935年商务印书馆丛书集成初编本、1958年古典文学出版社排印本等。据影印士礼居丛书本，该句原文为："近闻有贼臣高俅、贼臣杨戬，乃市井无籍小人，一旦遭遇圣恩，巧进佞谀，簧蛊圣听，轻屑万乘之尊严，下遊民间之坊市，宿于娼馆。"

2. 标点不一

标点无误的书证才能为释义更好地服务，《大词典》同一条书证有时标点却不统一。这又分两种情况：

（1）标点有正有误

【腹居郡】 汉桓宽《盐铁论·刺复》："方今为天下腹居郡，诸侯并臻，中外未然，心憧憧若涉大川，遭风而未薄。"（6—1351）

【薄】 汉桓宽《盐铁论·刺复》："方今为天下腹居，郡、诸侯并臻，中外未安，心憧憧若涉大川，遭风而未薄。"（9—573）

按：对比二例，后者于"腹居"后点断，把"郡"与"诸侯"并列，误。"腹居郡"实为一词，《大词典》"腹居郡"条："位于中心地区的郡县。"王利器《盐铁论校注》："器案：《史记·季布传》：'河东吾股肱郡。'又见《汉书·季布传》。《通鉴》二三引李德裕《论》，亦云：'罢归股肱郡。'与此言'腹居郡'俱取人体为喻。《国疾》篇言'山东天下之腹心'，义与此同。"②可参。

---

① 中国文联出版公司，1990年。
② 中华书局，1992年。

【绝妙好辞】 南朝宋刘义庆《世说新语·捷悟》:"魏武尝过曹娥碑下,杨脩从。碑背上见题作'黄绢幼妇,外孙齑臼'八字……'"(9—836)

【幼妇辞】 南朝宋刘义庆《世说新语·捷悟》:"魏武尝过曹娥碑下,杨修从碑背上见题作'黄绢幼妇外孙齑臼'八字……'"(4—431)

按:"从"字后一个点断,一个未断。点断则"从"为动词,不点断则为介词。此当为动词,"跟从"义。从语意上说,下文有"魏武谓修曰:'解不?'答曰:'解。'魏武曰:'卿未可言,待我思之。'行三十里。魏武乃曰:'吾已得。'"云云,"见"的主语当为魏武帝或所有人,没必要特别强调是杨修见到的题字。标点可参上海古籍出版社2002年版朱铸禹著《世说新语汇校集注》或中华书局1984年版徐震堮著《世说新语校笺》。

【铜表】 宋沈括《梦溪笔谈·象数二》:"熙宁中,予更造浑仪,并创为玉壶、浮漏、铜表,皆置天文院。"(11—1254)

【玉壶】 宋沈括《梦溪笔谈·象数二》:"熙宁中,予更造浑仪,并创玉壶浮漏、铜表,皆置天文院,别设官领之。"(4—500)

按:"玉壶"后一个点断,一个未点断。前例点断误,"玉壶浮漏"即为浮漏,也称漏刻、漏壶,古代的计时工具。称其"玉壶"则是对铜壶滴漏的美称(见《大词典》"玉壶"条义项⑥)。"创为玉壶浮漏"是指沈括对浮漏进行了改造,将其出水口的曲铜管改为直形玉嘴并移到壶底。另,后例"玉壶"前脱"为"字。可参上海古籍出版社1987年版胡道静《梦溪笔谈校证》。

(2)两种标点皆可

此种情况虽无损文意,但也不应该出现前后不一的现象。例如:

【东堂】 《书·顾命》:"一人冕执刘,立于东堂;一人冕执钺,立于西堂。"(4—843)

【西堂】 《书·顾命》:"一人冕,执刘,立于东堂;一人冕,执钺,立于西堂。"(8—748)

按:"冕"字后前例连"执刘"、"执钺",而后例点断,应统一。

【秋见】 《周礼·春官·大宗伯》:"以宾礼亲邦国,春见曰朝,夏见曰宗……"(8—37)

【宾礼】 《周礼·春官·大宗伯》:"以宾礼亲邦国:春见曰朝,夏见曰宗……"(10—218)

按:"亲邦国"后一用逗号,一用冒号,应统一。

【予夺】 《周礼·天官·大宰》:"以八柄诏王驭群臣:一曰爵,以驭其贵。二曰禄,以驭其富。三曰予,以驭其幸……"(1—769)

【八柄】 《周礼·天官·大宰》:"以八柄诏王驭羣臣:一曰爵,以驭其

贵;二曰禄,以驭其富;三曰予,以驭其幸……"(2—10)

按:"贵"、"富"后前者均用句号,后者皆用分号,应统一。

3.体例不一

词典是综合性的科学著作,"它不仅要求全书在行文上有统一的风格,引书体例也要做到前后一致,章法井然。"①"同一部词典体例必须绝对统一。"②《大词典》中有的书证体例前后有不一致的地方。

(1)引书篇目详略不一

【怀袵】《后汉书·清河王庆传》:"皇子肇保育皇后,承训怀袵,导达善性,将成其器。"(7—789)

【承训】《后汉书·清河孝王庆传》:"皇子肇保育皇后,承训怀袵,导达善性,将成其器。"(1—774)

按:前为"清河王庆传",后为"清河孝王庆传",多一"孝"字。引作前者的,《大词典》中还有"省²"条义项⑦等;引作后者的,还有"保育"、"纤过"、"悔咎"、"上御"等诸条。据《大词典》引书体例,应以"清河孝王庆传"为确。刘庆,汉章帝的太子,后废为清河王,死后谥号为孝王。

【气味】 唐杜甫《谢严中丞送乳酒》诗:"山瓶乳酒下青云,气味浓香幸见分。"(6—1027)

【乳酒】 唐杜甫《谢严中丞送青城山道士乳酒一瓶》诗:"山瓶乳酒下青云,气味浓香幸见分。"(1—781)

按:此二例虽引自同一作品,但诗题有别,前例显然是省简过的。略引不妥,当写全称。此可参四部丛刊本《分门集注杜工部诗》卷二十。

【走解】 明彭时《彭公笔记》:"……二人驰马继出,呈艺于马上……"(9—1077)

【呈艺】 明彭时《彭文宪公笔记》:"二人驰马继出,呈艺于马上。"(3—186)

按:前为《彭公笔记》,后为《彭文宪公笔记》,实际是同一部书。《大词典》多引作后者。

(2)书证失序

【瘦马】明谢肇淛《五杂俎》……《醒世恒言》。(8—339)

【贩海】《醒世恒言》……明谢肇淛《五杂俎》。(10—101)

按:所引两书的顺序不一致。在《大词典》中,词语的历时性是通过一系列书证来体现的。一条条书证应按时代的先后次序排列。书证的排列次序

---

① 陈增杰《语文词典引书体例小议》,《词典研究丛刊》1986年第7期。
② 陈楚祥《词典评价标准十题》,《辞书研究》1994年第1期。

弄乱了,词语发展的脉络也就弄乱了。冯梦龙(1574～1646),《醒世恒言》成书于明天启七年(1627);谢肇淛(1567～1624),《五杂俎》成书于明万历年间。很明显,《五杂俎》应置于《醒世恒言》前。

(3)作者时代不一

【破陆续】 元汤式《一枝花·题友田老窝》套曲:"破陆续歇两肘疲童洒扫;烟剌答漏双肩老妪供厨。"(7—1033)

【烟剌答】 明汤式《一枝花·题友田老窝》套曲:"破陆续歇两肘疲童洒扫,烟剌答漏双肩老妪供厨。"(7—178)

按:前例为"元",后例为"明",不统一。《大词典》多次引用汤式作品为例,其时代有时作"元",有时作"明",使用混乱。同前者的还有"柳衢花市"、"奚幸"、"桩橛"等词条,同后者的还有"关目"、"长吁短叹"等词条。汤式,元末明初散曲作家,生卒年不详。但究竟注为"元"还是"明",全书一定要统一。

【年时】 明孔尚任《桃花扇·拜坛》:"年时此日,问苍天,遭的什么花甲。"(1—652)

【花甲】 清孔尚任《桃花扇·拜坛》:"年时此日,问苍天,遭的甚么花甲。"(9—287)

按:一作"明",一作"清"。作"明"的还有"年翁"、"案齐眉"、"干恩荫"等条,作"清"的还有"私巡"、"花酿"、"布荆"等条。孔尚任生于南明永历二年,即清朝顺治五年(1648),卒于康熙五十七年(1718)。《大词典》引例多作"清"。

(4)书名、篇名不一

【古者】 汉司马迁《报任安书》:"古者富贵而名摩灭,不可胜记,唯倜傥非常之人称焉。"(3—21)

【摩灭】 汉司马迁《报任少卿书》:"古者富贵而名摩灭,不可胜记,唯倜傥非常之人称焉。"(6—825)

按:《报任安书》又称《报任少卿书》。《大词典》引作前者的还有"倜傥"、"中才"、"拳拳"等词条,引作后者的还有"伸眉"、"士节"、"薄伎"等词条。当于修订时统一。

【极丽】 唐牛僧孺《玄怪录·崔书生》:"至期,女及姊皆到,其姊亦仪质极丽。"(4—1144)

【仪质】 唐牛僧孺《幽怪录·崔书生》:"至期,女及姊皆到。其姊亦仪质极丽……"(1—1705)

按:引例相同但书名不同。《辞源》"玄怪录"条:"唐牛僧孺撰。……宋人避'玄'字讳,改名《幽怪录》。"可见二者实际为一部书,同书异名。

【闲检】 宋文莹《玉壶清话》卷十:"……畜声乐四十余人,闲检无制,往往时出外斋,与宾客生徒杂处。"(12—70)

【旦】 宋文莹《玉壶野史》卷十:"〔韩熙载〕畜声乐四十余人,阃检无制,往往时出外斋,与宾客生旦杂处。"(5—556)

按:前为《玉壶清话》,后为《玉壶野史》,二书亦同书异名,《辞源》"玉壶野史"条:"宋释文莹撰。十卷。本名《玉壶清话》。"

其他体例方面的问题还有:加不加作者不统一(见【肚里】条:"宋谢良佐《上蔡语录》卷上"和【撑拄】条:"《上蔡语录》卷上"),加不加回数不统一(见【抵足】条:"清李渔《连城璧》第六回"和【抵头】条:"清李渔《连城璧》"),等等。

以上从三个方面举例说明了《大词典》书证存在的问题。实际上,书证不一现象在现有辞书中是普遍存在的。大型工具书往往采取切割分片、包干到人的方式进行编纂。这就避免不了各自为战,缺少沟通,难致统一的弊病。辞书编纂是一个系统工程,牵涉甚多,任何一个环节的疏忽都有可能导致这一问题发生,其结果,或因版本选择不精以致去真存芜,或因摘抄不细以致鲁鱼亥豕,或因体例没有吃透以致格式不一,或因编校把关不严以致鱼漏网外。

为了避免此类问题发生和修订现有的错误,我们建议:一、《大词典》出齐至今已有20年的时间,在此期间发现了书中存在的不少问题,已有较多的研究成果,该书在二版修订时要充分吸收这些成果,订正已经指出的错误,使其更臻完善。二、主持编纂的专家应加强体例的"顶层设计",制订严谨细致的修订条例,如文献的选择范围、引书的格式、异文的处理等。体例越细,编纂时出现的问题就越少。条例一旦制定,修订人员就要严格遵守。要安排专门人员负责书证的复按核实工作。尤其是在全书的终审阶段,重点排查书证在文字、标点、体例等方面出现的不统一问题,不放过任何一个可疑之处。三、对修订人员要精挑细选,组成一支精干的队伍。修订人员必须要有较高的专业素质,因为其专业素养的优劣将直接决定辞书质量、品味的高低。只有具备了一双火眼金睛,才能具有较强的鉴别真伪的能力。还要有严谨认真的工作态度和极大的工作热情,要能坐得住冷板凳。四、在修订过程中,修订人员在核对书证时应注明所用版本,以便后期查而有据。各修订小组、成员之间要加强沟通,互查互纠,发现问题,择善而从。五、排印校对应细致入微,戒除急躁冒进的情绪,否则只会导致老问题没解决而新问题又不断产生的后果。书证校对除查找原著核对原文以外,还可利用现代技术手段,把书中出现的例句输入电脑,对整部辞书进行模糊检索,把重复出现的书证摆在一起参照比勘,往往即可发现不同之处和问题所在。

书证的好坏是衡量词典质量的一个重要指标,精确而恰当的书证是一部高质量的词典必备的条件。我们常说:"词典是无声的老师。"词典引证失误会贻害无穷,因为词典的典范性质,它的书证在不同的场合常常被人引用,错误的书证会给读者带来错误的信息,造成不必要的失误。正因为如此,我们总是希望它更加精益求精,能最大限度地减少瑕疵。

(六) 从史料笔记看《汉语大词典》的修订

《大词典》自1986年出版第一卷起,就有许多学者对之展开研究,进行订补。从已有的研究成果看,目前人们很少从宏观上去把握它与史料类笔记的关系。其实史料笔记内容极为丰富,存储了相当多的生产生活、历史文化、民风习俗等方面的信息,有许多其他类型作品所没有记载或记载不多的材料。其涉及面很广,且能真实细致地反映当时的社会状况,其词汇也非常丰富,所以,应当充分发挥它们在辞书编写中的作用。

1.《大词典》采用史料笔记的状况

中华书局陆续整理出版了唐宋元明清历代史料笔记丛刊,其中唐宋笔记83种,元明33种,清代60种。我们选取《大词典》第九卷这样一个封闭系统,采用定量与定性分析相结合的方法来考察其使用唐至清史料笔记的具体情况。

(1)对史料笔记的关注度大大提高

《大词典》收录了37.5万条词语,是目前内地收词量最大、引用文献最广的一部历史性语文辞书。我们试以第九卷的15个部首为调查点,对《大词典》和《辞源》(合订本,商务印书馆,1995年)相同部首所采用历代史料笔记的情况进行比较,发现《大词典》第九卷共采用100种唐至清史料笔记,《辞源》共采用50种,利用率仅为前者的一半。又对两书"走"部的使用情况做抽样调查,不计单字条目,唐至清史料笔记为前者"走"部增补词条或义项57条、书证105条,为后者增补词条或义项2条、书证5条。一些常见词语,如"豆腐干"、"豆腐脑"(见9卷,1343页)早在清代李斗的《扬州画舫录》中就已出现,而《辞源》皆未能收录。可见,《大词典》比以往的辞书更加关注这类文献,并较多地加以利用,取得不少成就。

(2)尚存在利用史料笔记不充分、不均衡等问题

一是不够充分。仍以《大词典》第九卷为例,首先,在广度上,第九卷未

采用的唐至清史料笔记有76种,约占总量的43%,表明使用的面还不够宽。有些史料笔记,如《桐桥倚棹录》等,词汇例证资料很丰富,第九卷中却只字未提。其次,在深度上,《大词典》的许多词条、义项和书证均因忽视了史料笔记而产生问题。限于篇幅,这里只能略举一二例。例如:"响节"在《宋史》《元史》《明史》等史书中习见,《戒庵老人漫笔》卷二有明确记载:"光禄官张幄廷中,治具上馔,有乐众遂之。前一人执高杖,多贯铜箍,上下摇击,名响节,以惊鸟粪食中也。"换句话说,"响节"就是指宫廷乐队中使用的一种竹(或木)制仪杖,其顶端多有饰物,摇动时能发出响声。有时也可起警示作用。此词《大词典》未见收录。第九卷中的"网开一面"(894页)、"美观"(164页)、"藏青"(592页)、"索赔"(750页)等词语,书证不是缺失就是滞后。如"美观"条,《大词典》举现代作品为例,实可补明代《谷山笔麈·杂闻》"尝闻里中长老传,数十年前,里俗以氂为裙,着长衣下,令其蓬蓬张起,以为美观"为证。"网开一面"条,亦首引现代作品例,实可补明代《玉镜新谭·纳奸》"所愿伏如天悯囹圄之已毙,网开一面,贷罪人以不孥,庶几律无所泥,而刑得其平矣"为证。显然,无论广度,还是深度,《大词典》对唐至清史料笔记文献的利用还很不够。

二是不够平衡,主要表现在以下几个方面:

就《大词典》已采用的笔记作品总量而言,唐宋、元明、清三个阶段分别为:63种、16种和21种,利用率各占:75%、48%、35%。显然,唐宋阶段的史料笔记的利用率要比元明、清两个阶段高许多,后两阶段的利用率均不到一半。附带一提的是,我们从中国期刊网上搜索统计后发现,目前学者对史料笔记语言以及所涉及的相关辞书的研究也多集中于唐宋史料笔记方面,而对明清笔记的研究则远远不够。

就已采用的单部作品而言,采用的频次相差很大。如元明阶段的作品中,《万历野获编》出现179次(作为唯一书证36处,首例41处,仅作为例证的102处),《南村辍耕录》59次,《菽园杂记》4次,《戒庵老人漫笔》等仅仅提及1次。其在各个部首中出现的频次也相差很大,如清代作品中,《啸亭杂录》共110次(作为唯一书证14处,首例14处,仅作为书证的82处),此书与明代的《万历野获编》几乎遍及第九卷的15个部首。而《漏网喁鱼集》在第九卷中仅出现10次。其中"走"部出现9次:"起限"(1096页)、"起驶"(1105页)、"起翮"(1106页)均据该书出条,"起雨"(1093页)、"起征"(1094页)据该书增加义项,"起事"(1093页)、"起捐"(1098页)、"起租"(1098页)、"起现"(1100页)据之增加例证。"赤"部有1处为例证,其他13个部首均未见采用该书。

就单个部首而言,第九卷 15 个部首为"舟"、"色"、"衣"、"羊"、"米"、"聿"、"艮"、"艸"、"羽"、"糸"、"走"、"赤"、"车"、"豆"、"酉"。首先,不同部首采用同一时期史料笔记的次数不同。以唐宋阶段史料笔记为例,涉及各部的词条、义项、例证分别为:"舟":1、0、1;"色":4、1、1;"衣":44、26、55;"羊":6、4、12;"米":12、5、17;"聿":3、2、5;"艮":2、0、4;"艸":53、29、101;"羽":7、5、18;"糸":63、35、136;"走":17、11、19;"赤":7、3、10;"车":24、15、52;"豆":2、1、9;"酉":30、6、33。其次,同一部首采用唐宋、元明、清三个阶段史料笔记的频次也有差距。如"米"部分别为 34、10、16;"色"部分别为 6、1、2。

就单字条目而言,第九卷的各个单字条目下所列复音词采用史料笔记的情况也很不平衡。不少单字条目下的双音节词未涉及史料笔记,"赶"(1137—1142 页)下共有 92 条词语,均未采用史料笔记资料,而有的单字条下复音词使用史料笔记却比较多,如"轻"(1257—1280 页)下涉及史料笔记的复音词达 36 个。

我们从词条、义项、例证方面总的统计第九卷采用唐宋、元明、清三个阶段史料笔记的结果是:词条为 446 条,义项为 222 条,书证共计 1653 条。三个阶段在三个方面的具体数量是:词条分别为:275、86、85;义项分别为:143、42、37;书证分别为:473、194、318。亦即词条上,唐宋>元明>清;义项上,唐宋>元明>清;书证上,唐宋>清>元明。可见其使用的不均衡。

2.对《大词典》有关史料笔记条目修订的几点建议

根据以上情况,结合《大词典》第九卷中发现的一些问题,现对其修订工作提出几点具体建议。

(1)书证方面

书证是辞书的重要组成部分,书证的选择在很大程度上与辞书的性质相关。作为大型历史性语文工具书,书证既要有助于理解词义,具有示范作用,又要尽可能多的提供信息,反映词语的源流变化。《大词典》尚需从以下几个方面注意提高书证质量:

①精选版本,核对现有书证。

《大词典编纂手册·大词典编写和审稿工作条例》要求:"引用的书证,无论来自现有辞书或新制资料卡片,都要认真核对原书。作者的朝代、姓名、书名、篇名或卷次,书证的文字和标点,都要准确无误。"[①]但我们对第九卷书证抽样分析时,发现有出处不对、引文不足明其义、标点失误、文字讹误

---

① 大词典编纂处《大词典编纂手册》,1981 年。

等诸多问题。如该卷中出现《春渚纪闻》凡 35 次,但 1253 页的"辄用"条下却引作"《春渚记闻》"。书名前后不一,难免使人徒生困惑。

又如"花露"条(3061 页)"①花上的露水"下首引《开元天宝遗事·花露》"贵妃每宿,酒初消,多苦肺热,尝凌晨独游后苑,傍花树,以手攀枝,口吸花露,藉其露液,润于肺也"为证。这条书证有两个问题:其一,"《开元天宝遗事·花露》"应为"《开元天宝遗事·吸花露》"。《开元天宝遗事》(中华书局,2006 年,51 页)、《开元天宝遗事十种》(上海古籍出版社,1985 年,98 页)、《四库全书·开元天宝遗事》(上海古籍出版社,1987 年,861 页)中均为"吸花露"。其二,断句有误。"贵妃每宿,酒初消"中逗号当去掉,"宿酒"乃隔夜所饮之酒,不当拆分。书中还有"宿酒初醒"语(见下引"醒酒花"条),可证。故"花露"的这条书证应为:《开元天宝遗事·吸花露》:"贵妃每宿酒初消,多苦肺热,尝凌晨独游后苑,傍花树,以手攀枝,口吸花露,藉其露液,润于肺也。"标点失误会造成句义不通,引起读者的误解。第九卷中标点失误现象不少,又如"粉团"(202 页)、"纤妙"(1058 页)均引《开元天宝遗事·射团》例,文字相同,但标点却不同。

又如"醒酒花"条(3061 页)中仅以《开元天宝遗事》"明皇与贵妃幸华清宫,因宿酒初醒,凭妃子肩同看木芍药。上亲折一枝与妃递嗅其艳,帝曰:'不惟萱草忘忧,此花香艳,尤能醒酒'"为证。"上亲折一枝与妃"后脱漏"子"。《四库全书·开元天宝遗事》(上海古籍出版社,1987 年,854 页)"妃"后即带"子"尾。

又如"义竹"条(176 页),《大词典》仅引《开元天宝遗事·义竹》"帝(唐玄宗)游后苑,有竹丛密,笋不出外。帝顾诸王曰:'父子兄弟相亲,当如此竹。'因谓义竹"为证。但《开元天宝遗事》《开元天宝遗事十种》《四库全书·开元天宝遗事》中均无"义竹"条,而有"竹义"条,且文字与上文有出入,如《开元天宝遗事》(60 页):"太液池岸有竹数十丛,牙笋未尝相离,密密如栽也。帝因与诸王闲步于竹间,帝谓诸王曰:'人世父子兄弟,尚有离心离异,此竹宗本不相疏,人有怀贰心生离间之意,睹此可以为鉴。'诸勖王皆唯唯,帝呼为竹义。"《四库全书·开元天宝遗事》(865 页)作"竹义"。

故选取可靠的语料版本,对《大词典》的现有书证逐一核对,当是二版修订工作的一项重要任务。

②避免书证转引,尽量寻找始见例。

来自他书的引文极有可能存在误脱衍错的情况,不可尽信。《大词典》第九卷中不少词条的书证是"《x1》引《x2》"的形式,即为转引类书证。凡此情况均要核对原始文献,以防转引时发生出处错讹或文字舛误等问题。如:

【纸驴】(772页)《太平广记》卷三十引唐张读《宣室志·张果》:"张果者,隐于恒州条山……果常乘一白驴,日行数万里,休则重叠之,其厚如纸,置于巾箱中,乘则以水噀之,还成驴矣。"

《太平广记》是宋人编的一部类书,引书时有讹误。经仔细查阅《宣室志》,未见以上例句,但在同时代郑处诲的《明皇杂录·道士张果》(中华书局,1994年,30页)中有云:"果乘一白驴,日行数万里,休则折叠之,其厚如纸,置于巾箱中,乘则以水噀之,还成驴矣。"显然,编者若直接选用《明皇杂录·道士张果》例,当可避免前人的讹误。又如:

【裙边】(97页)②鳖甲边缘的肉质部分。清王韬《瓮牖馀谈·龙瑞》:"《桂海虞衡志》云:状如龟鼋而壳稍长,背有十二片,黑白斑文相错,其裙边缺如锯齿。"

《大词典》仅举上面一例。《桂海虞衡志》(校注本,广西人民出版社,1986年,66页)云:"玳瑁,形似龟鼋辈,背甲十三片,黑白斑文相错,鳞差以成一背。其边裙阑阙啮如锯齿。"文中是"边裙"。《大词典》等辞书未收此条。故据《瓮牖馀谈》所引之例,而为"裙边"增立义项,实属不妥。因此,作为权威性工具书,要尽量直接引用原始引文,使用第一手语言资料,以免影响其质量。

但事非绝对,如果遇到如下情况,就要区别对待。例如:

【艮头】(289页)方言。谓朴实耿直之人。清翟灏《通俗编·品目》:"《辍耕录》:'杭人好为隐语,如粗蠢人曰朳子,朴实人曰艮头。'按,今又增其辞曰艮古头。"

在原始引文后增加了作者的解释,这是对"艮头"条的补充。若核实《南村辍耕录》原引文无误的话,即可使用如上转引书证。

③避免同一词条(或义项)重复引用同一书的书证或同时期同性质的文献。

首先,辞书使用书证作用很多,但主要有二:"一是用作释义的证明,二是用作立目的依据。"① 第九卷中,"趉楼"条(1131页)的书证仅来自《辍耕录》,"软剂"条(1233页)的书证也仅来自《春渚纪闻》。同一词条或同一义项的书证来自同一本书,就有可能出现词条或义项不成立的问题。如作者或抄写者用字不规范就会导致辞书立目不当。类似的还有"花枪"(305页)、"纠拾"(697页)、"起总"(1108页)、"艳称"(1368页)等。为避免书证单一或出自同书,不妨为其补上他书的用例。如"纠拾",即可补上《清史稿·魏象枢传》"十年,大计,疏请复纠拾旧制,言官纠拾未得当,不宜反坐,

---

① 王光汉《词典问题研究》,安徽大学出版社,2010年。

下所司,著为令"为证。

其次,为了达到尽可能的多提供一些知识信息的要求,《大词典》的书证应当广涉各类文献。仍以第九卷为例,不少词条或义项的几条书证都来自同一时期的史料笔记文献。如"叶子格"(456页,宋代《归田录》《渑水燕谈录》)、"荐牍"(569页,清代《池北偶谈》《啸亭杂录》)、"越器"(1116页,宋代《唐语林》《老学庵笔记》)、"超用"(1124页,宋代《鸡肋编》《容斋随笔》)、"辍棒"(1295页,宋代《墨客挥犀》《四朝闻见录》)、"酒经"(1384页,宋代《侯鲭录》《云麓漫钞》)等。这些词语中有的是历史名词,有的是专业术语,有的是古代常用词语,所以我们应区别对待其书证问题:对于历史名词,最好选择有一定历史背景知识输入的书证,提高信息含量;对于专业术语,最好提供相关专业信息的书证,对该词能起到一定的描述和补充释义的作用;对于常用词语,要取"溯源析流"的书证,能系统地表明其词义。历史名词,尤其是某个时期特有的名词,如"绿头牌"(923页),《大词典》分别引清代《啸亭杂录》《池北偶谈》用例,虽然该词是清代特用的,只能引用清代的书证,但要尽量避免只征引笔记类作品,这样才能更好地达到辞书使用书证的两个主要目的。

④充分利用现代化检索手段,增补恰当的书证,以溯源究流。

恰当的书证能有利于词语的溯源究流,有助于把握词义的动态演变历程。《〈大词典〉书证溯源》《大词典拾补》《大词典订补》等专书及相关的大量单篇论文,都或多或少的对《大词典》中部分词条的书证做了适当的补充,但立足于史料笔记的比较少。以第九卷"粗"字条下的词语为例,"粗人"(206页)、"粗布"(206页)、"粗壮"(206页)、"粗疏"(209页)、"粗鄙"(209页)等十余条均出现源流或缺的问题。如"粗野"条(208页),引现代作品为例。实可补宋吴处厚《青箱杂记》卷五"又今世乐艺,亦有两般格调:若教坊格调,则婉媚风流;外道格调,则粗野嘲哳"为证。可提前近千年。"粗鲁"条(209页)首引元尚仲贤《单鞭夺槊》例,可补宋庄绰《鸡肋编》卷上"衢州开化山僻,人极粗鲁,而制茶笼、铁锁亦佳"为证,亦可提前一百多年。随着检索手段的更新,可以更充分地占有文献资料,更有效地采集与整理各类语料,建立起笔记文献语料库和其他一些大型语料库,这是《大词典》提高书证质量行之有效的方法之一。

(2)词条立目方面

立目是编纂词典的一个重要环节。根据史料笔记,我们抽取了《大词典》第九卷"走"、"起"条下的18组词目:走泄/走洩,走綫/走線,走滷/走鹵,走趍/走趋,走鏢/走鑣,走介/走价,起牀/起床,起尸/起屍,起姦/起奸,起哄/起鬨,起塔/起墖,起碇/起椗,起舞/起儛,起霸/起覇,起稿/起藁,起釁/起衅,走壁飞檐/走壁飞簷,走骅飞觥/走骅传觥。这些词目的编写体例基本相同:

体例①:【AB】亦作"AC"。词义,AB、AC的书证。【AC】见"AB"。如:……

体例②:【AB】词义,AB的书证。亦作"AC",AC的书证。【AC】见"AB"。如:……

以上词语,实不宜以一样的体例编写。下面举例试做说明。

①避免立目重复。

汉语词语有许多异形词,立目应注意分辨常式与变式。在确定变式之前,有一个重要的环节就是先确定变式是否合格,否则,会产生重复立目的现象。前文提到的18组词中,"走泄/走洩,走綫/走線,起牀/起床,起尸/起屍,起姦/起奸,起哄/起鬨,起塔/起墖,起碇/起椗"等组词,其首字均相同,且意义完全相同,对于这类词语,只需选出主词条来立目释义,而另一种写法则不论其出现频次的高低均无须另立条目,在主词条之后加以说明即可。至于书证,可在主词条中增补。采用体例:【AB】亦作"AC"。词义,AB、AC的书证。例如:

【起塔】亦作"起墖"。造塔。北魏杨衒之《洛阳伽蓝记·闻义里》:"王城北八十里,有如来履石之跡,起塔笼之。"唐张鷟《朝野佥载》卷二:"天后令葬之,其上起塔,设千人供,勒碑号为'虎塔'。"清赵翼《瓯北诗话·李青莲诗》:"(僧伽大师)三年三月三日示寂,敕命就荐福寺漆身起墖。"

四字结构中也有类似的情况。如"走壁飞檐/走壁飞簷"组,"走壁飞檐"应为主词条,"走壁飞簷"附于"走壁飞檐"即可,无须另立。

又如:

【絃词】扬州弹词的旧称。清李斗《扬州画舫录·虹桥录下》:"评话盛于江南,如柳敬亭……紫癞痢絃词,蒋心畲为之作《古乐府》,皆其选也。"清李斗《扬州画舫录·虹桥录下》:"人参客王建明瞽后,工絃词,成名师。"参见"弦词"。(796页)

【弦词】扬州弹词的旧称。用扬州方言演唱,以三弦伴奏。清乾隆时已经流行。清俞樾《茶香室丛钞·季麻子》:"国朝李斗《扬州画舫录》云,评话盛于江南。如柳敬亭、孔云霄、韩圭湖诸人,屡为陈其年、余澹心、杜茶村、朱竹垞所赏鉴,次之季麻子平词,为李宫保卫所赏。又云,紫癞痢弦词,蒋心余为之作古乐府。"(4卷,111—112页)

由上,"弦词"的例证转引自"絃词"的第一条书证,只是写法不同。故只需立一个条目,而将另一写法作为附录说明即可,无须另立。

②避免条目误立。

吴金华认为:"正确解决立目问题,有三个基本要求。第一要有丰富而完备的资料。第二对材料能够鉴别真伪。第三对材料善于选择,取舍得当。"①《大词典》第九卷中出现了一些误立条目的现象。如:

【走趋】亦作"走趍"。①奔往;前往。《汉书·金日磾传》:"(何罗)见日磾色变,走趋卧内欲入。"颜师古注:"趋读曰趣,向也。"明胡应麟《少室山房笔丛·经籍会通四》:"燕中刻本自希,然海内舟车辐辏,篚筐走趋,巨贾所携,故家之蓄,错出其间,故特盛于他处。"②行步。唐韩愈《王君墓志铭》:"佩玉长裾,不利走趋。"③指奔走供职。宋陆游《醉中歌》:"折腰敛版日走趋,归来聊以醉自娱。"(9卷,1079页)【走趍】见"走趋"。(9卷,1077页)

《大词典》中没有"走趍"的用例,我们在多部辞书及北大语料库中也没有找到"走趍"的用例。词典条目确立的主要依据是文献资料,如果"走趍"条没有书证,那么另立一条似不妥。

③立目要符合收词原则。

成词与否的判断失误会造成词目的误立。《大词典》第九卷中一些词条形式上貌似四字格,但内部联系不够紧密,不宜作为词条单立。如:

【纳屦踵决】穿鞋而后跟即破。极言生活贫困。《庄子·让王》:"曾子居卫……十年不制衣,正冠而缨绝,捉衿而肘见,纳屦而踵决。"亦作"纳履踵决"。《韩诗外传》卷一:"原宪楮冠黎杖而应门,正冠则缨绝,振襟则肘见,纳履则踵决。"(763页)【纳履踵决】见"纳屦踵决"。(763页)

"纳屦"、"纳履",指穿鞋。明陶宗仪《南村辍耕录》卷三十:"古人舄、屦、履至阶必脱,唯著袜而入……汉赐剑履上殿,是不赐则不敢著履上殿明矣。谏不行则纳履而去。纳,结也。"《大词典》用《庄子》和《韩诗外传》二例来说明语源是可以的,但例子中的四字结构是由"而"或"则"联系的,前后两部分还没有凝固成固定结构,故仅据此二例来立目是不当的。

④立目要兼顾规范化要求。

常式、变式区分的标准在于常用与否,但有时我们难以确定,这就要看其规范化程度。《大词典》中收录了一些外来词,由于外来词最初以音译的居多,同一词就会出现多种书写形式。这时常式、变式的取舍需要兼顾约定俗成的规范要求。如:

【补陁 tuó 落迦】即普陀。宋赵彦卫《云麓漫钞》卷二:"补陁落迦山自明州定海县招宝山泛海东南行,两潮至昌国县,自昌国县泛海到沈家门,过鹿

---

① 吴金华《大词典商订五题》,《辞书研究》1999年第3期。

狮山,亦两潮至山下。"亦省作"补落迦"、"补陁"、"补陀"。例略。(89页)
【补陁】见"补陁落迦"。(89页)【补陀】见"补陁落迦"。(89页)

【普陀】中国佛教四大名山之一。梵语补陀落迦(Potalaka)的省音译。在今浙江省普陀县,属舟山群岛。古称梅岑山,传说汉方士梅福在此炼丹。五代后梁时,日僧慧锷从五台山请观音圣像回国,为大风所阻,于此山建"不肯去观音院",是为"观音道场"之始。后人又据《华严经·入法界品》,附会为善才参访观音菩萨的补陀落迦山。《四溟诗话》卷四引唐安庆王《西池送月泉上人归南海》诗:"天开达摩井,云护普陀岩。"(5卷,726页)

另外,《辞源》1535页又有"补落迦"、"补陀落迦"两种形式。

如何处理这些不同的书写形式,《大词典收词原则》指出:"来自外国的借词和译词,早已进入古籍或近现代作品而成为一般词语的,应予收列。……音译词的不同形式,其中比较重要,在历史上曾经广泛流行过的,可作附条收列。"① 根据以上原则,"补陁"、"补陀"、"普陀"曾在文献中出现过,但"普陀"是常见的一般词语,应作为常式。"补陁"、"补陀"在常式中"附条收列"即可。因"补陁"、"补陀"、"普陀"是梵语"Potalaka"的音译省略式,作为语源的"补陀落迦"宜应单立。而《辞源》中提到"补落迦"、"补陀落迦",若有用例,可作为"附条收列"。又如"纳石失/纳失失"(759页),作为音译词,"纳石失"有"纳失失、纳什失、纳赤思、纳阇赤、纳奇锡、纳赤惕、纳瑟瑟等等多种汉字异写"②,这些形式最好在"纳石失"条目中加以说明,无须另立。以上均可采用体例:【AB】词义,AB的书证。亦作"AC",AC的书证。例如:

【纳石失】蒙古语音译。元代贵族用的一种金锦,由金线织成。《元史·舆服志一》:"玉环绶,制以纳石失。金锦也。上有三小玉环,下有青丝织网。"亦作"纳失失"。明陶宗仪《辍耕录·金灵马》:"凡宫车晏驾……舆车用白毡青缘纳失失为帘,覆棺亦以纳失失为之。"("纳什失"、"纳赤思"、"纳阇赤"、"纳奇锡"、"纳赤惕"、"纳瑟瑟"等如有用例,亦可补之如上。)

(3)词义方面

释义的准确与否是检验辞书质量的主要依据。每个词条的解释都应最大化地搜集用例,仔细分析,反复推敲;也应借助词汇训诂与认知语义学、词义理据学等理论,分清其语用义与核心义;还应坚持"史"的观念,寻求语源义,理清词义演变的脉络,从而最大化、系统化地呈现出词条的所有义项。兹据第九卷的实际情况,特提出如下两点建议:

---

① 大词典编纂处《大词典编纂手册》,1981年。
② 尚刚《纳石失在中国》,《东南文化》2003年第8期。

①利用各类语料库,最大化地寻找用例,以求释义的完备。

如"蒜酪"条(494页),《大词典》解释为:"蒜酪是北方常食之物,因以指北方少数民族。"且仅引《野获编》《野获编补遗》两例。"蒜酪"是北方少数民族常食之物,而北曲富于当地生活气息,被曲论者认为带有一股北方游牧民族的"蒜酪"之气。因此"蒜酪"又特指元曲中独特的韵味。如明何良俊《四友斋丛说》:"高则诚才藻富丽,如《琵琶记》'长空万里',是一篇好赋,岂词曲能尽之!然既谓之曲,须要有蒜酪,而此曲全无。"明蒋一葵《尧山堂外纪·宋·康与之》卷十八:"康伯可在翰苑日,尝重九遇雨,奉敕撰词,伯可口占《望江南》一阕进云:'重阳日,阴雨四郊垂。戏马台前泥拍肚,龙山会上水平脐。直浸到东篱。茱萸胖,菊蕊湿滋滋。落帽孟嘉寻箬笠,休官陶令觅蓑衣。两个一身泥。'盖蒜酪体也。上览之大笑。"而《大词典》漏略了这个义项。又如"义夫"条(174页),还应补上"明代还特指采矿的人"一义。书证见明王士性《广志绎》卷五《西南诸省》:"其硐者,某处出矿苗,其硐头领之,陈之官而准焉,则视硐大小,召义夫若干人,义夫者,即采矿之人,惟硐头约束者也。"

②对词义一定要细加推敲,以求释义的周密性。

如"编管"条(951页),《大词典》解释为"宋代官吏得罪,谪放远方州郡,编入该地户籍,并由地方官吏加以管束,谓之编管。此等刑罚亦有用于一般罪犯者。"事实上"编管"在明清仍旧使用,如明代《万历野获编》卷二十二:"士人得罪,编管为戍卒者多矣,未有夷之隶役者。"清代《池北偶谈·谈艺七》:"有旨:曾、显文各降两官。赖臣僚缴奏,孝宗明圣,黜显文,其子送汀州编管。"现仅云"宋代"显然不够周密。又如"京堂"条(2卷,352页),《大词典》释义为"清代对某些高级官员的称呼。如都察院、通政事、詹事府……等寺中官,概称京堂。在官文书中称京卿,一般为三品、四品官。中叶以后,成为一种虚衔。"其实"京堂"早在明代就已经出现了。如焦竑《玉堂丛语》卷六《事例》:"故事,父任京堂而子为科道者,例得回避改他官。"可见,《大词典》的释义不够精确,且所引例证滞后。"京堂"应是"明清时对某些官员的称呼。明时常指四品或五品官员,到清代则一般指三品或四品官员,清中叶后成为一种虚衔。"①如此,方称周详。

总之,充分使用历代史料笔记中的语料,对《大词典》的修订具有重要意义,希望二版无论是修订旧有条目还是增补新的条目,都能充分发挥其应有的作用。

---

① 王祖霞《史料笔记之语料及价值——以明代〈戒庵老人漫笔〉等为例》,《兰州学刊》2012年第10期。

（七）关于"死亡"义词语的调查研究

"词不是孤立存在的，它们处在相互联系之中。一批有关联的词，组成一个语义场。"①换言之，词汇不是零散的，而是一个内部语义彼此关联的系统。词汇系统内部某一成员如果发生变化（比如义位的增减、义位义域的变化、在语义场中上下位关系的变动等），通常会导致系统内其他成员也做出相应的调整。因此，在汉语词汇共时和历时研究中要注意词汇语义范畴的系统性。这一点前辈学者多有论述。

需指出的是，在汉语大型辞书的编纂和修订中也应具有词汇系统性的观念。既然语言里的词因相互关联（通常是在某一个或几个义位上关联）而构成一个个语义场，在词典编纂时就应力求将同一语义场的词都予以收录，且注意词语间义项的比照互参；在词典修订时也应注意考察同一语义场内是否存在词条漏收、义项缺失等问题。

《大词典》是我国迄今为止权威性最强的一部大型历史性汉语语文工具书。从总体上看，它收词量大、释义确切、义项完备、例证丰富，在很多领域都发挥着重要作用，更是文史工作者必备的工具书。但由于词目浩繁、书成众手及当时编纂条件的限制，《大词典》也还存在着一些疏漏和不足之处。近些年来，已有不少学者就其在收词立目、释义、书证、体例等方面存在的问题提出了商补意见。这些成果对《大词典》的进一步修订完善无疑具有重要的参考价值。但我们也注意到，学者们多是从某一部（或几部）专书词汇的角度去考察《大词典》在词语收释上存在的问题，或是仅就翻检中遇到的一些问题提出订补建议。从词汇语义范畴系统的角度来考察《大词典》在收释某一语义范畴的词语时存在的问题的研究尚不多见。

基于上述认识，笔者选取《大词典》中收录的"死亡"义词语为考察对象，指出《大词典》收释这类词语时在收词、释义、书证、体例等方面存在的问题，并提出订补意见，以期为其现已启动的修订工作提供一些有价值的意见和材料。

1.《大词典》漏收的"死亡"义词条

一去

"一去"，一下子离去，婉指死亡。《汉魏南北朝墓志汇编·东魏》："宝剑

---

① 蒋绍愚《古汉语词汇纲要》，商务印书馆，2005年。

生瘢,良弓莫施,惨惨高台,芒芒曲池。叫咷挽响,嵬峨龙□,于兹一去,万古长违。"唐杜牧《经古行宫》诗:"草色芊绵侵御路,泉声呜咽绕宫墙。先皇一去无回驾,红粉云鬟空断肠。"《敦煌愿文集·亡妣文》:"哀哀慈母,孕育劬劳;泣血终身,莫能尚(上)报。慈颜一去,不复观瞻;五体摧伤,惟增哽咽。"

按:《大词典》一卷1页"一"字头下未收该条,当补。

作古人

为死亡的婉辞。《初刻拍案惊奇》卷二十:"李兄果是我八拜至交,指望再得相会,谁知已作古人?可怜!可怜!今你母子就是我自家骨肉,在此居住便了。"明李贽《续焚书》卷四:"后余入滇,又三载,得告谢,忽闻见泉来守北胜,余自谓得再见我见泉,免心中时时有一见泉也,而君逝矣,作古人矣。"

按:《大词典》一卷1247页收录了"作古",但未收"作古人",当补。

修文地下

婉指文人之死。明沈德符《万历野获编》卷九:"是年百榖下世,再阅岁甲寅而文定亦捐宾客矣。想修文地下,其遇新岁唱和,必如生前不少衰,而粘屏与否,则不可周矣。"清林朝崧《无闷草堂诗存》卷三:"南阮交情两世深,修文地下去相寻;阿咸哭罢重思籍,落日悲风满竹林。"清施士洁《后苏龛诗钞》卷九:"一朝薤露歌声哀,暂别那知成永诀!鹭山苍凉鹭水咽,修文地下音尘绝。"

按:《大词典》一卷1371页、二卷1018页分别收录了"修文"、"地下修文",而与"地下修文"同素异序的"修文地下"却未收录,当补。

玉碎花残

表示女子死亡。清佚名《梼杌闲评》第四十二回:"言毕,向河里一跳。可怜:玉碎花残邙水滨,无惭金谷坠楼人;香魂不逐东风散,好拟湘灵作后身。"清鸳湖烟水散人《珍珠舶》第十二回:"小姐,小姐,我只道还有见面之日,所以千辛万苦,不惜性命,赶到京都。谁知玉碎花残,已做了梦中蝴蝶。虽非因我而死,我岂能舍尔独生。"

按:《大词典》四卷471页"玉"字头下未收该条,当补。

兰摧

比喻贤者丧亡。《汉魏南北朝墓志汇编·无年月志及残志》:"痛矣兰摧,惜哉何暨,三良苦秦,孰如兹日。"又同书《东魏》:"廿九日丙申葬于邺城西七里之北,左带漳水五里之西。痛兰摧于秋旻,伤桂亡于霜月。追金石之不朽,永传芳之无歇。"

按:《大词典》四卷479页、六卷631页分别收录了"玉折"、"兰摧玉折",而未收"兰摧",当补录该条。

玉殒花飞

比喻女子死亡。明瞿佑《剪灯夜话》卷三:"到了祖家,他心爱的女子已是珠沉璧碎,玉殒花飞,快要入土了。"明冯梦龙《情史》卷十三:"生闻女死,托以省姑走吊焉,至则玉殒花飞,将入木矣。"

按:《大词典》四卷504页收录了表示女子死亡的"玉碎珠沉"、"玉碎香销"等条目,而未收"玉殒花飞",当补。

璧碎珠沉

比喻女子死亡。明冯梦龙《情史》卷十八:"璧碎珠沉,兰摧玉折。生愿同衾,死期共穴。"清佚名《章台柳》第十一回:"只是那长安破后,宫殿灰飞,士民星散,知我柳姬存否何如?哎,纵免他璧碎珠沉,少不得云孤月寡,风尘荏苒。"

按:《大词典》四卷547页收录了"珠沉璧碎",与之同素异序的"璧碎珠沉"却未予收录,当补。

归阴府

指死亡。元高明《琵琶记》第二十三出:"料想奴家,不久也归阴府。苦,可怜一家,三个怨鬼在冥途。"《警世通言》卷三十四:"恨君短行归阴府,譬似皇天不生我。"

按:《大词典》五卷367页"归"字头下收录了表死亡的"归阴",但未收"归阴府",当补。

归冥

故世,亡故。犹归阴。《武王伐纣平话》卷下:"吾归冥后,你共文武和合,频赏三军;好看太公者,此人是大贤人也。"明佚名《杨家将》第五十回:"杨七姐看见公主追逼九妹,紧急挽弓,一矢射去,可怜金花一命归冥。"

按:《大词典》五卷368页、369页、374页分别收录了"归天"、"归西"、"归阴"等条,但未收"归冥",当补。另外,"归冥府"、"归冥漠"、"归冥乡"等也应予以收录。

命归黄泉

指死亡。明瞿佑《剪灯夜话》卷五:"女儿不幸!病重弥留,早晚要死,母亲的大恩还没有报答,我就要抱恨含怨、命归黄泉了。"清无名氏《八美图》第十八回:"当初我爹爹被上杰气成一病,命归黄泉,我母亲相继而亡,如今仇人之子在此,怎得干休?"

按:《大词典》五卷372页收录了"归泉"条,但三卷280页"命"字头下未收"命归黄泉",而前者系由后者省缩而成,故当补。

溘然长逝

指忽然逝世。元姚桐寿《乐郊私语》:"方将振其家声,而天不悔祸,复于至正丁酉,溘然长逝,春秋仅五十有五。"民国朱瘦菊《歇浦潮》第三十五回:"可怪老太太仿佛知道的,因这一回少了一个人叫唤,便赌气不肯回来。从此一厥,竟溘然长逝。"岳南《陈寅恪与傅斯年》:"10月7日晨5时30分,心力衰竭的陈寅恪溘然长逝。"

按:《大词典》六卷3—4页、十一卷594页分别收录了"溘然、溘逝、溘死、溘丧、溘尽"、"长逝"等条,却未收"溘然长逝",而此语近代以来一直习用,故当补入。

玉折兰摧

比喻贤者丧亡。《陈书·陆瑜传》:"自谓百年为速,朝露可伤,岂谓玉折兰摧,遽从短运,为悲为恨,当复何言。"清纪昀《阅微草堂笔记》卷十八:"凡人与鬼狎,无不病且死,阴剥阳也。惟我以爱君韶秀,不忍玉折兰摧,故必越七八日后,待君阳复,乃肯再来。"

按:《大词典》六卷631页收了"兰摧玉折"。据其收词条例,与"兰摧玉折"同素异序的"玉折兰摧"也应予以收录。

撒手人寰

指死亡。《大义觉迷录·乾隆上谕》:"雍正帝早已觉察到,张熙投书谋反案,绝不是孤立偶然现象。特别是供出已撒手人寰四十五年的反清祖宗理学大师吕留良。"顾保孜《跨出中南海》第三十七节:"1970年11月9日晚上7点25分,戴高乐将军因动脉瘤引起胃动脉破裂而撒手人寰。"

按:《大词典》六卷854页收录了"撒手",却未收四字格的"撒手人寰",当补该条。

禄命终

禄,指官员俸禄;禄命终,谓官运绝止。婉指死亡。元王实甫《西厢记》第一本楔子:"夫主京师禄命终,子母孤孀途路穷;因此上旅榇在梵王宫。盼不到博陵旧冢,血泪洒杜鹃红。"清无名氏《大明奇侠传》第十二回:"有钱难买君王寿,无药能医禄命终,阎王不受人间俸。甚来由忙忙碌碌,依然是渺渺空空。"

按:《大词典》七卷938页"禄"字头下未收该条,当补。

闭眼

人死则眼闭上,故以"闭眼"婉指死亡。《金瓶梅词话》第六十二回:"我的哥哥,奴承望和你并头相守,谁知奴家今日死去也!趁奴不闭眼,我和你说几句话儿。"民国常杰淼《雍正剑侠图》第六十四回:"我岁数太大了,风前之烛瓦上霜,有今天没明日,万一将来我一闭眼,请众位在江湖绿林道借着我的老面子,关照关照我的孩子。"

按:《大词典》十二卷 24 页"闭"字头下未收该条,当补。

当然,可补的词语远不止这十几条,尚有待今后进一步排查搜求。总之,重要典籍文献中的这类词语应当尽量收录,减少遗漏。

2.《大词典》"死亡"义词条的书证问题

《大词典》"死亡"义词语的书证也存在各种问题,下面分别从书证缺失、书证滞后、书证单一、书证有误等方面各举数例说明。

(1)书证缺失

与世长辞

《大词典》二卷 161 页"与世长辞"条:"逝世,去世。"后为自造例句。

按:清代已有用例。曼陀罗室主人《观音菩萨传奇》第八回:"原来宝德后自从那一天诸医束手之后,虽由大家定了一张滋补的药方配给她吃,但是终究像浇在石头上一般,丝毫不发生效力,却越显得力疲神瘁的神情,一天不是一天,直到九月十九这一天晚上,竟伸伸腿,瞪瞪眼,与世长辞了。"

夙凋

《大词典》三卷 1173 页"夙凋"条:"早凋零,早死。"后未举书证。

按:《魏书·钜鹿魏溥妻房氏传》:"爰及处士,遘疾夙凋。伉俪秉志,识茂行高。"南朝梁钟嵘《诗品》卷中:"小谢才思富捷,恨其兰玉夙凋,故长辔未骋。"

病逝

《大词典》八卷 292 页"病逝"条:"因病去世。"所举例证为自造例句。

按:清代已有用例。王韬《淞隐漫录》卷七:"顾奔走流离,备罹困苦,母以老病逝。无何,诸姊妹相继谢世,惟父独存,影只形单,凄寂万状。"昭梿《啸亭杂录》卷十:"后和相籍没,驸马继殂,公主持家政十余年,内外严肃,赖以小康。于道光癸未秋病逝,今上亲临奠醊焉。"

西归

《大词典》八卷 752 页"西归"条,义项②释为:"用作人死亡的婉词。"无书证。

按:唐代已有用例。窦庠《陪留守韩仆射巡内至上阳宫感兴二首》诗:"翠辇西归七十春,玉堂珠缀俨埃尘。武皇弓剑埋何处,泣问上阳宫里人。"刘沧《经古行宫》诗:"玉辇西归已至今,古原风景自沈沈。御沟流水长芳草,宫树落花空夕阴。"皆其例。

(2)书证滞后

一命呜呼

《大词典》一卷 48 页"一命呜呼"条:"指死亡。常含幽默诙谐意味。"首引毛泽东《湖南农民运动考察报告》例。

按:明代小说多有用例。施耐庵《古本水浒传》第二十三回:"穆弘抢步上前,向第二个劈面剁去,将那人顶门劈做两片,脑浆迸裂,一命呜呼。"清溪道人《禅真后史》第九回:"因一小厮多吃了半碗饭,一柴打去,失手打伤了太阳,患了破伤风症候,延捱数日,方接医调治,也是迟了,一命呜呼。"

不育

《大词典》一卷424页"不育"条,于义项②释义"犹言夭折"下首引宋苏辙《龙川别志》例。

按:魏晋时已有用例。《汉魏南北朝墓志汇编·西晋》:"次女恭,字惠音,年十四,适弘农杨士产拜时。晚生二女皆不育。"晋王羲之《杂帖》:"从弟子夭没,孙女不育,哀痛兼伤,不自胜,奈何奈何!"①

亡化

《大词典》二卷294页"亡化"条:"去世。"释义后首引元剧《西厢记》第一本第四折例。

按:唐代已有用例。[日]圆仁《入唐求法巡礼行记》卷第一:"先许,满和尚却来入天台山,满和尚已亡化,经十六年。"

奄化

《大词典》二卷1530页"奄化"条:"逝世。"仅举柳亚子《〈燕子龛遗诗〉序》一例为证。

按:南北朝已有用例。《汉魏南北朝墓志汇编·北齐》:"乡称佳士,俗号神人,如山倚日,如月开云。鲦忽奄化,路别绝尘,白杨萧瑟,空拂秋春。金书易绝,玉镜难同,魂归郊外,尽悉成空。"书证可提前一千四百年。

回老家

《大词典》三卷609页"回老家"条,于义项②释义"指死亡"下首引现代作家曹禺《日出》第四幕例。

按:清代已有用例。无名氏《狄公案》第五十五回:"汝这人好大胆量,走到山前还不孝敬丢下买路钱来,顷刻命你回老家享福。"

死于非命

《大词典》五卷151页"死于非命"条:"遭受意外灾祸而死亡。非命,横死。"首引《水浒传》第四十一回例。

按:宋代笔记小说已见用例。周密《癸辛杂识·别集下》:"诸郡又各差

---

① 汪维辉,徐晓蓝《从〈全晋文〉看〈汉语大词典〉的书证溯源问题》,《宁波师院学报》1993年第1期。

朝士,分任其事。怨嗟满道,死于非命者甚众。"洪迈《夷坚志》卷第十三:"尔逐利忘家,致妻子死于非命。"

归阴

《大词典》五卷374页"归阴"条:"死。旧时迷信认为人死后灵魂返归阴间。"仅举现代昆曲《十五贯》第一场一例为证。

按:明代即有用例。《西游记》第四十六回:"自从受戒拜禅林,护我西来恩爱深。指望同时成大道,何期今日你归阴!"《二刻拍案惊奇》卷三十五:"妇女轻自缢,就里别贞淫。若非能审处,枉自命归阴。"

薨逝

《大词典》九卷563页"薨逝"条:"犹薨殂。"首举清袁枚《随园诗话》卷八例。

按:南北朝即见用例。《汉魏南北朝墓志汇编·梁》:"永阳太妃奄至薨逝,哀摧切割,不能自胜,便出叙哀。"又同书《北魏》:"永熙二年,夫人薨逝,言归同穴,更营坟陇。"

存在同类问题的条目还有"一旦无常、一命归阴"(一卷22、48页)、"亡故、亡逝、亡过"(二卷296、297页)、"丧逝、丧躯"(三卷410、412页)、"殂丧、殒谢、殒颠"(五卷156、176页)、"万古"(九卷462页)、"长违"(十一卷600页)、"驾崩"(十二卷828页)等。因篇幅限制,不再一一详述。

(3)书证单一

词典书证的主要作用是佐证释义。正如赵振铎先生所说:"一个字的意义用再好的释文把它表现出来也是比较抽象的。如果能够举出恰当的用例,往往可以使所解释的意义更加明确。"[①]像《大词典》这样的历史性语文词典,书证还应当展示词语的源流演变。但《大词典》所收的一些"死亡"义词条还存在着书证单一的问题。单一书证既不利于读者较好地理解词语的释义和用法,也不利于展现词语的源流演变,因而会影响到整部辞书的质量。以下就书证单一的"死亡"义词条试增补相应的书证。

偏露

《大词典》一卷1572页"偏露"条:"谓父死。谓失去荫庇保护。"仅举唐孟浩然《送莫甥兼诸昆弟从韩司马入西军》诗一例为证。

按:此词义僻,似可酌补书证。《太平广记》有例,见卷七七引唐皇甫氏《原化记》:"姑事韦家,不幸,儿女幼小,偏露,一子才十余岁,一女去年事郑郎,选授江阴尉,将赴任,至此身亡。"

---

① 赵振铎《字典论》,上海辞书出版社,2001年。

亡躯

《大词典》二卷299页"亡躯"条:"丧生。"仅引汉司马迁《史记·袁盎晁错列传》一例为证。

按:可补后代用例。《敦煌变文集新书》卷三:"其时为法违情,不惧亡躯丧命,君臣两竞,各拟见王。"宋苏轼《东坡志林》卷五:"二子之术用于世者,灭国残民覆族亡躯者相踵也,而世主独甘心焉,何哉?"

徂逝

《大词典》三卷934页"徂逝"条,于义项①释义"亡故"下仅举汉蔡邕《议郎胡公夫人哀赞》一例为证。

按:可补后代书证。《魏书·李冲传》:"司空文穆公德为时宗,勋简朕心,不幸徂逝,托坟邙岭,旋銮覆舟,躬睇茔域,悲仁恻旧,有恸朕衷。"清连横《雅堂文集》卷二:"顾自设社以来,二十有二载矣,痴仙、绍尧、厚庵、启运、沧玉虽前后徂逝,而林灌园继起,鹤亭、南强、槐庭俱健在,建碑刊集,以绍痴仙之志;栎社之兴,犹未艾也。"

寄死

《大词典》三卷1507页"寄死"条:"谓死在所依附的人家中。"仅举《史记·佞幸列传》一例为证。

按:可补后代例证。唐刘肃《大唐新语·公直第五》:"无闻寄死托孤,见危授命,斯所谓滓秽流品,点辱衣冠,而乃延首觊颜,重尘清鉴。"明陶宗仪《南村辍耕录》卷五:"未几,杨死,箱财廿八,莫有主者。杨之弟诣先生求分财,先生曰:'若兄寄死于我,意固在是。'"

死没

《大词典》五卷150页"死没"条:"死亡。"仅引《后汉书·独行传·李善》一例为证。

按:可补后代例证。唐柳宗元《咏三良》诗:"生时亮同体,死没宁分张?壮躯闭幽隧,猛志填黄肠。"明罗贯中《五代秘史》第三十三回:"人之死没,自古难免。"

归世

《大词典》五卷369页"归世"条:"逝世。"仅举《前汉书平话·卷上》一例为证。

按:后代亦见用例。《西游记》第四十回:"我祖公公姓红,只因广积金银,家私巨万,混名唤做红百万。年老归世已久,家产遗与我父。"清嗤嗤道人《警寤钟》第四回:"必成吃惊叹息,又去拜望田先生,那先生已于上年三月间归世了。"

长乖

《大词典》十一卷589页"长乖"条:"永别。多指死亡。"仅举晋潘岳《杨仲武诔》一例为证。

按:可补后代用例。《旧唐书·李晟传》:"比者卿在之日,却未见朕深心,今卿与朕长乖,方冀知朕诚志。无以为念,发言涕零,是用躬述数行,贵写所怀得尽。"明王世贞《艳异编》正集卷之十三:"号亡声兮何续,神求逝兮长乖。呜呼哀哉!"

魂销

《大词典》十二卷461页"魂销"条:"死亡。"仅举唐元稹《感梦》诗一例为证。

按:可酌补书证。如《敦煌变文集新书·孟姜女变文》:"热(执)别之时言不久,拟于朝暮再还乡。谁为忽遭槌杵祸,魂销命尽塞垣亡。"

存在同样问题的条目还有"倒头、倾命"(一卷1474、1646页)、"夭瘥、夭短"(二卷1460页)、"完帐"(三卷1335页)、"殒逝、归神"(五卷175、373页)、"薨落"(九卷564页)等。

(4)书证有误

《大词典》"死亡"义条目在书证方面还存在词目与引例不合、书名篇名及作者有误等问题。

不讳

《大词典》一卷472页"不讳"条,义项③释义"死亡的婉辞"下首例书证为《管子·戒》:"管仲寝疾,桓公往问之曰:'仲父之疾甚矣,若不可讳,不幸而不起此疾,彼政我将安移之?'"

按:词目与引例不合。上例中"不可讳"亦为死亡的婉辞,但不当用作"不讳"条例证,应移至"不可讳"条下。

岱宗

《大词典》三卷811页"岱宗"条,义项②释义"古代谓人死后灵魂归泰山。故以岱宗指死亡"下首例书证为《文选·刘桢〈赠五官中郎将〉诗之二》:"常恐游岱宗,不复见故人。"

按:词目与引例不合。上例中作者是用"游岱宗"来喻指死亡,并非以"岱宗"单独指死亡。因此,该例当删除。

升驭

《大词典》一卷641页"升驭"条:"帝王去世的婉辞。"下引明顾绛《刘谏议蕡祠》诗例为证。

按:引例篇名有误,"蕡"字衍,实为《刘谏议祠》,收录在《亭林诗集》卷之三中。

倾弃

《大词典》一卷1651页"倾弃"条:"去世。"下举第二条书证为明代高明《琵琶记·散发归林》例。

按:引例作者时代有误。高明系元朝末年人,至正进士。《琵琶记》有元刻巾箱本。故应标为元代。

3.《大词典》相关词条"死亡"义项的缺失

一些本可固定表达"死亡"义的词语,词典对其释义时理应予以确立"死亡"义项。但《大词典》在收释这些条目时却忽略了该义项,从而造成词条义项不全。现将缺失"死亡"义项的条目胪列如下:

千秋万古

《大词典》一卷841页"千秋万古"条,仅列"犹言千秋万代,形容岁月长久"一个义项。

按:尚有"婉言帝王之死"义。清黄小配《洪秀全演义》第五十四回:"天王知大事已去,无可挽回,遂背着人,悄悄服了点子毒药,呜呼哀哉,就此千秋万古!"

埋玉

《大词典》二卷1104页"埋玉"条,列有"埋葬有才华的人"、"埋葬女子"、"祭神的一种仪式"三个义项。

按:尚有"有才华的人亡故"之义。《梁书·陆云公传》:"不谓华龄,方春掩质,埋玉之恨,抚事多情。"宋黄庭坚《司马文正公挽词》诗:"堂堂宁复有,埋玉恸佳城。"

过往

《大词典》十卷962页"过往"条,列有"谓时光过去或流逝"、"以往;往昔"、"(人物)经过;来去"、"人物的过从,交往"四个义项。

按:尚有"过世,去世"之义。《全唐五代词》卷六:"眼目昏,耳沉聩。渐觉心神转蒙昧。寝寐长逢过往人,神魂已入幽冥界。"《敦煌愿文集·回向发愿》:"师僧父母,各保安宁;过往先灵,神游净土;宿业旧过,总愿消除;此世来生,长逢佛日。"[①]以上两例,"过往"皆为"去世"之义。

远代

《大词典》十卷1120页"远代"条,仅列"犹古代"一个义项。

按:尚有"死亡"义。《敦煌愿文集·愿斋文》:"先亡远代,悉得上坐;人

[①] 敏春芳《敦煌愿文词汇研究》,兰州大学博士学位论文,2006年。

及非人,岁蒙吉庆。"又同书《亡斋文》:"然后行香眷属,同护福因;助供营斋,普沾少分,先亡远代,悉得上生;六道有情,愿登佛国。"以上两例,"远代"与"先亡"同义连文,皆指"死亡"。

4.《大词典》"死亡"义词条的体例问题

编纂体例是否统一规范,是衡量一部辞书质量高低的重要标准。《大词典》虽已制订严格具体的体例,但因系分工编写、分卷出版,难免存在顾此失彼、前后不相一致之处。① 就"死亡"义词条而言即存在同义异形条目处理不一、释语使用不一等问题。以下试举例说明,并提出修订建议,以期供《大词典》及其他同类辞书修订时参考。

(1)同义异形条目的处理

此处同义异形的"死亡"义词语包括:字序互换的同素异序词,如"玉折兰摧、兰摧玉折";某一词语通过改变某个语素或因字形不同而形成的同义词②,如"亡没、亡殁";某词语(常为三音节以上形式)通过省缩内部的某个词素而形成的同义形式,如"填沟壑、填壑"。

龙驭上宾、龙御上宾、龙驭

《大词典》对这三个条目的处理如下:

龙驭上宾(十二卷1481页):亦作"龙御上宾"。

龙御上宾(十二卷1481页):见"龙驭上宾"。

龙驭(十二卷1482页):⑤婉词。谓帝王去世。《明史·方从哲传》:"以药尝试,先帝龙驭即上昇。"参见"龙驭上宾"。

按:《大词典》对"龙驭上宾"条处理不当,应给出相应的释义和书证,而不是仅用"亦作'龙御上宾'"一语做简单说明。因为从《大词典》对上述条目的处理来看,它是将"龙驭上宾"作为该组同义异形条目中的主条目,将"龙御上宾"作为副条目。③ 此时,主条目应给出详细的释义和书证。否则,词典使用者在查考以上条目时,会因《大词典》对这些条目的处理不当而不得确解。因此,笔者认为应对"龙驭上宾"条的释义和书证进行补充,具体如下:

龙驭上宾:亦作"龙御上宾"。帝王去世的婉辞。明沈德符《万历野获编》卷三:"然承恩殁没者,必加封内爵,以是外廷得闻。逮龙驭上宾,其现存

---

① 陈增杰《论〈汉语大词典〉的修订》,《辞书研究》1998年第4期。
② 杨会永《〈汉语大词典〉"同义异形"条目释义的几个问题》,《辞书研究》2006年第2期。
③ 《大词典》在处理一组同义异形条目时,一般是以其中一个条目为主条目进行释义举证,同时用"亦作～"一语来列出其同义异形条目的词形,并在后适当举例。这样,其他条目便处理为副条目,仅出条,在条目后仅用"见～/参见～/参看～"等语指出对应的主条。

未封者概不得知矣。"清吴趼人《痛史》第六回:"皇帝龙御上宾了!卿等务当同心协力,扶佐幼主。"

香消玉碎、玉碎香销

《大词典》对这两个条目的处理如下:

香消玉碎(十二卷430页):比喻年轻美貌女子死亡。……亦作"香消玉损"、"香消玉殒"。

玉碎香销(四卷504页):喻女子的死。

按:"香消玉碎"同"玉碎香销"为同素异序词,二者的释义理应相同。然《大词典》对二者的释义并非一致,前者释为"比喻年轻美貌女子死亡",后者却为"喻女子的死",所指的死亡对象并非完全相同。因此,应将二者的释义统一起来。

(2)释语使用的统一与规范

从古至今,汉语中产生了一大批"死亡"义委婉语。历史语文词典在收释这类词语时,应注意将其表委婉的用法在释义中体现出来。《大词典》虽在这方面树立了典范,但也存在着诸如释义术语(下称"释语")复杂多样、相关条目释语使用不统一等问题。下面仅举二例说明。

上仙、不可言、不禄、去世、呜呼、回去、山陵崩等

上仙(一卷270页):②用作帝、后死亡的婉称。①

不可言(一卷402页):对死的讳指。

不禄(一卷455页):①士死的讳称。

去世(二卷833页):婉言人死。

呜呼(三卷466页):旧时祭文中常用"呜呼",后因以借指死亡。

回去(三卷609页):③死的代称。

山陵崩(三卷783页):诸侯帝王死亡的委婉语。

宫车出(三卷1429页):婉指皇帝死亡。

宫车晚出(同上):比喻皇帝死亡。

宫车晏驾(同上):喻指皇帝死亡。

星落(五卷677页):②喻名人死亡。

晏驾(五卷713页):车驾晚出。古代称帝王死亡的讳辞。

背弃(六卷1229页):②死亡的婉辞。

脚心朝天(六卷1273页):死的隐语。

脱缁(六卷1301页):僧人死的别称。

---

① 此处仅列每条词语在《大词典》中相关的释义内容,不列书证。下同。下画线为笔者所加。

五、关于《汉语大词典》修订的理论探讨

从上举的词条可见,《大词典》用于说解死亡委婉语的释语数量较多,大体可分为四类:第一类为"婉言、婉辞、婉称、婉指、委婉语"等;第二类为"讳辞、讳称、讳指"等;第三类为"别称、代称、隐语"等;第四类为"喻、比喻、喻指、借指"等。这四类释语均用于说明被释词具有委婉表达"死亡"义的功能。若从词典的整体风格考虑,每类释语都存在多个表述形式,一定程度上也反映了《大词典》释语使用的混乱状况。① 这一问题的存在无疑会影响词典的实际使用效果。比如"山陵崩"、"宫车出"、"晏驾"、"宫车晚出"、"宫车晏驾"等都是对"古代帝王死亡"的委婉表达,但《大词典》对它们进行释义时却运用不同的释语(分别用"委婉语、婉指、讳辞、比喻、喻指")来表述,这难免会给不同层次的使用者带来理解上的困惑。

因此,建议《大词典》修订时可尽量简化这些释语,使其统一起来。比如,对表示"古代帝王死亡"的委婉语释义时,可统一表述为"古代帝王死亡的婉辞"。这样不仅可强化词典的统一风格、提高编纂质量,也有助于读者查考与理解。

薨殂、薨奄、薨殁、薨背、薨逝、薨谢、薨陨、薨落

《大词典》对这些条目的释义如下:

薨殂(九卷 563 页):指王侯死亡。

薨奄(九卷 563 页):薨殂。指王侯死亡。

薨殁(九卷 563 页):薨殂。指王侯死亡。

薨背(九卷 563 页):犹薨殂。

薨逝(九卷 563 页):犹薨殂。

薨谢(九卷 564 页):薨殂。

薨陨(九卷 564 页):亦作"薨殒"。薨殂。

薨落(九卷 564 页):犹薨殂。

按:上述"薨"字头下"死亡"义词语释义体例亦不统一。"薨奄"、"薨殁"条先言与其意义相同的词条("薨殂"),再做具体解释;"薨背"、"薨逝"、"薨落"条仅用"犹+与被释词意义相同的词条"("犹薨殂")做解,后面一般不再做具体说解;而"薨谢"、"薨陨"条仅说出与其意义相同的词条,前未加"犹、犹言"等释语词,后也未做进一步说解。

《大词典》作为目前最权威的汉语历史性语文词典,整体风格的统一(包括释义体例的统一)应是其进一步完善、提高自身质量的一项基本要求。因

---

① 除"死亡"义委婉语外,《大词典》在其他委婉语词的释义上也存在类似问题。此处不详加说明。

353

此,建议《大词典》在处理上述"薨奄"等条目时,可统一表述为"犹薨殂"或"指王侯死亡"。这样,其他字头下"死亡"义词条存在的类似问题也可据以修正。如:

坐亡(二卷 1041 页):②坐化。(犹坐化。)①

坐化(二卷 1042 页):佛教徒端坐安然而死,谓之"坐化"。

坐脱(二卷 1049 页):坐化。(犹坐化。)

坐蜕(二卷 1051 页):坐脱,坐化。(犹坐脱,坐化。)

本文基于词汇语义范畴的系统性观点,选取汉语"死亡"义这一语义范畴,对《大词典》中收录的"死亡"义词语做系统性专题考察,意在说明同一词汇语义范畴内部成员间的相互关联及比照(有学者称之为"语义范畴系统内部关照法")②在汉语大型辞书编纂修订中的重要性。特别是在辞书修订时,若单独考查某一条目,有时很难发现该条目在释义、书证等方面存在的问题。此时,若将该条目同其所属的语义范畴系统下的其他成员联系起来加以排比对照,就会较易较快地发现问题之所在。比如,据此思路我们发现了《大词典》对"作古人"、"归阴府"等"死亡"义词语的漏收,"不讳"、"岱宗"等条释义与例证不合,"龙驭上宾、龙御上宾"等同义异形条目处理不当,"薨奄、薨殁、薨背"等条释语使用不一等问题。同样,在辞书编纂中,我们若能充分注意到词汇语义范畴的系统性并不时地将同一范畴内的词语进行相互关联与比照,势必会减少编纂过程中的失误,从而提高辞书编纂的质量。

---

① 括号里表示该条目在调整释义后应呈现的内容。下同。
② 雷冬平《汉语大型辞书编纂的语义范畴系统内部关照法》,《辞书研究》2011 年第 1 期。

六、结语

　　《大词典》是我国迄今为止最具权威性的一部历史性汉语语文词典。它的出版，是我国人民文化生活中的一件大事。这部词典取得的成就是巨大的和多方面的。但是由于工程十分庞大，各卷独立编纂，书成众手，所以难免有许多疏失和不足。首先是遗漏的重要词语较多，其次是部分条目存在这样那样的失误，各卷之间亦缺少必要的照应。所以对该词典进行专门研究，发现并解决其中的问题，使之进一步提高质量臻于完善，不仅对语言研究、辞书编纂具有重要的理论意义，而且对增强这部词典的科学性和权威性、对促进语言的规范化、对普及科学文化知识和提高大众的文化水平也具有重大的现实意义。

　　本书以《大词典》为研究对象，在词典学、文献学、语义学等理论的指导下，总结了这部工具书的主要特点，指出了书中存在的不足之处，诠释了部分词典未收的词语，并对《大词典》新版修订工作做了一些理论性的探讨，提出了一些设想和建议。在论证相关问题的时候注重各种方法的综合运用，如统计法，比较法，定量分析与定性分析相结合的方法，以保证研究结论的可靠性。

（一）本书的主要内容

　　本书首先概述《大词典》所取得的巨大成就，指出其具有"语词条目丰富"、"释义确切详备"、"书证源流并重"等突出的优点和特点。并重点与同类辞书及各种专书词典做了对比研究。

　　然后，具体指出《大词典》在立目、释义、书证等方面的疏失和不足。此又包括两项内容：一是订正《大词典》现有条目中的疏误；二是补充收释《大词典》未收录的重要词语。

　　第一项内容，从"释义不确"、"义项不全"、"例证晚出"、"书证不充分或缺少书证"、"词形不全"、"引文有误"、"其他问题"等七个方面对《大词典》进行全面排查,指出其疏漏之处和存在的问题,并逐一提出订补意见。其中释义问题343条,书证问题811条,立目问题61条,其他问题138条,总计1353条。

第二项内容,补收《大词典》未收词语并做考释,计171条。词语以古白话作品中习见或难懂者为主。注重各种训诂方法的综合运用。词语考释上除重视书证外,特别重视征引方言口语活的语言材料。

最后,在词典学理论的指导下,对进一步修订完善《大词典》进行理论上的探讨。从七个方面进行了考察:词目增补类析,关于方言词语收录的标准问题,关于同义条目的释义问题,义项排列失序问题研究,对书证不一的专题考察,从史料笔记看《大词典》的修订,关于"死亡"义词语的调查研究。内容亦涉及立目、释义、书证等各个方面。订补条目约300条。研究过程中,既注重"点"的个案考察,又力求反映"面"的普遍问题;既有语言材料方面的分析,又有编纂理论上的探讨。在研究的基础上,提出了相关建议,以期在提高这部词典的系统整体性、明确其功能目的性和更好地反映词语的演变动态性方面能进一步修订完善,提高质量。

在本书中,对失收词语的考释和对《大词典》提出的修订意见等部分可以大致体现本研究所具有的学术性。

(二) 本书的主要观点

1.《大词典》代表了我国辞书编纂的最高水平,这是毋庸置疑的。但其缺点也是客观存在的。既有诸如释义不确、书证晚出等微观方面的具体问题,也有诸如配套词收录不全、各卷相关条目缺乏照应等宏观方面的设计缺陷。《大词典》应在已有成就的基础上,从一词多形条目的处理,每卷内部及各卷之间条目的联系和照应,义项的归纳合并及排序,方言俗语的立目,隐语的收录和释义,部分词语的溯源,书证的前后统一等各个方面进行修订,使其臻于完善。

2.应进一步扩大引书范围并加强复按核实、查漏补缺工作。文献资料是辞书收词立目、探源究流的源头和依据,引书数量的多少直接关系到辞书质量的高低。引书范围较广是《大词典》超越前人的特色之一,但同文献的总量相比,其引书的数量及广度仍嫌不足。中华文献浩如烟海,按照近年来的统计,我国现存古籍的数量约在10万种左右①。这还仅是古籍的数量,

---

① 郝继东、田泉《古籍整理与研究现代化漫谈》,《古籍整理与研究》2002年第5期。

如果再加上晚近及当代汉语文献,数量就更多了。而《大词典》在编纂时仅参考了其中的三千余种,这对于一部"古今兼收,源流并重"的大型语文词典来说,是远远不够的。引书不足必然会产生诸如词目漏收、溯源过晚、义项不全等诸多问题。二十年来,随着科技的发展以及语言研究成果的不断丰富,修订者完全有条件和能力将引书的范围进一步扩大。

辞书编纂是由诸多环节构成的复杂工程,从选词立目、分义解释、征引书证到最后的排版印刷,都有可能出现鲁鱼亥豕的现象,这就需要花费很大的功夫去核对复查。就书证来说,《大词典》虽在这方面下了很大力气,但仍难免一些明显失误。例如:十一卷 34 页"讨顺"条误将"稽首"写成"稽着",九卷 277 页"扎筏子"条误将《儿女英雄传》中的"他"写成"她",等等。因此,复核书证在《大词典》修订时是一项必要的工作,虽然此项工作会花费大量的人力物力,但对提高辞书质量大有好处。复按核实同时也应包括词典内部的对核、对校。有些专家称之为"本校法"。即"用同一部辞书中语义相同、相关条目和语义相同的文句、引自同一出处的书证进行对比,以发现存在的不足、问题"①。前文"书证不一"部分列举了不少《大词典》有关文字、标点等方面的疏误。实际这些问题都可以用此种方法加以解决。

3.应加强对二十多年来语言研究成果的吸收。张万起先生在《用科学的精神编词典》一文谈到词典与继承的关系时说:"编写辞书要吸收学术研究成果,反映时代的科学水平。……辞书应该充分吸收和反映科学研究成果,这是提高辞书质量和水平的重要因素。……当然,科学研究在不断发展,新的成果在不断涌现,辞书需要通过修订不断完善,不断改进。"②《大词典》出齐至今已有二十年的时间。在此期间,古籍整理、辞书编纂和语言研究的成果层出不穷,作为一笔宝贵的财富,《大词典》在修订时应该对此很好地吸收利用。只有这样,才能与时俱进,不断提高。这些研究成果主要包括:

(1)对《大词典》进行研究的文章、专著

据统计,《大词典》出版以来,直接以其为研究对象的专著有十余部,论文千余篇。这些成果指出了《大词典》在立目、释义、书证等方面存在的各类问题。单就书证来说,例如王强《〈汉语大词典〉书证蠡测》(《文教资料》1999年第 6 期)具体指出了"篇名误标或引文脱误"、"拘泥字形,溯源失当"等五个方面的问题;吴金华《〈汉语大词典〉有关文献考察的若干问题》(《文献》1998 年第 3 期)指出了"因未查原始资料而误立作者时代"、"因不察异书同

---

① 郭康松《本校法——探求汉语语文辞书不足的良方》,《辞书研究》1998 年第 5 期。
② 张万起《用科学的精神编词典》,《辞书研究》1994 年第 2 期。

名而误定作者姓名"等十种书证失误;毛远明《〈汉语大词典〉书证中的几个问题》(《中国语文》2000年第1期)指出《大词典》的书证还存在着"摘取不恰当,删节不明举"、"误以注文为正文"等八种疏误;李申则侧重于从近代汉语的角度考察《大词典》的书证问题,《〈汉语大词典〉近代汉语条目订补》(《徐州师范大学学报》1997年第2期)《〈汉语大词典〉近代汉语条目指瑕》(《语文建设通讯》1998年总第56期)等文章具体指出了"溯源过晚"、"义例不合"、"失引书证"等问题。这些成果是广大研究者多年不懈求索的结晶,针对性强,可靠性较高,《大词典》在修订时当予以充分吸收利用。

(2)新整理的古籍文献,新发表的训诂及校勘等方面的成果

新的材料可以为词典补充新鲜的血液,使其发挥更大的作用。还是就书证来说,新的材料可以使词语的源头大大提前。例如:《大词典》三卷1270页"厨子"条:"旧时指厨师。"举《儒林外史》第二十七回为例。书证晚出。该词在明代作品《型世言》中已见。如该书第二十六回:"吴尔辉便叫小厮去看,道果然轿子歇在十来家门前。尔辉便叫小厮去叫厨子,将银子交出。"《型世言》是1992年由法籍汉学家陈庆浩先生在韩国汉城大学奎章阁发现的一部明代话本小说集,作者陆人龙,全书四十卷。该书在湮没四百余年后得以重见天日,意义重大。书中的许多语言现象都值得研究。从《大词典》的角度来说,《型世言》中的许多例子都可以为《大词典》所用。除上文所举的"厨子"外,其他诸如"土皇帝"、"收手"、"打鼾"、"抽斗"、"老在行"、"手长"等词都可以在这本作品中找到更早的例句。① 新的成果还可以订正原有书证的一些疏误。例如:《大词典》二卷1113页"僦"条义项①第二例:汉荀悦《汉纪·宣帝纪一》:"官发僦民车牛三万乘,载沙便桥下,送置陵上。"王彦坤认为"便桥"为桥名。② 此桥建于汉武帝建元三年,位于长安城西北渭水上,因与长安城西门——便门相对而得名。《汉书·武帝纪》建元三年:"初作便门桥。"颜师古注:"便门,长安城北面西头门……于此道作桥,跨度渭水以趋茂陵,其道易直,即今所谓便桥是其处也。"《三辅黄图·都城十二门》引《三辅决录》曰:"长安城西门曰便门,桥北与门对,因号便桥。"因此,"便桥"为桥名是确定无疑了,按《大词典》体例,其下当加专名线作"<u>便桥</u>"。

《大词典》的修订应当充分反映当代我国语言文字学的研究水平,多吸收近三十年来语言文字学等学科研究的新成果。只有这样,《大词典》才能

---

① 所举数例见程志兵《〈型世言〉中早于〈汉语大词典〉所引书证举例》,《克山师专学报》2002年第2期。

② 参阅王彦坤《读史札记十二则》,《古籍整理与研究》1992年第2期。

做到精益求精,与时俱进。

4.坚持理论指导下的辞书修订。辞书的编纂、修订是一个巨大的系统工程,任何一个环节都有可能出现问题。有时囿于当时的条件,一些问题没有办法解决,近年来,随着词典学理论的快速发展,一些理论完全可以付诸实践。例如,可以在计算词典学理论的指导下,建设文献广博、版本可靠的大型电子语料库,利用计算机信息自动化处理技术,在书证的复按核实、引证的前后统一等方面进行实践。这不仅可以提高准确率,还可以极大地提高工作效率。

5.本书针对《大词典》总体设计和一些标准、体例制定等方面的缺失,从七个方面对其如何修订完善进行了理论层面的探讨,提出一些新的观点和意见。主要有:

(1)《大词典》词语失收的重要原因之一是对汉语词汇的特点,尤其是一些特殊现象关注不够。要大力加强对汉语词汇的研究,包括专书词汇、断代词汇和词汇发展史的研究,特别要加强对汉语词汇特点、词义系统和特殊现象的研究。

(2)方言词语收录标准可实行"三为主原则",即以文献载录的方言词语为主,以古代方言词语为主,以古今重要作家和作品中的方言词语为主。并要把握好"三条注意事项"(详正文)。

(3)应明确多义词义项编排的原则。我们提出历史顺序和逻辑顺序相结合的原则。并提出厘清多义词词义系统、创新义项排列方式等策略。

(三)本书的主要特色

1.以往的大型历史语文辞书在编纂中普遍存在着重雅轻俗、贵远贱近的倾向,对近代白话作品中的词语收录较少,征引有关文献资料亦不够丰富。《大词典》对此种倾向虽有所纠正,对近代汉语比较重视,但总的来看仍嫌不足,因此这一部分的问题也比较多。故本书以补充近代汉语词语和弥补这一部分条目的疏失为研究重点。

2.虽然现在订补《大词典》方面已经取得丰硕成果,但总的看其研究也有明显不足:一是微观考察较多,宏观研究太少。这些成果多为作者目见所及,针对所发现的具体问题进行指瑕,对相关问题缺乏系统性、全局性的审视。二是重视修订失误的实践,尚缺乏理论层面的探讨。本书则既注重微观的个例研究,又注意从宏观上加强理论探索。具体说,本书的二、三、四部分考察了《大词典》中的一千五百多个条目,分类逐条地订正错误,补缀疏漏。第五部分则从多个角度对《大词典》普遍存在的一些问题进行了理论探讨。前者可为《大词典》的修订提供可直接利用的参考材料,后者则从宏观上提供了一些有利于提高全书质量的设想和建议。例如对方言词语收录的标准、多义词义项排列的原则和策略等问题所做的探讨,均力求提出一些新的观点,在理论上有新的拓展。同时,由于一些问题诸如书证前后不一、义项排列混乱、各卷条目缺乏照应等在现有语文辞书中普遍存在,故本书的相关研究也能为其他工具书的编纂、修订提供一些有价值的借鉴。

本书还搜集整理了二十多年来以《大词典》为专门研究对象的论著论文,编成目录索引,一并附录于后,以供研究者查检参考。

参 考 文 献

张　相　《诗词曲语辞汇释》,中华书局,1953年版。
徐嘉瑞　《金元戏曲方言考》,商务印书馆,1956年版。
隋树森　《全元散曲》,中华书局,1964年版。
陆澹安　《小说词语汇释》,中华书局,1964年版。
林尹等　《中文大辞典》,台北中国文化研究所,1968年版。
钱南扬　《永乐大典戏文三种校注》,中华书局,1979年版。
张鼎三　《〈汉语大词典〉的立目问题》,《语言学通讯》,山东省语言学会编印,1980年第2期。
《辞源》修订组、商务印书馆编辑部　《辞源》,商务印书馆,1981年版。
胡明扬　《词典学概论》,中国人民大学出版社,1982年版。
吕叔湘　《〈汉语大词典〉的性质和重要性》,《辞书研究》,1982年第3期。
黄持刚　《词典编纂和语文研究的成果》,《辞书研究》,1983年第1期。
鄢先觉　《谈引证》,《辞书研究》,1983年第2期。
王　力　《字典问题杂谈》,《辞书研究》,1983年第2期。
陆宗达等　《训诂方法论》,中国社会科学出版社,1983年版。
张锡厚　《王梵志诗校辑》,中华书局,1983年版。
江苏广陵古籍刻印社　《笔记小说大观》,江苏广陵古籍刻印社,1983年版。
吕叔湘　《吕叔湘语文论集》,商务印书馆,1983年版。
王学奇等　《元曲释词》,中国社会科学出版社,1983年版。
王重民等　《敦煌变文集》,人民文学出版社,1984年版。
董遵章　《元明清白话著作中山东方言例释》,山东教育出版社,1985年版。
陈　刚　《北京方言词典》,商务印书馆,1985年版。
罗竹风　《汉语大词典》,汉语大词典出版社,1986—1994年版。
傅朝阳　《方言小词典》,山东教育出版社,1987年版。
王学奇等　《关汉卿全集校注》,河北教育出版社,1988年版。
蒋礼鸿　《敦煌变文字义通释》,上海古籍出版社,1988年版。
王利器　《金瓶梅词典》,吉林文史出版社,1988年版。
蓝立蓂　《刘知远诸宫调校注》,巴蜀书社,1989年版。
项　楚　《敦煌变文选注》,巴蜀书社,1990年版。
李　开　《现代词典学教程》,南京大学出版社,1990年版。
贾采珠　《北京话儿化词典》,语文出版社,1990年版。
王　力　《理想的字典》,见《王力文集》(十九),山东教育出版社,1990年版。

王　锳　《唐宋笔记语辞汇释》,中华书局,1990年版。
江苏省社科院明清小说研究中心等　《中国通俗小说总目提要》,中国文联出版公司,1990年版。
施宝义等　《汉语缩略语词典》,外语教学与研究出版社,1990年版。
赵振铎　《字典论稿·字典的举例》,《辞书研究》,1991年第3期。
赵振铎　《引例诸忌及有关问题》,《辞书研究》,1991年第4期。
王　锳　《诗词曲语辞集释》,语文出版社,1991年版。
陈炳迢　《辞书编纂学概论》,复旦大学出版社,1991年版。
刘小南等　《黑龙江方言词典》,黑龙江教育出版社,1991年版。
齐如山　《北京土话》,北京燕山出版社,1991年版。
郗政民　《古书未释词语荟释》,江西教育出版社,1991年版。
蒋骥骋　《近代汉语词汇研究》,湖南教育出版社,1991年版。
项　楚　《王梵志诗校注》,上海古籍出版社,1991年版。
白维国　《金瓶梅词典》,中华书局,1991年版。
李　申　《金瓶梅方言俗语汇释》,北京师范学院出版社,1992年版。
郑天挺等　《中国历史大辞典》,上海辞书出版社,1992年版。
高文达　《近代汉语词典》,知识出版社,1992年版。
吴士勋　《宋元明清百部小说语词大词典》,陕西人民出版社,1992年版。
卢润祥　《例证十要》,《辞书研究》,1992年第2期。
邹　酆　《汉语语文词典质量评估试论》,《辞书研究》,1993年第2期。
韩敬体　《论〈现代汉语词典〉释义的一般原则》,《辞书研究》,1993年第5期。
华　夫　《中国古代名物大典》,济南出版社,1993年版。
陈楚祥　《词典评价标准十题》,《辞书研究》,1994年第1期。
蒋绍愚　《近代汉语研究概况》,北京大学出版社,1994年版。
钟敬文　《语海·秘密语分册》,上海文艺出版社,1994年版。
王学奇　《元曲选校注》,河北教育出版社,1994年版。
赵传仁　《校勘校读在辞书编写上的功用》,《辞书研究》,1994年第1期。
张履祥　《借鉴·纠谬·提高》,《辞书研究》,1994年第3期。
徐文堪　《略论〈汉语大词典〉的特点和学术价值》,《辞书研究》,1994年第3期。
王光汉　《辞书与书证》,安徽大学学报,1995年第6期。
刘丹青　《南京方言词典》,江苏教育出版社,1995年版。
吴连生等　《吴方言词典》,汉语大词典出版社,1995年版。
李行健　《河北方言词汇编》,商务印书馆,1995年版。
李　申　《〈汉语大词典〉近代汉语条目商补》,《近代汉语释词丛稿》,江苏教育出版社,1995年版。
刘　坚　《近代汉语读本》,上海教育出版社,1995年版。
王　宁　《训诂学原理》,中国国际广播出版社,1996年版。
陈　刚　《现代北京口语词典》,语文出版社,1997年版。
江蓝生等　《唐五代语言词典》,上海教育出版社,1997年版。
尹世超　《哈尔滨方言词典》,江苏教育出版社,1997年版。

许少峰 《近代汉语词典》,团结出版社,1997年版。
袁　宾等 《宋语言词典》,上海教育出版社,1997年版。
伍宗文 《大型辞书修订漫谈》,《四川大学学报》,1997年第1期。
吴金华 《〈汉语大词典〉中有关文献考察的若干问题》,《文献》,1998年第3期。
陈增杰 《论〈汉语大词典〉的修订》,《辞书研究》,1998年第4期。
祝注先 《书例知见说失》,《辞书研究》,1998年第6期。
李崇兴等 《元语言词典》,上海教育出版社,1998年版。
梁德曼等 《成都方言词典》,江苏教育出版社,1998年版。
顾学颉 《元人杂剧选》,人民文学出版社,1998年版。
李　申等 《〈汉语大词典〉近代汉语条目指瑕》,《语文建设通讯》(香港),1998年总第56期。
许宝华等 《汉语方言大词典》,中华书局,1999年版。
王宣武 《〈汉语大词典〉拾补》,贵州人民出版社,1999年版。
蒋绍愚 《汉语词汇语法史论文集》,商务印书馆,2000年版。
顾之川 《明代汉语词汇研究》,河南大学出版社,2000年版。
夏征农 《辞海》,上海辞书出版社,2000年版。
项　楚 《寒山诗注》,中华书局,2000年版。
王　力 《王力古汉语字典》,中华书局,2000年版。
张志毅等 《词汇语义学》,商务印书馆,2001年版。
黄建华 《词典论》,上海辞书出版社,2001年版。
毛远明 《语文辞书补正》,巴蜀书社,2002年版。
田忠侠 《辞源通考》,福建人民出版社,2002年版。
王学奇等 《宋金元明清曲辞通释》,语文出版社,2002年版。
李剑国 《宋代传奇集》,中华书局,2002年版。
源可乐 《英语词典义项排列的策略》,《现代外语》,2002年第3期。
李行健 《现代汉语异形词规范词典》,上海辞书出版社,2002年版。
李　申 《近代汉语文献整理与研究》,河北教育出版社,2002年版。
刘叶秋 《历代笔记概述》,北京出版社,2003年版。
李　申等 《〈汉语大词典〉书证商补》,《东南大学学报》,2003年第2期。
董　琨 《正确解读王力先生的词典学思想——现汉性质词典"义项按历史发展脉络排列"说质疑》,《语言文字应用》,2004年第3期。
陆宗达等 《训诂与训诂学》,山西教育出版社,2005年版。
石汝杰等 《明清吴语词典》,上海辞书出版社,2005年版。
赵振铎 《辞书学论文集》,商务印书馆,2006年版。
王本灵 《〈汉语大词典〉书证体例不一问题撷拾》,《徐州师范大学学报》,2006年第2期。
王　锳 《〈汉语大词典〉商补》,黄山出版社,2006年版。
许少峰 《近代汉语大词典》,中华书局,2010年版。
中国社会科学院语言研究所词典编辑室 《现代汉语词典》,商务印书馆,2012年版。
王铁琨等 《辞书研究与辞书发展论集》,上海辞书出版社,2012年版。
蒋绍愚 《汉语词汇语法史论文续集》,商务印书馆,2012年版。
虞万里 《〈汉语大词典〉编纂琐忆》,《辞书研究》,2012年第2期。

语 料 文 献

[1] (春秋)左丘明《左传》(杨伯峻注),中华书局,1995年版。
[2] (战国)荀卿《荀子》(王先谦集解),中华书局,1988年版。
[3] (战国)吕不韦《吕氏春秋》(许维遹集释),中华书局,2009年版。
[4] (战国)列御寇《列子》,中华书局,2011年版。
[5] (汉)司马迁《史记》,中华书局,1982年版。
[6] (汉)戴圣《礼记》(孙希旦集解),中华书局,1989年版。
[7] (汉)刘向《战国策》,上海古籍出版社,1985年版。
[8] (汉)扬雄《方言》(周祖谟校笺),中华书局,1993年版。
[9] (汉)班固《汉书》,中华书局,1962年版。
[10] (汉)王充《论衡》,中华书局,1985年版。
[11] (汉)许慎《说文解字》,中华书局,1963年版。
[12] (汉)桓宽《盐铁论》(王利器校注),中华书局,1992年版。
[13] (汉)应劭《风俗通义》(王利器校注),中华书局,1981年版。
[14] (晋)陶潜《搜神后记》,中华书局,1985年版。
[15] (晋)郭璞《尔雅注》,中华书局,1998年版。
[16] (南朝)沈约《宋书》,中华书局,1974年版。
[17] (南朝)刘义庆《世说新语》,上海古籍出版社,1982年版。
[18] (北齐)颜之推《颜氏家训》,中华书局,2011年版。
[19] (北魏)杨衒之《洛阳伽蓝记》(周祖谟校释),中华书局,2010年版。
[20] (唐)魏征等《隋书》,中华书局,1973年版。
[21] (唐)张读《宣室志》,中华书局,1985年版。
[22] (唐)李肇《唐国史补》,上海古籍出版社,1957年版。
[23] (唐)杜佑《通典》,浙江古籍出版社,2000年版。
[24] (唐)房玄龄等《晋书》,中华书局,1974年版。
[25] (唐)刘肃《大唐新语》,中华书局,1985年版。
[26] (唐)封演《封氏闻见记》,中华书局,1985年版。
[27] (唐)姚思廉《陈书》,中华书局,1972年版。
[28] (唐)李延寿《北史》,中华书局,1974年版。
[29] (唐)李延寿《南史》,中华书局,1975年版。
[30] (唐)道宣《广弘明集》,上海古籍出版社,1991年版。
[31] (后晋)刘昫等《旧唐书》,中华书局,1975年版。

[32](宋)欧阳修等《新唐书》,中华书局,1975年版。
[33](宋)司马光《资治通鉴》,中华书局,2011年版。
[34](宋)郭茂倩《乐府诗集》,中华书局,2003年版。
[35](宋)苏辙《苏辙集》,中华书局,1990年版。
[36](宋)吴自牧《梦粱录》,浙江人民出版社,1981年版。
[37](宋)沈括《梦溪笔谈》,中华书局,1985年版。
[38](宋)吕本中《东莱吕紫微师友杂志》,中华书局,1985年版。
[39](宋)孟元老《东京梦华录》,上海古典文学出版社,1956年版。
[40](宋)张世南《游宦纪闻》,中华书局,1991年版。
[41](宋)周密《武林旧事》,中华书局,1991年版。
[42](宋)灌圃耐得翁《都城纪胜》,上海古籍出版社,1993年版。
[43](宋)赜藏主《古尊宿语录》(《佛藏要籍选刊》),上海古籍出版社,1994年版。
[44](宋)黎靖德《朱子语类》,中华书局,1986年版。
[45](宋)薛居正等《旧五代史》,中华书局,1976年版。
[46](宋)普济《五灯会元》,中华书局,1984年版。
[47](宋)洪迈《夷坚志》,中华书局,1981年版。
[48](宋)洪觉范《林间录》(《佛藏要籍选刊》),上海古籍出版社,1994年版。
[49](金)董解元《西厢记诸宫调》,甘肃人民出版社,1982年版。
[50](元)脱脱等《宋史》,中华书局,1977年版。
[51](元)脱脱等《金史》,中华书局,1975年版。
[52](元)孔齐《至正直记》,上海古籍出版社,1987年版。
[53](元)王实甫《西厢记》,上海古籍出版社,1981年版。
[54](元)关汉卿《窦娥冤》,浙江古籍出版社,1998年版。
[55](元)蒋正子《山房随笔》,中华书局,1991年版。
[56](元)高明《琵琶记》,北京图书馆出版社,2007年版。
[57](明)臧懋循《元曲选》,中华书局,1979年版。
[58](明)毛晋《六十种曲》,中华书局,1958年版。
[59](明)许仲琳《封神演义》,人民文学出版社,1973年版。
[60](明)冯梦龙《古今小说》,人民文学出版社,1958年版。
[61](明)冯梦龙《醒世恒言》,人民文学出版社,1956年版。
[62](明)冯梦龙《警世通言》,人民文学出版社,1956年版。
[63](明)凌濛初《初刻拍案惊奇》,上海古籍出版社,1985年影印本。
[64](明)凌濛初《二刻拍案惊奇》,上海古籍出版社,1985年影印本。
[65](明)罗贯中《三国演义》,人民文学出版社,1973年版。
[66](明)施耐庵《水浒传》,人民文学出版社,1975年版。
[67](明)吴承恩《西游记》,人民文学出版社,1980年版。
[68](明)冯梦龙等《明清民歌时调集》,上海古籍出版社,1987年版。
[69](明)汤显祖《牡丹亭》,人民文学出版社,1963年版。
[70](明)陆粲《庚巳编》,中华书局,1987年版。
[71](明)李时珍《本草纲目》,人民卫生出版社,1982年版。

[72](明)兰陵笑笑生《金瓶梅词话》,人民文学出版社,1985年版。又日本大安株式会社,1963年影印本。
[73](明)金木散人《鼓掌绝尘》,上海古籍出版社,1990年版。
[74](明)王士性《广志绎》,中华书局,1981年版。
[75](明)陆容《菽园杂记》,中华书局,1985年版。
[76](明)朱长祚《玉镜新谭》,中华书局,1989年版。
[77](明)叶盛《水东日记》,中华书局,1980年版。
[78](明)叶子奇《草木子》,中华书局,1959年版。
[79](明)王临亨《粤剑编》,中华书局,1987年版。
[80](明)郑晓《今言》,中华书局,1984年版。
[81](明)何良俊《四友斋丛说》,中华书局,1959年版。
[82](明)李诩《戒庵老人漫笔》,中华书局,1982年版。
[83](明)叶权《贤博编》,中华书局,1987年版。
[84](明)陶宗仪《南村辍耕录》,中华书局,1959年版。
[85](明)焦竑《玉堂丛语》,中华书局,1981年版。
[86](明)沈德符《万历野获编》,中华书局,1959年版。
[87](明)顾起元《客座赘语》,中华书局,1987年版。
[88](明)李中馥《原李耳载》,中华书局,1987年版。
[89](明)田汝成《西湖游览志余》,浙江人民出版社,1980年版。
[90](明)罗懋登《三宝太监西洋记通俗演义》,上海古籍出版社,1985年版。
[91](明)清溪道人《禅真逸史》,齐鲁书社,1986年版。
[92](明)袁于令《隋史遗文》,人民文学出版社,1989年版。
[93](明)清溪道人《禅真后史》,上海古籍出版社,1990年版。
[94](明)罗贯中《三遂平妖传》,北京大学出版社,1983年版。
[95](明)陆人龙《型世言》,中华书局,1993年版。
[96](明)梦觉道人《三刻拍案惊奇》,上海古籍出版社,1990年版。
[97](明)洪楩《清平山堂话本》,上海古籍出版社,1992年版。
[98](明)罗贯中《残唐五代史演义传》,上海古籍出版社,1990年版。
[99](明)沈榜《宛署杂记》,北京古籍出版社,1982年版。
[100](明)曹臣《舌华录》,岳麓书社,1985年版。
[101](明)郭勋《英烈传》,中华书局,2002年版。
[102](明)于慎行《谷山笔麈》,中华书局,1994年版。
[103](明)王锜《寓圃杂记》,中华书局,1994年版。
[104](明)张应俞《杜骗新书》,山西古籍出版社,2003年版。
[105](明)荑秋散人《玉娇梨》,人民文学出版社,1983年版。
[106](明)周清原《西湖二集》,人民文学出版社,1989年版。
[107](明)冯惟敏《海浮山堂词稿》,上海古籍出版社,1981年版。
[108](明)冯梦龙《东周列国志》,中华书局,2009年版。
[109](明)天然痴叟《石点头》,上海古籍出版社,1985年版。
[110](明)西泠狂者《载花船》,青海人民出版社,1994年版。

[111](明)薇园主人《清夜钟》,上海古籍出版社,1992年版。
[112](清)张廷玉《明史》,中华书局,1974年版。
[113](清)吴敬梓《儒林外史》,人民文学出版社,1962年版。
[114](清)西周生《醒世姻缘传》,上海古籍出版社,1981年版。
[115](清)慕真山人《青楼梦》,上海古籍出版社,1990年版。
[116](清)竹溪山人《粉妆楼》,上海古籍出版社,1990年版。
[117](清)李光庭《乡言解颐》,中华书局,1982年版。
[118](清)惠水安阳酒民《情梦柝》,上海古籍出版社,1990年版。
[119](清)墨憨斋新编《醒名花》,上海古籍出版社,1990年版。
[120](清)孔尚任《桃花扇》,人民文学出版社,1959年版。
[121](清)吴趼人《二十年目睹之怪现状》,人民文学出版社,1959年版。
[122](清)李修行《梦中缘》,上海古籍出版社,1990年版。
[123](清)无名氏《五美缘》,上海古籍出版社,1990年版。
[124](清)毕沅《续资治通鉴》,上海古籍出版社,1987年版。
[125](清)洪昇《长生殿》,人民文学出版社,1987年版。
[126](清)蒲松龄《蒲松龄集》,上海古籍出版社,1986年版。
[127](清)醉月山人《狐狸缘全传》,上海古籍出版社,1990年版。
[128](清)姚元之《竹叶亭杂记》,中华书局,1982年版。
[129](清)陈森《品花宝鉴》,上海古籍出版社,1990年版。
[130](清)刘献廷《广阳杂记》,中华书局,1957年版。
[131](清)柯悟迟《漏网喁鱼集》,中华书局,1959年版。
[132](清)陆筠《海角续编》,中华书局,1959年版。
[133](清)顾禄《清嘉录》,上海古籍出版社,1986年版。
[134](清)俞樾《右台仙馆笔记》,上海古籍出版社,1986年版。
[135](清)周亮工《书影》,上海古籍出版社,1981年版。
[136](清)纪昀《阅微草堂笔记》,上海古籍出版社,1982年版。
[137](清)曹雪芹《红楼梦》,人民文学出版社,1982年版。
[138](清)宣鼎《夜雨秋灯录》,齐鲁书社,1986年版。
[139](清)乐钧《耳食录》,齐鲁书社,1991年版。
[140](清)李庆辰《醉茶志怪》,齐鲁书社,1988年版。
[141](清)许奉恩《里乘》,齐鲁书社,1988年版。
[142](清)王韬《淞滨琐话》,齐鲁书社,1986年版。
[143](清)长白浩歌子《萤窗异草》,人民文学出版社,1990年版。
[144](清)解鉴《益智录》,人民文学出版社,1999年版。
[145](清)艾衲居士《豆棚闲话》,上海古籍出版社,1990年版。
[146](清)俞万春《荡寇志》,人民文学出版社,1981年版。
[147](清)李汝珍《镜花缘》,上海古籍出版社,1990年版。
[148](清)佚名《梼杌闲评》,人民文学出版社,1983年版。
[149](清)佚名《平山冷燕》,人民文学出版社,1983年版。
[150](清)青心才人《金云翘》,春风文艺出版社,1983年版。

[151](清)彭定求《全唐诗》,上海古籍出版社,1986年版。
[152](清)纪昀等纂修《文渊阁四库全书·景岳全书》,台湾商务印书馆,1986年版。
[153](清)烟霞逸士《巧联珠》,上海古籍出版社,1990年版。
[154](清)烟水散人《合浦珠》,上海古籍出版社,1990年版。
[155](清)褚人获《隋唐演义》,上海古籍出版社,1990年版。
[156](清)吕熊《女仙外史》,上海古籍出版社,1990年版。
[157](清)邗上蒙人《风月梦》,齐鲁书社,1991年版。
[158](清)李渔《连城璧》,中州古籍出版社,1994年版。
[159](清)刘省三《跻春台》,上海古籍出版社,1993年版。
[160](清)佚名《施公案》,上海古籍出版社,2001年版。
[161](清)毛祥麟《墨余录》,上海古籍出版社,1985年版。
[162](清)李斗《扬州画舫录》,中华书局,1960年版。
[163](清)曾朴《孽海花》,上海古籍出版社,1980年版。
[164](清)李绿园《歧路灯》,中州书画社,1980年版。
[165](清)刘鹗《老残游记》,上海古籍出版社,2000年版。
[166](清)韩邦庆《海上花列传》,人民文学出版社,1982年版。
[167](清)李宝嘉《官场现形记》,上海书店,1996年版。
[168](清)文康《儿女英雄传》,上海古籍出版社,2001年版。
[169](清)古吴墨浪子《西湖佳话》,上海古籍出版社,1980年版。
[170](清)张南庄《何典》,人民文学出版社,1981年版。
[171](清)吴璿《飞龙全传》,人民文学出版社,1981年版。
[172](清)陈忱《水浒后传》,北京师范大学出版社,1993年版。
[173](清)贪梦道人《彭公案》,上海古籍出版社,2005年版。
[174](清)李渔《无声戏》,人民文学出版社,1989年版。
[175](清)石玉昆《七侠五义》,上海古籍出版社,2000年版。
[176](清)李伯元《文明小史》,上海古籍出版社,1997年版。
[177](清)玩花主人《缀白裘》,台湾学生书局,1987年版。又中华书局,1955年版。
[178](清)钱泳《履园丛话》,中华书局,1979年版。
[179](清)无名氏《海公大红袍全传》,上海古籍出版社,1994年版。
[180](清)无名氏《人中画》,上海古籍出版社,1990年版。
[181](清)魏秀仁《花月痕》,人民文学出版社,1982年版。
[182](清)绿意轩主人《花柳深情传》,北京师范大学出版社,1992年版。
[183](清)夏敬渠《野叟曝言》,上海古籍出版社,1990年版。
[184](清)不题撰人《续儿女英雄传》,北京师范大学出版社,1992年版。
[185](清)钱锡宝《梼杌萃编》,上海古籍出版社,1997年版。
[186](清)吴趼人《九命奇冤》,山西人民出版社,1981年版。
[187](清)天花主人《云仙笑》,上海古籍出版社,1993年版。
[188](清)郭小亭《济公全传》,中国文史出版社,2001年版。
[189](清)浦琳《清风闸》,北京师范大学出版社,1992年版。
[190](清)东鲁古狂生《醉醒石》,中州古籍出版社,1985年版。

[191](清)云封山人《铁花仙史》,北京师范大学出版社,1993年版。
[192](清)石玉昆《龙图耳录》,上海古籍出版社,1981年版。
[193](清)酌元亭主人《照世杯》,中州古籍出版社,1985年版。
[194](清)不题撰人《续西游记》,上海古籍出版社,1993年版。
[195](清)王念孙《广雅疏证》,中华书局,2004年版。
[196](清)段玉裁《说文解字注》,上海古籍出版社,1988年版。
[197](清)蘧园《负曝闲谈》,上海古籍出版社,1985年版。
[198](清)赵翼《檐曝杂记》,中华书局,1982年版。
[199](清)李百川《绿野仙踪》,上海古籍出版社,1996年版。
[200](清)王韬《淞隐漫录》,人民文学出版社,1983年版。
[201](清)张春帆《九尾龟》,上海古籍出版社,1994年版。
[202](清)谷口生《生绡剪》,上海古籍出版社,1991年版。
[203](清)龚炜《巢林笔谈》,中华书局,1981年版。
[204](清)八宝王郎《冷眼观》,中国戏剧出版社,2000年版。
[205](清)五色石主人《八洞天》,上海古籍出版社,1994年版。
[206](清)青心才人《双合欢》,上海古籍出版社,1994年版。
[207](清)庚岭劳人《蜃楼志》,上海古籍出版社,1994年版。
[208](清)佩蘅子《吴江雪》,上海古籍出版社,1994年版。
[209](清)魏文中《绣云阁》,上海古籍出版社,1992年版。
[210](清)江左谁庵《醉春风》,青海人民出版社,1999年版。
[211](清)陆以湉《冷庐杂识》,中华书局,1984年版。
[212](清)孙家振《海上繁花梦》,齐鲁书社,1997年版。
[213]赵超《汉魏南北朝墓志汇编》,天津古籍出版社,2008年版。

附　　录

（一）有关《汉语大词典》的成果目录索引

论著：

王宣武　汉语大词典拾补　贵州人民出版社　1999年版
陈增杰　汉语大词典论集　吉林人民出版社　2001年版
梅维恒　汉语大词典词目音序索引　汉语大词典出版社　2003年版
雷昌蛟　《辞源》、《汉语大字典》、《汉语大词典》注音辨证　贵州人民出版社　2005年版
程志兵、赵红梅　汉语大词典订补　中国文史出版社　2006年版
王　锳　《汉语大词典》商补　黄山书社　2006年版
汉语大词典编纂处　汉语大词典订补　上海辞书出版社　2010年版
相宇剑　汉语大词典书证溯源　黄山书社　2012年版
曲文军　《汉语大词典》疏误与修订研究　山东人民出版社　2012年版
马固钢　《汉语大词典》札记　高等教育出版社　2012年版
刘艳平　《汉语大词典》借代词语研究　中国海洋大学出版社　2013年版

论文（含有关报道）：

我院组成《汉语大词典》编写组并开展活动　山东师范大学学报　1975年06期
编写《汉语大词典》简况　齐鲁学刊　1976年01期
《汉语大词典》安徽省编写领导小组办公室　《汉语大词典》编写工作正在进行　安徽教育
　　1977年09期
蒋礼鸿　辞书三议——为撰写《汉语大词典》贡末议　杭州大学学报　1977年02期
《汉语大词典》安徽省编写领导小组办公室　安徽加强对《汉语大词典》编写工作的领导
　　出版工作　1978年05期
加快《汉语大词典》编写工作——教育部、国家出版局召开《汉语大词典》第四次编写工
　　作会议　出版工作　1979年01期
《汉语大词典》释文编写工作正抓紧进行　辞书研究　1979年01期
《汉语大词典》编委会正式成立　辞书研究　1979年02期
江苏师院编写组　《汉语大词典》"谷"部释文稿选刊　苏州大学学报　1979年04期

钱仲联　漫谈词典质量——从审阅《汉语大词典》谷字部初稿谈起　苏州大学学报 1979年04期

双　厚　《汉语大词典》召开组长会议　出版工作　1979年07期

苏　蓉　《汉语大词典》召开首次编委会　出版工作　1979年12期

《汉语大词典》杭州师院编写组　《汉语大词典》"小"部释文初稿选刊　杭州师范学院学报 1980年01期

上海师院编写组　我院《汉语大词典》编写组成立　上海师范学院学报　1980年02期

上海师院编写组　《汉语大词典》词目(初稿)选载　上海师范学院学报　1981年01期

《汉语大词典》专辑:《汉语大词典》初稿选刊　辞书研究　1981年01期

陈　原　编写辞书的精神和态度——在《汉语大词典》第二次编委会上的讲话　辞书研究　1981年01期

陈翰伯　《汉语大词典》专辑:肩负起艰巨而光荣的任务　辞书研究　1981年01期

金文明　《汉语大词典》专辑:哪些方面有所出新——《汉语大词典》编辑工作手记　辞书研究　1981年01期

罗竹风　《汉语大词典》专辑:《汉语大词典》在实践中　辞书研究　1981年01期

骆伟里　《汉语大词典》专辑:谈相关条目的处理　辞书研究　1981年01期

钱剑夫　《汉语大词典》专辑:"古今兼收,源流并重"随想　辞书研究　1981年01期

王　涛　《汉语大词典》专辑:谈书证——《汉语大词典》部分初稿编辑札记　辞书研究 1981年01期

张履祥　《汉语大词典》专辑:语文辞典释义初探——《汉语大词典》编纂札记　辞书研究　1981年01期

吕叔湘　辞书工作的艰苦和愉悦——在《汉语大词典》第二次编委会上的讲话　辞书研究　1981年02期

陈慧星　《汉语大词典》义项分立法初探　山东大学文科论文集刊　1982年01期

温州师专编写组　《汉语大词典》"巾"部初稿选登　温州师专学报　1982年01期

吕叔湘　《汉语大词典》的性质和重要性　辞书研究　1982年03期

陈　原　《汉语大词典》的历史使命　辞书研究　1982年03期

陈增杰　《汉语大词典》编写散记　温州师专学报　1983年02期

《汉语大词典》举行第三次编委扩大会议　辞书研究　1983年06期

《汉语大词典》专辑(二):《汉语大词典》词条(初稿)选登　辞书研究　1984年01期

陆宗达　《汉语大词典》专辑(二):小谈释义及其他　辞书研究　1984年01期

罗竹风　《汉语大词典》专辑(二):同舟共济,鼓浪前进　辞书研究　1984年01期

俞　敏　《汉语大词典》专辑(二):说到怎么分出义项　辞书研究　1984年01期

周祖谟　《汉语大词典》专辑(二):突出特色和确保质量　辞书研究　1984年01期

紫　丁　我校《汉语大词典》初稿编写工作基本结束　安徽师范大学学报　1984年04期

张茂华　《汉语大词典》编写任务即将完成　校古籍整理研究所近期建立　山东师范大学学报　1985年03期

罗竹风　《汉语大词典》——汉语语词的"通史"　瞭望　1986年49期

L.F.　《汉语大词典》第一卷编纂完毕　语文建设　1986年Z1期

石　火　一部在手,万事可通——《汉语大词典》简介　图书馆　1986年03期

韩文兴　《汉语大词典》简介　江西图书馆学刊　1986年03期
吕叔湘　在北京《汉语大词典》工作会议上的讲话　辞书研究　1986年03期
罗竹风　回顾与展望——记《汉语大词典》首卷出版　辞书研究　1986年06期
王　涛　《汉语大词典》编纂纪实　辞书研究　1986年06期
周有光　《汉语大词典》是时代的需要　辞书研究　1986年06期
顾柏林　汉语词汇的宝库——《汉语大词典》　辞书研究　1986年06期
洪笃仁　《汉语大词典》的收词原则与指导思想　辞书研究　1986年06期
骆伟里　《汉语大词典》首卷复审定稿札记　辞书研究　1986年06期
王安全　《汉语大词典》的例句运用　辞书研究　1986年06期
郭忠新　从成语典故条目看《汉语大词典》的实用性　辞书研究　1986年06期
唐让之　《汉语大词典》的注音　辞书研究　1986年06期
陆锡兴　略论《汉语大词典》的插图　辞书研究　1986年06期
程养之　谈谈《汉语大词典》的部首排检法　辞书研究　1986年06期
仰　止　关于《汉语大词典》若干体例的答问　辞书研究　1986年06期
傅元恺　我和《汉语大词典》　辞书研究　1986年06期
陈　玄　门外读稿末议——"小"部释义问题探讨(《汉语大词典》)　上海冶金专科学校学报　1986年07期
王明文　说"一"点点——关于《汉语大词典》和《中文大辞典》对"一"的诠释　辞书研究　1987年03期
章式教　读稿札记之一—"《汉语大词典》'巾'部初稿本"　温州师范学院学报　1987年04期
胡莲芳　《汉语大词典》的注音　图书馆论坛　1988年03期
余章瑞　为伊消得人憔悴——记《汉语大词典》的编纂及为其辛勤工作的人们　人民日报　1988年6月23日03版
一　公　《汉语大词典》第三卷问世　山东师范大学学报　1989年03期
马传生　从"三"字头词条看《汉语大词典》的特色　辞书研究　1989年06期
陈增杰　《汉语大词典》寸部订补(上)　温州师范学院学报　1990年01期
汪维辉　《汉语大词典》摘瑕　宁波师范学院学报　1990年02期
陈增杰　《汉语大词典》寸部订补(下)　温州师范学院学报　1990年03期
郭忠新　认真审读校样是提高成书质量的重要环节——《汉语大词典》第三卷定稿编辑工作札记　辞书研究　1990年04期
汪维辉　《汉语大词典》摘瑕(续)　宁波师范学院学报　1991年02期
李靖之　《汉语大词典》一、二、三卷阙误举隅　山西大学学报　1991年03期
刘瑞明　谈泛义动词的释义——兼评《汉语大词典》"作"字释义　辞书研究　1991年03期
李　敏　《汉语大词典》疏失举隅　安徽师范大学学报　1991年03期
汪维辉　《汉语大词典》摘瑕(续)　宁波师范学院学报　1991年04期
董希谦　《汉语大词典》(1—4)释义商兑　古汉语研究　1991年04期
汪维辉　《汉语大词典》一、二、三卷读后　中国语文　1991年04期
吴怀祖　《汉语大词典》摭疵　十堰职业技术学院学报　1992年02期
潘国民　从编写外汉大词典看汉语语文词典的编纂　辞书研究　1992年02期

蔡镜浩　论字头的义项与相关词语的照应——读《汉语大词典》札记　辞书研究　1992年03期
汪维辉、徐晓蓝　从《全晋文》看《汉语大词典》的书证溯源问题　宁波师范学院学报　1993年01期
徐传武　《汉语大词典》天象词目献疑　烟台师范学院学报　1993年02期
张　标　大型字词工具书使用札记之一——《汉语大词典》、新版《辞源》若干条目商兑　河北师范大学学报（社会科学版）
刘喜军、曾宪群、蒋南华　关于"反水浆"、"反坐"、"反左书"、"反侧"等词语的训释——兼与《辞源》、《辞海》、《汉语大词典》商榷　贵州师范大学学报　1993年04期
房　生　《汉语大词典》之微瑕　浙江师范大学学报　1993年04期
李泓冰　龙飞在天：《汉语大词典》编纂前前后后　人民日报　1994年5月11日01版
阮锦荣　《汉语大词典》编纂出版工作的回顾　辞书研究　1994年03期
徐文堪　略论《汉语大词典》的特点和学术价值　辞书研究　1994年03期
傅元恺　谈谈《汉语大词典》的收词与立义　辞书研究　1994年03期
郭忠新　《汉语大词典》分卷主编责任制与编辑工作　辞书研究　1994年03期
孙立群　《汉语大词典》插图的特点与工艺流程　辞书研究　1994年03期
谢芳庆　我国文化建设的历史性里程碑——评《汉语大词典》　安徽师范大学学报　1994年03期
傅玉芳　《汉语大词典》(小资料)　辞书研究　1994年03期
吉常宏　《汉语大词典》往事拾零　辞书研究　1994年03期
马汝惠　汉语辞书中的两姊妹——《汉语大字典》与《汉语大词典》　青岛教育学院学报　1994年03期
于冠西　一部大书：《汉语大词典》的诞生　浙江日报　1994年5月6日03版
钟志成　深海采珠织宏篇：江苏参与《汉语大词典》编纂工作18年纪略　新华日报　1994年5月11日07版
何加正等　《汉语大词典》大功告成：首都隆重举行庆功会，江泽民李鹏等到会祝贺　人民日报　1994年5月11日01版
张　标　大型字词工具书使用札记——《汉语大字典》、《汉语大词典》若干条目　河北师范大学学报　1994年04期
钟山碧　风光在险峰：《汉语大词典》编纂侧记　书与人　1994年05期
赵应铎　试论《汉语大词典》释义的特点　学术界　1994年05期
柳　堤　盛典——《汉语大词典》编纂纪实　科技文萃　1994年07期
周正举　《汉语大词典》"千夫"释义指疵　阅读与写作　1994年07期
罗竹风　在《汉语大词典》全书出版庆祝大会上的讲话　语文建设　1994年09期
阮锦荣　《汉语大词典》的编纂　语文建设　1994年09期
刘瑞明　《汉语大词典》"为"字释义评议　固原师专学报　1995年01期
陈永安　《汉语大词典》编纂谈片　编辑之友　1995年01期
于　丁　文中图：[《汉语大词典》]　书与人　1995年01期
曹小云　《汉语大词典》量词补证　丹东师专学报　1995年02期
王蔚筠　对《汉语大词典》"落英"一词释文的两点补正意见　上海教育学院学报　1995

年02期

岳国钧　《汉语大词典》辨误五则　文史丛刊　1995年03期
吴金华　《汉语大词典》书证商榷　南京师范大学学报　1995年03期
夏松凉　《汉语大词典》单字拾补——读《全唐诗》札记　绥化师专学报　1995年04期
萧惠兰　《汉语大词典》疏失一例　辞书研究　1995年05期
杜　敬　吹毛求疵——关于《汉语大词典》　社科信息文荟　1995年07期
导　夫　汉语大词典条目释义商榷（一）　中国出版　1995年08期
导　夫　汉语大词典条目商榷（续）　中国出版　1995年09期
李　申*　《汉语大词典》近代汉语条目商补　近代汉语释词丛稿　江苏教育出版社　1995年
牛敬德　《汉语大词典》"法"字条目与《中文大辞典》之比较　淮北煤炭师范学院学报　1995年增刊
王光汉　《汉语大词典》误读献疑　淮北煤炭师范学院学报　1995年增刊
姚鹏慈　《汉语大词典》成语释义商兑　内蒙古电大学刊　1996年01期
车文明、阎建昌、吴昊　《汉语大词典》若干词条补正　山西师范大学学报　1996年01期
王宣武　语词札记:[《汉语大词典》研究]　唐都学刊　1996年02期
庞月光　《汉语大词典》失误管窥　北京教育学院学报　1996年02期
章锡良　人无我有——《汉语大词典》质量谈　苏州大学学报　1996年02期
哺　风　二远、三后、三生愿——读《汉语大词典》札记　咬文嚼字　1996年02期
张　标　《汉语大字典》、《汉语大词典》编排训释中的若干问题　河北师范大学学报　1996年03期
刘瑞明　《汉语大词典》应如何精益求精——以"指"字词条为例　喀什师范学院学报　1996年03期
罗福应　为《汉语大词典》提供一条书证　黔南民族师范学院学报　1996年03期
郭芹纳　《汉语大词典》评略　古汉语研究　1996年04期　又《西安教育学院学报》1996年04期
朱　城　《汉语大词典》琐议　湛江师范学院学报　1996年04期
郭芹纳　《汉语大词典》评略　西安教育学院学报　1996年04期
陈增杰　蒋礼鸿先生和《汉语大词典》　辞书研究　1996年05期
古敬恒　"伊余"非词说——《汉语大词典》指瑕　中国语文　1996年05期
郭康松　用"本校法"看《汉语大词典》所存在的问题　华中师范大学学报　1996年06期
董莲池　《汉语大词典》"甚"释"责备"义商榷　古籍整理研究学刊　1996年06期
马固钢　读《汉语大词典》杂识　湘潭大学社会科学学报　1996年06期
吴金华　《汉语大词典》商补　南京师范大学学报　1997年01期
邵则遂　《汉语大词典》释义商兑　湖北教育学院学报　1997年01期
谢芳庆　试论《汉语大词典》体系　安徽师范大学学报　1997年01期
李　申*、王文晖*　《汉语大词典》近代汉语条目释义订补　徐州师范大学学报　1997年02期
庞月光　关于《汉语大词典》中若干词条释义的商榷　外交学院学报　1997年02期
梁光华　《汉语大词典》、《汉语大字典》注音商兑二题　贵州师范大学学报　1997年02期

温显贵　《汉语大词典》释义和书证方面存在的问题　湖北大学学报　1997 年 03 期
言　涓　谈《汉语大词典》的若干不足　上海师范大学学报　1997 年总 04 期
朱茂汉　《汉语大词典》疏失举证　赣南师范学院学报　1997 年 05 期
郑之洪　《辞源》、《辞海》、《汉语大词典》"女史"释例商榷　学术研究　1997 年 08 期
宋志坚　罗竹风　从《辞海》到《汉语大词典》　中国出版　1997 年总 09 期
黄河清　汉语源流考证中的一个盲区:19 世纪的汉语新词——以《汉语大词典》为例　词库建设通讯(香港)　1997 年总 14 期
程志兵　《汉语大词典》书证商补　保定师专学报　1998 年 01 期
张美兰　从《管锥编》看《汉语大词典》义项的漏略　中文自学指导　1998 年 01 期
赵红梅、程志兵　《汉语大词典》《辞源》收释近代汉语词语之不足　伊犁师范学院学报　1998 年 01 期
吕友仁、吕咏梅　《汉语大词典》若干礼制词目释义献疑　河南师范大学学报　1998 年 01 期
黄河清　一个薄弱点:19 世纪汉语新词的考证——以《汉语大词典》为例　辞书研究　1998 年 01 期
方一新　从《汉语大词典》看大型历史性语文词典取证举例方面的若干问题　汉语史研究集刊 01 辑
董志翘　《汉语大词典》阅读散记　语言研究　1998 年 02 期
吴金华　《汉语大词典》中有关文献考察的若干问题　文献　1998 年 03 期
史宝金　论《汉语方言大词典》的学术文化价值　复旦学报　1998 年 03 期
张能甫　从郑玄的注释语料看《汉语大词典》的收词问题　成都大学学报　1998 年 03 期
方　健　《汉语大词典·涉茶条目》证误释例　农业考古　1998 年 04 期
陈增杰　论《汉语大词典》的修订　辞书研究　1998 年 04 期
高　兴　古人笔记与《汉语大词典》　安徽师范大学学报　1998 年 04 期
史光辉　从《齐民要术》看《汉语大词典》编纂方面存在的问题　东南学术　1998 年 05 期
周志锋　《汉语大词典》四题　杭州师范学院学报　1998 年 05 期
毛远明　《汉语大词典》献疑　成都师范高等专科学校学报　1999 年 01 期
李庆立　如此使用逗号、分号合乎规范吗?——与《汉语大词典》编纂者商榷　辞书研究　1999 年 01 期
阮锦荣　披沙拣金,精益求精——《汉语大词典》编纂特色简介　编辑学刊　1999 年 02 期
陈炳昭　《汉语大字典》、《汉语大词典》书证疏漏校正举要　漳州师范学院学报　1999 年 02 期
许建平　《汉语大词典》义项阙漏举例　古汉语研究　1999 年 03 期
吴金华、王宝刚　《汉语大词典》商订五题　辞书研究　1999 年 03 期
张　泰*　蒲松龄白话著作方言词释义——兼与《汉语大词典》商榷　徐州教育学院学报　1999 年 03 期
张能甫　《汉语大词典》书证晚出词条举隅　西南民族学院学报　1999 年 03 期
程志兵　《汉语大词典》释义及书证商补　新疆师范大学学报　1999 年 03 期
刘瑞明　词语的系列性与《汉语大词典》的失疏　四川大学学报　1999 年 04 期
高伯舟　对《汉语大词典》内容和编排的几点看法　乌鲁木齐职业大学学报　1999 年

04 期

金文明　实用・普及・规范——评《汉语大词典简编》　辞书研究　1999 年 05 期

徐复岭　《汉语大词典》语法问题指瑕　辞书研究　1999 年 06 期

王　强　《汉语大词典》书证蠡测　文教资料　1999 年 06 期

周志锋　《汉语大词典》近代汉语名物词补遗（上）　词库建设通讯（香港）　1999 年总 21 期

李　申*、杨会永*　《汉语大词典》近代汉语条目指瑕　语文建设通讯（香港）1998 年总 56 期

王　锳　《汉语大词典》书证滞后举例　语文建设通讯（香港）　1999 年总 61 期

王　锳　再谈《汉语大词典》释义和引证的一些问题　中古近代汉语研究　2000 年 1 辑

曲文军　《汉语大词典》漏收《青楼梦》词目补释（一）　江海学刊　2000 年 01 期

徐前师　《论语》"文莫"义辨——兼评《辞源》、《汉语大词典》有关"文莫"　船山学刊 2000 年 01 期

张霭堂　对《汉语大词典》中几个具体问题的商榷　临沂师范学院学报　2000 年 01 期

毛远明　《汉语大词典》书证中的几个问题　中国语文　2000 年 01 期

康国章、陈鹏飞　《汉语大词典》"扢~"类词正诂四则——从晋语"扢~"类词的构词特点看《汉语大词典》几个词的训释缺陷　殷都学刊　2000 年 01 期

郑贤章　《汉语大词典》书证初始例试补　古汉语研究　2000 年 02 期

胥洪泉　《汉语大词典》的一处标点错误　社会科学研究　2000 年 02 期

程志兵　《型世言》中早于《汉语大词典》所引书证举例　克山师专学报　2000 年 02 期

徐　复　《〈汉语大词典〉拾补》序　唐都学刊　2000 年 02 期

高列过　《〈汉语大词典〉拾补》简介　唐都学刊　2000 年 02 期

程志兵　《汉语大词典》第七卷"心部"订补　伊犁师范学院学报　2000 年 02 期

高　明　《汉语大词典》同义复词条目补正　西藏民族学院学报　2000 年 02 期

李　申*、张　泰*、田照军*　《汉语大词典》近代汉语条目再订补　徐州师范大学学报 2000 年 02 期

曲文军　《汉语大词典》漏收《青楼梦》词目补释（二）　江海学刊　2000 年 04 期

程志兵　《汉语大词典》书证再补　伊犁教育学院学报　2000 年 04 期

张小艳　《汉语大词典》近代汉语条目补证　湖州师范学院学报　2000 年 04 期

王继如　僻字立目宜标版本：[《汉语大词典》]　辞书研究　2000 年 04 期

任　强　"厕筹"非"乾（干）屎橛"——《汉语大词典》释义正误　枣庄师专学报　2000 年 04 期

夏南强　《汉语大词典》指瑕　华中农业大学学报　2000 年 04 期

魏德胜　《睡虎地秦墓竹简》中的复音词对《汉语大词典》的补充　辞书研究　2000 年 05 期

胡绍文　谈"容易"的成词原因及时代——兼与《汉语大词典》"容易"条商榷　语文学刊 2000 年 05 期

曾昭聪　从"陆九渊语录"看《汉语大词典》的若干疏失　黔南民族师范学院学报　2000 年 06 期

李福顺　查阅《汉语大词典》——读有关美术史的条目有感　美术观察　2000 年 11 期

曲文军　《汉语大词典》漏收《青楼梦》词目补释(三)　江海学刊　2001年01期

唐小芬、赵惠君　《汉语大词典》书证商补　桂林航天工业高等专科学校学报　2001年01期

姚美玲　明清小说词语考释与《汉语大词典》条目正误　山西大学学报　2001年01期

东　甫　《汉语大词典》商兑　阅读与写作　2001年01期

张能甫　《汉语大词典》疏漏拾零　四川师范大学学报(哲学社会科学版)　2001年02期

谭耀炬　《汉语大词典》语词溯源例证指瑕　绍兴文理学院学报　2001年02期

田照军*、肖　岚*　《汉语大词典》若干条义项商补　徐州教育学院学报　2001年02期

程志兵、孔淑梅　《汉语大词典》第五卷"水部"订补　伊犁师范学院学报　2001年02期

闫　艳　《汉语大词典》蔬菜词语补正二则　古汉语研究　2001年02期

徐　山　《汉语大词典》有关《潜夫论》词语释义及书证问题　常州工学院学报　2001年03期

张能甫　郑玄注释语料在《汉语大词典》编纂中的价值　西昌师专学报　2001年03期

程志兵、甄敬霞　《西游记》中词语对《汉语大词典》的补正作用　伊犁师范学院学报　2001年03期

程志兵　《型世言》与《汉语大词典》书证　伊犁教育学院学报　2001年03期

莫砺锋　关于《汉语大词典》"书证迟后"问题的管见　福州大学学报　2001年03期

谭耀炬　《汉语大词典》书证溯源指瑕　九江师专学报　2001年03期

曲文军　《汉语大词典》"棒槌"补正　汉字文化　2001年04期

曲文军　《汉语大词典》漏收《型世言》词目研究　石河子大学学报　2001年04期

芮执俭　《汉语大词典》引释《易林》词条校勘意见　西北师范大学学报　2001年04期

张能甫　郑玄注释语料在《汉语大词典》修订中的价值　西南民族学院学报　2001年06期

王　锳　《汉语大词典》一些条目释义商榷　中国语言学报　2001年10辑

单周尧　《汉语大词典》正补四则　中国语言学报　2001年10辑

王绍峰　以若干词例谈《汉语大词典》宏观系统的疏失　阜阳师范学院学报　2002年01期

金建陵　从《汉语大词典》的释义例证看南社作家张素　南京航空航天大学学报　2002年01期

蔡一云、白冰　《汉语大词典》词语溯源小补——读《广韵》杂记　五邑大学学报　2002年01期

姚美玲　词语的分群考释与《汉语大词典》条目订补　山西师范大学学报　2002年01期

程志兵　《汉语大词典》第一卷订补(二)　伊犁教育学院学报　2002年02期

刘敬林　《汉语大词典》"能掐会算"释义补正　汉字文化　2002年02期

李　申*、于立昌*　《汉语大词典》若干词条释义拾补　徐州师范大学学报　2002年02期

刘敬林　《汉语大词典》举误　甘肃教育学院学报　2002年03期

李明晓　《睡虎地秦墓竹简》词语札记——兼谈《汉语大词典》、《汉语大字典》　德州学院学报　2002年03期

王恩建　《汉语大词典》释义商榷　邵阳学院学报　2002年03期
李孝仓　《汉语大词典》语词释义、举证商兑　武警工程学院学报　2002年03期
王　锳　《汉语大词典》一些条目释义续商　中国语文　2002年03期
郑贤章　从汉文佛典俗字看《汉语大词典》的缺漏　中国语文　2002年03期
李茂康　《汉语大词典》引自《释名》的例证　中国语文　2002年03期
程志兵、范文莲　《汉语大词典》第一卷订补（一）　伊犁师范学院学报　2002年03期
胡绍文　从《夷坚志》看《汉语大词典》的若干阙失　古汉语研究　2002年04期
曲文军　《汉语大词典》误释词目研究　理论学刊　2002年04期
杨　箐、杨　萍、曲文军　《汉语大词典》漏收《青楼梦》词目研究　临沂师范学院学报
　2002年04期
蒋宗许　《汉语大词典》书证前补（一）　绵阳师专学报　2002年04期
王　军　《汉语大词典》释义继承传统训诂方式指瑕　陕西师范大学继续教育学报
　2002年04期
曲文军　《汉语大词典》书证疏误辨正　山东教育学院学报　2002年04期
程志兵　谈《汉语大词典》中的诸问题　新疆大学学报　2002年04期
胥洪泉　《汉语大词典》指误　四川师范大学学报　2002年06期
邵　丹　《汉语大词典》"阿"字条书证过晚举隅　语文建设通讯（香港）　2002年总69期
田照军*、肖　岚*　《汉语大词典》近代汉语条目溯源　语文建设通讯（香港）　2002年
　总70期
刘瑞明　《汉语大词典》例证及出处的错误　语文建设通讯（香港）　2002年总78期
陶　莉　《汉语大词典》释义首例过晚补释　语文建设通讯（香港）　2002年总79期
程志兵　白话小说早于《汉语大词典》所引书证举例　安徽广播电视大学学报　2003
　年01期
蒋宗许　《汉语大词典》书证前补（二）　绵阳师范学院学报　2003年01期
周掌胜　《汉语大词典》在收释同义复词上存在的问题　浙江树人大学学报　2003年
　01期
刘敬林　《汉语大词典》之《金瓶梅词话》词语释义商兑　陇东学院学报　2003年01期
吉发涵　《汉语大词典》释义商兑与引书订讹举例　山东大学学报　2003年02期
李　申*、王本灵*　《汉语大词典》书证商补　东南大学学报　2003年02期
郭作飞　从《张协状元》所用副词看《汉语大词典》的收词立义　贵州大学学报　2003
　年02期
王智群　《汉语大词典》释正四则　台州学院学报　2003年02期
杨会永*　《汉语大词典》近代汉语条目释义商榷　吉林师范大学学报　2003年02期
李　丽　汉魏注释材料对《汉语大词典》的补充　大庆高等专科学校学报　2003年02期
吉发涵　《汉语大词典》个别词目释义商订　齐鲁学刊　2003年03期
刘瑞明　从通假看《汉语大词典》的修订——以"佯"字系列词为例　陇东学院学报
　2003年03期
刘敬林　《汉语大词典》现代词语释义商兑　陇东学院学报　2003年03期
刘敬林　《汉语大词典》"佞"下复词释义商兑　甘肃高师学报　2003年03期
黄　英　从《风俗通义》新生复音词看《汉语大词典》失收晚收的词条　四川师范大学学

报　2003 年 04 期
赵雪梅　《汉语大词典》若干词释义商榷　苏州教育学院学报　2003 年 04 期
王祖霞*　史料笔记与《汉语大词典》词语溯源　五邑大学学报　2003 年 04 期
曲文军　《〈汉语大词典·涉茶条目〉证误释例》商榷　农业考古　2003 年 04 期
李　申*、王祖霞*　《汉语大词典》书证订补　徐州师范大学学报　2003 年 04 期
曲文军　《汉语大词典》漏收典故研究　唐山师范学院学报　2003 年 04 期
刘敬林　《汉语大词典》疑难词语释义商补　青海师专学报　2003 年 05 期
曲文军　论《汉语大词典》相关条目的非相关性问题　临沂师范学院学报　2003 年 05 期
黄　英　从《风俗通义》看《汉语大词典》晚收的义项　西南民族大学学报　2003 年 06 期
蒋宗许　《汉语大词典》书证前补（三）　绵阳师范学院学报　2003 年 06 期
袁津琥　释"毛骨悚然""雪上加霜"——读《汉语大词典》札记之一　汉语史研究集刊　2003 年 06 辑
杨　琳　《汉语大词典》词义溯源　汉语史研究集刊　2003 年 06 辑
曾昭聪　当代权威词典应重视明清俗语辞书　语文建设通讯（香港）　2003 年总 76 期
曲文军　《汉语大词典》"捐"字纠谬订补　中华女子学院山东分院学报　2004 年 01 期
蒋宗许　论近代汉语研究与《汉语大词典》的修订　辞书研究　2004 年 01 期
王恩建　《汉语大词典》商补　河北理工学院学报　2004 年 01 期
毛远明　《汉语大词典》同形字处理辨正　西南师范大学学报　2004 年 01 期
刘敬林　《汉语大词典》之《金瓶梅词话》词语疑诂　青海师专学报　2004 年 01 期
刘敬林　《汉语大词典》之元曲词语释义商兑　陇东学院学报　2004 年 01 期
谭代龙　《汉语大词典》阅读札记　青海师范大学学报　2004 年 01 期
陈国华*　从《隋史遗文》看《汉语大词典》的书证问题　盐城师范学院学报　2004 年 01 期
胡运飚　《汉语大词典》等辞书"枭"字释义商补　贵州大学学报　2004 年 02 期
成　妍　《汉语大词典》某些词条首证年代商议　鹭江职业大学学报　2004 年 02 期
牛太清　《汉语大词典》书证迟后例补　中国语文　2004 年 02 期
董运来　《汉语大词典》书证首例时代偏晚续拾　图书馆杂志　2004 年 02 期
程志兵　《金瓶梅》和《汉语大词典》书证　克山师专学报　2004 年 02 期
王延栋　从《战国策》看《汉语大词典》书证迟后　南开语言学刊　2004 年 02 期
多洛肯、李丽华　《汉语大词典》订补　新疆大学学报　2004 年 02 期
刘敬林　《汉语大词典》"利"条评议　陇东学院学报　2004 年 02 期
陈建初、喻　华　《释名》中部分未见于《汉语大词典》的语词考　古汉语研究　2004 年 02 期
姜汉椿　不谙典章，割裂原文——析《汉语大词典》三条词目的相关错误　辞书研究　2004 年 03 期
刘敬林　《汉语大词典》之《红楼梦》词语释义商兑　河西学院学报　2004 年 03 期
曲文军　修订《汉语大词典》的必要性研究　河西学院学报　2004 年 03 期
鲍延毅　《汉语大词典》书证滞后举隅　常州工学院学报　2004 年 03 期
徐　山　《汉语大词典》辨正　昭乌达蒙族师专学报　2004 年 03 期
王文晖*　《汉语大词典》割裂成语现象举例　辞书研究　2004 年 04 期
曲文军　论《汉语大词典》的严重缺陷　临沂师范学院学报　2004 年 04 期

胡晓华　《尔雅》郭璞注语词研究与《汉语大词典》编纂　古汉语研究　2004年04期
王胜明、潘殊闲　《汉语大词典》等误释"受降城"辨正　临沂师范学院学报　2004年04期
曲文军、张连富　论《汉语大词典》书证空缺的问题　郧阳师范高等专科学校学报　2004年04期
方　健　关于《〈汉语大词典·涉茶条目〉证误释例》的再辨证——兼答曲文军同志　农业考古　2004年04期
潘新华　《汉语大词典》如是说　咬文嚼字　2004年05期
马固钢　《汉语大词典》"逮"的释义与书证小考　湘潭大学学报　2004年05期
徐望驾　从皇侃《论语集解义疏》看《汉语大词典》的缺失　阜阳师范学院学报　2004年05期
陶　莉　《汉语大词典》书证失误举证　江苏教育学院学报　2004年05期
贺卫国　《汉语大词典》补正八则　河池学院学报　2004年05期
邵文利、杜丽荣　《汉语大词典》等工具书"军爵"、"公爵"条目献疑　学术界　2004年06期
周红苓　古籍注释与《汉语大词典》书证　西南民族大学学报　2004年06期
朱孔伦　论《汉语大词典》沿袭旧误的问题　枣庄学院学报　2004年06期
李建平　《汉语大词典》量词初始例试补　语文学刊　2004年08期
张富翠　《汉语大词典》书证补　西南民族大学学报　2004年10期
陈小青　小议《汉语大词典》书证之不足　文教资料(初中版)　2004年20期
顾恩多　《汉语大词典》单音介词拾补　内蒙古师范大学学报　2004年增刊02期
蒋宗许　《汉语大词典》收词释义评说　西南民族大学学报　2005年01期
李书田　从《汉语大词典》误用古医书书证谈起　吉林中医药　2005年01期
刘敬林　《汉语大词典》之元曲疑难词语释义辨正　天水师范学院学报　2005年01期
曲文军　《汉语大词典》漏收词目调研报告　浙江树人大学学报　2005年01期
曲文军　《汉语大词典》误释词目研究报告　山东师范大学学报　2005年01期
张振羽　《汉语大词典》首引书证迟后举例　怀化学院学报　2005年01期
王祖霞＊　从明清笔记看《汉语大词典》词语溯源　鄂州大学学报　2005年02期
张　静　尹湾汉简遣册名物词语札记——兼谈《汉语大字典》、《汉语大词典》之不足　乐山师范学院学报　2005年02期
顾丹霞　《周易》中未见于《汉语大词典》语词考　湖南广播电视大学学报　2005年02期
周掌胜　《汉语大词典》"都无"释义指正　浙江大学学报　2005年02期
雷昌蛟　《辞源》《汉语大字典》《汉语大词典》标音失误辨正二则　遵义师范学院学报　2005年02期
于立昌＊　《汉语大词典》若干词条释义商补　淮北煤炭师范学院学报　2005年03期
谢序华　析《辞源》和《汉语大词典》释义失误例　怀化学院学报　2005年03期
徐　山　《汉语大词典》失收的《潜夫论》并列复词考　苏州市职业大学学报　2005年03期
曲文军　蒲松龄作品对《汉语大词典》的订补　蒲松龄研究　2005年03期
曲文军、朱孔伦　论《汉语大词典》沿袭旧误的问题　辞书研究　2005年03期
柴红梅　《汉语大词典》瑕疵补正——以《现代汉语词典》C字条为例　古汉语研究

2005年03期

齐霄鹏　专书词语与《汉语大词典》比照研究的价值　河北青年管理干部学院学报
2005年03期

朱孔伦　《汉语大词典》误释《醒世姻缘传》词目辨正　中华女子学院山东分院学报
2005年03期

满　祥、赵振兴　《汉语大词典》引《周易》语词指瑕　古汉语研究　2005年03期

沈怀兴　《汉语大词典》"连语"释义补正　辞书研究　2005年03期

徐　凌　银雀山汉简《守法守令等十三篇》词语札记——兼谈《汉语大字典》、《汉语大词典》之不足　古籍整理研究学刊　2005年04期

曲文军　论《汉语大词典》释义牵强附会的问题　临沂师范学院学报　2005年04期

张春雷*　《汉语大词典》书证始见例试补　红河学院学报　2005年04期

徐　山　《汉语大词典》未收的《潜夫论》并列复词考释　盐城工学院学报　2005年04期

李小华　《汉语大词典》"坐"字条义项分析——兼谈辞书义项的真实性　辞书研究
2005年04期

陶家骏　《说苑》语词对《汉语大词典》的补充　苏州教育学院学报　2005年04期

朱习文　《汉语大词典》古时间词条补正二则　古籍整理研究学刊　2005年06期

别敏鸽*、别艳鸽　从《西洋记》词语看《汉语大词典》的问题　四川教育学院学报　2005年07期

刘传鸿　《汉语大字典》《汉语大词典》失误指正——由《酉阳杂俎》中的一则校勘所引起
汉语史研究集刊　2005年08辑

林　源、唐永宝　"心"有"尖刺"义吗？——《汉语大字典》《汉语大词典》释义质疑　汉语史研究集刊　2005年08辑

赵振兴、陈敏祥　《汉语大词典》引《周易》语词指瑕　汉语史研究集刊　2005年08辑

李建平　从先秦简牍看《汉语大词典》量词释义的阙失　广西社会科学　2005年10期

张　泰*　从《聊斋俚曲集》看《汉语大词典》一些条目的处理　《语文建设通讯》（香港）
2005年总82期

王祖霞*　明代笔记与《汉语大词典》的词语溯源　语文建设通讯（香港）2005年总82期

徐　山　《汉语大词典》有关《潜夫论》并列复词的问题　黄山学院学报　2006年01期

牛太清　从《洛阳伽蓝记》双音新词看《汉语大词典》的释义与书证　安徽广播电视大学学报　2006年01期

徐　山　《潜夫论》并列复词逆序词与《汉语大词典》编纂　天水师范学院学报　2006年01期

徐　山　《潜夫论》并列复词异形词与《汉语大词典》编纂　鄂州大学学报　2006年01期

赵红梅　《醒世姻缘传》与《汉语大词典》的释义及书证问题　蒲松龄研究　2006年01期

张新武　《汉语大词典订补》序　伊犁师范学院学报　2006年02期

马固钢　《汉语大词典》书证考释——书证与释义一致性商榷　湘潭大学学报　2006年02期

周　鸣*　从《鼓掌绝尘》看《汉语大词典》的问题　淮北煤炭师范学院学报　2006年02期

刘志生　从东汉碑刻复音词看《汉语大词典》的书证迟后　常州工学院学报　2006年02期

朱习文　《汉语大词典》同名异实古星名条目的问题　辞书研究　2006年02期
王本灵*　《汉语大词典》书证体例不一问题摭拾　徐州师范大学学报　2006年02期
毕慧玉　《汉语大词典》补正　现代语文　2006年02期
毕慧玉、张继春　《汉语大词典》2.0光盘版的使用技巧　辞书研究　2006年02期
杨会永*　《汉语大词典》"同义异形"条目释义的几个问题　辞书研究　2006年02期
晁瑞、周阿根　《汉语大词典》方言词误释举隅　乐山师范学院学报　2006年02期
张双、黄璧　《汉语大词典》引《周易大传》语词指瑕　盐城师范学院学报　2006年03期
蒋宗许　宋代文献与《汉语大词典》书证匡补　西南科技大学学报　2006年03期
张雁　"交代"小考——《汉语大词典》的一处失误　语言科学　2006年03期
胡廷荣、孙永刚　辞书中与塞北相关五词字释义疏漏补遗——与《汉语大词典》、《辞源》等编辑商榷　赤峰学院学报　2006年03期
徐山　《潜夫论》反义并列复词与《汉语大词典》编纂　保定师范专科学校学报　2006年03期
骆伟里　《汉语大词典》"三礼"条目订补（之一）　苏州教育学院学报　2006年03期
李若晖　"淫烁"释义——《汉语大词典》勘误一则　湖北大学学报　2006年03期
周阿根　《汉语大词典》近代汉语方言词误释例说　学术界　2006年03期
马丽　从《三国志》亲属称谓看《汉语大词典》编纂之缺失　浙江万里学院学报　2006年03期
李剑冲、顾恩多　《汉语大词典》在介词标注方面存在的问题　内蒙古电大学刊　2006年04期
朱孔伦　《汉语大词典》在检索与索引方面的缺陷　临沂师范学院学报　2006年04期
于智荣、王良杰　《汉语大词典》疏误补正四则　廊坊师范学院学报　2006年04期
徐山　《潜夫论》含有通假字的并列复词与《汉语大词典》编纂　郧阳师范高等专科学校学报　2006年04期
刘奇惕　《汉语大词典》（网络版V.2）的特色　辞书研究　2006年04期
雷昌蛟　《辞源》《汉语大字典》《汉语大词典》"汤"字标音失误辨正　遵义师范学院学报　2006年04期
陈圣宇　《汉语大词典》"间"字释义补正　广东社会科学　2006年05期
李茂康　《汉语大词典》遗阙《释名》词语之义举隅　西华师范大学学报　2006年05期
刘敬林　《汉语大词典》之《金瓶梅词话》词语释义补正　安庆师范学院学报　2006年05期
徐成志　《汉语大词典》典故条目讹误评析　皖西学院学报　2006年06期
谢纪锋　《汉语大词典》音切疏漏举例　中国语文　2006年06期
李申*、于玉春*、刘伟*　从笔记词语看《汉语大词典》书证的阙失　河池学院学报　2006年06期
沈祖春　先秦简牍《日书》词语札记——《汉语大字典》、《汉语大词典》收词释义补正　重庆文理学院学报　2006年06期
李剑冲、王淑华　《汉语大词典》在介词书证方面存在的问题　内蒙古大学学报　2006年06期
聂丹　《汉语大词典》收词拾遗　贵州大学学报　2006年06期

陈圣宇　《汉语大词典》"间"字释义商榷及含"间"条目补正　汉字文化　2006年06期
杨会永*、王凤云　《汉语大词典》词语疑误一则　陕西师范大学学报　2006年06期
肖　岚*、田照军*　《汉语大词典》补证　周口师范学院学报　2006年06期
徐复岭　连展、碾转、善连和麦饵——《汉语大词典》等误释或失收的一组词　现代语文　2006年07期
黄宜凤　"咬牙钖"究竟为何物？——《汉语大词典》误收词条补正一例　汉语史研究集刊　2006年09辑
肖　岚*、田照军*　《汉语大词典》近代汉语条目释义商榷　语文学刊　2006年09期
胡彭华　《汉语大词典》释"倨句"献疑　现代语文　2006年10期
王秀玲　《汉语大词典》漏收的"二程语录"词语义项补释9则　韶关学院学报　2006年11期
鲍良红　古代医籍语词考释——兼议《汉语大词典》义项漏略　江苏中医药　2006年12期
许启峰　《汉语大词典》e部补正　现代语文　2006年12期
李玉平　《汉语大词典》"末界"释义考辨　励耘学刊（语言卷）　2007年01期
许启峰　《汉语大词典》瑕疵补正　萍乡高等专科学校学报　2007年01期
张雪梅　从《素问》看《汉语大词典》书证迟后问题　南京中医药大学学报　2007年01期
杨　观、张红梅　从《张协状元》中的称代词看《汉语大词典》的疏失　西南科技大学学报　2007年01期
孙剑艺　红楼"尸场"解——兼与《汉语大词典》释义商榷　红楼梦学刊　2007年01期
徐复岭、张　静　《汉语大词典》近代汉语条目释义撷误　济宁师范专科学校学报　2007年01期
李茂康　《汉语大词典》迟后于《释名》的书证　重庆教育学院学报　2007年01期
刘传鸿　《汉语大词典》误释辨正四则　语言研究　2007年01期
付建荣、马晓军　"拍张"释义补正——与《辞源》、《汉语大词典》编纂者商榷　语文学刊　2007年增刊01期
梁冬青　《汉语大词典》书证辨误一则　学术研究　2007年02期
朱惠仙　《汉语大词典》未收词语举隅　浙江工业大学学报　2007年02期
周建兵　《汉语大词典》例证滞后词目撷拾　常州工学院学报　2007年02期
张雪梅　从《素问》、《灵枢》看《汉语大词典》中存在的问题　淮北煤炭师范学院学报　2007年03期
罗国强　《汉语大词典》补正三则　河池学院学报　2007年03期
于智荣　《汉语大词典》同义语素合成词释义匡误四则　汉字文化　2007年03期
冯　青　异文词汇研究与《汉语大词典》编纂——以《世说新语》和《晋书》异文词汇为例　河北科技师范学院学报　2007年03期
周阿根　从《高僧传》看《汉语大词典》始见例之不足　保定师范专科学校学报　2007年03期
邰林涛　《汉语大词典》释义补充　现代语文（语言研究版）　2007年03期
张雪梅　从《素问》、《灵枢》看《汉语大词典》的书证溯源问题　中医药文化　2007年03期
陈　灿　《汉语大字典》、《汉语大词典》补苴四则　古汉语研究　2007年03期

周掌胜　《汉语大词典》书证商补　汉语学报　2007年03期
李亚明　从《周礼·考工记》看《汉语大字典》和《汉语大词典》的释义　语言研究集刊　2007年04辑
高　明　中古史书词汇与语文词典的编纂——以《汉语大词典》书证为中心　西藏民族学院学报　2007年04期
倪永明　《大汉和辞典》(补卷)所录《三国志》词汇与《汉语大词典》增补刍议　江苏大学学报　2007年04期
林　源、唐永宝　释"顽"——《汉语大词典》释义商榷　安徽广播电视大学学报　2007年04期
曾昭聪　让辞书更完善——读《汉语大词典商补》　贵州文史丛刊　2007年04期
魏　平　北魏墓志词语对《汉语大词典》之补益　重庆文理学院学报　2007年04期
赵文源　《汉语大词典》引《周易》语词指误　中南大学学报　2007年05期
武学军、敏春芳　敦煌愿文中《汉语大词典》未见或书证不足的"死亡"义婉词拾零　河北北方学院学报　2007年05期
曲文军　《〈汉语大词典〉涉茶条目证误释例》再商榷——兼答方健先生的《再辨证》　临沂师范学院学报　2007年05期
陈春风　《汉语大字典》、《汉语大词典》部首检字中的若干问题　求索　2007年05期
王秀玲、秦晓华　《汉语大词典》漏收"二程语录"词目补释　中南大学学报　2007年05期
姜建红、孙　科　《汉语大词典》误释含"慕"词条举凡　重庆工商大学学报　2007年05期
冯　青　异文词汇研究与《汉语大词典》编纂——以《世说新语》和《晋书》异文词汇为例　江汉大学学报　2007年06期
马菁屿　《汉语大词典》词语考释　晋中学院学报　2007年06期
韩　玉　《汉语大词典》引用书证的失误　商业文化(学术版)　2007年08期
杨　峰*、耿言海*　《汉语大词典》书证溯源　现代语文(语言研究版)　2007年12期
成　妍　《汉语大词典》词条书证年代滞后献疑　现代语文(语言研究版)　2007年12期
荆亚玲　"礼拜"小考——《汉语大词典》勘误一则　语文学刊　2007年17期
郑东珍　《汉语大字典》、《汉语大词典》、《现代汉语词典》"给"引例、释义补正——以《醒世姻缘传》语料为例　文教资料　2007年27期
邰林涛　《汉语大词典》释义补充——以《根有律》为例　乐山师范学院学报　2008年01期
王本灵*、唐　华　《汉语大词典》书证订误　唐山学院学报　2008年01期
秦存钢　《汉语大词典》前三卷近代词语阅读札记　泰山学院学报　2008年01期
曹荣芳　竺法护译词对《汉语大词典》的补正作用　湖南工业大学学报　2008年01期
刘敬林　从含"丢"字词语看《汉语大词典》的修订　安庆师范学院学报　2008年01期
吕建辉　《说文解字》新词语《汉语大词典》晚收情况举隅　宜春学院学报　2008年增刊01期
董运来　《汉语大词典》书证拾补　上海高校图书情报工作研究　2008年01期
庞雪芹　从《建康实录》看《汉语大词典》词条补正　淮北煤炭师范学院学报　2008年02期
刘良军　《汉语大词典》收词拾遗　安徽文学(下半月)　2008年02期

蒋宗许　读《〈汉语大词典〉商补》　辞书研究　2008年02期
谢纪锋　《汉语大词典》疏漏举例——音切篇　南阳师范学院学报　2008年02期
蒋宗许　《〈汉语大词典〉商补》平议　社会科学研究　2008年02期
相宇剑　《汉语大词典》书证溯源补阙　淮北煤炭师范学院学报　2008年02期
朱金凤、黄少文　《汉语大词典》收词拾遗　萍乡高等专科学校学报　2008年02期
陆　琳　《汉语大词典》例证滞后举隅　时代文学（双月上半月）　2008年02期
王焕玲　从《封氏闻见记》看《汉语大词典》的不足　南宁师范高等专科学校学报　2008年02期
郭　辉　《汉语大词典》词语考辨二则　古汉语研究　2008年02期
陶　莉　《汉语大词典》中古语词首例过晚举误　苏州教育学院学报　2008年02期
张　泰*　《汉语大词典》近代汉语条目指瑕　宁夏大学学报　2008年02期
傅义春*　《汉语大词典》条目订补管见　盐城工学院学报　2008年03期
唐七元　从各地方言保留的古语词看《汉语大词典》词条及义项的漏收　柳州职业技术学院学报　2008年03期
黄　健　《夷坚志》对《汉语大词典》的补正　黑龙江教育学院学报　2008年03期
王闰吉　从刘基《二鬼》诗复音词管窥《汉语大词典》的缺失　丽水学院学报　2008年03期
赵宗乙　《汉语大词典》释义商榷六则　泉州师范学院学报　2008年03期
王永超　"丰贱"与"踊贵"——《汉语大词典》收词释义指瑕　山东图书馆季刊　2008年03期
刘敬林　《汉语大词典》"日部"语词释义指误　陇东学院学报　2008年04期
刘瑞明　《汉语大词典》第一卷失误指正　陇东学院学报　2008年04期
连登岗　人与动物躯体词"脚"（jiǎo）字的词义——《汉语大词典》"脚"（jiǎo）字第一义项纠误　陇东学院学报　2008年04期
曹小云　从《唐律疏议》看《汉语大词典》的书证滞后问题　淮南师范学院学报　2008年04期
李爱珍　《汉语大词典》书证的缺陷及补救　编辑学刊　2008年04期
蒋　涛　《汉语大词典》失收《花间集》中名物词举例　安徽文学（下半月）　2008年05期
曾腊梅　从《唐语林》看《汉语大词典》书证迟后问题　沙洋师范高等专科学校学报　2008年05期
高云海　《汉语大词典》"邑2"条商榷　辞书研究　2008年05期
周　文　《汉语大词典》商榷——以《全相平话五种》为例　绍兴文理学院学报　2008年05期
王生平　《汉语大词典》中"九原"释意的考辨及补充　昌吉学院学报　2008年05期
李素娟　《汉语大词典》书证迟后例补——以《南海寄归内法传》为例　求索　2008年05期
聂　丹　《汉语大词典》收词补遗　新余高专学报　2008年05期
王秀玲、秦晓华　从"二程语录"单义词看《汉语大词典》的书证晚出　牡丹江师范学院学报　2008年06期
李汉丽　《汉语大词典》书证前补　淮北煤炭师范学院学报　2008年06期

王桂波　《汉语大词典》失收《南齐书》诸词举例　社会科学战线　2008年06期
万伟珊　《〈汉语大词典〉书证迟后例补》补证　湖南社会科学　2008年06期
袁步昌　从东魏墓志看《汉语大词典》始见例　科教文汇（中旬刊）　2008年12期
林　源、唐永宝　"映"本义考——《汉语大词典》释义商榷　牡丹江师范学院学报　2008年06期
高　燕　《汉语大词典》若干条目疑误举例　现代语文（语言研究版）　2008年06期
卫志芳　用"本校法"看《汉语大词典》词目漏收　才智　2008年08期
潘志刚　《汉语大词典》"附近"条释义补正　宜宾学院学报　2008年10期
袁雪梅　《汉语大词典》错解《史记》例句一则　西南民族大学学报　2008年12期
侯宪林　难忘的《汉语大词典》编纂工作者　纵横　2008年12期
成　妍、李纪念　《汉语大词典》义项漏略补正　语文学刊　2008年17期
郑文亮　《汉语大字典》、《汉语大词典》"乖"义项举例商榷　汉字文化　2009年01期
胡双宝　《汉语大词典》修订献芹　陇东学院学报　2009年01期
王明仁　《汉语大词典》"以上、以下"例句与解释的冲突　平顶山学院学报　2009年01期
邱　丽　"光明磊落"源流考辨——兼谈《汉语大词典》"光明磊落"条　西昌学院学报　2009年01期
杨继光　《汉语大词典》书证滞后例试举　廊坊师范学院学报（社会科学版）　2009年01期
刘瑞明　《汉语大词典》第二卷失误指正　陇东学院学报　2009年01期
邹志勇　《汉语大词典》释义、书证献疑　语文研究　2009年02期
陈国华*　《汉语大词典》近代汉语条目商补　盐城师范学院学报　2009年02期
温美姬　从客方言古语词看《汉语大字典》和《汉语大词典》之疏漏　嘉应学院学报　2009年02期
刘传鸿　《汉语大词典》误释词训释三则　语言科学　2009年02期
王长华　《汉语大词典订补》平议　伊犁师范学院学报　2009年02期
张俊之、康　伟　《汉语大词典》补三例——以方言和文献为据　西昌学院学报　2009年03期
刘敬林　《汉语大词典》"打"下词语释义指误　励耘学刊（语言卷）　2009年02期
张　超　"各"字指代义和指别义应当分列——从《汉语大词典》对"各"字的释义说起　辞书研究　2009年03期
李存周　从《大戴礼记》词语看《汉语大词典》若干疏失　赤峰学院学报　2009年03期
曹海花　从《汉语大词典》看《孙子》曹注的语言学价值　西南交通大学学报　2009年03期
赵　修、金小栋　北朝造像记词语研究与《汉语大词典》的收词释义　乐山师范学院学报　2009年03期
李新飞　《汉语大词典》部分词条义项当补——以今文《尚书》语词为例　重庆科技学院学报　2009年03期
朱惠仙　《汉语大词典》补正　浙江工业大学学报　2009年03期
杨海花　《汉语大词典》所收《尔雅》条目订补　平顶山学院学报　2009年03期
程志兵　《汉语大词典》释义商榷数则　陇东学院学报　2009年03期

相宇剑　《汉语大词典》书证溯源拾遗　景德镇高专学报　2009年03期
温美姬　从汉语方言古语词看《汉语大词典》的阙失　现代语文（语言研究版）　2009年03期
朱习文　《汉语大词典》古星名误释札记　古籍整理研究学刊　2009年04期
邵文利、杜丽荣　《汉语大词典》书证滞后、义项失收举隅——以《商君书》为例　学术界　2009年04期
朱纯洁　《辞源》《汉语大字典》《汉语大词典》"挠"字注音商兑　遵义师范学院学报　2009年04期
李新飞　《汉语大词典》引今文《尚书》语词训释指瑕　重庆科技学院学报（社会科学版）　2009年04期
郭　颖　"猫鬼"非猫，"野道"非道——《汉语大词典》误释订正两则　南京中医药大学学报　2009年04期
耿广峰　《汉语大词典》典故误断二则　语文知识　2009年04期
荆亚玲　《汉语大词典》"礼拜"书证辨误　辞书研究　2009年04期
刘湘涛　《太平经》新生程度副词补苴《汉语大词典》六则　时代文学（双月上半月）　2009年04期
张竹玲　《潜夫论》反义词对《汉语大词典》的修订　安徽文学（下半月）　2009年04期
范崇高、王　红　《汉语大词典》书证举误　四川理工学院学报　2009年04期
李汉丽　从明代笔记看《汉语大词典》明显的书证滞后问题　九江学院学报　2009年04期
李汉丽　《汉语大词典》书证前补（二）　陇东学院学报　2009年04期
张　华　试说《仪礼》中的"三辞"：礼辞、固辞、终辞——兼补正《汉语大词典》的遗漏和释义　河南机电高等专科学校学报　2009年04期
周　程　《汉语大词典》中的"科学"词条引用有误　中国科技术语　2009年04期
谢政伟　从《搜神记》看《汉语大词典》之疏漏　淮北煤炭师范学院学报　2009年04期
李婷玉　《汉语大字典》、《汉语大词典》"竹"部存在的问题　西南科技大学学报　2009年05期
王秀玲　从"二程语录"多义词看《汉语大词典》的书证晚出　韶关学院学报　2009年05期
赵　峰　《汉语大词典》"封"释义考察　四川理工学院学报　2009年05期
曹小云、李志红　从《敦煌愿文集》看《汉语大词典》的收词释义问题　池州学院学报　2009年05期
蔡子鹤、陈杏留　买地券词语考释三则——兼谈《汉语大词典》之不足　辞书研究　2009年06期
刘瑞明　《汉语大词典》第三卷失误指正　陇东学院学报　2009年06期
黄燕妮　《汉语大词典》"白"字条词语试补　陇东学院学报　2009年06期
刘　显、杜　娟　《汉语大词典》收词补遗十六则　鲁东大学学报　2009年06期
丁　婷*、阚　洁*　从《大唐新语》看《汉语大词典》的若干疏失　语文学刊　2009年09期
张　丽　《汉语大词典》失收元曲词语考释　安庆师范学院学报　2009年11期

袁雪梅　《汉语大词典》引《史记》疏漏举例　图书馆杂志　2009年11期
唐志攀　《汉语大词典》"都总"释义商榷　现代语文(语言研究版)　2009年12期
廖　丹　《董解元西厢记》中未见于《汉语大词典》词语考　大众文艺(理论)　2009年14期
刘　冰　《汉语大词典》书证迟后例补——以《先秦漢魏晉南北朝詩(梁詩)》为例　语文学刊　2009年19期
李汉丽　《汉语大词典》书证前补(三)　淮北煤炭师范学院学报　2010年01期
李新飞　《汉语大词典》失收的今文《尚书》虞夏书语词　成都大学学报　2010年01期
林　玲　《祖堂集》新词研究与辞书编纂(一)——《汉语大词典》未收及商榷之新词义项　成都大学学报(社会科学版)　2010年01期
潘定武　《汉语大词典》补正七则　黄山学院学报　2010年01期
李素娟　从《南海寄归内法传》看《汉语大词典》的立目与释义疏误　宁夏大学学报　2010年01期
真大成　《汉语大词典》"胃索"条释义辨正　语言科学　2010年02期
大　明　"待"、"得"、"待得"解义——兼论《汉语大词典》书证之失　四川师范大学学报　2010年02期　2010年01期
马云霞　从若干常用词看《汉语大词典》的阙失　励耘学刊(语言卷)　2010年01期
陈　芳、李　茂　《汉语大词典》近代汉语条目拾遗　贺州学院学报　2010年01期
陈　芳、李　茂　《汉语大词典》近代汉语条目拾遗　玉溪师范学院学报　2010年01期
马固钢　《汉语大词典》书证句读商榷　湘潭大学学报　2010年02期
黄友福　《汉语大词典》漏收唐代墓志词语零札　惠州学院学报　2010年02期
刘瑞明　《汉语大词典》第四卷失误指正　陇东学院学报　2010年03期
马智忠　《汉语大词典》书证提前拾补　上海高校图书情报工作研究　2010年03期
程志兵　谈许少峰《近代汉语大词典》的成就与不足——兼与《汉语大词典》相比较　陇东学院学报　2010年03期
赵宗乙　《汉语大词典》疑误五则　泉州师范学院学报　2010年03期
张鑫媛　《汉语大词典》拾遗——以《撰集百缘经》为例　西南科技大学学报　2010年03期
杨遗旗　《汉语大词典》未录词语释证(二)　河池学院学报　2010年03期
刘　显　《汉语大词典》收词补遗十四则　贵阳学院学报　2010年03期
刘东敏　从《墨子》看《汉语大词典》中"本"字释义疏漏　桂林航天工业高等专科学校学报　2010年03期
林　玲　《祖堂集》新词研究与辞书编纂(二)——《汉语大词典》未收之新词　成都大学学报　2010年04期
杨会永　《汉语大词典》"同义异形"条目指瑕　石家庄铁道大学学报　2010年04期
汤海鹏　《汉语大词典》相关条目阅读札记　清远职业技术学院学报　2010年04期
刘　雪　《汉语大词典》书证初始例试补　现代语文(语言研究版)　2010年04期
周阿根、夏定云　《汉语大词典》始见例试补——以五代墓志为例　语文知识　2010年04期
杨　琳　《汉语大词典》光盘版与纸质版的区别　辞书研究　2010年04期

傅来兮 《金瓶梅词话》语词释补——以陕北方言为据兼与《汉语大词典》相较(二) 西北大学学报 2010年05期

张正霞 帛书《五十二病方》的汉语史价值——从为《汉语大词典》补充语料出发 重庆文理学院学报 2010年05期

罗小如 《汉语大词典》、《辞源》释义商榷四则 汉字文化 2010年05期

程亚恒 《汉语大词典》释义的有关问题 汉字文化 2010年05期

范崇高、陈家春 《汉语大词典》盐文化词语补释 盐文化研究论丛 2010年05辑

吴连生 "洗犬"和"江鲤"——《汉语大词典》商榷两则 咬文嚼字 2010年06期

潘牧天 从《朱子语类》看《汉语大词典》的修订 陇东学院学报 2010年06期

孙剑艺 "锦标"本义考——兼为《汉语大词典》释义辨正 辞书研究 2010年06期

武荣强 《汉语大词典》商补 长沙大学学报 2010年06期

文武、李敬川、刘小文 《汉语大词典》书证滞后拾补——以《银雀山汉墓竹简(壹)》为例 重庆文理学院学报 2010年06期

周阿根、夏定云 《汉语大词典》例证试补 阜阳师范学院学报 2010年06期

陈晓慧 《汉语大词典》漏收拾遗 新乡学院学报 2010年06期

佟晓彤 从明代民歌看《汉语大词典》的几点缺失 中国俗文化研究 2010年06辑

高长平 《朱子语类》前补《汉语大词典》迟后书证举隅 中国俗文化研究 2010年06辑

徐琳、王玲娟 汉语中"心"的隐喻探析——以《汉语大词典》为例 乐山师范学院学报 2010年07期

傅来兮 《金瓶梅词话》语词释补——以陕北方言为据兼与《汉语大词典》相较 湖北社会科学 2010年08期

朱成华 《汉语大词典》书证滞后举隅——以《盐铁论》为例 作家 2010年11期

李井齐 《汉语大词典》书证迟后例试举——以《抱朴子·外篇》为例 安徽文学(下半月) 2010年09期

俞理明 《玄都律文》的用词和《汉语大词典》的释义 汉语史研究集刊 2010年13辑

李井齐 《汉语大词典》首引书证滞后试补——以《抱朴子·外篇》为例 大众文艺 2010年17期

袁步昌 《汉语大词典》释义商榷 语文学刊 2010年21期

朱成华 《盐铁论》提前《汉语大词典》迟后书证七例 语文学刊 2010年22期

王向阳 《汉语大词典》在量词释义方面存在的问题 现代语文(语言研究版) 2010年22期

朱成华 浅析《汉语大词典》词条释义商补五则 作家 2010年24期

李井齐 《汉语大词典》义项漏收、书证缺失试补——以《抱朴子·外篇》为例 文教资料 2010年31期

高长平 《汉语大词典》书证前补举隅 儒藏论坛 2010年卷

朱成华 从《盐铁论》看《汉语大词典》的书证晚出 渭南师范学院学报 2011年01期

曹小林、胡伟 从《涑水记闻》看《汉语大词典》的不足 传奇.传记文学选刊(理论研究) 2011年01期

杨小平、陈燕 《汉语大词典》象声词商榷 西华师范大学学报 2011年01期

郭洪义 《汉语大词典》"青头"释义献疑 宜宾学院学报 2011年01期

刘如瑛 《汉语大词典》失校若干处及舛误——附"余"字辨 扬州大学学报 2011年01期

王宝红 《近代汉语大词典》释义补正 语文知识 2011年01期

麻爱民 《汉语大字典》、《汉语大词典》个体量词编纂疏误 南昌大学学报 2011年01期

张 泰* 《汉语大词典》近代汉语条目失误举证 夏大学学报 2011年01期

刘 显 《汉语大词典》释义订补六则 贵阳学院学报 2011年01期

罗 亮 《汉语大词典》误释词"相料"补正 淄博师专学报 2011年01期

朱成华 《盐铁论》试补《汉语大词典》书证迟后例十则 文教资料 2011年02期

谢 飞 《汉语大词典》词语补正九则——以中古汉译佛经为例 现代语文(语言研究版) 2011年02期

敏春芳、哈建军 《汉语大词典》漏收敦煌愿文词目补释(一) 敦煌学辑刊 2011年02期

李 红 北魏墓志对《汉语大词典》例证试补 传奇.传记文学选刊(理论研究) 2011年03期

郭 辉 《汉语大词典》器物注商 江汉大学学报 2011年03期

罗晓林 从汉译佛典看《汉语大词典》的失误 河池学院学报 2011年03期

罗小如 《汉语大词典》"结轨"、"结辙"考义 龙岩学院学报 2011年03期

刘元春 从《新中国出土墓志》看《汉语大词典》之微瑕 重庆文理学院学报 2011年03期

赵金文、陈 平 《汉语大词典》书证勘误——以《南齐书》为例 内蒙古民族大学学报 2011年03期

张雪梅 《汉语大词典》书证迟后举隅——以《内经》为例 安徽广播电视大学学报 2011年03期

杨会永* 从本校法看《汉语大词典》"不"字头词目存在的问题 辞书研究 2011年03期

王祖霞* 从明清笔记看《汉语大词典》的释义问题 哈尔滨学院学报 2011年04期

陈 平 《汉语大词典》书证勘误(三) 宁波大学学报 2011年04期

唐亚琴 从词义系统看词的本义——基于《汉语大词典》中"淫"字的个案研究 湖南科技大学学报 2011年04期

马 丽 《汉语大词典》的称谓词编纂与常见书中的称谓词研究 浙江外国语学院学报 2011年04期

朱蓝凤 《汉语大词典》乐舞名物若干条目商兑 长沙民政职业技术学院学报 2011年04期

谭代龙 《汉语大词典》引义净作品考 湛江师范学院学报 2011年04期

曾昭聪 明代汉语俗语词与当代大型语文辞书编纂——以《世事通考》所录俗语词对《汉语大词典》的补正为例 广东广播电视大学学报 2011年04期

胡丽珍、欧明晶 从《齐东野语》看《汉语大词典》的词目漏收 泰山学院学报 2011年04期

梁吉平、陈 丽 《汉语大词典》辨误两则 西南交通大学学报 2011年04期

刘艳平 同素族借代词语类聚研究——以《汉语大词典》借代词语为例 临沂大学学报 2011年04期

朱成华 《史记》提前《汉语大词典》书证迟后九则 传奇.传记文学选刊(理论研究)

2011 年 04 期

陈　平　《汉语大词典》书证勘误（二）　鸡西大学学报　2011 年 05 期

马　莲　从《扬雄集》看《汉语大词典》的修订　现代语文（语言研究版）　2011 年 05 期

王毅力　从《法句譬喻经》看《汉语大词典》的若干阙失　淮北师范大学学报　2011 年 05 期

柴旭蕊、查中林　《辞海》《汉语大词典》释"胥靡"为"空无所有"献疑　宜宾学院学报　2011 年 05 期

胡需恩　《近代汉语大词典》条目指瑕四例　现代语文（语言研究版）　2011 年 05 期

张雪梅　《汉语大词典》商补　合肥工业大学学报　2011 年 05 期

钱惠敏　《汉语大词典》引用敦煌曲子词书证商补　汉字文化　2011 年 05 期

郭　蓉　《汉语大词典》"九寡"词义训释献疑　绥化学院学报　2011 年 06 期

王　颖　浅议《汉语大字典》及《汉语大词典》中"至"字义项的分合问题　汉字文化　2011 年 06 期

吕晓玲　《汉语大词典》迟收义项补证——以《盐铁论》为例　传奇.传记文学选刊（理论研究）　2011 年 07 期

李先宏　从《三遂平妖传》看《汉语大词典》的书证滞后　嘉应学院学报　2011 年 07 期

钱惠敏　《汉语大词典》引用敦煌曲子词书证商补十条　现代语文（语言研究版）　2011 年 07 期

李　红、周阿根　从北魏墓志看《汉语大词典》例证之不足　现代语文（语言研究版）　2011 年 08 期

雷冬平、张文兰　从《大唐新语》看《汉语大词典》的收词与释义　楚雄师范学院学报　2011 年 08 期

朱成华　《汉语大词典》引《盐铁论》文之句读辨误举隅　安徽文学（下半月）　2011 年 09 期

朱成华　从《盐铁论》看《汉语大词典》引文标点之误　现代语文（语言研究版）　2011 年 09 期

王光辉、曾昭聪　《汉语大词典》书证初始例试补——以佛典语料为例　法音　2011 年 09 期

邹学娥　从元戏曲看《汉语大词典》的书证偏晚问题　文教资料　2011 年 11 期

张维伟　《汉语大词典》释"折桂"典故同源词语指瑕　文学教育（上）　2011 年 11 期

曾令香　从《农桑辑要》所辑农书看《汉语大词典》的阙失　吉林省教育学院学报　2011 年 11 期

许菊芳　《汉语大词典》中疑伪文献利用的问题——以三种托名汉代小说为例　汉语史学报　2011 年 11 辑

朱成华　《汉语大词典》失收的双音动词考——以《盐铁论》为例　作家　2011 年 12 期

朱成华　《汉语大词典》引《盐铁论》文句读辨误例举　青年文学家　2011 年 14 期

朱成华　《汉语大词典》引"百姓颠蹶而不扶"之"颠蹶"释义商榷　语文学刊　2011 年 14 期

张乐成　浅析《汉语大词典》对"户"的释义　重庆科技学院学报　2011 年 15 期

朱成华　《汉语大词典》辨误二则　青年文学家　2011 年 15 期

朱成华　《汉语大词典》书证引文辨误——以《盐铁论》为例　作家　2011年16期
朱成华　《汉语大词典》书证引文句读辨误例举——以《盐铁论》为例　语文学刊　2011年16期
朱成华　《汉语大词典》"乘羡"释义商榷　青年文学家　2011年16期
朱成华　《汉语大词典》失收《史记》诸词举例　华章　2011年26期
高　明　略论《汉语大词典》的编纂特色——以联合式复音词为考察中心　西藏民族学院学报　2012年01期
吕晓玲　《汉语大词典》书证滞后拾补——以《盐铁论》为例　文学界（理论版）　2012年01期
刘志生　《汉语大词典》漏收词语考释——以六朝墓志为主兼及其他　浙江树人大学学报　2012年01期
程亚恒　《汉语大词典》释义拾补　汉字文化　2012年01期
虞万里　《汉语大词典》编纂琐忆　辞书研究　2012年02期
朱红伟　《西游记》多音节时间副词与《汉语大词典》比较研究　铜陵学院学报　2012年02期
刘瑞明　《汉语大词典》第五卷失误指正　陇东学院学报　2012年02期
王闰吉　《汉语大词典》引刘基诗文词语定量研究　浙江工贸职业技术学院学报　2012年02期
周阿根　从墓志文献看《汉语大词典》例证之不足　洛阳理工学院学报（社会科学版）　2012年02期
吴汉江　《汉语大词典》释义例证存在的问题——以汉语物象词语为例　江苏经贸职业技术学院学报　2012年02期
张一鸣、胡丽珍　从《湖海新闻夷坚续志》看《汉语大词典》的收词与释义　语文知识　2012年02期
谢宜华　从《西京杂记》词语考释看《汉语大词典》之不足　郑州师范教育　2012年02期
吴明冉　《汉语大词典》阅读杂记　绵阳师范学院学报　2012年03期
陆　琳　《汉语大词典》疏漏补正举隅　渭南师范学院学报　2012年03期
雷冬平、吴彦君　《涑水记闻》词汇研究与《汉语大词典》立目拾遗　连云港师范高等专科学校学报　2012年03期
赵宗乙　《汉语大词典》引《论语》书证而误释举隅　泉州师范学院学报　2012年03期
刘　显　从敦煌本《大智度论》看《汉语大词典》的书证问题　辽东学院学报　2012年03期
赵立伟　《汉语大字典》、《汉语大词典》"岛"书证辨误　汉字文化　2012年03期
张青松　《汉语大词典》"怨旷"条释义商榷　首都师范大学学报　2012年03期
姚美玲　《汉语大词典》释义商补——以"擘画""搂搜""索落""硬证""柱脚"为例　语文研究　2012年03期
胡丽珍、邵彩霞　从《渑水燕谈录》词汇研究看《汉语大词典》的修订　五邑大学学报　2012年03期
王闰吉　《汉语大词典》引刘基诗文词语定量研究（续）　浙江工贸职业技术学院学报　2012年03期

刘　显　从敦煌本《大智度论》看《汉语大词典》的书证问题　武陵学刊　2012 年 03 期

刘　显　从敦煌本《大智度论》看《汉语大词典》的释义疏失　鲁东大学学报　2012 年 03 期

刘　显　从敦煌本《大智度论》看《汉语大词典》的书证问题　合肥学院学报　2012 年 03 期

周掌胜、唐志攀　《汉语大词典》孤证词条辨正　浙江学刊　2012 年 03 期

马媛媛　从《宦门子弟错立身》看《汉语大词典》疏漏　现代语文（语言研究版）　2012 年 04 期

杨遗旗　《汉语大词典》未录词语释证　求索　2012 年 04 期

刘敬林　《汉语大词典》"犬部"语词释义指误　陇东学院学报　2012 年 04 期

赵永明　《汉语大词典》词语误释例说　阜阳师范学院学报　2012 年 04 期

霍生玉　《汉语大词典》古今字注释问题指瑕　语文知识　2012 年 04 期

胡双宝　《汉语大词典》修订献芹　汉字文化　2012 年 04 期

马梅玉　《朴通事谚解》对《汉语大词典》编纂的语料价值　中南大学学报　2012 年 04 期

陈明富、张鹏丽　《六度集经》词语札记——兼与《汉语大词典》进行比较　淮北师范大学学报　2012 年 05 期

孙建伟　《辞源》、《汉语大词典》"蓐食"条释义商榷　汉字文化　2012 年 05 期

刘　显　从敦煌本《大智度论》看《汉语大词典》的书证问题　社科纵横　2012 年 05 期

胡丽珍、邵彩霞　从《渑水燕谈录》看《汉语大词典》的词目漏收　黄河科技大学学报　2012 年 05 期

雷冬平、李文赟　《邵氏闻见录》词汇研究与《汉语大词典》立目拾遗　萍乡高等专科学校学报　2012 年 05 期

朱成华　《汉语大词典》引《史记》之双音动词释义商榷　渭南师范学院学报　2012 年 05 期

宋木文　胡乔木与《汉语大词典》　光明日报　2012 年 5 月 6 日"书林"

刘志生　《汉语大词典》失收六朝墓志词语考释六则　南昌大学学报　2012 年 05 期

胡丽珍、郭晓添　《野客丛书》词汇研究与《汉语大词典》立目拾遗　湖北工程学院学报　2012 年 06 期

周永军　从东汉汉译佛经代词看《汉语大词典》疏失　宁夏大学学报　2012 年 06 期

罗国强　《汉语大词典》书证晚出的明代词语例补　湘南学院学报　2012 年 06 期

邹　虎　《汉语大词典》"兽吻"释义献疑　湖北第二师范学院学报　2012 年 06 期

张鹏丽、陈明富　《汉语大词典》书证滞后举隅及大型词典编纂的思考　广西社会科学　2012 年 07 期

张传真、梁远帆　《列子》词汇研究对辞书编纂的意义——《汉语大词典》书证晚出献疑　大家　2012 年 08 期

孙琛琛　《汉语大词典》例证商补　乐山师范学院学报　2012 年 08 期

冷　超　《汉语大词典》"撮"字考释　现代语文（语言研究版）　2012 年 08 期

赵鹏飞　《汉语大词典》中医药学条目指瑕　中医学报　2012 年 09 期

王　丹　由魏晋碑刻看《汉语大词典》后代用例缺少和书证滞后例　语文学刊　2012 年 09 期

李　红　试论北朝墓志对《汉语大词典》之补益　乐山师范学院学报　2012年09期
张传真　《列子》词汇研究与辞书编纂——《汉语大词典》书证晚出例补　语文学刊　2012年09期
秦　洁　《汉语大词典》礼俗名物词若干条目补正　文学教育(中)　2012年12期
周掌胜、邓苏杭　敦煌变文成语研究与《汉语大词典》的修订　语文教学通讯·D刊(学术刊)　2012年12期
王向阳　《汉语大词典》在词类标注方面存在的问题　现代语文(语言研究版)　2012年12期
张文聪　《汉语大词典》收词补阙两则　群文天地　2012年18期
陈怡君　《北梦琐言》词语考释——兼以补证《汉语大词典》　名作欣赏　2012年27期
庄　建　我国最大规模汉语工具书启动"大修"　光明日报　2012年12月11日头版
第二版《汉语大词典》编纂启动　语文教学与研究　2013年01期
林　泉　《汉语大词典》补正若干　文学教育(中)　2013年01期
雷冬平、李　高　《北梦琐言》词语研究与《汉语大词典》的修订　保定学院学报　2013年01期
郭敬燕　《汉语大词典》对《论语》部分复音词语释义商榷　励耘学刊(语言卷)　2013年01期
胡丽珍、郭晓添　《野客丛书》词汇研究与《汉语大词典》修订　集美大学学报　2013年01期
陶　智　《汉语大词典》疏漏商补——以《观世音应验记三种》为例　语文知识　2013年01期
朱习文　《汉语大词典》所收《礼记》礼制条目商订　湛江师范学院学报　2013年01期
雷冬平、李　高　《北梦琐言》词语研究与《汉语大词典》立目拾遗　文山学院学报　2013年01期
朱成华　《汉语大词典》失收《史记》双音动词考　辽东学院学报　2013年01期
罗国强　《汉语大词典》书证晚出的明代词语例补　邵阳学院学报　2013年01期
钱慧真　《汉语大词典》释义疏失六则　安徽理工大学学报　2013年01期
汪梅枝　从《论衡》之反义相成词看《汉语大词典》的疏误　焦作大学学报　2013年01期
孙琛琛　《汉语大词典》词目及例证试补　乐山师范学院学报　2013年02期
焦红梅、苏宝荣　《左传》杜预注与《汉语大词典》编纂　中国训诂学报　2013年02辑
王锦厚　《〈汉语大词典〉札记》出版　郭沫若学刊　2013年02期
韩　玉　《汉语大词典》例证商榷　山西煤炭管理干部学院学报　2013年02期
雷冬平、李文赟　《汉语大词典》编纂的三个问题——以《邵氏闻见录》的词汇研究为例　集美大学学报　2013年02期
郭飞飞　《汉语大词典》未有举例问题商兑——以《大唐西域记》为例　考试与评价　2013年03期
苏　杰、裴兰婷　《论语》典故词语与《汉语大词典》订补　语文学刊　2013年03期
熊昌华、张显成　秦简虚词对《汉语大词典》的补充　毕节学院学报　2013年03期
杨效明　《汉语大词典》文具类词释义指瑕　现代语文(语言研究版)　2013年03期
韩　玉　《汉语大词典》例证献疑　太原城市职业技术学院学报　2013年03期

彭文芳　《汉语大词典》几个刑罚词语注释的商榷　保定学院学报　2013 年 03 期
周掌胜　《汉语大词典》误释同义复词辨正　宁夏大学学报　2013 年 03 期
马智忠　《汉语大词典》首例书证提前拾补　上海高校图书情报工作研究　2013 年 03 期
马梅玉　从《训世评话》看《汉语大词典》书证迟后例　安阳师范学院学报　2013 年 03 期
王本灵*　《汉语大词典》书证订补　集美大学学报　2013 年 04 期
陈　平　《汉语大词典》失收词补（二）　宁波大学学报　2013 年 04 期
周阿根、孙琛琛　《汉语大词典》始见例商补　宁波大学学报　2013 年 04 期
汪维辉　时代呼唤在线《汉语大词典》　宁波大学学报　2013 年 04 期
王本灵*　《汉语大词典》书证校补　五邑大学学报　2013 年 04 期
程志兵　期待全面修订的《汉语大词典》早日问世——从《汉语大词典订补》说起　辞书研究　2013 年 04 期
徐时仪　《朱子语类》词汇研究与《汉语大词典》修订　陇东学院学报　2013 年 04 期
王恩建　《汉语大词典》释义补正——基于宋元笔记语料之分析　东南大学学报　2013 年 04 期
毛向樱　明清白话小说与大型语文辞书编撰——以《石点头》词语对《汉语大词典》补正为例　重庆三峡学院学报　2013 年 04 期
雷冬平、吴彦君　《涑水记闻》的词汇研究与《汉语大词典》的修订　洛阳理工学院学报　2013 年 04 期
程志兵、赵红梅　《汉语大词典》所收佛教词语辨误数则　法音　2013 年 05 期
刘丰年　《汉语大词典》"小的"、"小底"条考辨　安庆师范学院学报　2013 年 05 期
胥洪泉　《辞源》《汉语大词典》"前度刘郎"书证指误　文史杂志　2013 年 05 期
曹小云　《汉语大词典》引《佛国记》简析　现代语文（语言研究版）　2013 年 06 期
廖丽娟　《汉语大词典》同形字辨正　青春岁月　2013 年 08 期
唐　飞　《汉语大词典》引《法苑珠林》词条释义摘瑕　文学教育（中）　2013 年 09 期
陈羿竹、傅亚庶　《高僧传》对《汉语大词典》始例之补正分析　理论月刊　2013 年 09 期
叶娜娜　《汉语大词典》人体名物词立目释义指瑕　青春岁月　2013 年 10 期
王本灵*、李　申*　辞书编纂当避免书证不一问题——以《汉语大词典》为例　南阳师范学院学报　2013 年第 10 期
荣　景*、李　申*　《汉语大词典》"死亡"义词语研究　宁波大学学报　2014 年 01 期
裴瑞玲、王国跟　"略"义补释　山西师大学报　2014 年 01 期
程志兵、赵红梅　《汉语大词典》所收民俗词语辨误数则　西南交通大学学报　2014 年 01 期
陈　平　从《南齐书》为《汉语大词典》补目　温州大学学报　2014 年 01 期
许　浩　《名公书判清明集》在辞书编纂中的重要价值　现代语文（语言研究版）　2014 年 01 期
胡绍文　《汉语大词典》失收词条补——以《朱子语类》语料为中心　湖北师范学院学报　2014 年 01 期
杜红艳、杨小平　《汉语大词典》《辞海》"中都"考　攀枝花学院学报　2014 年 01 期
丁庆刚　《出曜经》词语考释　天中学刊　2014 年 01 期
刘海静　《汉语大词典》拾遗——以《银雀山汉墓竹简［贰］》为例　浙江海洋学院学报

2014 年 01 期

周阿根　墓志死亡义词语对辞书编纂的价值　励耕语言学刊　2014 年 01 期

王明明　《睡虎地秦墓竹简》对语文辞书补正十例　学行堂文史集刊　2014 年 01 期

王凤琴　《汉语大词典》义项阙漏商补　皖西学院学报　2014 年 01 期

刘本才　"明月"之"次月"义补证　汉字文化　2014 年 01 期

朱春雨　《宾退录》词语选释　当代教育理论与实践　2014 年 02 期

林　琰、周掌胜　敦煌愿文叠词研究与《汉语大词典》的修订　科教文汇（下旬刊）2014 年 02 期

陈迎娣　《汉语大词典》单音词书证初始例试补　焦作大学学报　2014 年 02 期

林　源　《汉语大词典》义项排列层级研究——以"顽"、"廉"两词为例　浙江师范大学学报　2014 年 02 期

王　锳　《汉语大词典》商补再续　浙江师范大学学报　2014 年 02 期

王宝红　从《钦定大清会典事例·理藩院》的用词看《汉语大词典》的释义　陇东学院学报　2014 年 02 期

张　烨　东汉支谶译经新词研究　河北工程大学学报　2014 年 02 期

朱习文　《汉语大词典》所收《史记·天官书》天文类名物条目辨正　励耘语言学刊　2014 年 02 期

周广干　《汉语大词典》收双音假设连词书证义项商补　励耘语言学刊　2014 年 02 期

吕　蒙、袁　苹　汉碑生僻姓氏对大型辞书义项、书证的补正　西华大学学报　2014 年 02 期

郭敬燕　《汉语大词典》对《论语》部分复音词语释义不明之研究　郑州师范教育　2014 年 02 期

侯兰笙　释"没口""没口子"　甘肃广播电视大学学报　2014 年 02 期

李　娜、王　琳　民国时期新外来词研究——兼对《汉语大词典》的补充　华南理工大学学报　2014 年 02 期

杨　艳　考"睹当"——兼论《汉语大词典》"参见"关联的失误　广西师范学院学报　2014 年 03 期

周员宇　《型世言》经济词汇与词典编纂　现代交际　2014 年 03 期

李　申*、刘兴忠*　从《朱子语类》词语看《汉语大词典》之疏失　河北师范大学学报　2014 年 03 期

段逸山　《汉语大词典》失察举隅——兼说辞书编纂宜关注中医古籍　中医文献杂志　2014 年 03 期

张春雷　"经台"辨考　宗教学研究　2014 年 03 期

王恩建　《汉语大词典》同义复词匡误二则　东南大学学报　2014 年 04 期

王　勇　《汉语大词典》中"美女冯子都"实为"男子"考　辞书研究　2014 年 04 期

周阿根、王凤琴　五代墓志对《汉语大词典》之补益　宁夏大学学报　2014 年 04 期

宋冠华　从《唐摭言》看《汉语大词典》的孤证问题　景德镇高专学报　2014 年 04 期

董淑慧　从孟村方言看《汉语大词典》量词词条的阙失　沧州师范学院学报　2014 年 04 期

潘定武　齐己诗疑难词语拾零笺　黄山学院学报　2014 年 04 期

丁建川　《汉语大词典》与"古代四大农书"——兼论农业词汇对汉语词汇史的贡献　山东农业大学学报　2014年04期
朱若溪　《汉语大词典》所收"踊贵"一词词义新探　大众文艺　2014年04期
叶娜娜　从《尔雅翼》看《汉语大词典》的若干阙失　文学教育(中)　2014年04期
赵　莹、周掌胜　《汉语大词典》典故类词条存在的问题　现代语文(语言研究版)　2014年04期
张鑫媛　《汉语大词典》拾遗——以《大方便佛报恩经》为例　时代文学(下半月)　2014年05期
胡　勃　《汉语大词典》"封望"条释义辨正　辞书研究　2014年05期
韩　晓　释"潜销"　长江大学学报　2014年06期
张国艳　《汉语大词典》现代书证失误及其影响——以《围城》书证为例　西华大学学报　2014年06期
邱　冰　《汉语大词典》宏观价值探析——以词条首见年代为视角　宁夏大学学报　2014年06期
王文艳　《汉语大词典》有关《周礼》条目札记五则　汉字文化　2014年06期
杨运庚　今文《周书》注释商榷九则——兼与《汉语大词典》商榷　汉字文化　2014年06期
陈顺容　《马王堆汉墓遣策》词语札记——兼谈《汉语大词典》释义之不足　乐山师范学院学报　2014年07期
王明明　《汉语大词典》(卷一)订补　韶关学院学报　2014年07期
袁艳青　释"昭格"　赤峰学院学报　2014年07期
周　遂　《汉语大词典》收释AABB式词存在的问题　语文学刊　2014年07期
王炳文　《汉语大词典(卷二)》词条例证晚出勘误七则　语文学刊　2014年07期
鲍宗伟　《楚辞章句》疑难词语考释四则　语文学刊　2014年12期
陈迎娣　《上博简》对《汉语大词典》修订的价值　成都师范学院学报　2014年12期
徐　童　《玄怪录》与《续玄怪录》词语考释　语文学刊　2014年14期
张君慧　《戒庵老人漫笔》训诂内容研究　青年文学家　2014年20期
马恕凤　俗语辞书《土风录》对大型语文辞书失收词条的补正　兰台世界　2014年23期
段继绪　分析《汉语大词典》用词——以《大方便佛报恩经》为例　语文建设　2014年24期

(姓名右上角有＊号者,曾先后参与本课题研究)

（二）词语索引

说　　明

1.本索引收入正文所讨论的所有《汉语大词典》收录和未收录的词语。

2.词语按首字笔画数的多少依次排列,同笔画的字按起笔笔形的横、竖、撇、点、折的次序排列,如第一笔笔形相同,则按第二笔,依次类推。如："王母"和"开心"首字笔画数均为四画,且第一、第二笔的笔形均为"横",则按第三笔"王母"排在"开心"前。

3.双音节以上词语首字相同者,按该词第二字的笔画数排列,第二字笔画相同者,则按起笔的横、竖、撇、点、折的次序排列,如起笔笔形相同,则按第二笔,依次类推。如："三只手""三花脸""三角形",首字相同,则按第二字笔画数"三只手"排在"三花脸"和"三角形"之前,而后两个词的第二字笔画数相同,则按起笔顺序"三花脸"排在"三角形"之前。

4.《汉语大词典》收录的词语,其后第一列数字为该词在《汉语大词典》中的卷数及页码,第二列数字为该词在本书中的页码,同一条目所在的不同页码用逗号隔开。如："扎火囤　　9/777　　213,233"表示"扎火囤"一词出现在《汉语大词典》第九卷第777页,本书的第213和233页。

5.《汉语大词典》未收录的词语,其后数字为本书页码,同一条目所在的不同页码用逗号隔开。如："响节　　274,332"表示"响节"一词出现在本书的第274和332页。

附　录

一画

一	1/1	5
一六兀剌	1/18	14
一火	1/19	224
一去		341
一古脑儿	1/21	96
一旦	1/22	49
一旦无常	1/22	347
一式一样	1/25	97
一圪垛	1/25	289
一圪堵	1/25	289
一圪塔	1/25	289
一地里	1/25	15
一尘不染	1/98	98
一似	1/30	49
一各多	1/31	289
一各都	1/31	289
一把手	1/35	97
一条边	1/66	50
一纸空文	1/72	97
一抹	1/41	227
一拃	1/41	224
一拍即合	1/41	97
一直迳		284
一板一眼	1/43	97
一命归阴	1/48	347
一命呜呼	1/48	345
一股脑儿	1/49	97
一周	1/49	15
一柞	1/55	15
一面	1/55	173
一笔勾销	1/85	98
一笔抹杀	1/85	98
一笑一颦	1/65	300
一家门	1/70	97
一般样	1/67	283
一袜		277
一犁雨	1/85	16
一停	1/75	16
一揸	1/81	98
一锅粥	1/106	98
一答	1/85	220
一窝风	1/94	98
一塌糊涂	1/89	98
一搾		292
一跳六丈	1/91	16
一霎	1/105	277
一霎时		277
一颦一笑	1/11	300

二画

二五眼	1/120	98
二尺半	1/122	203
二空子		253
十分	1/816	52
丁封		253
七九	1/149	229
七老八十	1/152	195
七嘴八张	1/166	188
人客	1/1045	104,288
人逢喜事精神爽	1/1047	104
人缘	1/1055	104
八月槿		293
八角	2/7	175
八怪		286
八柄	2/10	327
刀豆	2/549	108
力墨	2/765	288
了绝	1/725	217
了落	1/725	52,238
乜乜些些	1/759	18

三画

三	1/170	4
三八节	1/178	285
三山二水		269
三天两头	1/179	195
三只手	1/223	99
三花脸	1/199	99
三角形	1/202	173
三青团	1/204	285
三房	1/210	220
三脚两步	1/230	99
三番五次	1/236	224
三潭印月		287
干喷	1/794	19
于夷		288
土星	2/988	176
土番	2/993	58
才^2	9/1063	90
才丁		247
寸毫	2/1247	292
下	1/306	319
下三滥		292
下土	1/308	203
下子	1/309	17
下马饭	1/319	99
下不去	1/310	99

399

下边	1/332	100		个中人	8/1195	150
下老实		273		凡夫俗子	2/283	108
下食	1/318	285		亡化	2/294	346
下春	1/322	188		亡过	2/297	347
下腰	1/327	99		亡故	2/296	347
大天光	2/1326	110		亡逝	2/297	347
大母	2/1334	216		亡躯	2/299	348
大扠步		292		门司	12/6	168
大针		288		门对	12/15	168
大拍头		252		门单	12/13	94
大拉拉	2/1346	110		丫杈		291
大脚仙		252		义夫	9/174	88,340
大横吹部		287		义竹	9/176	334
大踏步	2/1391	196		义兆		287
大鴐	2/1400	288		弓兆	4/80	287
兀突	2/1571	60		弓影		286
与世长辞	2/161	345		子细	4/173	23
万古	9/462	347		子午卯酉		280
上下	1/264	99		卫畿	3/1096	287
上下文	1/264	173		女儿节	4/260	118
上之回	1/266	287		女王	4/257	179
上仙	1/270	287,352		女吊		298
上邪	1/272	287		女娘	4/262	224
上房	1/278	50		女娘家	4/262	224
上食	1/280	285		飞锡	12/706	288
上陵	1/285	287		马蜂窝	12/780	172
上脸	1/297	17		乡¹	10/658	216,219
上盖	1/291	99		乡下人	10/660	161
上清华		294		乡书	10/666	231
小吃	2/1625	323		乡头	10/671	46
小拇指	2/1603	110		乡空子		274
小银台		294				
小横吹部		287		**四画**		
小鴐		288		王母	4/456	190
口直心快	3/5	110		开心	12/41	168
口胃	3/7	288		开吊	12/42	168
口重	3/7	60		开后门	12/50	169
口案	3/8	60		开交	12/44	95
口硬	3/10	110		开放	12/48	193
口粮	3/16	111		开席	12/52	169
口德	3/14	111		开清		260
山节藻梲	3/790	286		天王星	2/1407	176
山相	3/779	285		天仙	2/1411	287
山陵崩	3/783	352		天主	2/1411	287
山梲		286		天老	2/1412	288
千叶桃		293		天网恢恢,		
千年调	1/835	103		疏而不漏	2/1445	238,325
千里镜	1/838	103		天狗	2/1421	59
千秋万古	1/841	350		天短	2/1460	349
川中犬百姓眼		248		天瘥	2/1460	349

天蝼		293	不治之症	1/424	102
夫娘	2/1457	59	不契		246
无日	7/101	285	不耐烦	1/428	50
无头脑		273	不是	1/428	50
无明无夜	7/117	215	不便	1/429	174
无故	7/122	80	不胜其烦	1/452	246
专人	2/1270	59	不胜其繁		246
专恃		279	不配	1/434	174
扎手	6/307	5	不爽	1/440	174
扎火囤	9/777	213,233	不得人心	1/443	174
扎伐子	9/277	208	不期然而然	1/448	102
扎花		298	不答对		245
扎营	6/309	127	不禄	1/455	352
扎筏子	9/277	357	不满	1/464	50
木库		288	不稳	1/478	203
五圣	1/382	288	不管不顾	1/464	174
五行八作	1/352	100	历书	5/364	179
五色丝		293	车仗	9/1187	158
五锋(鏠)		293	比手		244
五痨七伤		291	比如	5/263	69
支分	4/1375	120	比武	5/263	179
支刺	4/1379	68	比例	5/264	121
支值	4/1380	30	比是	5/265	31,220
不了	1/396	100	切云	2/561	220
不干事		245	日主		287
不中听	1/399	173	中野	1/606	289
不见得	1/413	101	中壁	1/618	289
不甘	1/401	100	内侄	1/1004	104
不可言	1/402	352	内急	1/1006	174
不可耐	1/402	100	内痔	1/1061	174
不可移易		245	水	5/852	71
不在行	1/406	101	水手	5/855	71
不成体统	1/407	101	水芹	5/861	180
不成模样		245	水钱		270
不光	1/407	101	水菜	5/872	71
不当人子	1/458	195	水镖	5/889	124
不因		246	见天见	10/312	296
不安分	1/410	173	见不到		259
不讳	1/472	349	见录		260
不论	1/468	51	见面钱	10/315	159
不攻自破	1/411	101	见背	10/315	45
不足为奇	1/414	102	见便	10/316	45
不足为凭	1/414	102	见钱眼开	10/321	159
不足为据	1/414	102	见推		259
不足兴	1/414	102	见惯司空	10/320	300
不足惜	1/413	101	见新	10/319	296
不但	1/414	50	牛遗		293
不识痛痒		246	手头	6/304	206
不知痛痒	1/422	246	手尾	6/292	75,127
不育	1/424	346	手枪	6/303	127

手帕姊妹	6/297	34		风夷		288
气夯(气夯破)		267		风后	2/596	288
气乎乎		292		风快	12/600	171
气死风	6/1026	133		风雨表	12/601	188
气味	6/1027	328		风筝	12/619	171
气质	6/1035	79		丹螺		294
气球	6/1031	181		凤毫	12/1062	292
气喘吁吁	6/1033	133		凤腿		294
毛	6/996	4		方才	6/1572	80
毛元锐	6/997	292		方夷	6/1556	288
毛虫	6/1006	181		方回	6/1556	288
毛里光		263		方兆	6/1557	287
毛实	6/1004	78		火刀	7/2	297
毛房	6/1000	132		火叉	7/2	138
毛食	6/1000	78		火龙	7/21	297
毛笔	6/1002	292		火仙		287
毛锥子	6/1005	292		火色	7/5	297
毛腰	6/1003	132		火纸	7/14	297
毛颖	6/1005	292		火亮	7/10	297
升驭	1/641	349		火烧鳊		297
长勺(氏)	11/580	288		火筒	7/15	138
长矛	11/583	210		火塘	7/16	297
长行	11/585	233		火箸	7/18	297
长违	11/600	347		斗鸡走狗	12/719	239
长针		288		计结	11/19	223
长乖	11/589	349		计较	11/19	93
长逝	11/594	344		计算	11/20	164,288
长陵	11/596	288		认的	11/252	233
长随	11/603	166		认得	11/254	165
片并		267		心上	7/370	219
化鱼	1/1113	285		心术不端	7/383	140
仅仅	1/1615	55		心包	7/372	182
斤斗		290		心肯意肯		275
反思		254		心细	7/384	140
从直	3/1006	63,220		尺头	4/9	64
从臾	3/1007	26		引逗	4/94	117
从谀	3/1014	26		丑看		247
凶锋	2/469	108		巴	4/72	27
分上		255		巴子	4/73	65
分际	2/586	21,56		巴斗	4/73	116
分剖	2/578	56		巴巴	4/73	116,117,220
公母	2/60	55		巴巴儿的	4/74	65
公母俩	2/60	106		巴劫	4/74	65
公孤	2/66	106		巴结	4/76	65,197
月主	6/1125	287		允孚	2/219	107
月亮	6/1130	292		予夺	1/769	327
月建	6/1128	133		双峰插云		287
勾栏	2/180	107		书束		291
勾盾	2/176	204		书套	5/721	180
风车	12/598	188				

五画

玉	4/471	342
玉折	4/479	342
玉折兰摧		344
玉殒花飞		343
玉壶	4/500	327
玉碎花残		342
玉碎香销	4/504	343,352
玉碎珠沉	4/504	343
玉管	4/508	292
未省	4/689	234
打[1]	6/310	236
打叉		250
打不过		250
打业钱	6/328	206
打禾		251
打闪	6/322	128
打对		251
打场	6/325	250
打先锋	6/313	75
打过	6/324	250
打抢	6/328	128
打花胡哨		298
打杠子	6/315	127
打帐	6/323	75
打伴		250
打胎	6/319	127
打独坐		251
打样	6/331	76
打破头屑		251
打浆		251
打脊	6/321	198
打野	6/323	198
打眼	6/323	75
打旋磨	6/324	34
打棚		298
打量	6/326	128
打照会	6/309	217
打熬	6/329	75
打趸	6/330	218
打算	6/330	76
打噪	6/333	215
打磨古		251
巧遇	2/970	176
巧凑		289
正宾	5/326	205
扑咚		290
扑喊		290
功夫	2/766	204
功兆		287
去世	2/833	352
甘芳	7/970	324
艾如张		287
古者	3/21	329
节下	8/1173	150
节导	8/1183	87
节级	8/1179	87
节略	8/1180	150
本钱	4/719	118
可笑	3/35	61
可煞是		284
左手	2/960	176
左首	2/963	176
左券	2/962	57
石留	7/990	287
石渠	7/992	286
夯	2/1492	297
龙驭	12/1482	351
龙驭上宾	12/1481	351
龙眼	12/1478	242
龙御上宾	12/1481	351
平湖秋月		287
东不訾	4/825	288
东司	4/827	211
东观	4/855	286
东堂	4/843	240,327
凸镜	2/471	175
业户	4/1167	119
业主	4/1167	119
旧习	8/1303	151
归天	5/368	343
归世	5/369	348
归西	5/369	343
归阴	5/374	343,347
归阴府		343
归贯	5/375	122
归泉	5/372	343
归神	5/373	349
归冥		343
归辙	5/379	325
旦	5/556	330
目今现		284
叶子格	9/456	336
电池	11/669	186
电报	11/672	186
号子	8/842	297
号头	8/845	86
号丧	8/844	297
号称	8/845	237

词	出处	页	词	出处	页
只光		279	包慌	2/185	224
只好	3/46	61	饥困	12/583	49
只但		279	主翁	1/700	204
央假		276	立定	8/375	147
叫花子	3/70	111	立便	8/375	147
叫哥哥	3/71	111	立逼		262
叨贴	3/76	24	玄仙	2/305	287
另起炉灶	3/79	111	玄夷	2/306	288
四时主	3/586	287	兰摧		342
生死攸关	7/1494	145	兰摧玉折	6/631	342,344
生拘	7/1498	191	半上落下	1/707	18
生驹	7/1513	145	半叉		292
生缘	7/1515	82	半扎		292
失格	2/1783	110	半死半活		244
失事	2/1481	60	半折	1/710	51,195
失朝		269	半拦脚		292
禾场	8/2	297	半拉	1/710	103,195
代课	1/1137	233	半落		292
仙人跳	1/1139	104	半篮脚	1/717	18
们	1/1523	5	头上	12/295	170
仪质	1/1705	329	头上末下	12/297	223
白口	8/163	83	头皮	12/299	95
白木	8/166	83	头发油	12/308	225
白不呲咧	8/166	40	头油	12/302	225
白日撞	8/167	198	头除		271,289
白夷	8/172	288	头拳	12/304	170
白扯	8/175	40	汉子	6/48	127,297
白相人	8/183	146	宁缺勿滥		290
白面郎君	8/183	192	宁阙勿滥		290
白骨	8/184	207	讨顺	11/34	209,357
白雪楼	8/193	208	讨饶	11/37	210
白婆	8/196	226	讨愧	11/34	164
白颈	8/210	84	写包票		298
白牌		243	永陵		288
白嘴		243	司李	3/61	111
乐子	4/1285	68	司空见惯	3/58	300
乐天安土		262	民国	6/1429	182
乐天知命	5/1285	262	加派	2/774	109
犯人	5/4	120	加绝		258
犯界	5/7	120	皮子	8/519	85
外妇	3/1161	189	皮绊		266
外套	3/1158	302	皮钱	8/523	41
外痔	3/1161	178	皮蛋	8/521	183
外甥	3/1162	178,228	发电	8/566	183
外褂	3/1165	302	发扬	8/561	148
处[1]	8/836	213	发快		253
处变	8/841	149	发物	8/551	183
冬生		294	发话	8/568	148
包荒	2/183	224	发挥	8/562	85
包送		244	发躁	8/578	199

圣人出	8/665	287	在	2/1008	58	
圣旨	8/667	85	百足之虫	8/228	237	
对本	2/1296	110	百脚	8/236	237	
对撇子	2/1293	23	有一手	6/1142	133	
纠参	9/698	156	有人	6/1142	234	
纠拾	9/697	335	有日	6/1144	285	
母儿	7/818	37	有气	6/1156	135	
母子	7/817	82	有心人	6/1145	133	
幼妇辞	4/431	327	有因	6/1147	181	
			有兴	6/1164	136	
六画			有求必应	6/1149	133	
匡子	1/959	261	有时	6/1156	212	
匡壳子		261	有利可图	6/1149	134	
扤	6/341	128	有私	6/1149	134	
吉日良辰	3/91	302	有何	6/1149	134	
扣环		298	有枝有叶	6/1150	233	
扣算	6/344	76	有奇	6/1150	324	
老人家	8/601	233	有些	6/1150	134	
老父母	8/605	234	有的是	6/1161	237	
老公公	8/605	192	有所思		287	
老外	8/606	148	有始有终	6/1152	134	
老江湖	8/610	148	有甚	6/1152	135	
老鹰	8/631	183	有点	6/1165	136	
执迷不醒	2/1136	196	有亲	6/1164	218	
执移		294	有损无益	6/1160	135	
地	2/1017	58	有致	6/1155	135	
地下修文	1/1018	342	有紧没要	6/1162	218	
地方	2/1019	59	有窍	6/1165	212	
地主	2/1021	287	有零	6/1160	135	
地典		288	有意无意	6/1161	136	
地髓		294	有意思	6/1161	190	
扬州		287	有数	6/1162	136	
扬崩		298	有数	6/1163	238	
耳孔	8/646	183	存心	4/186	117	
耳边厢	8/653	283	灰不溜丢		297	
耳性	8/648	148	灰头土脸儿	7/28	297	
芋头	9/274	153	灰棚	7/27	297	
共祭	2/87	287	灰㯆	7/29	221	
朴愿		267	列	2/609	308,319	
机轮	4/1331	120	列子	2/610	22	
机括	4/1326	68	死	5/147	121	
机警	4/1333	68	死于非命	5/151	346	
过冬	10/959	163	死水	5/148	240	
过场	10/969	163	死气白赖		291	
过往	10/962	350	死没	5/150	348	
过晌	10/966	296	死活	5/151	121	
再	1/515	51	成才	5/192	289	
西归	8/752	345	成心	5/193	121	
西堂	8/748	240,327	成材	5/196	289	
压子		276	夹细	2/1505	23	

夹界		258
夷畿	2/1501	287
划拉	2/742	297
至仙		287
贞人	10/48	158
贞坊	10/51	241
尖尖	2/1657	24
光光乍	2/225	56
光前裕后	2/227	277
当事	7/1392	144
当是	7/1394	144
曳撒	5/580	303
团仓		272
团班		271
团营	3/664	114
同	3/100	61
同情	3/117	112
吊死鬼	4/84	117
吃花酒	3/130	42
吃粮	3/135	112
吸铁石	3/183	112
曲院风荷		287
回口	3/608	297
回天	3/607	25
回去	3/609	352
回头人	3/617	297
回老家	3/609	346
回光反照	3/609	300
回佣	3/610	297
回残	3/614	25
网	9/893	238
网开一面	9/894	157,332
肉头	8/1066	242
肉肉	8/1061	150
肉麻	8/1064	86
年把	1/649	103
年时	1/625	329
朱鹭	4/744	287
先儿	2/241	20
丢儿		253
迁授	10/1176	238
伕子	1/1168	104
休囚	1/1169	104
伏卵		255
优养	1/1729	106
伦比	1/1509	204
自私	8/1314	88
自取其咎	8/1316	151
自家身己		284
向若而歎	3/138	325
后手	3/958	177
后生	3/958	297
后半晌	3/959	297
后头	3/970	297
后来	3/960	63
后首	3/963	297
后晌	3/964	297
后脑海	3/968	177
后续	3/971	297
后罩房	3/967	297
行子	3/888	114,297
行财	3/904	26
行鬼路	3/902	26
行家	3/906	297
行提	3/910	114
行道	3/912	297
全曲		269
会话	5/790	71
合[1]	3/142	228
合不着	3/145	297
合气	3/152	200
合条儿		257
合得着	3/154	297
众口铄金	8/1351	301
众生	8/1353	200
众叛亲离	8/1356	303
杂碎	11/876	323
夙凋	3/1173	345
负薪救火	10/77	303
名单	3/174	176
名数	3/176	325
色力	8/1316	151
色飞眉舞	9/5	301
色子	9/13	301
冲疲	3/1087	115
冰清	2/395	56
庆陵		288
齐整	12/1435	288
交卯运		260
交界	2/333	108
衣食饭碗	9/20	199
决裂	5/1022	72
闭	12/24	345
闭眼		344
问话	12/29	168
问柳评花	12/31	239
问诸水滨	12/34	95
羊角风	9/154	184
并州	2/81	287
关约	12/162	169

关给	12/165	228	纤妙	9/1058	334
米盐	9/198	231	约莫	9/722	5
汗流满面	5/908	124	驰荡	12/805	325
汗褟儿	5/909	297			
汤团	5/1462	126	**七画**		
汤圆	5/1462	126			
兴头	2/169	107	弄笔端		266
讲学	11/369	165	戒杀	5/209	232
讲通	11/364	94	远打週遭	10/1121	27
军牢	9/1206	158	远代	10/1120	350
农家子	10/8	192	远如期	10/1123	287
设重	11/84	193	违灭	10/1017	242
设嘴		269	运日	10/1093	214
聿新		277	扶伤	6/356	76
那程子	10/600	296	找	6/364	76
艮头	9/289	335	走	9/1066	336
阵阵	11/978	225	走马看花	9/1073	302
阳主	11/1065	287	走水	9/1067	157
阳夷	11/1065	288	走起	9/1073	231
阳炎	11/1068	48	走趋	9/1079	338
阳夏	11/1069	94	走趑	9/1077	338
收香倒挂		293	走解	9/1077	328
收秋	5/385	122	抄估	6/372	35
收据	5/389	122	抄没	6/372	128
阴主	11/1020	287	赤包儿	9/1159	158
阴曹	11/1028	166	赤芝		293
奸谍	4/356	118	赤夷		288
好	4/281	297	折气	6/380	128
好一歇	4/281	224	扳陷	6/389	216
好不	4/282	211	投¹	6/398	76
好心	4/283	65	投子	6/399	301
好生	4/284	297	投托	6/400	218
好多	4/285	297	拘拦	10/409	323
好₂事	4/286	204	坟典	2/1212	288
好歇	4/291	224	抖	6/416	76
好意	4/291	66	护犊子		297
观光	10/360	91	声唤		269
欢	6/1475	297	声嗓	8/693	149
欢好	6/1475	79	声嗽	8/693	41
欢实	6/1478	297	把手	6/422	128
欢喜	6/1477	216	报名	2/1155	109
买青苗	10/163	303	报复	2/1158	109
买空仓	10/164	296	报警	2/1160	109
买断	10/168	202	花	9/285	154,297
红心	9/704	185	花甲	9/287	329
红苔	9/706	297	花头	9/303	297
红矾		297	花报	9/298	42
红果儿		297	花花肠子		297
红房		257	花枪	9/305	335
红煤	9/713	297	花项		297
			花哄	9/293	42

花盆		257	足实	10/428	296
花籽儿		297	邮飞	10/644	296
花说柳说	9/302	297	邮券	10/644	296
花狸狐哨	9/295	199	邮钞	10/645	296
花酒	9/295	42	邮资	10/646	296
花涅		298	邮资券	10/646	296
花容	9/296	154	困觉		298
花菜	9/296	297	男人	7/1304	144
花椒	9/299	154	男夔	7/1309	287
花港观鱼		287	员利针		288
花鲫鱼	9/305	297	员针		288
花露	9/3061	334	听其自然	8/714	149
苍穹	9/506	288	听说	8/717	183,225
芳名	9/311	43	吹木屑		248
芳树	9/314	287	吹牛皮	3/235	112
芳菲	9/313	325	吹火筒	3/236	112
苏气	9/621	156,271	吹鼓手	3/239	112
苏苏	9/622	89	呜呼	3/466	352
苏苏气气		271	别棹	2/630	325
苏堤春晓		287	忾	7/738	297
杜造	4/751	67	帐主子	3/727	296
材质	4/758	67	钉头	11/1203	167
村牛	4/760	28	我山	5/211	242
村步	4/761	232	我执	5/212	242
村路歧	4/765	28	利	2/634	309,319
村憨	4/767	232	利刃	2/635	325
巫山高		287	利矢	2/635	189
极丽	4/1144	329	秃鹙鹙	8/4	240
豆棚	9/1342	158	私房话	8/17	38
豆腐干	9/1343	331	私孩子	8/18	145
豆腐脑	9/1343	331	私娼	8/21	145
两边厢	1/571	283	私款	8/21	146
两脚		262	兵马	2/93	55
豕分蛇断	10/11	241	兵主	2/90	287
豕讹	10/12	239	兵牌	2/96	20
豕突狼奔	10/12	302	估摸	1/1225	5
来日无多		262	作古	1/1247	342
连环计	10/872	162	作古人		342
连缠	10/876	162	作丧		280
步戏	5/337	32	作念	1/1250	52
坚硬	2/1118	176	作享		281
旱伞	5/582	297	作痒	1/1258	52
旱道	5/582	297	伯阳	1/1266	288
呈艺	3/186	328	低心下意	1/1270	19,52
时议	5/707	70	住不得		279
时常	5/701	288	身心	10/700	161
助赈	2/784	217	身己	10/699	92
里手	9/77	151	皂丝麻线	8/249	40
围桌	3/851	177	近来	10/734	199
足力	10/424	91	近视眼	10/736	162

词条	出处	页码	词条	出处	页码
近傍	10/730	161	没王法	5/979	124
返照回光	10/742	300	没头没脑	5/991	236
坐	2/1039	59	没有说的	5/982	180
坐小月子		298	没要紧		263
坐子		281	没紧要		263
坐亡	2/1041	354	没$_2$得	5/988	216
坐化	2/1042	354	没摆布	5/992	234
坐斗		281	怀	7/785	297
坐行	2/1044	325	怀衽	7/789	328
坐席	2/1048	109	快子	7/436	81
坐脱	2/1049	354	快当些		261
坐蜕	2/1051	354	快船	7/438	140
邻右	10/685	161	完帐	3/1335	349
邻居	10/686	288	完聚	3/1337	45
肚里	6/1171	330	穷	8/457	316,319,320
肘手鍊足	6/1171	207	穷光蛋	8/460	147
甸畿	7/1303	287	穷奇	8/462	215
龟沙		286	穷厮	8/472	40
狂笑	5/18	120	良鸟		294
角门子	10/1347	201	良辰吉日	9/262	302
角脑		260	启肆		267
角睾		260	补丁	9/87	88
条氏	1/1480	288	补伍		245
条纸		289	补陀	9/89	339
条直	1/1481	63	补陁	9/89	339
条桌	1/1483	105	补陁落迦	9/89	338
刨花水	2/644	108	补服	9/89	302
迎新送旧	10/749	304	补衬	9/94	41,152
饭店	12/500	171	补药	9/93	152
饭堂	12/501	171	诉词	11/111	214
饭量	12/501	187	君马黄		287
饭锅	12/503	171	灵仙	11/750	287
况	5/1083	215	灵甫		288
况且	5/1083	205	灵验	11/776	166
应贡		277	层迭		289
这疙疸	10/918	296	尿胞	4/13	179
这般样	10/918	283	尾勺氏		288
这厢	10/919	163	局	4/15	268
这等样	10/919	283	局赌	4/18	116
这壁厢	10/920	283	张罗	4/130	117
闲	12/70	330	阿郎杂碎	11/930	47
闲云野鹤	12/86	304	阿搂	11/937	47
闲言冷语	12/69	169	附支		292
闷人	12/96	169	附乔	11/952	193
灶丁	8/487	148	附就	11/953	47
灿烂	7/300	202	努	2/785	57
弟弟	2/101	106	忍羞	7/410	191
汽机	5/972	285	鸡冠	11/862	166
沦^1	5/1384	74	纳石夫	9/759	339
没了落	5/979	238	纳履踵决	9/89	338

纵心纵意		298		招架	6/515	129
纸	9/767	90		招租	6/515	129
纸条	9/769	186		拨拉	6/896	132
纸驴	9/772	335		抬扛	6/933	132
纸笔	9/770	235		抬价	6/934	132
纸落云烟	9/770	325		其初		267
纸赎		278		苦思冥想	9/320	300
纸镇	9/772	288		若个	9/332	208
绉梢		252		若有所思	9/329	154
纽袢		292		茂陵	9/333	288
				苗	9/337	185
八画				苗脉	9/338	154
				直是		279
玩苏玩款		273		直绳	10/27	239
玩具	4/527	118		枓	4/880	229
环睨	4/640	232		述	10/752	214
青云	11/542	210		述职	10/753	93
青年	11/521	165		丧逝	3/410	347
青鸟	11/534	288		丧躯	3/412	347
青州	11/523	287		画	7/1364	297
青紫	11/543	288		画字	7/1368	297
青黏		293		事畜	1/550	285
现化	4/578	66		刺	2/649	310,319
表襮	1/541	17		刺事	2/652	109
规复	10/328	45		刺鼻	2/649	109
抹子	6/437	77		卖皮鹌鹑	10/224	44
担惊忍怕	6/925	132,283		卖交情	10/225	296
抽头	6/457	285		卖呆	10/225	296
抽脚	6/455	285		卖货	10/229	159
押车		292		卖底	10/226	296
押队		291		矿石	7/1118	142
拐	6/462	35,128		奈何草		293
拐僻		298		奋气	2/1566	60
顶门针	12/220	285		奄化	2/1530	346
顶门鍼	12/220	169		殀	5/155	204
拥离	6/1931	287		转轮	9/1325	158
抵子	6/475	77		软局子	9/1228	241
抵头	6/479	330		软剂	9/1233	335
抵当	6/478	129		软默	9/1232	213
抵足	6/476	330		到头	2/661	22
拘管收拾		284		虎	8/800	297
挡贺		247		虎口	8/801	86
抱伏	6/489	255		虎刺	8/803	184
抱负	6/491	77		虎实		297
抱卵	6/490	255		尚兀自	2/1659	196,283
抱薪救火	6/494	303		旺跳	5/584	32
拉扯	6/498	129		具奏	2/109	107
拉把	6/498	228		果干	4/820	119
拉倒	6/499	129		果报	4/820	42
拙笨	6/510	288		呵欠	3/254	297
招军	6/515	181				

呵脬捧卵	3/256	196		命祭	3/285	287
明打明		264		采问	6/690	206,236
明目	5/598	69		采齍	10/1310	287
咔哒		292		受私	2/882	242
咔喳		292		受宠若惊	2/888	302
典坟	2/117	288		乳臭小儿	1/781	210
咋乎	3/263	289		乳臭未除	1/781	214
咋呼	3/263	289		乳酒	1/781	328
咋唬	3/263	289		饳²	5/236	31
呱叽	3/280	289		肥¹	6/1189	218
呱咭	3/280	289		周历		287
呱唧	3/280	289		周颂	3/305	288
呼¹	3/287	62		周祭	3/302	287
呴俞	3/308	289		周章	3/302	62
呴谕	3/308	289		昏头搭脑	5/629	197
呴喻	3/308	289		鱼鲁	12/1197	288
呲嗟筵		253		鱼溃鸟散	12/1197	241
帖然		271		兔管	2/276	292
迥别	10/755	162		忽闪	7/428	297
贩买	10/101	231		忽悠	7/429	297
贩海	10/101	328		忽焉	7/428	325
制	2/661	312		狗男女	5/38	121
制度	2/664	56		狗脸		255
知命	7/1530	288		备厚	1/1594	189
和弄	3/268	297		饱猪肝		244
和缓	3/276	62		变蛋	5/532	122
供花	1/1320	53		京堂	2/352	21,340
侉子	1/1334	105		享糖		294
使不的	1/1326	175		底细	3/1220	288
使性	1/1329	105		兖州		287
使急		270		净	5/1178	33
使眼色	1/1330	175		净军	5/1180	33
岱宗	3/811	349		放风	5/413	179
侧	1/1540	54		放火	5/408	122
佩服	1/1341	201		放白鸽	5/409	122
货布	10/96	324		放青	5/411	122
依旧原		284		放青苗	5/411	303
卑屈	1/871	103		放枪		254
的³	8/251	219		放空枪	5/412	232
质铺	10/272	159		放样		254
徂逝	3/934	348		刻铭	2/678	57
往往来来	3/937	115		劾治	2/786	57
爬拉	6/1103	36		闸口	12/99	187
所	7/349	139		闸草	12/99	169
所在	7/351	139		闹	12/720	241
舍身	6/686	130		郑重	10/689	92
金贵	11/1170	167		卷¹	2/534	232
金蟾	11/1192	292		炎冷	7/42	190
命	3/280	343		法	5/1034	3,72
命归黄泉		343		法码	5/1047	72,125

河粉		297	姑母	4/315	118
河浜	5/1059	297	驾火		259
油光水滑	5/1073	205	驾崩	12/828	347
油汗	5/1074	215	绅冕	9/780	288
油炸鬼	5/1075	125	细底	9/783	288
油纸	5/1076	230	细详		289
油鸡	5/1081	125			
沿	5/1089	72	**九画**		
波喳	5/1119	72	奏厕	1/1538	189
怪差		256	春	5/639	69
怪嗔道		284	春秋	5/645	70
学博	4/248	118	春梦婆	5/651	286
宝帚	3/1645	292	帮扶	3/763	5
定陵	3/1366	288	毒月	7/823	182
定鼎	3/1367	288	毒计	7/824	141
审究	3/1629	241	顸	12/229	297
官腔	3/1391	115	顸实		297
官旗		256	赴	9/1080	209
空马		261	拾人涕唾	6/565	286
空心	8/411	147	拾唾		286
空头	8/422	84	拾遗补缺		290
空便	8/416	234	挑逗	6/570	236
空衔	8/422	147	指爪	6/574	77
空群	8/421	84	指出	6/575	181
穹苍	8/427	288	挣揣	6/586	323
实头		270	挤塞	6/870	212
实授	3/1618	64	拼盘	6/587	129
实落	3/1618	116	按说	6/592	129
郎君子弟	10/621	161	挥金如土	6/777	216
诗匠	11/144	324	荆州	2/683	287
房主	7/356	191	荆棘	2/685	288
房考	7/357	139	荐头		298
房老	7/357	81	荐牍	9/569	336
房奁	7/359	215	草头	9/376	154
房库		288	草料	3/371	24
诚确	11/167	164	草率	9/373	89
话下	11/176	215	荒	9/386	297
话口	11/176	297	荒信	9/389	297
话匣子	11/177	297	荒数	9/393	297
话茬儿	11/177	297	荡摇		288
该死	11/200	164	故自	5/430	122
详细	11/206	202	胡子	6/1207	297
详革	11/204	193	胡王使者		294
录供	11/1343	187	胡吹乱嗙	6/1209	136
居邻	4/26	288	胡匪	6/1212	297
弦词	4/111	337	胡蜂	6/1217	181
承训	1/774	328	胡噜		297
孤拐	4/217	189	剋剥	2/689	236
限制	11/974	166	南屏晚钟		287
妹倩		264	栈箔	4/1098	232

查刷		247	哈气	3/332	62
柳浪闻莺	4/927	287	哈欠	3/331	113
树丫		291	哈巴	3/331	297
耍任	8/756	192	哈剌子	3/331	297
耍面子	8/757	183	哈哈儿	3/331	297
咸鸭蛋	12/1029	172	哈喇子	3/332	196
歪剌骨	5/353	197	炭库	7/50	288
歪蹄泼脚	5/353	32	峣崎	3/864	26
厚爱	1/924	201	迴	10/769	235
斫斧头		280	迴天	10/770	25
面花	12/382	95	贱坯	10/248	159
耍不过		276	骨子	12/394	171
耐烦	8/777	85	骨笃	12/402	95
耍子	8/779	235,237	幽州	4/433	287
牵扭	6/271	216	钝角	11/1215	187
殂丧	5/156	347	钟馗	11/1353	289
殃榜	5/156	121	钟葵	11/1353	289
轻乞列	9/1258	199	钥匙	11/1430	202
轻屑	9/1269	326	钩旨	11/1221	48
轻赉	9/1275	325	看样	7/1186	142
背弃	6/1229	352	看想		261
战城南		287	香消玉碎	12/430	352
战钦钦	5/245	197	秋见	8/37	327
点儿低		252	秋分	8/35	202
点天灯	12/1348	172	秋老虎	8/36	146
点抹	12/1351	242	秋播		286
点茶	12/1325	242	科斗	8/49	82
临后		262	科兑	8/51	38
临高台		287	科范	8/56	222
是	5/659	70	科诨	8/57	285
是的		290	重伤	10/393	296
哄弄	3/318	297	重完	10/379	45
哑巴亏	3/373	113	重落	10/391	296
哑酒	3/373	25	竿	8/1106	87
显微镜	12/347	187	便门	1/1360	105
映衬	5/669	123	便饭	1/1366	105
星忙		275	顺治	12/237	95
星落	5/677	352	顺遂	12/243	170
昭陵	5/687	288	修	1/1376	175
哔剥	3/461	113	修文	1/1371	342
昳夷	7/1309	288	修文地下		342
胃口	6/1232	288	修养	1/1379	53
贵干	10/157	159	保养	1/1394	105
界分	7/1317	82	促恰	1/1399	232
思陵	7/442	288	侮甬		273
思悲翁	7/443	287	信不及	1/1416	105
品题	3/326	112	信心	1/1416	53
咿唔	3/330	112	信事		275
响节		274,332	鬼胎	12/450	231
哈	3/331	297	侵过		268

禹汤	1/665	325	活切头		258
侯籛	1/1433	287	活见鬼	5/1159	125
追朋趁友		284	活似	5/1159	125
追救	10/787	193	活局子	5/1160	297
衍文	3/949	63	活络	5/1164	297
衍祭	6/950	287	活该	5/1164	297
须当	12/246	170	活埋	5/1161	125
须索要		283	活捉	5/1161	125
食味	12/483	96	活塞	5/1165	180
食噇	12/489	171	洋	5/1182	33
盆景	7/1417	144	洋人	5/1181	126
胆虚	6/1390	137	浑球儿		297
胜似	6/1335	137	恫喝	7/520	140
胎孕	6/1241	207	恼骂	7/670	212
狮子狗	5/100	121	恨人	7/528	297
独吞	5/116	179	举发	8/1297	41
狡儿	5/92	236	举疏	8/1297	323
狡谋	5/49	121	宫车出	3/1429	352
狡滑		289	宫车晏出	3/1429	352
狠¹	5/50	211	宫车晚出	3/1429	352
狠性子	5/51	238	宪司	7/727	237
急切	7/455	81	穿帮		247
急手	7/455	198	窃	8/489	318, 319, 320
急舌		258	客人	3/1440	288
饷舟		274	袆	9/120	242
弯硂	4/162	283	祖国	7/851	141
将久	7/806	37	神子	7/857	38
将进酒	7/810	287	神仙	7/859	287
将就脓		284	祝报	7/894	212
度¹	3/1223	64, 115	说大话使小钱	11/240	164
度化	3/1225	115	说书	11/246	165
亲离众叛	10/350	303	说破	11/248	165
亲娘	10/346	91	说梦	11/248	165
音耗	12/654	202	退班	10/841	225
施舍	6/1579	237	眉飞色舞	7/1193	301
差失	2/974	227	眉眼	7/1193	142
美观	9/164	332	除法	11/988	94
美除	9/161	41	院使	11/992	166
送故迎新	10/809	304	架屋	4/944	67
迷魂药	10/821	162	结记	9/807	156
前人	2/120	55	结缆	9/813	156
前任	2/123	107	绕口令	9/1014	157
前呵		268	给假	9/826	208
前站	2/130	175	绛紫		292
前襟	2/137	107	绝艺	9/843	238
首揆	12/671	172	绝妙好辞	9/836	327
总然	9/997	90	绝祭		287
炼性	7/188	219	绞脸	9/846	156
炮祭	7/54	287			
洁净	6/117	74	耗治	8/592	148

十画

耗	8/593	297	恶狠狠	7/557	198	
耗子	8/594	297	真仙	2/141	287	
艳服	9/1366	158	真章	2/148	20	
艳称	9/1368	335	桂轮	9/959	292	
泰陵	5/1030	288	桂魄	9/959	292	
秦不虚		288	桐油	4/974	119	
秦房	8/60	285	桁条	4/978	297	
珠沉璧碎	4/547	343	样数	4/1282	120	
珠柙	4/548	285	根头	4/1018	67	
班郢		286	根绊	4/1016	28	
素女	9/730	292	索赔	9/750	332	
素娥	9/737	292	逗闷子	10/886	296	
素舒	9/740	292	逗漏	10/886	213	
素蟾	9/745	292	辱末	10/3	323	
栽跟头	4/963	179	辱贱	10/4	323	
振祭	6/601	287	辱莫	10/4	209	
载歌载舞	9/1245	201	唇枪舌剑	3/356	113	
起	9/1085	336	夏历	3/1204	287	
起坐	9/1093	157	破陆续	7/1033	329	
起现	9/1100	332	破案	7/1033	182	
起事	9/1093	332	原[1]	1/927	103	
起雨	9/1093	332	原先	1/929	201	
起征	9/1094	332	索氏		288	
起限	9/1096	332	逐一	10/807	162	
起驶	9/1105	332	逐臭	10/890	162	
起总	9/1108	335	眷糠	7/1122	182	
起捐	9/1098	332	殊不知	5/158	30	
起租	9/1098	332	较好些		284	
起航		292	致语	8/796	41	
起塔	9/1101	337	柴扒	4/968	119	
起解	9/1103	91,157	监临	7/1452	145	
起墙	9/1104	337	紧	9/879	157	
起翻	9/1106	332	紧自	9/879	90	
埋玉	2/1104	350	逗嘴	10/898	296	
捉鹅头	6/613	198	晃	5/709	123	
都抹	10/635	45	晌午大错	5/711	123	
都数	10/640	325	晌饭	5/711	179	
都闻	10/640	161	剔亮	2/703	22	
热化	7/233	80	晏驾	5/713	352	
热闹	7/240	288	蚊睫	8/870	325	
热帽		285	哨[1]	3/357	230	
捣子	6/803	200	哼哼唧唧	3/366	113,196	
挨门	6/628	130	唧唧喳喳	3/370	113	
挨打	6/627	129	圆情	3/658	114	
挨靠	6/629	232	圆蟾	3/660	292	
耽迟不耽错		292	贼知	10/185	44	
耽待	8/658	148	贼驴	10/190	159	
获铎	5/111	190	铁库		288	
恶水	7/554	5	铅精		293	
恶斗	7/557	140	铍针	11/1248	288	

缺陷	8/1075	86	凉帽	5/1406	285
特许	6/265	127	剖诉	2/711	234
特然	6/266	74	部判	10/651	235
特简	6/267	127	部郎	10/652	213
积	8/128	83	部署	10/654	92
积洎	8/134	39	羞花闭月	9/166	152
积棍	8/140	146	粉团	9/202	334
秩然	8/71	146	料莫	7/333	5,283
称臣	8/113	191	兼毫	2/156	175
称怀	8/119	237	烘笼	7/60	297
称亭	8/114	83	烧燃		288
称钱		292	烟刺答	7/178	329
称妮	8/115	83	烙饼	7/61	138
透支	10/908	193	酒大王	9/1373	225
笄	8/1107	87	酒军	9/1379	324
倾弃	1/1651	350	酒经	9/1384	336
倾命	1/1646	349	酒精	9/1385	186
倒头	1/1474	349	涅槃	5/1210	301
倒偃	1/470	188	浩鬐	8/272	192
恁	7/500	36	海	5/1218	297
倭菊		294	海子	5/1219	297
健勇	1/1521	210	海狗	5/1223	180
躬身	10/708	209	海底		257
徐氏	3/979	288	海查	5/1224	73
徐州	3/980	287	海啸	5/1232	197
殷历	6/1486	287	海椒	5/1228	297
殷勤	6/1485	202	浮一大白		255
般涅槃	9/4	301	浮景	5/1247	126
拿手	6/536	35	流水	5/1257	73
拿舟(拏舟、挐舟)		265	涕泗	5/1279	205
拿讹头	6/537	198	浪搭		262
爹老子		284	悖理		289
翁离		293	悔憾	7/548	140
胰子	6/1244	137	害	3/1452	297
脆骨	6/1248	36	害口	3/1452	297
狼奔豕突	5/60	302	害处	3/1453	178
狼虎	5/60	69	害事	3/1452	178
卿月	2/545	292	宽打周遭	3/1580	27
高仙	12/932	287	宽衣	3/1581	116
高丽	12/964	188	宽肠	3/1586	64
高知	12/938	285	家伙	3/1463	116
准准	6/20	74	家常便饭	3/1472	116
准绳	2/428	108	窄	8/439	315
离别草		294	宾礼	10/218	327
离离拉拉	11/897	47	袿襬	9/48	303
紊乱	9/773	156	袍套	9/53	302
病逝	8/292	345	被告	9/57	151
唐花	3/367	113	被告人	9/57	184
凋零	2/430	325	被宠若惊	9/61	302
凋寡	2/431	189	袾裶	9/74	240

词条	出处	页码	词条	出处	页码
课簿	11/282	165	黄绾	12/1002	288
冥思苦想	2/451	300	黄糖	12/1006	297
调繁	11/312	165	菽水	9/439	43
剥	2/713	313,319	菽乳	9/439	154
恳求	7/747	202	萌糵	9/441	154
剧术		260	菜刀	9/445	155
弱	4/117	65	菜子油	9/445	185
娥月	4/362	292	菜市	9/445	155
娘母子	4/365	283	菜台	9/447	185
娘老子	4/366	118	菜油	9/446	185
通	10/921	214	菜馆	9/447	185
通成	10/925	226	菠菜	9/452	185
通私	10/927	219	营火	7/266	139
难说话	11/904	193	营州		287
预习	12/276	170	萧氏	9/579	288
预期	12/273	170	梦婆		286
桑粉	4/1021	285	梢[1]	4/1037	67
骎骎	12/1115	241	梳拢	4/1060	28
绤	9/873	156	梳略		291
			曹郎	5/731	123
十一画			戛戛	5/226	232
琐琐	4/365	66	殒逝	5/175	349
措置	6/639	283	殒谢	5/176	347
描写画角		264	殒颠	5/176	349
捱[2]	6/642	232	虚报	8/825	149
掩映	6/646	202	虚撮脚		275
掉歪	6/664	5	雀斑	11/796	166
掉臂	6/666	35	常民	3/735	210
推免	6/672	181	常时	3/740	288
推扳	6/671	225	眼气	7/1216	143
推班	6/674	225	眼头	7/1220	143
掐	6/697	221	眼红	7/1216	143
掷撧	6/944	216	眼前亏	7/1215	143
掚[3]	6/715	206	眼望	7/1217	230
探视	6/720	130	野木瓜		293
掇	6/731	130	野汉子	10/413	160
掇弄	6/732	130	野老公	10/405	159
职官	8/710	213	野花	10/406	186
基址	2/1112	23	野种	10/413	160
勒[2]	2/797	57	野鸡	10/415	160
黄牛	12/970	297	野鹤闲云	10/416	304
黄包车	12/973	297	冕绅	5/749	288
黄夷	12/974	288	晚饭	5/746	123
黄芽菜	12/975	297	略绰	7/1354	38
黄账		297	蛇药	8/841	149
黄鱼	12/992	297	唱叫	3/379	113
黄帝历		287	唱偌、唱喏、		
黄烟	12/988	298	唱诺	3/381	196
黄黄	12/990	96	唱惹		292
黄菜	12/990	297	罣误	8/1021	150

附　录

417

铙鼓部		287	毫洋	6/1011	297
铜头	11/1260	236	毫管	6/1011	288
铜表	11/1254	327	烹炙	7/85	191
银鞘	11/1284	167	麻犯	12/1272	223
笨拙	8/1117	288	康陵		288
筤子		292	章台柳	8/385	84
做	1/1525	53,106	商颂		288
做出来	1/1528	231	旋涡	6/1611	138
做作	1/1528	53	望头	6/1293	212
做妖撒妖	1/1528	240	望羊	6/1285	325
做客	1/1529	229	望送		272
做满月	1/1531	19	望舒	6/1291	292
偷鸡摸狗	1/1555	195	着²	9/168	184
停免	1/1557	189	着⁴	9/169	222
停瞋息怒		284	着甚	9/169	88
偏	1/1532	106	着紧	9/171	88
偏手	1/1562	20	着得		280
偏旁	1/1567	54	粗人	9/206	152,336
偏辟	1/1561	106	粗心	9/206	152
偏露	1/1572	347	粗厉	9/209	89
兜达	2/278	196	粗布	9/209	336
兜底	2/278	108	粗壮	9/206	336
兜搭	2/278	56	粗忽	9/207	152
假女	1/1574	54	粗浅	9/208	152
假母	1/1575	54	粗野	9/208	336
假哥		259	粗粝	9/210	153
假撇清	1/1582	228	粗鲁	9/209	334
得不得	3/991	197	粗疏	9/209	153,336
衔怒	3/1066	189	粗鄙	9/209	336
盘¹	7/1459	145	粗粮	9/210	184
盘驳	7/1466	145	断	6/1085	133
船肚		298	断当	6/1084	79
盒子枪	7/1431	297	断桥残雪		287
盒子炮	7/1431	297	剪子	2/717	109
欲待	6/1442	283	煤	7/228	297
领导	12/285	170	清正	5/1296	73
脚心朝天	6/1273	352	清目		268
脚踪	6/1278	236	清头	5/1332	217
脸大	6/1385	137	清阳	5/1318	73
脸皮	6/1385	221	清局		268
脸皮厚	6/1385	182	清明门		292
脱空	6/1297	36	清泠泠		290
脱清	6/1299	207	清清	5/1317	211
脱缩	6/1301	352	清楚	5/1323	73
猫食	5/73	78	清醒白醒	5/1333	198
凑巧	5/1438	201	鸿鳞	12/1099	288
减年		285	淹淹缠缠	5/1353	34
毫	6/1009	297	渠观		286
毫子	6/1010	297	混俗和光	5/1376	205
毫针	6/1011	288	混浊	5/630	238

混混儿	5/1377	297	提[1]	6/741	232	
涅昵	5/1393	205	提亲	6/748	131	
渔师	6/95	180	提掇	6/744	131	
淴浴	5/1403	297	博山	1/908	285	
淡交		286	插手	6/762	35	
淡泊	5/1415	211	插号		247	
深分	5/1423	5	插趣	6/764	211	
梁州	4/1066	287	搅散	6/991	132	
情甘	7/557	141	揎拳裸手	6/775	234	
情非得已	7/579	141	跲跴	8/662	217	
情愿	7/587	141	散走	5/475	69	
情管	7/585	37	惹眼	7/563	141	
惚	7/602	222	葱花	9/478	155	
惊吓	12/896	172	落纸	9/485	325	
寄死	3/1507	348	朝圣	6/1324	207	
窒念		256	朝更夕改		278	
谎信		297	楮颖	4/1075	119	
扈养	7/368	191	楮墨	4/1075	288	
袡	9/76	240	榍毁部	4/1112	287	
谐捷	11/337	241	逼	10/1022	296	
随从	11/1108	167	逼清	10/1027	5	
随便	11/1106	167	棘荆	4/1106	288	
蛋人	8/885	149	厨子	3/1270	358	
蛋户	8/885	149	确当	7/1093	142	
娼馆	4/370	326	雁头笺	11/807	235	
婢属	4/375	190	雄陶	11/813	288	
婠妠	4/377	190	锻棒	9/1295	336	
续牙		288	紫青	9/815	288	
绮绘	9/885	213	掌权	6/634	130	
绳头	9/1031	209	掌鞋	6/633	130	
绿头牌	9/923	336	晴爽	5/753	123	
绿豆	9/91	151	鼎定	12/1317	288	
缃	9/928	233	遇便	10/1031	186	
缃黄	9/929	288	喊	3/414	297	
絃词	9/796	337	喊叫	3/414	177	

十二画

			景陵	5/772	288
			跛嘴	10/441	91
款待	6/1446	79	跌脚	10/445	92
搭手	6/735	130	跑马看花	10/451	302
搭头	6/738	131	跑鞋	10/453	296
搭刺	6/736	198	遗产	10/1208	217
搭界	6/736	181	遗恨终天	10/1202	163
搭腔	6/737	131	遗孩	10/1202	242
搭撒	6/737	77	遗腹	10/1214	214
埫	2/1146	297	喝水	3/416	257
越器	9/1116	336	喝水成冰		257
趁钱	9/1122	91	喝令	3/416	62
趋事	9/1149	157	喉下取气		258
超用	9/1124	336	遁归		248
超忽	9/1125	223	赔贴	10/276	159

黑不溜秋	12/1323	297	道不拾遗	10/1066	12
黑奴	12/1325	172	道长	10/1070	93
黑枣	12/1333	297	温情	5/1470	126
黑窣窣	12/1335	96	滑不唧溜	5/1478	297
黑瞎子	12/1337	297	滑溜	5/1481	126
黑糖	12/1339	297	游食	10/1051	233
胩毛	12/403	194	滋润	5/1516	74
铺写	11/1291	167	湮典		272
铺衬	11/1292	41,167	割	2/731	314
铺面	11/1288	167	割闹	2/734	22
铺潦	11/1291	48	寒炉	3/1563	285
铺票	11/1295	167	寒帽		285
锅底	11/1328	168	窝窝头	8/452	147
锋针		288	窝窟		272
锐角	11/1306	187	窘迫	8/447	233
稍公	8/83	146	裕后		277
稍瓜	8/83	146	裕后光前	9/95	277
稍间	8/84	38,212	裕陵	9/95	288
稈草	8/85	38	裙边	9/97	335
程程	8/88	39	禅机	7/957	142
税说	8/94	229	禄	7/938	345
税调	8/95	39	禄命终		344
答应	8/1154	150	谦虚	11/389	202
焦旱	7/164	138	强水	4/134	117
焦黄	7/166	138	强似	4/136	117
焦黑	7/166	182	强如	4/136	117
循规守矩		275	疏网	8/507	325
逾千	10/1041	163	隔三岔五		292
释迦	10/1314	285	媒人	4/383	66
腔子	6/1339	36	缓醒	9/946	297
鲁历		287	编管	9/951	340
鲁鱼	12/1208	288			
鲁颂	12/1209	288	**十三画**		
猢狲	5/85	297			
猥琐	5/89	211	魂销	12/461	349
猴	5/92	297	肆蛮		270
猴儿急	5/92	297	摸空		264
猴儿精	5/92	297	摸拟	6/795	78
猴子	5/92	190	填空	2/1169	176
猱	5/96	220	摆龙门阵	6/961	234
馉饳性儿		255	摆架子	6/959	78
装卸	9/82	184	搬弄	6/805	215
装送	9/82	192	摇夺	6/809	131
装腔作势	9/83	199	蒜酪	9/494	340
蛮毼	8/1014	287	靴腰子	12/187	217
就就	2/1579	60	蓝衫	9/589	155
敦脄	5/494	179	蒲服	9/520	325
瘟瘟	8/319	208	蒲苴		290
普陀	5/726	339	蒸笼	9/532	155
道人	10/1065	209	献台	5/142	30

献陵	5/140	288		眷录生	6/1397	138
禁钱	7/931	82		粮长	9/241	153
楚楚	4/1158	119		煎熬	7/213	288
榯砰		266		煳	7/172	138
想必	7/607	141		煨	7/197	221
楞头葱	4/1179	229		溢	6/3	344
碍却		243		溢然长逝		343
碏		297		满心	6/58	240
雷峰夕照	11/680	287		满腔	6/62	205
暖乎乎		292		溜撒	6/30	211
暖炕	5/793	123		溜湫	6/30	126
暖炉	5/796	285		窝纪	8/477	288
暖席	5/794	124		窠	8/449	315,319
暖帽	5/795	285		窟窿	8/455	147
暖锅	5/795	124		裑	9/105	241
暖煦	5/795	124		祓	9/109	239
歇力	6/1458	237		裷²	9/109	240
照式	7/204	139		褐	9/110	213
照映	7/206	139		群口铄金	9/185	301
照望	7/207	5		殿本	6/1501	285
跨院	10/459	160		辟头		292
跳槽	10/469	160,231		媳妇子	4/395	66
路不拾遗	10/474	304		嫌好道歉	4/397	197
路照	10/477	160		豣	2/890	239
跟斗	10/481	160				
跟随	10/483	215		**十四画**		
嗙²	3/469	177		瑶月	4/618	292
罩子	8/1033	184		静办	11/574	200
骰子	12/404	301		熬²	7/219	139
锡飞	11/1324	288		熬夜	7/219	207
锢漏	11/1326	168		熬煎	7/220	288
锥子	11/1330	168		墙匡	7/818	268
雉子斑		287		墙围		268
毁¹	6/1496	80,297		趖	9/1142	229
像	1/1654	55		墁	2/1190	110
魁昂	12/463	232		截舌	5/233	226
遥地里	10/1142	46		摔¹	6/843	215
腰眼	6/1343	137		撇²	6/844	228
腥膻	6/1348	288		撇³	6/844	131
腹居郡	6/1351	326		撇清	6/845	228
腾的	6/1410	237		撇然	6/845	78
颖生	12/321	292		模糊	4/1210	120
触动	10/1388	186		榴	4/1219	242
解馆	10/1378	93,164		酷法	9/1409	192
煞是	7/211	139		厮养	3/1272	64
馐	12/574	324		臧获	5/238	273
新罗		294		雌	11/838	46
意味	7/640	81		雌答	11/840	46
雍州	2/386	287		喊哩喀嚓		292
畹漏	12/147	169		蜡事		261

猷	5/97	30		影	3/1132	63,115
鹘突	12/1133	257		踢	10/497	92
鹘鹘突突		257		踢球	10/498	323
稳下	8/157	239		踏板	10/502	160
稳住	8/158	239		踏逐	10/503	160
稳情取	8/159	283		蹅	10/512	161
稻	8/119	238,240		嘱咐	3/567	201
算计	8/1193	288		颛顼历	12/335	287
算弄		271		墨楮	2/1219	288
管¹		87		镇纸	11/1363	288
管饭	8/1198			镇畿	11/1364	287
管毫	8/1203	150		稻苗	8/125	146
僦	8/1203	288		稻草	8/125	222
豪上	2/1113	358		稻糠	8/126	183
豪横	10/27	241		黎黔	12/1382	288
豪父	10/84	297		箱局		274
遮盖	1/868	239		篆刻	8/1219	87
瘦马	10/1157	163		德陵		288
端然	8/339	328		磐牙	7/1090	191
辣臊	8/400	84		熟溜	7/246	191
精细	11/492	227		熟醉	7/246	139
精髓	9/224	202		摩灭	6/825	329
慢忽	9/230	153		摩诃萨		265
赛祭		263		摩索	6/787	211
寡人	10/289	209		糊弄	9/232	297
肇判	3/1589	64		糊弄局		297
綃	9/251	153		糊涂	9/233	153,297
褥	9/112	152		糊糊	9/233	297
嫖假	9/120	242		遵旨	10/1229	163
缃		267		熯	5/102	204
緆	9/878	233		熠耀		294
绅	9/890	241		潜艇	6/134	285
	9/903	241		寮檐	3/1623	116
十五画				褅	9/125	241
撒手	6/854	344		憨子	7/698	297
撒手人寰		344		劈里啪啦		292
撒妖	6/854	206,240		履历	4/59	201
撅嘴		290		豫州	10/39	287
撑拄	6/867	330		缭祭	9/1017	287
撮戏法		250		**十六画**		
撮弄	6/870	237				
撮把戏	6/870	250		糕几	12/741	172
撮哄	6/870	218		蕨	9/561	297
擒捉	6/883	132		薨奄	9/563	353
增年	2/1222	285		薨殁	9/563	353
横	4/1238	297		薨殂	9/563	353
横是	4/1246	297		薨背	9/563	353
横直	4/1244	297		薨陨	9/564	353
魇钝		276		薨逝	9/563	347,353
暴发户	5/828	124		薨落	9/564	349,353

蒉谢	9/564	353		鍉针	11/1349	288
薪库		288		朦胧	6/1383	79
薄	9/573	326		膻腥	6/1391	288
薄设	9/577	222		鳋	12/1251	241
薄酌	9/576	155		豁子	10/1323	297
薄落	9/577	155		骤步	12/913	194
薅	9/585	297		骤富	12/914	194
整齐	5/518	288		阇跂	12/129	194
整酒		278		繻	9/1039	233
整容匠		278				
醒酒花	9/3061	334		**十八画以上**		
霎	11/705	166		藤	9/605	156
霎眼挫		284		藩畿		287
冀州	2/163	287		蹦子	10/543	296
嘴巴	3/517	114		镂子	11/1417	297
嘴头	3/519	114,228		鼦鼠	12/1412	239
嘴吃	3/518	225		䎃	12/1413	236
嘴唇	3/518	114		襜	9/143	239
器库		288		襜裙	9/144	242
黔黎	12/1346	288		襻	9/144	242
韵	12/1412	239		攒风	6/986	218
磨子		265		攒砌	6/986	212
磨得开		292		蹴[1]	10/552	238
磨棱合缝		264		蹬挃	10/558	45
癐病	8/352	297		蟾桂	8/980	292
瘴烟		289		鮈	12/1422	297
激犯	6/171	205		嬴服	6/1401	325
激话	6/174	205		襦	9/145	213
燉煌	7/262	80		曋铄	7/1268	82
襷	9/125	241		纂	9/1040	232
避风头	10/1272	164		纂作	9/1040	43
				璧月	4/643	292
十七画				璧碎珠沉		343
檽祭	6/936	287		蠚	8/987	297
藏[2]	9/591	89		鳞鸿	12/1263	288
藏青	9/592	332		譬如	11/457	94
镪水	11/1398	187		繻	9/1039	240
穗	8/152	238,240		镵针	11/1431	288
簧蛊	8/1236	326		攧	6/982	206
篾片	8/1238	44,150,199,200,230		躞	12/1414	241
				镶嗓		265
鹞巢蚊睫	12/1161	325		霭然		244

后　　记

"《汉语大词典》研究"是我主持完成的一项国家社科基金后期资助项目（批准号：11FYY016）的结题成果。

这项工作实际从上个世纪九十年代初已经开始。我1994年参加湖北大学举办的第六届全国近代汉语学术研讨会所提交的论文《〈汉语大词典〉近代汉语条目商补》，就是最初的研究成果。不久，我又以此为题，申请获得省级社科基金课题的资助，并有意识地吸收古汉语词汇学和近代汉语方向的研究生参与工作，以培养他们的科研能力。二十多年来，先后有王文晖、杨会永、张泰、田照军、于立昌、王本灵、王祖霞、陈国华、于玉春、周鸣、刘伟、荣景、刘兴忠等二十多名友生参与研究，这期间，我们或联名或单独陆续发表了近三十篇文章，其中多人还选做了与此相关的毕业论文。

不过，那时的研究主要限于对《汉语大词典》具体条目的订补。近几年来，我们开始从收词立目的标准、词语失收的原因、多义词义项排列失序问题及某类文献的利用和某类词语的处理等多个角度，对这部词典进行了专题性考察，加强了理论上的探讨。所提出的数十条建议和意见，或有助于《汉语大词典》和同类辞书的进一步修订完善。参加这一阶段研究的有王本灵、陈国华、王祖霞、荣景等。特别是王本灵，不仅承担了较重的写作任务，而且在课题申报、书稿修改等方面协助我做了许多工作。

书稿完成后，承蒙王学奇、王宁、李崇兴等先生审阅并给予鼓励。项目匿名评审专家、校内外几位同行专家和本书的责任编辑王玉女士都先后提出一些十分中肯的修改意见，使本书减少了错误和问题。在这里谨一并向他们表示诚挚的谢意！

李　申

2015.2.8

http://www.cp.com.cn
ISBN 978-7-100-11411-0

定价：65.00元